GÉOGRAPHIES DU MONDE
sous la direction de Frank Lestringant
25

La Floride

T. D. Allman

La Floride

Cœur révélateur des États-Unis

Traduction de Frédéric Monneyron

PARIS
CLASSIQUES GARNIER
2019

T. D. Allman est diplômé de Harvard et d'Oxford. Il est mondialement réputé pour ses reportages, dans des magazines et des journaux comme *Vanity Fair* ou *Le Monde diplomatique*, sur le Salvador, Beyrouth, Haïti, l'Éthiopie, l'Irak, la Libye, les massacres du Cambodge et de Bosnie ainsi que sur la Colombie et la Place Tiananmen. Il a publié *Unmanifest Destiny*, traduit en français sous le titre *Un destin ambigu* (Paris, 1986).

ISBN 978-2-406-08078-7 (livre broché)
ISBN 978-2-406-08079-4 (livre relié)
ISSN 1279-8428

Je dédie cette incarnation française de mon livre
à Jean Français, ambassadeur extraordinaire,
littérateur habile et ami bien-aimé.

Quid terras alio calientes sole mutamus ?
Patria quis exul se quoque fugit ?

« Pourquoi aller chercher des pays chauffés d'un autre soleil ?
En sortant de sa patrie, qui donc se fuit encore soi-même ? »
HORACE, *Odes*, II, XVI, 18
Cité par MONTAIGNE, *Essais*, I, XXXIX

PROLOGUE

Connaître la Floride, comprendre l'Amérique

La Floride est un prisme qui permet de comprendre l'Amérique. Mais comment l'aborder ? Un bon moyen est de laisser les pluies s'abattre sur vous, quand bien même vous n'auriez pas vraiment d'autre choix. En Floride, l'eau vous enveloppe où que vous alliez et quand vous vous y attendez le moins. C'est ce qui m'arriva, un jour, à Jacksonville. Une pluie venue de nulle part. Une pluie vengeresse s'abattait sur moi : de celles qui noient les civilisations et font flotter les arches. Les Français qui furent les premiers Européens à s'installer ici, et non point les Espagnols, auraient pu dire que, le long de l'esplanade sur le bord de l'eau, il pleuvait des cordes, mais là, du côté de la rivière Saint John il y avait un stand avec des bacs et des bacs de livres à la vente. Pendant que la pluie redoublait de violence, je fouillai dans les bacs. Peut-être, trouverais-je un livre original sur la Floride. D'une certaine façon, ce fut le cas.

Le titre, en français, du livre que je trouvai serait *Le Plaisir de la découverte*, du célèbre physicien Richard Feynman, un homme dont la tournure d'esprit permet de comprendre un endroit comme la Floride, qui fait voler en éclats les concepts par lesquels on explique habituellement comment fonctionne l'histoire et comment les hommes agissent. Le Professeur Feynman, qui vécut de 1918 à 1988, obtint le prix Nobel de physique et fut l'un des créateurs de la bombe atomique. Il fut également un des membres de la Commission d'enquête sur la catastrophe de la navette spatiale *Challenger* en 1986. Contrairement à tout le monde, il alla jusqu'au fond des choses – ou presque jusqu'au fond – en l'occurrence, il voulut savoir pourquoi les astronautes étaient morts.

Dans le livre de Feynman je trouvai une observation qui ouvre la porte à la compréhension de la Floride, ainsi qu'à bien d'autres choses. Il y décrit comment son père était différent des autres pères quand il s'agissait de satisfaire la curiosité de son fils. Les pères de ses amis, raconte Feynman, apprenaient à leurs fils le nom des oiseaux quand ils se promenaient avec eux dans la nature. Le père de Feynman lui apprenait pour sa part à ne pas confondre les noms et la connaissance des choses. Il rapporte qu'un camarade, une fois, lui demanda le nom d'un oiseau qu'ils voyaient. Quand Feynman répondit qu'il ne savait pas, l'autre garçon se moqua de lui. « Ton père ne t'a donc rien appris » dit le garçon. « Mais, c'est tout le contraire ; mon père m'a tout appris » et, se souvient Feynman :

« Quand nous observions un oiseau, il disait, sais-tu de quel oiseau il s'agit ? C'est un rouge gorge, mais en portugais c'est un…, en italien c'est un…, en chinois c'est un…, etc. Mais si tu connais le nom de l'oiseau, tu ne sais absolument rien au sujet de cet oiseau. Tu sais seulement comment les hommes en différents endroits… appellent cet oiseau ». La compréhension que son père lui inculqua mit Richard Feynman sur la voie d'étonnantes découvertes. « Il comprit la différence entre savoir le nom de quelque chose, et savoir quelque chose » se rappelle-t-il bien des années plus tard[1].

Une des choses que vous apprend justement la Floride est que la dénomination de fleuve ne fait pas de celui-ci un fleuve. Le « fleuve » Saint Johns de Floride est en fait un ensemble de cours d'eau interconnectés accidentellement entre eux[2]. Le Saint Johns à Jacksonville n'est qu'une partie d'une ancienne lagune de la côte. D'un point de vue hydraulique, il s'agit plus d'un bout d'océan intérieur que d'un fleuve. Savoir qu'un « fleuve » n'est pas un fleuve ne change pas les choses en surface. Un pont reste nécessaire pour traverser le Saint Johns. Des bateaux peuvent toujours se mettre à quai et (si la pollution ne l'empêche pas) des poissons peuvent toujours y nager. Mais quand vous allez plus en profondeur, vous vous apercevez que le malentendu au sujet de la nature même de cette pièce d'eau participe d'un plus grand malentendu au sujet de la réalité physique de la Floride et des possibilités de celle-là, malentendu qui a perverti les événements et a fourvoyé les gens durant des siècles. Mon exemple préféré est celui de la recherche de l'or. La Floride est le seul État qui n'a pas de métaux, ce qui n'a pas empêché les Espagnols d'y faire des ravages en y cherchant de l'or. En insistant pour chercher

1 Feynman, *The Pleasure of Finding Things Out*, 2005, p. 4-5.

2 Miller, 1998.

de l'or là où il n'y en avait pas, ils ont mis en marche pendant des siècles une série d'événements irrationnels, aussi explosive qu'une réaction nucléaire en chaîne.

Ce qui infeste tout en Floride est cette ambiguïté fatale entre l'eau et la terre[3]. Jusqu'à ce que la prospection immobilière commence à s'y développer, la Floride était bien moins une Terre promise qu'une antichambre de la mer, un endroit aqueux où la terre perd sa signification. En Floride, des dizaines de millions de personnes construisent aujourd'hui leur maison et conduisent leur voiture sur une croûte de boue et de gravats formée par la mer sur laquelle et sous laquelle coulent d'énormes quantités d'eau, ou encore vivent sur des sols détrempés qui certes ont été dragués mais qui, jusqu'à une date récente, étaient sous l'eau et, qui, si la nature le veut, pourraient bientôt s'affaisser.

Il n'y a pas si longtemps – à peu près cent mille ans – les niveaux de l'océan étaient approximativement de huit mètres supérieurs à ce qu'ils sont aujourd'hui. Tout le sud de la Floride de Sarasota environ à Palm Beach, et également toute la côte atlantique jusqu'à Jacksonville étaient sous l'eau. Les sites futurs de Fort Lauderdale, Miami, Key West, et Fort Myers étaient très profondément sous les eaux et très éloignés de la ligne côtière qui était celle de la Floride d'alors. Voici ce qui devrait donner à réfléchir quand on lit les titres des journaux sur le changement climatique. Les mers n'auraient pas à monter de cent mètres ni même de cinquante mètres. Six mètres suffiraient pour plonger sous la mer les maisons, les routes et les villes où la grande majorité des Floridiens vivent aujourd'hui. Si, au lieu de monter, le niveau des océans baissait de soixante-quinze ou de cent mètres, la Floride doublerait presque en superficie. La Floride pourrait être tout ; elle pourrait également n'être rien. Cette équivoque macro-géologique joue un rôle dans n'importe quel jardin en Floride. Abattez un pin ; créez un parc à thème ; bâtissez un quartier résidentiel fermé. Puis observez les dolines avaler vos rêves floridiens ; un alligator dévorer votre chien et des cafards volants géants infester toute votre vie.

La Floride est un État en pâte à modeler. Prenez la pâte visqueuse ; modelez-la sur votre rêve. Et observez le rêve travailler la pâte. Des gens ruinent sans cesse la Floride ; et la Floride les ruine sans cesse en retour.

---

3 Myers et Ewels, 1990. John Edward Hoffmeister, *Land from the Sea : The Geologic Story of South Florida*, 1976.

Depuis cinq cent ans au moins, voilà ce qui définit la Floride – quels que soient les protagonistes, quel que soit leur rêve, quelle que soit la bannière qu'ils brandissent.

Lorsqu'il chercha à expliquer la forme et la géographie particulières de la Floride, Thomas Jefferson avança la théorie qu'elle avait été « formée par les sables que déposait le *Gulf Stream* lors de sa course circulaire dans le Golfe du Mexique »[4], mais il avait tort. La Floride prit cette forme nord-sud particulière parce que, sous ses sables mouvants, se trouve une des plus stables formations géographiques de la Terre. Pour bien comprendre, considérez la Floride comme un gigantesque alligator, avec sa queue (le Panhandle) qui fait une boucle derrière elle, et son museau (la Floride du sud) qui pointe vers Cuba. Quand les niveaux de la mer sont bas, la Floride paraît plus grande, mais elle n'est pas devenue plus grande pour autant ; c'est juste que, comme l'eau la couvre moins, nous nous apercevons plus facilement de son extension. Quand les niveaux de la mer sont hauts, la Floride semble plus petite car tout ce qui reste au-dessus de la ligne d'eau est le museau de l'alligator, ses yeux et l'arête qui court le long de son dos.

La stabilité de la Floride est en partie due à sa situation. La glaciation n'a jamais remodelé la Floride comme elle l'a fait pour de si nombreuses parties des États-Unis ; elle est située au sud de l'avancée la plus au sud des glaciers. Aucun volcan ou tremblement de terre ne la fait trembler et ne la remodèle. Elle est au nord des zones sismiques des Caraïbes et de l'Amérique latine, mais la structure géologique sous-jacente qui la caractérise est la raison essentielle pour laquelle elle est si stable. Au lieu d'être composée de « terre » ou de rochers émergeant de la terre, la Floride est composée principalement d'un calcaire dur, inerte, quoique poreux, criblé de cavités et des passages souterrains reliés entre eux. Plus encore qu'à un alligator allongé, la Floride géologiquement parlant ressemble à une gigantesque éponge fossilisée. L'eau, au lieu de l'éroder ou de la faire bouger, s'infiltre à travers elle.

Chaque année, d'impressionnantes quantités d'eau coulent depuis les hautes terres du sud-est des États-Unis, mais aucun fleuve important ne coule depuis le sud des Appalaches à la manière dont les fleuves Ohio ou Tennessee coulent plus au nord. Au lieu de cela des vastes quantités

4 Thomas Jefferson Randolf, *Memoirs, Correspondence, and Private Papers of Thomas Jefferson*, 1829, vol. 3, p. 513.

d'eau gargouillent sur, sous et à travers cette éponge qu'est la Floride. Les marais de l'Okefenokee au nord sont les endroits où la terre sèche se dissout tout d'abord en un bourbier détrempé. La Floride se termine, quelques six cents kilomètres plus au sud, là où cette boue devient si aqueuse qu'on l'appelle la baie de Floride. Ce qui distingue la Floride de la mer n'est pas la présence de « terre » mais l'absence d'eau salée. Là où il y a de l'eau douce (ou même de l'eau saumâtre), les palétuviers s'enracinent dans la boue ; la terre se stabilise autour des racines. L'« île » qui en résulte attire naturellement d'autres formes de vie, y compris celles du pêcheur en vacances, qui construit un camp de pêche puis, déracinant les palétuviers, le divise en lots. La pression de l'eau, créée par l'influx de l'eau douce, ainsi que l'eau de pluie accumulée dans les aquifères souterrains de Floride, suffisaient jusqu'à une date récente à repousser l'eau salée et à préserver le système. Si omniprésente et multiforme était l'eau que vous pouviez prendre un canoë à la frontière de la Georgie et, si l'on fait abstraction de quelques portages, pagayer tout le long de la Floride. Vous auriez traversé alors quelque chose comme mille kilomètres de voies d'eau navigables appelées par des noms différents – « lacs », « fleuve », « marais ». Et quel que soit le nom que vous leur auriez donné, la pression des immenses quantités d'eau douce de Floride vous aurait maintenu à flot.

Ses structures souterraines expliquent pourquoi la Floride est si différente de cet autre grand État de la ceinture du soleil, la Californie. La Floride n'a pas d'or, aussi n'y eut-il jamais de ruée vers l'or en Floride[5]. Si elle n'a pas de métaux précieux, la Floride manque aussi de sols alluviaux, de sorte que la production agricole est largement limitée à des cultures qui aiment le calcaire comme les agrumes, les tomates et les fraises. Cette absence presque complète de ce qui normalement est considéré comme des « ressources naturelles » soulève la question que les conquérants de la Floride depuis ces Espagnols qui cherchaient de l'or jusqu'aux spéculateurs immobiliers actuels ne se sont presque jamais

5 Fidèles à la tradition de ne jamais rien dire de négatif sur la Floride, les études géologiques durant des décennies n'ont jamais dit que la Floride n'avait pas de métaux. Voir, par exemple : Albert C. Hine, *Geology of Florida*, 2009 ; Anthony F. Randazzo et Douglas S. Jones (ed.), *The Geology of Florida*, 1997 ; Ed Lane (ed.), *Florida Geological History and Geological Ressources*, 1995, et déjà « Sketch of the Geology of Florida », *The Florida Review*, Juin 1911, p. 488-490.

posée. Comment faire de cet endroit un endroit rentable ? Comment créer de la richesse plutôt que de la détruire ? Considérer cette question sérieusement devrait retenir tout investisseur raisonnable d'y investir. Le résultat, tautologiquement, est que l'histoire de la Floride a été dominée précisément par ce genre de personnes qui ne considèrent pas rationnellement les conséquences de ce qu'ils font. Pendant cinq cents ans, des vagues successives de conquérants, qui ont ignoré la réalité de la Floride, ont cherché à re-créer, dans son climat étranger, une version plus parfaite – et parfois complètement hallucinante – de la société qu'ils avaient laissée derrière eux. Une nouvelle Castille, où chaque Espagnol est un gentilhomme à cheval, sa selle débordant de doublons d'or ! Un nouvel Ohio, où chaque maison se trouve dans une banlieue sans criminalité, avec une piscine en plus et où il ne neige jamais !

Comprendre la géologie de la Floride, c'est comprendre bien des choses qui, initialement, semblent anormales. Pourquoi sa capitale, Tallahassee, est-elle si capricieusement isolée du reste de l'État ? C'est que Tallahassee est la seule zone de l'État qui ne fait pas partie du sous-sol monolithique de calcaire. Ce qui en a fait le seul endroit de la Floride propre à la culture du coton, et qui explique également pourquoi les Sudistes américains eurent tellement envie de prendre la Floride à l'Espagne pour y établir l'esclavage. En tant qu'État esclavagiste la Floride n'a eu que quinze années de vie, cependant jusqu'à 1920 plus de la moitié de sa population vivait encore à moins de quatre-vingt kilomètres de la frontière de la Géorgie. Prêt de la moitié des habitants étaient alors des noirs car c'étaient les esclaves noirs qui cultivaient le coton. L'héritage confédéré de la Floride a perduré jusqu'à aujourd'hui, car le sol autour de Tallahassee n'est pas en calcaire.

Dans une Floride aux possibilités physiques extrêmement limitées, de petites variations peuvent avoir de grandes conséquences, comme, par exemple, une très petite anomalie géologique à l'autre extrémité de la Floride le montre. À Coral Gables dans le comté métropolitain de Miami-Dade, ce que les Floridiens décrivent avec grandiloquence comme le « chaîne atlantique côtière » atteint son sommet, six mètres au-dessus du niveau de la mer. Cette « chaîne » de calcaire court tout au long de la côte est de la Floride, de Jacksonville jusqu'à Miami. À de nombreux endroits elle a moins de trois mètres, mais dans un royaume à l'altitude aussi basse que la Floride, cette petite élévation est importante. Elle sépare les Everglades de l'Atlantique, et plus haut dans la péninsule, elle est la raison pour laquelle le fleuve Saint Johns ne coule pas directement dans la mer, mais coule vers le nord. Elle empêche également la grande étendue du lac Okeechobee d'être envahie par la mer. La chaîne de calcaire est si dure que l'on doit parfois creuser des trous avec des explosifs dans les jardins, et les remplir de terre que l'on va chercher ailleurs si l'on veut faire pousser des arbustes autour des maisons. Elle semblait complètement inutile jusqu'à ce que, vers la fin du dix-neuvième siècle, des gens très riches, dans le nord, commencent à s'apercevoir qu'il était possible de faire circuler un chemin de fer sur cette chaîne tout le long de la Floride, jusqu'à Palm Beach et Miami.

À la fin de la Seconde Guerre mondiale, la Floride était un État ex-esclavagiste de second rang infesté d'insectes, avec quelques particularités locales (Miami Beach ; les Cubains, alors à Tampa et non pas à Miami). Aujourd'hui c'est le pivot de l'Amérique. Et, depuis, l'Amérique l'a observée – touchée, amusée, effrayée, ennuyée mais toujours incapable d'en détourner le regard – alors que les ouragans la frappent, que des fusées qui emportent des êtres humains dans l'espace explosent et que les mers qui l'entourent rejettent des trésors engloutis, des Haïtiens noyés et des plaques de mazouts. Ce qui attire encore plus l'attention ce sont les perpétuels drames humains de la Floride. Qu'arrivera-t-il au petit Elian ? À Terri Schiavo et son état comateux ? À cette femme qui a laissé mourir sa petite fille ? Au meurtrier de Trayvon Martin ? La nation regarde ses écrans de télévision tandis que ces *telenovelas* nous confrontent aux dilemmes premiers de la vie – jusqu'à ce qu'un nouveau bandeau « Alerte Info » apparaisse sur l'écran et qu'un autre mélodrame ne commence.

Parce que les media traitent de la Floride comme d'une série d'« Alerte Infos » sans lien entre eux, ils passent à côté de ce que Henry James, qui écrivit lumineusement sur la Floride, appelait le motif dans le tapis. Regardez ces motifs souterrains : vous découvrirez que ce qui fait l'importance de la Floride, ce n'est pas son originalité, son apparente altérité, ou son imprévisibilité. C'est que la Floride fournit un vrai miroir de ce que l'Amérique est en train de devenir – ce que, en fait, elle est déjà.

Deux exemples suffiront à montrer comment, en Floride, bien des événements sont révélateurs de la condition américaine.

Premier exemple. Lors de l'élection présidentielle de 2000, le candidat qui obtint le plus grand nombre de voix, Al Gore, ne devint pas président. Celui qui arriva second, George W. Bush, s'installa à la Maison Blanche. On considéra ce résultat comme une « erreur », une « aberration ». On l'attribua à la drôle de politique floridienne. La Court suprême qui retira la présidence au peuple pour la donner à Bush décrivit ce déni de la volonté populaire comme un événement exceptionnel. Ce n'était pas le cas. Seize années plus tard, la démocratie fit de nouveau une fausse couche en élisant Donald J. Trump président des États-Unis, alors que son adversaire, Hillary Clinton, avait obtenu des millions de voix de plus que lui. Que nous apprit le drame électoral de 2000 ? Il nous révéla qu'il y avait quelque chose de fondamentalement vicié dans la démocratie américaine, même si, encore aujourd'hui, les Américains qui se souviennent de la crise constitutionnelle de 2000 vous diront sans doute que ce mélodrame illustrait bien à quel point l'État de Floride était dingue. Ils ne veulent pas encore regarder en face la vérité que la Floride avait dévoilée cette année-là, à savoir que le système électoral américain est en ruines. Comme l'élection de 2016 l'a démontré une seconde fois, la Floride n'était pas une aberration, mais un révélateur. Ce qu'elle révélait, c'était que, dans « la plus grande démocratie du monde », le système politique est profondément anti-démocratique quand il s'agit de désigner la personne la plus puissante de la plus puissante nation de la planète – mais la plupart des Américains ne s'en préoccupent pas beaucoup.

Deuxième exemple. On décrivit aussi le meurtre en Floride, en 2012, de Trayvon Martin, un adolescent noir qui ne portait pas d'arme et qui était inoffensif, comme une « erreur », une « aberration ». Ce n'était pas non plus le cas. En Amérique, il a toujours été bien accepté que l'on tue sans raison un noir qui n'est pas armé et, comme des événements, plus récents encore, l'ont montré, c'est toujours le cas. Une fois encore la Floride, loin d'avoir été une aberration, était un modèle. Dans ce cas, elle mit en évidence la nature raciste du système judiciaire américain, de même que la folie d'une culture des armes qui permet à toute contrariété, peur ou ennui de se terminer en homicide. Dans tous les États-Unis, à la suite du meurtre de cet adolescent en Floride, des noirs qui n'étaient pas armés, y compris même de jeunes enfants, furent tués sans raison. Dans tous les États-Unis, et pas seulement en Floride, leurs assassins blancs furent acquittés. En cela, et pour bien d'autres choses, la Floride est le paradigme de l'Amérique.

Les Américains d'aujourd'hui se trouvent choqués par la prévalence de la violence de masse dans leur pays mais, comme le démontre la Floride, à chaque époque les massacres marquent l'histoire américaine comme une cicatrice sur un visage. Ils commencèrent en Floride par des massacres de blancs par des blancs en 1565 ; ils continuèrent durant les siècles suivants avec ceux des Indiens et des noirs. Aujourd'hui, dans une société qui a été fondée sur la violence, et qui est saturée de violence, le massacre d'enfants par des enfants est la dernière expression en date de cette norme floridienne – et américaine. Les enfants massacrés au lycée en Floride en 2018 ont eu le même destin que les enfants massacrés dans ce lieu qui s'appelait Negro Fort en 1816, les enfants massacrés dans la ville de Rosewood en 1923, et dans bien d'autres endroits et en bien d'autres années encore. Ces enfants blancs d'un âge digital, qui semble ne plus avoir de rapport avec l'histoire, ont partagé le destin des autres innocents – pour la plupart noirs ou foncés de peau, mais pas exclusivement – un destin qui consiste à être broyé, électrocuté et tué par balle dans une société qui valorise toujours la violence et tout ce qui peut permettre de tuer plutôt que la paix et le caractère sacré de la vie humaine.

Le meurtre de Trayvon Martin et la trahison floridienne de la démocratie furent l'un et l'autre des révélateurs, au début du XXIe siècle, de ce que sont les Américains, et de ce que l'Amérique est devenue. Des centaines de millions de mes compatriotes continuent à s'imaginer que leur pays est la plus parfaite, et non pas seulement la plus riche et la plus puissante, nation de l'histoire du monde. Le reste du monde, qui regarde se dérouler le spectacle américain, est étonné, en particulier, par cette insistance à faire de l'Amérique une nation « exceptionnelle », plus libre, plus belle, meilleure que toutes les autres nations.

Parmi bien d'autres choses, cette fausse et illusoire vision militante qu'a l'Amérique d'elle-même explique le phénomène Donald J. Trump. Alors qu'ils devaient faire face à ce que celui qui ne devint pas président, Al Gore, appelait des vérités « difficiles à entendre » – depuis la réalité du changement climatique à l'aggravation des inégalités sociales – des centaines de millions d'Américains furent pris de colère devant la vérité. Ils voulaient un candidat qui, avec impudence, arrogance et à haute voix, fît agressivement et faussement disparaître ces vérités qu'ils ne voulaient pas accepter et leur dît les mensonges qu'ils brûlaient d'entendre. Une rapide clarification est nécessaire à ce sujet. Même si l'Amérique a certainement son lot de chauvins ignorants et dénoués de tout esprit, ceux-ci ne constituent en aucune façon une majorité. En 2016, comme en 2000, des Américains raisonnables considérèrent quelles étaient les qualifications des candidats pour devenir président. La majorité d'entre eux décidèrent que Trump n'était pas apte à occuper cette fonction. Mais quelle différence cela pouvait-il faire dans une Amérique où de fausses nouvelles dans une fausse démocratie faisaient que, une nouvelle fois, le perdant devint le vainqueur.

La Floride offre une perspective particulièrement riche pour ce qui concerne la situation actuelle de l'Amérique, parce que la connaissance, ou plutôt la méconnaissance, qu'a la Floride d'elle-même a toujours été fondée sur des falsifications et des mensonges. Ce qui nous amène aux révélations les plus importantes, et à vrai dire à une sorte de libération. Connaître la Floride n'est pas seulement connaître l'Amérique. C'est aussi apprendre à quel point la plupart de nos récits sont faux. Durant des siècles, génération après génération, avec un certain comique et avec une très grande régularité, comme dans une farce, la Floride démontra que nos récits sont dénués de pertinence. Si nous voulons regarder la vérité en face, la Floride montre aussi que ce que nous considérons être des aberrations, des désastres, des exceptions, tout cela constitue autant de récits. Or c'est nous qui sommes des aberrations, nous qui considérons que les ouragans, les épidémies, les gelées meurtrières, et les catastrophes humaines qui constamment balaient la Floride ne sont pas un état naturel des choses. Pour avoir une idée de ce que je veux dire, imaginez un Floridien du début du vingt et unième siècle sur le balcon de son appartement donnant sur l'océan. Il regarde l'horizon liquide. Il voit venir un orage tropical que le bulletin météo n'a pas annoncé, ou il voit une flottille de *boat people* qui se dirige vers sa marina. Et que pense-t-il alors ? Il pense que l'ouragan n'a pas le droit d'être là. Il pense que ces *boat people* devraient retourner d'où ils viennent. Il ne lui passe pas par la tête, alors qu'il appelle la sécurité de son immeuble, que c'est lui qui n'est pas à sa place – que c'est sa logique qui ne s'applique pas ici.

Oubliez ce bal costumé qui est censé constituer son « histoire », et vous vous apercevez que la Floride est pleine de vrais drames humains fascinants que personne n'aurait pu inventer et qui révèlent ce que l'Amérique est vraiment. Les personnages présentés dans les paragraphes qui suivent ont trois choses en commun. Premièrement, tous les trois furent des protagonistes essentiels qui concoururent à faire de la Floride – c'est à dire l'Amérique – ce qu'elle est aujourd'hui. Deuxièmement, parce que ce qu'ils firent et ce qu'ils furent ne coïncidaient pas avec les stéréotypes en constante évolution de ce que la Floride est censée avoir été, ils sont triviaux, marginalisés, ou exclus de son histoire convenue. La troisième chose qu'ils ont en commun est que l'effort pour en faire des non-personnes fut en grande partie une réussite, cependant vous ne pouvez comprendre la Floride – et aussi bien des choses sur l'Amérique – si vous ne comprenez pas ce qu'ils ont fait de la Floride, et ce que la Floride a fait d'eux.

Qui a jamais entendu parler du Dr. Frederick Weedon, de Henry R. Schoolcraft, ou d'Adam Jacoby Slemmer ? Slemmer fut le premier héros floridien de la Guerre civile, mais ne cherchez pas son nom sur un monument. Schoolcraft, même si vous n'avez jamais entendu parler de lui, a déformé l'histoire avec tant de succès que vous croyez probablement aujourd'hui encore que ses fictions sont la vérité. Le Dr. Weldon a inauguré ce grotesque désormais si habituel dans *Dexter* et *CSI : Miami*, cependant vous ne voyez jamais son nom quand le générique se déroule. John Ticomb Sprague, le grand historien de la Floride, fut également expurgé de l'histoire. James Dean (le magistrat de Floride, non pas l'icône de cinéma) était un rebelle qui défendait une cause, mais il n'y a aucun film sur lui. Alligator et Jumper étaient des hommes d'État-guerriers très admirés en leur temps, et non des musiciens de rock ou des catcheurs de télévision, cependant vous ne les trouverez mentionnés dans aucun index non plus.

Les amants oubliés de Floride pourraient peupler saison après saison les séries télévisées, si ce n'est qu'Antonio Gonzàlez et Annie Maloney, de même que Dewey McLaughlin et Connie Hoffman, n'appartenaient pas au bon segment démographique pour qu'on se souvienne d'eux. La passion du Sénateur Charles W. Jones pour Clotilde Palms, comme celle d'Ida Alice Shrouds Flagler pour le tsar de Russie étaient tellement folles que, aujourd'hui, on en ferait de la télé réalité. Au lieu de cela, on les enferma dans des asiles. Quand Zephaniah Kingsley, le théoricien social si clairvoyant de Floride, ne la prêchait pas, il mettait en pratique sa théorie que le sexe interracial était une rédemption. Son histoire d'amour avec cette Madgigine Jay, si pleine de ressources, fait d'*Aida* une histoire banale, cependant elle n'a jamais été érigée en modèle pour les filles et les femmes de Floride. Et il y a Ossian Hart : Ossian Hart ! Il n'y eut jamais de plus vaillant Floridien, de plus noble Américain que lui. Ce plus grand héros natif de Floride a été exclu complètement de la mémoire même de la Floride.

Billy Powell est sans doute le plus grand Floridien dont le nom est inconnu. Il n'était qu'un petit garçon quand sa mère l'emmena en Floride, qu'il y fut transformé en un fameux « chef indien », Osceola, et finalement en un souvenir en peluche. Il vous faut aussi comprendre comment la Floride a reconfiguré sa *nemesis*, José – alias « Joe » – Hernandez.

Les noms et la réalité en Floride sont si peu contingents qu'il est également possible que, dans les livres d'histoire, deux noms différents désignent la même personne. C'est le cas avec David Levy et David Yulee : deux entrées, un seul gredin. C'est également vrai pour Harold Schwartz Jr. et H. Gary Morse, qui, en plus d'être une seule et même personne, est probablement le plus important Floridien inconnu des temps récents. Pour comprendre la Floride vous devez aussi prendre en compte que cet endroit est l'endroit où des protagonistes non humains, des protagonistes fameux comme José Gaspar et Mickey Mouse, mais aussi inconnus comme *Schizoporella floridana*, ont souvent plus d'impact que les ploutocrates et les politiciens.

Parce qu'elle possède si peu de ressources utiles, l'idée qu'elle doit être « vendue » infeste tout le canevas de la Floride. La fausse publicité ne se limite pas au marécage ; l'horreur de la vérité infeste tout ce qui est censée être érudition en Floride. La tromperie peuple également les cartes routières de Floride. North Miami Beach n'est en aucune façon près de Miami Beach ni d'aucune plage. Dans le Panhandle, j'ai traversé une fois un endroit qui vendait des « pneus d'occasion neufs ». Les motels, restaurants, parcs à caravanes, et autres établissements semblables situés à au moins un kilomètre à l'intérieur des terres avec Seaview, Gulf View, et Ocean Vista dans leur nom pourraient remplir un annuaire téléphonique. Il faut aussi mentionner Ocean Pond, près de laquelle eut lieu la seule bataille significative de la Guerre civile en Floride. Elle se trouve à cent kilomètres de l'océan : les Floridiens nommaient mal les choses bien avant déjà que le tourisme ne remplace l'esclavage comme activité dominante.

Comme le père de Feynman l'aurait signalé, ces noms ne nous disent « absolument rien ». Il aurait dit alors, « Regardons l'oiseau ». Quand vous regardez vraiment la Floride, vous découvrez que tout est interconnecté. Michel Ange peignait le plafond de la chapelle Sixtine au moment précis où les navigateurs qui venaient d'Europe traçaient sur le sable de Floride leurs premiers symboles, pour que les premiers habitants leur montrent où se trouvaient les mines d'or. Michel Ange, là haut sur ses échafaudages, pressé à peindre par l'immense vide du plafond de la Sixtine, s'aperçut qu'il devait abandonner sa perspective fixe si la grande entreprise qu'il s'était fixée ne devait pas finir en ruines. « Il n'utilisa aucune règle éprouvée de la perspective, et il n'y a pas non plus de point de vue fixe » écrit son biographe Giorgio Vasari[6]. Pour découvrir la vraie Floride – c'est-à-dire la vraie Amérique, ce qu'elle est aujourd'hui – vous devez vous aussi déchirer les cartes postales ! Débarrassez-vous des conquistadors à plumes et des cavaliers confédérés ! Et oubliez cette idée qu'il ne fait jamais froid en Floride.

Une fois que vous vous débarrassez de l'illusion que, en apprenant les noms des choses vous apprenez la nature des choses, vous découvrez quelque chose d'intéressant. La Floride est tellement puissante dans sa passivité/agressivité particulière qu'elle fournit elle-même ses propres perspectives et – comme les événements ne cessent jamais de le démontrer – donne quelque souci à ceux qui pensent qu'ils peuvent la modeler en ce qu'ils ont décidé qu'elle serait.

---

6 Giorgio Vasari, *Lives of the Most Excellent Painters, Scuptors, and Architects*, 1re éd. 1550, p. 354.

PREMIÈRE PARTIE

DES ESPÈCES ENVAHISSANTES

Les navires au loin ont à leur bord
tous les désirs des hommes.
Zora Neale HURSTON[1]

1 Zora Neale Hurston, *Their Eyes Were Watching God*, 1937. Première phrase du livre (*Une femme noire*, trad. F. Brodsky).

CROYEZ-LE OU NON

Vous n'avez pas besoin d'un GPS pour connaître la signification de la Floride, même si cela peut être utile. Pour commencer, tapez l'adresse suivante : 11 Magnolia Avenue, St Augustine. Vous saurez que vous serez proche de la source même de l'identité de la Floride quand vous atteindrez le croisement du boulevard Ponce de Leon et de l'avenue Matanzas. Ces noms marquent un croisement de deux routes. Mais ils décrivent aussi le croisement du mythe et de la réalité. Des générations d'Américains ont grandi dans l'idée que Ponce de Leon découvrit la Floride en cherchant la jeunesse éternelle, mais que signifie Matanzas ? Quand ils conduisent leur voiture sur le boulevard Matanzas ou font du hors-bord sur la rivière Matanzas, très peu d'entre eux savent que ce mot espagnol au son doux signifie « abattage » ou « massacre ». Aussi, en français, la Baie de Matanzas, ce port de St Augustine bordé de marinas, pourrait-il être traduit par « la Baie du massacre ».

Vous saurez que vous avez presque atteint votre destination quand vous vous trouverez en face d'une arche à l'aspect ancien. En haut de cette arche, vous lirez cette inscription écrite en lettres de style vieil anglais : FONTAINE DE JOUVENCE. Ces lettres veulent évoquer les temps depuis longtemps révolus de la chevalerie et de la bravoure, mais un détail la rend indiscutablement floridienne : le panneau est fait d'un tube de néon. Dans le crépuscule subtropical, le panneau FONTAINE DE JOUVENCE brille et crépite comme le panneau VACANCY sur un motel d'une route secondaire. Selon les communiqués de presse fournis par le Parc archéologique de la Fontaine de Jouvence[1], comme cette vénérable attraction touristique se nomme elle-même, c'est l'endroit où « Ponce de Leon débarqua à St Augustine en 1513 en quête de la fontaine de jouvence ». Le pouvoir local « accueillit les Espagnols comme des invités » rapporte l'histoire officielle de St Augustine. « Les Espagnols furent

1 Visite et interviews en 2005.

impressionnés par la beauté et la vigueur des indigènes », ajoute-t-elle. « Ils demandèrent aux Timucuas de leur dire d'où venait leur vigueur physique. Les indigènes leur montrèrent la source ».

Juan Ponce de Leon ne vit jamais et n'aurait jamais pu voir St Augustine : St. Augustine ne fut fondé que quarante ans après sa mort, en 1565. Ponce ne découvrit pas la Floride. De nombreux Européens étaient déjà venus en Floride avant lui ; plus nombreux encore étaient ceux qui en connaissaient l'existence. Le premier Européen qui vit les côtes de Floride n'était sans doute même pas espagnol, mais portugais ou italien. Selon une croyance qui perdure, l'Italien Giovanni Caboto (que l'on connaît mieux sous le nom de John Cabot) qui découvrit le Newfounland en 1497, fut le premier Européen à poser les yeux sur la Floride après avoir échoué à découvrir un passage au nord-ouest vers la Chine. S'apercevant « qu'il n'y avait pas le moindre semblant de passage, il vira de bord et alla (vers le sud) jusqu'en Floride... Là, comme ses provisions vinrent à manquer, il se résigna à retourner en Angleterre, » rapporte une histoire des États-Unis publiée en 1830[2].

Les premiers à faire des visites répétées en Floride furent, de fait, les Espagnols. Ils venaient enlever et asservir des hommes pour leurs nouveaux dominions des Caraïbes. Lors de l'une de leurs premières incursions à partir de Saint Domingue, ils attirèrent cinq cent personnes sur leurs bateaux en leur offrant des rubans et des bijoux[3]. Les deux tiers de ceux qui avaient été enlevés moururent tout de suite après leur asservissement. Ponce lui-même eut la preuve de débarquements antérieurs des Européens en Floride quand il rencontra un indigène qui parlait déjà espagnol, mais la meilleure preuve d'un contact antérieur est l'hostilité qu'il rencontra là où il débarqua. Les gens apprirent vite que ces vaisseaux aux voiles blanches fantomales apportaient l'horreur et la mort avec eux. « Lors de toutes ses tentatives pour explorer le pays, il rencontra une hostilité résolue et implacable de la part des indigènes » observait un chroniqueur. « Il était déçu également dans son espoir de trouver de l'or ».

On peut trouver la preuve d'une exploration européenne antérieure dans des cartes anciennes. La carte Juan de la Cosa, publiée en 1500, représente la Floride d'une manière rudimentaire treize ans avant sa

2 William Grimshaw, *History of the United States from Their First Settlement as Colonies to the Cession of Florida*, 1830, p. 19.

3 Milanich, 1998.

découverte supposée. La carte Waldseemüller de 1507, qui, aujourd'hui, se trouve à la Bibliothèque du Congrès, montre une péninsule orientée vers le sud, si nettement que quiconque, familier avec une carte routière moderne, l'identifiera aussitôt comme la Floride[4]. La plus fameuse d'entre elles, connue sous le nom de carte Peter Martyr[5], circulait en Europe en 1511, deux ans avant que Ponce de Leon ne fît sa « découverte ».

S'il est un homme dont le nom nous est connu qui mérite une mention spéciale pour avoir été le premier à atteindre la Floride, ce pourrait bien être le navigateur portugais Gasper Côrte-Real. Il navigua pour la première fois vers l'Amérique par la route de l'Atlantique Nord en 1500, puis il fit deux autres traversées en 1501 et 1502. La troisième fois, la chance l'abandonna et il disparut avec son bateau. Un second bateau rentra sain et sauf au Portugal, fournissant un scénario dans lequel au moins trois bateaux des trois traversées successives revinrent avec une connaissance toute neuve de la côte atlantique de l'Amérique du Nord. Des décennies avant les « découvertes » officielles, des marins, qui allaient des pêcheurs de morue aux pirates, s'aventurèrent dans les eaux nord-américaines, soit délibérément, soit parce que leur bateau était dévié de son itinéraire, et cartographièrent les côtes alors qu'ils naviguaient près d'elles. De retour en Europe un cartographe, en assemblant les bouts des données géographiques comme si elles étaient des pièces d'un puzzle, aurait aperçu la Floride poussant sur le coin sud-est de l'Amérique du Nord comme un appendice physique.

Aujourd'hui, en Floride, pratiquement personne ne connaît l'existence de Gaspar Côrte-Real, mais à près de trois mille kilomètres au nord-est de St. Augustine, à St. Johns, dans le Newfoundland, une statue du navigateur portugais se dresse devant le bâtiment de l'Assemblée, un des plus anciens parlements du Nouveau Monde. La statue rappelle que, juste depuis le début de l'ère européenne, la destinée de la Floride était modelée par des forces qui convergeaient vers elle depuis le nord comme depuis le sud. Pourquoi n'y eut-il pas d'autres tentatives portugaises pour coloniser l'Amérique du Nord ? Il était interdit au Portugal par un traité solennel de coloniser ce qui est aujourd'hui les États-Unis et le Canada. Deux années seulement après que Colomb eut atteint le Nouveau Monde, les Espagnols et les Portugais s'étaient déjà partagé

4 Virga and Wright, 2010.

5 Peter Martyr d'Anghiera, *De Orbe Novo*, 1511.

le monde. Leur accord, appelé le Traité de Tordesillas, suivait en partie une bulle papale qui délimitait les parties du monde que le Portugal et l'Espagne pouvaient coloniser.

Le but était d'empêcher un conflit entre les deux superpuissances catholiques. Le pape parvint à cela en coupant le nœud gordien – en divisant le monde du nord au sud suivant une ligne de longitude imaginaire qui courait sur la longueur de l'Océan Atlantique. Tout ce qui se trouvait à l'est de cette ligne (c'est-à-dire toute l'Afrique et l'Asie) était la chasse gardée du Portugal. Tout ce qui était à l'ouest était alloué à l'Espagne. Dans un premier temps cette partition convint très bien aux Portugais. En excluant l'Espagne de l'Afrique et de l'Asie, elle leur donnait un monopole sur le commerce avec les Indes orientales. Les explorations en Amérique changèrent toutefois l'équilibre du marché en donnant à l'Espagne un monopole sur les richesses tout juste découvertes du Nouveau Monde. Le Portugal voulut un morceau du nouveau gâteau. C'est ainsi que le nouveau traité fut négocié. Il repoussait la ligne de séparation du monde plus à l'ouest – de 100 à 370 milles nautiques au-delà des Açores. Même avec cet ajustement, comme le montrent les anciennes cartes, l'ensemble de l'Amérique du Nord se trouvait au-delà de la ligne de séparation du pape – par conséquent, le Portugal ne pouvait pas la coloniser.

Avant même que la Floride ne fût découverte, son destin était déjà soumis indirectement à la politique des grandes puissances. C'était aussi un premier exemple de la loi des effets pervers. À cause de la disposition des 370 mille nautiques, le Newfoundland et la Virginie ne deviendraient jamais des dominions portugais, mais le Brésil dépassait suffisamment à l'est pour être propre à une colonisation portugaise. En repoussant la ligne papale, le Portugal décrocha le gros lot impérial en Amérique du Sud mais pas en Amérique du Nord. Autre effet pervers : en Extrême Orient le résultat du changement de la ligne papale fut que les Philippines se retrouvèrent sous la domination espagnole pendant quatre cents ans.

Comme Gaspar Côrte-Real, Juan Ponce de Leon était seulement l'un de ces quelques mille marins et soldats européens qui, à la fin des années 1400 et au début des années 1500, changèrent soudain et à jamais le monde par leurs exploits[6]. Il entra tout d'abord dans l'histoire au début

6 Sur Ponce, Peck, 1993 ; Morison, 1974, p. 502-516 ; Leonardo Olschki, « Ponce de Leon's Fountain : History of a Geographical Myth », *Florida Historical Quartely*, août 1941 ; David O. True (ed), *Memoir of Fontaneda*, 1944.

de 1492. En ce mois de janvier, on a dit que Ponce, alors page, avait été témoin du triomphe de Ses Majestés catholiques, Isabel et Ferdinand, sur le calife musulman de Grenade. Un an plus tard, Ponce de Leon accompagna Colomb lors de la seconde traversée de l'Atlantique du Grand Navigateur. Inconnu et sans le sou, il était juste l'un de ces hommes, garçons ou bêtes qui s'entassaient sur les bateaux fétides de la flotte de Colomb, mais, une fois dans le Nouveau Monde, Ponce, d'un visage anonyme dans la foule se transforma en un leader réputé pour sa dureté. Quatorze ans plus tard, en 1507, Ponce de Leon atteignit le point culminant de sa gloire personnelle lorsque le roi d'Espagne lui fournit une patente royale pour explorer – et, espéra-t-il, pour exploiter pour son profit personnel – Puerto Rico. En 1508 Ponce établit le premier établissement européen dans l'île, et s'employa à asservir les habitants et à les faire travailler jusqu'à la mort. Ponce espérait qu'il serait remercié pour ses efforts en obtenant le droit de gouverner l'île comme s'il s'agissait de son domaine propre. Ce fut toutefois le fils de Colomb, Diego, qui devint gouverneur. Comme lot de consolation, on accorda à Ponce le droit de coloniser la Floride.

En mars 1513, quand Ponce et sa flotte privée de trois navires naviguèrent vers le nord pour prendre possession de ce nouveau territoire, il n'était plus question de « découvrir » la Floride. L'expédition de Ponce avait pour but de répondre à une question toute différente : comment sécuriser, établir, et financer l'administration de ce nouveau territoire qui tombait dans le giron de l'Espagne. Lui donner un nom officiel était un rite important, semblable au baptême d'un nouveau pays, mais pourquoi « Floride » ? Ce n'était pas parce qu'il y avait une profusion de fleurs. Regardez dans n'importe quel jardin de Floride ; même aujourd'hui vous voyez une palette sombre de vert. Du feuillage, mais non pas des fleurs, est ce qui caractérise la végétation de Floride. Les fleurs que vous voyez sont pour la plupart importées. La signification du nom est religieuse. C'était une coutume propre aux conquistadors de nommer les lieux selon les dates du calendrier liturgique. Colomb découvrit l'île de Trinidad le jour des fêtes de la Trinité d'où le nom de cette île. Pascua Florida était le nom poétique du dimanche des Rameaux. Quand Ponce mit pied en Floride au début d'avril 1513, le dimanche des Rameaux qui tombait cette année-là le 20 mars était déjà passé, mais quand il s'agissait de noms ses choix étaient souvent fantaisistes et parfois macabres. Il appela les *keys* de Floride « Les Martyrs », car, sortant de la mer l'une après l'autre, elles lui rappelaient les têtes décapitées des Chrétiens qui étaient morts pour leur foi.

Le propre journal de bord de Ponce établit que l'endroit où il mit pied pour la première fois sur la côte atlantique de la Floride était probablement au sud de Cape Canaveral, qui se trouvait à plus de cent cinquante kilomètres au sud du futur site de St. Augustine. Le Gulf Stream est une des raisons pour laquelle Ponce ne navigua pas plus au nord. Les Espagnols furent étonnés, à un moment, de voir deux de leurs navires, bien que le vent fouettât les voiles, reculer par rapport à la côte. Évitant le Gulf Stream – dont le courant qui pousse vers le nord-est aurait pu l'emporter vers la vaste étendue de l'océan Atlantique, Ponce navigua vers le sud, embrassant cette ligne côtière qui, des siècles plus tard, serait garnie de motels, de salles de jeu, et de boulevards portant son nom. Les contacts avec les indigènes Timuaca, Tequesta et Calusa furent peu nombreux, mais, dès le début, malheureux. Ces gens traitèrent Ponce et ses hommes comme de dangereux envahisseurs qui, cependant, apportaient avec eux des outils que les Indiens convoitaient. Le premier fait connu d'un homme blanc qui tira un coup de fusil sur les Indiens en Floride (en fait dans tout ce qui allait devenir les États-Unis) eut lieu quand un groupe d'une tribu tenta de voler la pirogue des Espagnols. Ponce lui-même, épaula et tira le premier coup dans une guerre de conquête par les hommes blancs qui ne s'achèvera pas en Floride avant 1858.

Après deux mois de navigation, Ponce contourna le cap de Floride et remonta la côte du Golfe. Là, pour la première fois, il établit plus que des relations à distance avec la population indigène. Durant la première semaine, d'âpres combats eurent lieu. Après une attaque des Indiens en canoë, Ponce prit la décision intelligente de se replier et de partir sans être parvenu à établir aucune sorte de poste en Floride. Rien ne réfute mieux les inepties de la Fontaine de Jouvence que le faux triomphe que Ponce orchestra lui-même quand il rentra en Espagne après cette expédition avortée. Ce que le roi voulait, c'était de l'or, et on donna de l'or au roi – 5000 pesos en or. Ce trésor ne venait pas, et ne pouvait venir, de Floride. L'or venait des avoirs de Ponce à Puerto Rico. Une fortune privée avait financé l'expédition, et maintenant sa fortune personnelle transformait l'échec en succès, au moins aux yeux de la cour.

Que ce serait-il passé si Ponce était rentré en Espagne avec des fioles contenant un liquide qu'il aurait décrit à tout le monde comme un élixir d'immortalité ? Aurait-il simplement été considéré comme fou ? Ou – possibilité plus sombre – cela aurait-il été considéré comme une preuve de sorcellerie, et Ponce de Leon serait-il passé entre les mains de l'Inquisition ?

Son expédition avait appris à Ponce de Leon ce que bien d'autres refuseront d'admettre : que la Floride n'est pas un lieu où l'on peut devenir riche rapidement. Au contraire, que c'est un gouffre qui absorbe la richesse. Ponce n'aurait jamais pensé une seconde à naviguer vers la Floride si un autre homme qui était né sous une étoile encore meilleure que la sienne ne l'avait poussé à l'action. En 1519, Hernan Cortès surprit le monde par sa conquête du Mexique et de son or. Soudain tous les vieux mythes reprirent de la force. L'El Dorado existait vraiment ! Un homme moins fier, un homme moins vigoureux pourrait être resté en Espagne, mais c'est ici que nous trouvons la vérité derrière ce qui deviendra un mythe : Ponce de Leon n'était pas ce vieux gentilhomme donquichottesque que représenteront plus tard les panneaux de la Fontaine de Jouvence.

Ponce de Leon avait probablement trente-huit ou trente neuf ans en 1513. Il avait quarante-six ou quarante sept ans environ quand il s'embarqua dans sa seconde expédition en Floride, soit à peu près le même âge que Colomb quand il traversa l'Atlantique pour la première fois, sept ans environ de moins que Pizarre quand il entreprit sa conquête de l'Empire inca. Lors de son premier voyage en Floride, disent les chroniques, il voyagea avec sa maîtresse ainsi qu'avec son cheval favori. L'idée que les Indiens informèrent les Espagnols de l'existence supposée de la Fontaine de Jouvence est également de la fiction ; « aucun Indien n'en avait jamais entendu parler ». Comme la vérole et les fleurs d'oranger, la croyance en la Fontaine fut importée ; « elle arriva au Nouveau Monde dans les bagages mentaux des conquistadors » comme Samuel Eliot Morrison le dit si heureusement. Ainsi qu'un autre historien l'a expliqué voici presque soixante-dix ans, la Fontaine de Jouvence « est une légende qui a traversé l'océan avec les compagnons de Colomb, de même que les mythes du Paradis terrestre, des Amazones, de la tombe merveilleuse de St. Thomas, des dix tribus d'Israël, de Gog et Magog, et des monstres dont Colomb s'est enquis après son débarquement ».

« Il est possible que Ponce puisse n'avoir jamais entendu parler de cette légende » conclut l'historien David O. True après avoir fait une étude très précise des récits historiques espagnols. « Il semble ridicule, ajoute-t-il, qu'un aventurier et un explorateur si robuste ait été influencé de quelque façon que ce soit par une telle fable, même s'il en a entendu parler ». Les journaux de bord que Ponce gardait de ses voyages décrivent ses débarquements en Floride comme la recherche de l'eau douce, et non d'une fontaine magique.

La vraie découverte de Ponce était que la colonisation de la Floride ne valait la peine ni en argent, ni en vies humaines ni en espoir. Mais, en 1521, l'envie et l'orgueil le précipitèrent vers un second désastre floridien. L'expédition de Ponce de 1521 – financée, de nouveau, par ses fonds propres – était destinée à faire de lui un égal de Cortès, mais il n'était pas Cortès et les tribus hostiles de Floride n'étaient pas les Aztèques qui avaient essayé de gagner du temps. Ponce atteignit la Floride par la côte du Golfe avec deux cents hommes et quelques femmes, ainsi qu'avec cinquante chevaux, tous entassés dans deux navires. Là encore il n'arriva pas près de St. Augustine. Au contraire, il fit l'erreur de débarquer sur la côte du Golfe, là même où huit ans plus tôt, il avait été attaqué.

La logistique ne semble pas très difficile à mettre en place, mais pour avoir une idée des difficultés rencontrées, essayez un jour dans une marina de Floride de faire monter un cheval sur un yacht à moteur ou de l'en faire sortir. Maintenant essayez avec cinquante chevaux tandis que des guerriers Calusa tirent sur vous des flèches faites d'os de poisson effilés qui volent à la vitesse d'une balle de baseball dans les plus grandes ligues et qui ont la puissance de pénétration des couteaux de l'armée suisse. La blessure à la cuisse de Ponce aurait pu ne pas être fatale, mais l'infection s'aggrava dans l'humidité et la poussière, et les Espagnols étaient aussi indifférents à la septicémie qu'ils étaient attentifs à l'hérésie. Blessé, ce premier spéculateur terrien de Floride fut évacué vers Cuba. Là, il mourut lentement de la gangrène et de la fièvre. Ponce expira en juillet 1521, dans cette humidité qui, dans les Caraïbes, imprègne tout durant l'été.

Il s'avère que la personne qui porte la responsabilité d'avoir diffusé le mythe de Ponce et de la Fontaine de Jouvence n'est autre que Washington Irving, le créateur également de « Rip Van Winkle » et de « La Légende de Sleepy Hollow ». Bien qu'on connaisse aujourd'hui

Washington Irving pour sa fiction, en son temps il était tristement célèbre pour les libertés qu'il prenait avec les faits – en l'occurrence ici avec ceux qui se trouvaient dans les archives espagnoles. Aucun document contemporain ne mentionne la quête de la jeunesse éternelle par Ponce, ou par quelque autre conquistador, mais en 1535, quelques quatorze ans après la mort de Ponce, l'archiviste espagnol Gonzalo Fernandez de Oviedo, sans mentionner la moindre fontaine, remarqua en passant que Ponce cherchait un remède pour « *el enflaquecimiento del sexo* ». Plus d'un demi-siècle après sa mort, on trouve une seconde référence, sans aucun fondement, à Ponce dans un recueil de faits et de fictions concernant un personnage tout à fait différent. Celle-là mentionnait une fontaine.

Un troisième volume, publié en 1610, presque un siècle après la « découverte » supposée de la Floride par Ponce, réunit cette aventure largement fictionnelle et non écrite à l'histoire de la vraie carrière de Ponce de Leon, tout en y mélangeant d'autres détails absurdes et fantastiques. Voilà tout – trois références, au passage et sans fondements, à Ponce de Leon sur une période de près de trois siècles, jusqu'à ce que Washington Irving ne fît son apparition en Espagne dans les années 1820. Là, le brillant jeune conteur américain commença ce qu'il promettait être une traduction précise de l'immense œuvre d'Oviedo, qui remplissait des douzaines de volumes, mais Washington Irving était trop inventif pour être l'interprète de quiconque. Trouvant sa tâche ennuyeuse autant que gargantuesque, Irving fit de sa traduction une œuvre bien plus brève, consacrée uniquement à Pizarre, Cortès, et Ponce de Leon. Puis, quand il rentra en Amérique, il publia ce qu'il avait écrit sous son propre nom, et non sous celui d'Oviedo. Irving, l'un des premiers auteurs de best-sellers d'Amérique, comprit qu'il importait de soulager son lecteur par quelque chose de comique. Prenant le supposé « *enflaquecimento* » de Ponce comme point de départ, il tissa un conte qui est toujours aussi distrayant et décevant qu'il le fut quand il l'écrivit.

Grâce aux dons narratifs d'Irving, le faux Ponce devint la star de cette fête de l'illusion qui perdure encore aujourd'hui. Comme le cinq centième anniversaire de la « découverte » de la Floride par Ponce de Leon approchait, des millionnaires donnèrent de l'argent, des universitaires firent de longues tirades et les politiciens firent l'éloge de son histoire fabriquée, alors que des gens dans tout l'État se retrouvaient pour des parades dans les rues, pour des concours de beauté et, à l'occasion, lors de très sérieux colloques intellectuels qu'on avait tenté d'organiser pour la commémoration de cet événement complètement faux. Une grande continuité historique se mettait en évidence, mais pas toutefois celle qu'ils pensaient fêter. Pour la dernière d'innombrables fois, les Floridiens caracolaient, ignorants des événements qui les avaient amenés à s'installer sur cet ancien morceau de mer détrempé – inattentifs également à ce que ce mépris pour le passé pouvait laisser présager pour l'avenir.

L'APPRENTI-SORCIER DES COCHONS

C'est, en combattant à une altitude de quatre mille mètres, que les Espagnols conquirent, au Pérou, Cuzco, la capitale inca. Les hauts sommets des Andes ne les empêchèrent pas de coloniser les Pampas de l'Argentine, pas plus que les jungles du Panama n'arrêtèrent leur expansion vers l'Océan Pacifique, mais la Floride resta en travers de la gorge des Espagnols. En Floride, les conquistadors qui avaient gagné des batailles rangées dans les montagnes à l'oxygène raréfié perdirent la raison et errèrent sans but, avant de mourir de fièvre. Tel fut le destin d'Hernando de Soto. Ponce fut le premier spéculateur terrien à faire faillite. De Soto fut le premier de ces super-riches protéiformes que la Floride ruina.

De Soto semblait tout avoir pour réussir là où d'autres avaient échoué. Avant d'arriver en Floride, il avait détourné à son profit l'empire de Pizarre au Pérou, puis il était rentré en Espagne, avec une fortune d'or et d'argent fondus qui faisait de lui un des hommes les plus riches d'Europe. Décidant que la Floride serait son nouveau Pérou, et pour lui seul, de Soto débarqua sur la côte ouest de la Floride en 1539, sans avoir jamais connu l'échec. Puis, en l'espace de trois années d'errance futile, il détruisit sa fortune, son expédition, sa réputation, et il se détruisit lui-même. Plus encore que pour Ponce, sa métamorphose ultérieure de meurtrier maraudeur en protagoniste élégant résume bien le refus persistant de prendre en compte l'élément tragique dans les récits relatifs au passé de la Floride.

De Soto arriva avec neuf navires et plus de six cents hommes ; plus de quatre vingt ans plus tard le *Mayflower* naviguera vers l'Amérique avec 101 âmes à son bord. Il était à la poursuite des deux grandes chimères qu'incarnait la Floride : l'or et une route plus rapide vers la Chine. En mai 1542, après avoir épuisé ses hommes, ses vivres, et ses capacités physiques et mentales, de Soto mourut sur les bords d'un fleuve qui pourrait être ou ne pas être le Mississippi. Voici comment un de ses biographes décrit le personnage pathétique qu'il était devenu : « Un homme maussade, irritable, mécontent. Il ne prétendait plus s'atteler à aucune grande entreprise, mais piqué par une secrète désillusion, il errait, avec témérité, de place en place, apparemment sans raison et sans but, comme si le temps et la vie n'avaient plus d'importance, simplement anxieux d'en finir avec sa propre existence[1] ». Tous les comptes-rendus authentiques ne font pas mystère que l'expédition fut un désastre. Dès lors, d'où vient cette version que l'on trouve dans les livres scolaires d'un explorateur intrépide qui découvrit le Mississippi ? L'un des livres dont l'influence fut la plus grande, en même temps qu'un des moins fiables, jamais publiés sur la Floride est *The Conquest of Florida under Hernando de Soto*. Il fait si bon marché de la vérité qu'il pourrait avoir été écrit par Washington Irving. Ce fut presque le cas, puisque son auteur est le neveu de Washington Irving, Theodore Irving. Sous la pression de cet oncle renommé, il poursuivit la tâche entreprise et transforma la chronique de désastre, de maladie et de mort en un long récit d'aventures.

De Soto ne prétendit jamais avoir découvert le Mississippi. Ce fut Theodore Irving, qui, presque trois siècles plus tard, établit le « fait » de cette même façon terre à terre par laquelle Jonathan Swift nous présente les Lilliputiens. « Durant sept jours, écrit-il, ils traversèrent une contrée inhabitée pleine de forêts et de marécages. Finalement ils arrivèrent en vue d'un… large fleuve ». À ce moment, sans fournir aucune preuve, il ajoute : « c'est celui que nous appelons aujourd'hui le Mississippi. » Le grand fleuve dont les petits poissons consumèrent le corps de de Soto pourrait avoir été le Tennessee, ou peut-être seulement le Tuscaloosa. Car il est indiscutable qu'on jeta le corps d'Hernando de Soto, dont, autrement, le lieu de dernier repos aurait dû être une sépulture en or, dans un grand fleuve.

La version fantaisiste du jeune Irving devint si populaire qu'elle suscita un hobby – trouver les lieux exacts où celui qu'on considérait comme un vaillant explorateur, Hernando de Soto, avait établi son campement[2]. Des centaines d'années plus tôt le plus fiable des chroniqueurs de de Soto, Gomez Suarez de Figueroa, avait expliqué pourquoi de telles tentatives étaient des exercices d'imagination – et également pourquoi de Soto n'avait rien découvert et pourquoi ses errances n'avaient permis aucune

1 Frederick A. Ober, *Ferdinand De Soto and the Invasion of Florida*, 1906, p. 236.

2 Theodore Irving, 1851, p. II.

connaissance utile des lieux[3]. « Ils n'avaient aucun instrument avec eux pour mesurer les distances. Leur principale préoccupation, observe-t-il, était l'or et l'argent ; par conséquent, ils ne se préoccupaient pas de noter leur itinéraire ».

Tout le monde, ou presque, a entendu parler de de Soto. Mais nous comprendrions mieux la Floride et les Amériques, et nous nous comprendrions mieux nous-mêmes si son chroniqueur était aussi connu que lui. Gomez Suarez de Figueroa, plus connu sous le nom de Garcilaso de la Vega, était le fils d'une princesse inca et de l'un des destructeurs espagnols de l'empire inca[4]. Il était un des premiers métis dans le sens culturel tout autant que génétique du mot, et il collabora pendant un temps avec les Espagnols, tout en faisant la chronique de leurs crimes. Il fut une victime de l'impérialisme en même temps que son animal de compagnie. Gomez Suarez s'appelait lui-même « l'Inca » pour insister sur le fait qu'il n'était pas entièrement de sang espagnol. Cependant, il passa plusieurs décennies de sa vie en Espagne, revendiquant l'héritage légitime de son père. Ce faisant, il engendra lui-même un fils illégitime. Avec « L'Inca » naquirent les grands thèmes de l'Amérique latine future – qui, aujourd'hui, sont aussi les thèmes de la Floride et, de plus en plus, ceux du reste des États-Unis. En l'occurrence – quel que soit le domaine considéré : la littérature, la botanique ou la politique – le triomphe du conquérant suivi du triomphe du conquis sur le conquérant.

L'Inca admit qu'il ne pouvait trouver de sens à l'itinéraire de de Soto à partir des comptes-rendus confus fournis par les survivants de l'expédition, mais quelques trois cents ans plus tard cela n'empêcha pas des Américains, qui ne connaissaient pas l'espagnol, d'identifier avec assurance les endroits précis où le fameux explorateur avait établi son campement. Le champion toute catégorie de ceux qui passaient leur temps à cela fut Henry R. Schoolcraft, un autre de ces inventeurs oubliés de la Floride, dont la vie, à l'opposé des légendes qu'il inventa – fait de lui un personnage de tout première importance[5]. Schoolcraft avait noté que les noms de certaines tribus de Floride mentionnés dans le livre d'Irving étaient, à son oreille, similaires aux noms des tribus

3 Garcilaso de la Vega, 1605.

4 *Ibid.*

5 *Cf.* Henry Rowe, Schoolcraft, *History of the Indian Tribes of the United States*, 1857, particulièrement chapitres 7 et 8.

qu'il avait rencontrées aussi loin au nord que le Minnesota. Grâce à ces correspondances supposées, elles-mêmes fondées sur des transcriptions espagnole et portugaise peu fiables de noms originels dans une grande variété de langues indiennes, il fit courir un fil, ondulé, tout d'abord sur la Floride, puis bien vite partout où son imagination l'entraînait.

Si une tribu quelque part en Arkansas ou au Kentucky avait un nom qui, pour lui, ressemblait à un nom mentionné dans un compte-rendu écrit des centaines d'années plus tôt, c'était vérité établie. De Soto y était allé. Phonétiquement l'approche de Schoolcraft était absurde ; anthropologiquement elle était ridicule. Même si sa recherche avait été plus rigoureuse, les découvertes de Schoolcraft auraient été spécieuses, et cela pour une raison encore plus fondamentale. La plupart des tribus que de Soto avait rencontrées (et dont Schoolcraft imaginait avoir identifié les descendants) n'existaient plus alors. Sans s'en apercevoir, Schoolcraft fit cet Espagnol du seizième siècle, mort depuis longtemps, à sa propre image. Presque quarante ans plus tôt, Schoolcraft avait faussement proclamé avoir découvert la source du Mississippi. Désormais il proclamait que de Soto avait découvert le même fleuve sur une base tout aussi fallacieuse. Schoolcraft avait également quelque chose en commun avec l'Inca. Alors qu'il travaillait parmi les tribus de la vallée du Mississippi supérieur, il épousa une femme à moitié indienne. L'Inca, un enfant des Andes, avait passé la moitié de sa vie en Andalousie, où il écrivit des livres en espagnol. Schoolcraft, avec sa famille de race mêlée, vécut lui aussi toute sa vie sur des rives éloignées du monde qui l'avait vu naître.

Si, en Amérique, des millions de personnes croient que de Soto « découvrit » le Mississippi, c'est parce que le système éducatif américain imposa un mythe qui, après qu'Irving et Schoolcraft l'eurent retravaillé, fut propagé par des générations de professeurs et d'éditeurs de manuels scolaires. Une myriade d'agences du gouvernement des États-Unis, le ministère de l'intérieur et le service des parcs nationaux inclus, aussi établirent comme un fait avéré les versions fictionnelles de la vie de de Soto.

La plus grande gloire de de Soto fut toutefois celle qu'il obtint en tant que produit dérivé de l'âge de l'automobile. Walter Chrysler avait appelé sa première voiture la Plymouth. Avec ses connotations de premier Thanksgiving, la Plymouth fut vendue comme une manière moderne pour l'Amérique de chercher le bonheur, mais comment appeler une autre voiture, destinée à un marché plus haut de gamme ? Les noms des explorateurs étaient populaires, car les Américains eux-mêmes pouvaient désormais explorer leur pays d'un océan à l'autre. La concurrence s'était déjà approprié Cadillac, mais un autre nom, celui d'un explorateur qui alors ne faisait pas controverse, était encore dans le domaine public. « De Soto avait couvert plus de distance sur le territoire nord-américain qu'aucun autre explorateur » note Dave Duricy dans son essai de 2005 à propos de cette voiture[6]. La première DeSoto (écrite avec un D majuscule, sans espace entre les mots) fut le modèle de 1929, la voiture que l'on vendit le plus en Amérique, l'année du grand crash boursier. La DeSoto devint la voiture américaine à la mode de nouveau en 1957, quand ses ailes arrière incrustées de chrome en firent l'automobile qui résumait la société de consommation au moment de la guerre froide.

Durant de nombreuses années, le meilleur endroit où l'on pouvait avoir une vue réaliste de de Soto et d'un destin qui le dépassa, curieusement, fut le grandiose Ponce de Leon Hotel à St. Augustine. Là, remplissant un mur presque entier, se trouvait un tableau qui à l'intérieur des limites de son cadre immense disait plus de vérité sur la Floride que bien des bibliothèques. La toile, de plus d'un mètre cinquante de haut et de presque trois mètres de large, était l'œuvre, en 1878, d'un peintre spécialiste de scènes historiques, Thomas Moran[7]. C'était l'époque des toiles qui avaient la taille d'un écran de cinéma, et qui représentaient les merveilleux paysages de l'Amérique et des explorateurs intrépides qui la découvrirent. Moran, artiste, homme d'affaires virtuose, avait déjà connu le succès avec une production typique du genre, *Colomb approchant de San Salvador*. Cherchant à faire une autre belle affaire financière, l'artiste avait fait choix « d'un sujet qui représenterait le conquistador espagnol Hernando de Soto ».

À l'inverse de beaucoup d'autres qui n'avaient jamais cherché à définir la Floride que par la peinture ou l'écriture, Moran prit la peine de la visiter et d'étudier son paysage. Cela l'amena à des remises en question, car, au lieu de la présenter comme une Riviera des mers du sud, il la représenta comme elle était. Il n'y a, dans sa peinture, ni de jolies fleurs, ni de palmiers qui ondulent sous le vent. À la place, les

---

6 Dave Duricy, DeSaga : *A Brief History of DeSoto*, 2005. En ligne, sur desotoland.com. Consulté le 10 mai 2012.

7 Torchia, 1998.

personnages de son tableau semblent perdus dans le sombre royaume d'une obscurité verte envahissante. Le personnage central n'est pas le conquistador ; c'est, en bas dans le coin droit du tableau, un soldat qui tient un fusil. Il regarde dans la direction d'un danger possible, qu'il ne voit, ni ne comprend, mais qu'il sait être tapi dans la pénombre d'une forêt proche. Sur cette immense toile, trois bons tiers de la surface sont occupés par des arbres noueux, par leurs racines et leur feuillage et par l'obscurité qu'ils créent. Un courant d'eau dans le lointain au lieu de mener à une mine d'or ou à une route vers Cathay, disparaît dans un marécage. Quelques Indiens sont aussi là ; ils ont offert quelques peaux d'animaux aux Espagnols.

La scène décrite dans le tableau est la représentation littérale d'un incident que Théodore Irving tira d'un ancien récit des errances de de Soto connu comme le rapport d'un « gentleman portugais ». Il s'était passé « dans un pays particulièrement misérable » – c'est-à-dire, un pays sans or ou argent. Les autochtones étaient décrits, avec quelque énervement, comme « une race pacifique, vivant presque nue. Ils vivaient principalement d'herbes, de racines, et de volaille sauvage ». Ce qui consterne particulièrement de Soto, est ce que lui offre le chef local : « deux peaux de cerf qu'il semblait considérer comme un cadeau très important ». Nous apprenons aussi pourquoi, comme il apparaît dans le tableau, si peu d'habitants étaient venus accueillir le conquistador : « La plupart des habitants de cette misérable province fuirent dans les bois à l'approche des Espagnols, laissant peu de monde dans les villages, à l'exception des vieux, des aveugles et des infirmes ». Le passage suivant explique pourquoi ils fuirent : « Chaque matin, de Soto déployait cinq groupes à cheval, dans différentes directions, pour explorer le pays ; ils abattaient tout Indien qu'ils rencontraient, et rentraient toujours au coucher du soleil, avec l'assurance qu'il n'en restait plus un seul à quatre lieues à la ronde. En l'espace de quatre ou cinq heures cependant, des hordes de sauvages étaient de nouveau prêtes à les attaquer. »

Pour Moran, comme pour de Soto, devenir riche était l'objectif. Pour satisfaire des acheteurs potentiels, Moran mit des bandeaux de plumes et des peintures de guerre sur les Indiens de Floride, comme on aurait mis des casques de Viking sur les Chevaliers de la Table Ronde. Dans son effort pour trouver un acheteur, Moran prit même des libertés plus grandes encore avec le titre. Il espérait vendre le tableau à la Chambre des Représentants, mais le Congrès avait déjà acheté un tableau mural triomphaliste qui décrivait le mythe de de Soto. Intitulé *La Découverte du Mississippi par de Soto, 1602*, il datait la découverte supposée de de Soto six ans après sa mort. Quand il devint clair que le Congrès n'achèterait pas un second tableau consacré à de Soto, Moran changea le nom de son tableau. Au lieu de l'appeler *De Soto en Floride*, il l'appela *Ponce de Leon en Floride*, même si, dans son tableau, il n'y avait pas de bateau, de plage, de cérémonie de baptême de la Floride – et pas de Fontaine de Jouvence, quoique Moran eût très bien pu insérer ce dernier motif dans son tableau, où il y avait des marécages nauséabonds, mais il ne le fit pas. Malgré le changement de nom, aucune agence gouvernementale ne fit d'offre. Aucun musée ne voulut le prendre non plus. Ce tableau était trop vrai. Comme souvent en Floride, on trouve la vérité sous une fausse dénomination.

De Soto ou Ponce de Leon ? Le tableau de Moran reflétait cette réalité que, après avoir mis pied en Floride, les noms n'avaient plus d'importance. Tous les conquistadors étaient des personnages interchangeables perdus dans le vert englobant. Finalement, presque vingt ans après que Moran l'eut fini, un des décorateurs intérieurs du Ponce de Leon Hotel acheta le tableau parce que son nom allait avec le nouvel hôtel. Puis le tableau disparut, pour réapparaître épisodiquement, tout comme de Soto lui-même, dans les endroits les plus étranges. On le retrouvera dans un magasin de meubles d'occasion à Oklahoma City avant de le faire revenir en Floride ; aujourd'hui il est exposé au Musée Cummer de Jacksonville.

À la fin, tout ce qui resta de l'immense fortune de de Soto fut « deux esclaves, trois chevaux, et sept cents porcs ». Ils furent vendus aux enchères aux survivants de l'expédition et à ceux qui les suivirent. Les acquéreurs s'accordèrent pour payer leurs achats avec cet or de Floride qui n'existait pas, « tout devant être payé par la première découverte de mines d'or ou d'argent[8] ». Hernando de Soto était devenu l'apprenti-sorcier des cochons : « 500 000 porcs sauvages causent des problèmes en Floride[9] », annonçait en août 2005, un article, paru à Gainesville, Floride, plus de 450 ans après que les porcs de de Soto eurent commencé à proliférer.

8 Theodore Irving, 1851, p. 109.

9 Associated Press, 5 août 2005 ; voir également « Hog Wild in Florida ! », *IFAS News*, Institute of Food and Agricultural Sciences – University of Florida, 2 juin 2005.

« Des cochons européens arrivèrent dans le pays avec quelques-uns des premiers colons, et, soit ils s'échappèrent, soit ils furent libérés dans la nature voilà presque 500 ans », expliquait un autre rapport. « Depuis, ils ont migré jusqu'au Canada, et dans au moins 35 États ».

La conquête continue[10]. En 2012, le Système national de repérage des porcs sauvages montra que les bêtes avaient colonisé la plus grande partie de l'Oregon et presque la totalité de la Californie, excepté Los Angeles et quelques autres zones sécurisées par des cordons d'autoroutes, « mais ils se sentent particulièrement chez eux en Floride », notait un journal télévisé[11].

10 National Feral Swine Mapping System, avril 2012. Southeastern Cooperative Wildlife Disease Study, College of Veterinary Medicine, University of Georgia.

11 ABC News, 8 juin 2005.

CHERT

Entre 1513 et 1565, il n'y eut pas moins de huit expéditions en Floride, avec, pour but, d'y établir la domination espagnole. La Floride bloqua chacune d'entre elles. En 1526 Lucas Vasquez de Ayllon arriva avec une flotte de six bateaux et plus de six cents hommes, soldats, colons, avec femmes et enfants, médecins et esclaves d'Afrique. Voici le récit de ce qui arriva à leur tentative d'établissement : « Durant l'automne, les colons souffrirent de maladie, de manque de nourriture et du froid. On envoya des groupes explorer l'intérieur pour repérer où vivaient les indigènes de qui on pourrait obtenir de la nourriture, mais sans succès. Beaucoup moururent, Ayllon inclus. Quelques membres de la colonie déménagèrent vers un village indien tout proche, mais après plusieurs jours leurs hôtes les tuèrent. Le prix que les Espagnols eurent à payer des raids indiens fut important et les esclaves africains finirent par mettre le feu aux habitations. Défaits, les colons abandonnèrent leur établissement à la mi-novembre et firent voile vers l'Europe[1] ».

En 1528 Panfilo de Narvaez se noya en tentant de conquérir la Floride. Seulement quatre des mille cinq cents hommes qui l'avaient accompagné survécurent. Le plus fameux des survivants, Alvar Nunez Cabeza de Vaca, trouva du secours, mais seulement après avoir parcouru à pied la distance entre la Floride et le Texas. En 1548, le Père Luis Cancer de Barbastro fut matraqué à mort sur une plage de Floride. Puis, en 1559, c'est du Mexique que Tristan de Luna y Arellano arriva en Floride. Testant une nouvelle stratégie, conquérir la Floride par le nord plutôt que par le sud, lui et son expédition débarquèrent à proximité de ce qui est aujourd'hui Pensacola, juste à temps pour qu'un ouragan anéantisse leurs vivres, leur ravitaillement et leurs espoirs. Tristan de Luna réussit sur un point au moins : il fut le premier chef d'une expédition espagnole à rester en vie.

---

1 Pour une perspective générale, *cf.* John Francis Bannon, *The Spanish Borderlands Frontier, 1513-1821*, 1970.

La ruine que s'infligèrent les Espagnols est bénigne si on la compare aux horreurs dont ils ont accablé les populations autochtones de Floride. La variole, le paludisme, le typhus, la peste bubonique, la peste pulmonaire, la rougeole, et la fièvre jaune arrivèrent avec eux. Comme les maladies européennes décimaient les Amériques, la population de toutes les îles, de Cuba jusqu'en Amérique du sud, disparut. Il en fut de même pour les populations du Newfoundland et des Bahamas. En Floride, également, l'insularité avait protégé ses habitants pendant des millénaires, mais quand l'invasion arriva finalement, ils étaient encore moins préparés à survivre à la contagion que ne l'étaient les populations continentales. Comme les indigènes mouraient, mourut aussi le rêve de conquête des conquistadors. Les Espagnols apportèrent des maladies qui les tuèrent. Mais en mourant, les indigènes privèrent les Espagnols de la force de travail essentielle à leur système impérial[2].

Un sort similaire emporta l'empire spirituel de l'Espagne. La croix succédant à l'épée, les Franciscains et les Jésuites finirent par établir plus de cent missions en Floride, la première d'entre elles en 1566, 203 ans avant que la première des fameuses missions de Californie ne fût fondée. En 1705, elles avaient toutes disparu, de même que les populations dont on devait « sauver » les âmes. Ces malheureux qui avaient disparu étaient aussi mauvais que nous, aussi bons que nous, et comprenaient aussi vite que les gens aujourd'hui. En 1982, un ouvrier qui creusait sur le site de Windover Pond pour un programme immobilier, dix huit kilomètres à l'intérieur par rapport à Cape Carnaveral, trouva des crânes humains dans la boue et appela les flics. Les archéologues trouvèrent aussi les restes d'une victime d'un meurtre ; elle tentait de s'enfuir quand ses agresseurs l'avaient tuée d'un coup de lance[3]. Il ne s'agissait pas d'un des nombreux massacres de masse de Floride. Car cette personne et toutes les autres étaient mortes des milliers d'années avant Bouddha, Socrate et Confucius. La colonne vertébrale mal formée d'une jeune personne, peut-être de quinze ans, était la découverte la plus étonnante ; elle avait

2 Henry F. Dobyn, « The Invasion of Florida : Disease and the Indians of Florida », in Henderson and Mormino, *Spanish Pathways*, 58-78 ; Alfred W. Crosby Jr., *The Columbian Exchange : Biological and Cultural Consequences of 1492*, 1976 ; Samuel M. Wilson, *The Emperor's Giraffe : And Other Stories of Cultures in Contact*, 1999.

3 Bonnie Gair McEwan (ed), *The Spanish Missions of La Florida*, 1993 ; Mark Frederick Boyd, Hale G. Smith, John W. Griffin, *Here They Once Stood : The Tragic End of the Apalachee Missions*, 1951, puis 1999.

souffert depuis la naissance d'une malformation appelée *spina bifida*. « La jeune personne lourdement handicapée n'aurait jamais pu marcher, remarque l'anthropologue Robin C. Brown, cependant ils l'avaient soignée ». « Il y avait de la charité et de la gentillesse, il y a 7000 ans[4] ».

Des fouilles archéologiques ultérieures fournirent la preuve que des êtres humains avaient colonisé la Floride bien plus tôt encore – non pas il y a 7000 ans mais il y a plus 14 000 ans. Comme toujours en Floride, c'est l'eau qui fournit la clé et un aventurier excentrique qui ouvrit la porte. Son nom est Buddy Page. Il s'était retiré en Floride après avoir été membre, dans la marine des États-Unis, de ce commando des Seals qui, plus tard, tuera Osama Ben Laden. La vie dans la partie la plus sèche de la Floride n'était pas assez dangereuse pour Buddy Page, aussi revêtit-il son équipement de plongée et commença-t-il à plonger. Mais il ne plongea pas dans les eaux cristallines du Golfe du Mexique. Non. Il plongea dans la boue de la rivière Aucilla dans le Panhandle de Floride et, quand il arriva au fond d'une énorme doline d'eau noire, il avança encore. En fouillant dans des ténèbres visqueuses, il trouva des os de mastodontes ainsi que des armes et des outils que des êtres humains avaient utilisé pour tuer et découper des bêtes géantes. Ils étaient enfouis profondément sous l'eau, car ils remontaient à une époque où les niveaux de l'océan étaient plus bas qu'aujourd'hui. La cavité sous marine que Page découvrit faisait partie de la terre quand les êtres humains l'utilisaient comme une sorte d'abattoir préhistorique. Puis les niveaux de l'eau avaient de nouveau monté et la boue avait préservé ces restes qu'on avait trouvés.

Les os et les outils étaient déjà une révélation en eux-mêmes, mais la découverte la plus importante consistait en des fèces, ou plus précisément en des restes d'un champignon particulier qui pousse sur les fèces des grands herbivores. Comme les fouilles avançaient, les plongeurs ramenèrent à la surface de grandes quantités d'excréments. Les savants découvrirent que des restes de « sporormiella, un champignon dont le cycle de vie repose sur la consommation et le rejet par des grands herbivores comme le mammouth et le mastodonte » infestaient ces fèces. Les archéologues retrouvèrent « parfaitement préservés des millions de fragments de plantes qui avaient été mâchées. [Ce] qui nous permit de réunir plus de 70 échantillons de carbone 14 du site », expliqua Jessi

4 Robin, C. Brown, *Florida's First People*, 1994.

Halligan, une anthropologue de l'Université de l'État de Floride à Tallahassee toute proche, qui dirigeait l'équipe qui effectua les fouilles sous marines. « Tous les échantillons de cette couche avaient plus de 14 400 ans » annonça-t-elle, lorsque la découverte fut rendue publique en 2016. En Floride, qui n'a ni or ni mines, Halligan et ses explorateurs sous-marins avaient découvert une « mine d'or archéologique ».

Quand on considère précisément les faits relatifs à la découverte de la Floride et aux établissements européens, on ne peut que remettre en question toute la mythologie de Ponce de Leon et réfuter toutes ces absurdités qui en découlent. En fouillant dans la boue, au fond de la rivière Aucilla, Halligan et ses collègues firent quelque chose de plus important encore. Ils montrèrent que notre connaissance de la présence humaine dans les Amériques était fausse. Jusqu'à ce que l'on datât ces restes, la date de naissance de l'humanité dans l'hémisphère occidental avait semblé aussi simple que les vieux contes qui relataient la découverte de la Fontaine de jouvence par Ponce de Leon. On pensait que, en traversant un bras de terre entre la Sibérie et l'Alaska, à une époque où les niveaux de la mer étaient plus bas qu'aujourd'hui, les êtres humains avaient petit à petit migré vers le sud des Amériques. En un lieu appelé Clovis, aujourd'hui au Nouveau Mexique, des êtres humains avaient développé une riche civilisation paléolithique. Cette civilisation de Clovis, avaient conclu les archéologues, était non seulement la première civilisation mais la civilisation fondatrice de l'hémisphère occidental. S'il en était bien ainsi, tout ce qui s'était passé en Floride était nécessairement arrivé plus tard et n'était qu'un épiphénomène par rapport à ce courant de migration – bras de terre-Clovis – qui avait décidé du peuplement des Amériques. C'était avant que ces fèces de mastodontes n'émergent des fonds boueux de Floride. L'étude des reliques trouvées au Nouveau Mexique avait autoritairement datée les origines de la civilisation de Clovis à environ 13 500 ans, mais, en Floride, des peuples faisaient déjà des armes, chassaient de grands animaux, formaient des communautés voilà 14 500 ans. C'était un millenium et demi avant que n'émergeât la civilisation de Clovis. Pendant des générations les chantres de la Floride avaient faussement prêché que St. Augustine « était la plus vieille ville d'Amérique ». Maintenant, grâce à un ancien de la marine et à la datation au carbone, la Floride pouvait réellement revendiquer une primauté, bien plus importante. Comment et pourquoi en fut-il ainsi et que cela signifie-t-il pour notre connaissance de nous-mêmes en tant qu'êtres humains ? Voilà des sujets qui obsèderont les archéologues pendant des décades. Entre-temps, la science aura montré ce que montre aussi l'histoire. Regardez la réalité de la Floride. Fouillez dans la boue intellectuelle tout autant que dans la boue physique du lieu, et votre connaissance du monde en sera forcément changé.

Bien que cette découverte en Floride, comme toutes les grandes découvertes, pose plus de questions qu'elle n'apporte de réponses, elle aide aussi à résoudre un problème important. Avant que n'arrivent les êtres humains, toutes sortes de bêtes gigantesques prospérèrent dans les Amériques. Mais, dès que les êtres humains apparurent, tous les grands animaux de Floride, des chameaux géants aux castors de cinq cents kilogrammes, disparurent. Le cheval disparut aussi, avant qu'il ne revînt avec les Espagnols. Au musée d'histoire naturelle de Gainesville vous pouvez voir le squelette d'un mammouth qui vivait en Floride il y a quelques seize mille ans. Comme les restes des peuples de Windover et les fèces de l'Aucilla, il fut préservé dans la boue, sous l'eau. Cette superbe créature faisait plus de cinq mètres de haut quand il dressait sa tête puissante, déployait ses immenses défenses et mugissait. Jusqu'à ce que les hommes s'établissent en Floride, plus grand c'était, mieux c'était. Puis, en l'espace de quelques deux mille ans cette méga faune s'éteignit. Cette extinction massive était-elle la faute de l'homme ? Les découvertes de l'Aucilla, combinées avec ce que les excavations de Clovis avaient révélé, donna à ceux qui niaient que cette extinction fût la faute de l'homme un coup fatal. En Floride, voici quelques 14 500 ans, les hommes affrontaient encore des mastodontes et, à l'époque où la civilisation de Clovis apparut, quelques mille cinq cents ans plus tard, la méga faune avait déjà complètement disparu de toute l'Amérique du nord. Des milliers et des milliers d'années avant que les êtres humains ne débattent de qui est responsable du changement climatique, les êtres humains déclenchaient partout où ils allaient une grande et violente transformation écologique. Et, comme aujourd'hui, cela se passait à une vitesse étonnante. Ce fut l'invention de la lance qui fut décisive. L'utilisation de la lance signifiait que des petits groupes d'hommes décidés, âpres à la tâche et armés – les précurseurs des escouades militaires et de bien d'autres formes de travail en équipe – pouvaient se battre, tuer et se nourrir eux-mêmes, leurs équipiers et leurs enfants, avec la chair de bêtes qui, autrement, auraient été invulnérables.

Les inventions du Paléolithique et du Néolithique révolutionnèrent la hiérarchie mondiale des espèces, faisant des hommes l'espèce dominante sur la planète, mais comment avoir un Age de la Pierre sans pierres ? La Floride n'avait pas de métaux mais elle n'avait pas non plus de jaspe ni d'obsidienne. Ces substances sont produites par des éruptions volcaniques, et la Floride n'a pas de roches ignées de quelque sorte que ce soit, et par conséquent pas de charbon non plus, ni de diamants, d'opale, ni aucune autre « pierre » dans le sens habituel du mot.

Les peuples de Floride maîtrisèrent cependant la technologie de l'Age de Pierre sans avoir de pierre. À partir des restes fossilisés d'anciennes éponges, ils firent des sortes de dagues, suffisamment efficaces pour faire disparaître des espèces entières de la mégafaune[5]. Le plus important matériau qu'ils utilisèrent s'appelle le chert. Le chert dans sa forme définitive « se caractérise par son extrême dureté, est aussi tranchant que du verre et a des bords aigus », note un géologue. Ce qui le rend idéal pour « fabriquer des têtes de hache et de lance ainsi que des pointes de flèches », mais le chert ne se trouve pas dans la nature en l'état. Avant qu'il ne pût être « transformé » en outils et en armes, il fallait tout d'abord l'extraire des épaisses couches de calcaire qui l'enchâssait, puis le casser en pépites utilisables. On ensevelissait alors des morceaux du matériau, pesant pas moins de trente kilogrammes, dans le sable au-dessus duquel on allumait des feux pendant plusieurs heures. Une fois extraits de ces fournaises paléolithiques, on brisait les pépites en petites pièces qui étaient, à leur tour, transformées laborieusement : d'une substance poussiéreuse grise, graveleuse au toucher, en une substance lisse, brillante, avec toute une palette de couleurs attrayantes, allant du rose pastel à l'acajou. Ces pièces, selon leur structure et l'inventivité des personnes qui les travaillaient, étaient utilisées en tant qu'ornements, outils et armes diverses.

Ce processus compliqué et maîtrisé était un triomphe de l'inventivité et de l'organisation humaine, mais le chert était rare et difficile à trouver, aussi, plus remarquablement encore, les peuples de Floride du Sud développèrent des méthodes pour transformer le corail agatisé en lames meurtrières. De telles réalisations montrent que ce qui est vrai à l'âge des armes nucléaires l'était aussi il y a plus de quinze mille ans. L'intelligence de l'homme, et non pas les armes qu'il utilisait, était ce

5 Robin C. Brown, *Florida's Fossils*, 1998.

qui fit de lui un tueur si efficace. Plus grosses et plus lourdes que les pointes de lance beaucoup plus célèbres de Clovis, les pointes des lances de chert faites en Floride étaient si efficaces qu'elles devinrent vite obsolètes. Comme les grands animaux qu'elles tuaient disparaissaient, ces armes devinrent plus petites, à l'instar des animaux que, désormais, elles tuaient. Depuis le début, les habitants ont transformé la Floride. Et, comme le révèle l'évolution de la technologie des armes, la Floride les a transformés en retour – de chasseurs de gros gibier en pêcheurs, trappeurs et charognards.

Les dinosaures ne s'aventurèrent jamais en Floride ; elle était au fond de l'océan quand ils dominaient la planète. Il n'y avait pas de moutons, de chèvres, ou de bovins, mais quand les hommes arrivèrent, les alligators les attendaient, ainsi que le pélican et le lamantin. Dans l'ancienne Floride, personne ne risquait d'être piqué par une abeille, mais des mouches noires fourmillaient partout. Les pommes de terre, les tomates, le chili, et le chocolat, bien qu'ils aient leur origine dans l'hémisphère occidental, n'atteindront la Floride que quand les Européens, après les avoir trouvés en Amérique centrale et en Amérique du Sud, les y importeront. Le maïs, l'élément nutritionnel de base de nombreuses populations indigènes d'Amérique, ne rentra en Floride que des milliers d'années après avoir été cultivé ailleurs. Les limitations intrinsèques de la terre expliquent pourquoi, pendant si longtemps, l'agriculture existait à peine. L'absence de réserves de nourriture à piller fit enrager les Espagnols presque autant que l'absence de mines d'or. Ils avaient atterri au milieu d'une société qui, en dépit de son abondance apparente, était bien moins productrice et résistante qu'elle ne semblait.

Ces premières populations dînaient d'huîtres, buvaient du thé fait avec des herbes locales, et, s'ils étaient vêtus légèrement, portaient des vêtements colorés qu'ils embellissaient de bijoux à leur manière propre. Comme les Floridiens d'aujourd'hui, ils pouvaient jouir d'un niveau de vie que leur productivité économique ne semblait pas leur garantir. Sur l'île d'Horr, dans le sud-ouest de la Floride, il y avait des tas de coquilles d'huître, aussi gigantesques que les monts Trashmore[6] d'ordures que les Floridiens créent de nos jours. Des milliers d'entre eux vivaient sur ces

6 Le terme populaire Mount Trashmore pour ces déchets géants est un jeu de mots sur le Mont Rushmore, un parc national dans l'État du Dakota du Sud, célèbre pour ses sculptures géantes représentant les visages des présidents américains. (ndt).

plateaux faits par la main de l'homme, ce qui leur permettait de se protéger quand éclataient des orages sur la côte, même s'ils ne connaissaient pas les systèmes de protection nécessaires à la vie urbaine, ou n'avaient pas développé l'agriculture et les circuits commerciaux. D'anciens dessins montrent des personnages qui trouveraient très bien leur place dans les défilés de mode que vous voyez aujourd'hui à South Miami Beach, à une différence près. Ces anciens Floridiens, apparemment, n'estimaient pas nécessaire de faire de la gym. Dans ces anciennes représentations, les hommes comme les femmes sont corpulents. Les anciens Floridiens ne semblent pas avoir connu la faim, encore moins la famine, jusqu'à ce que les Européens ne les leur infligent, avec la Chrétienté, l'esclavage, et une multitude de maladies.

Pendant au moins une douzaine de millénaires, l'isolement de la Floride avait préservé ses habitants de la Mort noire et des autres maladies contagieuses. Mais, ensuite, la grippe raya de la carte des villages entiers, alors que la mort, rampante, impossible à arrêter, arrivait de l'extérieur et que les habitants se trouvaient aussi mal préparés face à son assaut et aussi dépourvus pour y survivre que ne l'avaient été le mastodonte et le castor géant. Leur extinction, la première des tragédies humaines de Floride, ne fut que l'un des nombreux épisodes d'un mélodrame biologique d'avancée et de retrait génétique qui s'y est déroulé depuis un temps immémorial, et qui continue à se dérouler tout autour de nous. Toutes sortes d'animaux, de plantes, et de microbes font constamment de bizarres apparitions en Floride, car, en plus de l'ambiguïté entre la terre et l'eau, il y a une ambiguïté entre l'air et la température. Est-ce un climat tropical ou un climat tempéré, est-ce un climat chaud ou un climat froid, un climat du nord ou un climat du sud ? Vous croyez connaître la réponse, jusqu'à ce que le Jet Stream ne plonge vers le sud, et n'amène avec lui vents glacés et gelées meurtrières. Selon les services de la météorologie nationale, les dix catastrophes naturelles les plus destructrices qui ont frappé la Floride durant le XXe siècle sont dues à des pics de froid[7]. Même lors des années normales les rigueurs de l'hiver sont un fait, mais les habitants semblent toujours déconcertés quand le front froid arrive. « J'ai grandement besoin d'un manteau », Mrs Clara Leonard, une veuve de Miami, écrivit-elle quand le froid frappa la ville en décembre 1934. « Si vous en avez un de la saison passée que

7 Thomas F. Giella, *Florida Historic Cold Weather Archive*, 2012.

vous avez mis de côté, j'aimerais beaucoup que vous me le fassiez parvenir. Je paierai l'expédition si vous êtes en mesure de me l'envoyer ». Après avoir écrit cette lettre, Mrs. Leonard mit un timbre de 3 cents sur l'enveloppe et l'adressa à Mrs Eleanor Roosevelt, Maison Blanche, Washington D. C.[8]

En Floride, nier qu'il y gèle est un thème récurrent, mais il n'est personne pour nier les ouragans. Tout le monde en a fait l'expérience, au moins par procuration : les vents hurlants, les pluies d'orage qui déferlent sur les îles ; l'ouragan qui transforme la vie et les biens en jouets, puis les écrase comme le ferait un enfant irritable en plein milieu d'une colère. Cependant les ouragans de Floride, à l'exception d'un d'entre eux, n'ont pas tué des milliers de personnes mais seulement des centaines. C'est parce que, jusqu'à une date récente, la Floride ne comptait que très peu d'habitants et que la plupart d'entre eux ne vivaient pas dans le bas de la péninsule comme c'est le cas aujourd'hui. L'ouragan du lac Okeechobee en 1928 causa la mort de presque trois mille personnes, essentiellement par noyade. Elles moururent quand les vents projetèrent violemment les eaux du lac, qui fait les trois quart de l'État du Rhode Island, au-dessus des digues.

Zora Neale Hurston décrivit la Floride, en général, mieux que personne ne l'avait jamais décrite et sans doute ne la décrira. Voici, en particulier, comment elle décrit les gens qui essaient de fuir les débordements du lac :

> La bête monstrueuse avait quitté son lit. Des vents de trois cents kilomètres à l'heure avaient brisé leurs chaînes. Elle monta sur les digues et courut jusqu'aux premiers quartiers ; elle les déracina comme de l'herbe et se précipita sur ceux qui étaient censés l'avoir soumise, renversant les digues, renversant les maisons, renversant les gens dans les maisons avec les arbres. La mer écrasait la terre sous son talon.
>
> « L' lac arrive ! glapit Tea Cake.
> L' lac ! un cri d'horreur depuis le bateau à moteur, l' lac
> Il arrive derrière nous » dit Janie en tremblant

« La mère de la méchanceté a traité les hommes à la légère » écrivit Hurston[9]. En fait, c'était l'inverse. Si ces digues construites par la main

8 Dwight Young and Margaret Johnson (ed), *Dear First Lady : Letters to the White House*, 2008, p. 200.

9 Zora Neale Hurston, Their Eyes Were Watching God, 1937, p. 156, 202.

de l'homme n'avaient pas existé, il n'y aurait pas eu cet afflux fatal de l'eau. Le lac Okeechobee se serait déversé graduellement et gentiment sur les Everglades, fournissant une nouvelle injection d'eau douce et de substances nutritives végétales plutôt que de faire un carnage meurtrier. La réponse humaine, comme toujours en Floride, fut de déformer plus encore le paysage. Aujourd'hui les digues sont si hautes que vous ne pouvez pas voir le lac Okeechobee quand vous le longez en voiture. Couvrir l'Okeechobee de digues n'était qu'un début. Le corps des ingénieurs de l'armée des États-Unis construisit aussi ce qui est connu sous le nom de la Digue de Protection de la Côte Est. Zigzagant sur cent cinquante kilomètres, depuis Homestead, au sud de Miami, jusqu'aux comtés de Dade, Broward et Palm Beach, l'immense projet sépara artificiellement les Everglades de son système naturel d'écoulement des eaux, transformant une immense portion de zones humides en zones momentanément sèches. Il déboucha sur un développement urbain financé par l'État et sur la spéculation immobilière en Floride du sud. Mais il entraîna aussi une perturbation de la nature qui, tôt ou tard, trouverait un moyen de la corriger, avec cette différence que, cette fois, des millions, et non pas des milliers, de personnes seraient en danger.

Qu'il s'agisse de l'air ou de l'eau, des animaux ou des plantes, des microbes ou des êtres humains, expliquer ce qui se passe en Floride revient toujours au mélodrame de l'échange de chaleur. Comme on nous l'apprend dans les cours de chimie, la chaleur se répand sur une échelle globale tandis que l'air (le vent) et l'eau (l'océan) essaient d'atteindre un équilibre planétaire. La rotation et l'inclinaison de la terre quand elle tourne autour du soleil rend cela impossible, mais la nature continue à essayer, si bien que chaque année les orages tropicaux transportent des énormes quantités d'air chaud et d'humidité vers le nord. Sous la surface de l'océan, d'immenses volumes d'eau plus chaude coulent également vers le nord. On appelle ces eaux chaudes qui se déplacent vers le nord le Gulf Stream. On appelle les plus puissantes de ces masses d'air qui se déplacent vers le nord des ouragans. Aussi différents qu'ils puissent paraître, les courants océaniques et les ouragans montrent une symétrie non-apparente qui est une belle manifestation de la manière dont les gaz (comme l'air tropical chaud) et les liquides (comme l'eau chaude de l'océan) suivent, chacun à leur manière, les mêmes lois de la nature.

Voici un cas où la forme et le lieu, ainsi que les formations géologiques, sont le destin. La tectonique et les formations géologiques se sont combinées pour créer, en la forme de la Floride, une terre qui est à la fois construite comme un pont et qui se comporte comme un pont – et pas comme n'importe quel pont. La Floride, à cause de sa latitude intermédiaire, forme un pont entre deux zones climatiques complètement différentes, la zone tempérée et la zone tropicale. Elle forme également un pont entre les deux régions qui, depuis les cinq cents dernières années, se sont avérées être les deux régions les plus volatiles des temps modernes. L'une d'elles est l'Amérique latine tropicale, qui a actuellement une des croissances démographiques les plus élevées du monde. L'autre est l'Amérique du nord au climat tempéré. En moins de cent cinquante ans, celle-ci est passée d'un vaste espace, presque vide, où on trouvait des bisons par milliers et des pigeons plein le ciel, au camp de base de la plus grande superpuissance que le monde n'a jamais connue – le lieu où les armes nucléaires, la télévision, les iPods et les MIRVs, pour ne rien dire des PCs et de l'Internet, furent inventés.

Comme les migrants venant du nord vont vers le sud, et les migrants du sud vont vers le nord, le régime du climat subtropical de la Floride prend au piège bien des créatures. Pour comprendre, pensez à des insectes et à des reptiles, mais aussi à des êtres humains qui entrent dans un dédale environnemental où les choses ne sont pas comme elles paraissent. Mieux encore, imaginez un jeu de croquet modifié pour que des flamands roses puissent y jouer. Il y a plus de cinquante ans, un groupe de vrais flamands roses firent leur apparition sur le circuit de course de Hialeah, près de Miami. Durant les années qui suivirent, comme les personnages d'un conte de Damon Runyon, les flamands furent des visiteurs saisonniers fidèles du circuit. Alors, comme bien des gens, les flamands arrêtèrent de faire l'aller et retour, en ce qui les concernait entre Cuba et Miami. Ils s'installèrent d'une manière permanente en Floride. Parmi ces autres migrants qui ont élu domicile en Floride, il y a le chat, la souris, le pou et la puce. La rainette de Cuba (en fait, elle était de deux sortes) envahit la Floride en 1931, dans une caisse de bateau. Son arrivée violait les règles du ministère de l'agriculture des États-Unis, mais être un étranger en situation illégale n'a pas empêché l'*Oesteopilus septentrionalis*, pour lui donner son nom officiel, de s'installer en Amérique. « Une célébrité grenouille saute dans le *Today Show*, rapportait le *Tampa Tribune* en 2005[10]. Dans les Zephyrshills toutes proches une grenouille appelée Prince Marchello avait appris à piloter un scooter miniature. Pour célébrer cet exploit, l'animal amphibie avait été retenu pour passer sur une chaîne de télévision nationale.

On ne remarque pas ce mélodrame biologique d'avancée et de retrait génétiques, jusqu'à ce qu'un clip vidéo sur YouTube, ou une histoire effrayante qui apparaît en gros titres des journaux à sensation sur les portants à la sortie des supermarchés n'attirent l'attention du public : « Un lézard terrorise un quartier de Floride » – « des fonctionnaires chassent deux loups hybrides » – « La Floride sur ses gardes face à des escargots géants » – « des pythons hors de contrôle ». En octobre 2002, la tendance de la Floride à passer d'un paradis de carte postale à un film d'horreur trouva sa manifestation la plus concrète quand une femme de Floride du nord du nom de Dee Thompson entra dans son bureau à Fort Walton Beach et remarqua qu'il était infesté par une multitude de petites grenouilles. Dehors, peut-être un million de ces créatures, chacune à peu prêt de la taille d'une pièce de monnaie, avait envahi le parking, les espaces alentour et les immeubles adjacents. De tout temps, divers événements qui ont eu lieu en Floride ont à la fois ridiculisé et symbolisé les dilemmes et les travers de l'Amérique. Et, aujourd'hui, à Fort Walton Beach, le drame propre de la Floride est reflété par un événement qui, bizarrement n'est pas plausible mais qui est cependant impulsé par une logique floridienne irréfutable[11].

En plus du « où ailleurs qu'en Floride » ces grenouilles pourraient-elles apparaître, il y avait cette impression, que l'on a si souvent en Floride, de saisir le *Zeitgeist* dans le miroir d'une Fun House. C'était en partie parce que, des années auparavant, des cinéastes d'Hollywood, à deux reprises et pas une seule, avaient esquissé cette histoire d'un Fort Walton Beach infesté de grenouilles. Le premier film à représenter l'événement avant qu'il n'eut lieu fut un film d'horreur à petit budget de 1972. Intitulé *Frogs*, il ne décrivait pas seulement d'une manière prémonitoire cette invasion, mais il fut filmé à quelques kilomètres seulement du vrai futur lieu de l'invasion des grenouilles. Puis, en 1999, seulement trois ans avant celle-ci, un film plus important sortit sur les écrans. Comme la Floride, *Magnolia*, était rempli de longues

10 *Tampa Tribune*, 26 mars 2005.

11 Jacki Lyden, *Frogs !* rapport de la National Public Radio, 18 octobre 2002.

séquences inattendues, apparemment sans lien entre elles. Ce qui créait un problème pour le scénariste et metteur en scène culte, Paul Thomas Anderson. Comment terminer le film ? Anderson décida sagement de résoudre les convolutions de l'intrigue en faisant tomber des grenouilles du ciel. Mais voilà que quelque chose d'analogue se passait en Floride, même si, en l'occurrence, les grenouilles ne tombaient pas du ciel. Elles sortaient de la boue.

Cette vraie peste fut infectée de symboles. Pour commencer Fort Walton Beach, par son nom comme par les événements qui y eurent lieu, résume la transformation totale de la Floride d'un poste militaire avancé des États-Unis (Fort) en un rivage sybarite américain (Beach). Par conséquent, il était tout à fait approprié que les grenouilles dont il est question choisissent cet endroit pour attaquer l'idée que, en Floride, le rêve américain, après avoir écrasé toute résistance, a remporté une victoire totale. L'attaque était particulièrement bien ciblée. Car Dee Thompson, cette femme qui découvrit les grenouilles, était la directrice générale de PAWS (la société protectrice des animaux du Panhandle). Les sociétés modernes ont été fondées sur l'idée que l'on peut éduquer la nature à être gentille, comme on éduquerait un animal domestique. Or, voilà que, par centaines de mille, ces petites et repoussantes grenouilles se mettaient à cracher, déféquer et forniquer sur tous les dossiers bien rangés de ces gentils petits chiens égarés et de ces chats si merveilleux à adopter que la société protectrice des animaux du Panhandle avait pour mission de protéger. Elles obstruaient aussi les auges et transformaient les litières en des lieux palpitants d'une vie indifférenciée.

Aussi absurde que cela puisse paraître, l'invasion par les grenouilles de Fort Walton Beach renvoyait à des grands thèmes qui trouvent leur origine première dans la géographie et le climat uniques de la Floride. Il est éclairant cependant, que les Floridiens aient réagi aux événements de Fort Walton Beach de la même façon que le reste des Américains réagissent habituellement aux événements de Floride. Étrange ! Mais que pouvez-vous espérer d'un endroit comme cela ? Puis ils retournèrent à leurs préoccupations habituelles – dont ils avaient été pour un temps détournés, mais sans être éclairés pour autant.

Que ce soient des orages tropicaux qui remontent des tropiques vers le nord durant la saison des ouragans, ou que ce soit un raz de marée d'étudiants venu de là-haut, dans le nord, qui déferlent sur le sud et envahissent ses plages durant les vacances de printemps, c'est le destin de la Floride de voir son histoire, son climat et pratiquement tout le reste, aller et venir. En conséquence, ce qui semble typiquement floridien a généralement son origine ailleurs, et est souvent apporté par des invasions militaires, politiques, économiques ou culturelles. Rien ne semble plus fondamentalement floridien que le jus d'orange, à moins que ce ne soit les belles fleurs de l'hibiscus. L'un et l'autre ont pourtant leur origine en Chine, et arrivèrent en Floride via l'Europe. La musique que vous entendez dans une discothèque de Floride a sans doute vu le jour dans les Caraïbes, alors que la musique que vous entendez dans un bar le long d'une route vient vraisemblablement des Appalaches. En Floride, le Nord rencontre constamment le Sud. Et le Sud constamment rencontre le Nord. L'un et l'autre jouent des coudes pour monter ou descendre en Floride à travers le territoire de l'autre. La Floride n'est pas seulement le lieu où le Sud rencontre le Nord et vice versa. C'est là où ils entrent en collision, se heurtent, s'embrasent et, plus souvent que vous ne le pensez, se caressent et s'entremêlent.

Un des résultats de cette position intermédiaire est que, en Floride, ce qu'on pourrait appeler une stase n'existe pas. Les matinées lumineuses et claires sont suivies, les après-midis, par des orages. Et il en va de même pour les événements humains. Rien n'est permanent, si ce n'est que, à travers cette turbulence, les choses viennent et reviennent. Nous ne savons pas ce que les rainettes espéraient faire, quand elles vinrent en Floride. Nous ne savons pas ce à quoi pensent ceux qui conquièrent un pays ou ceux qui versent un acompte pour acheter un appartement. Ils s'imaginent que cette version particulière de la réalité qu'ils grattent dans la boue ou qu'ils délimitent sur une carte sera permanente, définitive, mais la dynamique Nord-Sud de la Floride ne garantit pas que de tels rêves de permanence puissent jamais devenir réels.

Les Espagnols pensèrent qu'ils avaient conquis définitivement la Floride en 1565 quand, dans ce qui fut le premier massacre de masse d'hommes blancs par des hommes blancs sur le continent nord-américain, ils anéantirent les efforts d'une colonisation française. Les Américains pensèrent qu'ils avaient définitivement assuré le futur de la Floride quand, après y avoir effectué plusieurs saccages, ils remplacèrent les Espagnols en 1821. Pendant longtemps le triomphe des Nord-Américains qui parlaient anglais sembla aussi irréversible que l'avait semblé la domination espagnole précédente. Les événements subséquents prouvèrent que ce n'était encore qu'illusion. À la fin du vingtième siècle, un influx de Latino-Américains qui parlaient espagnol changea à nouveau la démographie de l'État, mais ce n'était pas fini. Car, au début du vingt et unième siècle, les millions de Latino-Américains qui montaient vers le nord étaient contrebalancés par des millions de Baby Boomers qui, eux, arrivaient en Floride depuis le nord, sous forme d'énormes vagues de retraités. On peut s'attendre à des bouleversements sociaux et culturels, mais, dans l'immédiat, le résultat inattendu est le rôle complémentaire que les deux groupes ont trouvé dans la vie des uns et des autres. La Floride, État de vieux retraités américains, est également devenue – sans que personne ne l'ait imaginé ainsi – un État d'immigrés qui travaillent pour le plus grand bénéfice de l'assurance-maladie. En attendant, chaque fin de semaine, dans les bars à célibataires, de Tallahassee à Key Largo, des yeux noirs rêveurs plongent dans des yeux bleu clair et ces deux paires d'yeux finissent par se réunir.

Il serait faux de dire que, en Floride, chaque poussée vers le sud est équilibrée par une poussée équivalente vers le nord ; ce serait trop simpliste. La Floride, plutôt, apparaît comme une sorte d'étude de cas dans une théorie du chaos. Sa cohérence vient, comme la grande tache rouge de la planète Jupiter, d'éléments imprévisibles. L'eau s'infiltre vers le sud sous la couche calcaire. Les orages tropicaux amènent d'immenses quantités d'eau vers le nord. Dans l'un et l'autre cas, la Floride est toujours inondée. Les retraités du Midwest dans leur parc à caravanes et les boat people haïtiens retenus par les services de l'immigration arrivent en Floride par des itinéraires différents et pour des raisons différentes. Mais les uns comme les autres se retrouvent dans des préfabriqués bons marchés. Les capitaux flottants, qu'ils viennent de Caracas ou de Cleveland, finissent toujours par s'investir dans des résidences fermées. Exosquelette ou endosquelette, tout ce qui survit après quelques centaines d'années de ces deux vers marins et du destin de l'homme n'est qu'un résidu blanc crayeux.

La Floride avait ses propres cafards avant que des envahisseurs comme le cafard géant de Madagascar n'y établît sa résidence, mais comme une équipe de biologistes l'a montré dans l'étude qu'ils ont faite sur les insectes de Floride : « Les espèces principales de cafard sont toutes des espèces immigrées ». De provenance opposée, la vigne kudzu qui tue par étouffement arriva en Floride de Géorgie vers 1899 avec le chemin de fer. Le « pin » a aussi colonisé la Floride. Bien que ce ne soit pas des conifères, les premiers pins australiens furent introduits en Floride parce qu'ils rappelaient aux nouveaux arrivants les vrais pins, là haut dans le nord. Le problème est que le pin australien prolifère comme une gigantesque mauvaise herbe, de dix mètres de haut si on lui en donne la possibilité – et il s'avéra que les arbres et les plantes de Floride ne pouvaient pas rivaliser avec ce dernier envahisseur. Autrefois salué pour son « aspect méditerranéen », le pin australien constitue aujourd'hui une des principales menaces pour l'environnement naturel[12].

Parmi ces autres envahisseurs qui ont remporté le jackpot, il y a le puceron marron des agrumes, mais en général seulement une sur dix de ces espèces parvenait à survivre quand elles atteignaient la Floride. C'est, parce que pour toutes les espèces, à commencer par les êtres humains, la caractéristique la plus évidente de la Floride est son inhospitalité. À l'exception de sa frange septentrionale, la Floride est beaucoup trop au sud et beaucoup trop détrempée pour la culture du coton, sans même parler de celles du tabac et du blé ou des autres cultures rentables qui font du reste des États-Unis le plus grand producteur agricole, comme industriel, du monde. La Floride est aussi beaucoup trop au nord pour qu'on puisse y développer facilement les grandes plantations tropicales. Aucune plantation de banane, d'indigo, de pamplemousse ou de caoutchouc ne peut être florissante en Floride, car l'endroit n'est ni tempéré, ni tropical. Aux dix mois où l'on transpire succèdent, chaque hiver, des périodes où les touristes grelottent dans leurs vêtements légers de plage et où les femmes de la bonne société floridienne sortent leur étole de vison.

Aucune de ces espèces d'envahisseurs ne peut être comparée de près ou de loin en importance avec le *Schizoporella floridana*, alias le bryozoaire[13]. Pour comprendre, il est nécessaire de revenir à cet élément sous-jacent qui détermine toute vie en Floride : sa structure de calcaire. Le calcaire n'existe pas, bien entendu, en et par lui-même. C'est un produit dérivé de processus chimiques. Ces processus peuvent être organiques comme non-organiques. Ce qui veut dire que des créatures vivantes peuvent produire, et produisent, du calcaire, en énorme quantité. Quand ce sont des animaux qui produisent ce calcaire, le corail est de loin le plus

12 Simberloff et al., 1997.

13 K. Hill, rapport de la Smithsonian Marine Station, Fort Pierce, 25 juillet 2001.

célèbre, mais seulement un bout de la Floride – les Keys supérieures, notamment Key Largo – est faite de corail. Le ver de mer s'y met également, créant une croute de calcaire autour de lui qui s'avère être finalement la couche la plus friable qui constitue la Floride, mais, si on considère la création même de la Floride, c'est le bryozoaire qui est le vrai héros. C'est ce petit animal qui a créé les plus grandes parties de la Floride, à commencer par tout ce qui constitue le soubassement des Everglades. Si le bryozoaire a tant fait, c'est que le sexe ne lui fait pas perdre beaucoup de temps et d'énergie. Le premier membre de chaque colonie est créé par reproduction sexuée. Ce père-mère fondateur clone ensuite à l'infini des reproductions de lui-même. Chaque créature, dans son cycle de vie, excrète pour se protéger un manteau de carbonate de calcium. Ainsi chaque individu, quand bien même il ferait moins d'un millimètre de long, contribue à la création finale d'immenses formes de terre. Les bryozoaires constituent plus de cinq cents espèces, mais tous les bryozoaires de Floride appartiennent à une seule espèce, le *Schizoporella floridana*.

Aussi différents apparaissent-ils, l'*Homo sapiens* et le *Schizoporella floridana* ont deux points en commun pour ce qui est de leur impact sur la Floride. Le gaspillage est leur caractère le plus constant. Et les deux espèces ne s'intéressent pas non plus à la conséquence de leurs actes. Le bryozoaire ne s'est pas préparé pour créer la Floride. Il a simplement suivi ses impulsions. L'absence de raison est aussi une des forces les plus puissantes qui a déterminé l'histoire humaine de la Floride. Elle a joué un rôle dans l'aspect le plus effrayant de la catastrophe qu'a subi le peuple primitif de Floride – son inévitabilité. La nature humaine étant ce qu'elle est, il était inévitable que, un jour, d'une manière ou d'une autre, les êtres humains trouvent un moyen d'en finir avec la séparation des deux hémisphères, et c'est bien ce qui s'est produit. La Floride montre que, parfois, les catastrophes que les hommes ne déclenchent pas intentionnellement les uns sur les autres peuvent être plus horribles que celles infligées comme résultat délibéré de leur cupidité, de leur perversité, de leur cruauté et de leur orgueil. Le comportement des conquérants de la Floride a été monstrueux. L'horreur qu'ils ont déclenchée dépassait leur intention.

Avant l'arrivée des Européens, les adultes en Floride faisaient en moyenne 1m 72, la même taille que celle d'Américains bien nourris quatre cents ans plus tard. Bien des Espagnols ne faisaient pas plus d'1m 50. Dans leurs sombres climats du nord, et sur leurs bateaux puants, ils se nourrissaient de céréales dénaturées infestées par la vermine, mais leurs sabres et leurs dagues brillaient dans le soleil aux yeux de peuples qui n'avaient jusqu'alors jamais vu l'éclat du métal, du verre, ou du miroir. Les deux côtés furent surpris par leur différence physique, leur différence de langue, et plus encore par la différence des objets qu'ils possédaient et qu'ils fabriquaient. Cependant la différence la plus funeste – leurs différents degrés d'immunité aux maladies – était invisible aux uns et aux autres.

Nous ne savons pas ce que furent les premiers mots qu'ils se dirent. Mais nous savons que, très vite, ces peuples se volèrent les uns les autres et eurent des rapports sexuels entre eux. Que très vite aussi, ils s'enlevèrent et se massacrèrent. Alors que nous savons que toutes ces choses ont eu lieu, nous ne saurons jamais qui fut le premier Floridien à avoir vu le premier un Européen. Nous connaissons le nom du dernier des Floridiens. On l'appelait Juan Alonso Cabale. Les archives coloniales l'identifient comme un « Indien de la nation Timucuan ». L'acte de décès établit qu'il vécut cinquante cinq ans et naquit à la mission Nuestra Senora de la Leche de St Augustine. La date de sa mort est le 14 novembre 1767. Cabale ne mourut pas en Floride. Il mourut à Guanabacao, à Cuba. Les circonstances de sa mort comme celles de l'extinction de son peuple furent un effet collatéral des disputes, des guerres et des trêves de l'Europe. En 1763, un traité de paix européen enleva la Floride à l'Espagne et la mit sous contrôle britannique. Mais, alors, la Floride espagnole était si vide que, selon les statistiques officielles, seulement 3096 personnes peuplaient la colonie[14]. Quand les Espagnols perdirent le contrôle de la Floride, ils mirent simplement tout le monde sur des bateaux et les envoyèrent à Cuba. Avec la disparition de Cabale, le dernier maillon dans la chaîne de l'existence humaine qui remontait au dernier Age de Glace disparaissait.

La Floride dans laquelle ces premiers Européens, qui ne se souciaient de rien, pénétrèrent, est un monde désormais perdu. Rien ne peut la ramener à la vie, mais nous devons, par simple décence, à ceux qui ont péri de ne pas laisser périr la mémoire de ce qui leur est arrivé. Nous devons aussi nous en souvenir pour nous-mêmes. La Floride montre

14 Verne Elmo Chatelain, *The Defenses of Spanish Florida, 1565 to 1763*, 1741, p. 128-132.

comment à chaque époque on a tué des peuples, on a mutilé des cultures, et on a ravagé la terre, car des hommes puissants, venus de loin, pour des raisons vaines et abstraites, sur la base de fausses informations, et sans faire suffisamment attention aux conséquences quand on suit ses impulsions, autorisaient des actes barbares qui ne profitaient à personne, y compris, à la fin, à eux-mêmes. Comme le démontrera de nouveau en bien des occasions l'histoire subséquente de la Floride, ces premiers événements ont donné des leçons que, pour notre plus grand péril, nous persistons à ignorer, mais les « historiens » de la Floride, traditionnellement, ne savent rien et ne se soucient pas de ce qui se passait avant que n'arrive l'homme blanc.

Les archives espagnoles réfutent depuis longtemps l'idée que la Floride était presque dépourvue de population. Elles décrivent régulièrement un pays bien peuplé – même si, avec les incursions successives, la population finit par décroître. La recherche archéologique réfute aussi l'idée que les premiers peuples de Floride étaient dépourvus d'art, et qu'elle était peu peuplée[15]. En 1896, sur le site de l'île Marco, maintenant recouvert de lotissements, des archéologues déterrèrent des œuvres d'art aussi impressionnantes que les outils qu'ils y découvrirent étaient ingénieux, mais les historiens continuent à entretenir l'idée que la Floride, avant l'arrivée des Européens, était virtuellement privée de vie humaine, et plus vide encore de toute réalisation. Selon les deux volumes d'histoire de la Floride de J. E. Dowell, publiés tout d'abord en 1950, la population de la Floride juste avant que le premier homme blanc n'y mette les pieds était « d'environ 15 000 personnes », une estimation incroyablement basse. Les choses n'avaient pas beaucoup changé en 1971, bien que cette année-là le professeur Charlton W. Tebeau, dans son histoire de la Floride, doublât presque la population originelle, quand il appuya sur les touches de sa machine à écrire, à « presque 25 000 ».

Aujourd'hui les partisans du politiquement correct et du multiculturalisme ont de plus en plus d'emprise ; et, par conséquent, la Floride pré-européenne subit une explosion démographique. « À la veille des expéditions de Colomb », selon un « calcul conservateur » proposé par le Dr. Henry F. Dobyns, « la population autochtone de Floride se serait

15 Frank Hamilton Cushing, *Preliminary Report on the Exploration of Ancient Key-dweller Remains on the Gulf Coast of Florida*, 1896 ; Jerald T. Milanich, *Florida's Indians from Ancient Times to the Present*, 1998.

élevée à environ 925 000 habitants[16] ». Ce niveau de population de 1500 ne fut probablement atteint de nouveau qu'en 1860 quand le recensement des États-Unis établit qu'un peu plus de 140 000 personnes, esclaves et hommes libres, y vivaient. Peut-être ne fut-ce qu'après le grand boom immobilier des années 1920, quand le nombre d'habitants atteignit le chiffre du million, que sa population dépassa le niveau de 1500.

Quelle que pût être la population originelle de Floride, toutes les sources s'accordent sur le point que, quand les États-Unis en prirent le contrôle en 1821, son nombre était tombé à zéro[17]. Pour autant que les Américains s'en soucièrent, c'était comme si elle n'avait jamais existé. Pour eux l'histoire de la Floride avait commencé avec le gentilhomme conquistador, auquel succédèrent le valeureux aristocrate confédéré puis l'investisseur multimillionnaire visionnaire. C'est ce qui empêcha ses visiteurs de s'attarder sur ce qui montrait que la Floride avait eu un passé plus sombre que celui que les brochures touristiques admettaient. En 1869, la nièce de James Fenimore Cooper visita St Augustine. Elle ne fit pas mention de la Fontaine de Jouvence, mais elle donna des conseils pratiques. Pendant des promenades romantiques au clair de lune, mettait-elle en garde, il faut faire attention de ne pas marcher sur des ossements humains. Le futur site de la Fontaine de Jouvence, qui était encore à inventer, était un charnier.

16 Dovell, 1952, p. 6-8 ; Tebeau, 1971, p. 16 ; Dobyns, « Invasion », p. 58.

17 Jerald T. Milanich, *The Timucua*, 1996, xv-xvi ; et également Milanich, *Floridia's Indians*, pp. xiii-xvi.

LE FORT ET PAS LA FONTAINE

Le vrai fondateur de la Floride fut un courtisan criminel du nom de Pedro Menendez de Aviles[1]. Durant sa vie tumultueuse (1519-1574), Menendez fut peint par Le Titien, baisa les mains de la reine Marie Tudor d'Angleterre, et fut fait prisonnier par l'Inquisition. Et, en Floride, durant le mois de septembre de l'an 1565, au cœur d'un terrible ouragan, il opéra le premier massacre de masse d'hommes blancs par des hommes blancs dans un territoire qui fera partie ultérieurement des États-Unis. C'est à l'aube du 20 septembre que Menendez commença ce massacre. En seulement quelques heures, lui et ses acolytes poignardèrent et matraquèrent à mort plus de 130 personnes à Fort Caroline, l'avant-poste français sur le fleuve St Johns, près de ce qui est aujourd'hui la ville de Jacksonville. Neuf jours plus tard, il extermina encore 110 Français ou plus, cette fois tout près de St Augustine, sur les rives de ce qui sera appelé par la suite Matanzas Inlet. Pour économiser de la poudre à fusil, Menendez ordonna à ses hommes de couper la gorge de leurs victimes[2].

---

1 Lyon, 1976, constitue la source inégalée qui permet de comprendre ce qui, derrière la mythologie, se passa en Floride au XVIe siècle. *Cf.* aussi Lorant, 1944 et Charles E. Bennett, *Laudonniere & Fort Caroline : History and Documents*, 2001.

2 Au moins neuf des survivants français ont laissé des comptes-rendus écrits. Le plus fiable d'entre eux a été traduit en anglais plusieurs siècles plus tard sous le titre : *Narrative of Le Moyne : An Artist Who Accompanied the French Expedition in Florida Under Laudonnière*, 1564 (traduit du latin par Frederick B. Perkins, 1875). Les gravures de Jacques Le Moyne de Morgue des indigènes de Floride, réalisés plusieurs années plus tard de mémoire, restent le document le plus fiable sur la Floride avant que l'Espagne n'y impose sa domination. Le commandant français Jean Ribault a laissé un mémoire, *The Whole and the True Discovery of Terra Florida*, 1582, republié ultérieurement dans l'*English Historical Review*, 1917. Pour les tentatives d'excuser le massacre, voir l'avant-propos du professeur Michael Gannon à Albert Manucy, *Menendez : Pedro Menendez de Avilés*, dans lequel ces massacres sont considérés comme une « légende ». On trouve une tentative plus récente chez Sastre, 2011. Pour avoir la perspective des Espagnols qui étaient sur place, voir le mémoire du beau-frère de Menendez, traduit en anglais par Jeanette Thurber Connor sous le titre : *Pedro Menendez de Avilés, Adelantado, Governor and Captain-General of Florida : Memorial by Gonzalo Solis de Meras*, 1923.

Menendez fonda St. Augustine. Il fut celui qui réussit finalement à sécuriser la Floride pour l'Espagne, mais aucun bowling et aucune blanchisserie ne porte son nom. Il a été sorti de l'épopée américaine, premier des plus importants protagonistes de l'histoire de la Floride à en avoir été évacué parce que ce qu'il avait fait violait les idées sur ce que le passé aurait dû être. Pendant des générations, l'orthodoxie nationale a voulu que la conquête du Nouveau Monde marquât la délivrance des crimes et des corruptions du Vieux Monde, mais, comme Menendez le démontrait, l'histoire de l'Amérique ne se démarque pas sur le plan moral de celle de l'Europe. De la Floride au Québec, en passant par Bunker Hill, Shiloh et Appomatrox, puis, quand les États-Unis furent plus puissants, par Vera Cruz et San Juan Hill, l'histoire de ce qui deviendra les États-Unis, à commencer par celle de la Floride, sera une réplique des vendettas de l'Europe, un conte de dépossession, écrit en lettres de sang.

D'une famille de dix-neuf frères et sœurs, dont il s'enfuit à l'âge de quatorze ans, Menendez apprit le métier de marin et à survivre sur la tempétueuse Baie de Biscaye entre la France et l'Espagne. Sur ces eaux froides et agitées, violentes et qui ne pardonnent rien – il devint violent et sans pardon lui-même – il traquait les « pirates » français avec son sloop de guerre, les tailladait à mort avec son coutelas, puis rentrait en Espagne avec un important butin. La renommée de Menendez fut telle que, alors qu'il avait à peine trente ans, l'empereur des Habsbourg, Charles Quint lui donna pour mission de débarrasser les mers jusqu'aux îles Canaries des menaces qui pouvaient peser sur les navires espagnols. Ce que Menendez fit d'une manière si efficace qu'on lui confia ensuite la charge d'assurer la circulation transatlantique de l'Espagne.

En théorie, ces attaques sur les navires de nations rivales n'étaient pas nécessaires. La Floride, de même que toute l'Amérique du Nord, était censée être la chasse gardée exclusive de l'Espagne, mais la division du globe en deux par le Pape n'était opérante que dans la mesure où les catholiques qui lui obéissaient étaient les seuls à s'aventurer sur les mers au-delà de l'Europe. C'était une situation qui ne pouvait pas durer, car l'âge des Grandes Découvertes coïncida avec des changements révolutionnaires dans le paysage religieux de l'Europe. En 1517, Martin Luther placarda ses Quatre-Vingt Quinze Thèses sur les portes de la cathédrale de Wittenberg. Au même moment, la montée en puissance de la France, de l'Angleterre et des Pays-Bas commençait à menacer la suprématie espagnole. Dans le cas de la Floride, un fanatisme religieux s'ajoutait à l'hostilité entre les grandes puissances, car la France – comme l'Angleterre mais à l'inverse de l'Espagne – encourageait ses dissidents religieux à établir des colonies dans le Nouveau Monde. Ce que furent les Pèlerins pour la Nouvelle Angleterre, les Huguenots français le furent pour la Floride, des « hérétiques » donc, en plus d'agresseurs, pour Menendez.

En éliminant les protestants français, le roi Philippe II simplifierait sa vie familiale et, en même temps, imposerait à nouveau la suprématie espagnole sur la Floride. Marié deux fois en tant que prince, puis deux fois de nouveau pendant son règne de quarante-deux ans entre 1556 et 1598, Philippe eut quatre épouses et fit faillite quatre fois. Son troisième mariage, et à ce moment-là son dernier, avec une toute jeune princesse française, Elisabeth de Valois, fut placé d'emblée sous de mauvais auspices. Durant les cérémonies prénuptiales, le père de la mariée, le roi Henri II de France, fut très sévèrement blessé, avant de mourir de mort atroce, puisqu'un éclat de bois de la lance d'un adversaire lui avait traversé un œil et s'était logé dans son cerveau au cours d'une joute, et ce fut sa veuve, l'habile Florentine Catherine de Médicis, qui dut s'occuper du mariage en tant que Régente de France. Par conséquent, Philippe avait comme rival sa propre belle-mère. C'était une sorte de crise des missiles cubains à l'envers, avec une base française en Floride dont le rôle était celui qu'auront les missiles russes quatre cents ans plus tard. Ce qui est fascinant c'est comment, soudain, le sens de l'urgence saisit Philippe et ses conseillers. Les rois et leurs commandants en chefs avaient échangé des mémorandums sur ce qu'il convenait de faire de la Floride pendant plus de cinquante ans. Comme le roi Philippe, lui-même, l'avait signalé justement, « les côtes de Floride étaient trop basses et trop sablonneuses, sa campagne trop pauvre en ressources, et ses ports trop barricadés et trop étroits pour permettre de vraiment s'y établir ». Le roi avait banni toute nouvelle expédition vers les « terres maudites » de Floride. Mais, l'Espagne apprit alors que sa grande rivale, la France, qui avait établit une colonie en Floride, était sur le point de la ravitailler. En un instant, ce qui, précédemment relevait de la responsabilité impériale se transforma en un capital stratégique qui fallait enlever aux Français, à n'importe quel prix.

Dans cette hâte à frapper les Français, Menendez se dépêcha de prendre la mer et, sur l'Atlantique, il dut affronter un terrible orage en progressant vers les Antilles. Trois de ses bateaux disparurent ; il y eut des centaines de noyés. Pour sauver sa propre vie, Menendez ordonna que les canons de bronze fussent jetés par dessus bord du navire amiral, le *San Pelayo.* Dans son désir de tuer les Français, il abandonna tout effort pour sauver la vie de son propre fils. Une année auparavant Juan Menendez avait disparu lors d'un voyage vers les Amériques ; Menendez avait prévu initialement de monter une expédition pour le retrouver. Mais, désormais le sort de son fils ne lui importait plus. Pressé d'atteindre la Floride avant la flotte de ravitaillement des Français, Menendez dépassa La Havane espagnole, où il aurait pu faire réparer ses navires endommagés par la tempête tout en embarquant victuailles et troupes fraîches. L'après-midi du 4 septembre 1565, cette manœuvre risquée produisit les effets souhaités. Dans un exploit notable de navigation céleste et d'empathie intuitive avec ses futures victimes, Menendez navigua droit vers le large estuaire de la rivière St Johns. Là, près du futur site de Jacksonville, se trouvait l'établissement français de Fort Caroline. Les Français avaient toutes les raisons d'être sidérés. Comme Menendez d'ailleurs, car, là, juste devant lui, la scène qu'il vit était propre à lui faire passer toute son ardeur. À l'ancre, protégeant Fort Caroline de la flotte espagnole, se trouvait la flotte de ravitaillement française, sous le commandement du soldat et marin protestant, Jean Ribault.

Toute sa stratégie reposait sur la destruction de l'établissement français avant que des renforts n'arrivent. Mais maintenant – puisque les Français pouvaient le voir aussi clairement qu'il les voyait – Menendez avait perdu tout effet de surprise ainsi que la course pour arriver le premier à Fort Caroline. La sagesse aurait voulu que, au lieu d'attaquer, lui et sa flotte se retirent. Menendez n'avait pas encore établi de base en Floride pour ses opérations. Ses navires lourdement chargés, endommagés par la tempête étaient en outre remplis d'hommes, de bêtes, et de provisions qui demandaient à être débarqués après des mois passés en mer.

Mais de telles considérations ne comptaient pas plus, pour Menendez, que les canons que l'on avait jetés à la mer pendant la tempête. Il était venu là pour attaquer les Français. Aussi se résolut-il à les attaquer, ici et maintenant. Quand la nuit vint, il fit avancer ses navires vers les Français, et, une nouvelle fois, le destin lui fut hostile. Le vent tomba et il lui fallut improviser. Il calcula – correctement, comme il s'avéra – que si, au lieu d'essayer de s'échapper, il laissait ses bateaux dériver, sa flotte et la flotte française de Ribault, s'entrechoqueraient dans la nuit sans lune en une série de collisions incontrôlables. Cette catastrophe, décida Menendez, était précisément ce qu'il souhaitait – parce que, alors, dès la première clarté de l'aube, lui et ses hommes pourraient sauter de leurs navires, monter sur les navires des Français et tuer les hérétiques ! Durant la nuit, les voix glissaient sur l'eau quand les Espagnols et les Français se lançaient des imprécations. Pourquoi attendre le matin ? ironisaient les Français. Aussi Ménendez ordonna-t-il à ses escouades d'attaquer sur le champ, ce qui produisit une autre catastrophe, car c'était comme si Menendez s'adressait aux Français, plutôt qu'à ses propres hommes. À l'unisson les navires français hissèrent leurs voiles et, prenant avantage de la brise qui se levait de nouveau, furent vite hors d'atteinte, à l'abri dans l'obscurité de l'océan Atlantique.

Depuis son arrivée à Fort Caroline, Ribault avait réparé ses navires et déchargé sa cargaison. Les navires de Menendez – endommagés par la tempête de l'Atlantique, et toujours avec leur cargaison – ne pouvaient pas rivaliser en vitesse avec les navires français. Cela, décida à nouveau Menendez, était précisément ce qu'il souhaitait, car, les navires français partis, il pourrait attaquer Fort Caroline comme il l'avait prévu initialement. Quand l'aube se leva, il s'aperçut cependant que la fuite des Français avait été une tactique de diversion. Tout en attirant les Espagnols à sa poursuite, Ribault avait laissé trois de ses navires pour bloquer l'estuaire au cas où Menendez reviendrait. Sur la berge, une force française fut mise en place, baïonnettes au canon, prête à repousser les Espagnols qui franchiraient la barrière des navires français. Avec des ennemis sur terre, des ennemis sur mer, et aucun sanctuaire et aucune ligne de communication, qui était désormais le chasseur et qui était le gibier ? Le poste avancé espagnol le plus proche, à plus d'une semaine de navigation, était La Havane – et à La Havane, à cause de l'insistance de Menendez à garder le secret, personne ne savait qu'il était là. Voilà comment toutes les expéditions espagnoles en Floride avaient échoué – des navires, des armes, des hommes qui disparaissent en Floride comme dans des sables mouvants.

Comme son plus grand souci n'était plus désormais de détruire les Français mais de se sauver lui-même, Menendez se retira de Fort

Caroline sans avoir tenté le moindre assaut. Gardant un œil sur la flotte française qui s'était échappée, il descendit la côte le long de ce qui est aujourd'hui Jacksonville Beach et Neptune Beach, à la recherche d'un endroit acceptable pour jeter l'ancre. Après quelques quatre vingt kilomètres de recherche, il atteignit une voie d'eau qu'on appelle aujourd'hui St Augustine Inlet. Ce fut là, dans les jours qui suivirent son échec pour éliminer les Français, qu'il choisit d'établir son propre camp. Bien qu'il eût désormais sa tête de pont, l'expédition de Menendez restait en grave danger. Le danger était que la flotte agile de Ribault pût contrattaquer et battre la flotte espagnole sur la mer. Menendez s'en inquiétait tant que, avant même qu'il n'eût fini de faire décharger sa cargaison, il ordonna que son encombrant vaisseau amiral, le *San Pelayo*, partît pour La Havane pour se mettre à l'abri. Le vaisseau amiral était sa propriété propre ; et c'aurait été un échec personnel tout autant qu'une défaite militaire si les Français avaient mis la main dessus. Dans cette aventure, le San Pelayo prit la fuite juste à temps. À la première lueur de l'aube, les navires français de Ribault apparurent, rodant le long de la côte. Menendez et ses troupes se dépêchèrent de se mettre hors de portée des canons français, mais au lieu d'attaquer, les navires français se dirigèrent vers le sud.

Les ennemis de Menendez étaient désormais à la poursuite sans relâche de son vaisseau amiral. Sur la grève, lui et un millier d'Espagnols n'avaient pas de fortifications pour protéger leurs vivres, leurs armes et leurs vies, mais, à ce moment, comme il arrive périodiquement, le climat de Floride intervint pour faire changer la chance de camp. Comme si elle était écrite dans le mélodrame pour changer le sens de l'intrigue, une immense tempête se déchaîna sur scène, et dans cet événement, Menendez vit la main de Dieu qui venait à son secours et, tout à la fois, esquissa un nouveau plan audacieux. Avec la tempête, s'aperçut Menendez, il était devenu impossible à la flotte de Ribault de faire demi tour et de faire voile vers le nord pour protéger Fort Caroline. La même tempête, à l'évidence, avait aussi rendu impossible une attaque des Espagnols qui viendrait de la mer. Avec ce temps, une attaque sur terre était également impensable – pour tout le monde à l'exception de Pedro Menendez. Ce qu'il y avait de vraiment irrationnel dans son plan – avancer sur terre en territoire inconnu pour attaquer les Français au plein milieu d'un ouragan – était aussi ce qui le rendait le plus rationnel. Si Menendez pouvait s'infiltrer dans Fort Caroline par l'arrière, les

Français ne pourraient imaginer une approche des Espagnols avant le moment même où ils seraient attaqués.

Parvenir jusqu'à Fort Caroline fut une épreuve de trois jours pour les soldats de Menendez qui étaient fatigués, affamés, tourmentés par les insectes et trempés jusqu'aux os par la boue et la pluie. Saisis dans leur sommeil, sans arme, parfois nus, les Français tentèrent de fuir pour sauver leur vie, mais sans succès pour la grande majorité d'entre eux. Aucun Espagnol ne mourut. Le bilan des Français poignardés ou matraqués à mort s'éleva à 132. Quarante-cinq Français se sauvèrent en nageant, réussirent à monter à bord de deux petits navires et à rentrer chez eux de l'autre côté de l'Atlantique. Parmi ces survivants figurait Jacques Ribault, le fils du commandant français, Jean Ribault.

Après avoir accompli le premier de ses massacres, Menendez retourna à St. Augustine où, par vagues, la tempête déversait le reste de ses victimes. Le 29 septembre, Menendez intercepta un premier groupe de Français qui partaient en ordre dispersé vers le nord, le long de la plage. Leur présence révélait comment s'était jouée l'autre partie du drame. Alors que le San Pelayo s'était mis en sécurité à La Havane, la tempête avait fait faire naufrage à la flotte de Ribault. Les survivants français étaient désormais dispersés sur une bande de la côte de Floride qui s'étendait sur près de cent soixante kilomètres de Matanzas Inlet, en passant par ce qui est aujourd'hui Daytona Beach, jusqu'à Cape Canaveral.

Ces naufragés avaient marché vers le nord depuis des jours, mais au sud de St. Augustine, ils arrivèrent à une impasse. Le bras de mer était trop large et trop profond pour que les Français le traversent sans bateau. Comme ils réfléchissaient à ce problème, Menendez et ses troupes apparurent sur le côté opposé de la crique. Deux officiers français furent dépêchés pour parlementer. Les Espagnols leur apprirent la capture de Fort Caroline, mais les assurèrent que « leur commandant, qui était un homme humain et plein de miséricorde, avait envoyé (les survivants français) en France dans un bateau bien pourvu en vivres ». Les Français parlèrent franchement de leur situation désespérée aux Espagnols. C'était un moment propice pour une action chevaleresque – mais l'âge de la chevalerie s'achevait alors. Cet incident participa à sa fin, et constitua la première note de l'ouverture de ces grands conflits entre État-nations pour la domination du monde, dont la dernière et étrange note serait les carnages de masse du vingtième siècle.

Menendez, choisissant la duplicité, « fit la promesse sous son sceau qu'il préserverait les vies de Ribault et de ses hommes, sans tricherie, comme un gentilhomme qui se respecte ». « Les plus prudents d'entre eux », ne voulant pas faire confiance aux Espagnols, firent demi-tour. La majorité, Ribault inclus, acceptèrent son offre de clémence. Une fois dans les mains des Espagnols, raconta un survivant plus tard, « ils furent attachés par groupe de quatre, dos à dos ». Ribault fut poignardé à mort. « D'autres soldats espagnols furent désignés pour massacrer le reste des Français avec des massues et des haches, tout en les traitant de Luthériens et d'ennemis de Dieu et de la Vierge Marie ». Seuls quatre Français survécurent : le marin qui parvint à s'échapper et raconta ce qui s'était passé, et trois musiciens, que Menendez avait ordonné d'épargner. Menendez ne gâcha ni les balles ni la poudre pour tuer ses victimes. Épargner les musiciens était aussi une mesure pratique. Quand il encercla finalement les derniers Français à s'être éparpillés, Menendez envoya les joueurs de trompettes dans une forêt de palmiers nains pour les appeler. Puis, il utilisa les joueurs de tambours pour établir le pas des prisonniers sur la plage.

Aujourd'hui, vous pouvez suivre l'itinéraire A1A jusqu'à l'endroit exact, vingt kilomètres au sud de St. Augustine, où cela s'est passé. Le monument national de Fort Matanzas se trouve sur le côté nord de la voie d'eau, où, il y a si longtemps, Pedro Menendez de Avilez trompa ses victimes pour mieux les tuer. Sur le côté sud, l'endroit où se tint Ribault est occupé par un motel et un restaurant. Ribault et Menendez, lorsqu'ils se firent face de chaque côté de la crique, doivent être considérés comme des marionnettes de l'histoire, chacun personnifiant une nation et un système de croyances, mais visiter l'endroit vous permet aussi de comprendre que c'était la rencontre de deux hommes. Chacun, en Floride, avait voulu construire un empire et le léguer à son fils, mais aucun des deux ne revit son fils, certes pour des raisons différentes. De cette petite guerre, Menendez sortit « victorieux », mais il perdit son fils à jamais. Ribault avait tout perdu – à l'exception de son fils, qui, à ce moment-là, naviguait en toute sécurité sur l'Atlantique vers l'Europe.

Les massacres de Floride créèrent un scandale en Europe. Le roi Philippe évita de discuter du sujet avec l'ambassadeur de France pendant plus d'un mois. Quand l'occasion se présenta, l'ambassadeur ne manqua pas le roi. « J'ai porté les armes pendant quarante ans » rappela au monarque Raimond de Fourquevaux, seigneur de Beccarie, « et durant ces années les forces des deux couronnes se sont souvent combattues, mais jamais auparavant un acte aussi épouvantable ne s'est produit ». Le roi d'Espagne aurait pu rétorquer que les guerres de religion en France même avaient conduit aux massacres de bien plus d'hérétiques que ses soldats en avaient tué en Floride – ou encore que l'Inquisition avait mis au bûcher. Mais Philippe dit doucement à l'ambassadeur que lui aussi était « épouvanté qu'on en soit arrivé avec cette affaire à répandre le sang ». Puis il ajouta ce commentaire. Les colons, observa-t-il, étaient des hérétiques qui étaient partis en Floride sans l'aval à l'évidence du gouvernement français. Par conséquent, dit-il à l'ambassadeur de France, « une punition exemplaire » était justifiée de façon à empêcher toute nouvelle transgression. Ainsi le roi reportait-il habilement la faute du côté des Français. Voulaient-ils tolérer les méfaits supposés de quelques hérétiques criminels, ou encore s'en déclarer responsables ?

Le choix hâtif du site limita les possibilités de St. Augustine dès le début. La crique protège si peu des tempêtes de l'Atlantique que, jamais, elle ne put être un port important. C'est Jacksonville qui devint à sa place la première métropole de Floride pour la même raison qu'elle avait été choisie par les Français comme premier établissement il y a presque 450 ans. Le large fleuve St. Johns fournit le meilleur port naturel de la côte Atlantique de Floride.

Bien que St. Augustine doive son existence à Pedro Menendez de Aviles, aucune statue, parc ou monument n'est baptisé à son nom. Quelque chose de lui survit par l'utilisation de « Matanza » dans les noms de plusieurs restaurants, stations balnéaires et agences immobilières. En espagnol « Matanza » renvoie à « matador », le tueur dans les courses de taureau. De l'espagnol, il remonte à travers les langues indo-européennes jusqu'au verbe sanscrit, « tuer ». Une trace de cet ancien sens survit encore aujourd'hui dans l'anglais « checkmate (mettre en échec) ». La mise en échec des ambitions françaises en Floride fut le premier grand événement à se produire dans un territoire qui fait partie actuellement des États-Unis d'Amérique. Ce qui reste impressionnant, c'est la rapidité avec laquelle Menendez arriva à ses fins. « Si sur ladite côte ou dans ledit pays il y a des colons ou des corsaires de quelques autres nations qui ne nous sont pas subordonnées, faites en sorte de les en chasser par tous les moyens que vous jugerez utiles », voilà comment le roi avait défini sa mission. Menendez partit de Cadiz le 27 juin 1565. Le 28 août, il était en vue de la Floride. Le 4 septembre, il chassait les Français. Le 11 octobre, date du massacre final, la puissance française en Floride avait été écrasée.

Menendez tuait pour Dieu et pour le roi, mais comme il s'agissait de la Floride l'illusion eut aussi sa part dans le massacre. En la circonstance, le Saint Graal était ce passage du Nord-Ouest qui n'existait pas. Menendez continua à rechercher cette mythique voie d'eau, même si plus de cinquante ans plus tôt, en 1511, la carte de Peter Martyr montrait déjà que les continents américains formaient une barrière massive du nord au sud qui repoussait toute ambition de gagner l'Orient en faisant voile vers l'ouest. En 1540, tout homme cultivé en Europe pouvait se procurer les cartes encore plus précises de Sebastian Münster, mais un demi-siècle après que Balboa avait vu de ses propres yeux que l'Isthme de Panama bloquait le passage entre les deux océans, les conquérants espagnols, Pedro Menendez inclus, s'imaginèrent qu'ils pouvaient trouver un chemin pour naviguer vers l'Orient en faisant voile vers l'ouest.

« Si les Français ou les Anglais venaient coloniser la Floride », Menendez avertit le roi, « ce serait très ennuyeux, aussi bien pour les mines et les territoires de la Nouvelle Espagne que pour la navigation et le commerce de la Chine et des îles Mollusques, surtout si ce bras de mer va vers la Mer du Sud, comme il est certain ». « Comme il est certain » – existe-t-il seulement une expression qui ait fait plus de dégâts ? L'expédition de Floride, plus que toute autre, montra à quel point le monde était en train de changer ; Menendez avait quarante-cinq ans de moins que Ponce de Léon. Entre-temps, la conquête espagnole des Amériques, qui avait commencé comme une extension de la *Reconquista* de l'Andalousie sur les Musulmans, s'était transformée en une lutte des grandes puissances européennes pour le contrôle de l'Amérique du nord et du sud. La tentative de purger la Floride des « Luthériens » était, contrairement aux apparences, un paragraphe introductif à la sécularisation des politiques au niveau mondial. Dans le futur, de moins en moins de gens seraient tués car ils étaient « Luthériens » ou « Catholiques ». De plus en plus de gens, en revanche, seront assassinés car ils sont espagnols ou français – ou allemands, ou japonais, ou indonésiens, ou rwandais, et ainsi de suite, à l'infini du meurtre.

En établissant une colonie espagnole en Floride, Menendez créa une cible rêvée pour les Français, les Anglais, et plus tard les flibustiers américains. Les Français, en quête de vengeance, firent des raids sur St. Augustine dans les trois ans qui suivirent les massacres. Dès 1586 elle fut pillée et brûlée par les Anglais, si bien que les Espagnols passèrent les quelques cent ans qui suivirent à construire et à reconstruire une forteresse pour défendre leur poste avancé sans valeur. Menendez lui-même fut rapidement ruiné. En 1602, on fit une enquête royale pour savoir s'il ne valait pas mieux abandonner la Floride. Les Espagnols optèrent pour le statu quo – et élevèrent les murs du fort plus haut encore.

De loin, la plus remarquable structure à avoir survécu depuis les temps coloniaux en Floride, le Castillo de San Marcos n'a jamais reçu la publicité qu'a pu avoir la Fontaine de Jouvence[3]. Cela permet d'expliquer pourquoi ce qui se passe en Floride est si souvent mésinterprété. Si vous prenez Ponce et le mythe de la Fontaine comme un commencement, les événements qui se sont passés ensuite semblent toujours une série d'événements déconnectés entre eux et plutôt ridicules. Mais commencez avec Menendez de Avilés, avec ce qu'il fit en Floride et comment il le fit, et il vous devient possible de voir des événements interconnectés s'organiser en une suite compréhensible, qui s'étend depuis la Réforme protestante jusqu'à la crise des missiles de Cuba et au-delà. Cette suite est constituée par la recherche du pouvoir, les bouleversements de population et ce qu'ils reflètent, ainsi que le rôle dans les affaires humaines de la force mêlée à l'illusion, alors que la richesse et le pouvoir s'accumulent et sont gaspillés.

C'est le Fort, si laborieusement et si futilement construit, et non pas une Fontaine, qui dit la vérité sur la Floride et qui rend ce qui s'y est passé compréhensible.

---

3 Ian K. Steele, Warpaths : *Invasions of North America*, 1994, p. 36.

DEUXIÈME PARTIE

LA FLORIDE CONVOITÉE

Le persistant désir des États-Unis de posséder les Florides équivalait presque à une maladie, qui corrompait le sens moral des gouvernements les uns après les autres.

K. C. Babcock, 1906, *The Rise of American Nationality*[1]

1 K. C. Babcock, *Rise of American Nationality*, 1906, p. 22.

L'EFFET PAPILLON

Au début du dix huitième siècle, le rapport de force en Floride changea à la manière dont les pôles magnétiques de la terre changent périodiquement. Durant les 200 ans qui s'étaient écoulés, l'exposition de la Floride aux Caraïbes avait été décisive ; durant les 250 ans qui suivirent les événements du nord seront déterminants. Une fois encore, ce sont des événements lointains qui expliquent une transformation apparemment imprévisible. Le tumulte intellectuel, spirituel et commercial de la Renaissance avait projeté la cupidité et l'inventivité méditerranéenne de l'autre côté de l'océan Atlantique. Désormais, la consolidation des États-nations du nord de l'Europe signifiait la fin du duopole ibérique des Amériques.

En Floride, le futur entra comme un maraudeur en 1702, lorsque les forces coloniales anglaises descendirent le long de la côte, incendiant et pillant tout sur leur passage[1]. À St. Augustine ils détruisirent maison, fonderie, boutique, caserne, jetée et écurie, mais le Castillo de San Marcos résista à l'attaque. Pendant cinquante jours, les Espagnols soutinrent le siège, en passant leur temps à faire des paris et à jouer des instruments à corde. Un autre passe-temps, populaire durant les ouragans comme durant les sièges, semble, en revanche, n'avoir été que peu pratiqué. Deux enfants seulement furent baptisés durant les neuf mois qui suivirent.

Les Espagnols gardèrent le fort mais perdirent le pays. Et c'est ainsi qu'ils s'agripperont à la Floride pendant cent ans encore. Que l'Amérique du Nord appartînt à la seule Espagne n'avait jamais été qu'un faux semblant. Exclure les Portugais n'avait fait que créer un vide, qu'il fallait combler. Massacrer les Français n'avait fait qu'ouvrir la voie à une expansion anglaise vers le sud, sans pour autant dissuader la France de toute nouvelle tentative d'implantation. Après la perte de leur pied à terre en Floride, les Français colonisèrent le Canada. Ce

1 Fairbanks, 1872, chapitres 13-14.

fut finalement les explorateurs français qui, en descendant vers le sud, où ils ne cherchaient pas de l'or mais la connaissance, découvrirent le Mississippi – son cours, ses ressources et ses possibilités. En 1698, les Français étaient de retour en Floride, dans cette partie très à l'ouest qui, aujourd'hui, forme le Panhandle de Floride. Cette année-là, ils établirent un poste avancée dans ce qui est désormais Pensacola, suivi en 1702 et 1720 par des établissements à Mobile et Biloxi, pour enfin fonder La Nouvelle Orléans en 1723. Entre-temps, plus de 275 000 immigrants britanniques, sans compter les esclaves et les Indiens, avaient établi des colonies anglaises en Amérique du Nord, population qui serait amenée à décupler durant les cent ans à venir. Tandis que la population espagnole de Floride était tombée à quelques milliers, l'Amérique du Nord britannique se transformait en un nouveau colosse.

Comme l'attaque de 1565 de Fort Caroline, la destruction de 1702 de St. Augustine trouve ses origines dans des complications dans la reproduction des mammifères. Les cycles de vie des membres de la famille royale espagnole l'illustrent bien. Le remarquable Philippe II engendra le quelconque Philippe III qui engendra l'incompétent Philippe IV. Philippe IV produit à son tour un héritier, sous la forme du futur Carlos II, qui était incapable tout à la fois, physiquement et mentalement, de remplir ses responsabilités dynastiques. Sa langue anormalement longue, qui rendait ses discours inintelligibles et ses manières de table indescriptibles, était, croyaient les Espagnols, l'œuvre du diable, d'où son surnom « El Hechixado », l'ensorcelé. Carlos II n'eut pas de descendance. Cet abandon du devoir dynastique, au milieu de rivalités explosives en Europe, et quand on considère la position affaiblie et surtout excentrée de l'Espagne dans le monde, était propre à provoquer une guerre mondiale. La mort de Carlos II sans héritier, le 1er novembre 1700, entraîna une lutte pour le trône d'Espagne que les Bourbons finirent par gagner, mais après que l'Espagne avait été dévastée et que des gens dans le monde entier eurent été tués et mutilés, parce que le dernier monarque espagnol des Habsbourg n'avait pas, apparemment, assez de sperme. La destruction de St. Augustine par les colons américains d'Angleterre fut une des conséquences marginales de ce disfonctionnement royal.

La diplomatie fut rattrapée par la réalité en 1763[2]. Cette année-là, après une autre guerre entre les Européens, la Floride fut finalement

2 Voir Matthews C. Cannavale et Robert Olwell, *Florida, 1513-1821*, 2006.

enlevée à l'Espagne et donnée à la Grande-Bretagne. Les Européens appellent ce conflit la guerre de Sept ans. Les Américains l'appellent encore la Guerre française et indienne, la différence des appellations reflétant le fait que les Américains combattaient déjà pour leurs objectifs propres et non pour ceux de la Grande-Bretagne. Il sembla tout d'abord que les colons avaient obtenu tout ce qu'ils voulaient. Les Français furent obligés de céder le Canada ainsi que leurs autres possessions à l'est du Mississippi, y compris leurs établissements en Floride de l'ouest, mais ce n'était pas encore la fin des réarrangements territoriaux. Forcés de quitter la Floride, les Espagnols reçurent en compensation ces parties de la Louisiane française qui se trouvaient à l'ouest du Mississippi, ainsi que la ville et le port de La Nouvelle Orléans. Cette présence espagnole en Louisiane, à peine remarquée en 1763, eut de grandes conséquences quarante ans plus tard quand les États-Unis, fraîchement indépendants, cherchèrent à obtenir des territoires le long du Golfe du Mexique.

Les Britanniques furent les premiers et les derniers à imposer une cohérence politique à la géographie de la Floride. La « Floride », comme le « Canada », était au départ un terme général pour un vaste territoire indéfini : les premières cartes montrent la « Floride » s'étendant des Carolines jusqu'au Texas. À l'époque où les Britanniques s'en emparèrent, un empiètement au nord avait réduit la Floride à un territoire plus limité mais aussi plus reculé. La Floride de l'est incluait la péninsule tout entière de Floride. La Floride de l'ouest s'étendait sur la côte nord-est du Golfe du Mexique jusqu'au Mississippi. En plus de l'actuel Panhandle, cette saillie occidentale incluait le tiers sud de ce qui est aujourd'hui l'Alabama et le Mississippi, et également cette partie du futur État de Louisiane où se trouve Baton Rouge, sa capitale. Les Britanniques, s'apercevant de l'absurdité géographique qui consisterait à traiter cet ensemble en une simple unité administrative, divisèrent la Floride en deux colonies. La Floride de l'est eut pour capitale St. Augustine. La Floride de l'ouest fut administrée depuis Pensacola. Alors, comme plus tard, la rivière Apalachicola formait une frontière naturelle.

Les Britanniques ne gouvernèrent la Floride que de 1763 à 1784, mais ces vingt-et-un ans, comme les deux cents ans où elle fut sous administration espagnole, montrèrent la capacité de Floride à se protéger des ambitions impériales[3]. En 1768 huit navires qui transportaient plus de 1200 colons convergèrent vers la côte nord-est de la Floride. « Ceci, mon Dieu, est le plus important influx d'habitants blancs en une seule fois que n'a jamais vu l'Amérique », écrivit le gouverneur de Floride de l'est, le Colonel James Grant, à un de ses amis nobles. La plupart de ces colons anglais étaient en fait des Espagnols, de l'île méditerranéenne de Minorque, alors occupée militairement par la Grande-Bretagne. Le plus grand effort de colonisation espagnole jamais vu en Floride se déploya donc sous pavillon britannique et sous l'instigation d'un spéculateur immobilier britannique, le Dr. Andrew Turnbull. En plus des Espagnols, les travailleurs sous contrat de Turnbull comprenaient des Grecs de l'Empire ottoman de même que quelques Italiens et quelques Français. Cette diversité exotique venait de la confusion récurrente dans l'imaginaire anglo-saxon entre la réalité marécageuse de la Floride et le charme viticole de la Méditerranée. La Floride, reconnaissaient les spéculateurs londoniens, n'était pas propice à cette forme de colonisation aux yeux bleus pratiquée plus au nord. D'autre part, ces Européens du sud « habitués à un climat chaud et élevés dans la culture de la vigne, de l'olivier, du coton, du tabac, etc., et aussi à la culture du vers à soie » comme le déclamait un promoteur, constitueraient une force de travail idéale. Voilà pourquoi on choisit pour la colonie un nom levantin : New Smyrna.

En moins de deux ans, 627 des 1255 colons moururent. Quand Turnbull découvrit que les survivants projetaient de fuir vers la liberté à Cuba, l'Espagnole, il ordonna des exécutions pour l'exemple. Ce qui s'ensuivit rappelait la folie de de Soto : Turnbull transforma New Smyrna en Cœur des ténèbres, et lui-même en un Kurtz du futur État du soleil. Le capitaine Bernard Romans, le géomètre royal adjoint de la région, décrivit ce qui se passa : « À peu près mille cinq cents personnes, hommes, femmes et enfants furent détournés de leur pays natal », rapporte-t-il, « vers cet endroit, où, au lieu de l'abondance, ils trouvèrent le manque au tout dernier degré ; au lieu des champs promis, une étendue sauvage et sinistre, au lieu d'un sol généreux et fertile du sable stérile et aride ». La famine aurait pu être évitée si Turnbull leur avait permis de pécher, « mais on leur refusa la liberté de pécher ». Les choses empirèrent : « Voyez cet homme obligé de fouetter sa propre épouse pour avoir chapardé du

---

3 *Ibid.*

pain afin de soulager sa famille désespérée ; puis pensez à un temps où un revenu déjà mince est réduit de moitié[4] ». Quand la colonie de New Smyrna fut abandonnée en 1777, plus d'Européens étaient morts par la faute du plan de Turnbull d'y faire pousser de la vigne et d'y élever des vers à soie que ceux qui avaient péri à cause des tentatives de l'Espagne de trouver le passage du nord-ouest avant les Français.

Le désastre de New Smyrna, qui poursuivait la tradition floridienne de projets de colonisation qui se terminaient mal, est significatif pour une autre raison. C'est un premier exemple de la méthode « faire porter la faute à la victime » qui prévaut dans l'historiographie de la Floride. Le principe sur lequel repose cette approche est que rien de mauvais n'arrive jamais en Floride, en tout cas rien dont on puisse attribuer la faute aux hommes blancs protestants et de langue anglaise, à moins (plus tard) que ce ne soient des Yankees. Quand quelque chose va mal, on rejette la faute sur les victimes. Dans les livres d'histoire de la Floride, la faute revient aux victimes de New Smyrna, et non au spéculateur qui les a affamés et tués. Avoir « tant de colons de langue et de religion non anglaises dépasse en inconvénients les avantages qui venaient de leur savoir-faire en matière de la culture de produits tropicaux » se lamente typiquement un de ces livres.

Dans ce cas, comme dans ceux qui mettent en scène des Indiens et des noirs, les pires causeurs de trouble sont ceux qui disent la vérité. Le capitaine Romans, auteur de l'un des premiers livres importants sur la Floride à être rédigé en anglais, *A Concise Natural History of East and West Florida*, est une source irréprochable. Cependant, c'est lui, et non Turnbull qui est décrit comme le coupable, accusé de « animus contre la direction de la colonie » selon un récit de 1965 intitulé *Florida : From Indian Trail to Space Age*, un de ces volumes bien pensants qui encombrent les rayons des bibliothèques de Floride[5]. Dans son livre sur les colons de New Smyrna et leurs descendants, *Mullet on the Beach*, Patricia C. Griffin rappelle la vérité. « Un ensemble divers d'individus et de familles de cultures méditerranéennes traditionnelles, écrit-elle, firent, pleins d'espoir, un voyage déstabilisant vers le Nouveau Monde, puis l'expérience d'une existence semblable à ceux des camps de la mort sur une plantation d'indigo, et… désespérés, ils s'enfuirent[6] ».

---

4 Romans, 1776, p. 267-273.

5 Tebeau et Carson, 1965, p. 73-74.

6 Griffin, 1991, p. 136.

Par la suite, les survivants furent connus collectivement sous le terme de « Minorquins ». Établis pour la plupart à St. Augustine, ils prospérèrent comme charpentiers, employés, enseignants, arpenteurs, constructeurs de navire et dentistes. Il en fut de même pour leurs petits enfants et pour leur arrière-arrière petits enfants. Le poète Stephen Vincent Benet fut un de leurs descendants[7], de même que la chanteuse cowgirl de Hollywood, Judy Canova. Les « Minorquins » furent les premiers Floridiens dans le sens moderne du terme. Ils forment toujours une communauté vivante et sont les seuls à pouvoir revendiquer un héritage floridien continu qui remonte avant la déclaration d'Indépendance des États-Unis. C'est grâce à leur persévérance que la Floride vit finalement l'établissement d'une colonie européenne permanente.

Alors que les efforts des Britanniques en Floride débouchaient sur la barbarie, l'emprise même de la Grande-Bretagne sur l'ensemble de l'Amérique du Nord se desserrait. En 1763 les Britanniques étaient partout triomphants. Mais, vers 1783, ils avaient perdu la plupart de leurs colonies américaines. Cet immense royaume s'effondra en moins de vingt ans, car les Américains n'avaient plus besoin des Britanniques. Une fois les Français battus, les Américains pouvaient fort bien continuer eux-mêmes la partie indienne de la Guerre française et indienne. En tout cas, si les Britanniques ne se dressaient pas sur leur chemin. Et s'ils s'y dressaient ? Le *Quebec Act*, voté par le Parlement à Londres en 1774, amena le sens du ressentiment des Américains à son point culminant. C'était une des premières mesures juridiques pour explicitement garantir des « droits civiques », et il accordait aux catholiques romains de langue française les mêmes libertés et protections dont jouissaient les colons venus de Grande-Bretagne. Les tentatives britanniques pour les empêcher de s'emparer des terres indiennes à l'ouest des Appalaches enragèrent encore plus les Américains.

Quand les colonies plus au nord se rebellèrent, des effigies de John Hancock et John Adams furent brûlées à St. Augustine[8]. « Les Florides », comme on les appelait, restèrent loyales aux Anglais ; à la fin de la Guerre d'Indépendance quelques dix mille loyalistes avaient fui en Floride. La Floride continua à défier tout stéréotype quand le gouverneur de

---

7 Le volume 2 des *Selected Works*, 1954, de Stephen Vincent Benét contient de nombreux écrits sur la Floride.

8 Fairbanks, p. 223.

la Louisiane espagnole, Bernardo de Galvez, s'aventura à attaquer les Britanniques. Dans une série d'avancées victorieuses les Espagnols chassèrent les Britanniques de Natchez et Biloxi dans ce qui est aujourd'hui le Mississippi, mais qui était alors la Floride de l'ouest, de même que de Baton Rouge et de Mobile. Dans une dernière avancée victorieuse, Galvez força les Britanniques à abandonner Pensacola. Les Espagnols « aidèrent les États-Unis à obtenir leur indépendance et cette aide vint sous la forme d'authentiques combats, de ravitaillement et d'argent » écrit Thomas E. Chavez dans son étude *Spain and the Independance of the United States*. Ils cherchèrent aussi à obtenir l'aide de Dieu. « Nous prièrent avec ferveur... pour le succès des colons sous George Washington, car nous croyions que leur cause était juste et que le Grand Sauveur était de leur côté », écrivait dans son journal le Père Junipero Serra, le fondateur des missions de Californie. Même si Washington et les autres leaders reconnurent honnêtement que « l'Espagne était vitale pour la cause », la contribution de la Floride espagnole à l'indépendance américaine, comme bien d'autres événements, sera expurgée de l'histoire américaine[9]. Également oublié, Galvez se retrouve toutefois dans le nom de Galveston ; ce poste avancée du Texas fut nommé en son honneur.

Pour les Britanniques comme pour les Espagnols et les Français, la Floride s'était avérée être un désastre militaire et économique. En 1783, la Grande-Bretagne s'en lava les mains ; elle rendit la Floride de l'est comme la Floride de l'ouest à l'Espagne. Plus tard, on pataugera pour savoir qui possédait quoi dans les Florides, mais pour le droit et le traité il n'y eut jamais de doute. Le Traité de Paris en 1783, qui reconnaissait l'indépendance de l'Amérique, définissait les frontières de la nouvelle nation très clairement : la Floride était complètement en dehors, y compris les parties qui, aujourd'hui, forment les côtes du Mississippi et de l'Alabama et, en Louisiane, les « paroisses de Floride » autour de Baton Rouge[10]. L'exclusion des États-Unis du Golfe du Mexique, comme l'invoquaient bien des nationalistes américains, menaçait la sécurité ainsi que la prospérité des nouvelles terres colonisées à l'ouest des Appalaches, et, par conséquent, justifiait que les États-Unis s'emparent de la Floride

9 Thomas E. Chavez, *Spain and the Independence of the United States : An Intrinsic Gift*, 2010, chapitres 11-12, p. 213-214.

10 James W. Raab, *Spain, Britain, and the American revolution in Florida, 1763-1783*, 2008, p. 162-173.

espagnole. Certains points juridiques de la situation montrent que c'était également un mythe. En 1795, l'Espagne s'engagea par traité à garantir aux États-Unis des privilèges portuaires à La Nouvelle Orléans et des droits de passage maritime vers l'océan.

Il en fut ainsi jusqu'à 1800, quand de nouveaux bouleversements en Europe donnèrent l'occasion à l'Amérique de mettre la main sur d'autres terres. Cette année-là, Napoléon Bonaparte conclut un marché secret avec l'Espagne pour que le territoire de la Louisiane retournât à la France. Dans le troisième Traité d'Ildefonso, le roi Bourbon d'Espagne, Carlos IV, admit que la France « détiendrait de nouveau la colonie de Louisiane[11] ». En échange, Napoléon promit de créer un royaume Bourbon en Italie. Plus les choses changent, disaient les Français, et plus elles restent en l'état. Onze ans seulement plus tôt, en 1789, les Français avaient déclaré les droits universels de l'homme, inaugurant en principe une nouvelle ère dans laquelle les caprices de rois et de tyrans ne dicteraient plus le cours des événements. Mais voilà que le Premier Consul de la République française traitait avec le roi Bourbon d'Espagne de la même manière affable qu'aurait pu le faire le roi Louis XVI avant qu'il ne fût décapité. Le roi d'Espagne, pour sa part, n'eut pas le moindre scrupule à traiter le plus amicalement possible avec la République française, établie pourtant juridiquement par l'assassinat de son cousin.

L'ambition dictait la conduite de Napoléon, la vanité celle des Bourbons. Un parent Bourbon du roi d'Espagne en Italie, le duc de Parme, portait le titre d'« altesse royale », mais n'avait pas de royaume correspondant à son titre. Le Traité d'Ildefonso s'employa à remédier à cette condition affligeante. Son but explicite était « l'agrandissement de Son Altesse Royale, l'Infant duc de Parme en Italie » en une royauté à part entière. Il revenait à Napoléon de donner au duc un royaume, et il était dans une excellente position pour le faire : les armées révolutionnaires françaises venaient d'envahir l'Italie. Le roi d'Espagne se moquait quelque peu de savoir quelles seraient les terres qui formeraient le nouveau royaume. Il pourrait être « formé de la Toscane », ou si Napoléon préférait, « il pouvait être formé de trois légations

11 *Preliminary and Secret Treaty Between the French Republicc and His Catholic Majesty the King of Spain, Concerning the Aggrandizement of His Royal Highness the Infant Duke of Parma in Italy and the Retrocession of Louisiana*, 1801. Traduction anglaise : The Avalan Project, Yale Law School.

romaines ou de quelques autres provinces continentales de l'Italie qui les entouraient ». Un cynisme assumé à l'échelle mondiale. Donnez-moi le Duomo à Florence, ou la tour penchée de Pise si vous préférez. Je vous donnerai les bayous infestés d'alligators et les prairies peuplées de bisons d'Amérique du Nord. De cette manière, le sort des Sioux fut lié à celui des Toscans, puisqu'un empire fantôme en Amérique fut échangé contre un royaume doré de fou en Europe.

En 1565 la découverte que la France non seulement avait établi une colonie en Floride mais s'apprêtait à la renforcer avait donné des ailes à Menendez pour traverser l'Atlantique. Maintenant, la perspective que la France pût de nouveau s'établir en Amérique du Nord amena l'envoyé spécial de Jefferson, James Monroe, à traverser l'Atlantique dans l'autre sens, vers l'Europe, à toute vitesse. Ce n'était pas la Louisiane mais la Floride qui était au centre de leur attention. Pour s'assurer un accès au Golfe du Mexique tout en évitant une confrontation avec la France, le président Jefferson avait demandé au représentant américain à Paris, Robert Livingston, d'explorer la possibilité d'acheter la Floride espagnole, en totalité ou en partie, et peut-être, en même temps, le port de La Nouvelle Orléans. Pour cela, le président autorisa Monroe à dépenser jusqu'à 10 millions de dollars pour « assurer efficacement nos droits et nos intérêts sur le Mississippi, et dans les régions qui sont sur sa rive est ».

Les régions qui sont sur sa rive est ! Jamais auparavant, et jamais plus, la démarche d'un diplomate américain n'avait et n'aura eu des conséquences si opposées, si gargantuesques et si heureuses. Jefferson pensait à la Floride, non à la Louisiane, mais quand Monroe arriva à Paris, il s'aperçut que tout le territoire de la Louisiane à l'ouest du Mississippi était bon à prendre. Depuis l'expédition en Égypte en 1798, jusqu'à la retraite de Russie en 1812, toutes les grandes entreprises de Napoléon avaient suivi une trajectoire identique, une merveilleuse conception puis une retraite précipitée, et c'était de nouveau ce qui se passait. Trois ans seulement auparavant, Napoléon avait pensé pouvoir restaurer l'empire français en Amérique, lorsqu'il avait incité l'Espagne à lui promettre la Louisiane. Quand Jefferson envoya Monroe à Paris, la fièvre jaune et la première révolte d'esclaves au monde à avoir réussi avait transformé Saint Dominique – que les insurgés noirs appelaient Haïti – en un cimetière de masse pour les Français. Avec Haïti perdu et Albion qui dominait à nouveau les mers, comprit Napoléon, la Louisiane serait aussi indéfendable que le Québec l'avait été en 1763. Puisqu'il était impossible de tenir la Louisiane, « essayer obstinément de s'y maintenir serait de la folie », informa-t-il son gouvernement. Par conséquent, il se débarrasserait de la Louisiane, avant même que la France n'en eût pris possession.

Le ministre des affaires étrangères de Napoléon, Talleyrand, connu pour être imperturbable, était comme frappé par la foudre ; les frères de Napoléon étaient stupéfaits. Quand Joseph et Jérôme Bonaparte tentèrent de le dissuader, Napoléon qu'ils avaient surpris dans son bain, en sortit si violemment que les deux frères furent trempés et qu'un serviteur s'évanouit, mais Napoléon ne changea pas d'avis. La seule façon de contrer les Anglais, et de sauver quelque chose du désastre américain, avait-il décidé, était de faire une offre aux Américains qu'ils ne pouvaient refuser. « Ce n'est pas seulement La Nouvelle Orléans que je cède ; c'est la colonie toute entière, sans réserve », informa-t-il Talleyrand. « Rencontrez aujourd'hui même Mr. Livingston ». Les Américains avaient espéré obtenir La Nouvelle Orléans et peut-être quelques morceaux de Floride à l'est du Mississippi, et on leur offrait la Louisiane toute entière à l'ouest du Mississippi, jusqu'aux Montagnes Rocheuses. Les Espagnols, qui occupaient de fait la Louisiane, ne furent pas consultés.

La merveilleuse opportunité de Paris créa un dilemme à Washington. La constitution des États-Unis n'autorisait pas le président à acquérir des territoires étrangers de cette manière. Comme Jefferson lui-même le souligna : « Le gouvernement général n'a pas d'autres pouvoirs que ceux que lui donne la constitution ; et elle ne lui donne pas le pouvoir de détenir des territoires étrangers, et encore moins de les intégrer dans l'Union ». La solution de Jefferson était simple. Si la constitution ne conférait pas ce pouvoir, alors il fallait la changer. « Un amendement à la constitution semble nécessaire pour cela », argumenta-t-il. Jefferson alla si loin dans cette direction qu'il rédigea de sa propre main un amendement constitutionnel dans ce but, mais il ne l'envoya jamais au Congrès et aux États pour ratification. Jefferson, le plus vénéré des Pères Fondateurs, ne respecta pas l'intention originale de la Constitution.

Aujourd'hui, nombreux sont ceux qui tournent en dérision l'idée qu'il existe une « Constitution vivante » et qui insistent pour qu'on en respecte l'« intention originale ». Jefferson, Madison et Monroe furent directement impliqués dans la rédaction de la Constitution. On se souvient de Madison comme « le Père de la Constitution ». Cependant, ils n'ont jamais suivi la voie de ce qu'on appelle aujourd'hui l'« Originalisme ». Dès lors que c'était opportun, ces Pères Fondateurs agirent exactement d'une manière que les « Originalistes » d'aujourd'hui dénonceraient comme une trahison de l'intention première des Pères Fondateurs. Dans son désir d'obtenir la Louisiane, Jefferson en était arrivé à faire ce que les présidents impériaux d'Amérique font encore. Quand il est nécessaire ou simplement plus pratique, les pouvoirs de la présidence priment sur le droit fondamental du pays. Pour ce qui concerne les traités avec les nations étrangères – qu'elles soient européennes ou indiennes – les dispositions des accords pouvaient être transformées à volonté sur une base ex post facto en tout ce que le président souhaitait désormais qu'elles fussent. Avant d'acquérir la Louisiane, le président Jefferson insista pour séparer totalement la Floride de la Louisiane. Une fois la Louisiane entre les mains des États-Unis, Jefferson se ravisa. Il invoqua que des parties de la Floride espagnole appartenaient aux États-Unis précisément car, argumentait-il désormais, elles étaient parties de la Louisiane.

Comme Henry Adams le remarqua plus tard, avec humour, il était possible d'invoquer cela, en prétendant simplement « que l'Espagne avait rétrocédé la Floride de l'ouest à la France sans le savoir, que la France l'avait vendue aux États-Unis sans le soupçonner, que les États-Unis l'avaient achetée sans l'avoir payée, et que ni la France ni l'Espagne, pourtant les parties contractantes originelles, étaient compétentes pour décider la signification de leur propre contrat[12] ». Il était également possible d'invoquer que l'achat de la Louisiane ne donnait pas aux États-Unis de droit sur aucune terre, quelle qu'elle fût. En vendant la Louisiane, Napoléon violait l'obligation que, dans le Traité, la France avait vis-à-vis des Espagnols « de ne pas vendre ou aliéner d'une manière ou d'une autre la propriété et l'usufruit de cette Province », ce qui rendait la transaction nulle et non avenue dans les termes du droit international. D'autres ont fait valoir que Napoléon n'avait pas le droit de transférer la Louisiane parce que la création d'un royaume pour le duc de Parme n'était qu'une ruse, qui faisait partie d'un plan pour prendre la Louisiane à l'Espagne, et ensuite la repasser aux États-Unis pour son

12 Voir Peter P. Hill, *Napoleon's Troublesome Americans : Franco-American Relations, 1804-1815*, 2005, p. 1.

profit personnel. Les agissements ultérieurs de Napoléon donnent raison à cette accusation. En 1807, quatre ans seulement après l'avoir établi, Napoléon supprima le royaume d'Étrurie aussi vite qu'il l'avait créé, et envoya celui qui devait en être roi en exil. Les Espagnols crièrent à l'injustice, mais à la fin ils transférèrent la Louisiane comme prévu – non pas à la France mais aux États-Unis – tout en se maintenant à Baton Rouge et dans le reste de la Floride de l'ouest. La côte du Golfe à l'est du Mississippi, soulignaient les Espagnols, n'avaient jamais été partie intégrante de la Louisiane. Qui était mieux qualifié pour savoir quelles limites exactes avait la Louisiane « aux mains de l'Espagne » que les Espagnols eux-mêmes[13] ?

Jusqu'à ce qu'il laisse la présidence à James Madison, Thomas Jefferson n'avait jamais douté que l'ensemble de la Floride, ouest et est, tomberait dans le giron des États-Unis aussi facilement qu'était tombée la Louisiane. « Nous aurons en temps et en heure les Florides », écrivit-il à un Nordiste. « Les Florides tomberont dans notre giron paisiblement », assura-t-il à un Sudiste[14]. Dans l'amendement de la constitution qu'il avait rédigé mais qu'il n'avait jamais soumis à ratification, Jefferson spécifiait que, en plus de la Louisiane, « la Floride aussi, quand elle sera obtenue légalement, deviendra partie des États-Unis ». Il ajoutait : « Ses habitants blancs en deviendront alors des citoyens et seront, pour ce qui est des droits et des obligations, sur un même pied d'égalité avec les autres citoyens des États-Unis ». Moins de trente ans plus tôt, dans la Déclaration d'Indépendance, il n'avait pas jugé nécessaire d'écrire que « tous les hommes blancs » étaient nés égaux, mais en 1803, la contradiction qui consistait à bâtir un pays, économiquement, sur le travail des esclaves, tout en le fondant philosophiquement sur la proposition que tous les hommes étaient égaux, n'était plus aussi non-contradictoire qu'elle semblait l'être en 1776. Des voix s'élevaient déjà en Angleterre, et parmi quelques libres penseurs à l'intérieur des États-Unis, pour que l'esclavage lui-même, et pas simplement le trafic international d'esclaves, fût aboli.

Ceux qui possédaient des esclaves, en Amérique, souhaitaient vivement ajouter la Floride à un empire esclavagiste dont l'expansion était dynamique, ne se rendant pas compte qu'ils finiraient par devenir les

---

13 John P. Foley (ed), *The Jefferson Cyclopedia*, 1900, p. 510.

14 Paul Leicester Ford (ed.), *Writing (of Jefferson)*, 1897, vol. 8, p. 261-263.

victimes de l'« expansion impériale des États-Unis[15] ». La politique expansionniste de Jefferson, comme l'observa plus tard Frederick Jackson Turner, « jeta les fondations d'un réaménagement du pouvoir des sections qui constitue l'Union », si bien que, moins de soixante ans plus tard, elle entraînera la reddition des rebelles du Sud possesseurs d'esclaves face à un gouvernement fédéral qui était devenu beaucoup plus puissant depuis qu'il avait acquis la Louisiane.

La Floride avait tout d'abord été un bel exemple de l'illusion impériale espagnole, puis elle avait brièvement reflété la maxime que l'Empire britannique s'était établi (et parfois perdu) dans un moment de distraction. Dorénavant, la Floride constituait un bel exemple de cet étonnant écart qu'il y a entre les prétentions de l'Amérique à une supériorité morale et sa manière de se comporter dans le monde. Depuis le début, d'éminents Américains mirent la politique au-dessus des principes et, quand cela les arrangeait, permirent à la cupidité de prendre le pas sur des valeurs éthiques qu'ils prêchaient comme universelles pour obtenir ce qu'ils voulaient, en l'occurrence la Floride. Ce qui fit verser ces Américains si révérés dans l'illégalité fut que les États-Unis ne trouvaient pas de solution, comme le disait Jefferson, pour « obtenir légalement » la Floride. Le Traité de Paris de 1783, le Traité de 1795 avec les Espagnols, et maintenant le traité de 1803 avec les Français montraient tous clairement que les États-Unis n'avaient aucun droit légal sur aucune partie de la Floride. Mais alors ?

Grâce à sa volonté, comme Jefferson lui-même le déclara, de « tirer sur la constitution jusqu'à la faire craquer », la superficie terrestre des États-Unis avait presque doublé. Les États-Unis s'étaient aussi assurés, comme ils le voulaient, cet accès au Golfe du Mexique. Qui s'intéressait, désormais, au pathétique résidu de l'empire de l'Espagne en Floride ? Jefferson, lui, s'y intéressait beaucoup. De même que James Madison et James Monroe, et Andrew Jackson et John Quincy Adams. Pour eux, la Floride était devenue une sorte d'obsession. La convoitise rejetait dans l'ombre des événements heureux, y compris ce grand coup de chance qu'avait été l'obtention de la Louisiane. L'Amérique venait de remporter un gros lot. « Mais l'importance de cette acquisition n'enlève pas la motivation qui existait avant d'acquérir les Florides », écrivit Monroe à Madison en mai 1803, seulement quelques semaines après avoir obtenu

15 Frederick Jackson Turner, *Review of Reviews*, Mai 1903.

la Louisiane, « et ne la diminue pas fondamentalement ». *Ne la diminue pas fondamentalement* : cette expression est révélatrice de tout. Sur le successeur du président Jefferson, James Madison, comme sur tous ces éminents gentilshommes, la Floride avait des effets toxiques ou narcotiques. « Le désir persistant des États-Unis de posséder les Florides », observa K. C. Babcock il y a plus d'un siècle, dans une chronique en 1906 de *The Rise of American Nationality*, « équivalait presque à une maladie, qui corrompait le sens moral des gouvernements les uns après les autres ».

Avec l'achat de la Louisiane, Jefferson était devenu le père d'une présidence impériale. Conséquence de ses intrigues floridiennes, son successeur, le président Madison, devint le parrain des opérations secrètes des États-Unis. Bien que son intention fût celle d'un viol, Madison commença sa violation clandestine de la Floride, comme s'il s'était agi d'une séduction, en grignotant ses extrémités – les territoires qui aujourd'hui forment les « paroisses floridiennes » de Louisiane. L'Espagne y avait gardé sa souveraineté, mais la région était tombée de plus en plus sous influence américaine, car l'Espagne, abandonnant sa politique traditionnelle d'exclusion, avait commencé à encourager une immigration des États-Unis. Jefferson reconnut que les Espagnols avaient introduit des chevaux de Troie dans leur propre domaine. « J'espère que 10 000 des nôtres accepteront cette invitation », écrivit-il. « Entre-temps, nous pouvons nous plaindre de cette opération de séduction vis-à-vis de nos populations juste pour laisser penser aux Espagnols que c'est une politique très habile de leur part ».

Démographiquement et culturellement, il était devenu difficile de distinguer les paroisses floridiennes du Mississippi plus au nord, à une exception près. En Floride, les noirs, les Indiens et les personnes de sang mêlé pouvaient être des hommes libres – aussi libres que les blancs pour certaines choses, grâce à la tolérance relative de l'Espagne en matière raciale, et surtout à cause de son incapacité à contrôler qui que ce fût. Ce manque de respect pour la suprématie de la race blanche amena de nombreux – pas tous, certes – Américains blancs de cette région à se considérer comme les nouveaux pères fondateurs, et à considérer le gouverneur espagnol de la Floride de l'ouest, Vicente Folch, comme un nouveau roi Georges III. Parmi les mécontents, il y avait les très célèbres frères Kemper, personnages hauts en couleurs. Pirates, contrebandiers et terroristes politiques, les Kemper, déjà en 1804, avaient tenté de prendre le pouvoir aux Espagnols, en vain. Cette fois, avec le soutien du président des États-Unis, ils allaient réussir.

Le président Madison, qui avait décidé de fomenter un coup d'état militaire déguisé en Floride de l'ouest, envoya des agents secrets et des provocateurs dans le territoire espagnol[16]. Comme par magie, on entendit soudain des doléances et on dénonça le joug tyrannique des Espagnols. Comme toujours en Floride, le lien entre les mots et leur sens est ténu, si toutefois il existe. Les Kemper et d'autres éléments déloyaux prirent pour nom les « Patriotes ». Ils se plaignaient, entre autres choses, que les lois de la Floride espagnole n'étaient pas écrites en anglais. Dans les premières heures du 23 septembre 1810, un groupe, à l'instigation des États-Unis, chassa les Espagnols de leur camp retranché délabré à Baton Rouge. On rédigea une Déclaration d'Indépendance ; on déploya le drapeau de la Floride de l'ouest ; on chanta un hymne national. Dans cette opérette comique, on fit toutefois couler le sang. Les « Patriotes » tuèrent deux Espagnols inoffensifs quand ils entrèrent dans le fort. Ils tuèrent aussi des compatriotes américains. Quand William Cooper, un loyaliste né en Caroline du nord, organisa « une milice de soutien aux Espagnols », il fut assassiné. « Comme la plupart de ses voisins, Cooper s'opposait aux actions des rebelles de Floride de l'ouest » explique l'histoire de la paroisse[17].

Grâce à la subversion que Madison avait fomentée, la Louisiane acquit Baton Rouge et d'autres villes comme Slidell et Ponchatoula, mais les Espagnols s'accrochèrent au reste de la Floride de l'ouest et à toute la Floride de l'est. Il faudra presque vingt ans aux États-Unis pour obtenir Biloxi, Mobile et le reste de la Floride. Le résultat de cette agression chaotique fut que la Floride de l'ouest fut découpée, comme une saucisse, en un grand et trois petits bouts. Les paroisses floridiennes de Louisiane, plus les parties du Mississippi et d'Alabama sur la côte du Golfe appartenaient à ces états, conséquence de la revendication, longtemps oubliée et spécieuse, de Jefferson qu'ils rentraient dans l'achat de la Louisiane. Mais, la moitié orientale de la Floride de l'ouest – de la rivière Perdido à l'est de Pensacola jusqu'à l'Apalachicola – demeura sous domination espagnole, avant de devenir finalement le Panhandle de la Floride d'aujourd'hui.

---

16 Smith, 1983. Voir aussi James G. Cusick, *The Other War of 1812 : The Patriot War and the American Invasion of East Florida*, 2003.

17 St. Tammany Parish Government, *History of St. Tammany Parish (en ligne)*, 2007.

Cette division de la Floride de l'ouest produisit ce que les théoriciens du chaos comme les météorologues appellent un effet papillon, par lequel des événements apparemment insignifiants, distants et sans aucun lien entre eux peuvent avoir, à la longue, des conséquences importantes et imprévues[18]. Une de ces conséquences, passé inaperçue, fut que les techniques d'agression déguisée utilisées en Floride de l'ouest serviront la cause de l'expansion territoriale américaine dans d'autres endroits, plus importants. Tout d'abord, les Américains arrivent, achètent ou se voient accorder des terres, et jurent loyauté au pays où ils s'établissent. Puis, bien vite, des plaintes contre la « tyrannie » se font entendre, suivies d'une exigence de « liberté ». Des éléments subversifs se soulèvent alors contre le gouvernement légitime et se déclarent citoyens libres d'une république libre. Lors de l'étape finale, l'appel à la protection des États-Unis finit par une annexion américaine. « Cela offre à la fois un bon résumé et une prophétie de l'expansion dans le Sud-Ouest » observait le Professeur Isaac Joslin Cox dans son étude de 1918, *The West Florida Controversy*[19]. Au Texas et en Californie, et également à Hawaii, les « Patriotes » firent le sale travail. Et c'est, à Washington, qu'on prononça le triomphe ultime de la liberté.

Bien que les « Patriotes » de Floride de l'ouest eussent vite été déconsidérés après avoir servi les visées du président Madison, on intégra rapidement les symboles de leur subversion dans le répertoire permanent des auto-rationalisations nationalistes de l'Amérique. On a dit que la Betsy Ross de Floride de l'ouest était une femme nommée Melissa Johnson, et que le drapeau qu'elle cousit s'appelait le Bonnie Blue. Son élément le plus mémorable était l'unique et large étoile à cinq pointes qui occupait le centre d'un champ bleu. C'est la version originale du drapeau à l'étoile solitaire que, vingt-six ans plus tard, des « Patriotes » semblables, hisseront au Texas. Personne ne se souvient de cette agression déguisée du président Madison à Baton Rouge ; mais tout le monde se souvient d'Alamo. Si vous considérez l'étoile solitaire sur l'actuel drapeau du Texas, vous vous apercevrez que l'étoile de Floride de l'ouest y flotte encore sur son fond originel bleu[20].

18 Voir, entre autres, Robert L. Devaney, *Introduction to Chaotic Dynamical Systems*, 2003 ; James Gleick, *Chaos : Making a New Science*, 2011.

19 Cox, 1918, p. 6.

20 *Ibid.*, chapitres 11-14 ; David A. Bice, *The Original Lone Star Republic*, 2004 ; Davis, 2011.

La conséquence la plus spectaculaire et la plus inattendue du putsch, en Floride de l'ouest, du président Madison eut lieu en 2000. Sa décision en 1810 de prendre possession d'une partie de, mais non de toute, la Floride occidentale devint une des causes de la crise constitutionnelle suscité par la querelle à propos de qui, des deux candidats à l'élection présidentielle, George W. Bush ou Al Gore, avait gagné en Floride. Si l'État de Floride en l'année 2000 avait encore consisté dans le territoire entier qui était le sien sous les Espagnols – c'est-à-dire, si la Floride s'était étendue jusqu'au Mississippi – George W. Bush aurait gagné confortablement, car les régions côtières d'Alabama et du Mississippi, de même que la région de Baton Rouge en Louisiane, votent massivement pour les Républicains. Il n'y aurait pas eu non plus de crise si la Floride s'était constituée en deux États séparés, la Floride de l'est et la Floride de l'ouest. Dans ce cas, Al Gore aurait remporté la Floride de l'est plus peuplée par une marge confortable et aurait eu pour lui le collège électoral comme le vote populaire. Mais, grâce aux curieuses frontières de la Floride, aux particularités du système électoral américain, et à la connivence géopolitique des Pères Fondateurs, c'est celui qui a fini second en terme de vote réel qui est devenu le président de la « plus grande démocratie du monde ».

Pour ce qui concerne le vol initial du territoire de Floride par Madison, Augustus Foster, le ministre britannique à Washington à ce moment, résuma justement les choses. « L'agression inique des États-Unis », observait-il, n'était rien d'autre que « la prise sans générosité et sans raison d'une colonie étrangère[21] ».

21 U. S. Congress, *American State Papers*, Class I, vol. 3, p. 542.

L'ENNEMI INVISIBLE

L'extension arbitraire du pouvoir présidentiel par Jefferson avait fait que les États-Unis avaient pris au lasso, sous la forme de la Louisiane, un éléphant. Et voilà que maintenant, avec Madison, sous la forme des paroisses de Floride, ils avaient enfermé dans un enclos une punaise. Mais qu'en était-il pour le reste de la Floride ? Napoléon avait su faire un grand geste – endosser la Louisiane puis s'en débarrasser, comme s'il s'agissait d'une très belle cape. Les Espagnols, au contraire, s'y cramponnaient – perdant un kilomètre, mais ne cédant pas un mètre. Les Espagnols, en Floride, avaient tout d'abord pris de cours les Britanniques, maintenant ils y roulaient les Américains.

Madison avait pensé qu'une sorte de théorie des dominos pourrait marcher. Les Espagnols, croyait-il, s'enfuiraient après leur humiliation à Baton Rouge, et, alors, le reste de l'ouest et toute la Floride de l'est seraient tombés entre les mains des Américains. Mais, ce fut l'inverse et ce fut le plus haut responsable espagnol en Floride de l'ouest, Vicente Folch y Juan, qui retourna la subversion américaine à son avantage. Après la chute de Baton Rouge, Folch rédigea une lettre extraordinaire, qu'il adressa directement au « pouvoir exécutif des États-Unis », avant d'en faire une copie pour ses supérieurs. « J'ai décidé de livrer cette province aux États-Unis par une capitulation équitable, si je ne reçois pas du secours de La Havane ou de Veracruz dans le mois qui vient », annonça Folch à la surprise du gouvernement américain comme du sien[1]. Harcelé par les raids des Américains, oublié en Espagne, Folch par son geste audacieux remit le problème de la Floride de l'ouest au centre de l'attention de Washington et, mieux encore, au centre de celle de son propre pays.

Le président Madison mordit à l'appât de Floch et se fit avoir comme un débutant. Convoquant le Congrès en session secrète, Madison obtint

1 U. S Congress, *American State Papers*, Class I, vol. 3, p. 398.

100 000 dollars, pour financer, selon les termes même du président, « une subversion contre les autorités espagnoles dans le Territoire en question[2] ». Comme il avait déjà usé les frères Kemper, le président Madison se tourna vers un spéculateur foncier ruiné, par ailleurs ex-politicien en disgrâce, du nom de George Mathews, pour l'étape suivante de ses intrigues floridiennes. Il faut envoyer un homme pour faire un travail d'homme, disait-on à Washington. Et pour faire les courses d'un fou ? L'agent secret, pas si secret, de Madison aimait qu'on l'appelle « Général » George Mathews, même si, plutôt que de commander des troupes, il avait passé la plus grande partie de la Guerre d'Indépendance comme prisonnier des Britanniques. Relâché, Mathews avait demandé à ce que la Géorgie, en récompense, lui donne huit mille hectares de terre. La législature finit par lui en donner, de fait, plusieurs milliers, si bien que, par la suite, Mathews resta possédé par l'idée d'acquérir des terres sans avoir à les payer.

En janvier 1795, alors qu'il officiait comme gouverneur de Georgie, Mathews signa la loi qui autorisait la tristement célèbre course à la propriété foncière Yazoo, provoquant un des scandales les plus riches en couleur de l'histoire américaine. L'indignation qui en résulta fut si terrible que, au lieu d'être simplement abrogée, la loi fut brûlée publiquement, sous les huées de la foule qui s'était assemblée devant le capitole de l'État. On pouvait dire que le Ciel lui-même était descendu sur terre pour incinérer l'abomination législative que Mathews avait transformée en loi, puisque le feu fut allumé grâce à une lentille grossissante qui dirigeait les rayons du soleil sur le texte haï. Quand une convention constitutionnelle démit de ses fonctions tout le gouvernement de l'État qui était sous ses ordres, Mathews décampa vers le Territoire du Mississippi, où les responsables politiques n'étaient pas élus, et où il se débrouilla pour se faire désigner gouverneur. On lui refusa cette désignation, quand on prit connaissance à Washington de ses spéculations foncières controversées[3].

Mathews se trouvait dans cette position malheureuse où le destin l'avait laissé, quand, en janvier 1811, le président Madison le convoqua pour une rencontre secrète, seul à seul, sans témoin, et dont aucune

---

2 James Madison, Special Message to Congress, 3 janvier 1811, Gaillard Hunt (ed.), *The Writings of James Madison*, 1908, vol. 8 : 1808-1819, p. 130-131.

3 Patrick, 1954.

transcription n'a jamais été faite. Parmi tous ces gens en quête d'une fonction à Washington, Mathews était l'un des très rares à être allé en Floride de l'ouest, et apparemment le seul à avoir vraiment rencontré le désormais célèbre Señor Folch. À la fin de la rencontre, les deux hommes étaient convaincus que le reste de la Floride de l'ouest était mûr pour être cueilli. Le président Madison poursuivit sa conversation secrète avec Mathews, en lui donnant des ordres écrits de partir en Floride de l'ouest « avec tout ce qui lui était nécessaire », mais « en cachant à l'observation générale » la nature de sa mission. Une fois sur place, il devait procéder « avec la discrétion que cette entreprise délicate et importante demande[4] ». Et si l'Espagne ne capitulait pas ? Dans ce cas, il était autorisé à faire naître « le soupçon du dessein de n'importe quelle puissance étrangère[5] » et une fois cela fait, d'appeler l'armée et la marine des États-Unis pour « pré-occuper » le territoire. Dans le vocabulaire secret du président Madison, « pré-occuper » signifiait annexer militairement et préventivement la Floride. Le problème était que seule une agression par une tierce puissance pouvait justifier ce coup, et une telle menace n'existait pas. Napoléon, à la suite de sa cession de la Louisiane, avait juré de ne plus revenir aux Amériques. Les Britanniques avaient cédé la Floride et ne voulait pas la reprendre. En outre, grâce aux jeux géopolitiques incessants en Europe des chaises musicales, le plus grand allié de l'Espagne désormais n'était plus la France, mais la Grande-Bretagne.

Ce qui témoigne de la qualité du jugement du président Madison pour ce qui concerne la Floride est que, quand il le dépêcha pour cette mission singulière, Mathews avait soixante et onze ans, était notoirement très corpulent, et excentrique dans son apparence comme dans ses manières. Son accent irlandais, qui lui venait apparemment de ses immigrants de parents, était si prononcé que les Américains comme les Espagnols trouvaient souvent que ce qu'il disait était incompréhensible. Des témoins insistent sur sa joie à porter des tricornes démodés ; en fait, Mathews ressemblait plus à Sancho Panza qu'à l'Oncle Sam quand il se dirigea vers le sud à dos de cheval. Pendant des décennies ceux qui

4 Smith, 1983, p. 116.

5 Weston Arthur Goodspeed, *The Province and the States : A History of the Province of Louisiana Under France and Spain, and of The Territories and States of the United States Formed Therefrom*, 1904, vol. 2, p. 330-331.

avaient eu affaire à lui l'avaient rejeté comme on rejette un bouffon, mais ses mésaventures n'avaient pas ébranlé son amour-propre. Selon un témoignage, il « était connu pour ne reconnaître que deux maîtres : le général George Washington, et le Seigneur Tout Puissant. Et comme le temps passait, il remettait même en question la prééminence de Washington[6] ».

Pour le dire autrement, Mathews était tout à fait floridien. Sa façon de marauder, sans but, sans résultat, était digne de de Soto, mais la figure floridienne à laquelle il ressemblait le plus était Juan Ponce de Leon. Comme le Ponce de la vie réelle, Mathews verra ses rêves de transformer les hectares vides de Floride en promotion immobilière tourner en un cauchemar qui lui coûtera la vie. Comme le mythique Ponce, Mathews alla vraiment en Floride pour chercher à rajeunir. Après avoir échoué en Géorgie et après avoir échoué dans le Mississippi, en Floride George Mathews cherchera à faire cette conquête glorieuse et définitive qui, une fois pour toute, fera taire ses critiques et mettra ses négateurs en fuite. Avec l'arrivée de George Mathews sur la scène de Floride, la langue passa de l'espagnol à l'anglais mais l'histoire resta la même. Ses aventures projettent dans l'idiome de la *Frontier* américaine le rôle perpétuel de la Floride de lieu où les gens viennent pour se réinventer, quelles qu'en soient les conséquences, et où malheur à eux quand ils réussissent s'ils y parviennent.

À mille cinq cents kilomètres environ au sud du District of Columbia, loin des ambitions durables et des certitudes passagères de celui-ci, au-delà même des frontières des États-Unis, les calculs de Madison et les rêves de Mathews prirent fin ; la Floride réelle commençait. En atteignant la zone frontière, Mathews fut accueilli par une terrible nouvelle. La capitulation n'était plus à l'ordre du jour. En réponse à sa menace d'abandonner la Floride de l'ouest, Folch avait obtenu du « secours de La Havane » – 50 000 dollars, avec ordre d'utiliser cet argent pour renforcer les défenses de la Floride de l'ouest. Sans que Mathews fût au courant, Folch avait aussi reçu une aide précieuse du président Madison. Soucieux de ne pas mettre en danger le pacifique transfert prévu de la Floride de l'ouest aux États-Unis, Madison ordonna aux forces américaines du Mississippi d'anéantir les « Patriotes ». Grâce à la vigilance bienveillante

6 Patrick, 1954, p. 5, 31-39.

de l'armée des États-Unis, les frontières de la Floride espagnole étaient désormais sûres. Le président Madison avait aussi envoyé à Folch une réponse flatteuse et, désastreusement, indiscrète. Après avoir informé le responsable espagnol qu'il trouverait « avantageux » qu'il trahît son serment de loyauté à son pays, il annonçait que le général George Mathews était en route « pour recevoir de vous la possession du pays au nom des États-Unis ». Madison avait supprimé la couverture de Mathews avant même qu'il arrivât. Le responsable espagnol avait désormais en mains propres la preuve écrite que George Mathews n'était pas un électron libre ; il était l'agent officiel, si ce n'est l'agent secret, du président des États-Unis.

À Pensacola, Folch reçut l'envoyé du président Madison avec courtoisie, puis il l'informa qu'on lui avait ordonné, à lui et à ses forces, de combattre jusqu'à la mort toute tentative des États-Unis de prendre possession de quelque part de la Floride que ce fût. Comme un grand joueur, auquel il ne reste plus qu'un seul pion, Folch était passé à l'offensive et avait joué coup double. Il avait obtenu que les États-Unis le protègent militairement et, tout à la fois, que son propre gouvernement injecte de l'argent. Coincé en Floride de l'ouest depuis 1787, Folch voulait aussi rentrer chez lui. Mais, comme récompense pour ses extraordinaires réalisations, il passa en cour martiale quand il rentra en Espagne. Il se défendit avec toutes les ressources dont il avait fait preuve en Floride de l'ouest, fut blanchi, et vécut jusqu'à l'âge de soixante-cinq ans. Il n'y a pas beaucoup de personnes tout au long des siècles qui, après s'être embourbé en Floride, parviennent à s'en sortir avec honneur et à vivre jusqu'à un âge avancé, mais ce fut le cas de ce responsable espagnol oublié.

Du fait « des inepties stupéfiantes de la part de presque tout le monde du côté américain » comme un chercheur le dira plus tard[7], toute chance d'obtenir la Floride de l'ouest en douce était perdue, mais dans l'esprit torturé de Mathews les ailes du papillon battaient. À cinq cents cinquante kilomètres de Pensacola se trouvait St. Augustine, capitale de la Floride de l'est espagnole. Se pressant vers l'est à dos de cheval Mathews, à maintenant soixante-douze ans, pensait initialement galoper vers St. Augustine pour demander que les Espagnols « remettent cette province entre les mains des États-Unis » ici et maintenant. Il

7 David Stephen Heidler, *Journal of Military History*, vol. 68, no. 2, 2004.

n'y renonça que quand les Américains des deux côtés de la frontière l'avertirent que le gouverneur espagnol à St. Augustine n'était pas ce gentilhomme ibérique qu'était Folch, qui lui servait du rhum et du café tout en rejetant ses demandes. À St. Augustine, le gouverneur espagnol était un frustre Irlandais comme Mathews lui-même. Le gouverneur Enrique White, le mirent-ils en garde, le jetterait dans le donjon du Castillo de San Marcos, s'il osait faire une telle demande.

Comme le président qui l'avait envoyé là, Mathews voulait obtenir l'ensemble de la Floride, l'est comme l'ouest, mais dans leur précipitation à réclamer des terres le long de la côte du Golfe, Jefferson, Madison et Monroe s'était enfermés dans le piège qu'ils avaient eux-mêmes construit. En insistant si fortement sur le fait que la Floride jusqu'à la rivière Perdido appartenait aux États-Unis, ils avaient admis que le reste – l'ensemble de ce qui aujourd'hui est l'État de Floride – n'appartenait pas aux États-Unis. La souveraineté de l'Espagne y était indiscutable, mais que se passerait-il si on incitait quelques « Patriotes » en Floride de l'est à renverser le pouvoir espagnol, comme on l'avait fait à Baton Rouge ? Il y avait alors suffisamment d'Américains qui s'étaient installés en Floride de l'est pour renverser les Espagnols mais, comme le découvrit vite George Mathews, personne ne voulait se révolter. La liberté économique était la raison principale pour laquelle les meilleurs des planteurs, la classe des marchands, ainsi que la plupart des petits propriétaires terriens du genre « sel de la terre » souhaitaient rester sous domination espagnole. Grâce à la frontière internationale qui séparait la Floride des États-Unis, faire de la contrebande d'esclaves était aussi lucratif que de faire de la contrebande d'alcool à l'époque de la Prohibition – et que celle de la drogue plus tard. Toutes sortes de contrebande fleurissaient, car les États-Unis, qui cherchaient à éviter de se trouver impliqués dans les dernières guerres d'Europe, avaient arrêté tout commerce avec la Grande-Bretagne et la France, ainsi qu'avec leurs nombreux alliés. L'embargo commercial avait comme conséquence la stagnation des ports des États-Unis, alors que la Floride, qui avait l'avantage d'être proche des États-Unis sans être assujettie à leurs lois, autorisait le déchargement des marchandises.

Les fornicateurs et ceux que le croisement des races n'effrayaient pas pouvaient également y aller et venir à leur guise. Juste au nord de la rivière St. Mary, sur la rive géorgienne de l'estuaire, un homme tentait le destin s'il frayait trop ostentatoirement avec sa maîtresse noire. Aussi riche fût-il, il savait que, quand il mourrait, ses fils blancs pourraient vendre ses fils noirs sur la rivière. En Floride, un gentilhomme était libre de cohabiter avec sa maîtresse à la vue de tous, de créer un commerce pour ses fils de races mêlées, et de leur léguer des terres. Sur le sol des États-Unis, pour une personne noire, lire un livre était tout aussi criminel que d'avoir un fusil. En Floride, les noirs pouvaient s'armer et s'instruire. La tradition floridienne de liberté raciale fut établie dès 1693, quand l'Espagne accorda l'asile aux esclaves noirs qui y cherchaient refuge. En 1738, près de St. Augustine, des noirs émancipés établirent ce que le professeur Kathleen Deagan, conservatrice dans le département d'archéologie historique au musée d'histoire naturelle de Floride, décrit comme « une forteresse de la liberté ». Le « fort et la ville de Gracia Real de Santa Teresa de Mose », comme le montrent ses excavations, fut « la première communauté noire libre à ne pas recevoir de sanctions juridiques dans ce qui est maintenant les États-Unis[8] ». En 1740, quand les colons anglais, qui venaient de Géorgie, voulurent envahir la Floride, ils furent repoussés « dans une bataille rangée par des forces espagnoles qui comprenaient des noirs, des blancs et des Indiens ».

Les libertés dont on jouissait en Floride étaient plus particulièrement manifestes sur Amalia Island, de l'autre côté de la rivière St. Mary, ce poste avancé de Géorgie dont George Mathews avait fait la base de ses opérations. La vie dans la ville portuaire de Ferdinanda aurait fait de l'ombre à la diversité, à la liberté et à l'énergie dont est synonyme la Floride d'aujourd'hui. À Ferdinanda, le gérant irlandais du saloon s'appelait Donohue ; le médecin allemand avait pour nom Karl Santage. Ezra Patch le menuisier, Mateo Gonsales le forgeron et Felicia la diseuse de bonne aventure y menaient leurs activités. Les « Indiens » qui venaient en ville pour y vendre des peaux et du jerky contre des vêtements et des couteaux, étaient également des nouveaux venus[9]. Les Indiens autochtones de Floride étaient éteints depuis longtemps, mais comme une spéculation foncière de type Yazoo en Géorgie et dans le territoire du Mississippi avaient rendu riches des centaines de personnes tout en en dépossédant des milliers d'autres, des Indiens des tribus, des esclaves en fuite et quelques blancs marginaux avaient trouvé refuge en Floride.

8 Voir Deagan, 1995 ; Jane G. Landers, *Black Society in Spanish Florida*, 1999.

9 Patrick, 1954, p. 40-55.

Dans ce lieu où personne n'avait de passé vraiment certain, des hommes aux parfaits noms de planteurs comme Lodowick Ashley et Farquahar Bethune tinrent le rôle de l'aristocrate avec autant d'aplomb que d'absence d'acte de naissance, comme le feront plus tard les stars d'Hollywood, mais tout n'était que jeu. Le coton, l'indigo et le tabac ne poussait pas dans le sable aride et stérile. Des propriétés comme Ashley Plantation ou Kingsley Plantation, qui aujourd'hui ont donné leur nom à des clubs de golf et à des parcs d'État, étaient des entrepôts de contrebande. Comme la contrebande du rhum et de la cocaïne plus tard, la contrebande des esclaves fut une source importante de honte et de profit, et ce trafic touchait presque tout le monde, quand bien même on clamerait sa rigueur et sa moralité.

Bien que des douzaines d'hommes influents dans la Floride espagnole eussent des épouses et des maîtresses noires, c'était Zephaniah et Anna Kingsley, de riches résidents d'Amelia Island, qui constituaient le couple interracial le plus en vue. Il venait de Grande-Bretagne ; elle avait été amenée d'Afrique comme esclave. Et dans les soirées qu'ils organisaient, il débouchait les bouteilles et elle faisait passer le Claret. À l'origine de toute cette vitalité, de cette tolérance et de cet argent, il y avait ce que l'on appelle aujourd'hui la mondialisation. De même que la position de la Floride, au niveau du globe et de l'hémisphère, fera plus tard de Miami le centre du monde pour le commerce de la drogue, et d'Orlando le centre du monde pour les vacances familiales, la géographie, les circonstances et la cupidité des hommes fit de Ferdinanda dans les dernières années de la domination espagnole une ville infernale. De riches blancs, de pauvres blancs, des noirs : les destins de tous ces Américains étaient déjà mêlés dans la Floride de cette époque. Ensemble, ils avaient déjà commencé à créer une société qui, quel que fût son degré de richesse, verrait toujours la pauvreté et, quoi qu'elle fît pour l'égalité, porterait toujours la tâche de la race dans son âme. Au-delà de ces trois groupes – riches blancs, pauvres blancs et noirs – il y avait les « Indiens », pour lesquels le destin n'avait pas trouvé de place. À l'époque où Mathews fit son apparition, ces quatre groupes, en dépit de leurs nombreuses différences, avaient un point en commun. Son plan d'imposer en Floride le système américain de race, de classe et de dépossession les menaçait tous les quatre. L'Indien de Floride, les gens de race noire ou de races mêlées, tous « se rendaient bien compte que le maintien de la domination espagnole… dans la Floride de l'est était essentiel à leur bien-être », ainsi qu'un universitaire le formula plus tard.

Mathews espérait être accueilli en Floride comme un libérateur : il s'avéra être un Paul Revere à l'envers. En mars 1812, plus d'un an après sa rencontre secrète avec le président Madison, Mathews était prêt à devenir l'impresario de la dernière grande farce de sa carrière. Son modèle pour la république de Floride de l'est qu'il voulait créer était celle de Floride de l'ouest. Cela prit du temps, de l'argent et beaucoup de promesses impossibles à tenir, mais Mathews – opérant toujours sur le côté géorgien de la frontière – arriva finalement à rassembler neuf personnes prêtes à signer de leur nom une Déclaration d'Indépendance. Puisque la Déclaration devait être faite sur le sol de Floride, Mathews et ses protégés traversèrent la rivière St. Marys à la rame jusque sur la rive floridienne. Là, le 13 mars 1812, les neuf Pères fondateurs déclarèrent l'Indépendance de la Floride de l'est, puis aussitôt s'engagèrent à laisser « aux États-Unis d'Amérique toutes les terres qui appartenaient à ladite Province ». La procédure qui créait cette petite nation artificielle aurait été incomplète si on n'avait pas hissé solennellement le drapeau officiel de la république de Floride de l'est. Le symbole national, en l'occasion, pris la forme de la silhouette d'« un soldat en bleu sur un fond blanc ; le soldat, avec sa baïonnette au canon, le mousquet en avant », nota ultérieurement un historien, semblait « charger un ennemi invisible[10] ». Puis ils retraversèrent à la rame la rivière jusqu'en Géorgie.

La question, dès lors, était : que faire ? Mathews préfigurait l'officier de la CIA hors de contrôle des débats futurs sur l'utilisation légale de la puissance américaine. Le lieutenant Jacint Laval, le commandant en chef de St. Marys, en Géorgie, avait, lui, le rôle du militaire droit. Mais s'arrêter là reviendrait à décrire Mathews comme un simple ex-gouverneur de Géorgie, sans prendre en compte l'affaire Yazoo. Dans cette volière de protagonistes excentriques qu'était devenue alors la zone frontière de Floride, le plumage exotique du lieutenant Laval était sans égal. Né en France, il avait embrassé la cause américaine par idéalisme révolutionnaire. Quand son étoile croisa celle de Mathews, Laval était tout à la fois, et sans s'apercevoir de la contradiction, un honorable officier des États-Unis, un romantique du Nouveau Monde, un jardinier avide,

10 *Ibid.*, p. 56-99.

un aventurier sexuel enthousiaste, et un antisémite. S'il faut en croire Mathews, Laval emprunta également de l'argent à des petites banques et ne les remboursa jamais.

Mathews voulait utiliser les troupes de Laval pour envahir la Floride espagnole. Laval refusa. Il n'avait pas reçu d'ordres pour cela de ses supérieurs. Même s'il en avait reçus, laisser Mathews utiliser ses troupes pour envahir le territoire d'un pays étranger équivalait à commencer une guerre sans que le Congrès ne l'eût déclarée, et par conséquent Laval aurait violé le serment qu'il avait fait, en tant qu'officier de l'armée des États-Unis, de protéger et de défendre la Constitution. Laval fut particulièrement indigné quand Mathews lui demanda de le laisser utiliser ses soldats déguisés en « Patriotes » pour envahir la Floride. Comme Laval le souligna justement, cela aurait été faire des troupes de l'armée des États-Unis des bandits. Il y avait aussi une autre raison pour laquelle Laval refusa de soutenir le plan d'invasion de Mathews. Mathews, après avoir fait irruption chez Laval et occupé une des deux chambres de son cottage sur les bords de la rivière pendant plus de sept mois, avait fait venir dans la maison des invités de partout. Jour après jour, et également nuit après nuit, Laval se plaignait dans une lettre au ministre de la guerre que Mathews « me torturait presque à mort pour que je coopère » à ce qu'il appelait ses « plans tristement célèbres ». « Le gouvernement n'a-t-il pas de meilleurs officiers », demandait-il que ces sortes « de juifs, de voyous, de traitres, de conspirateurs[11] » qu'il voyait aller et venir sous son propre toit ? Le juif en question était Ralph Isaacs, un spéculateur du Mississippi dont le titre de courtoisie, donné par la milice locale, était « Colonel ». Lors des premières incursions de Mathews en Floride, Isaacs lui avait servi d'éclaireur. Couple mal assorti, ils continuaient d'agir, Isaacs mettant constamment Mathews en garde contre sa folie tout en la rendant possible. Ce fut Isaacs qui, le premier, établit le contact avec Folch en Floride de l'ouest – Isaacs, également, qui composa la déclaration d'Indépendance farfelue de la Floride de l'est, ses signataires à commencer par Mathews n'étant pas vraiment des lettrés.

Par leur dispute sur l'utilisation non autorisée de la force, Laval et Mathews sont l'illustration d'un dialogue qui n'a jamais cessé depuis plus de deux cents ans aux États-Unis. Être américain nous donne-t-il le

---

11 *Ibid.*, p. 81.

droit de violer les lois du monde civilisé, ou nous confère-t-il au contraire une obligation spéciale de les respecter ? Il y a une autre continuité. L'histoire alors, comme aujourd'hui, était faite par des êtres humains aux nombreux défauts. Il serait beau de pouvoir dépeindre Laval comme un être merveilleux et pur, telles que le sont les statues de Jefferson et de Lincoln dans leurs grands et blancs mémoriaux, alors qu'eux-mêmes n'étaient pas ainsi. Il est également tentant de traiter Mathews avec humour, mais ses actes furent criminels autant que téméraires. Quand Laval refusa de lui fournir des troupes pour son invasion, Mathews incita à la mutinerie. Laval le contra, en postant des gardes au sein même de ses troupes, et en montant lui-même la garde durant toutes les nuits.

Sans troupe américaine pour mener le combat, Mathews n'avait aucune possibilité d'attaquer St. Augustine, et encore moins de prendre l'entière « Province avec ses maisons, ses armes, ses casernes et ses fortifications et avec tout ce qui lui appartenait », comme la déclaration d'indépendance de la Floride de l'est dans son ensemble y invitait. Mais serait-il capable de prendre le petit port de Ferdinanda ? Une déclaration d'indépendance proclamée par neuf hommes avait peu de poids, mais les forces espagnoles étaient également lilliputiennes. Neuf, s'avérait-il, étaient, en tout et pour tout, les soldats qui constituaient la petite garnison espagnole de la place.

Sans artillerie, Mathews tira une volée de fausses promesses. S'ils déposaient les armes, promit-il, les défenseurs de Ferdinanda auraient le meilleur des deux mondes – la liberté américaine, ainsi que des sommes rondelettes et le droit de continuer la contrebande. Par des manifestes divers, Mathews promit un usage encore plus imaginatif des fonds secrets que le Congrès s'était appropriés. Dès que les États-Unis prendraient le contrôle, ajouta-t-il, ils continueraient (en violation évidente de la Constitution) à payer les émoluments des prêtres catholiques soutenus par l'État. Entre-temps, Mathews avait fait passer des armes et des munitions, comme le dit un des premiers rapports, à « tous les bûcherons et les bateliers dans le voisinage de St. Marys ». En récompense de leur soutien, on promit à ces envahisseurs *free lance* un beau butin, plus deux cent hectares de terre espagnole pour chacun.

Comme cette troupe indisciplinée de « ragamuffins du fin fond de la Géorgie[12] », ainsi qu'un des défenseurs de Ferdinanda la décrivit, se

12 *Ibid.*, p. 89.

dirigeait tranquillement vers Ferdinanda, le commandant espagnol de la place, le colonel Justo Lopez, convoqua un comité de salut public. Il fit alors ce que les Américains blancs ont toujours redouté le plus. Il distribua des armes et des munitions aux esclaves ainsi qu'aux noirs libres. Mais il s'avéra que la loyauté des Américains blancs d'Amelia Island vis-à-vis des Espagnols ne fut même pas ébranlée par une telle mesure.

Il ne s'agissait pas d'une confrontation entre la vigueur anglo-saxonne et la décadence latine. Bien que le drapeau espagnol flottât encore, le conflit était déjà devenu une dispute entre Américains. Les principaux protagonistes du côté de Mathews s'appelaient McIntosh et Ashley. Les assistants chefs de Lopez, du côté espagnol, s'appelaient Clarke et Atkinson. Comme à Bunker Hill plus tôt et à Fort Sumter plus tard, une bataille entre des blancs qui parlaient anglais pour savoir quelle sorte de pays devait être les États-Unis semblait être en préparation, mais le sang ne coula pas, car l'irrégularité manifeste de la situation donna à Lopez, comme elle l'avait donnée à Folch plus tôt, une possibilité de manœuvre qu'il saisit adroitement. La question essentielle, le commandant espagnol eut la présence d'esprit de le reconnaître, était de savoir si oui ou non les États-Unis avaient autorisé cette agression. Quand Lopez demanda calmement aux Américains de lui expliquer qui avait ordonné l'attaque, il rencontra le symptôme classique qui est lié à une opération secrète qu'on ne contrôle plus – les responsables des États-Unis parlèrent de deux voix divergentes. « J'ai le grand plaisir de vous informer que les États-Unis ne sont ni les donneurs d'ordre principaux ni secondaires et que je n'ai pas l'autorisation de mener une attaque contre la Floride de l'est » dit aux Espagnols le lieutenant Laval. « J'ai des instructions de mon gouvernement », dit Mathews à Lopez, pour recevoir la Floride de l'est ou une partie de celle-ci des autorités locales, ou de la prendre par la force pour empêcher qu'elle ne soit occupée par une tierce puissance.

Sentant qu'il fallait saisir l'opportunité, Lopez fit traverser la rivière en bateau à rame à Clarke pour négocier. La capitulation qui s'ensuivit satisfit tout le monde. Si Mathew renonçait à attaquer, Lopez s'engageait à abandonner Amelia Island aux « Patriotes ». Et ceux-ci à leur tour s'engageaient à la céder aux États-Unis dans les vingt quatre heures. Comme le savait Lopez, mais comme Mathews, apparemment, ne le comprenait pas, c'était une technique diplomatique très élaborée. Puisque ni l'Espagne ni les États-Unis ne reconnaîtraient la république de Floride de l'est, et tout ce qu'elle pourrait faire, cette technique permettrait aux gouvernements espagnol comme américain de prétendre que, juridiquement parlant, rien ne s'était passé. Dans ces circonstances, Lopez pouvait considérer sa reddition comme un expédient temporaire, ce qu'elle s'avéra être de fait. Seuls les ragamuffins de Géorgie avaient de quoi être déçus de voir les « Patriotes » et les Espagnols réunir leurs forces pour maintenir la loi et l'ordre. Car il n'y aurait pas de pillage. Et personne n'obtiendrait non plus les deux cents hectares promis.

Le jour suivant, le 18 mars 1812 fut le dernier jour vraiment glorieux de l'étrange et longue vie de George Mathews, lorsque, sur le côté floridien de la frontière son drapeau de la Floride de l'est, qui avait été hissé la nuit précédente, fut baissé pour la dernière fois. Sur les ordres de Mathews la bannière étoilée des États-Unis fut alors déployée. Presque quatorze mois après que Madison et lui eurent tramé leur plan, Mathews obtenait finalement quelques terres en Floride qui lui étaient transmises par une « autorité locale existante, les cédant à l'amiable ». Les événements qui se passèrent sur le côté géorgien de la frontière ce jour-là furent tout aussi gratifiants. Après une longue absence, le supérieur immédiat du lieutenant Laval, le colonel Thomas Smith, avait repris le commandement. Le lieutenant né en France, ravi d'enlever de la semelle de ses bottes les saletés que Mathews avait faites, demanda et obtint son transfert. La route de la gloire semblait donc désormais grande ouverte devant George Mathews. Les jours qui suivirent, les « Patriotes » marchaient de l'intérieur sur St. Augustine. Mathews, lui, avançait par bateau. Et comme son petit vaisseau larguait les amarres qui le retenaient à la terre, George Mathews coupa simultanément tout lien qui le retenait à la réalité. « En avant pour le Venezuela ! », déclara-t-il[13].

La petite force de Mathews avait triplé et se montait à trois cents hommes quand il atteignit St. Augustine. En violation du droit des États-Unis et des traités, le remplaçant de Laval, agissant sans ordre, avait envoyé plus de cent hommes en uniforme des États-Unis pour se joindre à l'invasion. Comme ils avançaient, personne ne songea à demander : et s'ils ne se rendaient pas ? Cela était déjà arrivé auparavant – une charge tête baissée en direction du sud, suivie par le refus grincheux des Espagnols de céder le fort, une première fois 110 ans plus tôt, en

13 *Ibid.*, p. 107.

1702. Plus tard, les colons de Géorgie avaient attaqué à deux reprises. À chaque fois la fort avait résisté, même quand les envahisseurs avaient mis le feu à St. Augustine. Maintenant c'était au tour de Mathews, des « Patriotes » et des troupes de l'armée des États-Unis d'avoir à tuer les moustiques et de se quereller entre eux pendant que, à l'intérieur du Castillo, ses défenseurs serraient les rangs. Lors des tentatives précédentes, après quelques jours ou quelques semaines, les attaquants avaient dû se retirer. Il en fut à nouveau de même, à une différence près. Lors des tentatives précédentes, le pays d'où venaient les envahisseurs était en guerre avec l'Espagne.

Même si les maraudeurs de Mathews avaient le goût et l'entraînement pour engager un vrai combat, leur force était trop faible et mal équipée pour renverser le Castillo de San Marcos, où les canons n'avaient pas d'effet sur le calcaire de coquina des remparts. Pendant que Mathews était assis dans son camp et produisait des manifestes à la chaîne, le ravitaillement continuait à venir pour les Espagnols par la mer, par l'estuaire et par la terre. Il aurait fallu presque toute la marine des États-Unis, estima un des militaires américains, pour bloquer d'une manière satisfaisante Matanzas Inlet. Même cela, notait-il, n'aurait pas arrêté des noirs, des Espagnols et des Séminoles hostiles d'abattre les envahisseurs les uns après les autres. Ceux qui avaient suivi Mathews espéraient être accueillis avec des sourires et des bonbons par des beautés à la peau sombre. Le récit d'une réception bien différente circula vite. On disait que certains Américains, partis nager, avaient aperçu un groupe de jolies femmes minorquines qui s'amusaient. Ravis, les Américains avaient nagé vers l'autre rive. Quand ils l'avaient atteinte, des Minorquins avaient surgi et leur avaient coupé la gorge. Le tournant, dans tout siège qui échoue, est quand le besoin panique de rentrer chez soi prend le pas sur le rêve de victoire des assiégeants. Comme les forces de Mathews commençaient à vaciller devant le néant, d'autres histoires authentiques circulèrent. Les Espagnols auraient armé 150 soldats noirs, ainsi que tous les civils noirs de St. Augustine, et d'autres troupes africaines arrivaient de La Havane. Des guérillas favorables à l'Espagne avaient fondu sur un détachement d'Américains et avaient tué quatorze d'entre eux. Pour les conquistadors amateurs de Mathews, la Floride était devenue celle de de Soto dans ce tableau du musée de Jacksonville.

Mathews avait été envoyé dans le sud pour, en douce, dérober la Floride, mais il avait créé un fiasco militaro-politique dans lequel les

États-Unis devaient faire face à ce choix auquel ils auraient à faire face dans d'autres conflits controversés : soit, admettre leur défaite soit, aller dans le sens de l'escalade. Un célèbre combattant de la *frontier*, le gouverneur David Mitchell de Géorgie, fut envoyé pour voir ce qui pouvait être fait. On pensait qu'il demanderait des renforts aux États-Unis, mais, au contraire, Mitchell revint en estimant que les forces de Mathews étaient tout d'abord un danger pour elles-mêmes. Quant à chasser les Espagnols de St. Augustine, le gouverneur Mitchell conclut que prendre le Castillo de San Marcos coûterait plus d'argent et plus de vies qu'il n'en avait coûté aux Britanniques de prendre le Québec durant la guerre française et indienne[14]. Du fait de la liberté de la presse de l'Amérique, nul besoin était d'avoir l'autorisation du pouvoir pour s'apercevoir à quel point Mathews avait rendu les États-Unis ridicules. « Disgrâce extrême », titrait le *Charleston Courier* dans un article qui critiquait la « farce qui consistait à recevoir la Province d'une poignée d'insurgés » de cette manière[15].

Dans leurs démarches auprès du Secrétaire d'État Monroe et du président Madison, les représentants de l'Espagne posèrent la même question que Lopez avait posée à Ferdinanda – la même que Philippe II avait implicitement posée, plus de 250 ans plus tôt, pour repousser les plaintes françaises à propos des massacres de Menendez. Les États-Unis avaient-ils oui ou non autorisé les attaques de la Floride ? Le brouhaha ainsi suscité fit que le Secrétaire d'État James Monroe feuilleta les rapports que Mathews avaient envoyés à Washington. Ils montraient, comme le président Madison lui-même l'observa dans une lettre à Thomas Jefferson, que « Mathews avait joué une étrange comédie », ajoutant : « ses extravagances nous placent dans le plus déprimant des dilemmes[16] ».

Le temps était venu de faire un exercice plausible de déni. « Je suis désolé d'avoir à dire », commençait la lettre que Monroe envoya à Mathews, « que les mesures qu'il semblerait que vous ayez adoptées pour prendre possession d'Amalia Island, et d'autres parties de la Floride de l'est, ne sont pas autorisées ni par la loi des États-Unis, ni par des instructions fondées sur elles, selon lesquelles vous avez agi. Vous n'étiez

14 *Ibid.*, p. 142.
15 Smith, p. 229.
16 Hunt (ed.), *Writings of James Madison*, vol. 8, p. 190.

autorisé par la loi et les instructions à prendre la Floride de l'est que si elle était cédée pacifiquement par le gouverneur ou toute autre autorité locale existante, ou pour prévenir l'occupation d'une puissance étrangère ». Monroe enroba le tout dans un vrai mensonge. « En tout cas, continua-t-il, une appropriation de la Province par la force ne fut jamais envisagée, mais seulement une occupation jusqu'à ce qu'un accord puisse être atteint par une future négociation à l'amiable avec l'Espagne[17] ».

Mais rien ne pouvait arrêter Mathews désormais. Dans le passé, quand on lui avait refusé le poste de gouverneur du territoire du Mississippi, il était parti pour Washington, avec l'intention de « punir » le président John Adams pour son impertinence. Le natif de la Nouvelle Angleterre que l'on disait inflexible avait détourné la colère de Mathews en nommant un de ses fils au poste intéressant de directeur des finances publiques de Géorgie. Maintenant, Mathews remontait à nouveau dans le nord ; son but, écrivit-il, était la « ravange ». Bredouillant des injures à tous ceux qui l'écoutaient encore, il jura « de les faire tous sauter, là haut à Washington[18] ». « Pauvre vieux Mathews, dit avec commisération un compatriote de Géorgie, J'ai peur qu'il ne meure de mortification et de ressentiment[19] ». Le 30 août 1812, alors qu'il était en route pour le nord, George Mathews fêtait son soixante-treizième anniversaire ; il mourut ce jour. Le même gouverneur Mitchell de Géorgie qui avait reconnu que le siège de St. Augustine était une folie fit de son mieux pour faire son éloge. « Quels que soient les erreurs politiques qu'il peut avoir faites, dans le cours de sa longue vie publique, qu'elles reposent dans l'oubli », conseilla-t-il[20].

Ce conseil ne fut pas suivi. Loin d'être oublié, Mathews devint l'un des premiers faux héros américains de Floride – une sorte de proto cavalier confédéré, le martyr au cœur pur d'une noble cause perdue, « la victime d'un gouvernement avide mais défaillant qu'il avait servi fidèlement ». En 1954, Mathews était encore décrit comme quelqu'un de bien intentionné. « Ses états de service durant la Guerre d'Indépendance, son travail au Congrès, sa contribution en tant que gouverneur de Géorgie avaient presque été effacés de notre mémoire par les scandales fonciers

17 The Secretary of State To General Matthews, 4 avril 1812, *American State Papers*, Class I, vol. 3, p. 572.

18 Dowell, 1952, vol. 1, p. 187.

19 William Junius Pratt, *Expansionists of 1812*, 1949, p. 114.

20 Patrick, 1954, p. 175, 178.

de Yazoo », écrivait un admirateur cette année-là. « Le ministre de la guerre l'avait dénoncé, des sénateurs le fuyaient, et le président Adams lui avait fait défaut. Durant ces longues et maigres années politiques, il avait attendu que la chance frappe à nouveau ». Et, « au soir de sa vie », Mathews avait cru qu'il l'entendait frapper. Quand il avait ouvert la porte, il avait vu la Floride. Mais, dans la vraie histoire de Mathews, comme dans celle, mythique, de Ponce, son rêve, qu'il essaya de réaliser en Floride, s'avéra n'être rien d'autre que « le fruit de l'imagination, l'hallucination de la vieillesse[21] ».

« La répudiation de Mathews était simplement une manœuvre de papier » nota plus tard un chroniqueur[22]. Le président Madison voulait toujours la Floride, toute entière, mais sa petite guerre avait débouché sur un désastre qui était ennuyeux, d'autant que 1812 était l'année de l'élection présidentielle. Prêt à tout pour obtenir un second mandat, le président commença alors une guerre plus importante et bien plus désastreuse encore. Quand sa milice locale fut rappelée, nota Thomas Jefferson, ses 241 hommes, à l'exception de 10 d'entre eux, se répandirent en ville pour un premier rassemblement, prêts à attaquer les voisins de l'Amérique. « La seule question qui se pose, dit l'ex-président à Madison, est : qui doivent-ils attaquer, le Canada ou la Floride[23] ? » L'historien de la Floride, Rembert Patrick, compara les États-Unis de cette époque à « un vautour qui planait au-dessus du vortex des conflits du monde, et était tenté de prendre quelques bouchées en Amérique du Nord à l'Angleterre et à sa faible et dépendante alliée, l'Espagne ». Le vautour n'allait pas tarder à perdre beaucoup de plumes.

Comme l'avancée de Mathews sur St. Augustine, l'attaque du Canada par les États-Unis commença par un tir de déclarations sur la liberté, qui s'inversa bien vite. Détroit fut perdu, ainsi que plusieurs parties du Maine et de l'État de New York. La guerre permit à Madison d'obtenir son second mandat, mais la Guerre de 1812 ne se termina vraiment qu'en 1815. Et, alors, Washington avait été incendié et Baltimore bombardé. La question était désormais de savoir si la Grande-Bretagne abandonnerait les parties des États-Unis qu'elle leur avait prises, mais il serait incorrect

21 Patrick, 1954, p. 125-126.

22 Dowell, vol. 1, p. 186.

23 Thomas Jefferson, « To James Madison », 6 juin 1812, in Paul Leicester Ford (ed.), *The Writings of Thomas Jefferson : Volume IX : 1807-1815*, p. 355.

de dire qu'il n'y avait pas eu de gains en territoires. Après avoir déclaré la guerre à la Grande-Bretagne, les États-Unis avaient attaqué l'Espagne en Floride de l'ouest. Ayant échoué à conquérir le Canada, ils avaient pris ces deux petits bouts de l'Alabama et du Mississippi collés au Golfe du Mexique. L'objectif affiché de l'Amérique avait toujours été de défendre ses droits de nation neutre. Mais, maintenant, conséquence de cette agression ingrate contre une nation neutre qui les avait aidés à acquérir leur indépendance, les Américains contrôlaient finalement cette bande de côte sur le Golfe que le président Jefferson avait prétendu, pour la première fois, appartenir à l'Amérique en 1803. Tandis qu'il rendait de la main droite la partie de la Floride de l'est que Mathews avait conquis, le président Madison prenait de la main gauche une partie de celle de l'ouest. Ce fut le seul gain territorial de la guerre[24].

La prise par les États-Unis de Mobile suscita enfin la menace étrangère que le président avait souhaitée. En réponse à cette prise américaine, les Britanniques reprirent la défense de Pensacola toute proche. Si la situation avait été inversée, Madison et Monroe auraient annoncé que Pensacola avait été « pré-occupée » afin d'empêcher une possible agression. Au lieu de cela, le mouvement des Britanniques fournit une excuse à une nouvelle invasion de la Floride. Vers la fin de 1814, les troupes des États-Unis avancèrent sur Pensacola. La bataille décisive de la Guerre américaino-britannique semblait devoir avoir lieu sur territoire espagnol ; mais les Britanniques, soudain, s'enfuirent et décidèrent d'attaquer la Nouvelle Orléans. Les troupes des États-Unis, abandonnant Pensacola aussi vite qu'ils l'avaient prise, arrivèrent en Louisiane juste à temps. Les Britanniques ne pensaient pas y rencontrer plus de résistance qu'ils en avaient rencontrée quand ils avaient incendié Washington, mais, le 8 janvier 1815, les forces des États-Unis tuèrent et blessèrent un total de 2055 officiers et soldats britanniques. Seulement 101 Américains tombèrent. Ce fut un vrai massacre, le massacre le plus conséquent de blancs par des blancs en Amérique du Nord entre la fin de la Guerre d'Indépendance et le début de la Guerre civile.

24 Michael Thomason, *Historic Mobile : An Illustrated History of the Mobile Bay Region*, 2010, p. 20-26.

AMÉRICANISATION À NEGRO FORT

« La guerre de Mr. Madison », prédisait un critique, avait commencé dans la folie, se continuait « dans la démence », et se « terminerait dans la ruine[1] ». Ce fut au deux-tiers vrai. La guerre de 1812 se termina avec Andrew Jackson. La Nouvelle Orléans fut le Fort Caroline de Jackson. Le massacre des Britanniques le transforma en un Pedro Menendez de Aviles américain. Toutes les guerres ont des conséquences inattendues ; l'inattendue montée en puissance de l'Amérique d'Andrew Jackson en fut la plus importante.

Les ennemis de Jackson, consternés par le pouvoir que son triomphe lui avait donné, soulignèrent que ce triomphe était postérieur à la signature du traité de paix. Cela était vrai mais hors de propos. Si la victoire de Jackson ne changeait pas le traité, elle transformait la situation militaire de l'Amérique du Nord. À Gand, les Britanniques promirent de se retirer des territoires des États-Unis qu'ils avaient pris, mais seulement si les Américains, de leur côté, faisaient une concession importante. « L'article IX du Traité de Gand garantissait que toutes les terres prises aux Indiens durant la Guerre de 1812 leur soient rendues[2] ». La victoire de Jackson faisait de cette disposition une lettre morte, car, après les massacres de la Nouvelle Orléans, aucune puissance européenne n'aurait le courage d'intervenir militairement contre les États-Unis, quels que pussent être les traités qu'ils violeraient.

Pour cette raison, la Nouvelle Orléans constitua une victoire décisive dans cette guerre qui s'étendit sur des générations pour déposséder de leurs terres les premiers habitants de l'Amérique et les remplacer par des propriétaires terriens d'origine européenne et, dans le Sud, par des ouvriers

---

1 Robert Mann, *Wartime Dissent in America : A History and Anthology*, 2010, p. 25.

2 David Stephen Heidler et Jane T. Heidler (ed.), *Encyclopedia of the War of 1812*, 1997, p. 25.

qui étaient des esclaves amenés d'Afrique. Si cette guerre de nettoyage ethnique avait été menée en Europe, nous l'aurions appelé la guerre de trois cents ans, car c'est à peu près le temps qu'elle dura. Pour les mêmes raisons, la guerre de 1812 devrait être appelée plus justement la « Guerre britannique et indienne ». Après leur défaite à La Nouvelle Orléans les Britanniques, comme les Français après leur défaite dans la Guerre française et indienne, n'interviendront plus militairement en Amérique du Nord. Ce qui signifiait que les Indiens n'auraient plus jamais d'allié européen dans leur combat pour sauvegarder quelque chose pour eux-mêmes face à l'agression américaine. La victoire de Jackson fut aussi un tournant dans la balance des pouvoirs au niveau de l'hémisphère et finalement du monde. Moins de cinquante-cinq ans plus tôt, la grande question stratégique avait été de savoir qui de la Grande-Bretagne et de la France dominerait l'Amérique du Nord. Moins de trente-cinq ans après la Nouvelle Orléans, les États-Unis s'empareraient de la moitié du Mexique. L'absence d'une puissance européenne pouvant contrebalancer la puissance des États-Unis en Amérique du Nord condamna également la Confédération. Seulement trente-cinq plus tard, les États-Unis mèneraient leur première guerre en territoire asiatique, quand l'armée des États-Unis écrasa le mouvement d'indépendance des Philippines. Et il fallut attendre le soutien apporté à Cuba par l'Union soviétique en 1960 pour qu'une puissance extérieure remît en question l'hégémonie américaine dans l'hémisphère occidental.

Libre de toute contrainte extérieure à la suite de sa victoire à la Nouvelle Orléans, Andrew Jackson s'employa à nettoyer la frontière du sud-est de tous les Indiens. Le parti qu'ils avaient pris durant la guerre ne faisait aucune différence. Tous seraient pourchassés dans la Vallée des Larmes jusqu'à l'oubli. Rien n'a été dit sur la forme de violence que Jackson a déployée jusqu'à ce que Noah Webster ne publie *A Compendious Dictionnary of the English Language*, qui contenait beaucoup de mots d'origine proprement américaine. Un de ces nouveaux mots était « hickory » défini comme « substantif : un arbre de l'espèce du noyer ». Encore aujourd'hui, les Américains appellent Jackson « Old Hickory » en référence à ce bois, parfois aussi appelé bois *pignut*, qui servait à fouetter les chevaux et à battre les esclaves. Un autre mot qui apparaissait pour la première fois était « américaniser ». Ce mot Webster le définissait comme « rendre américain[3] ». Après la victoire de

3 Noah Webster, *A Compendious Dictionary of the English Language*, 1806.

Jackson, la Floride espagnole devint le creuset de l'Américanisation, avec ces deux propensions latentes du nationalisme américain qu'illustrent plusieurs événements. L'une était d'éradiquer toutes les alternatives à une société, comme Stephen Douglas le dira plus tard, dominée « par les hommes blancs, pour le bénéfice des hommes blancs, et gouvernée par les hommes blancs, de la manière qu'ils décident[4] ». L'autre était la propension « de rendre américain » des territoires qui n'appartenaient pas aux États-Unis, c'est-à-dire de commettre des agressions contre les voisins de l'Amérique. Comme avant, et pendant longtemps ensuite, la Floride « offrait à la fois un symbole et une prophétie », lorsque la double poussée de l'expansion américaine transformait le continent nord-américain, puis l'hémisphère occidental, et finalement le monde.

Je pus me faire une idée de la manière dont la violence américaine transforma la Floride en visitant un autre fort qui, comme celui de St. Augustine, contient dans ses ruines des vérités longtemps ignorées. Ce fort se trouve dans la forêt nationale Apalachicola dans le nord ouest de la Floride. Une piste en gravier me mena à un promontoire qui domine la rivière Apalachicola. Dans les temps coloniaux, il marquait la frontière entre la Floride de l'est et la Floride de l'ouest ; cette partie de la rivière constitue encore aujourd'hui la frontière entre les fuseaux horaires de l'est et du centre. Jusqu'en juillet 1816, cet endroit était le noyau d'une communauté émergente de fermiers libres. Y vivaient, y travaillaient et cherchaient à défendre leur famille, des Indiens, des noirs et des personnes de race mêlée. À l'origine elle s'appelait Prospect Bluff. Les Américains qui, sur les ordres du général Andrew Jackson, y tuèrent tous les habitants, l'appelaient « Negro Fort ». À l'époque de ma première visite, son nom officiel était le Centre historique de loisir de Fort Gadsden. « Tables de pique-nique, eau potable et toilettes sont disponibles », avertit le département de l'Agriculture. Là, en juillet 1816, les forces des États-Unis perpétuèrent l'un des pires massacres de l'histoire américaine. Des centaines de civils furent tués par la première charge d'artillerie. Les survivants, y compris des mères et leurs enfants, furent ensuite assassinés et leurs chefs torturés à mort[5].

Comprenez ce qui s'est passé à Negro Fort, et une myriade d'événements futurs deviennent intelligibles. Videz-en votre esprit et votre mémoire,

---

4 Stephen Arnold Douglas, *Life of Stephen A. Douglas : With His Most Important Speeches and Reports*, 1860, p. 144.

5 Visite et interviews, 2005.

et deux cents ans de conflit et de souffrance deviennent sans lien entre eux et impossibles à comprendre. Vous pourriez dire que le massacre de Negro Fort fut le signal de l'assujettissement de la Floride par les États-Unis, si ce n'est qu'il n'y eut aucun signal. Aujourd'hui, presque personne n'est conscient de ce qui s'y est passé. « L'explosion de violence fut terrible, avec des scènes d'une horreur qui défie toute description » rapporta un témoin. « En un instant, on voyait des corps sans vie étendus dans la plaine, enterrés dans du sable et des ordures, ou suspendus aux sommets des arbres. Ici gisait un bébé innocent, là une mère désespérée ; d'un côté un robuste guerrier, de l'autre une squaw en sang ». Les mots « guerrier » et « squaw » ne sont pas indifférents dans ce qui était censé être une expédition pour punir des esclaves noirs « en fuite » ; n'est pas indifférente non plus l'identité du témoin. Ce témoignage est celui de l'officier de l'armée des États-Unis qui dirigea l'assaut, le colonel Duncan L. Clinch. Selon le rapport même de Clinch la grande majorité de ceux qui furent tués par ses forces n'étaient pas des combattants ; « plus de 200 femmes et enfants », telle était son estimation[6].

L'attaque de l'artillerie sur cette population civile obéissait aux ordres du général Andrew Jackson, par le relais du supérieur de Clinch, le général Edmund Pendleton Gaines. « Je n'ai guère de doutes sur le fait que ce fort a été créé par des scélérats pour la rapine et le pillage », écrivit Jackson, « et qu'il doit être détruit, peu importe le pays dans lequel il se trouve ; et si votre esprit en est arrivé à la même conclusion, détruisez-le et rendez les Nègres qui se sont échappés et les terres à leur propriétaires légitimes ». Gaines confia cette mission à Clinch. L'opportunisme militaire ne pouvait pas justifier la tuerie. La guerre avec les Britanniques s'était achevée une année et cinq mois auparavant. De la Géorgie à la Louisiane en passant par l'Alabama et le Mississippi, le pouvoir des États-Unis était total. Mais même ainsi, l'existence d'une communauté libre non blanche à l'intérieur de la Floride espagnole constituait une preuve suffisante, pour ce qui concernait le général Jackson, que les fortifications de Prospect Bluff étaient habitées par des « scélérats » enclins à la « rapine et au pillage ». Des comptes-rendus fournis par des Américains blancs qui ont participé à l'attaque livrent par inadvertance une histoire différente – de ces personnes qui tentaient de mener des vies paisibles quand on leur enleva tout. « La force des Nègres augmentait chaque jour et ils se sentaient si

6 Duncan L. Clinch, « Negro Fort », *Niles' Weekly Register*, 20 novembre 1819.

forts et si en sécurité qu'ils commencèrent plusieurs plantations sur les rives fertiles de l'Apalachicola », écrivit le commodore Daniel Patterson, chef des opérations navales dans la région, dans un rapport cherchant à justifier l'attaque[7]. Dans la vision d'Américains blancs, des noirs qui produisaient de la nourriture pour eux-mêmes sur une terre étrangère étaient une agression contre les États-Unis.

Des unités de l'armée et de la marine des États-Unis basées aussi loin les unes des autres qu'en Louisiane et en Géorgie participèrent à une attaque amphibie conjointe. À l'aube du 27 juillet 1816, des canonnières qui remontaient la rivière à travers le territoire espagnol depuis le Golfe du Mexique avaient rejoint le détachement de l'armée de Clinch qui, lui, avait pénétré en Floride à travers les terres depuis le nord. Bien qu'il commandât l'opération, Clinch s'exempta de toute responsabilité dans la tuerie. L'une de ses canonnières avait tiré un boulet de canon rouge feu sur Negro Fort. Ce simple tir, Clinch invoqua-t-il, tua sur le champ 270 hommes, femmes et enfants ; par conséquent ce n'était pas sa faute. « Les résultats semblèrent miraculeux pour les soldats » nota plus tard un compte-rendu qui lui était favorable, non sans raison : « Aucun vaisseau ne possédait de fournaise pour chauffer des boulets de canon ». Le boulet de canon eut d'autres propriétés étonnantes. En observant « les cadavres mutilés et les bras et les jambes arrachés éparpillés ici et là », les Américains furent « heureusement surpris de s'apercevoir qu'un nombre important de magasins qui contenaient des objets de valeur avait échappé à la destruction[8] ». La même explosion qui avait tué 270 personnes avait en effet laissé intact « 163 barils et presque 500 tonneaux de poudre à fusil », en plus de « quelques 500 carabines, presque 1 000 paires de pistolets, et 500 épées dans leurs fourreaux ». Dans l'optique des accusations que les habitants de Negro Fort étaient enclins à la « rapine et au pillage », la découverte que ces armes, abandonnées là par les Britanniques quand la guerre s'était achevée, étaient « encore emballés dans leurs boîtes d'expédition » n'est pas sans intérêt.

Ce boulet de canon miraculeux laissa également indemnes deux commandants du fort. L'un des deux était un Indien, décida Clinch :

7 Daniel Patterson, *Commodore Patterson to the Secretary of the Navy*, 15 août 1816, texte in « Message from the President of the United States… in relation to Our Affairs with Spain », 28 décembre 1818.

8 Patrick, 1963, p. 31-34.

aucun nom ne fut donné. L'autre, aux yeux des Américains, était « nègre », bien qu'il pût avoir été de sang mêlé, et qu'il fût, en fait, un « Espagnol ». Dans certains comptes-rendus, on lui donne pour nom « Garçon », le mot français pour « boy », ou plus généralement, « serviteur » ; dans d'autres on lui donne comme nom « Garcia ». Les conventions de la guerre obligeaient à ce que l'on traitât d'une manière civilisée les commandants ennemis faits prisonniers, mais le colonel Clinch suivit le principe du général Jackson, à savoir que « les lois de la guerre ne s'appliquaient pas au conflit avec des sauvages ». Les deux survivants qui avaient mené la défense de Negro Fort furent torturés à mort. Dans son rapport, le colonel Clinch expliqua pourquoi il n'était pas non plus responsable de ces meurtres atroces. Ils avaient payé des Indiens « amis » 50 dollars par victime pour la tuerie. C'était la volonté de Dieu, expliquait le colonel Clinch. « Les cris de guerre des Indiens, les pleurs et les plaintes des blessés », écrivit-il plus tard, démontraient « que le grand Maître de l'Univers devait nous avoir utilisés comme instruments pour punir ces misérables, assoiffés de sang et meurtriers, qui défendaient le fort ».

Le massacre de Negro Fort témoigne d'un vrai échec des renseignements américains. Les comptes-rendus des Américains eux-mêmes montraient bien qu'ils n'avaient aucune idée sur l'identité de ceux qu'ils tuaient. Selon le commodore Patterson, Prospect Bluff était sous l'emprise de la « force montante des Nègres ». Jackson lui-même n'avait guère de doutes sur le fait que les occupants étaient des « Nègres qui se sont échappés », mais quand Clinch examina les corps des victimes, il s'aperçut que la plupart d'entre elles étaient des Indiens Choctaw. Une autre surprise attendait le colonel Clinch. Les noirs qu'il trouva, de fait, à Negro Fort étaient « presque tous des Nègres de Pensacola qui parlaient espagnol[9] ». Comme les forces des États-Unis n'avaient pas trouvé de noirs qui avaient été volés à Prospect Bluff, une frénésie de kidnapping les prit tout le long de la rivière Apalachicola. La seule preuve que ceux qu'ils capturaient étaient vraiment des esclaves, sans même parler d'esclaves « qui avaient été volés », venait du fait qu'ils avaient l'apparence de « Nègres ». Les captifs étaient acheminés à bout de fusil hors de Floride, dans un camp de détention, sur le territoire des États-Unis. De là, on les faisait parvenir aux amis et associés de leurs ravisseurs, qui voulaient de nouveaux esclaves, sans avoir à les acheter.

9 Dowell, 1952, p. 195-196.

« Les propriétaires d'esclaves de Géorgie » explique le service des parcs nationaux dans un récent récit de ces événements, « justifiaient leur droit sur eux en disant que leurs ancêtres avaient possédé les ancêtres des prisonniers[10] ».

Clinch échoua dans sa mission stratégique, qui était d'arrêter les attaques contre les « citoyens des États-Unis ». Comme le propre biographe de Clinch le dit plus tard, « La destruction de Negro Fort… n'effraya pas les Séminoles déjà hostiles ». Au contraire, la résistance aux intrusions américaines devint plus forte ; l'échec, néanmoins, fut présenté comme une victoire glorieuse. Le général Jackson loua Clinch et ses troupes pour leur « conduite courageuse ». Quand il comparait l'attaque de Clinch aux exploits américains durant la guerre récente avec les Britanniques, le *Niles' Weekly Register* soulignait que la destruction de Negro Fort « ne le cédait en courage, en audace et en succès total à aucun des faits d'arme qui eurent lieu durant la dernière guerre ». Il y avait toutefois un problème : cette fois-ci les États-Unis n'étaient pas en guerre. En l'absence d'un état de guerre légitime, l'acte de Clinch constituaient, par conséquent, ce que certains avaient dû décrire, peu chevaleresquement, comme « un acte illégal ». Les personnes assassinées à Prospect Bluff ne laissèrent pas de témoignages, mais les rapports de ceux qui encouragèrent, dirigèrent et fermèrent les yeux sur la tuerie fournissent une vision claire de ce que fut leur vrai crime. Avec la permission des autorités espagnoles, des personnes de différentes races avaient établi des communautés agricoles « sur les rives fertiles de l'Apalachicola ». Mieux encore, selon une tradition qui remontait à Fort Mose et aux défenseurs noirs de St. Augustine, ils avaient établi « une milice nègre et des communautés nègres autogouvernées en Floride[11] ». Leur crime était d'être libres. Pour utiliser un des mots favoris de Jackson, ils furent « punis » de ce crime par la mort.

Une visite au Centre historique de loisir de Fort Gadsden révèle combien Negro Fort était petit et fragile. Le campement avec ses palissades de bois et ses fossés en terre avait été construit à la hâte sous supervision britannique durant la guerre de 1812. Le principal enclos n'était pas beaucoup plus grand qu'un terrain de Basket ball dans un lycée actuel. En 1816, que trois cents personnes pussent se trouver entassées dans un

10 Department of the Interior, National Park Service, « British Fort », nps.gov. Consulté le 31 mai 2012.

11 Patrick, 1963, p. 32-33, 35.

endroit aussi petit était un événement inhabituel. Les deux plus grands établissements de Floride, St. Augustine et Pensacola, ne comptaient eux-mêmes que quelques centaines de résidents. Lesdites personnes y avaient cherché refuge parce que l'avancée combinée de la marine des États-Unis sur la rivière Apalachicola et de l'armée des États-Unis dans la vallée de l'Apalachicola les avait pris dans un goulet d'étranglement. Quelques années plus tôt, les Britanniques avaient exploité sans vergogne les espoirs de la population non blanche de Floride, en l'encourageant à combattre « le méchant peuple des États-Unis ». Maintenant, ce qui restait de cette tentative avortée – Negro Fort et ces caisses d'armes non ouvertes – caressait le faux espoir de pouvoir résister victorieusement. Il y eut une mauvaise appréhension des choses. Le détachement de l'armée de Clinch comptait à peine plus d'une centaine d'hommes. Avec le soutien des canonnières de la marine, il avait une puissance de feu et une force suffisantes pour exterminer des centaines de personnes sans défense entassées dans un petit enclos. Sa force d'attaque aurait, en revanche, été impuissante, si, au lieu de se rassembler à Negro Fort, les gens s'étaient dispersés, mais, piégés par une situation où ils n'avaient d'autre choix que de combattre ou de fuir, ils avaient cherché refuge dans le fort à Prospect Bluff.

En Floride, Jackson était comme un ouragan – il y rugissait, puis il en sortait comme par un caprice de la nature. En réalité, la campagne floridienne de terreur de Jackson fut une tentative soigneusement calculée et préparée. « Depuis 1814 », note J. B. Bird de l'Université du Texas à Austin dans son étude sur la résistance en Floride, « Jackson cherchait des prétextes pour envahir la Floride ». Décrivant la Floride comme « un havre dangereux pour les esclaves en cavale », il « joua sur cela pour obtenir du soutien pour monter une attaque. » Comme à son habitude, Jackson promit de « punir un ennemi sans loi ». C'était ainsi qu'il décrivait les Indiens qu'il exterminait. Mais, en Floride, il avoua une motivation plus instinctive encore. Il allait éliminer les « brigands nègres[12] » qui, invoquait-il, « menaient une guerre cruelle et sans justification contre les citoyens des États-Unis[13] ». L'objectif à long terme de Jackson était de faire de la Floride – comme il l'avait déjà fait avec

12 Voir Bird, 2005. Consulté le 1er juin 2012. Voir également Bird, 2012. Larry Eugene Rivers, *Rebels and Runaways : Slave Resistance in Florida*, 2012 propose une analyse plus approfondie encore.

13 *American State Papers*, Class V, vol. 1, p. 704-705, note de Jackson au ministère de la guerre, 25 mars 1818.

l'Alabama, le Mississippi et son état d'adoption, le Tennessee – un État esclavagiste à la suprématie blanche de la carte duquel tous les « Indiens » auraient été rayés et où tous les noirs seraient esclaves. Regardez une carte de la Floride d'aujourd'hui ; vous verrez ce qui était évident pour les stratèges des États-Unis en 1816. Negro Fort ne constituait pas une menace pour les États-Unis. Mais il était un obstacle potentiel pour une future conquête américaine. C'était également le cas de la population, de plus en plus multiraciale, de la vallée de l'Apalachicola. L'ordre de Jackson de « détruire » le fort, qui n'avait pas de justification en tant que mesure de défense, avait, en revanche, un sens militaire comme frappe préventive pour ouvrir le chemin à une agression future. C'était bien Jackson, et non ses victimes, qui complotait pour lancer « une guerre cruelle et sans justification ».

En 1740, les noirs libres de Fort Mose avaient aidé à contrecarrer l'attaque contre St. Augustine menée depuis la Géorgie. En 1812, des noirs se joignirent de nouveau aux Indiens et aux Espagnols pour contrecarrer l'invasion de George Mathews. Maintenant, en Floride occidentale, se déroulait un drame similaire, quand bien même, avec le passage des siècles, la distribution des personnages avait changé. L'intrigue avait également changé. Ce n'était plus une lutte entre l'Espagne et la Grande-Bretagne pour le contrôle de la Floride, comme c'était encore le cas, récemment, en 1783. Comme la confrontation à Amelia Island, le bain de sang de la vallée de l'Apalachicola montrait que la lutte pour la Floride était devenue un conflit entre Américains. La revendication même par Jackson que la présence de « Nègres qui se sont échappés » en Floride justifiait l'attaque des États-Unis montrait implicitement où était la vraie source du conflit. C'était la nature des relations américaines entre les races, et la crise interne que l'esclavage créait déjà aux États-Unis, qui suscitaient une violence dans laquelle, bientôt, serait engloutie toute la Floride, puis, finalement, l'ensemble des États-Unis.

La référence de Clinch aux « Choctaws » à Negro Fort est également cruciale pour comprendre pourquoi ces premières invasions des États-Unis, plutôt que d'écraser toute résistance, générèrent quarante ans de guerre en Floride. Le « guerrier Choctaw » que Clinch avait torturé à mort était tout aussi américain que Clinch lui-même, et pas seulement dans le sens où les Choctaws et leurs ancêtres avaient vécu sur ce qui était désormais le sol des États-Unis depuis des temps immémoriaux. Ils faisaient partie des « cinq tribus civilisées » et étaient des gens cultivés, passés du stade de développement du chasseur-cueilleur à celui d'une agriculture de style américain, avec des cabanes en bois, des charrues en fer, et des églises avec des clochers. Nombreux étaient ceux qui, parmi eux, avaient des noms anglais et des actes de propriété des terres que Jackson et ses hommes leur volèrent. Les Choctaws comprirent que leurs malheurs étaient liés à des changements plus importants dans le monde. Plus tard, quand une famine dévastera l'Irlande, les Choctaws donneront de l'argent pour aider les Irlandais, car ils savaient, mieux que quiconque, ce que signifiait politiquement avoir faim. Mais les Choctaws différaient de leurs voisins sur un point. Parce que leur peau était d'une couleur différente, ils seraient chassés dans la Vallée des larmes jusqu'à l'oubli, dans les dernières terres encore disponibles à l'ouest du Mississippi.

Des générations avant que le Chemin de fer clandestin vers le Canada ne voit le jour, la Floride avait fourni un refuge à une coalition arc en ciel de *Rebelles et Fugitifs*, comme Larry Eugene Rivers intitule d'une manière appropriée l'ouvrage dans lequel il étudie ces différentes populations qui y cherchaient la liberté. De la fusion de ces différents refugiés d'origine américaine et africaine émergea ce qu'on nous a appris à appréhender comme l'identité séminole. Comment, exactement, cette fusion se réalisa est ce dont témoigne le mieux Negro Fort. La répression blanche avait repoussé en dehors des États-Unis des Indiens comme des noirs. Et maintenant, les uns et les autres étaient de nouveau attaqués. Dépossédés ensemble, ils avaient essayé de se défendre ensemble. « Garçon » et ses alliés Choctaw furent tués, mais à la suite de ce massacre, de plus en plus d'Indiens et de noirs feront cause commune en Floride, et leur exemple encouragera de plus en plus ceux qui voulaient être libres de les rejoindre.

Comme le démontre le massacre de Negro Fort, la Floride des premiers temps pose une des grandes questions du nationalisme américain. La liberté prévaudra-t-elle vraiment ? Ou le futur appartiendra-t-il exclusivement à des hommes blancs comme Jackson, Gaines, et Clinch ? Aujourd'hui, avec le recul, les sections alimentation des centres commerciaux livrent une étonnante ironie. Le multiculturalisme a triomphé, quelques générations seulement après que ses précurseurs eurent été tués ou faits esclaves. Les Américains actuels pensent qu'Andrew

Jackson est l'ancêtre de leurs libertés. Mais leurs vrais ascendants, quand il s'est agi de vivre ensemble et de se lier les uns aux autres, sont ces différents peuples qui, ce terrible jour de juillet 1816, se retrouvèrent piégés à Negro Fort.

Rien de tout cela n'est évident sur le site du massacre, que l'on a déguisé en « centre de loisirs ». Les expositions y montrent des blancs, avec quelques Indiens, qui traversent les étendues sauvages de Floride comme s'il s'agissait d'une randonnée. À Negro Fort, on ne montre aucun visage noir, aucun personnage noir ni aucun objet qui ait à voir avec les noirs. On ne mentionne nulle part les meurtres des femmes et des enfants. Toute relation authentique du massacre, à commencer par la description d'un témoin oculaire comme le colonel Clinch, manifeste avec une terrible clarté que les deux chefs, après avoir été capturés, furent torturés à mort. Des rapports du dix neuvième siècle tentèrent de justifier la tuerie en soulignant que, dans un précédent affrontement, quatre marins américains avaient été tués. La version moderne propose une justification pour cette tuerie. Dans ce rapport concocté récemment, les marins américains sont transformés en civils innocents, des « Américains qui cherchaient de l'eau », et on laisse le lecteur assumer qu'ils moururent simplement parce qu'ils étaient blancs et avaient soif. Une telle sauvagerie gratuite voulait que justice fût faite, aussi le « chef indien et le commandant noir furent condamnés à mort pour le meurtre des quatre Américains » établit ce rapport[14]. Même ceux qui les tuèrent ne prétendirent jamais qu'il y eut le moindre procès. Garçon fut tué sur le lieu même. Le Choctaw fut scalpé, puis poignardé à mort.

Les expositions de Negro Fort offrent un paradigme de ce qu'on pourrait appeler la méthode historique floridienne continue. Elle consiste dans la suppression, le déni, ou le changement des faits, lors même qu'ils contredisent la version des événements que les historiens du moment, et leur public, préfèrent – puis, à nouveau, dans la suppression, le déni et le changement des faits, lors même qu'une nouvelle fausse version devient nécessaire. Dans ce cas, grâce à la possibilité même de mentir, ce sont les victimes des meurtres qui sont transformées en meurtriers « condamnés à mort ». Et ce sont les tueurs qui dispensent la justice. Le Negro Fort, site du pire massacre américain en Floride, fournit l'exemple le plus complet de la manière dont, à maintes reprises, on préserve l'illusion

14 Visites à Fort Gadsden.

d'une vertu américaine en reportant la faute sur les victimes. Même le colonel Clinch se trouve marginalisé dans cette manière de transformer le site du massacre en un lieu dépourvu de toute émotion. Contrairement à ce que l'on pouvait espérer, le nom de Clinch ne figure pas sur le fort. On y trouve, à la place, le nom du lieutenant James Gadsden, un autre protégé de Jackson, car après le massacre Jackson ordonna à Gadsden de transformer le site de la tuerie en une base permanente pour développer la puissance des États-Unis en Floride. Il fut si satisfait du travail de Gadsden qu'il ordonna que le nouveau fort portât le nom de ce subordonné qui avait fait exécuter ses ordres.

Loin d'être un acte d'auto-défense, la destruction sanglante des communautés multiraciales de la vallée de l'Apalachicola était l'avant-dernier pas dans la politique volontariste d'américanisation de la Floride de Jackson. Clinch « déblaya » le terrain. Puis Gadsden fit le dernier pas en établissant de nouvelles fortifications, « peu importe », pour utiliser les propres termes de Jackson, si elles se trouvaient en territoire étranger, quelques quatre vingt kilomètres au-delà de la frontière des États-Unis. Alors qu'il annonçait, faussement, qu'il avait retiré les troupes américaines de Floride, Jackson avait secrètement ordonné à ses forces d'y rester. Elles restèrent établies sur le site du massacre et dans d'autres postes clandestins, même après l'ordre donné publiquement par le président Monroe de partir. Le conflit entre le droit et la conquête qui avait surgi sept ans plus tôt, lors de la dispute entre le lieutenant Laval et le « général » Mathews, était entré dans une nouvelle phase. Cette fois, deux géants de l'histoire américaine, Monroe et Jackson en étaient les protagonistes.

Cette transformation d'un poste avancé de civils pacifiques en position militaire américaine préfigurait l'histoire de la Floride pour les générations à venir. Bien que les expositions de Negro Fort le travestissent, le changement même des noms, sur le site du massacre, dit la vérité sur ce qui s'y passa, aussi bien à l'époque que plus tard. Une simple description géographique (« Prospect Bluff ») devint un nom de lieu qui charrie un des mots les plus lourds et les plus chargés d'angoisse de l'histoire américaine. Mais, alors, grâce à une application appropriée de la violence, l'histoire devint ce qu'on nous a appris qu'elle devait être. Le « nègre » dans Negro Fort fut enlevé, et remplacé par le nom d'un homme blanc dont on se souvient à peine – « Gadsden ». Finalement le site du massacre devint, comme la Floride toute entière, un centre de loisirs, le « Centre historique de loisirs Fort Gadsden ».

L'Américanisation ne s'arrête jamais, comme je le découvris la dernière fois que je traversai la région que Jackson et ses hommes avaient dévastée. Negro Fort a maintenant été entièrement détruit – et pas seulement de la conscience qu'a l'Amérique d'elle-même, mais de la face de la terre. Les panneaux de signalisation routière, déjà en mauvais état, qui indiquaient l'itinéraire à suivre, avaient disparu. La route, déjà mal entretenue, était devenue un bourbier. Le panneau historique principal était tombé dans la boue. Il y rouillait. Comme tout ce qui restait encore de Negro Fort, il finirait par être entièrement consumé par les éléments. Je ne pouvais pas laisser la mémoire mourir de cette façon. Aussi, je tirai le grand panneau de métal de la boue, le jetai à l'arrière de ma voiture, parcourus la moitié de l'État, et le confiai à la société d'histoire de la Floride. À Tallahassee, des responsables politiques me dirent que Negro Fort avait été complètement abandonné car, en cette période de coupes budgétaires, il n'y avait plus assez d'argent pour assurer sa préservation.

Clinch prépara le terrain. Et, en 1818, c'est Jackson lui-même qui envahit la Floride, y imprimant sa marque si largement et si profondément, qu'elle modèle encore le paysage politique et psychologique de l'état. Blancs, noirs, peaux rouges : personne ne peut l'accuser d'avoir favorisé une race au détriment de l'autre, quand il s'est agi de massacrer. « Le bon Dieu ne m'aurait pas souri, si je n'avais puni que des sauvages pauvres et ignorants, et si j'avais épargné les hommes blancs qui les y avaient établis » remarqua-t-il. Le commentaire de Jackson sur le meurtre d'hommes blancs fait référence à l'assassinat de deux sujets britanniques, l'un écossais, l'autre anglais, lors de son attaque de la Floride. Ces meurtres attirèrent l'attention car les victimes étaient blanches, mais des centaines d'autres furent aussi les victimes du règne de la terreur que Jackson infligea, de l'autre côté d'une frontière internationale, sur la population de la Floride espagnole.

Si Jackson avait attaqué la Floride si férocement, c'est pour une raison similaire à celle qui avait fait que George Mathews s'y était embourbé six ans plus tôt. Le président Monroe, comme le président Madison avant lui, voulait obtenir la Floride à moindre prix, sans risquer de guerre, même avec une Espagne affaiblie. Aussi, une nouvelle fois, un impétueux Américain envahit-il la Floride. La ruse était la même, à savoir que les États-Unis n'étaient pour rien dans le carnage. L'objectif était le même, obtenir la Floride sans se soucier des obligations pour l'Amérique du Traité et des droits des habitants. Jackson était aussi sûr de lui que Mathews l'avait été. Il voulait s'assurer de « la prise des Florides … en soixante jours », se vantait-il.

L'incapacité de Jackson à comprendre la situation réelle de la Floride devint évidente, dès qu'il avança sur son premier objectif, le petit port espagnol de San Marcos de Apalache, aujourd'hui connu sous le nom de St. Marks. Jackson déclara que c'était le quartier général d'« un ennemi sauvage, qui, lié à un groupe sans loi de brigands nègres, avait pendant quelque temps mené une guerre cruelle et sans justification contre les citoyens des États-Unis », mais le seul authentique brigand qu'il trouva à St. Marks était un vieux gentilhomme britannique de soixante-dix ans du nom d'Alexander Arbuthnot qu'il découvrit en train de dîner avec un officiel espagnol. Jackson le fit immédiatement emprisonner, et plus tard tuer.

L'épicentre floridien d'une conspiration anti-américaine, inspirée par les Britanniques n'était pas, à l'évidence, à St. Marks, aussi Jackson se dirigea-t-il ensuite vers l'est, à travers les étendues sauvages de Floride, avec l'intention de le trouver là. À travers les mêmes marécages et les mêmes forêts où, deux cents cinquante ans plus tôt, de Soto avait vainement cherché de l'or, voilà où Jackson faisait désormais porter sa rage. L'armée de Jackson « progressait lentement », selon James Parton, dont la biographie laudative de Jackson fut publié en 1859, « elle pataugeait dans de grandes étendues d'eau ; ses chevaux étaient affamés par manque de fourrage, et mouraient en grand nombre chaque jour », jusqu'à ce que, enfin, Jackson et ses troupes semblent sur le point de commettre un massacre décisif. Le quartier général de l'ennemi, leur assurèrent des Indiens en principe amicaux, était seulement à dix kilomètres. « Au coucher du soleil les lignes furent formées » écrit Parton, « et l'armée tout entière mena l'assaut ». Mais, là où le grand campement devait se trouver, Jackson et ses troupes ne trouvèrent rien.

Jackson fit porter son échec sur une de ses victimes floridiennes. Le vieil Écossais dont Jackson avait interrompu le dîner fut soupçonné d'avoir écrit une lettre aux Indiens, les avertissant de son avancée. Aucune vraie preuve de la lettre supposée d'Arbuthnot ne fut jamais produite ; le texte que Jackson brandit était en fait adressé au fils d'Arbuthnot.

Son propos n'était pas d'avertir les Séminoles que Jackson arrivait ; c'était évident. Mais c'était de presser les Séminoles d'éviter un bain de sang, et de ne pas résister à « une force si puissante ». La partie la plus étrange de cette histoire est celle qu'aucun historien américain ne semble jamais avoir remise en cause. Pourquoi des « sauvages » auraient-ils eu besoin d'un Écossais à St. Marks, cent soixante-dix kilomètres plus loin, pour qu'il leur écrivît une lettre en anglais qui les informait que des troupes américaines de plus de deux mille hommes avançaient vers eux ? Comme les rapports de son propre état major le montre clairement, l'approche tempétueuse de Jackson ne pouvait pas ne pas être entendue des Séminoles[15].

Jackson avait souhaité provoquer une bataille décisive. Mais, « l'ennemi avait disparu par des centaines de chemins divers, et était devenu invisible ». C'était une situation propre « à énerver l'esprit du général Jackson[16] » jusqu'à ce que, une nuit, un jeune Anglais du nom de Robert Ambrister qui cherchait de la nourriture et un abri, arrivât sans être annoncé au campement et dérangeât le sommeil d'Andrew Jackson. Jackson avait besoin alors d'un bouc émissaire pour son échec de Floride, aussi emmena-t-il cet hôte anglais imprévu à St. Marks. Comme ses propres officiers refusaient de condamner Ambrister à mort, Jackson ordonna personnellement sa mort. Après avoir pris possession du chargement de son bateau, il fit également tuer Arbuthnot en le faisant pendre à sa vergue. C'était une scène à consterner même les plus ardents soutiens de Jackson. « Malheureux Arbuthnot ! » s'exclama plus tard le biographe de Jackson[17]. Une fois encore, on faisait porter le tort sur les victimes – coupables, selon les termes du compagnon d'armes de Jackson, le général Gaines, d'être « des soi-disant philanthropes qui avaient longtemps infesté les villages indiens environnants, en tant qu'agents britanniques – y suscitant un esprit de discorde (calculé pour entreprendre la destruction de ces sauvages bercés d'illusion), et tentant de réaliser par une fausse attention et gentillesse la destruction de ces misérables sauvages[18] ».

15 « From A. Arbuthnot to his Son, John Arbuthnot, Fort St. Marks, 2 avril 1818 », in John D. Lawson (ed.), *American State Trials*, vol. 2, 1914, p. 868.

16 Parton, 1860, vol. 2, p. 485, 434, 460.

17 Parton, vol. 2, p. 439, 448, 423.

18 « From Edmond Pendleton Gaines (to Jackson) », 2 avril 1817, in Harold Moser et al. (ed.), *The Papers of Andrew Jackson*, vol. 4 : 1816-1820, 1994, p. 107.

L'interprétation morale présentée dans cet argumentaire vaut la peine d'être examinée, car, pour les générations à venir, elle sera utilisée pour affranchir les Américains de la responsabilité de leurs actions. Comme Gaines en pose le principe, des meurtriers comme Jackson et lui ne sont pas responsables de « la destruction des sauvages bercés d'illusions ». Ceux qui leur offrent « attention et gentillesse » sont les parties coupables. Ce sont leurs actes de « fausse » gentillesse, et non les couteaux américains, les fusils et les balles, qui « réalisent la destruction de ces misérables sauvages », en amenant les Américains à en tuer beaucoup plus qu'il en aurait été tué s'ils avaient pu s'en emparer sans résistance. « L'incident », observe J. B. Bird, « trahit aussi un changement d'importance dans l'esprit américain, Jackson reprochant aux étrangers un conflit qui avait des racines indigènes profondes. C'était, après tout, plus simple de faire porter la faute sur des agitateurs étrangers, et de les exécuter, que d'admettre qu'il y avait une certaine justice dans la cause des ennemis ». Tuer Arbuthnot et Ambrister était utile pour une autre raison. Vivants, ils auraient été des témoins de premier ordre de la sauvagerie et de l'inconséquence de l'expédition floridienne de Jackson. Morts, ils fournissaient « la preuve » qu'une conspiration britannique était à l'œuvre.

Le temps était compté pour Jackson ; après quarante quatre jours d'efforts, le résultat était deux hommes blancs morts, le vol de la cargaison d'un navire, et un pays dévasté. Jackson pouvait encore avancer vers ces « retraites inaccessibles » qui avaient déjà avalé tant d'autres conquérants de la Floride, ou il pouvait choisir de survivre. Il abandonna la poursuite de l'« ennemi sauvage » et se rabattit sur une proie plus facile. Après avoir assuré les Espagnols qu'il était entré en Floride pour vaincre « notre ennemi commun », il renversait désormais le gouvernement à Pensacola qu'il disait avoir protégé et installait un gouvernement provisoire à sa place. Jackson rentra ensuite chez lui, où des événements plus bizarres encore commençaient à se dérouler. Le premier réflexe de Jackson fut de déclarer que son échec en Floride était une grande victoire. Pour le montrer, il fit cette étrange déclaration que la conséquence de toute cette pagaille en Floride de l'ouest, était que, « comme il l'avait promis, la Floride de l'est était désormais une possession américaine[19] ».

19 Remimi. 2001, p. 161-162.

À l'exception d'une avancée jusqu'à la rivière Suwannee, Jackson ne s'était, en fait, jamais aventuré en Floride de l'est. « La Guerre séminole », ajouta Jackson, dans le commentaire le plus étrange de tous, « doit être considérée désormais comme terminée[20] ». Quarante ans plus tard, les troupes des États-Unis combattaient et tuaient encore les Séminoles.

L'ultime issue de l'assaut de Jackson en 1818 fut l'introduction d'un esclavage de monoculture en Floride, suivie par la dévastation entraînée par la Guerre de Sécession, elle-même suivie par des générations de pauvreté et de retour en arrière. Le résultat le plus immédiat fut « une des controverses les plus chaudes de l'histoire américaine[21] ». Jackson, comme Mathews avant lui, déclara avoir reçu une lettre confirmant « que le président des États-Unis avait approuvé sa proposition d'envahir la Floride ». Monroe nia, et « il ne fut jamais possible de prouver que le président Monroe avait autorisé la "lettre Rhea" », comme on l'appelait. Jamais possible de prouver. La politique de déni plausible de Madison devenait celle de Monroe ; il avait utilisé le général Jackson de la même manière que Madison avait « utilisé » le « général » Mathews. Puis, quand sa dernière manœuvre en Floride échoua, le président Monroe désavoua Jackson, tout comme le président Madison avait rejeté Mathews plus tôt. La différence était que, à l'inverse de Mathews, Jackson aura sa « ravange » – en tant que président des États-Unis. Dans l'intervalle, Jackson, comme Mathews avant lui, rumina que le président des États-Unis était un sale menteur.

Pendant près de deux cents ans, la première querelle entre Madison et Mathews a été considérée comme sans importance. En réalité elle aussi « offrait un symbole et une prophétie », en l'occurrence à l'une des controverses les plus amères de l'histoire américaine. La querelle Jackson-Monroe posait la question de l'intégrité foncière du président et de celui qui deviendrait président. Elle soulevait des questions fondamentales sur l'abus du pouvoir américain, non pas seulement en Floride espagnole, mais aussi à Washington. Quand on les met côte à côte, il est évident que les controverses Madison-Mathews et Monroe-Jackson sont presque identiques. Monroe, comme Madison avant lui, avait autorisé une invasion sans justification de la Floride, dans le faux espoir que les

20 U. S. Congress, *American State Papers*, Class V, vol. 1, p. 708, Jackson au ministre de la guerre Calhoun, 2 juin 1818.

21 Tebeau, 1971, p. 113.

tueries et les mises à sac jetteraient la Floride dans les mains des États-Unis sans conséquences militaires ou politiques majeures. Puis, quand le résultat fut un scandale, et non une capitulation, les deux présidents laissèrent les Américains qu'ils avaient envoyés faire cette sinistre mission recevoir les coups. La seule différence est que Mathews avait déjà épuisé ses forces, quand Madison le désavoua, alors que Jackson, quand il fut désavoué par Monroe, était le Héros à cheval de l'Amérique, l'homme de son destin.

La Floride révèle combien Jackson et Monroe se sont l'un et l'autre déshonorés, mais chacun à sa façon. Cette double disgrâce, depuis lors, a posé un vrai défi pour les faiseurs de mythes. Comment confectionner une version des événements dans laquelle Jackson comme Monroe sortiraient blanchis ? L'*Appleton's Annual Cyclopedia and Register of Important Events of the Year 1877* résume l'histoire dans qui est encore la version standard[22]. Puisqu'on ne pouvait rien reprocher ni à Monroe ni à Jackson, le désaveu nixonien de Monroe est pris pour argent comptant : « Le président était encore malade quand la lettre de Jackson lui arriva et il ne semble pas lui avoir accordé l'importance qu'elle méritait. En y faisant référence une année plus tard, il ne se souvenait même pas l'avoir vue auparavant ». Et Jackson ? Lui, également, émerge de ce marécage de sang et de mensonge avec des bottes aussi brillantes que s'il sortait tout juste du cours de catéchisme du dimanche : « Il n'y a aucun doute que, quelle que pût être l'intention du président… le général considérait honnêtement qu'il avait l'autorisation de prendre possession de la Floride ». Monroe, qui n'était ni le premier ni le dernier président en téflon, s'en sortit bien ; il continua à être sanctifié comme le gentil génie qui fut le président de l'ère des Bons Sentiments. Et comment le Congrès pouvait-il punir Jackson, quand lui, également, était irréprochable ? Quand le Comité militaire de la chambre des représentants des États-Unis sortit un rapport mettant en évidence les nombreuses violations du droit des États-Unis par Jackson, la chambre rejeta ce qu'il avait découvert par un vote de pratiquement deux contre un.

« Tous les grands faits et personnages de l'histoire mondiale se répètent, à proprement parler, deux fois » écrivit Karl Marx dans un commentaire sur Hegel, « la première fois comme une tragédie et la

22 *Appleton's Cyclopedia of American Biography*, vol. 3, 1877, p. 377-378.

seconde fois comme une farce[23] ». Ce fut peut-être vrai ailleurs, mais comme les saccages de Jackson le montrent, les événements de Floride se répétèrent de la façon inverse, de la farce à la tragédie. Tout comme Ménendez et ses massacres avaient succédé aux errements à l'allure de farce de de Soto, la farce de Mathews fut suivie d'une tragédie totale.

---

23 Karl Marx, *The Eighteenth Brumaire of Louis Bonaparte*, traduit par Daniel De Lion, 1913, p. 9.

UNE HISTOIRE TRUQUÉE

John Quincy Adams, de par sa fonction de ministre des Affaires étrangères de Monroe, fut celui qui obtint finalement l'intégration de la Floride aux États-Unis[1]. Comme Jackson, il aurait éclaté de rire si on lui avait dit que les États-Unis « achetaient » la Floride. Comme tout le monde le comprit à cette époque, l'Amérique prenait finalement l'ensemble de la Floride en ne tenant aucun compte des Espagnols diplomatiquement comme militairement.

Adams est souvent présenté comme un gentilhomme par contraste avec la brute de Jackson, mais quand il s'est agi de la Floride il fut tout aussi voyou que lui. Alors que l'ambassadeur d'Espagne demandait que l'on ouvrît une enquête sur les attaques que Jackson avait menées, Adams réclama, lui, une investigation sur la conduite des responsables espagnols. Si les Espagnols avaient fait leur travail en Floride, allégua-t-il, Jackson n'aurait pas eu à ravager les lieux. Poussant cette logique jusqu'à sa dernière limite diplomatique, il posa un ultimatum. Soit les Espagnols s'employaient à faire que la Floride ne fût plus un « nid de problèmes », comme il le disait, soit il fallait qu'ils partent de Floride[2]. C'était la Géorgie, et non pas la Floride, qui était le vrai « nid à problèmes ». Si les forces des États-Unis avaient préservé l'ordre et la paix sur leur côté de la frontière, on aurait épargné à la Floride terreur et dévastation, mais, à l'époque, les Espagnols faisaient face à une plus grande menace que les violents empiétements de l'Amérique. Du Mexique à l'Argentine, les forces favorables à l'indépendance gagnaient en importance.

Pendant que l'Espagne luttait pour mettre au pas ses colonies rebelles, les États-Unis, craignaient les autorités espagnoles, joueraient de nouveau au vautour, et s'empareraient du Texas et de la Californie et qui savait

1 William Earl Weeks, *John Quincy Adams and American Global Empire*, 1992, étudie son rôle dans l'expansion des États-Unis.

2 « To Don Luis de Onis », 30 novembre 1818, in Worthington Chauncey Ford (ed.), *Writings of John Quincy Adams, vol. 6 : 1816-1818*, p. 503-511.

de quoi d'autre. Du fait de cette convoitise américaine de la Floride, les Espagnols virent une possibilité d'éviter un tel désastre. Durant trois cents ans la Floride avait été un fardeau. Ne pouvait-elle pas désormais servir de gage sacrificiel dans un jeu plus large ? L'Espagne avait déjà marchandé la Floride une première fois, en 1763, pour reprendre Cuba aux Britanniques. Juan de Onis, le ministre espagnol des affaires étrangères, décida de faire un essai[3]. À la suite de négociations très spécieuses, l'Espagne fut d'accord pour laisser toute la Floride aux États-Unis à condition qu'ils renoncent à toute revendication sur le Texas et les terres au-delà, jusqu'à l'Océan Pacifique, « à jamais[4] ».

En l'occurrence, le « à jamais » dura trente-six ans. En 1845, les Américains du Texas, calquant leur révolte contre la domination mexicaine sur celle de la république à l'étoile solitaire de Floride de l'ouest, demandèrent leur annexion aux États-Unis. Le président Polk, qui suivit l'exemple de Jefferson, ne tint compte ni des obligations américaines du Traité ni de la Constitution des États-Unis. Déclarant faussement que les États-Unis mêmes avaient été attaqués, Polk lança alors une guerre d'agression à grande échelle et sans justification. Le Mexique fut contraint de céder aux États-Unis la totalité ou une partie de ce qui constitue aujourd'hui les États du Nouveau Mexique, de l'Arizona, du Colorado, de l'Utah, du Nevada, du Wyoming et de Californie. Ces conquêtes étaient dans la continuité de ce qui était devenu une tradition diplomatique et militaire. D'intelligents Européens pensaient qu'ils avaient plié habilement ces adolescents d'Américains à leurs fins en leur faisant signer quelques morceaux de papiers aux termes alambiqués. Cependant les Américains s'emparèrent de tout ce dont ils voulurent s'emparer, selon des idées « originalistes » qui firent – et font toujours – que l'acquisition d'un quart de son territoire approximativement était nulle et non advenue.

Pour obtenir de l'Espagne qu'elle lâchât la Floride, les États-Unis convinrent en plus du mal qu'ils y avaient fait, en proposant d'« offrir réparation pour les dommages… qui avaient été faits aux officiers espagnols, et aux habitants espagnols, par les dernières opérations de l'armée américaine en Floride ». « Exonérant l'Espagne de toute réclamation dans le futur, du fait des demandes de ses citoyens dont les renonciations sont

3 *Treaty of Amity, Settlement, and Limits*, 1819.

4 Article III, Paragraphe 2.

ici détaillées, et les considérant entièrement annulées », ils voulaient malgré tout « offrir une compensation, pour un montant n'excédant pas cinq millions de dollars[5] ». En français plus simple, les États-Unis s'engageaient à payer à ses propres citoyens jusqu'à 5 millions de dollars pour toutes les pertes que le gouvernement espagnol leur avaient infligées, mais quelle réclamation, à vrai dire, les Américains pouvaient-ils faire à l'Espagne, quand c'était l'Espagne elle-même qui, aux prises avec les Américains, avait subi des pertes ? C'étaient, essentiellement, des fonds secrets de 5 millions de dollars pour tous les « Patriotes » qui, pendant le temps où ils avaient voulu remettre en question la domination espagnole, disaient avoir souffert de pertes et de blessures et inventaient continuellement des réclamations vis-à-vis de l'Espagne. Si le Traité n'avait pas déclaré ces réclamations « entièrement annulées », divers anciens marauds auraient pu continuer à harceler l'Espagne devant les tribunaux des États-Unis durant les décennies à venir. L'Espagne, en retour, aurait eu des arguments pour retarder le transfert de la Floride aux États-Unis.

Cependant, on a enseigné à des générations d'Américains que les États-Unis avaient acheté la Floride légalement et équitablement. Quiconque prendrait la peine de lire le traité ne trouvera aucune mention de vente. Il y trouvera en revanche que le traité établit la « ligne-frontière » occidentale de l'Amérique sur la rivière Sabine qui est aujourd'hui la frontière entre les États de Louisiane et du Texas[6]. Si la déclaration que les États-Unis ont acheté la Floride est de la fiction, il faut reconnaître qu'ils en ont payé le prix fort. Dans un discours qu'il fit le 4 juillet 1821, alors qu'il était le ministre des affaires étrangères de Monroe, Adams avertit les Américains des coûts et des dangers d'un recours à la violence pour étendre la « liberté ». « Les maximes fondamentales de notre politique pourraient insensiblement passer de la liberté à la force », avertit-il[7]. Ce qui le tracassait était les effets pervers que le recours à la violence pourrait avoir sur le peuple américain. L'Amérique « pourrait devenir le dictateur du monde » admettait-il ; « elle pourrait ne plus dominer son propre esprit ».

À l'époque où les Espagnols quittèrent la Floride, plus d'un quart de millénaire s'était passé depuis que Pedro Ménendez de Avilés avait

5 Article XI.
6 Article III, Paragraphe 1.
7 Walter LaFeber, *John Quincy Adams and American Continental Empire*, 1965, p. 43-47.

fondé St. Augustine. À l'issue de ces siècles, la population « espagnole » totale de la Floride était seulement de trois mille personnes environ. De plus, cette population descendait essentiellement de personnes dont la présence en Floride était due à la domination britannique et non à celle de l'Espagne. Les Minorquins qui avaient su s'adapter avaient survécu aux mauvais traitements des Britanniques et à la négligence des Espagnols. Sous la bannière des États-Unis, ils s'épanouissaient. Quelques centaines d'autres personnes de diverses origines exotiques restèrent également quand les Espagnols partirent, dont la plus grande partie était rassemblée autour de St. Augustine, de Pensacola et sur Amelia Island. En Floride, virtuellement, tous les autres habitants étaient américains – soit nés aux États-Unis, soit d'origine américaine. Les meurtriers et leurs victimes, les esclaves et ceux qui les avaient faits esclaves, ceux qui avaient acquis des millions d'hectares et ceux qui avaient tout perdu : ils étaient américains à part entière. Les victimes de la domination américaine étaient également américaines. Ce qui pouvait laisser penser que ces victimes étaient « non-américaines » était simplement que la plupart d'entre elles n'étaient pas blanches.

Il est curieux que Yellowstone, grâce à l'achat de la Louisiane, soit devenu territoire des États-Unis avant même les plages de Floride. L'annexion de la Floride, quand elle fut réalisée, fut saluée comme un triomphe de la symétrie tout autant que de la liberté. Comme le professeur Isaac Cox le dit dans sa tentative de faire entrer la Floride dans le schème de la conquête, « le coin sud-est des États-Unis était vide » lorsque « la Puissance du Passé », l'Espagne, avait été « contrainte de céder son avant-poste stratégique mais inutile à la Puissance du Futur[8] ». Voilà ce qu'était la Floride, bien entendu, « stratégique mais inutile ». Désormais les Américains devaient relever le même défi qui, plus tôt, avait brouillé les idées des Français, des Britanniques, et des Espagnols. Que faire de ce lieu ?

Andrew Jackson laissa une empreinte si forte en Floride qu'il est difficile de croire qu'il ne l'avait visitée qu'à trois reprises. En 1814, il avança sur Pensacola, puis fit sortir ses troupes de Floride pour affronter les Britanniques à La Nouvelle Orléans. Il y revint à nouveau en

8 Isaac Josselin Cox, « Florida, Frontier Outpost of New Spain », in James Alexander Robertson et Alva Curtis Wilgus (ed.), *Hispanic American Essays*, 1942, republié en 1970, p. 150-166.

1818 ; la mémoire des ravages qu'il fit lors de cette incursion assombrit encore la réputation des États-Unis en Espagne et en Grande-Bretagne. Finalement, il y retourna en 1821 en tant que premier gouverneur américain de Floride. Ce séjour fut également bref ; après moins de six mois, il quitta son poste. Il avait prévu que la Floride serait un premier terrain d'essai pour le « système des dépouilles » qu'il utilisa plus tard pour pourvoir les postes fédéraux quand il devint président, mais, dans ce domaine également, le président Monroe tira le premier, appointant ses copains dans les postes les plus lucratifs. « Si j'avais prévu cela » se plaignait Jackson, « je n'aurais pas accepté le poste de gouverneur ». Contrairement à ses espérances, la Floride ne lui permit pas non plus de s'enrichir dans le secteur privé. « Il est impossible dans les circonstances actuelles d'y monter une affaire qui fasse des bénéfices » se plaignait-il[9]. Andrew Jackson avait remarqué finalement ce que les Espagnols et les Britanniques avaient appris plus tôt. La Floride ne créait pas de capital ; elle le consommait.

L'imposition de la suprématie américaine de la race blanche en Floride, qui a commencé avec Jackson et ses protégés Clinch et Gadsden, soulève plusieurs questions dérangeantes sur le passé de l'Amérique et sur la compréhension que nous en avons. Une d'entre elles est la suivante : dans quelle mesure l'érudition n'est-elle pas devenue la complice des crimes de l'histoire ? Le problème n'est pas seulement que des récits supposés vrais perpétuent indéfiniment des mythes, comme l'« achat » de la Floride. Le profond mépris que les nouveaux gouvernants américains ressentaient à l'égard de ceux qui la peuplaient devint un élément de base de ce qu'on apprit aux Américains sur l'expansion de leur pays. Un ensemble d'« esclaves fugitifs, de blancs renégats, d'Indiens et d'aventuriers et de pirates étrangers », c'est ainsi qu'un livre qui date de 1971 définit ce peuple qui, sans être consulté, passa du contrôle espagnol sous contrôle américain en 1821[10]. Un autre historien moderne va jusqu'à décrire la Floride comme peuplée principalement au moment de l'annexion par « des personnes aux inclinations criminelles[11] ».

Déshumaniser « ses aventuriers, fugitifs, voleurs, pillards (et) bandits » aida à justifier la dépossession, le meurtre et l'asservissement

9 Dowell, 1952, vol. 1, p. 219.

10 Tebeau, 1971, p. 115.

11 Patrick, 1963, p. 24-25.

du peuple de Floride qui suivirent, mais, à l'époque où les États-Unis annexèrent la Floride, ses pirates étaient largement mythiques. Quant à ses « aventuriers étrangers », ils consistaient apparemment exclusivement en Arbuthnot et Ambrister. Aucun « aventurier étranger » de quelque sorte que ce fût ne fut jamais de nouveau appréhendé, encore moins « puni », dès que les Américains n'eurent plus besoin de ce prétexte pour justifier leur annexion de la Floride. L'adjectif le plus révélateur dans de tels passages est « fugitif ». Jusqu'en plein vingtième siècle, dans les histoires de l'État de Floride, les bons esclaves endurent leur sort avec patience ; les mauvais fuient.

Le mythe de l'absence d'une présence humaine en Floride apporta une justification pour les politiques inhumaines que les États-Unis y menèrent. L'autre grand mythe concerne la sécurité nationale. Tout livre qui traite de l'annexion décrit virtuellement la menace supposée que les Indiens et les noirs de Floride posèrent à la sécurité des États-Unis, comme si une telle menace existait réellement. Aucune de ces histoires ne rapporte d'exemple particulier d'une telle attaque après la fin de la guerre de 1812. C'est parce que le courant de la terreur allait toujours dans la direction opposée – des États-Unis vers la Floride. Le plus adroit rhétoricien des accusateurs, en l'occurrence Jackson lui-même, prit soin de dénoncer le peuple de Floride pour leurs attaques contre des « citoyens des États-Unis », plutôt que sur le territoire des États-Unis.

La vérité est que ces attaques eurent lieu à l'intérieur même de la Floride, en réponse à la violence infligée par les Américains qui y faisaient irruption, cependant dans leur désir de fabriquer des justifications pour leur agression, les Américains en attribuèrent la faute à des accidents jamais authentifiés qui se seraient produits du côté américain de la frontière et qui auraient été le fait de ceux-là mêmes qu'ils voulaient attaquer. Au début de 1816 un incendie éclata en Géorgie dans la maison de Benjamin Hawkins, l'agent pour les affaires indiennes des États-Unis. On invoqua que les supposés incendiaires étaient venus de Floride. « Ce dernier rapport s'avéra faux – la négligence d'un domestique était la cause de l'incendie de la maison du Colonel Hawkins », découvrit-on vite, « mais ce fait n'empêcha pas les préparatifs contre Negro Fort[12] ». Ici, aussi, la Floride « offrit un exemple et une prophétie », pour ce qui

12 *Ibid.*, p. 29.

concerne l'utilisation, à l'occasion, de la désinformation pour justifier une agression.

Les détails du massacre de 1816 furent disponibles presque aussitôt après qu'il eut été perpétré ; des journaux et des magazines, s'appuyant sur le rapport de Clinch fournirent les détails les plus horribles. Puis, en 1817, le Congrès se décida enfin à faire une enquête. Dans un rapport intitulé « Vue de l'action du Gouvernement fédéral sur l'esclavage », un membre du Congrès, William Jay de New York, attira l'attention sur le mauvais usage de l'argent des contribuables que le massacre avait entraîné. Le massacre, soulignait-il, avait marqué un tournant dans l'acquisition américaine de la Floride – à ce moment où ce furent les habitants de la Floride qui devinrent les principales cibles de la violence des États-Unis, et non plus leurs gouvernants, les Espagnols. En examinant toutes les données, Jay estimait que les tueries avaient même une signification plus importante encore. Le massacre, concluait-il, inaugurait une nouvelle période de l'activisme gouvernemental des États-Unis durant laquelle l'autorité fédérale aida et promut l'expansion de l'esclavage au lieu de simplement le tolérer[13].

Le massacre de Floride attira encore plus l'attention, quand un autre membre du Congrès, Joshua Reed Giddings de l'Ohio, mit en évidence d'une manière détaillée la violence employée par le gouvernement des États-Unis en Floride. C'était, souligna-t-il, la première fois que les forces armées des États-Unis avaient été utilisées pour abattre, enlever et mettre en esclavage des gens dont le seul crime était « de chercher à être libres ». Les victimes, observait Giddings, avaient été diffamées en plus d'être assassinées. Les épithètes posthumes « de hors-la-loi », de « pirates » et de « meurtriers », souligna-t-il, faisaient partie d'un effort « pour jeter l'opprobre sur le caractère d'hommes qui, si on en juge par leur amour de la liberté ou leur patriotisme, occuperaient aujourd'hui une position non moins honorable dans l'histoire de notre pays que celle qui est attribuée aux patriotes de 1776[14] ». Les témoignages de l'époque montrent que Giddings avait raison, cependant les historiens ont répété ces diffamations comme si elles étaient des vérités tout au long des générations.

13 William Jay, *A View of the Action of the Federal Government, in Behalf of Slavery*, 1839.
14 Giddings, 1858, p. 37-38.

Au fil du temps, les passions en principe se calment ; la vérité en principe émerge des décombres des accusations et des autojustifications. En Floride, le contraire arrive constamment. Les critiques des tueries de Negro Fort, tout d'abord accueillies à contrecœur, ont été sorties entièrement du tableau. Depuis la fin de la seconde Guerre mondiale, trois histoires générales de la Floride ont été publiées, chacune présentant une version des événements moins authentique que celle qui était disponible en 1839 ou en 1816, ou dans le livre qui était sorti avant. Les deux volumes de 995 pages de J. E. Dowell, *Florida : Historic, Dramatic, Contemporary*, publiés en 1952, contiennent des milliers de citations. L'auteur ne mentionne même pas en passant les critiques que le massacre de Negro Fort provoqua. Les allégations non fondées que l'assaut des États-Unis sur Negro Fort était un acte national d'auto défense sont présentées comme des faits avérés. « Les bandits nègres erraient dans le pays, commettaient des crimes et causaient une telle panique », affirme l'auteur, « que le général Edmund P. Gaines, le subordonné de Jackson dans la région, offrit cinquante dollars pour chaque noir capturé aux Indiens amis, si le fort était soumis[15] ». Dans cette histoire, comme dans d'autres, pas un seul exemple de ces bandes errantes qui commettaient de tels crimes n'est jamais donné, encore moins authentifié.

La seconde des trois histoires, *A History of Florida* de Charlton W. Tebeau, fut publiée en 1971. À cette époque, la Floride avait été physiquement remodelé par des projets de construction gigantesques : des routes, des marinas, des nouveaux projets de développement immobilier. Tebeau présente le massacre de 1816 comme un projet d'amélioration intérieure. La tuerie de Negro Fort, établit-il, « repoussa tout danger immédiat pour les usagers de la rivière[16] ». Une telle approche insulte le passé. Elle entache aussi le futur en fournissant un contexte moral impropre à ce que les gens font aujourd'hui. Pendant presque quarante ans, le professeur Tebeau, une figure très appréciée du monde universitaire de Floride, imposa sa version du passé à des milliers d'étudiants. Beaucoup d'entre eux continuèrent à modeler les événements d'une des plus importantes phases de l'histoire de la Floride. À un degré plus ou moins important, leurs actes ont été modelés par l'idée que les Américains sont, et ont toujours été, autorisés à balayer ce qui se

15 Dovell, vol. 1, p. 197-198.

16 Tebeau, p. 110.

trouve sur leur chemin, que ce soient « des personnes aux inclinaisons criminelles » ou un écosystème. Ils ont porté en eux une idée du passé qui était fausse pour ce qui était des faits mais fausse également moralement dans sa description de la pensée et du sentiment américain. Car le professeur Tebeau, comme beaucoup d'autres, n'écrit pas seulement comme s'il était acceptable de massacrer des gens, il écrit aussi comme si, durant leur histoire, tous les Américains s'étaient toujours accordés sur le fait que le massacre est une technique justifiée pour atteindre les buts fixés. Ce n'est pas la vérité. Des événements comme le massacre de Negro Fort pouvaient déchirer l'âme américaine, avec d'étonnants et tragiques résultats, pourtant le livre de Tebeau, lui non plus, ne fait pas vraiment référence au fait que le massacre de Negro Fort pouvait avoir des implications négatives sur le futur de l'Amérique.

The New History of Florida fut publié en 1996 sous la direction du professeur Michael Gannon de l'Université de Floride. Travail collectif, ce livre recycle, également, comme des faits les allégations non fondées que les Séminoles et leurs alliés noirs firent des raids en Alabama et en Géorgie. Le massacre de Negro Fort, continue-t-il à dire, « ne mit pas fin au problème, et en mars 1818, le général Jackson envahit de nouveau la Floride espagnole[17] ». En 1996 encore, des noirs et des Indiens qui vivaient paisiblement ensemble restaient « le problème ». Dans ce livre, comme dans d'autres, il n'y a pas vraiment d'allusion au fait que l'utilisation de l'armée et la marine des États-Unis pour étendre l'esclavage contribua à la crise nationale qui, à la fin, ravagea la Floride, détruisit presque les États-Unis, et tua plus d'Américains que les deux guerres mondiales réunies. Que les attaques des États-Unis aient provoqué une guerre de quarante ans n'est jamais reconnu non plus, dans aucun de ces lourds volumes.

La même déception pour ce qui concerne la Floride prévaut dans les nombreux livres sur Andrew Jackson publiés chaque décennie. *Meet Andrew Jackson* – c'est-à-dire *Connaître Andrew Jackson* – est typique de ces manuels que l'on met entre les mains des écoliers américains génération après génération. Quelles leçons peuvent en tirer les garçons et les filles d'Amérique après avoir rencontré Andrew Jackson ? Un de ces leçon est qu'il était normal de tuer les « deux Anglais » car il « croyait que ces deux hommes avaient monté les Séminoles contre les États-Unis ».

17 Gannon, 1996, p. 156.

On apprend aux enfants qui lisent ce livre et les innombrables autres livres similaires, faussement et inévitablement, que « l'Espagne vendit la Floride aux États-Unis[18] ». Après avoir excusé les meurtres de Jackson en Floride, il continue en présentant l'esclavage comme une institution bénigne. Il n'y aurait rien d'étrange si ce livre avait été publié par un éditeur régional en 1850 ou en 1950, mais *Meet Andrew Jackson* fut publié à New York en 1967, en pleine période des droits civiques.

Meet Andrew Jackson permet malgré tout à ses jeunes lecteurs d'apprendre que Jackson tua des gens en Floride. Cela en fait une source d'information plus fiable que *The Age of Jackson* de feu Arthur M. Schlesinger Jr., qui adopta une approche inverse de Schoolcraft pour traiter des attaques de Jackson. Bien qu'il considérât un coin vide, Schoolcraft trouva l'endroit où De Soto avait établi son camp. Schlesinger qui s'attarde, pour sa part, sur le terrain que Jackson dévasta et ensanglanta, ne trouve nulle part trace des méfaits de son héros. Ce qui lui permet, dès lors, de prétendre que l'émergence de Jackson comme homme politique important d'Amérique s'est faite à l'improviste, par surprise.

« Qui était le général Andrew Jackson, le nouveau favori du peuple ? », s'interroge Schlesinger. « Dans la guerre de 1812 il avait fait preuve d'une grande énergie et avait trouvé des ressources pour mettre fin à des soulèvements indiens puis, en 1815, après la signature du traité de paix, il avait remporté à la Nouvelle Orléans la plus grande victoire de la guerre ». Et après cela ? « Durant la décennie qui suivit, sa vie fut largement celle d'un gentilhomme du Tennessee, qui vivait sur une belle plantation près de Nashville, qui invitait ses amis, qui faisait des courses de chevaux et parlait politique avec ardeur », nous dit Schlesinger[19].

Ici, on ne peut pas ne pas se poser la question de la complicité que les historiens entretiennent avec de fausses représentations. Après sa victoire de 1815 à la Nouvelle Orléans, Jackson s'investit largement dans des affaires militaires en 1816 et 1817, y compris dans les attaques qu'il orchestra en Floride. L'invasion de la Floride en 1818 fut un des événements majeurs de cette période, non seulement militairement, mais également politiquement, du fait des controverses juridiques et constitutionnelles qu'elle suscitait. Après ses exploits floridiens, Jackson fut immédiatement impliqué dans les crises politiques et diplomatiques

18 De Kay, 1973, p. 64-65.

19 Schlesinger, 1946, p. 5, 35.

que ses tueries d'Arbuthnot et d'Ambrister provoquèrent, puis il fut impliqué durant les années qui suivirent dans la controverse nationale pour savoir si oui ou non le président Monroe avait autorisé cette invasion. En 1821, Jackson était devenu le premier gouverneur américain de Floride, un fait que Schlesinger ne mentionne jamais. Puis, en 1824, il fut candidat à la présidence des États-Unis, un événement qu'il ne mentionne pas non plus. Bien que John Quincy Adams lui arrachât la présidence cette première fois, l'élection disputée de 1824 reste l'un des événements les plus marquants de l'histoire politique des États-Unis.

La période de 1815 et 1825 fut cruciale pour Jackson et décisive pour l'Amérique. En le cachant, Schlesinger suggère que, entre 1815 et 1825, Jackson avait passé son temps à se reposer. Il décrit Jackson comme quelqu'un de vierge politiquement qui, à l'époque où il devint finalement président, en 1829, n'avait pas « d'expérience ni dans la politique nationale ni dans celle d'un État ». L'expérience de Jackson dans la politique nationale et dans celle d'un État remontait aux années 1790, quand il représenta le Tennessee à Washington, tout d'abord à la Chambre des représentants, puis au Sénat. Combien de présidents ont atteint la plus haute fonction après avoir été représentant, sénateur et gouverneur, en plus de général dans l'armée ? Schlesinger fait, à un moment, allusion aux ravages floridiens de son héros, mais pour discréditer les adversaires de Jackson. « Ses opposants politiques, se fondant sur les incidents de son passé militaire », nous informe cet historien vénéré, « réussirent à lire dans les annales de l'histoire la légende de sa terrible violence et de son irascibilité non contrôlée[20] ». Une légende ? L'ordre de Jackson de « nettoyer » Negro Fort n'est pas mentionné, pas plus que ses meurtres d'Arbuthnot et d'Ambrister. Un lecteur averti penserait que, au moins, son rôle dans la Guerre séminole serait mentionné ; mais ce lecteur aurait tort. Le mot « Floride » n'apparaît même pas dans l'index du livre de Schlesinger.

Le propos de Schlesinger, de son propre aveu, était de démontrer que l'« héritage d'Andrew Jackson, comme l'a dit le président Roosevelt, est son infinie contribution à la vitalité de notre démocratie ». Déjà en citant FDR, dans un livre publié immédiatement après la victoire des États-Unis lors de la Seconde Guerre mondiale, Schlesinger déclarait que « les ennemis que Jackson affronta » et « les victoires qu'il remporta

20 *Ibid.*, p. 37.

font partie intégrante » des « victoires des générations suivantes[21] ». Les tueries des Indiens, l'asservissement des noirs, la violation des traités, et le lancement d'attaques militaires sans justification en temps de paix font-elles vraiment « partie intégrante » des victoires contre Hitler et les nazis ? Les « ennemis » massacrés à Negro Fort sont-ils vraiment l'équivalent des ennemis que les Américains combattirent à Iwo Jima et sur les plages de Normandie ? La fable Jackson de Schlesinger remporta le prix Pulitzer ; elle jouit de la même importante popularité que le conte de Washington Irving sur Ponce de Leon eut plus tôt et, tout comme la fable de la Fontaine de Jouvence, elle propagea une fausse version de ce qui se passa en Floride, et ce que cela signifiait pour l'Amérique, qui finit par être acceptée, et propagée de nouveau, comme un fait réel.

Date	Événement
Janvier 1815	Bataille de La Nouvelle Orléans
Mai 1816	Jackson ordonne le « nettoyage » de Negro Fort
Septembre 1816	Massacre de Negro Fort
1616-1821	Sur ses ordres, les troupes des États-Unis restent secrètement en Floride
Mars 1818	Jackson envahit la Floride
Avril 1818	Passant au-dessus de la cour militaire, il ordonne de tuer Ambrister ; et de pendre Arbuthnot
Mai 1818	Jackson attaque Pensacola, y attire les autorités espagnoles de Floride
Juin 1818	Il établit un gouvernement militaire illégal à Pensacola
Juillet 1818	Revenant aux États-Unis, il déclare faussement la victoire en Floride
1818-1819	L'invasion de la Floride par Jackson polarise âprement la politique américaine
1821	Jackson premier gouverneur de Floride
1822	Jackson élu sénateur des États-Unis

21 *Ibid.*, p. x.

1823	Une controverse persistante et âpre oppose Jackson à Monroe
1824	Le sénateur Jackson est désigné pour la présidence
Novembre 1824	Jackson remporte la majorité au suffrage populaire
Décembre 1824	Jackson remporte la majorité des votes des grands électeurs
Février 1825	« Le marché corrompu » au Congrès refuse la présidence à Jackson
Octobre 1825	Jackson démissionne du Sénat, reprend sa conquête de la présidence
1828	Jackson remporte la présidentielle à son second essai
1829	Investi « sans expérience ni dans la politique nationale ni dans la politique d'un état »

La « période de repos » d'Andrew Jackson, 1815-1825

À l'inverse de Schlesinger, Robert V. Remini, auteur d'*Andrew Jackson and His Indian Wars*, publié en 2001, mentionne les tueries de Negro Fort, mais pour remplacer les vieilles fictions par une nouvelle. Durant cent quatre cinq ans, tous les rapports avaient signalé que deux chefs avaient été tués, l'un d'eux noir, et l'autre Choctaw. Dans cette toute nouvelle version, le nombre de chefs tués devient soudain vague, mais Remini, professeur d'histoire depuis longtemps à l'Université d'Illinois et historien officiel de la Chambre de représentants des États-Unis, n'est pas vague sur la couleur de leur peau. C'était des « chefs noirs », affirme-t-il, enlevant aux événements de Negro Fort leur signification multiraciale. « Ainsi en est-il de la “menace nègre” », ajoute-t-il[22].

C'est un processus qui se poursuit. En 2006, Sean Wilentz, professeur d'histoire à l'Université de Princeton, procéda à une autre refictionnalisation de la Floride de Jackson ; « la frontière sud de la nation », déclare Wilentz, « (était) menacée par des Creeks, Cherokees, Choctaws et Chickasaws rétifs, et par le fait que les Espagnols continuaient à être

22 Remini, 2001, p. 130-132.

les maîtres de la Floride ». Il ajoute : « Des bandes d'Indiens dont les établissements étaient à cheval sur la frontière de la Floride... faisaient des raids sur les établissements américains dans le sud de la Géorgie avant de se réfugier en Floride quand les Américains les poursuivaient », recyclant ainsi une accusation qui, dans ce livre comme dans tous les autres, ne fournit aucun exemple qu'un tel événement aurait vraiment eu lieu. Il avance enfin l'accusation, longtemps discréditée, que « les Espagnols, incités en cela par des agents britanniques, encourageaient les attaques ».

Les Espagnols, cependant, changent de camp deux phrases plus loin. Comme chez Remini, les victimes changent aussi de race : « deux cents cinquante esclaves fugitifs avaient pris un vieux fort britannique », écrit Wilentz, sans mentionner les Indiens et sans considérer qu'il y avait, à Negro Fort, de nombreux hommes libres. Il ajoute ensuite une nouvelle fiction étonnante : « Avec le soutien des Espagnols, les Américains détruisirent ce qui était appelé Negro Fort et anéantirent ses habitants ». Sans se rendre compte qu'il se contredit, il retransforme les Espagnols en ennemis en décrivant l'attaque, gratuite et sans raison, de Jackson sur « le centre de commandement espagnol de Pensacola ». Il conclut son récit de la même façon que Jackson concluait ses mésaventures floridiennes, en propageant le même mensonge ridicule : « Jackson avait promis, lorsqu'il y revint en mars, de finir sa campagne de Floride en soixante jours. Il eut besoin d'un peu plus de temps – mais son triomphe avait fini par imposer un contrôle militaire *de facto* sur toute la Floride ». Bien que des témoins aient décrit un Jackson en colère et frustré après son échec sur la Suwannee et sa descente donquichottesque sur les malheureux espagnols à Pensacola, Wilentz, presque cent quatre-vingt dix ans après les faits, le décrit lui comme « empourpré par la victoire ». Et pourquoi pas ? Ses saccages l'aidèrent à « dégager le chemin pour l'achat de la Floride par l'Amérique[23] ».

Le mythe est que les États-Unis « achetèrent » la Floride. La réalité, comme l'un des premiers juristes de Floride, le juge Isaac H. Bronson, le dit, est que l'acquisition de la Floride par l'Amérique était « un épisode dans l'histoire générale de la nation, que, en tant citoyen américain, je préférerais ne jamais voir écrit[24] ». Le juge vit son vœu réalisé. Cet

23 Wilentz, 2005, p. 35-40.
24 Patrick, 1954, p. 303.

épisode ne fut jamais écrit. La Floride fournit un conte édifiant de la destruction que les Américains sont capables de faire sur des personnes irréprochables au nom de la liberté, mais ce fut une leçon qui ne sera jamais apprise, car elle n'a jamais été enseignée.

Si on revient en 1882, *The Critic*, une revue littéraire new yorkaise de l'époque, révéla pourquoi il était si « difficile de savoir la vérité sur la Floride malgré tous les écrits publiés ». « Pour la plus grande part, explique le magazine, elle a été cachée par une des trois ou par les trois méthodes différentes suivantes : en magnifiant grandement des petits faits, en réprimant de grands faits et par d'authentiques fausses représentations[25] ». Ce qui avait été vrai pendant près d'une centaine d'années sera également vrai pour les cent ans qui suivirent, et même au-delà, au point où les grandes lignes de l'histoire de la Floride, comme on les comprend généralement, sont essentiellement fictionnelles.

25 *Critic*, 15 juillet 1882.

TROISIÈME PARTIE

LA TÊTE D'OSCEOLA

Je les autoriserais à rester.
Le général Thomas Sidney JESUP, 1838, pressant d'en finir avec le nettoyage ethnique en Floride[1].

1 Général Thomas Sidney Jesup, 1838, in Sprague, 1848, p. 200.

LE VIOL DE LA FLORIDE

Quand vous quittez Negro Fort, dirigez-vous vers l'est en direction de Jacksonville et vous passez des villes, de larges trous dans la route, et d'anciennes pistes à travers la forêt dont les noms immortalisent des capitaines et des caporaux oubliés dans la longue guerre pour « nettoyer » la Floride. Lloyd, Lamont, Greenville, Newbern, Day, Smith, Mann, Sanderson, Macclenney, Baldwin, Bryceville marquent la route. Situé dans le comté de Duval, Jacksonville était pour le dix-neuvième siècle ce qu'est Orlando pour le vingt-et-unième siècle, cette métropole de Floride où convergeaient les possibilités et les contradictions d'une époque particulière. Tout le monde sait que Jacksonville tient son nom d'Andrew Jackson, mais qui donna le sien au comté de Duval ?

William Pope DuVal fut le successeur de Jackson en tant que gouverneur de Floride. Comme James Gadsden et Duncan Clinch, DuVal est l'un des protagonistes oubliés qui firent de la Floride ce qu'elle est. Né dans une famille pauvre de Virginie, il fit ses premiers pas d'homme politique au Kentucky. Après avoir occupé le poste de gouverneur de Floride, il rejoignit un autre ancien gouverneur – Sam Houston du Tennessee – pour aller chercher plus de gloire et plus d'argent encore sous la bannière à l'étoile solitaire du Texas. Les victoires de DuVal furent célébrées comme des triomphes de l'individualisme américain, même si le gouvernement fédéral subventionna chacune de ses actions et de ses réactions. Il est enterré dans un cimetière fédéral à Washington, D. C.[1]

De caractère aussi bouillant dans sa jeunesse qu'Andrew Jackson, et, plus tard, aussi enclin que George Mathews à rendre une bonne histoire meilleure encore en la racontant de nouveau, le gouverneur DuVal devint célèbre pour une anecdote particulière. Elle se rapporte au temps où son père ordonna à son « bon à rien » de fils d'aller chercher une bûche pour le feu de la maison. DuVal revint avec cette bûche vingt ans plus

1 Brevard, 1904, p. 105-107.

tard. Entre-temps, il avait traversé les montagnes jusqu'au Kentucky, était devenu homme de loi et s'était fait élire au Congrès. « Eh bien », son père est-il censé avoir dit, quand il réapparut finalement avec la buche, « tu as été bien long pour aller la chercher ». En Floride, DuVal devint ce qu'on appellera seulement plus tard un Carpetbagger – un étranger qui, grâce à ses relations avec des étrangers puissants, se vit attribuer un poste qui le rendit puissant lui aussi. DuVal occupa en Floride l'un des premiers postes de juge des États-Unis, mais il doit sa place dans l'histoire de l'État à l'impétuosité de Jackson. Quand Jackson quitta brusquement la Floride après avoir passé moins de six mois au poste de gouverneur, le président Monroe dut lui trouver rapidement un remplaçant.

Le premier défi que DuVal eut à relever fut celui des nombreux problèmes que Jackson déclarait, à tort, avoir résolus, puis celui de tous ces nouveaux problèmes que Jackson avait créés. DuVal lui-même continua à mettre de plus en plus d'huile sur le feu du conflit qui couvait en Floride. En tant que gouverneur, DuVal présida à cette période soi disant de paix qui sépara les saccages initiaux de Jackson (la première Guerre séminole) de la phase violente de subjugation américaine qui suivit, connue sous le nom de seconde Guerre séminole. En réalité, ces « guerres » furent des épisodes différents d'un même conflit, même si, pendant le temps où DuVal était gouverneur, l'intimidation et la tromperie – plutôt que de la simple violence – furent utilisées pour priver les Séminoles de leurs terres.

La catastrophe qui se préparait aurait sans doute pu être évitée, si les jeunes États-Unis d'Amérique avaient été une nation qui tenait sa parole. L'article V du traité avec l'Espagne stipulait que « les habitants des territoires que Sa Majesté catholique cédait aux États-Unis » devaient pouvoir « jouir de tous les privilèges, droits et immunités de citoyens des États-Unis ». À cette époque la grande majorité des « habitants » de Floride consistait en ceux qu'un membre du Congrès, Joshua Giddings, appelait *Les Exilés de Floride*, des termes qui décrivaient d'une manière adéquate pourquoi ces gens y avaient cherché la liberté. Personne ne pouvait nier qu'ils étaient des habitants de Floride, mais les États-Unis eurent néanmoins recours à une multitude de stratagèmes pour s'assurer que, seuls, les hommes blancs seraient autorisés à « jouir pleinement » des droits garantis dans le traité.

L'idée que les Indiens devaient être rayés de la carte n'était pas, comme beaucoup aujourd'hui le pensent, une vieille croyance, profondément ancrée. C'était un développement relativement récent de la pensée américaine et, de même que la proposition que tous les hommes sont créés égaux, la notion que le pays devrait être purgé des premiers habitants de l'Amérique était née dans l'esprit de Thomas Jefferson. Jefferson avait cru pendant longtemps que les Indiens devraient être traités comme « des frères d'un même pays ». En janvier 1803, il proposa officiellement une politique d'intégration ethnique qui cherchait « à réunir leurs établissements et les nôtres » dans le but de « les préparer finalement à participer aux bénéfices de nos gouvernements ». Après une période d'assimilation culturelle et économique, Jefferson prédisait dans un message secret au Congrès que « les Indiens s'incorporeraient à nous comme citoyens des États-Unis ». C'était avant que Napoléon ne fît son offre. En juillet 1803, Jefferson, abandonnant ses convictions précédentes, avait décidé d'utiliser « l'acquisition de la Louisiane (comme) le moyen d'inviter tous nos Indiens de la rive est du Mississippi à passer vers l'Ouest[2] ». La question, alors comme plus tard, était comment les y inviter. Comme la Floride le montrera, la rhétorique jeffersonienne ne sera pas suffisante ; la violence jacksonienne sera nécessaire.

Comme gouverneur territorial, DuVal fut responsable de la mise en place d'institutions qui prépareraient la Floride à devenir un état, y compris d'un conseil législatif. Au début le conseil se réunit alternativement à St. Augustine et à Pensacola, mais les délégués mouraient, dans les étendues sauvages du nord de la Floride, en essayant d'aller d'une ville à une autre. Des politiciens se noyèrent également, en essayant d'aller à leur réunion annuelle. Une nouvelle capitale, équidistante de St. Augustine et de Pensacola, semblait la solution logique, aussi DuVal nomma-t-il deux commissaires pour trouver un site. Le commissaire de Pensacola, John Lee Willams, mit vingt trois jours pour atteindre St. Marks, éloigné d'une distance d'environ 300 kilomètres. Lui et le commissaire de St. Augustine, le Dr. William H. Simmons, trouvèrent bientôt un lieu qui les ravit, en partie parce qu'il ne ressemblait pas du

2 Albert Ellery Bergh (ed.), *The Writings of Thomas Jefferson*, 1907, vol. 3, « Confidential Message », 18 janvier 1803, p. 489-491 ; Thomas Jefferson Randolf (ed.), *Memoirs, Correspondance and Private Papers of Thomas Jefferson*, 1829, vol. 3, « To General Gates », 11 juillet 1803, p. 518.

tout à la « Floride ». « Chaque légume cultivé ici est superbe, les champs de coton sont une fois et demi plus grands que tous ceux que j'ai vu auparavant, la canne à sucre est bien meilleure que celle qui pousse sur les sols du Mississippi », s'enthousiasmait Simmons. L'endroit était si plaisant pour deux raisons. Géologiquement, le site ne fait pas partie du grand monolithe calcaire sur lequel repose la Floride. L'autre raison était que les premiers colons venus des États-Unis avaient préparé la terre et faisaient soigneusement pousser ce qu'ils avaient planté.

Le plus important de ces entrepreneurs, un propriétaire terrien très respecté originaire de Géorgie, avait pour nom Enemathla et était d'origine Creek. Lors de leur arrivée à Tallahassee, Enemathla reçut les deux visiteurs avec toute la courtoisie souhaitée. Après une fête, de jeunes hommes les divertirent avec un jeu de balle. Ce fut seulement après avoir été reçu avec cette gentillesse que Simmons et Williams informèrent Enemathla que lui et ses gens devraient abandonner leurs terres, tout ce qu'ils avaient construit et ce qu'ils possédaient, et qu'ils seraient déplacés à un autre endroit ; les Américains décideraient où ensuite. Entre-temps, ils informèrent leur hôte que lui et son peuple devraient abandonner leurs potagers, leurs champs de coton et leur culture de la canne à sucre, car ces deux visiteurs avaient décidé que cette terre devrait devenir le site de la nouvelle cité de l'homme blanc. Enemathla proposa une solution diplomatique. Les terres autour d'eux étaient presque inhabitées. Certainement ces deux gentilshommes avisés, s'ils cherchaient un peu plus, pourraient trouver un site encore meilleur pour leur établissement. Simmons et Williams l'obligèrent à se plier à leur décision. Puis, ils lui firent savoir que, non, ils n'avaient pas trouvé d'endroit qui leur plaisait mieux[3].

Toute l'ampleur de la cupidité américaine fut dévoilée en septembre 1823, quand les Séminoles furent convoqués en masse à un endroit au sud de St. Augustine appelé Moultrie Creek. Ce moment, où tous ces gens se rassemblaient pour être informés de leur sort, était un moment plein d'espoir et de tragédie à la fois. C'était le plus grand – et également le premier et le dernier – de ces conclaves qu'on autorisa à se tenir. Le gouverneur DuVal le présida, mais ce fut James Gadsden qui organisa l'affaire. Après avoir reconstruit Negro Fort, Gadsden avait été promu

3 Journaux de 1821 des deux commissaires, John Lee Williams and D. H. Simmons ; « The Selection of Talahassee as the Capital », *Florida Historical Quarterly*, avril, Juillet 1908.

tout d'abord au grade de colonel puis d'adjudant général ; pourtant, en 1822, Gadsden quitta l'armée américaine. Sur ordre de l'armée, il avait parcouru la Floride à la recherche des meilleurs emplacements pour y établir des installations militaires supplémentaires. Cela lui avait permis, aux frais des contribuables, d'identifier des lieux de premier choix pour la spéculation immobilière. Et quand il démissionna, il put commencer à encaisser grâce aux contacts qu'il avait établis à titre militaire.

Très conscient de l'utilité de Gadsden, DuVal le chargea d'orchestrer le plus important événement qui fût dans l'asservissement de la Floride. Cela consistait à faire signer aux habitants non-blancs ce qui sera appelé plus tard le traité de Moultrie Creek. Imposer un « traité » aux Séminoles, plutôt que de saisir simplement leurs terres avait pour but de transformer ceux qu'on avait dépossédés en collaborateurs de leur propre dépossession. Une fois qu'on eut cajolé Ememathla et les autres afin qu'ils approuvent un « traité » valant pour toute la Floride, le vol par morceaux de leurs terres put être remplacé par une confiscation d'ensemble. Imposer à ces gens un document qu'aucun d'entre eux ne pouvait lire était également moralement pratique. Plus tard, quand les « donneurs indiens » dirent qu'ils avaient été roulés, les nouveaux propriétaires purent les sermonner sur l'importance à respecter des accords solennels, et, ensuite les « punir », selon les termes du gouverneur DuVal, pour ne pas « avoir tenu leurs promesses ». Cette forme d'accaparement des terres avait également l'avantage de rendre le gouvernement fédéral et l'armée des États-Unis responsables de l'éviction des Séminoles, et d'épargner aux nouveaux propriétaires les frais et le danger de le faire eux-mêmes.

Le gouverneur DuVal voulait que Moultrie Creek fût un grand événement. Gadsden fit en sorte qu'il le fût. Durant l'été de 1823, il traversa les étendues sauvages de la Floride du nord-ouest ; en septembre, il réapparut à St. Augustine à la tête de centaines de notables séminoles. Il les avait persuadés de faire tout ce chemin en leur promettant que, une fois qu'ils auraient parlementé avec le gouverneur, leurs problèmes pourraient être résolus sur la base d'une honnêteté et d'un respect mutuel. Gadsden ne les informa pas qu'il avait déjà écrit le traité qu'ils étaient censés devoir négocier et que ce traité leur enlevait presque tout.

Plus de 350 chefs non blancs de Floride convergèrent vers Moultrie Creek ; ce fut le plus grand conclave jamais réuni. Le jour où le gouverneur DuVal ouvrit les débats, des entrepreneurs de St. Augustine vendirent des tickets de promenade en bateau jusqu'à Moultrie Creek pour que le plus de gens possible pût assister aux festivités. Joshua Nichols Glenn, un pasteur méthodiste de passage, arriva là, comme il dit, « dans un bateau très confortable – accompagné par de nombreux autres gentilshommes et dames dans d'autres bateaux ». La délégation des Séminoles avait choisi Ememathla pour porte-parole. Le révérend Glenn écrit son nom Nehlematha et, comme d'autres Américains, pense qu'il avait des pouvoirs que, lui, n'avait pas. « Le Roi Nehlematha », continua-t-il, « s'approcha, serra des mains et, après lui, tous les chefs firent de même en rotation ». Après ces civilités, Enemathla fit une importante déclaration. « Le Roi », écrit Glenn, « fit remarquer qu'il nous considérait nous les hommes comme des Pères et des Frères et les femmes comme des Mères et des Sœurs ». DuVal et Gadsden « conduisirent alors les chefs dans la maison de bois qu'il avait construit pour leurs débats et, après qu'ils eurent fumé ensemble, ils eurent leur premier débat[4] ».

À Moultrie Creek, on présenta pour la première fois à Enemathla et aux autres l'ultimatum américain. Il disposait qu'ils seraient dépouillés de tous droits humains comme de tous droits de propriété. « Les chefs et guerriers ci-dessous désignés, pour eux-mêmes et leurs tribus… cèdent et abandonnent tout droit et tout titre qu'ils ont pu détenir sur le territoire entier de la Floride », c'était ce que disposait l'article I du texte de Gadsden[5]. En un seul coup, les droits garantis à ces habitants de Floride par le traité avec l'Espagne furent abrogés, en principe à la requête des victimes elles-mêmes. Le document de Gadsden spécifiait ensuite que les Séminoles, une fois déplacés de leur terre, devaient être « concentrés et confinés » dans des terres en friche, arides et difficiles d'accès de Floride centrale ; le gouverneur DuVal lui-même les décrivait comme « la plus pauvre et la plus misérable région que, de très loin, j'ai eu l'occasion de voir[6] ».

Les Séminoles arrivèrent à Moultrie Creek avec leurs drapeaux qui flottaient au vent et en battant leurs tambours. Quand ils partirent, ils demandèrent à leurs nouveaux maîtres de permettre à leurs enfants

4 Joshua Nichols Glenn, *Diary*, entrée : St. Augustine, *Florida Historical Quarterly*, octobre 1945, p. 148-149.

5 *Treaty of Fort Moultrie Creek*, 2 janvier 1824. Texte complet in Sprague, 1848, p. 20-24.

6 William Pope DuVal, « Letter to the Secretary of War », 22 février 1826, U. S. House of Representatives, Committee on Indian Affairs ; « Letter from the Secretary of War Relating to the Present Location of the Florida Indians », 18 avril 1826, p. 5-7.

d'apprendre à lire et à écrire. Outre leur requête de l'école, leur demande d'un forgeron est plus encore significative. Les temps où ses « sauvages » étaient capables de survivre dans les étendues de Floride étaient révolus. Tout comme les Américains blancs, ils avaient besoin de charrue pour les parcelles de terres qu'ils pouvaient labourer. Ils avaient besoin de fusils pour chasser le gibier qu'ils pouvaient trouver. Ils avaient besoin également d'acier importé et d'autres métaux, puisque la Floride n'en avait pas, mais le traité leur interdisait aussi de faire du commerce, comme il était de tradition qu'ils le fissent, avec les Espagnols à Cuba et les Britanniques aux Bahamas. DuVal et Gadsden avaient trouvé un peuple auto-suffisant et l'avaient dépouillé de ses moyens de subsistance ainsi que de sa dignité.

Quand il s'agit d'orchestrer ce défilé de dépossession, le plus important soutien de Gadsden fut le colonel Gad Humphreys, l'agent des États-Unis aux affaires indiennes. En principe de tels agents étaient au service des Indiens ; en Floride comme ailleurs leur vraie fonction était de les amener à céder aux Américains tout ce qu'ils voulaient en offrant le moins de résistance possible. Le « déshonneur au caractère américain[7] », comme le disait Jefferson, ne s'arrêta pas là. L'agent des États-Unis aux affaires indiennes utilisa aussi les « négociations » pour s'enrichir. La dernière section du Traité de Moultrie Creek disposait : « Les chefs et guerriers ici désignés, pour eux-mêmes et leurs tribus, ont exprimé aux commissaires leur confiance illimitée dans leur agent, le colonel Gad Humphreys… et, comme preuve de leur gratitude pour leurs services et leur traitement humain, et les attentions fraternelles à leurs désirs, demandent à ce que trois kilomètres carrés, qui comprennent les améliorations d'Enehe Mathla, à Tallahassee (lesdites améliorations devant en être considérées comme le centre) soient donnés comme présent au colonel Gad Humphreys[8] ». Les champs fertiles et les vergers fleuris d'Enemathla devaient donc être donnés à ce fonctionnaire américain qui avait organisé les détails de sa dépossession. Dans un addendum il était stipulé que « cinq cents dollars seront offerts à Neo Mathla, comme compensation aux améliorations qu'il abandonnait, et pour couvrir les dépenses qu'il serait évidemment amené à faire, du fait de son déplacement, à lui et à ceux qui lui sont liés[9] ».

7 John P. Foley (ed.), *The Jefferson Encyclopedia*, 1900, p. 424.
8 Moultrie Treaty, Article X.
9 Moultrie Treaty, « Additional Article ».

Enemathla n'obtiendra jamais ce qu'on lui avait promis. Dépossédés et destitués, lui et « ceux qui lui étaient liés » attendaient encore leurs nouvelles terres et les cinq cent dollars à la fin de 1824, alors que les politiciens, les spéculateurs et les fournisseurs s'entassaient dans la nouvelle ville austère. Quand il arriva pour présider le premier conseil législatif à se tenir dans le capitole en bois de Tallahassee, le gouverneur DuVal apprit qu'Enemathla, se retrouvant au conseil avec d'autres chefs séminoles, avait annoncé qu'il ne ferait pas déplacer son peuple avant que le gouverneur DuVal ne vînt personnellement le voir. Dans *A History of Florida*, le manuel que, dans les écoles de Floride, on demanda à des générations d'enfants de lire, l'auteur à succès Caroline Mays Brevard donna la version maquillée par la suite de ce qui se passa lorsque DuVal et Enemathla se rencontrèrent. « Le gouverneur s'écria qu'Enemathla était un traitre, lui sauta dessus alors qu'il parlait, le saisit à la gorge et le fit sortir du conseil. » « Alors, ajoute-t-elle, le gouverneur se tint sur l'estrade et parla aux Indiens. Il leur dit qu'Enemathla ne pouvait plus être leur chef, car il cherchait à empêcher les Indiens de tenir leur promesse ». Après cette humiliation, Breward assurait ses jeunes lecteurs qu'Enemathla « ne se remit jamais de cette mortification et du traitement qu'il avait reçu ». « Aussi », conclut joyeusement le récit, « les Tallahassee disparurent de leurs anciens champs, ne laissant que les noms musicaux de leurs lieux d'habitation pour attester de leur longue possession de cette terre ». « La visite courageuse de DuVal » est le titre donné à ce chapitre consacré à son agression du chef séminole[10].

Le gouverneur DuVal était très doué pour faire sa propre publicité. Ses contes étaient trop bons pour ne pas être plagiés, aussi, comme si c'était une réplique, Washington Irving réapparut-il sur la scène littéraire de Floride, une fois encore pour déformer les tragiques événements qui s'y déroulaient. Dans son ultime fiction floridienne, Irving reprit la conspiration du gouverneur DuVal pour déposséder Enemathla et les autres et en fit une parabole de la vertu et de la générosité américaine. Dans « La conspiration de Neamatla », la première chose qu'Irving fait pour rendre trivial Enemathla et son peuple est de leur enlever toute relation avec les États-Unis, et d'enlever à son lecteur toute possibilité de comprendre qui ils étaient et pourquoi ils réagirent comme ils le firent quand les

10 Brevard, p. 121-126.

États-Unis leur imposèrent leur loi. Dans son récit, ces gens ne sont pas des réfugiés venant des États-Unis. Ils sont les descendants des aborigènes floridiens – en fait éteints depuis des générations. « Depuis l'époque des pérégrinations chimériques de ce vieux Ponce de Leon à la recherche de la Fontaine de Jouvence » jusqu'à aujourd'hui, déclare Washington Irving, ces « Séminoles » avaient erré en Floride, ne causant que des troubles.

Il en arrive à transformer Enemathla, cet homme paisible en un homme fourbe et violent ; simultanément DuVal, de l'escroc qu'il était devient un idéaliste philanthropique, qui veut créer des écoles pour que les enfants des Séminoles « y reçoivent la même instruction que les enfants blancs ». Au lieu de bien accueillir les gentils efforts de DuVal, les Séminoles d'Irving – qui avaient demandé un instituteur à Moultrie Creek – méprisent la gentille offre de DuVal. « Savoir lire et écrire est très bon pour l'homme blanc mais très mauvais pour les hommes rouges », fait dire Irving au gouverneur par un de ses Séminoles fictifs. « Cela rend les hommes blancs meilleurs, mais bien pires les hommes rouges[11] ».

Puis, Irving fait donner à son Séminole fictif une leçon à DuVal en ce qui concerne la supériorité inhérente à la race blanche. « Je sais que vous les hommes blancs dites que nous venons tous de la même mère et du même père, mais vous vous trompez. Nous avons une tradition qui nous vient de nos ancêtres et nous croyons », continue-t-il, « que le Grand Esprit, quand il entreprit de créer les hommes, fit l'homme noir ; ce fut son premier essai, et… il s'aperçut vite qu'il avait bâclé son travail, aussi décida-t-il de faire un nouvel essai… et fit l'homme rouge. (Ce) n'était pas tout à fait ce qu'il voulait. Aussi fit-il encore un autre essai, et fit l'homme blanc ; et alors il fut satisfait ». Le chef séminole d'Irving en arrive enfin à avertir que toute tentative de créer une égalité raciale viole la volonté de Dieu. Pour le prouver, Irving met dans la bouche de son interlocuteur fictif une autre tradition supposée des Séminoles.

Selon cette « tradition », le Grand Esprit, après avoir créé les hommes blancs, les hommes rouges et les hommes noirs, leur offrit trois boîtes différentes qui contenaient trois sortes d'ustensiles différents. « La première », explique Irving, « était remplie de livres, de cartes et de papiers ; la seconde d'arcs et de flèches, de couteaux et de tomahawks ; la troisième de pelles, de haches, de binettes et de marteaux ». « L'homme

11 *The Works of Washington Irving*, vol. 3, 1882, p. 423.

blanc, qui était son préféré, put choisir en premier », et il choisit les livres, les cartes et les papiers. Ensuite l'Indien choisit son arc et ses flèches. « Quant à l'homme noir », raconte Irving, « il n'avait plus de choix, et dut s'arranger avec sa boîte à outils ». Dans « La Conspiration de Neamathla », Washington Irving valide, d'une manière *a priori* indépendante, ce que veut croire l'homme blanc, en l'occurrence que les hommes blancs seuls peuvent se prévaloir des droits que louent les textes fondateurs. Il invente un univers moral dans lequel faire le bien est le péché. La victime, non celui qui la fait victime, est le tricheur. Le grand avantage de ce retournement des rôles est que les victimes de l'homme blanc fournissent désormais une justification à ses crimes. « Nous devons faire selon les souhaits du Grand Esprit », dit le « chef » d'Irving apportant sa caution au faiseur de bien DuVal, « ou nous aurons des problèmes ».

Comme Irving ne pouvait pas ne pas savoir, Enemathla et les autres étaient des immigrants récents qui venaient des États-Unis. Dans leurs propres mémoires et dans leurs discours, DuVal, Gadsden, Clinch et les autres, y compris Andrew Jackson, ne suggèrent jamais un attachement plus ancien et premier à la terre de Floride. Ils présentent les Séminoles comme une combinaison hétéroclite d'« esclaves en fuite » et de « creeks renégats ». Le texte du Traité de Moultrie Creek, parmi de multiples autres sources, prouve que les Séminoles attribuaient une grande valeur à l'éducation. Dans ce récit présenté comme réel, le Grand Esprit semble avoir informé les Séminoles de l'existence d'hommes blancs et d'hommes noirs avant même que les Européens et les Africains n'arrivent dans le Nouveau Monde, en fait avant que les Séminoles eux-mêmes, qui ne commencent à se constituer en tant que groupe que dans les années 1700, n'existent. Dans une falsification qui est son image de marque, Irving introduit aussi, unilatéralement, l'idée qu'Enemathla était un vieil homme, de la même façon qu'il l'avait fait trente ans plus tôt pour Ponce de Leon. Dans les manuscrits authentiques de l'époque, Enemathla est décrit comme « honnête et audacieux, d'esprit et de caractère fort[12] », et également comme « grand et de beau maintien ». En le transformant en un vieil homme maussade, Irving parachève la transformation fictionnelle d'Enemathla en un protagoniste dégénéré d'une époque en train de disparaître.

---

12 Brevard, 110, citation des commentaires de Lee.

Explorer le passé de la Floride amène à faire bien des découvertes. La première est à quel point, systématiquement, l'« histoire » diverge des faits. La seconde est à quel point la violence y joue un rôle important. La troisième, et certainement la moins attendue, est à quel point les contes de Washington Irving ont été décisifs dans l'enracinement de fausses croyances sur le passé de la Floride. Jusqu'aux années 1850, la plupart des écrits sur la Floride reflètent la controverse que les activités des États-Unis ont provoquée. Puis, en 1855, Washington Irving, qui n'avait jamais mis pied en Floride durant la période qu'il se proposait de décrire et avait fabriqué son histoire après la mort des participants supposés y compris celle de DuVal, publie son conte étrange et infondé. Depuis, les histoires érudites de la Floride de même que les manuels scolaires excluent de plus en plus les faits avérés qui remettent en question les mensonges d'Irving. Ces mensonges, au contraire, sont devenus les vérités acceptées au vingt-et-unième siècle. Washington Irving laissa des traces de son génie de conteur à bien des égards, mais ce fut le destin de la Floride que de devoir porter le triomphe de l'illusion à ses extrêmes. Quand il s'agit de New York, personne ne considère les personnages fictifs de Rip van Winkle ou d'Ichabod Crane comme de vrais hommes qui ont y ont vécu et respiré. En Floride, le Ponce de Leon fictif et l'Enemathla fictif d'Irving sont devenus des figures de l'« histoire », qui ont chassé des mémoires ceux qui la soumirent vraiment.

À l'inverse de Washington Irving, Ralph Waldo Emerson prit la peine d'aller en Floride et de voir ce qu'il s'y passait de ses propres yeux. Jeune ecclésiastique à l'époque, le philosophe essayiste arriva en voilier à St. Augustine, puis continua à travers les terres jusqu'à Tallahassee. « Lors de ce voyage qui m'y amena », rapporte Emerson, il dormit « trois nuits sous les pins ». « Les arbres, les buissons me parlent », notait-il dans des vers libres qui annoncent Walt Whitman, « Et la petite mouche qui murmure à mon oreille ». Comme bien des visiteurs ultérieurs, Emerson fut surtout impressionné par les moustiques, et il décrit pourquoi :

> Les moustiques dulcimer dans les bois
> Fredonnent leurs narquois secrets dans des oreilles non préparées
> Qui comme tous les potins laissent un petit quelque chose derrière eux[13].

13 *Journals of Ralph Waldo Emerson*, vol. 2, 1824-1832, p. 152-187.

Après avoir observé de première main la manière dont fonctionne le système de gouvernement des États-Unis tel qu'il s'était implanté en Floride, Emerson forma son propre jugement sur la Floride que créait le gouverneur DuVal. Une bande de « fonctionnaires, de spéculateurs fonciers et de desperados » ont pris le contrôle de tout, concluait-il.

Emerson avait raison de mettre les « fonctionnaires » au sommet de sa liste. La rhétorique était celle de héros épris de liberté qui combattaient des sauvages assoiffés de sang pour stabiliser la frontière à la sueur de leur front. En réalité, la chance et la malchance dépendaient l'une comme l'autre de l'implication en votre faveur ou non du gouvernement des États-Unis. Alors que ceux qu'ils avaient dépossédés mouraient de faim dans leur zone de « confinement et de concentration », les fonctionnaires de Floride offraient un festin de terres gratuites et de faveurs aux « spéculateurs et aux desperados », tout en se réservant les plus fastueux de ces cadeaux. Quand le gouvernement donna des terres, ce fut DuVal et ses amis qui les eurent. Quand il donna des fonds, l'argent se retrouva dans leurs poches. Quand les nouveaux nababs de Floride spéculèrent sur les esclaves et sur le foncier, le gouvernement les renfloua quand la bulle éclata. Quand ils furent la cause de la violence, l'armée des États-Unis vint les secourir des conséquences de leur brutalité et de leur cupidité.

DuVal fut le pivot de ce système antidémocratique, fondé sur la race, de patronage, de privilège, de corruption et de répression. Comme le dit Emerson, d'une manière appropriée et simple, « le gouverneur DuVal est le bouton qui détermine tout ». D'autres, en matière de métaphore, préféraient les mamelons. « Nous étions tous là comme une litière de cochons affamés en train de téter », observait l'un des nouveaux nababs de Tallahassee, « braillant et se repoussant les uns et les autres des tétons[14] ». Grâce aux terres volées et au travail volé, mais surtout grâce au gouvernement des États-Unis, des gens comme DuVal lui-même, James Gadsden et le colonel Clinch devinrent riches. Et, une fois riches, ils s'imaginèrent également avoir du sang bleu.

Ce fut chez Clinch que la transformation fut la plus totale[15]. L'anoblissement commença avec le portait officiel qu'il commanda dès qu'il eut suffisamment d'argent pour engager un artiste. Comme la biographie qu'écrivit Schlesinger de Jackson, le portrait de Clinch excluait

14 Baptist, 2002, p. 99.
15 Patrick, 1963.

toute référence à la Floride, quelle qu'elle fût. Non entaché par la boue ou le sang, ni même par la présence d'un palmier, le colonel Clinch pose dans un uniforme doré que le général Washington aurait pu trouver un tantinet trop resplendissant. Même si le lieu de naissance de Clinch était le comté Nash, en Caroline du Nord, dans une ferme, et si ses parents étaient des misérables immigrants venus de Virginie, sa biographie, quand elle fut finalement publiée, était intitulée, *Un Aristocrate en uniforme.* Conséquence de sa « campagne contre Negro Fort », elle affirmait, *inter alia*, « que le lieutenant-colonel Duncan Lamont Clinch avait droit à un repos bien mérité ». Comme pour beaucoup d'autres livres sur la Floride, la révélation la plus étonnante est la date. Ce blanchiment de l'homme qui avait dirigé le massacre de Negro Fort en 1816 fut publié en 1963. Comme le massacre, la biographie reçut des aides du gouvernement, fut publiée aux frais du contribuable de Floride, et eut le copyright du Board of Commissioners of State Institutions of Florida.

Quand la Floride passa dans les mains des États-Unis, Clinch fut nommé commandant de toutes les forces de l'armée des États-Unis qui s'y trouvaient. Avant de s'installer d'une manière permanente en Floride, Clinch fit un autre pas en direction de l'aristocrate qui est dépeint dans le tableau. Il acheta cinq esclaves, deux d'entre eux étant des enfants arrachés à leur mère[16]. Le rapport par Clinch de ses possessions humaines illustre que, alors, de nombreux esclaves avaient des pères blancs. Selon sa déclaration sous serment, David, vingt-huit ans ; Wallace, dix-neuf ; et Alfred, un garçon de sept ans, étaient tous de « teint jaune ». Pionnier et paradigme de la méthode floridienne de l'enrichissement personnel subventionné par le contribuable, Clinch acquit des milliers d'hectares de terre, mais les Américains ne furent pas les seuls bénéficiaires des subventions du gouvernement. En 1824, alors même que DuVal arrachait par la ruse à Enemathla ses kilomètres carrés, le Congrès fit don purement et simplement de trente-six kilomètres carrés de terres à un étranger qui ne verra jamais la Floride de ses yeux. Il avait pour nom Marie-Joseph-Paul-Yves-Roch-Gilbert du Motier ; les Américains le connaissaient bien mieux sous le nom de Lafayette. En récompense de ses services durant la Guerre d'Indépendance, le Congrès autorisa Lafayette à prendre possession d'une « township », comme une terre de cette importance était appelée alors, n'importe où aux États-Unis. Le futur

16 *Ibid.*, p. 37, 48-49.

gouverneur de Floride, Richard Keith Call, alors délégué territorial de Floride à Washington, persuada l'éminent ami français de l'Amérique, de prendre cette « township » à Tallahassee, où on assista à la version gauloise de l'habituel échec floridien.

« Un certain nombre de Français avaient été envoyés pour coloniser le site et pour introduire la culture de la vigne, des olives, des figues et de la soie », note Dowell dans son histoire, « mais pour des raisons diverses, le projet échoua[17] ». « L'espoir que l'illustre Français pût venir en Floride ne se matérialisa jamais », reconnaît également le professeur Tebeau, « et il vendit finalement à des spéculateurs[18] ». Aucune histoire ne mentionne pourquoi Lafayette, qui aurait pu prendre sa « township » dans des endroits où la terre avait plus de valeur, choisit la Floride. Lafayette haïssait l'esclavage. Il chercha à démontrer que l'agriculture pouvait prospérer sans lui, mais il échoua. Quand il mourut en 1834, l'Amérique avait rendu Lafayette amer. « Je n'aurais jamais tiré mon épée pour la cause de l'Amérique si j'avais su que je fondais un pays d'esclavage », écrivit-il[19].

Les terres de Tallahassee données à Lafayette permettent déjà d'évaluer les coûts cachés du racisme en Floride. Elles mettent également en évidence l'irrationalité économique sur laquelle s'est fondée la domination des États-Unis. Alors que des non-blancs comme Enemathla qui savaient comment cultiver les terres en étaient dépossédés, des étrangers à la peau claire qui n'avaient aucune idée sur la manière de les rendre productives en obtenaient gratuitement. Parmi les Européens qui tentèrent leur chance à « Lafayetteville », comme on nommait parfois Tallahassee, il y eut Achille Charles Louis Napoleon Murat. Les « dames de l'endroit » qui, nota Emerson, étaient en tout et pour tout huit, préféraient l'appeler Prince Murat. À l'inverse des « princes » ultérieurs de Floride, Murat n'était pas un imposteur, même si la dynastie était très récente. La mère de Murat était la sœur de l'Empereur Napoléon, Caroline. Son père était le général Joachim Murat, fils d'aubergiste que Napoléon fit roi des Deux-Siciles. Destitué de son trône napolitain quand Napoléon

17 Dowell, 1952, vol. 1, p. 235.
18 Tebeau, 1971 ; 1981, p. 136-137.
19 Commentaire à Thomas Clarkson, cité par Victor Hugo, *Letter to Louis Kossuth : Concerning Freedom and Slavery in the United States*, 1852, p. 39. Voir également American Friends of Lafayette, *Lafayette and Slavery : From His Letters to Thomas Clarkson and Granville Sharp*, 1950.

fut vaincu, le plus vieux des Murat tentait de reconquérir son royaume perdu quand il fut tué par ses anciens sujets. « Épargnez mon visage ! Tirez dans la poitrine ! Feu ! », Murat ordonna-t-il, donnant ainsi son dernier ordre.

Son fils et héritier s'enfuit en Amérique, où une fois encore les vicissitudes de la politique dynastique européenne eurent quelques conséquences en Floride. Murat épousa une petite nièce de George Washington. Il appela leur plantation de mille deux cents hectares près de Tallahassee « Lipona », une anagramme de « Napoli », la capitale du royaume sur lequel il ne régna jamais. En Floride, Emerson et le prince exilé devinrent amis[20]. « Je payerai une centaine de dollars pour pouvoir passer quelques instants avec Murat », écrivit-il à son frère. Si Murat ne porta jamais de couronne, il eut pour titre d'avoir exercé le plus longtemps la fonction de receveur des postes de Tallahassee. Pendant douze ans le neveu de Napoléon Bonaparte tria les lettres dans la capitale de la Floride ; il fut membre aussi, brièvement, du conseil municipal, et même maire, plus brièvement encore. Le motel Prince Murat de Tallahassee, endroit très connu des lycéens comme rendez-vous amoureux, préserve son nom. « Bon marché, mais convenable », dit un commentaire en ligne[21].

La fortune des nouveaux oligarques de Floride reposait sur un trépied d'injustice. Déposséder les Séminoles et faire des noirs des esclaves venaient en premier ; mais restreindre le pouvoir des blancs pauvres était également essentiel pour permettre un enrichissement oligarchique sponsorisé par le gouvernement. Quand des réformateurs voulurent rendre élective plutôt que nominative l'assemblée législative à Tallahassee, Clinch fit valoir que, socialement comme financièrement, Negro Fort lui avait ouvert toutes les portes. Moins de trois ans après le massacre, dans la prétentieuse Charleston, Caroline du Sud, le garçon du Comté de Nash, en Caroline du Nord, se trouvait aux côté du président James Monroe pour une soirée de gala. Après des feux d'artifice, ils assistèrent avec leurs épouses à une représentation du *Jules César* de Shakespeare. Puis, lors d'un contrepoint joyeux, ils purent voir une farce intitulée *The Sleeping Draught*, c'est-à-dire *L'Élixir du sommeil*. Voulant empêcher d'autres pauvres blancs d'avancer, maintenant qu'il avait acquis richesse et position sociale, Clinch passa outre la chaîne de commandement et envoya

20 Ralph L. Rusk (ed.), *The Letters of Ralph Waldo Emerson*, vol 1, 1939, p. 312.
21 Yahoo ! Travel Contributor, 26 décembre 2006.

directement au président Monroe une lettre de nature éminemment politique. Dans celle-ci, il informait le président qu'il allait empêcher ses propres soldats de voter lors des prochaines élections législatives – à moins que le président en ordonnât spécifiquement autrement[22]. Pour la deuxième fois, l'« Aristocrate en uniforme » avait imprimé sa marque sur un sujet vital pour l'avenir de la Floride. Comme à Negro Fort ce fut pour limiter, et non pour étendre, les libertés humaines, mais, cette fois, c'était les droits des hommes blancs qu'il limitait.

À Tallahassee, le pouvoir judiciaire n'était jamais court-circuité par le législatif et l'exécutif quand il s'agissait de servir un ensemble de Floridiens libres et riches. Par ordonnance du tribunal, des pionniers, pour la plupart de pauvres blancs de Géorgie, se virent expulsés des terres qu'ils avaient travaillées et cultivées pour qu'elles pussent passer dans les mains de spéculateurs puissants, et souvent absents. Le prétexte juridique, dans de nombreux cas, était ce même traité avec l'Espagne qui, en vain, avait garanti les droits humains des habitants de la Floride. Dans ce traité, les États-Unis déclaraient aussi respecter les terres qui avaient été octroyées par la couronne espagnole. Des responsables américains, en prenant et en sélectionnant, remirent en question les dispositions du traité relatives aux droits de l'homme. Puis ils utilisèrent, d'une matière sélective, les dispositions du traité sur les droits de propriété pour légitimer le transfert de vastes parcelles de terre à quelques individus privilégiés et à quelques sociétés influentes.

Gad Humphreys, tout juste après avoir chassé Enemathla de ses terres à Tallahassee, fut un des premiers à transformer la disposition relative à l'octroi de terre par l'Espagne en un plan d'enrichissement personnel. Cette fois, la propriété qu'il convoitait était un domaine de huit mille hectares situé près de ce qui est aujourd'hui Ocala. Humphreys n'acheta pas ses hectares. En lieu et place, il s'arrangea pour se faire nommer colégataire de l'une des terres octroyée par le roi d'Espagne. Le traité avec l'Espagne spécifiait que toutes les terres octroyées après janvier 1818 étaient « nulles et non avenues ». Cela n'arrêta pas Gad Humphreys et d'autres comme lui. Avec l'aide d'avocats malins et de juges complaisants, ils utilisèrent les dons de terres espagnoles ou, le plus souvent, ce qui était censé être des copies et des traductions non authentifiées, pour acquérir des millions d'hectares de terre en Floride.

22 Patrick, 1963, p. 52.

Grâce à cette forme première d'activisme juridique, des propriétés immobilières qui valent des milliards de dollars appartiennent encore aujourd'hui à de riches individus et à des corporations puissantes, alors que la couronne espagnole les avait octroyées à l'origine à des personnes totalement différentes, pour des raisons totalement différentes, avant que la Floride ne devînt une possession américaine.

Pendant presque quarante ans, les tentatives de Gad Humphreys de devenir riche recoupèrent tous les grands événements de Floride. Puis, comme tous les autres protagonistes floridiens importants, Gad Humphreys devint une non-personne. Les histoires les plus complètes de la Floride vont jusqu'à ignorer son existence, même si sa position d'agent aux affaires indiennes le mettait au centre du conflit séminole qui couvait, un des événements clés de l'histoire floridienne. *History of Florida* de George R. Fairbanks en 1872 y fait référence, il est vrai, en une phrase. « L'agent, le colonel Humphreys, fut accusé d'être trop partial envers les Indiens », raconte Fairbanks, « et des plaintes finirent par remonter jusqu'à Washington, à la suite desquelles on le remplaça en 1830[23] ». Que, quand le remplacement de Humphrey arriva, les Séminoles se lamentèrent tandis que les blancs se réjouirent témoigne de la vitesse à laquelle un terrible sort frappait les habitants rouges, noirs et blancs en Floride. Humphreys n'en devint pas moins vénal. Il continua d'habiter dans un univers dans lequel c'était son destin de devenir riche, celui de l'homme noir d'être un esclave – et le destin des Séminoles, une fois confinés dans leur « zone de concentration », d'obtenir, comme promis, leur instituteur, leur forgeron et, de temps à autre, leur paiement en argent liquide. Bien que ce fussent les termes que les États-Unis eux-mêmes avaient imposés, tout responsable politique américain considéra vite que c'était une trahison de continuer ainsi, comme Humphreys lui-même devait le découvrir.

En 1828, l'année où Jackson devint président, Humphreys entra dans une querelle administrative à tous les niveaux aussi bien avec le gouverneur DuVal qu'avec le ministre de la guerre à Washington. Elle surgit après que Mrs Margaret Cook eut demandé que son « nègre Jack ou John » lui fût restitué immédiatement. Mrs Cook ne fournit aucune preuve que son esclave en fuite avait trouvé refuge dans la zone de concentration. Mais cela n'avait pas d'importance. La demande de

23 Fairbanks, 1872, p. 277.

Mrs Cook fut transmise au gouverneur DuVal à Tallahassee, qui la fit suivre au colonel Humphreys. La zone de concentration comme le reste de la Floride, n'était pas dépourvu d'hommes noirs appelés Jack ou John, mais après avoir fait leur enquête, les chefs séminoles informèrent Humphreys que le fugitif n'avait pas été retrouvé, et alors la colère des gouvernements territorial et fédéral s'abattit sur lui.

Accusé de se soustraire à ses devoirs, Humphreys bluffa le ministère de la guerre ainsi que DuVal. « Vous dites que le nègre Jack ou John doit vous être remis », écrivit-il. « Dans ces circonstances, je dois vous demander (si) je suis autorisé à réquisitionner les forces militaires stationnées près de mon agence ? ». Comme les politiciens et les bureaucrates le savaient bien, les Séminoles avaient des fusils ; les États-Unis leur en avaient fourni, pour la chasse et pour leur propre défense. Monter une invasion de l'armée des États-Unis dans la zone de concentration pour retrouver un fugitif qui, très probablement, n'était pas là, risquait de provoquer un important bain de sang. « Les militaires ne peuvent pas être employés pour arrêter les nègres indiens », répliqua le gouverneur DuVal. « Les militaires ne seront pas employés à cela », ajouta avec emphase le ministère de la guerre.

Au lieu d'employer la force, le gouverneur DuVal eut, ce qu'il pensa être, une meilleure idée. Il arrêterait les paiements aux Séminoles promis par le Traité de Moultrie Creek jusqu'à ce qu'ils livrent « Jack ou John ». À nouveau Humphreys sentit venir les ennuis. Les Séminoles étaient affamés, informa-t-il DuVal. Leur refuser les fonds et la nourriture serait téméraire et, comme le colonel Humphreys se surprit à en informer le gouverneur de Floride, inhumain. « La récolte de l'année passée », expliqua-t-il, « qui fut maigre, est entièrement épuisée, et ils commencent à sentir la pression du manque, dont ils seront seulement soulagés s'ils vont dans les bois ». Alors Humphreys fit quelque chose de vraiment extraordinaire. Il pria le gouverneur DuVal d'aider les Séminoles, car il s'agissait d'êtres humains. Il ne voulait pas « de nouveau en appeler à la munificence du gouvernement ; mais s'il y avait une portion de son magot précédent qui ne leur était pas parvenu, ce serait tout à fait acceptable et un acte d'humanité de le leur faire parvenir, dans ce moment où ils en avaient besoin », écrivit-il.

Dénoncé par DuVal, Gadsden, Clinch, et par beaucoup d'autres, Humphreys essaya de s'expliquer devant le nouveau gouvernement à Washington. « Que j'aie remis en question la politique, et même douté de la justice, pour ce qui concerne quelques-unes des controverses sur la propriété entre les blancs et les Indiens, je l'admets volontiers ». Comme Jumper, un des chefs séminoles avec qui Humphreys avait, de temps à autre, des discussions philosophiques, avait essayé de lui faire comprendre, les poursuites judiciaires des États-Unis n'avaient rien à voir avec la justice, en tout cas quand des non blancs étaient impliqués. « Les lois des blancs », lui rappela en une occasion le chef séminole, « étaient faites seulement pour leur propre profit ».

Obligé de quitter son poste, Humphreys fut considéré avec mépris comme un traitre à son pays et à sa race. Et, ainsi, en 1840, ce qui s'était passé avec Negro Fort, se passa également avec lui. Quelqu'un exhuma finalement les faits. Un officier de l'armée des États-Unis du nom de John Titcom Sprague fit une étude précise des documents militaires qui avaient été accumulés durant la Guerre séminole. Les résultats le mirent quelque peu mal à l'aise. « La volumineuse correspondance qui mettait en évidence les origines de la guerre plaide à la première lecture en faveur de l'agent des Séminoles, Gad Humphreys », écrivit plus tard Sprague[24]. Davantage, la « volumineuse correspondance » montrait que Humphreys avait été une figure américaine essentielle quand il s'était agi de comprendre ce qui s'était mal passé entre 1821, l'année où les États-Unis annexèrent la Floride, et 1835, quand des années de mauvaise gouvernance avait fini par déclencher une guerre générale.

La transformation d'Humphreys commence avec sa nomination comme agent des affaires indiennes. C'est comme si on lui a donné les clés d'un royaume, mais Humphreys a une capacité d'empathie humaine et c'est ce qui provoque sa perte. Alors que la Floride a été auparavant un territoire vierge pour sa cupidité, il en est venu à être attentif à des êtres humains qui ont faim, qui ont été trompés, qui méritent mieux car ce sont des êtres humains, tout comme lui. Le décor pourrait avoir été du Washington Irving, le dénouement est du Joseph Conrad. Quelques années seulement après avoir utilisé sa position pour prendre aux Séminoles tout ce qu'il pouvait prendre, le colonel Humphreys se met à plaider, sans résultat, pour « un acte d'humanité » à leur égard. Dans la correspondance officielle relative aux Indiens et aux noirs, Gad Humphreys demande en fait de la « justice ».

---

24 Sprague, p. 46-48, 5.

Comme de Soto, Gad Humphreys ne comprend jamais complètement à quel point il est perdu. Les observateurs officiels, comme la loi le demande, surveillent l'octroi royal dont ils sont les bénéficiaires. Mais plutôt que d'accepter de prendre possession des vingt mille hectares dont le gouvernement lui a fait don, Humphreys décide de ne rien vouloir d'autre que les vingt mille hectares de ses rêves. Il engage des poursuites contre le gouvernement de Floride. Quand le procès a finalement lieu, il a confirmation de première main de ce que Jumper lui a dit. Maintenant qu'il n'est plus une figure publique importante, le juge repousse sa requête. Ce qui ne l'empêche pas de faire remonter sa requête jusqu'à la Cour suprême, pour ne parvenir à rien d'autre qu'à se faire de nouveaux ennemis.

La ruine judiciaire d'Humphreys a pris des décennies ; sa ruine financière s'est faite bien plus rapidement. Cherchant désespérément de l'argent, il en est réduit à louer ses esclaves. La sueur de leur front ne suffit pas à satisfaire ses créanciers ; la cour ordonne que « certains » de ses esclaves soient « vendus devant le palais de justice… au plus offrant à une vente aux enchères publique ». Sampson ; vingt-quatre ans ; Katy, dix-huit ans ; et « Bob âgé d'environ dix ans avec en plus ladite esclave femme » sont exposés dans la salle des enchères pour payer les dettes d'Humphreys. La fois suivante, pour échapper à ses créanciers, Humphreys vend pour 500 dollars « de la main à la main, deux esclaves noirs (des femmes), ELSY et FLORA, la première d'environ onze ans et l'autre d'environ neuf ans[25] ».

À la dérive en Floride, Gad Humphreys combat l'injustice ; il vend des enfants au plus offrant. Il vole des terres et on lui vole des terres ; il développe une conscience morale tout en restant profondément vénal. Il y a ici certainement matière à un effondrement émotionnel et intellectuel de grande ampleur, mais au lieu d'affronter ses contradictions, il continue de patauger encore plus profondément en elles. Après avoir échoué à devenir riche à Tallahassee, puis échoué à nouveau à Ocala, Humphreys échoue définitivement à St. Augustine. Comme Murat à Tallahassee, à St. Augustine Humphreys se fait élire conseiller, et par la suite, à deux occasions occupe durant un mois le poste de maire de

25 Territory of Florida, Alachua County Public Records, Gad Humphreys Affidavit on sale of his slaves, 3 juin 1837. Transcrit par Jim Powell Jr. d'après les archives fournies par Buddy Irby, clerc de la cour, Comté de Alachua, Floride, 1999.

cet avant-poste balayé par le vent, qui ne deviendra que bien plus tard la plus Ancienne Ville d'Amérique. Puis, en 1859 – juste après la fin de la Guerre séminole, et juste avant le début de la Guerre civile – le colonel Gad Humphreys disparaît et est enterré dans le cimetière protestant de St. Augustine, où, il y a déjà si longtemps, Menendez avait tué futilement tous les protestants qu'il avait pu trouver.

Gad Humphreys a inauguré le paradigme de l'échec américain en Floride. Tôt ou tard presque tous finiront comme lui : Murat, DuVal, Gaines, et tout un tas d'autres comme eux, ou qui voulurent être comme eux. La Floride les ruina tous, transformant mêmes les plus puissants et ceux qui avaient les meilleures relations en des exilés et des vagabonds qui cherchaient à compenser leurs pertes dans un autre lieu. Le gouverneur DuVal, après avoir tout perdu en Floride, finit comme avocat à la médiocre réputation au Texas. Ruiné, le prince Murat essaya de refaire fortune en s'engageant dans la légion étrangère belge ; il échoua de nouveau. Sa veuve – la petite nièce de George Washington – ne fut sauvée des difficultés financières que grâce à une subvention du cousin germain de son mari, le futur empereur Napoléon III.

Pourquoi échouèrent-ils tous ? Le racisme était le péché originel de ces Américains, mais ce fut la fusion du racisme avec le péché mortel des conquistadors – la cupidité – qui condamna leurs ambitions floridiennes. À l'époque où Humphreys fut démis de ses fonctions, le trait le plus marquant de la Floride était la grande facilité avec laquelle on avait imposé la nouvelle suprématie blanche et le système oligarchique des États-Unis. Ce n'était pas un joli tableau, mais la situation aurait pu rester stable, s'il n'y avait eu une monomanie déstabilisante qui alla au-delà de la cupidité et du racisme.

Le problème était que les Américains ne pouvaient se satisfaire de la plupart des choses, ou du meilleur des choses. Ils voulaient tout, même si en prenant tout ils détruisaient des peuples entiers, de même que (comme on pourrait le rappeler aujourd'hui) les écosystèmes et les autres espèces. Cette monomanie fit qu'ils apparurent comme des fous et des diables aux Séminoles. Elle aveugla la plupart des Américains sur le sens et les conséquences de leurs actes, mais elle n'aveugla pas Humphreys. Il en était arrivé à comprendre que le plus grand danger en Floride n'était pas ces Séminoles indisciplinés ou ces noirs fugitifs, mais le danger que les Américains représentaient pour eux-mêmes. Il comprit que Jumper avait raison, quand il lui avait dit : « Il semble que le peuple blanc ne se reposera jamais, et ne veut pas que nous nous reposions, jusqu'à ce qu'il ait pris possession de tout ce qui nous appartient[26] ».

26 Sprague, p. 51.

DÉFINIS PAR LE MASSACRE

Tout d'abord Negro Fort, puis Moultrie Creek : maintenant sur le gué d'une rivière de Floride appelé Payne's Landing, James Gadsden se remit au travail pour finir ce qu'Andrew Jackson avait ordonné. En 1823, Gadsden les avait éjectés de presque toutes leurs possessions. Maintenant, en 1832, il les dépossédait de tout, y compris de ce qu'ils étaient. « Les Indiens séminoles abandonnent au profit des États-Unis toute revendication des terres qu'ils occupent dans le territoire de la Floride », annonçait son dernier « traité », « et sont d'accord pour émigrer dans le pays alloué aux Creeks, à l'ouest du Mississippi ». Une fois là, les Séminoles, « en tant que tels, cesseront d'exister », ou comme Gadsden le formula, les populations expulsées de Floride « y seront reçues comme partie constitutive de la nation Creek ». Tout l'argent que l'on devait aux Séminoles, disposait ce nouveau morceau de papier, leur serait retiré et « transféré sur les allocations des Creeks[1] ».

L'objectif était bien celui d'un génocide, comme le gouvernement américain le définit plus tard[2]. « Infliger délibérément sur cette population des conditions de vie propres à assurer sa destruction physique en totalité ou en partie ». Pour les Floridiens à la peau blanche c'était avoir le meilleur des deux mondes. Une fois dépossédés de leur identité, les Séminoles à la peau sombre pouvaient être mis en esclavage alors que ceux aux traits indiens étaient repoussés à l'Ouest au-delà du Mississippi. La Floride serait débarrassée de ses « Indiens », tout en trouvant une force de travail en des esclaves. D'une manière pratique, le point le plus important était que, cette fois, la plupart des Séminoles ignoraient les assignations de Gadsden. Par centaines, ils s'étaient rassemblés à Moultrie Creek. Dix ans plus tard, Gadsden ne parvint à faire signer que sept

1 *Treaty of Payne's Landing*, 9 mai 1832. Texte complet, Sprague, 1848, p. 74-76.

2 *Convention on the Prevention and Punishment of the Crime of Genocide*, établie par la Résolution 260 (III) soutenue par les États-Unis de l'Assemblée générale des Nations Unies, 9 décembre 1948.

chefs. Bien que la presse fût interdite, les journaux de Floride découvrirent qu'on avait payé les traducteurs pour qu'ils ne donnent aux Séminoles qu'une fausse idée des propositions qu'on leur faisait. Malgré cela, une clause fut ajoutée à ce dernier « traité », stipulant que, avant qu'il ne prît effet, les sept « chefs confidentiels… devaient être envoyés aux frais des États-Unis aussi vite qu'il était envisageable pour voir le pays qui avait été assigné aux Creeks à l'ouest du Mississippi ». Seulement quand ils seraient, et s'ils étaient, « satisfaits de ce pays et si les dispositions des Creeks leur étaient favorables », « l'accord, ici stipulé… lierait les deux parties respectives ». Comme le capitaine Sprague l'observa plus tard, « l'entrée en vigueur du traité était clairement conditionnelle ».

Sur le papier, les Séminoles avaient obtenu une concession importante. En pratique, ce serait de nouveau les kilomètres carrés d'Enemathla. Bien que Hummphreys ne fût plus là, Gadsden avait un complice enthousiaste. C'était le Major John Phagan, que le président Jackson avait nommé comme nouvel agent aux affaires indiennes. Comme le capitaine Sprague le décrivit plus tard, Phagan était la plus parfaite incarnation du système des dépouilles dans ce qu'il avait de pire : « Sans avoir les qualifications requises pour le poste, il apportait avec lui le patronage de l'exécutif, ainsi que la partialité du peuple ». Le nouvel agent aux affaires indiennes, ajoutait-il, n'était « absolument pas compétent, ni par son éducation ni par son éthique[3] ». Lors de leur voyage vers ce qui est aujourd'hui l'Oklahoma, Phagan et les « chefs confidentiels » prirent tout d'abord le bateau dans le Golfe du Mexique jusqu'à La Nouvelle Orléans. Puis, embarquant sur des barques, ils remontèrent le Mississippi et l'Arkansas jusqu'à Little Rock. De là, ils voyagèrent à dos de Cheval jusqu'en Oklahoma. Les Séminoles furent horrifiés par ce qu'ils trouvèrent ; « nous vîmes des Indiens qui amenaient des scalps à la garnison », témoigna l'un d'entre eux plus tard[4]. Les mêmes Creeks qui exécutèrent le massacre à Negro Fort et qui aidèrent aussi au saccage des établissements séminoles durant l'invasion de la Floride par le général, désormais président, Jackson, étaient alors les maîtres de la terre où les Séminoles devaient être déplacés. Néanmoins, au début du mois d'avril 1833, le major Phagan annonça que les chefs étaient « satisfaits par le

3 Sprague, p. 76, 72.

4 *Public Documents* (du Sénat des États-Unis, relatifs au déplacement des Séminoles), vol. 3, 7 décembre 1835, p. 151.

pays et les bonnes dispositions des Creeks à leur égard ». « Davantage, allégua Phagan, ils étaient désormais si désireux d'aller en Oklahoma qu'ils voulaient vraiment s'y déplacer » dès que le gouvernement ferait les arrangements nécessaires pour leur émigration[5].

Le nouvel agent aux affaires indiennes avait imaginé « un traité supplémentaire » pour accréditer ses mensonges[6]. Il l'appela le Traité de Fort Gibson, du nom de l'avant-poste du territoire de l'Arkansas où le groupe des Séminoles s'était arrêté avant de reprendre son voyage pour rentrer en Floride. Cet arrêt était censé leur donner plus de temps pour « voir le pays ». En réalité, ils y furent retenus, car Fort Gibson était devenu le nœud d'une conspiration qui allait des étendues sauvages de l'Oklahoma à Washington. Le président Jackson et le major Phagan l'un et l'autre faisaient partie des conspirateurs ; leur tactique, selon les recherches actuelles, incluait « la coercition, la corruption et la modification du traité à l'aune des événements ». À la requête, secrète, de Phagan, le président Jackson ordonna à trois commissaires des États-Unis de se précipiter à Fort Gibson pour intercepter les chefs avant qu'ils ne pussent rentrer en Floride. Ils étaient porteurs d'une autorisation de signer le « traité supplémentaire » que Phagan avait imaginé. Les déclarations des Séminoles qu'ils étaient les victimes d'une conspiration furent justifiées par James Gadsden lui-même. « Si les chefs, selon les termes de Gadsden, avaient été autorisés à rentrer chez eux et à faire leur rapport au conseil », on aurait encore pu négocier un établissement. « Malheureusement », souligna Gadsden, « on fit l'erreur fatale de rencontrer la délégation dans l'Ouest » et de leur imposer le papier de Fort Gibson avant que les chefs ne pussent faire le rapport à « leur nation chez eux. Cela, comme il aurait dû être attendu, créa de la défiance parmi les guerriers[7] ».

Comme Humphreys, Phagan chercha à tirer profit du malheur des Séminoles. « Lesdits Séminoles », déclarait un article qu'il inséra dans le document de Fort Gibson, « ont exprimé une grande confiance dans l'amitié et la compétence de leur agent, le major Phagan, et désirent qu'il leur permette d'être déplacés dans leur nouveau foyer ». Déplacer les Séminoles était une opération logistique très importante qui impliquait

5 Sprague, p. 76-79.
6 Sprague, p. 76-77, 72-73.
7 Dowell, 1952, vol. 1, p. 243.

de nombreux contrats lucratifs, mais le plan d'enrichissement personnel de Phagan prit fin quand des enquêteurs découvrirent qu'il avait chargé abusivement son propre gouvernement, puis qu'il n'avait pas payés du tout les sous-traitants impliqué dans ses plans frauduleux. L'agent aux affaires indiennes avait également extorqué de l'argent aux Séminoles ; plus encore choquant pour la sensibilité de l'époque, il avait sollicité des remises de fonds auprès des noirs. « Je découvris également qu'il était endetté », rapporta l'enquêteur officiel, « auprès d'Abraham, l'interprète séminole ». Un mythe plus tardif fit que des criminels comme Phagan faisaient simplement ce qu'il était normal de faire à l'époque. Ce n'était pas le cas. Le traité de Payne's Landing, comme le massacre de Negro Fort, suscita une tempête de condamnation, de honte et d'appréhension qui ne fut expurgée des rapports sur ce qui s'était réellement passé que bien plus tard. « Une vilaine tache sur l'écusson de la nation ! » tempêta Thomas L. McKenney, un ancien superintendant aux affaires indiennes[8]. « La preuve de la fraude et un comportement incorrect de la part du major Phagan » ajoutèrent encore à la disgrâce.

Humphreys avait fini par comprendre qu'abuser des Séminoles provoquerait une explosion. Le comprit aussi la personne qui maintenant, avec Gadsden, avait fait de son mieux pour rendre la violence inévitable en Floride. Vers la fin de 1833 William Pope DuVal démissionna de son poste de gouverneur de Floride. Durant ses douze ans de fonction il avait transformé un territoire paisible en un marécage d'injustice, de haine ethnique, et de violence larvée. Il ne souhaitait pas être aux commandes quand on récolterait ce qu'on avait semé.

Son successeur fut un politicien du Tennessee très chanceux du nom de John H. Eaton. Eaton avait déjà occupé, alors, plusieurs postes très importants. Ses principales compétences étaient qu'Andrew Jackson l'aimait. Élu au sénat des États-Unis en violation de la constitution à l'âge de vingt-huit ans, Eaton avait été promu au poste de ministre de la guerre quand Jackson était devenu président. Très vite, le l'enfant prodige bien-aimé de Jackson fut impliqué dans un des premiers scandales sexuels de Washington, l'Affaire des Jupons. Pour échapper à un mauvais pas, Eaton se fit nommer gouverneur de Floride par Jackson. Aussi inexpérimenté pouvait-il être dans sa vie privée, le gouverneur

---

8 Thomas L. McKenney, *Memoirs, Official and Personal*, 1846, p. 274-275.

Eaton avait, en revanche, beaucoup de nez pour flairer les dangers politiques. Il savait que c'était mentir que de déclarer, comme le faisait Phagan (et le président Jackson lui-même), que les Séminoles étaient d'accord pour être déplacés. « Je vous prie de considérer », demanda-t-il, « si une telle situation ne suscite pas quelques doutes sur la validité et l'application du traité ? » Personne ne l'écouta, aussi se fit-il nommer cette fois ministre plénipotentiaire auprès de l'Espagne. « La question indienne du déplacement est une question qui devrait être abordée avec le plus grande attention et le plus grand soin. Faites attention où vous mettez les pieds », avertit Eaton, alors qu'il fuyait habilement la scène d'un désastre de plus en plus important, une nouvelle fois pour assumer une nomination exaltante dans un lieu exotique[9].

Eaton, comme Gadsden, Humphreys et DuVal, savait très bien que les Séminoles n'avaient jamais été d'accord pour quitter la Floride. Cela n'empêchait pas la plupart des autres responsables américains de prétendre qu'ils l'avaient été. « Vous vous êtes solennellement engagés à partir », dit aux Séminoles le dernier agent aux affaires indiennes, le général Wiley S. Thompson, quand il souligna que le traité de Moultrie Creek les autorisait à rester en Floride pendant vingt ans. « Vous savez que vous n'étiez pas obligés de le faire », ajouta-t-il, quand ils arguèrent qu'ils y avaient été forcés[10] ». La mémoire défaillante de Thompson, de même que les mensonges eux-mêmes, provoquèrent un ricanement de mépris. « Le général Thompson, quand il parla aux chefs », se rappela un Américain, « fut interrompu à maintes reprises par des grognements, des grimaces violentes et les pires insultes, exprimées à voix basse ». L'oppression américaine avait créé une nouvelle génération radicalisée de militants que ni l'armée américaine ni les chefs traditionnels ne pouvaient plus contrôler[11].

En moins de vingt-cinq mois, le général Wiley S. Thompson reprit dans ses marchandages le chemin, de la temporisation de Jefferson à la brutalité de Jackson, qu'il avait fallu à la politique des États-Unis traverser pendant presque trente ans. Du début à la fin, il en resta à l'hypothèse que toute opposition à la volonté des Américains venait,

---

9 Sprague, p. 82.

10 Woodbine Potter, *The War in Florida : Being an Exposition of Its Causes, and an Accurate History of the Campaigns*, 1836, p. 63.

11 Sprague, p. 79-80.

soit de l'infantilité propre aux victimes, soit de leur nature sauvage. Souhaitant faire pour le mieux, le général Thompson tenta tout d'abord de les traiter comme des enfants. À la place des bonbons ou des jouets, décida Thompson, la meilleure façon de les amener à être de bons Indiens et d'aller s'établir en Oklahoma était de leur donner des armes à feu.

Rien ne symbolise aussi bien la compartimentation du racisme américain que les attitudes différentes vis-à-vis des noirs avec des fusils et des Indiens possédant ces mêmes fusils. Des noirs avec des armes étaient l'élément essentiel dans le cauchemar que pourrait être une révolte d'esclaves. Dans la mesure où ils étaient « amicaux », les Indiens étaient un tout autre sujet. Dans la vision de Thompson, en faisant quitter la Floride aux Séminoles, il les aidait à s'embarquer dans une aventure virile. Lors de cette aventure, ils auraient besoin d'armes et de munitions, aussi, quand un jeune homme sembla particulièrement hostile aux tentatives que faisait Thompson pour le convaincre, l'agent aux affaires indiennes chercha à gagner son amitié en lui donnant un fusil. Dans certaines versions, l'arme est un chef d'œuvre d'armurier incrusté d'argent, importé de Savannah[12]. Quels que soient les détails, et au fil du temps les embellissements mythiques sont devenus de plus en plus importants, nous savons que Thompson fit vraiment de tels cadeaux. Nous connaissons aussi le nom du récipiendaire, William Powell Jr, qui deviendra connu, plus tard seulement, sous le nom d'Osceola – avec les Tecumseh, Cochise et Geronimo, un des chefs « indiens » les plus célèbres d'Amérique.

Personne ne personnifia mieux la terrible impression d'injustice que provoqua l'agression américaine que le jeune Powell. La piété moraliste des Américains trouva, de l'autre côté, une représentation précise dans le personnage de Wiley Thompson. Ce qui frappe dans leur rencontre est l'intimité. Ils eurent l'un pour l'autre, à tour de rôle, de la curiosité, de l'amitié, de la franchise, du désaccord, du mépris, du désappointement, de la colère, de la vengeance et de la rage. À Fort King, près de ce qui est aujourd'hui Ocala, sur le bord de la zone de concentration, la vie de ces deux hommes s'entremêla. Dans la dynamique de leur interrelation très personnelle une histoire de plusieurs siècles des relations interraciales, commençant par une amitié prudente et se terminant par une hostilité totale, se joua en quelques mois.

---

12 Patricia Riles Wickman, *Osceola's Legacy*, 2006, p. 13, 88-91.

De très nombreux récits de première main montrent que les Séminoles, même après avoir perdu presque tout à Moultrie Creek, voulaient encore vivre en paix. « À travers tous leurs "discours", leurs pétitions, leurs remontrances, leurs lettres, ne transparaît que le souhait de vivre en paix et d'être justement traités », admettait le propre biographe d'Andrew Jackson[13]. Si les Américains avaient voulu laisser les Séminoles en possession du reste des terres de Floride centrale qu'ils leur avaient eux-mêmes allouées, un grand malheur aurait pu être évité des deux côtés. Mais, à la place, dans les termes mêmes de Parton, « les Séminoles furent amenés finalement à affronter les États-Unis par un enchaînement d'événements avec lesquels ils n'avaient que peu à voir, et dont la responsabilité ne leur appartenait pas ».

Thompson lui-même fournit un bel exemple sur la manière dont les responsables américains radicalisèrent les Séminoles. Quand, au lieu d'accepter docilement ses homélies sur le « devoir de déplacement », Powell répliqua, l'agent aux affaires indiennes se sentit de plus en plus insulté. Leurs relations atteignirent le point de rupture, se plaignit plus tard Thompson, quand le jeune homme « vint dans mon bureau et m'insulta avec quelques remarques insolentes. Ce n'était pas la première fois qu'il me manquait de respect mais en ces occasions précédentes », écrivit Thompson, « il s'était excusé et je lui avais pardonné ». Maintenant c'était de nouveau arrivé, et « cette fois », expliqua-t-il, « je le fis mettre aux fers ». Le jour suivant, Thompson ajouta une dureté de sentiments à l'humiliation physique. Quand Powell « me supplia de le relâcher », raconta Thompson, « je l'informai que sans assurance satisfaisante qu'il se comporterait mieux et s'avèrerait fidèle à l'avenir, il resterait en confinement ». La meilleure façon de prouver qu'il était repenti, l'informa Thompson, était tout d'abord de lui montrer qu'il « reconnaissait la validité du Traité » et de convaincre tous ses amis et ses voisins d'accepter d'être déplacés.

Une honnête confrontation avait été transformée en un psychodrame du fait de l'humiliation et de la tromperie. Pour obtenir d'être relâché, Osceola avait été forcé de proclamer son acceptation « de la validité du Traité », mais pouvait-on lui faire confiance désormais pour « faire l'intermédiaire avec la partie récalcitrante de la nation », comme un témoin de leur confrontation le formula ? Bientôt, le général Thompson

13 Parton, 1860, vol. 2, p. 393.

eut la possibilité de voir ce qu'il considéra comme une preuve indiscutable qu'Osceola avait sincèrement retourné sa veste. « Fidèle à sa parole », écrivit l'agent des Indiens, « il apparut ce jour avec soixante-dix-neuf de ses gens, hommes, femmes et enfants… et racheta sa promesse ». « Je n'ai désormais aucun doute sur sa sincérité », ajouta-t-il. Donnant à son ancien prisonnier une provision supplémentaire de poudre à canon, Thompson souhaita à Osceola bon vent quand il repartit, une nouvelle fois, vers les étendues sauvages de Floride. La confiance qu'il avait en lui, n'était toujours pas émoussée l'après-midi du 28 décembre 1835, quand Billy Powell tua le général Wiley Thompson, son ancien mentor et tourmenteur, lors d'une promenade après le déjeuner à l'extérieur des murs de Fort King. Comme l'agent des Indiens fumait un cigare, Osceola et plus d'une douzaine d'autres Indiens ouvrirent le feu : son corps fut criblé de vingt-quatre balles, qui le tuèrent sur le coup. Le scalp de Thompson fut coupé en plusieurs petits morceaux, afin que chaque membre du groupe d'attaque pût avoir la preuve du rôle qu'il avait joué en débarrassant son peuple de la personne qui en était arrivée à personnifier les maux et les injustices qu'on lui avait affligés. Leur ressentiment avait couvé depuis longtemps. Comme le reconnut plus tard le capitaine Sprague, « ils voulaient simplement un cœur assez audacieux pour frapper le premier coup[14] ». Grâce à Osceola, ce coup avait désormais été donné.

L'attaque de Thompson faisait partie d'une offensive coordonnée. Entre Noël et le Nouvel an de 1835, une large alliance de Séminoles et de noirs – y compris de personnes d'origine raciale blanche ou autre – infligea « une des plus terribles défaites jamais subies par l'armée des États-Unis contre des populations indigènes », établit plus tard un rapport du Sénat. Ce n'était pas seulement des « populations indigènes ». Le soulèvement montrait que les deux plus grands « problèmes » de l'expansion américaine – déposséder les Indiens et asservir les noirs – étaient liés et qu'ils étaient le produit de la montée du nationalisme américain. Duncan Clinch, désormais promu général, reconnut la nature multiethnique de la résistance, quand il fit référence aux assaillants comme à « une combinaison d'Indiens, de nègres indiens et de nègres des plantations[15] ». Une fois encore, il y eut un échec des services de renseignements des

14 Sprague, p. 89.
15 Patrick, 1963, p. 71.

États-Unis. Au moment même où le général Thompson imaginait que Powell avait convaincu les Séminoles d'accepter d'être déplacés, ces derniers organisaient une guerre de résistance. Le trait le plus étonnant des attaques était qu'elles étaient coordonnées. Les Séminoles disposaient ce que, en termes actuels de lutte anti-émeute, on appellerait une structure intégrée de commandement.

« Nous avions préparé cela depuis plus d'un an », raconta plus tard Alligator, mais des renseignements plus précis concernant le lieu où, et la manière dont, la résistance floridienne avait été planifiée n'émergèrent qu'en 1991. Dans son travail pionnier, *Florida's Peace River Frontier*, le professeur Canter Brown démontra comment la proximité du quartier général d'Osceola à Talakchopko sur la Rivière Peace (aujourd'hui Fort Meade), un établissement noir appelé Minatti, vingt kilomètres au nord sur le lac Hancock, et, cinq kilomètres au sud-est de Talakchopko, un centre séminole où paissait le bétail sur ce qui s'appelle encore Bowlegs Creek, permit une coopération étroite entre des peuples d'origine africaine et américaine tout à la fois. Mélangés dans la vallée de la rivière Peace, comme ils l'étaient auparavant dans la vallée de l'Apalachicola, ces gens avaient la possibilité d'échanger leurs doléances et, quand le moment viendrait, de réunir leurs forces et d'orchestrer leurs attaques. Comme le montrent les recherches de Brown, l'alliance interraciale dans la vallée de l'Apalachicola n'avait pas été détruite par le massacre de Negro Fort. Elle avait été approfondie et renforcée par vingt ans de violence américaine, mais, jusqu'à ce qu'il entreprît la tâche de vérifier ce qui s'était vraiment passé, les historiens pour la plus grande part d'entre eux avaient simplement ignoré la question essentielle de savoir comment de telles attaques avaient pu se produire.

La Floride blanche fut prise de panique, mais les auteurs des titres des journaux restèrent imperturbables. « Les misérables créatures seront rapidement balayées de la face de la terre », proposait le *Niles' Weekly Register* ; « dix ans de relations avec les blancs », expliquait-il, « ont si fortement corrompu et démoralisé les Séminoles qu'ils sont incapables de résistance prolongée[16] ». « Les relations avec les blancs » avaient, en vérité, produit un remarquable ensemble de personnes, en tout premier lieu Billy Powell Jr. Comme les nouvelles de la catastrophe militaire de

16 *Niles'National Register*, 4 novembre 1837.

Floride se répandaient, partout on voulait savoir : qui est donc ce « chef indien » si exotique ?

Billy Powell – le désormais tristement célèbre Osceola – naquit sur le territoire des États-Unis, près de ce qui est aujourd'hui Tuskegee, en Alabama, en 1804. Son père était un homme blanc dont le nom était Wiliam Powell ; sa mère, Polly Coppinger, était également de souche européenne. Sa propre mère s'appelait Ann McQueen. L'arrière grand-père d'Osceola était un Écossais répondant au nom de James McQueen qui fonda une dynastie sur la frontière. Si l'important était de descendre des premiers pionniers, la qualification d'aristocrate américain s'appliquerait bien à Osceola, mais James McQueen ne faisait pas seulement du commerce avec les Indiens ; il se maria avec eux[17]. À peu près à l'époque où le futur Osceola naquit, l'agent aux affaires indiennes de l'endroit décrivit le clan dans une lettre adressée au président Jefferson : « Peter McQueen, un sang mêlé », écrivit-il, faisant référence à l'oncle d'Osceola, « est un homme d'affaires avisé, qui est un propriétaire important de nègres et de marchandises et qui commence à connaître leur valeur[18] ».

Il n'y avait pas de place pour de tels « sang-mêlés » dans le nouvel Alabama que Jackson et ceux qui le suivaient créaient alors, en dépossédant sur une grande échelle ces « sauvages d'Indiens » et en important massivement des esclaves noirs. Il n'y avait pas de place non plus pour lui dans la société indienne traditionnelle, ce qui est une autre façon de dire que le futur Osceola, avant même qu'il n'arrivât en Floride, était un authentique Floridien. En Floride, ce garçon de sang mêlé du nom de Billy Powell se réinventerait en tant qu'Osceola. Et de figure marginale, il se transformerait en l'un des grands protagonistes de l'histoire de Floride.

Thomas Simpson Woodward, un des fondateurs de Tuskegee, fut un témoin de la prospérité des McQueen et de la destruction de celle-ci. Quinze ans après, il se rappelait avoir transplanté des cèdres et avoir joué au ballon avec Peter McQueen. Il appelait le père d'Osceola « le petit Anglais », bien qu'il fût en fait né en Géorgie. Quand Peter McQueen et sa famille élargie partirent en Floride, se rappela Woodward, « Billy Powell était alors un petit garçon, et se trouvait avec eux ». Une fois en Floride, la famille se dispersa. Le vieux Powell « partit avec ses deux

17 Wickman, *Osceola's Legacy*, chapitres 1-2.

18 *Ibid.*, p. 37.

filles vers l'ouest ». Ann McQueen se dirigea vers l'est avec leur fils, en direction de la rivière Suwanee. Que la famille se fût dispersée s'avéra sage en 1818. Alors que Jackson entraînait ses troupes vers la Suwanee à la recherche d'une force séminole qu'il imaginait pouvoir détruire, AnnMcQueen et son fils tombèrent entre les mains d'une patrouille des États-Unis. Une fois que Jackson eut arrêté son offensive, le « garçon » et sa mère continuèrent leur chemin dans la péninsule de Floride. La jeunesse d'Osceola et le fait qu'il voyageait avec un groupe composé de femmes et d'enfants l'avaient sauvé. Il ne revit jamais plus son père ou ses sœurs[19].

L'idée première était que la suprématie blanche fournirait la « base » de la domination des États-Unis. La réalité, quand le drapeau américain y fut hissé, était que la Floride avait pendant longtemps servi un propos contraire, qui fait penser au rôle qu'elle joue de nouveau aujourd'hui. À l'époque, la Floride n'était pas un refuge pour les retraités, les marginaux, la pêche sportive et les fanatiques du NASCAR, les fondamentalistes chrétiens, les défenseurs des droits des homosexuels, les trafiquants de drogue, les serveuses qui font la manche, les bootleggers, les vendeurs de marais et les millionnaires aux plans fous qu'elle devint plus tard. Au lieu de cela, elle était devenue un refuge pour des Américains plus anciens, d'une autre sorte, un endroit où des situations raciales et culturelles différentes coexistaient sans qu'aucun groupe ne considérât comme nécessaire d'éradiquer ou de dominer tous les autres.

Alors, comme plus tard, les stratifications humaines qui prévalaient plus au nord se mélangeaient. Tout comme aujourd'hui, les gens acquéraient de nouvelles identités quand ils arrivaient en Floride. Se débarrassant de leurs vieux noms tribaux, bien des Indiens de Floride, même si ce n'était pas, certes, tous les Indiens, prirent le nom de Séminoles. À l'étonnement des nouveaux maîtres blancs de la Floride, de nombreux noirs prirent également le nom de Séminoles. Qui étaient les Séminoles ? Alors que les Américains essayaient d'imposer leur système tripartite de suprématie blanche, esclavage des noirs et déplacement des Indiens, à la Floride, pratiquement tous ceux qui refusaient de se voir divisés dans ces catégories arbitraires se déclaraient « séminoles ». Le mot lui-même avait tout d'abord été utilisé durant la Guerre d'Indépendance pour décrire des

19 Thomas Simpson Woodward, *Reminiscences*, 1939, p. 9, 45-50.

Indiens détribalisés qui émigraient en Floride. L'ethnogenèse de l'identité séminole – comme l'émergence d'une identité américaine – démontra comment les identités humaines, quand bien même elles sembleraient inchangeables, sont souvent des constructions artificielles. Aujourd'hui encore, on insiste pour désigner les Séminoles comme « tribu indienne » et Osceola comme « chef indien », mais ils n'ont jamais été ce que les Américains blancs ont voulu faire d'eux.

À l'époque où les États-Unis la prirent en charge, la Floride avait des cow-boys noirs et des fermiers noirs, de même que des boulangers, des pêcheurs et des commandants militaires noirs. Certains de ces noirs étaient libres. Certains, techniquement parlant, étaient la propriété des Indiens, des Espagnols ou d'autres noirs. Bien vite, beaucoup de ces « noirs » ne furent plus noirs. Comme le professeur Kathleen Deagan le souligne, « les réfugiés africains de Caroline du sud se mariaient entre eux, de même que indigènes noirs de St. Augustine, libres ou esclaves. D'autres épousaient des Indiens et d'autres des blancs[20] ». Le gouverneur DuVal admit que l'identité était une construction sociale quand il fit référence aux « nègres indiens ».

Le plus surprenant de tout était l'existence des « Séminoles noirs ». Même aujourd'hui les termes semblent contradictoires simplement parce que la race est trop implantée dans la psyché américaine pour être comprise comme une construction sociale – même si, comme c'était déjà le cas alors, de nombreux « noirs » américains ont plus de sang européen que de sang africain. Comme les Séminoles indiens et de race mêlée, les Séminoles noirs, derrière la complexité de leur relation entre eux, et avec les Américains blancs, étaient simplement des Américains qui refusaient d'accepter les identités que l'Amérique des propriétaires d'esclaves cherchait à leur imposer[21]. Gad Humphreys, qui, en tant qu'agent aux affaires indiennes connaissait très bien les Séminoles, découvrit que les catégories qui prévalaient étaient inapplicables. « Esclaves par le nom », observa-t-il, « ils travaillent seulement quand ils en ont envie ». Le général Edmund Gaines, qui partageait les

---

20 Deagan, 1995.

21 48. Giddings, 1858 ; William Jay, « Miscellaneous Writings on Slavery », 1853 ; et Sprague qui fournit les commentaires de première main sur leur identité. Kenneth Wiggins Porter, Alcione M. Amos et Thomas P. Senter, *The Black Seminoles : History of a Freedom-Seeking People*, 1996 propose une perspective contemporaine. Kelvin Mulroy, *The Seminole Freedmen : A History*, 2007 couvre un vaste ensemble.

convictions raciales de Jackson, les considéraient comme « des vassaux noirs et des alliés » des Indiens[22].

C'était ce spectacle des noirs, des Indiens, et même de quelques blancs qui coexistaient amicalement qui faisait de la Floride « un endroit si ennuyeux ». Parce que la Floride continuait de les ennuyer, les Américains blancs continueront à dévaster la Floride pendant des décennies. Quand ils eurent terminé, il ne restait virtuellement plus de ces personnes non blanches en Floride. Toutes avaient été tuées, asservies ou déplacées hors de Floride, ou repoussées vers les Everglades.

Au lieu de le détruire, le massacre de Jackson en 1818 avait produit une expansion de l'établissement séminole en Floride. Poussés plus loin en Floride par la terreur, les réfugiés noirs, indiens, et de race mêlée devinrent de vrais pionniers, qui créèrent plus de trente établissements multiraciaux et pacifiques. Ils réussirent là où les Espagnols et les Britanniques avaient échoué, car leur objectif était de produire et non d'extraire – faire subsister une famille et non exporter des richesses. Un rapport des renseignements américains en 1821 identifia un de ces établissements pionniers comme le « village de Peter McQueen[23] ». En sept ans, McQueen et ses relations, y compris le futur Osceola, avaient émigré à quelques huit cents kilomètres au sud de Tuskegee, vers la vallée de la rivière Peace. La distance ne tenait pas lieu de refuge. Dès 1824, le gouverneur DuVal commença à enlever aux habitants du village de McQueen leurs terrains de pêche et leurs jardins, et à les forcer à aller à l'intérieur, dans les aires de « concentration et de confinement ». Ne voulant pas vivre sous l'oppression blanche, l'oncle d'Osceola souhaitait s'échapper vers les Bahamas quand, Woodward rapporta, Peter McQueen mourut « dans une île isolée sur la côte atlantique de Cape Florida[24] ». C'était peut-être la future Miami Beach, ou Key Biscayne ou Key Largo. Quelle que fût sa situation, McQueen resta seul sur ce rivage désolé. Comme Ribault à Matanzas Inlet et Garçon à Negro Fort, c'est un héros dont l'histoire demanderait à être chantée par un Homère floridien. Mais son odyssée disparut dans les sables quand l'eau le recouvrit, l'eau qui, en Floride, survit toujours à tout.

Les circonstances qui viennent d'être décrites mettent en place l'itinéraire, même si ce n'est pas l'itinéraire géographique et psychologique

22 Bird, 2005 ; également Mulroy et Porter et al.

23 Wickman, *Osceola's Legacy*, p. 56.

24 Woodward, *Reminiscences*, p. 44.

exact, qui – entre 1804 et 1835 – amena Billy Powell d'Alabama, où, membre d'une famille prospère, en partie blanche, suffisamment importante pour être mentionnée dans une lettre au président des États-Unis, il fit son apparition dans le monde, à Fort King, en Floride où, en tant qu'Osceola, « indien » et « sauvage », il entra en scène. Les Américains furent fascinés par cette apparition exotique. Comment, se demandaient-il, un tel être pouvait-il exister ? Si un préjugé racial ne les avait pas aveuglés, ils auraient reconnu qu'Osceola, comme n'importe quel héros blanc américain, avait pour toute motivation l'amour de la liberté et la haine de l'injustice. Ils se seraient aperçu que, historiquement parlant, Osceola était le fils d'Andrew Jackson.

« Durant la Révolution, un officier anglais l'avait lacéré avec un sabre parce qu'il avait refusé de nettoyer une paire de bottes » écrivit bien plus tard Schlesinger, pour expliquer pourquoi, à partir de cet instant, Andrew Jackson ne voulut plus jamais avoir quoi que ce fût à voir avec quiconque se mettrait en travers de son chemin[25]. Que la même injustice pût provoquer le même indignation chez des non-blancs était quelque chose que la plupart des Américains eurent du mal à concevoir à l'époque. On déclara que l'attitude d'Osceola était mystérieuse ; et on expliquait que c'était parce qu'il était de « sang mêlé ». Les événements de Floride démontrèrent en fait qu'il n'y a plus de justice dès que la couleur de peau entre en jeu. Résultat de la brutalité américaine, des Indiens pur sang comme le chef séminole Micanopy et des noirs comme Abraham, le plus respecté des hommes d'état séminole, de même que des gens de race mêlé comme Billy Powell, devinrent tous des militants et combattirent ensemble.

Les Américains croient encore qu'aucune révolte d'esclave n'eut jamais lieu à l'intérieur des États-Unis, mais en Floride, une grande révolte d'esclaves, qui commença vers la fin de 1835, éclata pourtant. Les Américains croient que les guerres contre les Indiens se passèrent à l'ouest, mais c'est en Floride, que la plus longue guerre indienne de l'histoire des États-Unis, qui commença fin 1835, fut aussi la plus sanglante. Comme les Séminoles eux-mêmes, le conflit était le produit de toutes ces forces impétueuses que la création des États-Unis avait déclenchées. Comme les blancs qu'ils combattaient, les Séminoles étaient un nouveau peuple, créés par les circonstances particulières de l'époque

25 Schlesinger, 1946, p. 36.

où ils firent leur apparition. Voilà pourquoi ce fut une forme nouvelle de guerre américaine.

Le même jour où Osceola traquait Thompson, une force séminole, frappa à soixante kilomètres de là et anéantit un détachement entier de l'armée des États-Unis ; 107 officiers et soldats des États-Unis furent tués, à peu près un cinquième de l'ensemble des troupes américaines de Floride. « Le but recherché par les Indiens fut presque totalement atteint », écrivit plus tard un militaire, « et l'attaque avait été soigneusement préparée et discutée par les chefs ». Les forces des États-Unis n'avaient jamais été aussi humiliées depuis l'époque où les Britanniques avaient brûlé Washington – et cette fois c'était des « sauvages » qui étaient les coupables. « Pour la première fois dans l'histoire de notre armée », observa un analyste militaire, « ce fut presque un commando tout entier de soldats très entraînés qui fut exterminé par une attaque de jour des Indiens[26] ».

À la mi-décembre 1835 à Fort King, quand Duncan Clinch ordonna l'envoi de troupes stationnées à Fort Brooke, près de la baie de Tampa, les dés étaient jetés. Richard Keith Call, commandant d'une milice territoriale, avertit Clinch que ce serait suicidaire d'envoyer des troupes des États-Unis dirigées par le major Dade dans une telle expédition ; « Le pays que vous allez devoir traverser est dans un tel chaos, qu'il ne pourra jamais vous joindre ». Des renforts étaient nécessaires car, deux jours avant le début du soulèvement, Clinch avait abandonné Fort King. Contrairement à Thompson, « le général Clinch avait prévu que les hostilités étaient inévitables », rapporta plus tard le capitaine Sprague. Décidant que protéger sa propre plantation était plus important que de défendre Fort King, l'officier de plus haut rang de l'armée des États-Unis en Floride avait fait déplacer ses troupes à plus de trente kilomètres vers le nord, et n'avait laissé qu'« une petite poignée d'hommes » aux quartiers généraux de l'Agence aux affaires indiennes, le jour où Thompson avait été tué.

Les Séminoles prirent en embuscade la colonne de secours maudite qui avançait à deux de front, alors que les hommes du détachement de Dade, tirant un canon inutile, traversaient une étendue de palmiers nains près du marécage du Great Wahoo. Selon les plans actuels, l'endroit où ils moururent se trouvait à quelques cents kilomètres au nord de Tampa et à

26 Fred Cubberly, « The Dade Massacre », U. S. Senate, *Documents*, vol. 9, 1921, p. 122-132.

soixante dix kilomètres au sud d'Ocala. C'était aussi à 400 kilomètres au sud-est de Negro Fort. En l'espace de moins de vingt ans, le couteau à scie de l'américanisation, qui coupait la Floride en tranches, s'était déplacée de la vallée de l'Apalachicola sur et vers le centre nord de la péninsule de Floride. Durant cette même période, comme le montre la mort de Dade et de ses hommes, tout ce qu'Andrew Jackson et la plupart des autres Américains avaient dit sur la Floride s'était révélé faux. Les Séminoles n'avaient pas été déplacés, la Floride n'avait pas été stabilisée. Comme la perte soudaine de contrôle par les États-Unis le démontrait désormais, la Floride n'était pas une possession américaine, à moins que l'on entende le terme dans le sens où on l'entendait quand elle appartenait à l'Espagne.

Il y a d'autres parallèles à faire avec ces Espagnols très méprisés. Si on revient en 1528, Alvar Nunez Cabeza de Vaca, un des quatre seuls survivants de la force d'invasion de Panfilo de Narvaez, parcourut à pied les quelques trois mille kilomètres qui séparent la Floride du Mexique. Ce fut seulement alors que les Espagnols apprirent l'anéantissement de l'expédition qui avait voulu conquérir la Floride avec une force de mille cinq cents hommes. Les Américains, 307 ans plus tard, n'eurent pas idée de ce qui était arrivé au détachement de Dade jusqu'à ce qu'« un soldat du nom de Daniel F. Clarke, sept fois blessé, affaibli par la perte de son sang et par la faim » n'atteignît Fort Brooke ; « à peine vivant », il avait « rampé sur presque toute la distance depuis la scène de l'un des plus terribles massacres dans l'histoire de l'armée américaine ». Il y a aussi le rôle récurrent joué par le froid. On déclara plus tard que les troupes des États-Unis n'eurent pas le temps de répliquer car elles avaient gardé leurs armes et leurs munitions sous leurs grands manteaux, pour protéger leur armement du froid. Les fusils et la poudre des Séminoles ne semblaient pas, eux, avoir eu besoin d'une telle protection.

L'expérience des Indiens et des noirs en Floride avait été définie depuis 1816 par le massacre. Désormais, pour les Américains blancs, la Floride se définissait également par le massacre, mais les politiciens, les spéculateurs, les militaires et les historiens de Floride ont oublié cette symétrie. Alors que le massacre de Negro Fort restait un non-événement, le Massacre de Dade, ainsi qu'il fut immédiatement appelé, apporta la preuve que seule une Floride nettoyée de ses « sauvages » était un endroit sûr pour la civilisation blanche. Immédiatement après les attaques réussies des Séminoles, un autre thème refit surface : les

Américains n'avaient pas de reproche à se faire si les choses tournaient mal. La valeur de leurs adversaires ne pouvait pas expliquer pourquoi les Américains s'étaient fait tuer si facilement et en si grand nombre, aussi fut-ce par la tromperie et la trahison que l'on expliqua pourquoi des décennies de violence avaient finalement explosé à la face de l'Amérique.

En 1818, le général Jackson avait fait porter la faute de son échec sur deux malheureux Britanniques, Arbuthnot et Ambrister. Dans le cas présent, la faute incombait à un esclave du nom de Lewis ou Louis ou Luis. Quelle que fût la manière dont on orthographiait son nom, les blancs de Floride s'accordaient pour considérer que le Massacre de Dade n'était pas de leur faute. Tenir cet esclave pour coupable était une manière de fuir ses responsabilités pour une défaite que l'on s'était infligée soi-même. C'était aussi une manière d'éviter de comprendre cette grande catastrophe que les Américains avaient fait tomber sur eux. Parce que « l'expédition avait été trahie » par Lewis, les Séminoles savaient où allait Dade. À cause de la trahison de Lewis, « la terrible chose arriva bien vite[27] ». La vénalité de Clinch, la crédulité de Dade – pour ne rien dire de la brutalité de la police des États-Unis – ne jouèrent aucun rôle.

Comme la parabole des trois boîtes, le conte de la perfidie de Lewis était une fiction inventée après coup. Clarke, qui fournit le seul témoignage américain, ne mentionna jamais Lewis, pas plus que ne le firent les témoins du côté séminole. Le capitaine Sprague, qui combattit en Floride avant d'écrire son histoire de la guerre séminole, eut accès aux archives de l'armée. Il interviewa des personnes directement impliquées dans le Massacre de Dade. Il ne mentionne pas Lewis. Tous ces rapports montrent bien que de nombreux noirs, et non pas seulement un « traitre », firent tout ce qu'ils purent pour aider à battre les Américains. Au moment de Noël, se souvint le commandant séminole Alligator, la décision fut prise d'attaquer « les soldats qui venaient de Fort Brooke », car « les noirs là-bas avaient rapporté que deux compagnies s'apprêtaient à se mettre en marche ». Partout où allaient les forces des États-Unis, des espions invisibles, noirs et indiens, surveillaient leurs mouvements. À l'intérieur des installations américaines, des esclaves observaient ce que les Américains projetaient, de même que dans les étendues sauvages des observateurs séminoles voyaient, et rapportaient, tout[28].

27 Brevard, 1904, p. 132.

28 Sprague, p. 90. Brown, p. 3-46.

Ce fut alors que Lewis – pour utiliser l'orthographe américaine normale – entra en scène. Un propriétaire d'esclaves de Tampa, qui avait entendu que Dade avait besoin d'un guide, lui offrit les services d'un « homme de couleur du nom de Louis ». Convaincu que Lewis était le guide dont il avait besoin, « le major Dade passa un accord avec le propriétaire pour que Lewis guidât ses troupes dans la forêt pour vingt-cinq dollars par mois[29] ». Jusqu'à sa mort Lewis dénia haut et fort avoir jamais trahi quiconque.

Si on avait dû faire porter la faute à quelqu'un, c'était au général Duncan Clinch. Si Clinch n'avait pas utilisé l'armée des États-Unis pour protéger sa propriété privée, les tueries de Fort King ainsi que le Massacre de Dade auraient pu être évités. Mais, au lieu de cela, Clinch donna tout d'abord l'ordre au détachement de Fort Brooke de marcher vers l'intérieur des terres. Alors, sans attendre que la colonne de secours de Dade n'y arrivât, Clinch et ses hommes abandonnèrent Fort King, et se retirèrent dans sa plantation d'Auld Lang Syne. Arrivé là, Clinch se reposa et ne fit rien d'autre que d'envoyer des troupes pour garder la propriété d'un membre de sa famille. « Clinch était derrière le plan qui entraîna le Massacre de Dade », comme un militaire le dit plus tard. Quant aux causes souterraines du soulèvement, Thomas Jefferson les avaient identifiées des décennies plus tôt. « Si nous faisons cela, nous entrerons dans une guerre générale et perpétuelle », avait-il avertit en 1808, attestant que « rien ne doit être davantage évité que de s'embarquer dans un système de coercition militaire des Indiens[30] ».

L'Amérique avait créé les Séminoles ; l'Amérique les détruirait. La démographie le montrait. La certitude que les Séminoles seraient écrasés se lisait, d'une manière contre-intuitive, dans le succès des attaques sur Dade et ses forces. Presque la moitié des soldats des États-Unis qui furent tués ce jour-là étaient des immigrants tout juste arrivés d'Europe. La plupart des autres venaient du nord. Les victimes dont on savait le lieu de naissance, de loin le plus grand nombre de tués, vingt-trois, venaient d'Irlande. Parmi les morts, les soldats nés en Allemagne dépassaient largement ceux nés en Caroline du nord ; les immigrants d'Écosse ceux de Virginie. Seulement trois d'entre eux venaient d'états esclavagistes qui, plus tard, feraient sécession de l'Union. Pas un seul sudiste blanc

29 Giddings, p. 97-107.

30 Albert Ellery Bergh, *The Writings of Thomas Jefferson*, 1907, p. 142.

de Floride ne mourut dans le Massacre de Dade[31]. Quels que fussent ceux qui commirent la tuerie, de simples chiffres montrent qui a gagné la guerre de Floride. En 1836, on comptait six mille Séminoles au maximum, femmes et enfants inclus. La population des États-Unis dépassait déjà les quinze millions. Les Séminoles auraient-ils anéanti des douzaines de détachements de Dade qu'ils n'auraient pas affecté la capacité des États-Unis, finalement et inévitablement, de les écraser.

Le 29 décembre 1835, le général Duncan Clinch finit par sortir de sa plantation pour faire l'expérience de la guerre, en contrepartie du massacre, pour la première fois. Son but n'était pas de secourir les survivants à Fort King, ni de prendre rendez-vous avec le détachement de Dade – il ne savait pas encore qu'il avait été détruit. Il fit plutôt une promenade militaire. Lui et ses hommes arrivèrent à couvrir une distance de vingt kilomètres le premier jour. Et la nuit, leur bivouac s'étendit sur près d'un kilomètre carré. La fumée, les feux, les mouvements et les bruits annonçaient leur présence partout à la ronde. À Tallahassee, Richard Keith Call avait remplacé l'ancien gouverneur DuVal en tant que personnalité américaine dominante. Comme chef de la milice territoriale, il avait pour titre celui de brigadier général. En réponse au soulèvement séminole, il rappela ses troupes et se mit en marche pour tenter de retrouver Clinch. Au lieu de s'embarquer pour une campagne rapide et décisive, découvrit Call, le général Clinch « était parti avec tous les charriots, les remorques, les mules et les chevaux qu'il avait trouvés sur sa plantation[32] ». La propre force de volontaires de Call ne se déplaçait pas non plus en silence. Chaque soldat, semblait-il, avait un chien qui avait décidé de le suivre. Leurs aboiements et les sermons de leurs maîtres, et la poussière soulevée par les remorques de ravitaillement, quand elles n'étaient pas prises dans la boue, remplissaient l'air de Floride.

De nouveau, les Séminoles purent tout observer, et surent tout. « Des éclaireurs signalèrent que des troupes approchaient de la rivière Withlacoochee », rapporta Alligator plus tard. Les Séminoles se déplacèrent immédiatement pour prendre l'avantage de la situation. Selon Sprague, « Deux cents cinquante guerriers, dont trente étaient noirs,

31 W. S. Steele, « Last Command : The Dade Massacre », *Tequesta* magazine, 1986, n° 46, p. 9-10 ; Mark F. Boyd et Joseph W. Harris, « The Seminole War : Its Background and Onset », *Florida Historical Quarterly*, juillet 1951, p. 3-115 ; visite au Dade Memorial, West Point, NY, juin 2009 ; Cubberley, « Dade Massacre ».

32 *Niles' Weekly Register*, 19 août 1837, « The Florida War ».

commencèrent, sous le commandement d'Osceola et d'Halpatter Tustenuggee (Alligator), par les intercepter quand ils traversèrent la rivière. Puis ils attendirent, alors que, durant la seconde nuit, les forces de Clinch grelottaient dans le froid proche du gel d'une nuit de décembre dans l'intérieur de la Floride[33]. La partie de la rivière qu'ils atteignirent lors du troisième jour n'était pas le « bon gué » qu'il espérait trouver mais, comme Clinch lui-même le décrivit plus tard, « un courant profond et rapide » de cinquante mètres de large. Après plus de dix neuf années d'expérience militaire en Floride, le général Clinch n'avait pas pensé amener des bateaux. Bien que Clinch possédât cinq bateaux légers, à larges bords, idéaux pour naviguer sur les lacs et les cours d'eaux intérieurs de la Floride, il les réservait pour un usage commercial sur sa plantation.

De faux rapports des renseignements l'avaient entraîné dans ce piège, expliqua Clinch dans une lettre d'auto-exonération au président Jackson. Plus de dix-sept ans plus tôt Jackson, avait également laissé des guides censés fiables l'entraîner dans une folle errance. Et, de nouveau, l'espoir de « surprendre le plus grand nombre d'Indiens » s'avéra illusoire, et Clinch « fit face à la plus importante décision militaire de sa carrière ». Quand un de ses soldats trouva un canoë rempli d'eau, Clinch décida qu'il suffirait à faire passer toutes ses forces sur la rive opposée. Après avoir échoué à coordonner son avance avec Call, Clinch laissait maintenant tout un ensemble de soldats exposés sur une rive de la rivière, et un autre exposé sur la rive opposée, alors qu'il faisait traverser la rivière à ses troupes, avec leurs munitions et leurs armes, au compte goutte. Andrew Jackson avait fait mieux. Quand ses guides, eux aussi peu dignes de confiance, l'emmenèrent vers la Suwanee, les instincts de survie l'avaient emporté chez lui. Il avait abandonné sa recherche du « plus grand nombre d'Indiens », choisi Arbuthnot et Ambrister comme boucs émissaires, proclamé sa victoire et repris sa marche vers la Maison Blanche. Le général, qui dut faire face à un dilemme semblable, tomba dans le piège qui lui avait été tendu par le canoë rempli d'eau.

Les Séminoles, invisibles, observaient Clinch qui faisait passer ses hommes de l'autre côté de la rivière dans leur ligne de feu. Il n'y eut pas de combat, dans le style hollywoodien, avec des arcs et des flèches. De vraies balles entrèrent dans de vraies chairs quand les Séminoles ouvrirent le feu et les « troupes de Clinch brisèrent les rangs et se mirent à courir ».

---

33 Patrick, 1963, p. 102.

Abandonnant ses troupes, Clinch se mit, lui aussi, à fuir. Le brigadier général Richard Keith Call n'attendit que peu de temps pour avertir le président Jackson de la lâcheté de Clinch. Pensant que le rapport le plus dur serait un rapport d'apparence dépassionné, il adopta un ton neutre pour décrire le comportement de son rival. Clinch « était immensément fatigué par le combat, quand il prit la fuite, laissant le sort de l'armée entre mes mains », Call informa-t-il le président. Si Call n'était pas arrivé à la dernière minute, les forces entières de Clinch pourraient avoir subi un sort similaire à celui des troupes malheureuses de Dade, mais avec l'arrivée des renforts de Call, l'issue de la bataille pencha de l'autre côté. Les forces américaines se montaient alors à 700 hommes armés environ. Les forces séminoles étaient à peu près 250. Cependant, Call, lui aussi, prit la fuite. « Dans la hâte de la retraite », selon le biographe de Clinch, « de nombreux fusils furent abandonnés sur place et tombèrent dans les mains des Indiens comme dépouilles de guerre[34] ».

Les bourdes de Clinch étaient évidentes, mais dans le rapport officiel sur les événements il devint clair que Call s'était lui aussi déshonoré. Des « quatre cents ou cinq cents volontaires » sous le commandement de Call, nota le rapport, « seulement vingt-sept hommes et trois officiers, l'un d'eux un politicien de la frontière qui montait, du nom de Leigh Read, combattirent vraiment ce jour-là ». Pourquoi si peu d'entre eux « prirent part à l'action, ajouta-t-il, n'a pas d'explication ». L'explication est que les hommes de Floride refusèrent le combat. Durant la Guerre séminole, les hommes blancs de Floride ne combattaient que quand et seulement ils en avaient envie. Et, dans ce cas, expliquèrent les déserteurs, ils avaient envie de rentrer chez eux pour les fêtes du Nouvel An. Malgré la déroute, « d'un même élan, les journaux américains répandirent l'histoire de la grande victoire de la Withlacoochee[35] ». Clinch, après avoir fui le champ de bataille, fut acclamé comme « "le héros de la Withlacoochee" et comme le "vieux Withlacoochee" qui avait remporté une victoire glorieuse pour l'Amérique ».

Aussi rivaux qu'ils pussent l'être, Clinch et Call s'étaient tous les deux opposés aux efforts du gouverneur Eaton pour éviter la violence et s'étaient prononcés à haute voix pour l'usage de la force. Puis, l'un et l'autre avaient pris la fuite quand leur usage de la force avait failli.

---

34 *Ibid.*, p. 125, 109, 111.

35 Patrick, 1963, p. 109 ; Sprague, p. 91-93.

Désormais, à la suite du fiasco sur la Withlacoochee, Clinch et Call s'accordaient à nouveau sur quelque chose. Le gouvernement fédéral les sauverait. « Nous demandons », Call informa-t-il le président Jackson, « une armée de 2 500 à 3 000 hommes ». L'armée entière des États-Unis en exercice ne comptait à l'époque que huit mille hommes, troupes auxiliaires comprises. Le président Jackson portait la plus grande responsabilité du désastre. Il avait poussé sans relâche au déplacement forcé ; il avait promu des responsables téméraires, malhonnêtes et incompétents, Clinch, Phagan et Thompson y compris. Alors Jackson fit une autre série de bourdes. Au lieu de faire de Call le commandant des forces et de demander aux forces locales de nettoyer le chantier qu'ils avaient fait, il nomma Call au poste civil de gouverneur. Au lieu de démettre Clinch, il le rétrograda et ordonna au général Winfield Scott, un officier qui n'avait aucune expérience de la Floride, de prendre le commandement. Call en fut furieux et plein d'esprit de vengeance. Scott s'avéra être aussi incompétent qu'eux.

Le général Edmund Pendleton Gaines, le subordonné de Jackson dans la région pendant plus de vingt ans, fut également profondément malmené. Jackson n'avait pas tenu compte de Gaines et avait placé en charge de la Floride un général rival. En réponse Gaines, sans aucun ordre, envahit lui-même la Floride. Partant de La Nouvelle Orléans, où la nouvelle de la promotion de Scott l'avait alarmé bien plus que les attaques des Séminoles, Gaines déclara qu'il était celui qui débarrasserait la Floride de la menace séminole. « Je continuerai », annonça-t-il, « avec pour principe que, pour trouver l'ennemi, nous devons le chercher ; et quand nous le trouverons, nous devons le capturer ou le détruire ». La découverte principale de Gaines consista dans celle des restes décomposés de Dade et de ses soldats. Les cadavres avaient alors été exposés aux éléments depuis quarante cinq jours. Les corps, remarquèrent les hommes de Gaines, n'avaient pas été profanés. « On n'avait pas dérobé aux officiers bijoux ou quelque autre parure », nota avec surprise un rapport qui commémorait la défaite de Dade. Pourquoi les « sauvages » n'avaient pas pris les objets personnels de ceux qu'ils avaient tués durant la bataille ? Une explication populaire était que les Séminoles étaient si choqués d'avoir réussi à tuer tant d'hommes blancs qu'ils avaient fui la scène dans une telle confusion qu'ils n'avaient pas eu le temps de commettre leur outrages habituels. Les Séminoles, cependant, avaient passé suffisamment de temps sur les lieux pour jeter le lourd canon de Dade dans un étang voisin. Les Séminoles n'avaient pas non plus été pétrifiés à la vue de tous ces cadavres d'hommes blancs au point de ne pas prendre les armes et les munitions de l'expédition.

Deux jours plus tard le général Gaines – qui attendait encore de recevoir une quelconque communication de son subordonné, le général Clinch – atteignit Fort King. Bien qu'il vînt de La Nouvelle Orléans, voyage par terre et par mer de plus de mille kilomètres, ce renfort était le premier renfort américain à atteindre le fort depuis que Clinch l'avait abandonné. Après le fiasco de Withlacoochee, « le général Clinch, avec ses forces », s'était une nouvelle fois replié dans sa plantation. Les quelques Américains qui restaient à Fort King n'étaient pas loin de mourir de faim. Il n'y avait aucun moyen, s'aperçut Gaines, de nourrir ses mille cinq cents hommes, aussi décida-t-il alors d'abandonner sa mission de recherche et de destruction floridienne. Mais comment retourner de Fort King à la baie de Tampa, où les navires de la marine des États-Unis pourraient en tout confort emmener le général Gaines loin de la Floride ?

Cherchant à éviter les Séminoles, Gaines fit faire un détour de quatre vingt kilomètres à ses troupes vers un autre endroit sur la Withlacoochee où des éclaireurs censés être amicaux disaient qu'ils pouvaient trouver un gué facile à traverser. Mais, de nouveau, un commandant américain se retrouva en face d'une rivière large et profonde, et de nouveau les Séminoles « ouvrirent un feu nourri depuis la rive opposée ». « J'ai des raisons de penser que j'ai désormais devant moi l'essentiel des forces des Indiens séminoles », avait annoncé Gaines. C'était vrai, bien que ce ne fût pas dans le sens qu'il pensait. Incapable d'avancer, incapable de battre en retraite, Gaines en vint petit à petit à s'apercevoir que c'était les Séminoles qui l'avait cherché et qui maintenant tentait de le détruire. Sprague, le Thucydide oublié de Floride, laissa la scène parler d'elle-même : « l'arrivée des renfort était attendue avec anxiété. La faim commençait à se faire sentir, même si les officiers et leurs hommes la supportaient sans se plaindre. Les Indiens tiraient sur le camp quotidiennement, généralement sur ceux qui montaient la garde, après avoir rampé, à portée de fusil, au milieu des buissons et de l'herbe, criant et hurlant continument à distance[36] ». Bientôt Gaines et ses hommes

36 Sprague, p. 109-112, 122.

furent contraints de manger leurs chiens. « Pour un barbecue, le train arrière d'un chien volé atteignait les 5 dollars ; les entrailles des chevaux valaient 6 dollars pièce », racontèrent des soldats plus tard[37]. Un soldat décrivit dans son journal les survivants des forces de Gaines ainsi : « L'état de famine de ces pauvres créatures était tel qu'ils étaient des squelettes vivants ».

La délivrance, un soir, vint sous la forme d'un cri dans les lignes des Séminoles. C'était celui d'« un vieux nègre du nom de César, qui du haut de sa voix dit que les Séminoles en avaient assez de combattre, et voulait venir serrer des mains ». Prêt à tout pour s'échapper, Gaines fit aux Séminoles la fausse promesse que, si arrêtaient de lui tirer dessus, il s'arrangerait pour que les commissaires américains reprissent les négociations avec eux. Entre-temps, il s'engageait à ce que les Séminoles « ne fussent pas dérangés ». Osceola et les autres furent tout de suite d'accord pour cette trêve, mais ce fut à ce moment que « le général Clinch », qui était finalement entré en scène, « propulsa ses troupes sur la ligne de front, et commença avec vigueur à prendre d'assaut » les faiseurs de paix. Dans la mêlée qui s'ensuivit le général Gaines abandonna ses troupes et confia le commandement à Clinch, tout comme Clinch précédemment avait passé la main, alors qu'il était en train de perdre la bataille, à Call. Puis, comme c'était devenu la procédure standard alors, Gaines annonça qu'il avait remporté une fabuleuse victoire, et quitta la Floride aussi soudainement qu'il y était arrivé. Les Séminoles avaient été « battus, et forcé de demander la paix », déclara-t-il. Les négociations promises n'eurent jamais lieu.

Avant même d'avoir jeté les yeux sur la Floride, le général Winfield Scott avait concocté une grande théorie en trois points ; son idée était de remporter la guerre de Floride comme s'il s'agissait d'une grande chasse à la dinde. Scott lança son offensive le 26 mars 1836. Son aile gauche descendit le long de la côte atlantique, pendant que son aile centrale plongea au centre de la péninsule de Floride. L'aile droite mit à sac la côte du Golfe. Puis les trois ailes convergèrent vers Fort Brooke. L'idée était que les Séminoles seraient encerclés par cette grande avancée comme le gibier qui fuit devant des rabatteurs dans une partie de chasse entre gentilshommes. Puis, balayant leur proie devant eux, les trois ailes pousseraient les Séminoles qu'ils n'auraient pas tués vers la

37 Patrick, 1963, p. 126.

baie de Tampa, où ils seraient embarqués sur des bateaux et déplacés en Oklahoma. Au début du mois d'avril, les forces réunies de Scott n'avaient réussi à tuer que soixante Séminoles, et Scott lui-même ne prétendait pas qu'il s'agissait de « guerriers[38] ». Le président Jackson fit une crise d'apoplexie[39]. « Comment se fait-il qu'on n'ait pas trouvé les arrhes versés pour les femmes », s'exclama le président, « je ne fais aucune conjecture ». Il continua de déclarer, depuis la lointaine Washington, que si les forces américaines étaient suffisamment impitoyables, les Séminoles pourraient être vaincus en trente jours. En avril 1836, quatre mille hommes étaient concentrés à Fort Brooke. C'était approximativement trois fois les forces que Jackson avait réunies contre les Britanniques à La Nouvelle Orléans, mais contre qui devaient-elles combattre ?

Après moins d'un mois et demi Winfield Scott, qui deviendra ensuite célèbre comme commandant de l'attaque américaine de 1846 contre le Mexique, abandonna ses troupes et quitta la Floride. On brûla l'effigie de Scott à Talahassee ; les Floridiens réclamèrent une enquête du Congrès pour savoir pourquoi Scott était parti, « laissant le pays sans défense ». Scott riposta, déclarant que les Floridiens « étaient atteints d'une maladie générale et honteuse de lâcheté ». Le 26 avril 1836, le général Clinch, de retour dans sa plantation, fit encore mieux que Gaines et Scott. Il démissionna de l'armée des États-Unis, puis quitta la Floride pour toujours. Une des complaintes de Clinch était que le président Jackson avait souhaité qu'il fît la guerre en Floride durant l'été. Les États-Unis s'étaient montrés aussi absents que John Quincy Adams avait accusé les Espagnols de l'être quand il s'était agi « de protéger leur territoire », mais ce n'était pas leur faute. Les responsables américains étaient tout à fait explicites à ce sujet. « La guerre des coup bas, non chevaleresque » des Séminoles était la seule à blâmer, témoigna Scott, quand on lui demanda d'expliquer le désastre. La commission d'enquête ne trouva rien à reprocher à aucun d'entre eux : Scott, Gaines, Call, Clinch, et Dade, le martyr.

Un quart de siècle plus tôt, le « général » Mathews, après avoir politiquement perdu l'honneur en Géorgie, avait cherché une rédemption militaire en Floride. Le général Clinch fit le contraire. Après avoir militairement perdu l'honneur en Floride, il chercha une rédemption

38 Patrick, 1963, p. 134, 138-139 ; Dowell, vol. 1, p. 245.
39 Bird, 2012, p. 102.

politique en Géorgie. Le public de Clinch adorait quand il faisait porter la faute de ses échecs aux politiciens de Washington, mais les faits montrent qu'il mentait. Loin de lui retirer leur soutien, Jackson avait envoyé la moitié des forces armées des États-Unis en Floride. Avant, Clinch avait cherché à s'enrichir sur le dos des Séminoles quand Dick et Prince, deux des esclaves d'Auld Lang Syne, la plantation de Clinch, étaient morts. On ne sut jamais qui les avait tués, mais plus tôt à Negro Fort, « une bande errante de Séminoles » avait été déclarée coupable. Par conséquent, allégua Clinch, les Séminoles devaient en compensation le payer en argent liquide. Alors même que les Séminoles mouraient de faim, Clinch les poursuivit devant la cour fédérale, demandant un dédommagement pour les morts de Dick et de Prince.

Cette demande échoua pour vice de forme, mais après s'être réinstallé en Géorgie Clinch chercha encore à utiliser ses relations de Floride pour soustraire de l'argent au Trésor des États-Unis. En 1842, une cour fédérale ordonna au Trésor des États-Unis de payer à Clinch 70 000 dollars ou presque, une énorme somme à l'époque. C'était censé être une compensation pour les dommages dont l'ancien beau-père de Clinch avait souffert trente ans plus tôt, suite à l'invasion « patriote » de la Floride. Elle venait des 5 millions avec lesquels, vingt ans plus tôt, les États-Unis étaient supposés avoir acheté la Floride à l'Espagne. Bien qu'il eût abandonné sa plantation de Floride sans combattre, Clinch adressa aussi une pétition au Congrès pour obtenir 25 000 dollars des fonds qui avaient été alloués aux Séminoles pour « compenser » ses pertes. Le Congrès versa, à la place, 25 756,25 dollars à Clinch pour avoir autorisé les chevaux et les mules de l'armée des États-Unis de fourrager sur sa propriété pendant une période de deux mois. Cela rendit Clinch plus riche encore, mais lui occasionna des ennuis politiques quand il se lança dans la course au poste de gouverneur de Géorgie. « Le vieux Withlacoochee » déclara qu'il avait nourri les volontaires mourant de faim de Floride sur ses propres réserves de nourritures alors qu'ils repoussaient héroïquement les hordes séminoles. Quand il s'avéra que le gouvernement des États-Unis lui avait payé une véritable fortune pour avoir laissé les chevaux brouter son herbe, il fut dénoncé comme « fraudeur ». Ce fut sa cupidité, non pas son mépris pour la vie humaine, qui fit perdre à Clinch la course pour devenir gouverneur de Géorgie.

En novembre 1849, à l'âge de soixante-deux ans, Duncan Clinch, celui qui avait perpétré le massacre aujourd'hui oublié de Negro Fort, celui également qui était le principal responsable du massacre encore très connu de Dade, mourut millionnaire[40]. En plus d'un héritage de violence, d'injustice et de corruption, il légua à la Floride moderne un mépris pour le travail productif – qui s'oppose à la manière dont on devient riche généralement – qui pervertira son économie pour les générations à venir. Dans d'autres parties de l'Amérique la propriété par un fermier blanc de petites parcelles agricoles auto-suffisantes était considérée comme ce qui était de mieux pour la société. En Floride, les fermes n'étaient pas seulement méprisées, mais elles étaient illégales. Devenir un « aristocrate » comme Duncan Clinch, et non un fermier qui cultivait la terre, était le but qu'encourageait la politique du gouvernement et que l'argent du gouvernement subventionnait. Comme bien des pauvres garçons qui étaient devenus de bons garçons, Clinch, une fois riche, devint un ardent défenseur de la privation de droits électoraux des pauvres blancs. La restriction du pouvoir politique des pauvres blancs s'accordera parfaitement avec la limitation des droits de propriété des pauvres blancs au vingtième siècle.

Ses deux états d'adoption accordèrent tous les honneurs à ce « héros » exemplaire d'une si exemplaire « victoire » floridienne, honneurs qui perdurent jusqu'à aujourd'hui. Le comté Clinch, en Géorgie, perpétue son nom. Comme le fait Fort Clinch, en Floride, qui domine, au-dessus de la rivière St. Marys, l'endroit où Mathews avait déclaré que la Floride pouvait être soumise en quelques jours, que Ferdinanda et St. Augustine étaient simplement des tremplins sur la route du Venezuela.

40 Patrick, 1963, p. 156, 179, 49.

LA CAPITULATION DE JESUP

Après que les chevaux d'apparat eurent quitté le champ de bataille, il revint à un cheval de guerre, le général Thomas Sidney Jesup, de sauver ce qu'il pouvait du désastre de Floride. Lors de sa première offensive, à nouveau sur les rives de la Withlacoochee, il ne parvint pas à déloger une force interraciale composée de quelques six cents Séminoles ; elle incluait plus de deux cents noirs armés. Suffisamment courageux pour reconnaître qu'une victoire rapide et facile n'était pas possible, Jesup fut également suffisamment astucieux pour s'apercevoir que, seules, d'honnêtes négociations pourraient sortir les États-Unis du bourbier dans lequel ils s'étaient eux-mêmes mis. On avait donné instantanément à un endroit de Floride le nom du major Dade. Et, après des négociations à Camp Dade sur la rivière Withlacoochee, les Séminoles acceptèrent un cessez le feu permanent ; ils s'engagèrent à partir de Floride « immédiatement ». Entre-temps, ils se retireraient au sud de la rivière Hillsborough.

Cet accord sur la séparation des forces en présence plaça de nouveau sous contrôle des États-Unis tout le centre de la péninsule de Floride – avec pour pivot ce qui est aujourd'hui le couloir de l'Interstate 4 – qui s'étend de la baie de Tampa à la côte atlantique. Jesup était parvenu à obtenir par la diplomatie ce que Gaines, Call, Scott et Clinch avait perdu sur le champ de bataille. Plus remarquable encore, il avait persuadé les Séminoles d'accepter le déplacement.

Il parla de la « capitulation » des Séminoles, mais Jesup avait quelque peu capitulé lui-même. Pour persuader les Séminoles de quitter la Floride il s'était engagé, « au nom des États-Unis », à ce que les droits des Séminoles noirs fussent protégés. Au lieu d'être vendu comme esclaves, « les vies et les avoirs des alliés "noirs" des Séminoles, qui viennent ici et émigrent vers l'ouest, seront assurés ». L'accord spécifiait explicitement « que leurs nègres, leurs avoirs *bona fide* les accompagneront ». Cette reconnaissance formelle par les États-Unis de la nature interraciale de l'identité séminole fut ce qui permis de rendre possible l'accord. Tout d'abord individuellement, puis par groupes de famille, finalement des communautés entières de Séminoles convergèrent vers le camp de transit de la baie de Tampa que Jesup avait établi. Après avoir été enregistré, chaque personne se voyait attribuée « des provisions et des vêtements. Vingt-six vaisseaux se trouvaient dans le port pour les transporter à La Nouvelle Orléans », rapporta le capitaine Sprague. Plus de sept cents Séminoles furent ainsi enregistrés. C'était toutefois moins de 12 pourcent de la population totale. En arrière plan, se posait la question : que ferait Osceola ? La réponse arriva quand un cavalier dépêché en express par l'armée des États-Unis – la première version floridienne du *pony express* – entra au galop dans les quartiers généraux de Jesup à Fort Brooke. « Osceola ou Powell, avec sa famille, (avait) exprimé son désir de paix, et son approbation des termes contenus dans la capitulation ».

Il restait une menace pour la paix qui n'était pas résolue. « Toute tentative d'interférer auprès des nègres indiens », Jesup avertit-il le gouverneur Richard Keith Call, « causerait un retour immédiat aux armes ». Quand Call échoua à empêcher « l'interférence d'hommes blancs sans principes », Jesup chercha à passer au-dessus du gouvernement territorial. « En tant que responsable de la paix et de la sécurité du pays », annonça le quartier général de Jesup, « il ordonne par conséquent qu'aucun homme blanc, qui n'est pas au service des États-Unis, ne soit autorisé à pénétrer dans aucune des parties du Territoire entre la rivière St. Johns et le Golfe du Mexique, au sud de Fort Drane ». Des blancs ne tinrent pas compte de l'ordre ; les propres troupes de Jesup, qui n'étaient pas prêtes à ouvrir le feu sur d'autres blancs, n'en tinrent pas compte non plus. Sa tentative de faire la paix avait transformé Jesup en l'homme blanc le plus haï par les blancs de Floride.

Incapable de changer leur attitude, Jesup essaya ensuite de gagner des blancs à son plan en trahissant la promesse qui avait amené les Séminoles à tout d'abord accepter l'accord. Il décréta que « les esclaves en cavale », appartenant à des habitants blancs de Floride, contrairement à son engagement initial, ne seraient pas autorisés à partir vers l'ouest. Ils seraient restitués à leurs propriétaires présumés. Les blancs, au lieu d'être amadoués furent scandalisés. Pourquoi seulement quelques noirs seraient-ils remis en esclavage ? Pourquoi les propriétaires d'esclaves à l'extérieur de la Floride ne se verraient-ils pas également restituer leur « propriété » ? Dans leur camp de la baie de Tampa, les Séminoles reconnurent que la seule concession significative que Jesup avait faite – un traitement égal pour les Séminoles noirs – leur était enlevée avant que l'émigration ne commençât. Dans l'obscurité des premières heures du 3 juin 1837, la population entière du camp d'internement de Jesup disparut sans que leurs gardes américains ne se rendent vraiment compte. Comme l'écrivit le général Jesup dans son rapport à Washington, « les Indiens qui s'étaient résolus à l'émigration… et étaient prêts à embarquer, s'étaient enfuis précipitamment ».

Le chirurgien de l'armée des États-Unis en Floride, le Dr. Samuel Forry, expliqua pourquoi tout être humain, sain de corps et d'esprit, serait parti avant même que Jesup ne revînt sur sa parole. Aussitôt que la capitulation de Jesup fut signée, notait Forry, des entreprises de commerce blanches « se formèrent pour spéculer sur la propriété nègre des Indiens. Les Nègres en devinrent conscients, en furent alarmés, et prirent la fuite ». Entre-temps, des femmes séminoles devinrent « la proie de ses vampires infernaux… qui, en violation de tout ce qui est honorable chez les hommes et de tout ce qui est sacré dans le caractère féminin, prirent avantage de ce qu'elles n'avaient pas de protection ». Entre-temps, ajouta le Dr. Forry, « la rougeole apparut, et, comme les Indiens ne faisaient pas de distinction entre cette maladie et la variole, nombreux furent ceux qui prirent la fuite, terrifiés ». Alors, ils étaient nombreux à être convaincus que, aussi coopératifs pussent-ils être, ils n'atteindraient jamais l'Oklahoma vivants. S'ils ne mouraient pas sous la garde de Jesup, craignaient-ils, une fois « sur la mer, ils deviendraient de la nourriture pour les poissons[1] ».

Les blancs avaient détruit son plan de paix. Les Séminoles, décida alors Jesup, en paieraient le prix. L'alternative à un établissement négocié étant une guerre d'usure, Jesup se mit à tuer et à capturer les Séminoles là où il le pouvait. À sa demande les agents américains aux affaires indiennes interrompirent l'expulsion vers l'Oklahoma des tribus hostiles aux Séminoles et les détournèrent vers le sud, par le Mississippi. Depuis La Nouvelle Orléans, la marine des États-Unis transporta des centaines de guerriers par la mer jusqu'à la baie de Tampa, où ils furent jetés contre la population. Jesup promit à ces mercenaires « cinquante

1 « The Letters of Samuel Forry, Surgeon U. S. Army 1837-38 », *Florida History Quarterly*, janvier, avril et juillet 1928.

dollars pour chaque Nègre ». Quand les politiciens à Washington refusèrent de payer, Jesup privatisa la tuerie. Mathews avait fait venir ses « ragamuffins » de Géorgie, Jackson avait lâché ses Volontaires du Tennessee. Inversant sa politique précédente, Jesup invita les pilleurs et les chasseurs d'esclaves de toute l'Amérique à venir tuer les Séminoles pour de l'argent. Il pouvait offrir à ses mécréants un butin. Il ne pouvait leur offrir des terres. Tandis que les orateurs et les éditorialistes déclaraient qu'il s'agissait d'une guerre pour ouvrir la Floride à des établissements blancs, la propriété de terres restait illégale. Tandis que la tuerie continuait, le gouverneur Call et ses alliés se partageaient les hectares, à l'abri, dans leurs bureaux de Tallahassee.

Après la fuite des Séminoles, les responsables américains inversèrent, comme de coutume, les faits et la fiction. On oublia l'engagement personnel du général Jesup à protéger la population noire, et on mit à sa place une obligation imaginaire de la part des Séminoles d'aider à les remettre en esclavage. En août 1837, Jesup fit savoir qu'il voulait parler à Osceola et lui envoya un drapeau blanc de trêve. Quand il apparut que, comme toujours, Osceola souhaitait lui « serrer la main », Jesup composa ce qu'il appela un « Mémorandum de questions particulières à poser à Osceola ». « S'assurer du sujet à discuter avec les Indiens quand ils viendront », ordonna-t-il. « Sont-ils prêts à livrer les Nègres ? » Deux mois plus tard, quand Osceola vint discuter ces questions mêmes, on invoqua pour l'arrêter qu'il avait « trahi » son engagement, qui n'existait pas, d'aider à remettre en esclavage les Séminoles noirs[2] ». En capturant Osceola ainsi, les troupes des États-Unis déshonorèrent le drapeau de trêve de leur propre commandant.

Cette attitude contrastait avec l'esprit chevaleresque d'Osceola qu'on avait pu admirer sur le champ de bataille. En décembre 1835, comme les Séminoles préparaient leur soulèvement, Osceola avait donné à un de ses amis américains, le lieutenant John Graham, ce qu'un journal de Floride décrivit comme « un joli toupet de plumes de grue à porter comme badge de protection sur le champ de bataille ». La plume d'aigrette d'Osceola était l'équivalent du drapeau blanc de Jesup, à cette différence que dans le cas d'Osceola la protection fournie par cet emblème fut respectée. Durant la bataille de la Withlacoochee, comme un des médecins le rapporta, d'autres soldats se groupèrent autour du

2 Giddings, 1958, p. 166-167.

lieutenant Graham « car Osceola avait dit à ses guerriers de ne pas tirer sur Graham[3] ».

Quand il fut capturé, l'histoire des plumes d'aigrette d'Osceola s'était répandue dans les rangs américains. « Nous fûmes tous indignés par la manière lâche dont il fut trahi », se souvint un soldat. « Êtes-vous prêt à livrer les Nègres pris à nos citoyens sur le champ ? » demanda le commandant du contingent des États-Unis qui entourait Osceola. On ne lui donna aucune chance de répondre : « Un signal, sur lequel on s'était concerté au préalable, fut à ce moment donné et des soldats en armes se précipitèrent et firent les chefs prisonniers ». Quand John S. Masters, un des soldats qui fut témoin de la capture, souligna qu'Osceola avait brandi le drapeau blanc de paix et de bonne conduite que Jesup lui avait donné, on lui demanda : « Avez-vous fait honneur à cette trêve ? » « Non, monsieur », répondit Masters, « à peine fut-il en sûreté à l'intérieur de nos lignes que nous reçûmes l'ordre de le capturer, le tuer si nécessaire… et un des soldats le frappa et le fit tomber avec la crosse de son mousquet[4] ».

Le racisme américain transformait sans cesse des êtres humains, selon leur peau et leurs traits de visage, en « Nègres » ou en « sauvages », mais comme cet incident le démontra, le couteau est à double tranchant. L'officier qui donna le signal de faire tomber au sol Osceola était un Espagnol né à St. Augustine, du nom de José Hernandez. Jusqu'alors, pour certains Américains, des Floridiens comme Hernandez – catholiques et d'origine méditerranéenne – étaient tout juste des hommes blancs, mais alors que Billy Powell – né libre, sur le sol des États-Unis – était transformé en « sauvage », José Hernandez, quant à lui, fut transformé en Joe Hernandez, personnage américain blanc d'importance.

En 1821, alors même que le gouverneur Duval expulsait Enemathla, Hernandez arrivait à Tallahassee et se liait avec les nouveaux dirigeants. Hispanique dans un avant-poste anglo, espagnol dans un territoire qui « appartenait » désormais aux États-Unis, Hernandez changea rapidement d'alliance et fut candidat pour un poste de délégué territorial au Congrès des États-Unis. Lors des toutes premières élections de Floride, 396 propriétaires mâles, presque tous de St. Augustine, votèrent pour lui, plus du double du score de son rival le plus proche. Même si Hernandez

3 Patricia Wiles Wickman, *Osceola's Legacy*, 2006, p. 83-86.
4 Giddings, p. 166-167 ; Willson, 1896, p. 25-39.

n'eut pas à voter dans la Chambre des Représentants, et resta en poste pendant moins de six mois, cela fit probablement de lui le premier hispanique à avoir été élu au Congrès des États-Unis.

José – le futur Joe – Hernandez fut l'un des premiers, en Floride, à comprendre que l'annexion aux États-Unis présentait de grandes opportunités si vous étiez assez rapide pour les saisir. Comme Clinch, il utilisa ses relations militaro-politiques pour devenir riche, en particulier grâce à des contrats fédéraux pour la construction de routes. Pour construire ses routes, il avait besoin de « nettoyer » le territoire sur lequel elles passaient des Séminoles. Dans le conflit qui s'ensuivit, les routes qu'Hernandez construisit accélérèrent l'arrivée des troupes militaires américaines, qui avaient besoin de construire de nouveaux forts, qui, à leur tour, généraient de nouveaux contrats fédéraux. On trouve encore des photographies d'Hernandez, qui était basané et hirsute avec des traits aquilins. À première vue, il n'est pas plus évidemment « blanc » que Powell est « Indien ». Cela ne l'empêcha pas de devenir le brigadier général Joseph M. Hernandez, chef de la milice territoriale de Floride orientale, le plus haut gradé né en Floride à combattre du côté des États-Unis lors de la Guerre séminole. Les caprices du sort, rétrospectivement, sont frappants, comme l'est sa brutalité. Si Powell avait été légèrement plus clair et Hernandez légèrement plus foncé, leurs destins auraient pu être inversés.

Comme la guerre en elle-même, la capture d'Osceola s'inscrivait dans la tradition séculaire de brutalité et de tromperie qui caractérisait la sujétion de la population autochtone de l'Amérique. C'était également un nouveau pas sur la route, de l'Amérique blanche, qui mènera au grand bain de sang de la Guerre civile. Les Américains mirent fin à la vie d'Osceola parce que, à leurs yeux, il était un « Indien », mais ce fut son refus de trahir les Séminoles noirs qui décida de sa capture. Déjà, quand il était Billy Powell, Osceola avait choisi ses femmes et ses amis dans tous les groupes raciaux. Des gens d'ascendance indienne, noire – et blanche – combattirent sous son commandement dans toutes les batailles. Ils continuèrent le combat, même si, en trahissant les noirs qui étaient parmi eux, ils auraient pu s'épargner beaucoup de souffrances et, dans de nombreux cas, auraient sauvé leurs propres vies. Le traitement, mauvais et brutal, d'Osceola, comme un membre du congrès, Giddings le dit, démontrait « la relation intime que cette guerre avait avec l'esclavage[5] ». Le général Jesup était plus clair encore sur le sujet. C'était, souligna-t-il, une guerre pour protéger et étendre l'esclavage, « une guerre contre les Nègres et non contre les Indiens[6] ». Des années plus tard, un autre membre du Congrès, Jay, en arriva à la même conclusion quand il se pencha sur les conséquences tragiques des tueries de Floride. « L'esclavage est, donc, la clé qui permet de résoudre l'énigme qu'est la guerre de Floride », conclut-il.

Pour Osceola, comme pour Clausewitz, la guerre était la continuation de la politique par d'autres moyens, mais une solution politique ne fut jamais possible car les Séminoles se trouvèrent pris dans une version primitive de la guerre totale, dans laquelle le but n'était pas la victoire mais l'éradication de l'ennemi, suivi d'un nouvel ordre millénaire. Chaque fois que les Séminoles cherchèrent une solution politique, les Américains choisirent de poursuivre une guerre idéologique, ou ce que, parfois, on appelle une croisade, un pogrom, ou une guerre raciale. Les mauvais traitements infligés à un groupe isolé appelé les « Indiens espagnols » illustrent bien ces aspects psychologiques de la guerre de Floride[7]. Les Américains ne connaissaient pas l'existence des Indiens espagnols quand commença la guerre de Floride ; cela ne changea pas leur destin. « Un petit groupe, composé de Nègres espagnols et d'Indiens, parmi lesquels on disait qu'il y avait quelques Marrons de Cuba », comme Giddings les décrivait, « résidait très bas dans la péninsule de Floride ». Il comptait moins de cinq cents personnes, rapporta le capitaine Sprague, qui vivaient en paix, ne faisaient de mal à personne, et subsistaient le plus généralement de la pêche, jusqu'à ce que « après avoir été attaqués et poursuivis [par les forces américaines], ils ne prennent les armes et ne résistent ». Ces Indiens espagnols qui ne furent pas tués furent envoyés par bateau en Oklahoma avec les Séminoles. Les plaines arides de l'Ouest, étaient devenues dans l'imagination des Américains, la vraie demeure de tous les « Indiens », y compris celle de ce peuple de pêcheurs subtropical.

En passant au peigne fin ces « étendues sauvages dont », comme le disait le général Jesup, « nous ne savons pas plus que de l'intérieur de la Chine », les patrouilles des États-Unis traquèrent leurs victimes

5 Giddings, p. 275.

6 Thomas Sidney Jesup, Letter to Acting Secretary of War, 9 décembre 1836, U. S. House of Representatives, 13th Congress, 2nd session, *Public Documents*, p. 52.

7 Giddings, p. 275-276 ; Sprague, 1848, p. 99, 243-244.

dans chacune de leur cachette. Là où ils les trouvaient, comme un rapport américain le dit plus tard, « les soldats des États-Unis tuaient les femmes et les enfants et détruisaient toutes les habitations, les récoltes et les arbres fruitiers qu'ils pouvaient détruire[8] ». Deux sur trois des Séminoles que l'on tuait, Jesup en informa le ministère de la guerre, était des femmes, des enfants et des vieillards.

Jesup finit par capturer des douzaines de chefs séminoles, la plupart par la ruse. Petit à petit, on réduisit l'efficacité de leur force militaire. Au début de 1838, un engagement militaire à l'intérieur des terres, parti de ce qui est aujourd'hui Jupiter, montra comment la donne était en train de changer. Les Séminoles ne furent pas décisivement battus, mais le combat refléta la supériorité militaire grandissante des Américains. Le général Jesup l'appela la bataille de Loxahatchee et déclara qu'il en était sorti vainqueur – une victoire qu'il eut tôt fait de tourner à son avantage politique à Washington.

Jesup semblait alors aussi mauvais que Phagan, aussi fallacieux que DuVal, aussi peu scrupuleux que Gadsden, le méchant floridien type. Souterrainement, la Floride lui avait fait subir la même métamorphose qu'elle avait fait subir à Gad Humphreys. La bataille de Loxahatchee eut lieu le 24 janvier 1838. Deux jours plus tard le général Jesup proposa formellement au ministère de la guerre, comme Sprague le déclara ultérieurement, « de mettre fin au conflit ». « Pour ce qui concerne les Séminoles », souligna-t-il, « nous avons commis l'erreur de tenter de les déplacer, alors que nous n'avions pas besoin de leurs terres à des fins agricoles ; qu'elles n'étaient pas sur le chemin des habitants blancs ; et que la plus grande portion de leur pays était une vaste étendue inexplorée[9] ». Jesup ridiculisa également la rhétorique de la liberté utilisée pour justifier la guerre. Ce n'était pas une guerre pour la liberté, en était-il arrivé à reconnaître ; mais c'était cette même cupidité omnivore, dont Alligator avait discuté avec Gad Humphreys, qui avait suscité la violence[10].

Jesup se méprisait alors ; plus encore, il n'avait que mépris pour cet Américain qui, plus que quiconque, avait engendré la catastrophe

---

8 Minnie More Willson, p. 25-27.

9 Thomas Sidney Jesup, « To Secretary of War », 11 février 1838 ; texte in Sprague, p. 199-201.

10 William Jay, « Miscellaneous Writings on Slavery », 1853, p. 312.

floridienne de l'Amérique, Andrew Jackson. « Si nos opérations n'ont pas été à la hauteur des attentes du public », informa-t-il le ministère de la guerre, « il faudrait qu'on se souvînt que nous avons tenté ce qu'on n'a jamais demandé à aucune autre armée de notre pays de faire ». Ce n'était pas simplement « de combattre, de battre et d'amener l'ennemi à se rendre, mais d'aller le chercher dans une vaste étendue inexplorée ». Même pas « à Jackson », écrivit-il, « on ne demanda cela ; et à moins que ce qui doit être accompli ne fût identique, on ne peut pas comparer les résultats ». La dernière phrase donne la mesure du mépris de Jesup. « Jackson », disait-il dans un rapport que le président lirait à coup sûr, et non pas « le général Jackson » ou « le président Jackson[11] ». Comme Humphreys avant lui, Jesup avait fini par comprendre – dans son cas que, quand il s'agissait de la Floride, Andrew Jackson était un menteur et un fraudeur, un vantard qui déclarait avoir conquis la Floride, alors qu'il n'avait même pas traversé la Suwanee. Et maintenant, dans le confort de la Maison blanche, Jackson reprochait aux autres d'avoir échoué à réaliser en Floride ce qu'il n'avait même pas essayé lui-même d'y accomplir.

Que devait-on faire alors avec les Séminoles ? « Je les autoriserais à rester sur place », écrivit Jesup. Et il continuait en proposant d'accorder aux Séminoles une bande de terre à l'intérieur de la Floride centrale, qui s'étendrait environ du site actuel de Disney World « vers le sud, aux confins de la Floride. Cela les satisferait, et ils en seraient possesseurs à la condition expresse que, s'ils commettent des actes de déprédation envers les habitants blancs ou s'ils dépassent les limites qui leur ont été assignées, ils perdraient leur droit de propriété ». Il continuait enfin en avertissant « que, à moins que l'émigration ne soit immédiatement abandonnée, la guerre continuera durant les années qui viennent et avec un coût toujours plus important ».

Jesup admettait que son devoir militaire n'était pas « de commenter la politique du gouvernement, mais de la mettre en œuvre selon les instructions reçues ». Le problème, expliquait-il, était que ses différents efforts lui avaient montré que la politique américaine tout entière était mauvaise. En tant que citoyen loyal, il avait décidé qu'il ne pouvait plus rester silencieux. La réponse du ministère de la guerre fut cinglante et facile[12].

11 Sprague, p. 250.
12 Texte in Sprague, p. 201-202.

Le frauduleux Traité de Payne's Landing, lui rappelait-on sévèrement, « avait été ratifié, et était la loi du pays ; et le devoir constitutionnel du président demande à ce qu'il soit exécuté. Je ne puis, par conséquent », continuait le ministre de la guerre, « autoriser aucun arrangement avec les Séminoles, par lequel il leur serait permis de rester sur place ». Le dédain était ensuite dirigé vers Jesup lui-même. « Le ministère avait l'espoir », l'informait-on, « que, avec les moyens importants mis à votre disposition, la guerre, par de vigoureux efforts, pourrait se terminer ». Le ministre de la guerre finissait en lui rappelant « qu'on devait faire tous les efforts possibles pour châtier les Indiens en maraude ». À cette fin, il invitait le général Jesup à « s'adresser au colonel James Gadsden pour toute information sur le sujet ». Alors que Jesup avait trimé dans la Floride sauvage, Gadsden, qui savait toujours se faire bien voir, avait entretenu ses contacts à Washington.

On ordonna aussi au général Jesup, endurci par les batailles, de laisser la poursuite de la ligne de front de la guerre au dernier cheval d'apparat à entrer en scène. Il s'agissait du colonel (et futur président) Zachary Taylor, un politicien soldat dont la propension à utiliser la guerre à son avantage personnel sera largement démontrée dans les décennies qui suivront. Le général Jesup tenta d'utiliser sa victoire près de Jupiter, réelle sinon décisive, pour sauver son pays du déshonneur et d'un bain de sang. Une semaine plus tôt, le colonel Taylor, après avoir perdu une bataille majeure, avait transformé sa défaite en un triomphe personnel en termes de relations publiques. Lors de la bataille du lac Okeechobee, une troupe de plus de huit cents hommes sous le commandement de Taylor, subit les pires pertes depuis le Massacre de Dade. Il ne put faire la capture que de quelques poneys et du bétail. Les nouvelles de la victoire de Jesup et de la défaite de Taylor atteignirent en même temps Washington, où l'inversion habituelle des faits et de la fiction eut lieu. Taylor devint un héros en une nuit. Il fut promu brigadier général pour avoir dit à ses supérieurs ce qu'ils voulaient entendre. Repoussé et humilié pour avoir dit la vérité, Jesup reprit son ancien travail de bureau à Washington, comme général d'intendance de l'armée américaine. Dans ce poste, il devint un de ces rares protagonistes de Floride à mener une vie honorable. Il resta général d'intendance jusqu'à 1860, quand, travailleur infatigable, il mourut à l'âge de soixante-dix ans, après avoir occupé ce poste plus longtemps que quiconque, avant ou après lui. Pendant longtemps vénéré comme le « Père du corps moderne des intendants militaires », le général Jesup devint en 1986 le premier membre du Hall of Fame des intendants militaires.

Après avoir été humilié, trompé, et jeté dans un cachot, Osceola – une des figures vraiment prophétiques de Floride – devint par la suite une célébrité, et finalement un objet-souvenir. Craignant qu'il ne s'échappât de son cachot, ses ravisseurs le transférèrent à Fort Moultrie, un avant-poste sur une île au large de Charleston, en Caroline du sud. Alors, ses exploits et le sensationnalisme de la presse américaine naissante avaient fait d'Osceola le premier chef indien célèbre du pays – admiré comme l'incarnation héroïque des vertus primitives, même si lui et son peuple avaient été brutalisés et dépossédés.

Impressionné par l'héroïsme de son combat et par le stoïcisme avec lequel il avait subi son sort, le fameux portraitiste George Catlin fit le voyage vers le sud pour pouvoir faire son portrait. Quand l'artiste et le sujet le voulaient, ils passaient des heures à discuter les vicissitudes de la vie. « Cette vaillante personne a le cœur en peine et l'esprit brisé, et est prêt à mourir », écrivit l'artiste.

Ce fut de mauvais traitements médicaux et non pas le chagrin qui tuèrent Osceola. Les maladies respiratoires sont fréquentes dans le froid et l'humidité, et en janvier il fait frisquet en Caroline du sud. Le froid peut être terrible pour un Floridien, particulièrement dans une cellule en pierre non chauffée sur une île battue par les vents. Le médecin de service, le Dr. Frederick Weedon, qui avait accompagné Osceola depuis la Floride, s'était assuré, en toute occasion, qu'il se trouvât bien dans des conditions qui pussent l'achever. Dans son journal, le docteur se plaignait que son prisonnier eût été placé « pendant 6 ou 7 jours dans une chambre chaude » – non pas pour sa santé, mais afin de poser pour Catlin et d'autres artistes. Lorsque les visiteurs partirent, le Dr. Weedon s'assura que son prisonnier retournât bien dans sa cellule non chauffée.

Ultérieurement, Weedon reconnut qu'Osceola avait souffert tout le temps d'amygdalite purulente. Mieux connue aujourd'hui sous le nom de phlegmon amygdalien, l'amygdalite purulente est une forme grave d'infection de la gorge. Bien traitée, elle n'est pas mortelle. Mais en l'absence de soins médicaux appropriés, et combinée avec des conditions de vie insalubres, elle peut devenir fatale. Le Dr. Weedon était conscient des effets que de telles conditions pouvaient avoir sur son patient. « Il ne passera probablement pas l'hiver », rapporta-t-il[13]. Sa prédiction s'avéra exacte le 30 janvier 1838. Cette même nuit, le Dr. Weedon, avec sa scie et son scalpel de médecin, entreprit de découper la tête du corps tout juste mort.

Quinze ans plus tôt, le Traité de Moultrie Creek avait annoncé la catastrophe qui s'abattit sur les Séminoles. Maintenant on jetait le cadavre sans tête d'Osceola dans une tombe à Fort Moultrie. Regardez de l'autre côté du port de Charleston depuis le site de la tombe d'Osceola, et une autre symétrie apparaît. De Fort Moultrie vous pouvez voir Fort Sumter. Exactement vingt-trois ans plus tard, les Confédérés ouvrirent le feu sur Fort Sumter depuis Fort Moultrie, quand la querelle sur l'esclavage, dont la vaste extension avait été rendue possible par la dépossession des Indiens, déclencha le plus grand bain de sang de l'histoire de l'Amérique. Suite à la décapitation d'Osceola, les deux crimes les plus grands et les plus tragiques de l'Amérique – le presque génocide des indigènes américains ; l'esclavage des Africains – sont reliés entre eux dans le port de Charleston.

Plus tard, les fils du Dr. Weedon racontèrent comment il accrochait la tête d'Osceola sur la tête de leur lit quand ils n'étaient pas sages. Finalement, il fit cadeau de son souvenir à son gendre, Daniel Whitehurst, qui vivait à New York. Un buste en marbre ou une armure n'aurait pas fait plus plaisir à celui-ci. La tête d'Osceola, se vanta Whitehurst, valait d'être exposé avec les objets « que la Grèce et la Rome antiques, les îles, et de nombreux champs de batailles d'Europe avaient produits ». Voilà pourquoi Whitehurst présenta à son tour la tête d'Osceola au Musée de chirurgie et de pathologie de New York, d'où elle disparut en 1866, quand le musée, avec ses monstruosités et ses curiosités, fut ravagé par un incendie.

Ce qui arriva à la tête d'Osceola fut aussi ce qui arriva à la mémoire de l'homme. Tout commença alors qu'il était encore vivant. De simple être humain – ce garçon de père « anglais » qui jouait au ballon avec ses voisins blancs – Osceola fut tout d'abord transmué en un ennemi, une menace pour la liberté, en un « sauvage ». Puis il devint une célébrité. Quand il mourut, il était déjà le plus célèbre « Indien » d'Amérique, mais sa mort marquait seulement un commencement. Alors qu'Osceola

13 Journal de Weedon, cité par Wickman, p. 148.

portait un fusil en temps de guerre et était connu pour sa voix posée et mesurée, « Chef Osceola », une parodie de l'Ouest sauvage, avec flèches enflammées et cris de guerre, fut pendant longtemps un des clous du show à la mi-temps des matchs de football de la Florida State. La tête d'Oscoela, qui apportait la ruine à ceux qui la possédaient, hantait un show télévisé de science-fiction en 2000. Selon *Osceola's Head and Other American Ghost Stories*, ceux qui visitent la nuit le Castillo de San Marcos parfois « s'arrêtent et scrutent les ténèbres. Beaucoup d'entre eux ont déclaré qu'ils ont vu une tête », ce qui est faux, bien entendu, mais ce conte dit pourtant une vérité que l'iconographie officielle ne dit pas. Si la tête d'Osceola flotte dans les ténèbres, c'est pour nous rappeler que sa capture et le traitement qu'il subit ensuite « constitua un des actes les plus honteux du gouvernement des États-Unis contre les Indiens de Floride[14] ».

La notion abstraite que la Floride, pour être américaine, devait être vide de tout Indien fut la seule vraie raison pour laquelle, sous le drapeau des États-Unis, elle devint un creuset du déshonneur. Un Floridien blanc énonça une évidence quand il écrivit que les Séminoles « seraient restés en paix jusqu'à ce jour si l'ordre de les déplacer tous n'avait pas été donné[15] ». L'absence de toute nécessité donna à la répression son aspect arbitraire, mais, même aux pires moments, une humanité partagée pouvait se manifester. À Fort King, en 1835, alors que Thompson et Clinch haranguait les Séminoles, les gradins de fortune en bois sur lesquels ils étaient assis s'effondrèrent. Tout le monde considéra cela comme une merveilleuse plaisanterie : les Américains et les Séminoles roulèrent ensemble par terre en riant, puis s'aidèrent les uns les autres à se relever, s'époussetèrent, et reprirent à nouveau leur même dialogue tragique de sourds.

Hernandez fut responsable d'un autre moment de bonne volonté mémorable. Il eut lieu à l'occasion du mariage de sa fille. On faisait alors entrer trois cents prisonniers dans un cachot à St. Augustine. Parmi eux figuraient les chefs séminoles, Coacoochee, connu également sous le nom de Chat sauvage, et John Horse. Coacoochee venait d'une longue lignée de notables indiens. Comme John Horse, officier de l'armée des États-Unis, le décrivit, il était racialement africain mais culturellement

14 Walter Harder, *Osceola's Head and Other American Ghost Stories*, 1974, p. 26-29.
15 Dowell, 1952, vol. 1, p. 252, 261.

séminole : « un garçon nègre aux longues jambes et de vilaine apparence » qui était devenu « un bel homme d'un mètre quatre-vingt, aussi droit qu'un indien, avec simplement un sourire de sang rouge qui montait jusqu'à son front[16] ». Amis proches, Coacoochee et John Horse allaient avoir des vies extraordinaires – tout d'abord en Floride, puis dans l'Ouest et finalement au Mexique.

Bien que Coacoochee, comme Osceola, eût été « trahi pour être capturé », cela n'empêcha pas Hernandez de l'inviter au mariage de sa fille. « Des valses et des danses espagnoles étaient à l'ordre du jour », se souvint Forry. « Coacoochee », ajoutait-il, « fut le lion de la nuit, attirant l'attention des dames… avec sa silhouette de parfait Apollon ». Forry fit ensuite au chef séminole le plus beau des compliments possibles : « Coacoochee a la contenance d'un homme blanc[17] ». Après la soirée, Chat sauvage et les autres furent renvoyés dans leur cachot. « Les Indiens sont parfaitement en sécurité et ne pensent pas à s'échapper », écrivit Forry. Très peu de temps après, ce fut pourtant ce que Coacoochee et dix huit autres Séminoles firent. Ils étaient tellement amaigris qu'ils avaient pu se faufiler entre les barreaux de la prison. Le général – qu'il était désormais devenu – Zachary Taylor chassa Coacoochee et ses hommes sur une bonne moitié de la Floride mais ne put jamais l'attraper.

Osceola inspira les peintres ; Coacoochee inspira les poètes. Dans *Twasinta's Seminoles ; or, Rape of Florida*, une épopée en trois chants, le héros lutte vaillamment, pour finir par être déporté par bateau d'une manière similaire à celle de Coacoochee[18]. Plus fiable que bien des rapports historiques des faits, *Rape of Florida* – c'est-à-dire, *Le Viol de la Floride*, fait de la guerre séminole une tragédie, ce qu'elle fut. Le poème, parfait exemple d'un genre maintenant passé de mode, fut un des très rares ouvrages de littérature imaginaire de cette période à traiter de la Floride, toutefois même dans les temps où les élèves devaient mémoriser des poèmes dans la cour de l'école, aucun professeur ne leur apprit celui-là. Albery Whitman était noir. Mais il fut plus encore disqualifié parce qu'il disait la vérité. Dans son anthologie de la poésie afro-américaine, Joan R. Sherman explique pourquoi ce poème eut le même sort que le rapport de Jesup au ministère de la guerre. « Le viol

16 Bird, 2005, p. 22.

17 « Letters of Samuel Forry ».

18 Albery Allson Whitman, *Twasinta's Seminoles ; or Rape of Florida*, 1885.

déloyal de la Floride y est une parabole de l'expérience américaine : un pays, autrefois paradisiaque, est corrompu par la cupidité, la haine et l'hypocrisie, et ses indigènes, rouges et noirs, sont ruinés par le préjugé racial ». Ou comme le poème le dit lui-même, plus concisément : « La liberté est un nom vide / Et la gloire apportée par la guerre est une honte manifeste[19] ».

Comme Jesup avait prévenu, la guerre continua durant les « années qui suivirent ». À la fin de 1838, le général Taylor abandonna la Floride méridionale tout comme l'avait proposé Jesup. Même la Floride du nord n'était pas parfaitement « nettoyée ». Cela ne l'empêcha pas d'être louée et promue. Les commandants américains qui lui succédèrent arrivèrent avec l'intention de conclure la victoire dans les trois mois. Mais, après une année ou deux, ils aboutiront à la même conclusion que Jesup ; 1842 marqua la fin manifeste de ce que les Américains appelèrent la seconde Guerre séminole. Cette année-là, les militaires américains cessèrent unilatéralement les opérations en Floride. Des milliers de Séminoles étaient morts ; des milliers d'autres étaient d'accord pour partir vers l'ouest en échange de paiement en argent liquide. Ces petites sommes étaient loin de pouvoir compenser leurs pertes ; néanmoins des rapports modernes continuent à les décrire comme des pots de vin. Comme les Séminoles diminuaient en nombre, Coacoochee négocia son propre établissement de paix. Son ami John Horse servit d'intermédiaire. L'accord promettait que Coacoochee, plus sa famille et ceux qui le suivaient, qui comprenaient des noirs, pussent s'établir librement sur une terre qui leur appartiendrait à l'ouest du Mississippi. Dès le début, les promesses furent trahies. Aussitôt arrivé au port, Coacoochee fut enchaîné, puis chargé à bord d'un cargo de la marine des États-Unis. Il y fut gardé menotté, pour qu'il fût bien sûr que, s'il parvenait à sauter du bateau, il se noierait.

C'était le 4 juillet. Pour le fêter, un navire de la marine américaine commença à tirer des coups de canon. Quand celui qui le tenait prisonnier, le colonel William J. Worth, lui dit que ce « jour il y avait de nombreuses années les hommes blancs avaient gagné le droit d'être libres », il serra ses menottes et dit : « Oui, l'homme blanc est libre ». Comme le bateau s'apprêtait à lever l'ancre Worth et Coacoochee discutèrent sur le sens de la vie. Enfant, se souvint Coacoochee, il avait vu un homme blanc

19 Joan R. Sherman (ed.), *African-American Poetry : an Anthology, 1773-1927*, 1997, p. 258.

pour la première fois, alors qu'il chassait. Il était à la pointe de son fusil. « Je ne pus lui tirer dessus comme je l'aurais fait avec un loup ou avec un ours », dit Coacoochee au colonel Worth, « mais pourtant, comme eux, il vint m'attaquer ». Il continua en lui décrivant comment l'homme blanc l'avait traité lui et son peuple : « Chevaux, bétail et champs, il me prit. Il disait qu'il était mon ami. Il abusa de nos femmes et de nos enfants et nous dit de partir du pays. Pourtant, il me serra encore la main en signe d'amitié. Il mentit et nous frappa. Je ne demandais qu'un petit morceau de ces terres, assez pour planter et vivre de ces cultures, très au sud – un endroit où je pourrais répandre les cendres des miens. Rien ne me fut accordé. Je fus fait prisonnier. Je réussis à m'enfuir. Je fus pris de nouveau. Je sens les fers sur mon cœur[20] ».

Un autre de ces remarquables chefs séminoles, Halleck Tustenuggee, expliqua ce qui s'était passé de manière plus courte. « On me chassa comme un loup », murmura-t-il avec mépris quand lui aussi fut mis au fer et envoyé par bateau vers l'ouest, « et maintenant on se débarrasse de moi comme un chien[21] ». « Une tragédie comme l'Iliade », c'est ainsi qu'un autre chroniqueur des Séminoles, une femme blanche du nom de Minnie Moore Wilson, résuma ce qui leur était arrivé[22]. Alors que des survivants comme Coacoochee et John Horse marchaient vers l'ouest, leur *Iliade* se transforma en *Odyssée.* Face à des dangers aussi grands et déroutants que ceux qu'avaient affrontés les héros mythiques, ils n'arrêtèrent jamais d'espérer que, si seulement les Américains pouvaient considérer la vérité, justice serait faite. En 1844 Coacoochee et John Horse allèrent à cheval et à pied jusqu'à Washington. Ils durent entrer séparément dans la capitale. Alors qu'un Indien qui cheminait sur le Mall pouvait être considéré comme quelque chose de pittoresque, les noirs libres n'avaient même pas le droit de mettre un pied dans la ville. Seulement les esclaves ou les domestiques, sous la garde de leurs maîtres, avaient l'autorisation de voir de leurs propres yeux les grands temples de la démocratie américaine. John Horse, qui avait commandé des troupes durant les batailles plus souvent que la plupart des généraux américains, dut se faire employer comme valet pour pouvoir y parvenir.

---

20 Sprague, p. 288-291 ; Bird, 2005, p. 153-154.

21 Sprague, p. 483. Voir aussi Milton Meltzer, *Hunted Like a Wolf : The Story of the Seminole War*, 2004.

22 Willson, p. 1.

Leur Grand Père à Washington ne voulait pas les recevoir, aussi contactèrent-ils leur vieil ennemi, le général Jesup. Jesup accueillit une délégation toute entière de Séminoles dans sa maison de la rue F. Son épouse leur fit la cuisine ; et ses filles chantèrent. Dans les documents de l'époque, Jesup semble à tour de rôle sans scrupules et noble ; petit à petit, son caractère fondamental se manifeste. C'était un homme de devoir – ou plutôt de devoirs. Son dilemme était que ses devoirs moraux et ses devoirs militaires divergeaient, et il n'y avait aucun moyen de les réconcilier. Il essaya néanmoins. Avant que les Séminoles n'arrivent à Washington, il avait fait le voyage jusqu'en Oklahoma pour tenter de les aider. Là, en tant que général d'intendance, il informa les commandants de l'armée des États-Unis que ces Séminoles noirs qui étaient partis dans l'ouest avaient acquis le droit à la liberté lors de la capitulation qu'il leur avait lui-même imposée. Que cet accord demeurât « de pleine force et de plein effet », comme Jesup le soutenait, était une question ouverte, mais aucun commandant d'un avant-poste éloigné ne souhaite contrarier celui qui décide de son approvisionnement. L'armée des États-Unis devint, de façon discontinue, la protectrice des Séminoles noirs, grâce à l'intervention de Jesup.

Le général Jesup s'engagea également pour leurs droits à Washington. « J'espère sincèrement que l'exécutif ne permettra pas que la parole nationale qui, à l'époque, fut sincèrement engagée... ne soit violée », argumenta Jesup, en invoquant ses propres engagements, « mais que tous les Nègres qui se sont rendus à moi et qui ont été envoyés dans l'ouest soient protégés de toute capture par, ou de toute vente à, des citoyens, des étrangers ou des Indiens ». Le gouvernement des États-Unis prenait le parti des kidnappeurs, des chasseurs de prime, des meurtriers. Il était parfaitement légal, comme en fut informé Jesup, de kidnapper et de prendre comme esclaves des Séminoles dans la mesure où ils étaient noirs.

Aux États-Unis, il n'y avait aucun endroit, lointain ou petit, où ces gens pouvaient être libres et en sécurité, aussi Coacoochee et John Horse partirent-ils au Mexique. L'esclavage y avait été aboli en 1829, et un homme d'origines africaine, indienne et européenne mélangées, du nom de Vicente Guerrero en était devenu le président, plus de 180 ans avant que Barack Obama n'occupât la même fonction aux États-Unis. À ce moment, le capitaine Sprague avait terminé son histoire de la guerre de Floride, et était en garnison au Texas. Là, un jour de juillet 1850, devant ses yeux, des personnages de son livre reprirent corps comme autant de mirages miroitant sur les plaines du Texas. Sprague donna à manger aux Séminoles et but du whisky avec Coacoochee. Puis, il donna au groupe un laissez-passer pour qu'il pût traverser le territoire des États-Unis[23]. Quand ils atteignirent le Rio Grande, les Séminoles construisirent des radeaux et firent la traversée jusqu'au Mexique. Le gouvernement mexicain leur accorda ce que les États-Unis, en dépit de toutes leurs terres et de toutes leurs richesses, avaient toujours rechigné à leur donner : un endroit à eux.

En 1857, Coacoochee mourut de la variole dans la terre accordée aux Séminoles à El Nacimiento, Coahuila. Son épopée aurait pu s'étendre sur plusieurs générations, mais il n'avait pourtant que quarante-cinq ans. John Horse, ou Juan Caballo ainsi qu'on l'appelait en espagnol, mourut en 1882 comme il avait vécu, en tentant de dire la vérité à ceux qui étaient au pouvoir, c'est-à-dire en cherchant à obtenir une audience du président à Mexico pour qu'il renouvela sa protection des terres séminoles. Coacoochee, né dans l'élite indienne en 1812, et John Horse, le fils d'« esclaves en fuite », né la même année dans le nord de la Floride, firent renaître l'amitié de Garçon et de son compagnon indien sans nom, à une différence près. À l'inverse de ces derniers, ils survécurent et finalement trouvèrent un endroit où ce n'était pas un crime d'être ce qu'ils étaient. Ce fut la tragédie de l'Amérique, non la leur, s'ils ne purent trouver leur liberté qu'en dehors des États-Unis.

En Floride, la Guerre séminole n'était toujours pas terminée, en dépit de déclarations officielles du contraire. Le « plus grand obstacle » à la paix, rapportait en 1856 l'agent aux affaires indiennes, restait l'opposition farouche des « citoyens de Floride, qui, je suis désolé de le dire, ne souhaitent pas que cette guerre prennent fin ». Même quand, plus tard, les politiciens à Washington s'aperçurent que c'en était vraiment trop, les civils blancs de Floride ne « perdirent jamais leur appétit pour une "guerre" qui déployait de nombreux hommes de troupes sur le terrain, un marché pour leurs produits, et qui leur permettait de trouver un emploi dans la milice ou de lui vendre de la nourriture ». « Chasser et tuer les Indiens étaient plus qu'un sport pour ces gens », remarqua-t-on plus tard. « Les prix d'un Indien capturé était très intéressant alors :

23 Bird, 2005, p. 187-189. L'ouvrage principal est celui de Kevin Mulroy, *Freedom on the Border : The Seminole Maroons in Florida, Indian Territory, Coahuila, and Texas*, 1993.

500 dollars pour un guerrier, 250 dollars pour une squaw et 100 dollars pour un enfant[24] ».

Pour ce qui concernait les Séminoles, la guerre contre eux ne cessa jamais. Elle prit seulement des formes différentes. En 1855, ce que les Américains appelèrent la troisième Guerre séminole commença après l'attaque par des guerriers séminoles d'un détachement de l'armée des États-Unis qui avait dévasté leurs établissements. Au plus, il ne restait que trois cent Séminoles en Floride du sud. Pourtant, la milice de Floride avait tellement bâclé les opérations que l'armée des États-Unis dut venir à leur rescousse une nouvelle fois. Les miliciens de Floride, écrit James W. Covington dans son étude du conflit, « s'adonnaient à l'oisiveté, à l'ivrognerie et au vol. Plus encore, les milices avaient échoué à empêcher les attaques contre les colons ». Bien qu'on proclamât de nouveau la « victoire » en 1858, les expulsions forcées des Séminoles continuèrent jusqu'en 1859. L'année suivante, la même milice blanche qui s'était déshonorée dans le combat contre les séminoles fut prompte à prendre les armes contre la « tyrannie » fédérale. Au final, il aura fallu deux guerres – la Guerre civile en plus de la Guerre séminole – pour faire de la Floride une possession des États-Unis.

On dit parfois que, si l'on met de côté la Guerre civile, la guerre de Floride fut la guerre la plus sanglante que les États-Unis firent durant le XIXe siècle. C'est, à l'évidence, vrai, si l'on arrête de considérer les Séminoles comme des Américains. Si l'on ne tient en compte que les troupes des États-Unis et cette phase connue sous le nom de seconde Guerre séminole, le conflit avec ses 1 500 morts se classe comme un des plus importants conflits américains. En comparaison, les victimes américaines de la guerre de 1812 se montaient à 2260 personnes tuées ; pour la guerre avec le Mexique à 1773 ; pour la guerre entre l'Espagne et les États-Unis à 385 ; pour la Guerre d'Indépendance à 4435. La campagne floridienne de nettoyage ethnique fut la première guerre de contre-insurrection d'Amérique. Ce fut aussi le conflit « indien » le plus coûteux d'Amérique. Selon les statistiques militaires américaines, presque deux fois plus de soldats moururent en Floride que ceux qui furent tués en soumettant l'ensemble de la vaste zone à l'ouest du Mississippi.

Le trait le plus frappant de la guerre de Floride est celui qu'elle partage avec tant d'événements importants et révélateurs en Floride. Elle reste le

24 Dowell, 1952, vol. 1, p. 258, 260, 236.

principal conflit armé à être oublié dans l'histoire des États-Unis. Même les Floridiens d'aujourd'hui n'ont pas conscience de ce qui se passa dans ce qui est leurs jardins actuels. Le mercredi 22 août 2001, les lecteurs du *Palm Beach Post* eurent surprise de lire le titre suivant : « Riverbend Park, site de bataille historique ». Qui aurait pu penser que « juste au sud de Indiantown Road, à l'ouest de l'autoroute à péage de Floride, se trouve un lot de terres » où « des Séminoles à la peau rouge et à la peau noire combattirent les soldats des États-Unis ? », remarqua un habitant de l'endroit, en faisant référence au site de la bataille de Loxahatchee du général Jesup. « Oh, zut, si vous passez à côté et vous clignez des yeux, vous le manquez ».

La critique de la politique américaine que fit Jesup a disparu également, même si son importance fut reconnue à l'époque « La lettre du général Jesup au ministre de la guerre et sa réponse sont des documents importants dans l'histoire générale du gouvernement », observa le capitaine Sprague dans un commentaire qui, comme la proposition de Jesup elle-même, sera supprimé par les historiens. En 1848, Sprague continuait de décrire ce qui arrive –situation aussi familière aujourd'hui sur C-SPAN qu'elle l'était alors – quand un militaire compétent tente de mettre au courant les leaders politiques des réalités d'une guerre qu'ils sont imprudemment déterminés à continuer : « Le général, avec un esprit candide de sagesse et de philanthropie, plaide la cause de l'ennemi, et presse le gouvernement avec des arguments convaincants, d'adopter des mesures, dictées par l'expérience, qui, si on les avait écoutées, auraient fait économiser à la nation des millions de dollars, et auraient sauvé la vie de citoyens et d'officiers respectables » nota Sprague. Et alors ? « [Le] ministre de la guerre persiste, dans sa réponse, dans la même politique erronée qui avait inauguré le conflit ».

Comme ceux dont il rendit compte des triomphes, de la perversité, de la vénalité et de la noblesse, Sprague et son rapport définitif de *The Origin, Progress, and Conclusion of the Florida War* – c'est-à-dire, *L'origine, le progrès et la conclusion de la guerre de Floride* – seront expurgés de l'histoire de la Floride. Le Massacre de Negro Fort devint un non-massacre ; Gad Humphreys devint une non-personne ; le rapport le plus intelligible et le plus fiable sur la guerre de Floride devint un non-livre. Grâce à la minutie de Sprague, tout ce qu'on ne voulait pas savoir fut réuni dans un volume très pratique. Le texte du Traité de

Moultrie Creek, si remarquablement absent partout ailleurs, s'y trouve. S'y trouvent également les lettres de DuVal, les lettres d'Humphreys, de même que la correspondance de douzaine d'autres personnages clés. Pourtant le livre de Sprague est rarement ne serait-ce que mentionné dans l'« histoire » de la Floride.

La décision d'ignorer l'enquête du capitaine Sprague, comme la décision parallèle d'ignorer l'enquête du membre du Congrès, Giddings, sur le massacre de Negro Fort, doit être compris comme un choix. Génération après génération, ceux qui ne citent ni Sprague ni Giddings sont les mêmes que ceux qui, plutôt que de se confronter aux réalités du passé de la Floride, préfèrent recycler les fables de Washington Irving. Comme la guerre de Floride le montre, la suprématie blanche était un système dynamique d'expansion agressive, et non pas un système construit pour la défense passive d'une société qui, comme plus tard le prétendirent les propriétaires d'esclaves et les ségrégationnistes, voulait qu'on la laissât tranquille. « Nettoyer » les Indiens fut une tâche difficile. Mettre en esclavage le peuple noir demanda des efforts immenses, à l'échelle du globe. Transformer ces deux atrocités en un triomphe de la liberté fut un dur travail, également. Tout cela a de quoi occuper les historiens de la Floride – et de l'Amérique – pendant des générations.

D'AUTRES FLORIDIENS, D'AUTRES DESTINS

Ce qui se passa en Floride se passa ensuite dans toute l'Amérique du nord. L'épisode apparemment absurde de la République à l'étoile solitaire de Floride de l'ouest servit de modèle à la subversion de la République du Texas contre la souveraineté mexicaine en 1845. La guerre raciale de Floride, travestie en guerre indienne, présageait une explosion continentale de violence qui se retournerait contre elle-même, dans laquelle des blancs américains tueraient incomparablement plus de blancs américains que les Espagnols, les Britanniques, les « sauvages » et les noirs n'en avaient jamais tués.

Pour des hommes qui, plus tard, deviendront célèbres comme Zachary Taylor et Winfield Scott, la Floride fut un terrain d'entraînement, tout d'abord pour la conquête du Mexique, puis pour leur grande carrière politique. Pour d'autres, la Floride fut un prélude, avant qu'ils n'acquièrent l'immortalité sur les cartes routières de l'Amérique. En Floride même les noms de lieux comme Fort Lauderdale, Fort Myers, Fort Pierce, Fort George, Fort White, Fort Braden, Fort Drum, Fort Meade et Fort Walton Beach portent un témoignage, muet, que, avant de devenir des stations balnéaires ou des banlieues, ils étaient des avant-postes dans la longue campagne de l'Amérique pour soumettre la Floride. Le nom du comté de Dade, même s'ils sont peu nombreux dans la multiraciale Miami à le savoir, perpétue le nom du commandant qui mena ses troupes d'immigrants à la mort dans le nord de la Floride. Plus loin de là, Fort Smith, en Arkansas, de même que Fort Worth, au Texas, sont des lieux qui tiennent leur nom de soldats américains qui combattirent tout d'abord en Floride, puis allèrent conquérir de nouvelles terres dans l'Ouest, avant de faire profiter de leur expérience, lors la Guerre civile, l'État où ils avaient fait leurs premières armes[1].

1 Voir Allen Morris, *Florida Place Names : Alachua to Zoleo Springs*, 1995.

James Gadsden, tout particulièrement, est un parfait exemple de la manière dont l'histoire de la Floride annonçait un mouvement plus important de l'expansion américaine[2]. Après avoir commencé sa carrière en construisant les fortifications illégales de Jackson sur les ruines de Negro Fort, Gadsden la continua en laissant son nom à d'autres morceaux reculés de territoire, y compris un comté en Floride et une ville en Alabama. Le plus important territoire à porter son nom fut l'Achat Gadsden, une bande de terre, large en son centre, qui s'étendait du Texas à la Californie. De même que les changements de nom à Negro Fort témoignent des métamorphoses de la Floride, de même la progression du nom de Gadsden sur la carte de l'Amérique du nord est une bonne mesure de l'expansion des États-Unis avant la Guerre civile. Là où il alla, Gadsden accumula de la richesse – en terre, en argent et en propriété humaine. Après sa mort, des commissaires-priseurs, les frères Shinglers, à Charleston, vendirent « une ensemble de premier choix de 235 nègres, appartenant à la propriété de feu le général James Gadsden » aux plus offrants[3].

Né en Caroline du sud, Gadsden obtint tout d'abord les faveurs d'Andrew Jackson, alors qu'il était officier d'état major durant la guerre de 1812. Pendant les décennies qui suivirent, il devint prospère en se rendant utile auprès d'hommes puissants ; et ce faisant, il en devint un lui-même. Gadsden ne devint jamais riche en Floride ; il y apprit simplement une bonne leçon. L'avenir, comprit-il, c'était l'acier, et non les marécages, et cet acier se trouvait à l'ouest, et non au sud du centre américain de l'esclavage. Après avoir quitté la Floride, Gadsden devint un des premiers nouveaux barons du chemin de fer. Des chemins de fer comme les siens oblitérèrent littéralement les propriétés de ceux qu'il avait contribué à déposséder. Une des nouvelles lignes de chemin de fer, souligna Thomas Simpson Woodward, passait à moins d'un mètre cinquante de, si ce n'est sur, l'endroit où se trouvait la cabane qui avait vu naître Billy Powell ».

La victoire sur le Mexique ouvrit des opportunités sans limites, mais, pour des propriétaires d'esclaves comme Gadsden, les vastes territoires

2 La grande importance de Gadsden tient à son apparition et à sa réapparition dans des épisodes très différents de l'expansion américaine. Aucune biographie de Gadsden n'existe.

3 *Charleston Mercury*, 6 décembre 1859. Cité sur le site web de Magnolia Plantation of Charleston, Lowcountry Africana. Consulté le 18 mai 2012.

acquis initialement n'étaient pas suffisants. Il lui fallait acquérir plus de terres pour que son rêve devînt réalité. L'Achat Gadsden de 1854 ajouta soixante quinze mille kilomètres carrés aux terres, de presque deux millions cinq cent mille kilomètres carrés, que les États-Unis prirent au Mexique entre 1845 et 1848. En conséquence, Tucson et Yuma devinrent partie intégrante des États-Unis, mais l'Achat Gadsden était surtout important par les terres qu'il reliait. À partir d'El Paso, il était possible de construire une ligne de chemin de fer sur les terres achetées par Gadsden du Texas jusqu'à la Californie du sud. Ce qui explique leur forme étrangement allongée. Mais pourquoi construire une ligne de chemin de fer sur ces terres ? La Ruée vers l'Or en Californie avait lieu au nord ; ce n'était pas Los Angeles mais San Francisco qui était la ville du boom de l'or. Voilà précisément pourquoi James Gadsden était si déterminé à construire un chemin de fer jusqu'au Pacifique par le sud. Si le chemin de fer des Yankees allait de la Côte est à la Côte ouest, Gadsden avertit ses amis propriétaires d'esclaves, l'expansion de l'esclavage vers l'ouest serait bloquée. Mais comment, exactement, pouvait-on étendre l'esclavage d'une mer à l'autre ? Comme Gadsden l'envisageait, le nouveau chemin de fer – avec des wagons à bestiaux où seraient entassés les esclaves et des voitures-salons occupées par leurs propriétaires – traverserait le désert jusqu'à Los Angeles, y amenant avec lui le système d'expansion socio-écomonique des propriétaires d'esclaves.

Son plan rencontrait toutefois deux grands problèmes, ces mêmes problèmes qu'il avait rencontrés auparavant en Floride. Les terres que voulait Gadsden appartenaient à un pays étranger. Par conséquent, aucun investisseur avisé ne risquerait d'argent dans un tel plan. Ses relations avec de puissants responsables américains avaient été, dès le départ, le billet gagnant de Gadsden ; son habileté à obtenir leurs bonnes grâces fut de nouveau payante. En 1853, James Gadsden obtint que son bon ami Jefferson Davis intervînt de nouveau en sa faveur auprès du président Franklin Pierce. Pierce était un de ces nombreux politiciens yankees qui croyait que l'apaisement était le meilleur moyen de garder le Sud au sein de l'Union ; Davis, le futur président de la Confédération, était le ministre de la guerre de Pierce. Nommé par Pierce ministre plénipotentiaire au Mexique sur ordre de Davis, Gadsden reprit les techniques qu'il avait expérimentées en Floride pour cajoler les Mexicains, afin qu'ils lui abandonnent les terres qu'il désirait. Puis, premier et bel exemple d'entreprise parasite, on fit payer la note aux contribuables américains. Le gouvernement des États-Unis paya 10 millions de dollars courants de l'époque pour les terres que désirait Gadsden, ce qui, à l'inverse des 5 millions de dollars payés, en principe, pour l'achat de la Floride, était une dépense conséquente. Le soutien du gouvernement fédéral pour l'expansion de l'esclavage, commencé en Floride, avait pris une dimension continentale[4].

Aujourd'hui, l'idée de ventes aux enchères d'esclaves à Berverly Hills semble bizarre, mais à l'époque de Gadsden, l'esclavage s'était étendu depuis la Virginie et les Carolines, en passant par le Tennessee et l'Arkansas, jusqu'au Texas. La Floride, comme la voyaient les ploutocrates du Sud, était une preuve vivante que l'esclavage pouvait être implanté n'importe où. Ce qui est étonnant, rétrospectivement, c'est que leurs plans ont été très près d'être réalisés. Si la Guerre civile n'était pas intervenue, il aurait pu y avoir un Arizona du nord et un Arizona du sud, ce dernier devenant un état esclavagiste. Quand la Guerre civile commença, on parvint à réunir des assemblées en faveur de la sécession aussi loin vers l'ouest que Tucson. On établit un territoire confédéré d'Arizona ; les troupes confédérées occupèrent brièvement Santa Fe. Et c'est dans l'espoir de faire de la Californie du sud un bastion de l'esclavage que les Los Angeles Mounted Rifles et les California Grays combattirent pour la Confédération.

Quand ses rivaux furent battus, ruinés, ou quand ils partirent, le gouverneur Richard Keith Call devint la personnalité américaine la plus importante de Floride. À l'âge de vingt neuf ans, il était devenu le fondateur et le maître de la première machine politique à faire de l'argent qui fonctionnait parfaitement. Elle servait à concentrer le pouvoir, et par conséquent l'argent, dans les mains d'une petite minorité qui se trouvait à Tallahassee, et elle s'appelait le Nucleus. Spéculant sur des terres publiques, Call fit des bénéfices de l'ordre de 600 pourcents chaque année. Quand le favoritisme échouait, il cadenassait les portes du bureau de la propriété foncière, empêchant ainsi les membres du public de faire des offres sur les propriétés publiques que lui et ses amis voulaient acquérir. Comme la Floride s'agrandissait, on subdivisa ses comtés. Décider où devaient être les sièges des comtés pouvait être une décision aussi lucrative que celle qui avait fait initialement de

4 *Gadsden Purchase Treaty : December 30, 1853*. The Avalon Project, Yale Law School.

Tallahassee le siège de la capitale de l'état. Le Nucleus avait également le monopole sur les transactions du gouvernement, y compris sur les transferts de propriété. De lourdes amendes étaient infligées à ceux qui faisaient officiellement des affaires dans des lieux autres que ceux qu'ils possédaient ou contrôlaient.

Le succès personnel de Call montrait bien que le système était injuste. Quand, conséquence de ses échecs sur le champ de bataille, Jackson fut « contraint de soulager ses vieux amis du commandement militaire », Call ne fut pas rétrogradé ; il fut promu gouverneur. L'importance de ses relations était aussi évidente dans la richesse que Call accumula. « En 1821 il arriva dans le territoire, ne possédant rien d'autre que le patronage d'Andrew Jackson » note un rapport. « En 1840, les archives des impôts et du recensement le donnent comme propriétaire de 66 esclaves, de 6 000 hectares de premier choix dans le [comté] de Leon (et de bien plus ailleurs en Floride), de 20 000 dollars de lots à Tallahassee ». Quand le successeur trié sur le volet de Jackson, Martin Van Buren, nomma un nouveau gouverneur, Call retourna sa veste politiquement, en soutenant à la place William Henry Harrison. Avant de mourir, après seulement un mois de fonction, le président Harrison nomma Richard Keith Call gouverneur pour un second mandat. Il restera gouverneur territorial de Floride non-élu jusqu'en 1844[5].

À eux deux, William Pope DuVal et Richard Keith Call monopolisèrent le poste, appointé, de gouverneur de Floride durant plus de dix-neuf des vingt-trois années qui se terminèrent en mars 1845, quand la Floride entra dans l'Union comme État esclavagiste. Le gouvernement de DuVal avait déclenché la guerre de Floride. L'héritage de Call constitua en un système fondé sur une irresponsabilité sociale et économique, ainsi que morale et politique, qui entraîna tout d'abord la Floride dans la ruine financière, avant de la faire sombrer dans la dévastation avec la Guerre civile.

La cupidité avait aveuglé les élites de Floride sur le besoin de paix avec les Séminoles. La cupidité fit également considérer qu'un système bancaire honnête était une nuisance qu'il fallait éviter. En tant que gouverneur, DuVal mit son veto à la création d'un système bancaire ordonné. Une caisse noire, connue sous le nom d'Union Bank, était bien

5 Baptist, 2002, p. 93.

plus à son goût. Selon les auteurs d'un rapport de 1965, elle fonctionnait de la façon suivante : « Un planteur pouvait souscrire pour une valeur de 3 000 dollars d'actions, avec une hypothèque sur ses terres et ses esclaves. Il pouvait alors hypothéquer les actions dans la même banque et recevoir 2 000 dollars sur un prêt de vingt ans, laissant les 1 000 dollars à la banque pour ses opérations de routine[6] ». Cet accord apparemment légal s'apparentait à de la fraude organisée par l'état, le gouvernement étant la victime de ses propres chicaneries. Les 2 000 dollars que le propriétaire terrien sortait de la banque étaient un cadeau, les 1 000 dollars qu'il laissait en dépôt une illusion.

Les esclaves fournissaient un moyen pratique de multiplier un capital inexistant. En déplaçant leurs esclaves d'une portion de terre à une autre, les emprunteurs « donnaient les mêmes noirs comme caution à plusieurs reprises, en les mettant en évidence sur plusieurs parcelles de terre[7] ». Le même mépris de l'équité infesta le système judiciaire de Floride naissant. Les noirs étaient cruellement punis pour l'infraction la plus légère ; l'écart juridique entre les riches blancs et les pauvres blancs était également immense. Une mauvaise conduite comme une bagarre sur la voie publique était punie d'une amende de 50 cents si l'auteur était un fils d'un homme riche et de 100 dollars si un campagnard était impliqué dans la querelle.

Bien plus tard, on inventa à Tallahassee un passé de gentilhomme aux manières raffinées et à l'éducation aristocratique. La ville, en fait, était « la scène de duels, de bagarres, de combats au couteau et de toute la violence » qu'on associa ultérieurement à l'Ouest sauvage. L'assassinat politique du général Leigh Read ressembla à un combat d'armes à feu d'Hollywood, mais avec, en plus, une touche floridienne. Partisan d'une réforme qui s'exposait à l'inimitié du Nucleus car elle souhaitait renforcer l'État de Floride et elle mettait au jour les sombres marchandages de l'Union Bank, Leigh était aussi un des trois seuls officiers qui avaient vraiment combattu à la Withlacoochee. À l'inverse de Clinch et de Call, il n'avait pas fui devant les attaques des Séminoles, même après avoir été blessé.

Read était le Speaker du Conseil territorial, quand ses ennemis se préparèrent à le tuer. La première fois, Read refusa d'être provoqué en

6 Larry Schweikart, *Banking in the American South from the Age of Jackson to Reconstruction*, 1987, p. 198.

7 Tebeau et Carson, 1965, p. 142.

duel. La seconde fois, il accepta le défi et, forcé de se défendre, il finit par tuer l'homme envoyé pour le tuer. Indignées, les sœurs de l'assassin manqué, Augustus « Bouledog » Alston, ôtèrent la balle fatale du cadavre, la renvoyèrent à leur frère qui vivait au Texas et le pressèrent de l'utiliser pour venger sa mort. « Bouledog » préféra utiliser un couteau Bowie. Mais, après avoir manqué son coup, il visa Read dans le dos, puis au visage avec un fusil au double barillet. Le triple standard de la justice floridienne fit que Willis Alston ne fut jamais jugé, encore moins condamné, pour le meurtre d'un des citoyens les plus éminents de Floride. Autorisé à repartir au Texas, Willis Alston tua un médecin, qui était si mal élevé qu'il avait critiqué ses actes à Tallahassee, à la suite de quoi il fut lynché par la foule. Certaines personnes utilisent le mot *honneur* pour expliquer de telles vendettas, mais le général Leigh avait fini par être sur une liste floridienne de gens à abattre pour les mêmes raisons que le seront plus tard des passeurs de drogue retournés. Il s'était mis sur le chemin de l'argent[8].

La violence faisait respecter un ordre qui reposait sur un substrat consistant en « couches et couches de dettes ». Durant le second mandat de Call, les trois principales banques de Floride firent faillite. Comme la Guerre séminole, la création motivée politiquement, les opérations scandaleuses et la faillite inévitable du système financier malhonnête et instable de Floride furent une catastrophe qu'elle s'était auto infligée. Des millions de dollars et des milliers de vies avaient été dépensés pour rendre la Floride « libre », mais plutôt que de rester et de se battre, nombreux furent ceux qui partirent simplement là où il y aurait de l'argent à prendre. GTT était la facture que les percepteurs trouvaient souvent sur une propriété abandonnée : « Gone to Texas » – c'est-à-dire, « Parti au Texas. » Comme leurs plans floridiens engendraient la violence et la banqueroute, des centaines d'anciens « aristocrates » suivirent la trace du premier gouverneur DuVal et « partirent vers l'ouest », comme le dit un critique[9].

Même sans parler de l'institutionnalisation politique d'éléments économiques qui n'incitaient pas au développement d'une société civile productive, la Floride faisait face à deux problèmes qui la condamnaient au recul. Comme les lettres, les mémoires, les journaux intimes, les

8 Burnett, 1998, p. 227-231 ; Baptist, p. 173.

9 Baptist, p. 186.

sermons et les discours du temps le soulignaient fréquemment, la Floride n'était pas faite pour « l'homme blanc ». Au moins 90 pour cent de la Floride n'étaient faits pour personne, s'il s'agissait de produire des biens dont on pût attendre des bénéfices, mais même dans la ceinture du coton de la Floride médiane, ceux qui voulaient vite gagner beaucoup d'argent avaient à faire face à cet autre grand problème de la Floride, qui était celui d'un manque important de force de travail. La personne qui, finalement, définit le mieux ce problème était Harriet Beecher Stowe. Après la Guerre civile, l'auteur de *La Case de l'oncle Tom* établit ses quartiers généraux d'hiver en Floride. Elle dut y faire face alors au même problème auquel faisait face ses voisins favorables à l'esclavage.

« Qui travaillera pour nous ? » s'interrogeait-elle. Certainement pas les Américains blancs, car sur ce point, les abolitionnistes et les propriétaires d'esclaves étaient d'accord. Ils ne pouvaient imaginer faire le travail physique nécessaire pour « drainer les marais, abattre les arbres, déterrer les palmiers, et tout cela sous la chaleur torride du soleil tropical ». « Aucun blanc que nous connaissons n'ose rester dans les champs après dix heures », observait-elle. « Cependant, les ouvriers noirs que nous laissons dans les champs continuent leur dur labeur, plus activement, plus joyeusement que durant les mois plus frais ». Pour prouver ce qu'elle disait, la créatrice de l'Oncle Tom présenta à ses lecteurs le vieux Simon, dont le plus grand plaisir, raconta-t-elle joyeusement, était de pousser sa charrette, chargée de lourds monceaux de boue, sur une rive abrupte, des heures durant sous le soleil brûlant. Fascinée par cette incarnation floridienne de Sisyphe, Mrs Stowe s'enquérait : « Eh bien Simon, comment pouvez-vous travailler tant sous ce climat chaud ? » Ce à quoi Simon répliquait : « Yah, hah, ho, ho, ho, missee ! il est chaud ; pour sûr : ho, ho, ho ». « Le soleil réveille leur vigueur et leur infinie gaieté », ajoutait Mrs Stowe[10].

Qui fera le travail pour eux ? En 1820, il y avait au maximum 10 000 êtres humains dans toute la Floride. En 1860 la population se chiffrait à 140 424. Dont la moitié était des esclaves noirs. Dans les nouvelles zones de plantation, il y avait cinq noirs pour un blanc. Les deux tiers des esclaves de Floride étaient concentrés dans les comtés autour de Tallahassee, qui produisaient 80 pourcents du coton de Floride.

10 Stowe, 1875, p. 279-281.

Du coup, 80 pourcents de la richesse totale de Floride était liés aux esclaves. L'esclavage engendra d'énormes inégalités entre les blancs, car « l'écrasante majorité de la portion blanche de la population en 1860 ne possédait pas un seul esclave ; des 77 747 blancs, seulement 3152 étaient propriétaires d'esclaves ». Parmi eux, il n'y avait que 1175 personnes qui étaient considérées comme des « planteurs », c'est-à-dire propriétaires d'un nombre significatif d'esclaves[11]. Néanmoins, tous les gouverneurs de Floride et les membres du Congrès étaient virtuellement « planteurs ». L'esclavage pervertit la culture comme la politique et l'économie. Tout travail honnête était tourné en dérision, et les pionniers, comme ils auraient été appelés ailleurs, étaient considérés comme frustres. Cette Floride-là ne chercha jamais à se nourrir. Bien que la Floride devînt plus tard un important État d'élevage, on importait la viande et les animaux de trait d'aussi loin que de l'Ohio, où se trouvaient de la farine et d'autres denrées alimentaires.

La mainmise ploutocratique sur la richesse fut renforcée par les limitations oligarchiques du droit de vote. Même une liste réduite d'électeurs pouvait encore présenter des menaces pour le pouvoir du Nucleus et de ses alliés, aussi dans leurs manœuvres pour accéder à la tête de l'État, les élitistes, à la manière de Clinch, tentèrent-ils de limiter le droit de vote aux riches propriétaires terriens. En dépit de campagnes de terreur et de tentatives – encore courantes aujourd'hui – pour décourager le vote, les gros draps triomphèrent malgré tout des draps fins. La constitution de l'état de Floride disposa explicitement qu'il ne sera jamais nécessaire d'avoir un droit de propriété pour pouvoir voter. Même si le linge politique restait exclusivement blanc, la Floride avait fait un pas vers le tout inclus. En 1845, l'ambition de Jefferson d'étendre l'Achat de la Louisiane jusqu'à la rivière Perdido fut gravée d'une manière permanente sur la carte politique américaine, lorsque la Floride, couplée avec l'Iowa pour maintenir un équilibre entre les États esclavagistes et les États libres, fut admise dans l'Union avec les frontières qu'on lui avait improprement données quarante ans plus tôt[12].

Puisque le gouverneur était désormais élu, Richard Keith Call dut faire face pour la première fois à la colère de ses concitoyens. Dénoncé comme le « candidat des banques », il fut battu. L'élite « aristocratique »

11 Dowell, 1952, vol. 1, p. 332, 274.

12 Dowell, vol. 1, p. 320.

qui, pour les cas les plus anciens, remontait à vingt-quatre ans tout au plus, fut atterrée. Un éditorialiste se lamenta que « dans un terrible combat entre la vertu et la corruption » la corruption l'avait emporté. Il avait raison, bien que ce ne fût pas dans le sens qu'il l'entendait. Avec la constitution de l'état, un cercle un peu plus important de Floridiens blancs obtint le droit de voler. La politique de classe de Floride entra dans l'Union avec ce droit, mais parce que le critère de race avait toujours pris le dessus sur tout autre critère, le soulèvement populaire provoqua plus de tumultes en surface que de changements en profondeur. Quel que fût celui qui était élu gouverneur, la plupart des blancs, de même que tous les noirs, restèrent les victimes d'un système dans lequel un petit nombre de personnes monopolisaient statut, éducation, terres et argent. Parce qu'elle n'avait pas de tradition d'octroi de terres et que ses gouvernants craignaient une populace éduquée, la Floride ne deviendra jamais un centre d'excellence pour une éducation financée par l'État. Cette absence d'excellence intellectuelle, comme celle d'esprit entrepreneurial, traversent comme un fil effiloché, l'ensemble de l'expérience de la Floride. Elles relient la cabane du squatter à la cabane en papier goudronné, les projets de développement aux parcs à caravanes. En 1860, la Floride fut classée dernière de l'Union pour ce qui concernait les dépenses pour l'éducation ; en 2010, elle se classe toujours dernière pour la part de son budget consacré à l'éducation.

L'introduction de l'esclavage de masse entre 1825 et 1865 marque encore la Floride, plus profondément que n'importe quel autre événement de son histoire, mais aucun système ne peut être compris seulement dans l'optique des catastrophes qu'il produit. Sur le long terme, l'esclavage était suicidaire. Sur le court terme, une société structurée sur la division raciale encourageait l'émergence d'une vraie identité américaine, même si elle était exclusivement blanche. La blancheur de peau aidait les habitants à se trouver une parenté en Amérique qu'ils n'auraient pas trouvée en Europe où, puisque tout le monde était blanc, la couleur de peau n'était d'aucune utilité pour la différenciation sociale et politique. En Amérique, les Irlandais, les Russes, les Italiens, et mêmes les Turcs et les Arabes, pouvaient être américanisés. Alors même qu'ils massacraient les indigènes indiens et mettaient en esclavage les noirs, les Américains continuaient d'annoncer au monde que « le misérable rebut de vos rivages grouillants » était le bienvenu, mais il fallait qu'il fût blanc.

Le sort de José-Joe Hernandez et de Billy Powell-Osceola avait déjà montré que l'américanisation était une lame à double tranchant. De fait, au moment où elle devenait un état, la Floride donna le jour au cas d'étude le plus extraordinaire qui soit d'un trait d'union transculturel raciste blanc. Cet hybride exotique s'appelait David Levy, juif de l'île caribéenne de St. Thomas qui, une fois en Floride, devint David Yulee, chrétien et premier de l'État à devenir membre du Sénat des États-Unis. Levy-Yulee, manipulateur politique de génie, termina sa métamorphose politique comme sa métamorphose personnelle en obligeant la législature de Floride à voter. Jusqu'en 1913, quand l'Amendement XVII de la Constitution des États-Unis prit effet, les Américains ne pouvaient élire leur sénateur. Les Pères fondateurs avaient réservé ce privilège aux législatures des États et aux intérêts qui les dominaient. Dans une des premières et des plus bizarres séances législatives pour des intérêts particuliers de Floride, Lévy se fit nommer par la législature sénateur. Puis, conformément à ses instructions, elle promulgua une loi d'État qui lui permit de changer son nom en Yulee. À Tallahassee, David Levy fut élu sénateur. À Washington, David Yulee siégera au sénat des États-Unis. Un racisme blanc extrémiste et une position radicale pro-esclavage – auxquels il faudrait ajouter une distribution généreuse de sommes d'argent pris dans la bourse publique – permit à Levy-Yulee de dominer la politique de Floride et, à travers la politique, de gérer ses réserves d'argent durant les années cruciales qui menèrent à la Guerre civile.

Son père, Moses Elias Levy, bien que né au Maroc, avait fait fortune dans les Caraïbes. Puis, comme bien d'autres hommes riches, il choisit de dépenser en Floride la fortune qu'il avait acquise ailleurs. Son rêve floridien était de créer, sur vingt-cinq mille hectares à l'ouest de St. Augustine, une utopie proto-sioniste, mais les juifs n'étaient pas plus prêts à élever des vers à soie dans les marécages de Floride que ne l'étaient les Minorquins. La Nouvelle Jérusalem de Moses Levy subit le même sort que la Nouvelle Smyrne, après quoi son fils – le futur sénateur Yulee – devint une personnalité publique prééminente en trahissant les principes moraux de son père en même temps que son héritage religieux. Le vieux Levy écrivit des pamphlets dénonçant l'esclavage. Devenu épiscopalien et marié à la fille d'un gouverneur du Kentucky, son fils devint un ardent partisan de l'esclavage et embrassa cette tradition floridienne d'utiliser l'argent public pour se faire une fortune personnelle.

De même que certains avancent que José-Joe Hernandez fut le premier membre hispanique de la chambre des représentants des États-Unis, d'autres avancent que Levy-Yulee fut le premier juif à siéger au Congrès des États-Unis. C'est un honneur qu'il aurait lui-même discuté. Non seulement il n'était pas juif, rappelait le premier sénateur de Floride, mais le sang royal du Maroc coulait dans ses veines. Yulee, expliquait-il, était le nom de cette dynastie. Bizarre en ce qui concerne ses détails floridiens, cette mascarade s'inscrivait en fait dans un schéma américain. Aux États-Unis, il n'est pas d'époque où des juifs ne se soient pas fait passer pour des *gentils*, des noirs pour des blancs, où des gens dont les parents sont descendus d'un bateau venant de Minsk ou de Palerme ne se soient pas retrouvés dans le vieux quartier de Back Bay ou dans la société Pasadena – où les blondes s'amusent plus, même si elles sont en fait des brunes. Être américain a toujours été à la fois abandonner et devenir. Où ailleurs qu'aux États-Unis, quelqu'un pourrait-il faire passer à la législature d'un État une loi qui proclame qu'il était ce qu'il n'était pas ?

En mars 1861, la Floride fêta l'usage si particulier que ce sénateur si particulier faisait de l'argent public à des fins personnelles, quand le consortium de chemin de fer que contrôlait Yulee inaugura sa première ligne à travers la péninsule. Elle allait de Ferdinanda sur la côte atlantique jusqu'à Cedar Key sur le Golfe. Sur l'ordre du sénateur Yulee, la législature de l'état paya la note. Ce conquistador juif-marocain-épiscopalien-antillais fut aussi riche et puissant qu'on peut le devenir en Floride – jusqu'à ce qu'il finît ruiné, comme le général Clinch et le gouverneur DuVal. Ces derniers avaient été amenés à la ruine en provoquant la Guerre séminole. Dans le cas de Yulee, ce fut la Guerre civile, qu'il avait, comme tout Floridien, contribué à provoquer, qui causa sa perte. Ses revers de fortune, quand ils arriveront, le feront passer des lambris dorés du Sénat des États-Unis à une cellule de Fort Pulaski en Géorgie, où il fut emprisonné pour trahison à l'encontre des États-Unis d'Amérique. Une fois relâché, le sénateur-spéculateur qui retournait sa veste facilement se construisit un nouveau château de cartes. Les noms choisis pour son plan sentent encore les remèdes du charlatan : la Peninsular Railroad Company, la Tropical Florida Railway Company, la Ferdinanda and Jacksonville Railroad Company. Les vrais chemins de fer n'arriveront pas en Floride avant l'Age dorée. Comme le gouverneur DuVal, le sénateur Yulee quitta pour finir la Floride, y laissant un héritage très particulier sur les cartes routières, puisque, en Floride, la ville de Yulee et le comté Levy ont pris le nom d'une seule et même personne.

Richard Keith Call, lui, ne quitta jamais la Floride. Après y être arrivé en 1814, il y mourut en 1862[13]. En 1861, le plus éminent des Pères fondateurs de l'État, décrivit l'être humain, dans sa variante africaine, comme « un animal auquel il manquait la faculté de l'esprit et le sentiment du cœur, sans esprit ou fierté[14] ». Le système juridique qui se mit en place pendant qu'il était gouverneur reflète cette croyance. « Tout Nègre » coupable de vol, spécifiait le code pénal de Floride, « se verra condamné à mort ou aura les oreilles clouées à des poteaux où, pendant une heure, il recevra 30 coups de fouet sur son dos nu, à la discrétion de la Cour[15] ». La mort ou un clou dans l'oreille ? Le caprice, comme la barbarie, était essentiel dans le système de violence et de terreur de l'esclavage. Chaque individu était responsable d'actes individuels de barbarie ; le système juridique barbare de Floride était la création de son système politique raciste. Comme le reconnut plus tard la législature de Floride elle-même, « la première Législature territoriale de Floride… et celles qui lui ont succédé, construisirent, pendant des décennies, un cadre juridique qui perpétua l'esclavage africain dans l'une de ses formes les plus brutales et déshumanisantes[16] ».

Entre 1820 et 1860, le sud-est des États-Unis fut la scène d'une double migration forcée. Alors que des dizaines de milliers d'Indiens étaient déracinés, des centaines de milliers d'esclaves noirs furent introduits dans les territoires qui avaient été « nettoyés ». L'ampleur de ces mouvements fut immense, la souffrance qu'elles amenèrent impossible à mesurer. Non seulement l'esclavage fut, comme le président Jefferson le dit, « la source principale de déshonneur pour le caractère américain », il fut socialement et économiquement si perturbant que, bientôt, il amènera les Américains à se tuer par centaines de milliers. Il devait y avoir une alternative à cette éducation nationale dégénérescente du nettoyage ethnique et du

13 Hebert J. Doherty, *Richard Keith Call, Southern Unionist*, 1961.

14 Call, 1861.

15 U. S. Senate, Committee on Slavery, *Report by Charles M. Summer*, 29 février 1864, p. 15.

16 State of Florida, *A Concurrent Resolution Expressing Profound Regret for the Involuntary Servitude of Africans and Calling for Reconciliation Among all Floridians*, 26 mars 2008.

racisme et, assez étrangement, il y eut quelqu'un, en Floride, qui, depuis le début, sut ce quelle pouvait être. Avant même que les Séminoles ne prennent les armes, le grand philosophe oublié de Floride, Zephaniah Kingsley, avait fait sa rébellion personnelle. Elle prit la forme d'un traité très original d'éthique et d'économie sociale sur la situation de la Floride. La solution de Kingsley aux problèmes de la Floride était de remplacer la haine raciale par l'amour sexuel. Que les blancs et les noirs pussent avoir des relations sexuelles entre eux, argumentait-il, était le moyen d'exciser du caractère américain les poisons générés par le « nettoyage » et l'esclavage. Dans *A Treatise on the Patriarcal, or Co-operative, System of Society as It Exists in Some Governments, and Colonies in America, and in the United States, Under the Name of Slavery, with its Necessity and Advantages*, tout d'abord publié en 1829, Zephaniah Kingsley déclara que le sexe interracial était à la fois le salut moral de la Floride et la source de sa prospérité future. Son plus grand mérite, jugeait-il, résidait dans ce que les autres hommes blancs tentaient de se cacher avec le plus de force. Le sexe interracial engendrait des gens de races mêlées ; cela, déclarait Zephaniah Kingsley, était un grand pas en avant.

Le titre complet, en français, de cette œuvre extraordinaire serait : *Traité sur le système patriarcal ou coopératif de société tel qu'il existe dans certains gouvernements, et dans certaines colonies d'Amérique et des États-Unis, sous le nom d'esclavage, avec sa nécessité et ses avantages.*

« Non seulement les degrés intermédiaires de couleur sont sains, mais, quand les conditions sont favorables, ils s'améliorent en forme, en force et en beauté », disait-il, faisant référence aux enfants des maîtres et de leurs esclaves. L'intimité sexuelle entre différentes couleurs de peau, ajoutait-il, était moralement « méritoire et louable », et le moyen idéal d'exorciser un grand mal. Le mal, c'était la haine raciale – « un préjugé », soulignait-il, qui « neutralisait totalement la force physique du pays, en plaçant une partie de ses habitants dans une position hostile vis-à-vis de l'autre ». Comme le proposait Kingsley, éliminer les préjugés raciaux, et non pas établir la suprématie blanche, était le grand défi auquel la Floride avait à faire face sous la domination américaine. Un des avantages de l'esclavage, selon lui, était qu'il permettait de créer une population de race mêlée très commode. Loin d'être puni ou condamné, celui qui participait à cette noble, et tout à la fois plaisante, entreprise, argumentait-il, méritait d'être honoré comme « un philanthrope… à l'énergie et au courage moral duquel l'humanité était redevable ». À l'époque où il écrivait sur le racisme qui neutralisait, « la force physique du pays en plaçant une partie de ses habitants dans une position hostile vis-à-vis de l'autre », la Guerre civile n'était pas encore en vue. Kingsley en avait toutefois déjà entrevu le danger et il proposait d'éviter le bain de sang en remplaçant la haine raciale par l'amour sexuel. Comme l'alliance interraciale des Séminoles, la philosophie d'intimité interraciale de Kingsley était prophétique. Elle aurait également pu sauver un grand nombre de vies, et éviter beaucoup de problèmes, si les gens avaient voulu l'embrasser.

Le premier pas pour transcender le racisme, croyait Kingsley, était de transformer l'esclavage d'une institution rigide et statique en une situation flexible et évolutive dans laquelle la couleur de peau deviendrait de moins en moins importante. Après une génération ou deux de tutelle, il voyait la plupart des esclaves libres. Il savait où mèneraient le processus de mise en esclavage suivi par celui d'affranchissement. Zephaniah Kingsley fut peut-être le premier penseur américain, non seulement à demander la légalisation du sexe interracial, mais à proposer le sexe interracial comme quelque chose de désirable socialement, culturellement et hygiéniquement. Le Traité de Kingsley reposait sur Locke et Rousseau. Il annonçait également Marx. Kingsley avait compris qu'un système économique fondé sur la race, plutôt que sur une division plus fluide du travail selon les classes sociales, ne pouvait qu'être surpassé par les systèmes concurrents et, en cas de conflit, qu'être vaincu – comme l'économie du Sud fondée sur l'esclavage le sera moins de quarante ans plus tard par la puissance industrielle du Nord au libre marché du travail.

Empiriste tout autant que théoricien, Kingsley fut un expérimentateur en psychologie sociale qui mit en pratique ce qu'il prêchait. Dans leurs plantations de Floride, Kingsley et son épouse, Anna, vécurent la vie traditionnelle d'aristocrates sudistes. Astucieuse en affaires de même qu'en raffinements domestiques, Anna Kingsley fut une femme remarquable dans un âge de remarquables femmes américaines. Ce qui la distinguait était qu'elle était une pure Africaine. Son aventure américaine commença en 1806, quand elle fut capturée sur la côte ouest de l'Afrique, puis transportée à Cuba dans un navire danois d'esclaves. Zephaniah Kingsley, floridien d'origine britannique et de tradition quaker qui avait grandi en Caroline du sud, était allé faire des achats au marché d'esclaves de La Havane quand il la vit, l'aima et l'acheta. Elle avait environ treize ans ; lui quarante et un ans ; ils vécurent ensemble pendant presque cinq décennies. Le nom de naissance d'Anna Kingsley était Madgigine Jai. Elle était déjà enceinte de leur premier enfant quand il la ramena en Floride[17].

Aujourd'hui l'idée d'un homme blanc d'âge mur qui achèterait une adolescente dans un marché d'esclave semble scandaleuse. Mais ce qui faisait lever les sourcils à l'époque était le profond respect qu'avait Kingsley pour sa femme africaine. « Elle a toujours été respectée en tant que mon épouse et c'est ainsi que je la considère », écrivit Kingsley ultérieurement, « et je ne crois pas non plus que sa vérité, son honneur, son intégrité, son attitude morale et son bon sens ne le céderaient à ceux de n'importe qui d'autre[18] ». Plutôt que d'aller directement à Ferdinanda quand ils quittèrent Cuba, il s'assura qu'ils débarqueraient à St. Augustine pour qu'elle pût être enregistrée comme sa propriété par les autorités espagnoles. Cette formalité était importante car, en faisant officiellement de sa femme une esclave, Kingsley s'assurait que, cinq ans plus tard, quand elle atteindrait l'âge de dix-huit ans, il pourrait la rendre officiellement libre. Quand elle les atteignit, le couple avait trois enfants, deux filles et un garçon, qu'il rendit également libres.

Le commerce des esclaves était le fondement de leur richesse. Anna, elle-même le meilleur exemple de la croyance de Kingsley dans la mobilité vers le haut par l'esclavage, posséda et fit le commerce des esclaves. En dirigeant ses propres esclaves, Kingsley mit en pratique les politiques qu'il prônait dans son traité. Il assignait à ses esclaves des tâches spécifiques, à la manière d'un employeur moderne. Durant leur temps libre, ils pouvaient faire pousser des cultures et pratiquer un artisanat et vendre leurs produits à leur profit. Kingsley encourageait ses esclaves à apprendre des métiers utiles, comme la menuiserie et la maçonnerie. Tout esclave, qui économisait suffisamment d'argent, pouvait acheter sa liberté à la moitié du prix en vigueur. Kingsley libéra un certain nombre de familles d'esclaves sans recevoir aucune

17 Daniel L. Schafer, *Anna Madgigine Jai Kingsley : African Princess, Florida Slave, Plantation Slaveowner*, 2010 ; également *Anna Kingsley*, 1994. Faye L. Glover, *Zephaniah Kingsley : Nonconformist, Slave Trader, Patriach*, 1970.

18 Kingsley Will, cité in *Kingsley vs. Broward et als., Cases Adjudicated by Florida Supreme Court*, 1883, p. 739-740.

compensation. Pratiquement, il transforma l'esclavage héréditaire en un temps de servitude sous contrat qui préparait l'ex-esclave et ses enfants à affronter l'avenir en hommes et femmes libres et autonomes.

La position peut-être la plus perspicace de Kingsley concernait les relations entre les pauvres fermiers blancs et les propriétaires blancs des plantations du Sud esclavagiste. Dans des lieux comme la Géorgie et la Caroline du sud, notait Kingsley, les plantations, avec leur population d'esclaves, étaient concentrées dans les aires côtières. Les pauvres blancs avaient tendance à s'installer à l'intérieur des terres. Ces pauvres blancs, remarquait-il, dans une argumentation qui était si évidente qu'il était le seul à oser la faire, ne profitaient pas du travail des esclaves, mais ils avaient pour fonction d'être là, pour venir secourir les riches blancs s'il y avait une révolte d'esclaves. La situation en Floride était différente, soulignait Kingsley, parce que, dans la Floride de cette époque, il n'y avait pas de légions de pauvres blancs pour soutenir de riches blancs dans l'hypothèse d'un soulèvement. Kingsley partait de cette constatation pour encourager la croissance d'une population de noirs libres et de sang mêlés en Floride. « Il pensait », écrit Daniel L. Schafer dans son étude sur la différence entre les politiques raciales espagnoles et américaines en Floride, « que les blancs devraient s'unir aux personnes libres de couleur pour pouvoir contrôler les esclaves du territoire[19] ».

En « adoptant ce système actuel de la terreur », soulignait Kingsley, les oligarques racistes de Floride mettaient en danger leur sécurité personnelle. Il était, dès lors, plus encore nécessaire pour « la population de couleur libre d'être attachée à l'ordre et d'avoir de bons sentiments à l'égard de la population blanche ». Autrement, on ferait des non-blancs « des ennemis résolus en les dégradant au rang d'esclaves ». C'était exactement ce que l'élite américaine continuait à faire. La répression des Séminoles était une répression militaire ; la campagne pour écraser les noirs libres de Floride était une campagne législative. En 1827, on interdit aux noirs libres d'entrer en Floride. En 1828, on interdit à ceux qui y étaient déjà de faire des réunions publiques. On rendit si coûteux et si difficile de libérer des esclaves que cela devint virtuellement impossible. Non seulement ils se voyaient déniés la protection de leur gouvernement, interdits de vote, d'avoir une poste électif, ou de témoigner contre des blancs dans les procès, mais les noirs libres étaient de plus assujettis à

19 Kingsley, 1829.

des impôts bien plus onéreux que ceux auxquels l'étaient les blancs. Les noirs qui commettaient le même crime étaient par principe juridique plus sévèrement punis. « Il y a une évidente nécessité de punir leurs infractions d'une manière plus dégradante », jugea ultérieurement la Cour suprême de Floride[20], puisque « la supériorité de la race blanche sur le Nègre africain doit être toujours démontrée et préservée ». Comme la vie y était fatalement organisée sur des lignes raciales, toute la population noire libre de Floride était juridiquement soumise à une nouvelle forme d'esclavage ; ces personnes étaient autorisées à rester en Floride que s'ils étaient sous la surveillance d'un « gardien ». La moitié des noirs libres de Pensacola partirent, en masse, pour le Mexique. La population noire libre de St. Augustine fut également divisée par deux quand on utilisa le pouvoir gouvernemental pour réduire ceux qui ne partaient pas à la pauvreté et au musellement. Moins de six ans après l'avertissement de Kingsley sur « un préjugé… qui plaçait une partie de ses habitants dans une position hostile vis-à-vis de l'autre », les noirs se précipitèrent pour combattre aux côtés des Séminoles. Tout comme Kingsley l'avait prévu, la campagne pour dégrader les noirs libres eut des conséquences désastreuses pour la « sécurité personnelle » des blancs de Floride.

En tant qu'« habitant de la Floride », comme il se décrivait lui-même, Kingsley ne perdit jamais de vue cette réalité universelle que tous les personnes concernées par les conséquences générales de l'économie de l'esclavage – Africains kidnappés, marchands d'esclaves européens, ouvriers des usines anglaises, propriétaires d'esclaves américains – étaient tous des êtres humains. Comment ces personnes devaient-elles dépasser les divisions que ces nouvelles technologies et les structures commerciales leur avaient imposées ? L'amour ! déclarait Zephaniah Kingsley. Le sexe nous rapprochera tous ! Kingsley comprit également ce que, plus tard, même les abolitionnistes ne saisirent pas. Plus que l'esclavage, le problème auquel l'Amérique devait faire face était le racisme. L'esclavage pouvait être aboli. Le racisme serait une tout autre affaire.

Le traité de Kingsley fut le vrai premier ouvrage de philosophie politique à être composé en Floride. Ce traité – et son auteur – suscita beaucoup d'attention à l'époque, jusqu'à ce que la vie de Kingsley et son traité ne fussent supprimés du processus de fabrication de l'histoire. Dans les rares occasions où son épouse est mentionnée, elle est décrite

20 *Cases Adjudicated by Florida Supreme Court*, 1853, p. 195.

comme un souvenir exotique. Un compte-rendu de 1972 la décrit faussement comme « une princesse qu'il a épousée à Madagascar[21] ». Ici, de nouveau, les préjugés raciaux intériorisés de l'oppresseur se travestissent en vérité. Si un homme blanc comme Kingsley épousa réellement une femme africaine, il fallait qu'elle ne fût pas réellement noire, et par conséquent qu'elle vînt de « Madagascar ». Et, comme dans tous les contes de fée, il fallait que ce fût une « princesse ». L'idée qu'une fille noire sans racines kidnappée en Afrique de l'ouest pût avoir joué le rôle que joua Mrs Kingsley n'est pas, encore aujourd'hui, tout à fait acceptable.

Madgigine Jai-Anna Kingsley n'était pas une princesse ; mais quelle femme était-elle ! Quand les Patriotes de George Mathews pillèrent la plantation de son mari, elle n'attendit pas que les envahisseurs atteignent sa propre propriété, qui s'appelait la Plantation Mandarin. Elle ordonna à ses douze esclaves d'emporter tout ce qu'ils pouvaient, puis de brûler les lieux. À l'âge de dix-huit ans, un calcul froid guidait ses actes ; elle savait que si les « ragamuffins » l'emportaient, de toute façon elle perdrait tout. Elle savait aussi que si les Américains perdaient, comme ils commençaient à le faire, les autorités espagnoles lui donneraient encore plus de terres, ce qu'ils firent. Elle et son mari finirent par posséder une fraction considérable de la zone métropolitaine actuelle de Jacksonville.

Les Kingsley continuèrent d'accumuler des propriétés, même quand les législateurs à Tallahassee promulguèrent des lois raciales encore plus vindicatives. Kingsley aurait pu rester en Floride – s'il s'était accommodé des nouvelles coutumes, et reléguer son épouse au rang de concubine. Sa stature morale ne le lui permettait pas. Dégoûté par les « lois non libérales et inéquitables de ce Territoire » qui refusaient à ses « enfants cette protection et cette justice qui est due dans une société civilisée à tout être humain », Kingsley concentra ses espoirs sur la république révolutionnaire de l'île d'Haïti, où la première révolte réussie d'esclaves, comme la guerre américaine d'Indépendance plus tôt, semblait ouvrir de nouvelles possibilités. En 1837, Kingsley s'embarqua sur un bateau et quitta à jamais l'« esprit de préjugé intolérant » de Floride. Accompagnés par plus de cinquante esclaves libérés, les Kingsley établirent une plantation dans ce qui est aujourd'hui la République dominicaine, mais ce changement de latitude ne changea pas la nature humaine.

21 Tebeau, 1971, p. 96 ; Schafer, *Anna Madgigine Jai Kingsley*.

Les révolutionnaires noirs d'Haïti, comme les spéculateurs blancs de Floride, laisseront un héritage de violence et de dévastation. Zephaniah Kingsley mourut à New York à l'âge de soixante dix-huit ans. Sa longue recherche d'un paradis humain s'était achevée à quelques centaines de mètres du musée où la tête d'Osceola était exposée.

Dans le domaine de la technologie, il y avait aussi des hommes qui pensaient à l'impensable – c'est-à-dire qui prévoyaient l'avenir – au moment où l'empire esclavagiste de Floride se dirigeait tout droit vers son auto-destruction. En 1837, la même année où Osceola était envoyé en Caroline du sud et où Zephaniah Kingsley appareillait pour Haïti, un médecin à Apalachicola du nom de John Gorrie décida qu'il allait débarrasser la Floride de la fièvre jaune, ainsi que du paludisme, du typhus et de la typhoïde. Apalachicola est suffisamment au nord pour qu'il y fasse froid chaque hiver. Ce qui amena John Corrie à remarquer quelque chose d'intéressant. La fièvre frappait généralement quand il faisait chaud, puis disparaissait quand le froid arrivait. De cette corrélation, le Dr Gorrie tira la conclusion logique, quoique complètement fausse, que c'était la chaleur qui était la cause de la fièvre. C'était les microbes et les moustiques, et non le climat étouffant, qui causaient les épidémies par lesquelles était ravagée la Floride, mais après avoir proposé ce faux axiome, le Dr Gorrie en tira un corollaire qui, quoique également faux, changerait le monde. Si c'était la chaleur qui causait les maladies qui faisaient que la Floride était si peu attractive, Gorrie décida que le froid, ergo, pouvait les guérir[22].

Après des années de bricolage avec divers engins, le Dr Gorrie se vit décerné le tout premier brevet de réfrigération mécanique. C'était le 6 mai 1851, le brevet américain numéro 8080. La quête de Gorrie pour trouver un traitement à la fièvre jaune par la réfrigération était l'équivalent du passage au nord-ouest vers la Chine de Menendez ou des mines d'or de de Soto. Et en s'inscrivant sur ce même schéma, la vie du Dr Gorrie finit comme celle de nombreux protagonistes floridiens avait fini, et finira. Déterminé à prouver que son plan pouvait révolutionner la santé publique, il abandonna son métier de médecin, ses intérêts bancaires et ses prérogatives civiques. Ridiculisé par la population locale, il quitta également Apalachicola. Dans les dernières années de sa vie,

22 Visites et interviews, Apalachacola, 2005.

par des expériences réalisées pour la plupart dans son laboratoire de l'Ohio, Gorrie produisit des tonnes de purée de glace, mais ne trouva aucun traitement miracle.

« Humilié par les critiques, financièrement ruiné, sa santé brisée, Gorrie mourut, isolé, le 28 juin 1855 », rapporte la biographie fournie par la National Sculpture Gallery du Capitole à Washington. En plus d'une sculpture en son honneur qui passe presque inaperçue dans la capitale du pays, un monument au Dr. Gorrie embellit un parc public d'Apalachicola – une variante des monuments civiques habituels qui glorifient la chevalerie confédérée. Un musée tout proche expose une réplique de l'engin à produire de la glace de Gorrie. Avec ses tuyaux et ses valves, il ressemble à une vieille distillerie d'alcool de contrebande, et cela pour une bonne raison. L'avancée capitale de Gorrie devait permettre de comprendre, comme il l'expliquait dans sa candidature au brevet, que, en condensant tout d'abord de l'air dans des tubes en métal puis en le faisant rapidement s'épandre, « on pouvait obtenir des températures basses, assez basses même pour faire geler l'eau ». Si vous souhaitez avoir une idée du genre de glace que produisait l'invention de Gorrie, allez dans un des commerces de proximité d'Apalachicola. « Père de la réfrigération », comme les boosters locaux l'appellent, et grand-père de la climatisation, le Dr Gorrie fut aussi l'arrière grand-père du Slurpee[23].

Colomb mourut sans avoir compris qu'il avait découvert l'Amérique. Le Dr. Gorrie ne comprit jamais que sa découverte, si elle ne pouvait soigner les maladies, avait le pouvoir de révolutionner la vie d'une autre manière. L'industrie des huitres d'Apalachicola tout d'abord, les fabricants du jus d'orange de Floride ensuite, prospéreront, parce que la réfrigération permit à leurs produits d'atteindre des marchés éloignés dans de bonnes conditions de conservation. Des dizaines de millions de personnes déménageront en Floride une fois que la climatisation aura rendu la vie supportable durant toute l'année. Son engin n'élimina pas le typhus ou la fièvre jaune ; mais il contribua à la prolifération de votes électoraux présidentiels.

Le Traité de Kingsley est un des ouvrages les plus extraordinaires qui traitent de race, de sexe et de politique à avoir été écrit par un Floridien,

---

23 U. S. Capitol, National Sculpture Hall, « John Gorrie ».

ou, d'ailleurs, par qui que ce soit d'autre. Le travail de Gorrie sur la réfrigération est peut-être le plus important travail scientifique indépendant jamais entrepris en Floride. L'Africaine américanisée, Madgigine Jai-Anna Kingsley, est peut-être la femme la plus fascinante que le mélodrame de Floride ait produite ; l'Américain indianisé de races mêlées, Billy Powell-Osceola, en est peut-être le protagoniste mâle le plus fascinant. Une société qui marginalise des individus d'une telle originalité et d'un tel courage est une société qui court vers l'autodestruction. Leur exclusion de Floride, comme leur exclusion de l'histoire, fut à la fois la cause et la conséquence de la catastrophe que la Floride s'est auto-infligée. Jusqu'à aujourd'hui, l'importance de cette perte n'a été que très peu signalée, pourtant la Floride de l'avenir sera leur Floride.

Si on les juge à l'aune de leur vie, c'est certain, ces remarquables individus échouèrent, comme pratiquement tous les autres. L'annexion américaine de la Floride précipita la ruine de Zephaniah Kingsley, ainsi que celle de « Joe » Hernandez. En 1838, l'année qui suivit le départ de Kingsley pour Haïti, rapporte Sprague, « le général Hernandez, incité en cela par l'état de ses affaires privées (sa propriété ruinée et saccagée par les percées de l'ennemi) », démissionna de sa commission militaire. Hernandez rêvait de gloire politique, mais il ne remporta plus jamais d'élection. Comme Clinch fut battu lors de sa candidature au poste de gouverneur en Géorgie, Hernandez fut battu dans sa tentative de devenir un des premiers sénateurs de Floride. Ruiné en même temps que battu[24], il partit à Cuba[25]. Là, il trouva du travail en tant que dirigeant d'une plantation de canne à sucre. DuVal avait fini au Texas, Kingsley en Haïti, Eaton en Espagne, Gadsden partout où il pouvait faire de l'argent. Hernandez mourut à Cuba en 1857, la même année Coacoochee mourut au Mexique. Kingsley avait symbolisé la résistance de l'élite blanche au système imposé par les États-Unis à la Floride. Hernandez personnifiait la coopération. Cela n'eut pas d'importance. La Floride les bloqua tous, aussi poursuivirent-ils leur rêve ailleurs, et, en les bloquant, elle préparait des désastres si grands que ce serait comme si la guerre de Floride n'avait jamais existé.

Finalement, l'architecte en chef du système d'esclavage de Floride, Richard Keith Call, fut lui-même marginalisé, méprisé, transformé en

24 Sprague, 1848, p. 220.
25 Sprague, p. 220.

un autre Gad Humphreys, lorsque l'esclavage – avec son appétit jamais rassasié pour de nouvelles terres, pour plus d'injustice encore, pour plus d'argent – dévora ses amis comme ses ennemis. C'est seulement avec de nouvelles générations qu'il deviendra manifeste qu'il y avait des alternatives en Floride au génocide, aux oreilles clouées sur des poteaux de bois. Cependant, longtemps avant que ne voie le jour une autre Floride, il y eut des gens de toutes les couleurs de peau et des deux sexes qui, tôt ou tard, avaient compris que, même en Floride, il n'était pas nécessaire que la vie et la gouvernance soient si violentes, si injustes, si cruelles, si fondamentalement égoïstes, brutales et viles.

UN ATLAS DES FAITS ET DE LA FICTION

La Floride : son histoire et ses illusions, en cartes

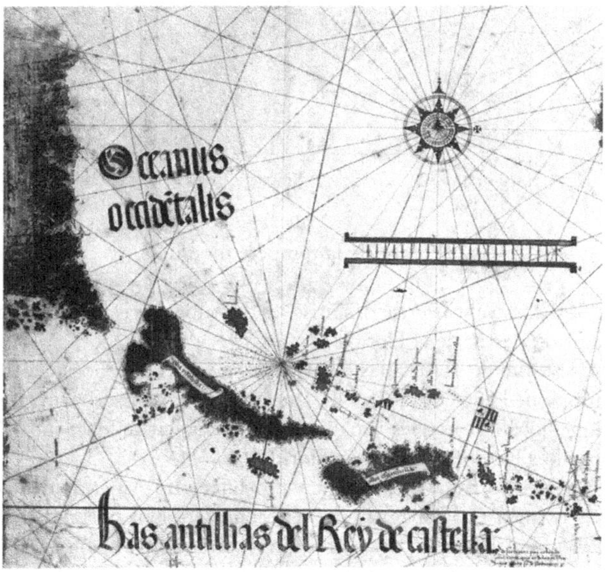

1. La Floride découverte avant qu'elle ne le fût.
Carte adaptée par Sui ChengZhong.
Source : 1502 Cantino Planisphere.

Une des cartes les plus importantes de toute l'histoire de la cartographie, le planisphère de Cantino, publiée en 1502, réfute une histoire truquée multi-centenaire. Plus de dix ans avant que l'Espagnol Ponce de León n'eût soi disant découvert la Floride en 1513, celle-ci est déjà clairement visible sur des cartes disponibles en Europe. Cette section du planisphère de Cantino montre clairement la péninsule floridienne, au nord de Cuba.

Toutes les légendes d'un Ponce de León à la recherche de la Fontaine de Jouvence, clé de voûte des nombreux mythes qui composent "l'histoire" de la Floride ne furent créées que bien après.

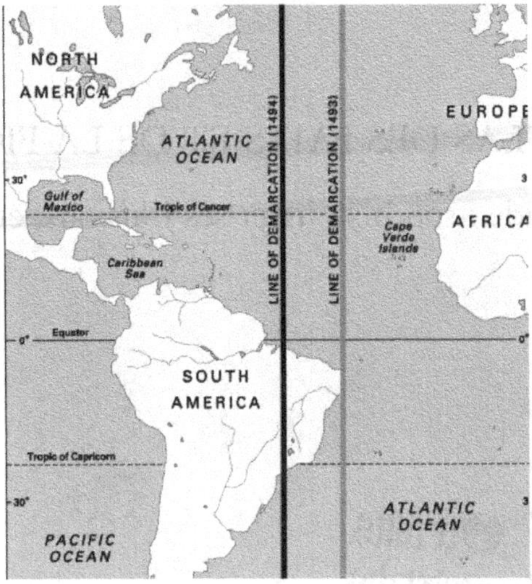

2. Enfant de la tempête mondiale.

Presque 500 ans avant la crise des missiles de Cuba, la rivalité des grandes puissances décidait du destin de la Floride.

En 1494, le traité de Tordesillas détermina l'avenir de la Floride avant que personne en Europe ne l'eût vue. Vers 1497, des marins portugais qui prirent la route de l'Atlantique nord – et non les Espagnols qui prenaient celle du sud – furent sans doute les premiers Européens à voir la Floride.

Ces découvertes portugaises n'eurent aucun effet sur l'Amérique du nord. Même après que le Portugal et l'Espagne eurent reconsidéré leur partage du globe, sous l'égide du Pape, si bien que le Portugal obtint le Brésil et l'Espagne les Philippines, l'Amérique du nord toute entière, y compris la Floride, resta dans la sphère de l'Espagne.

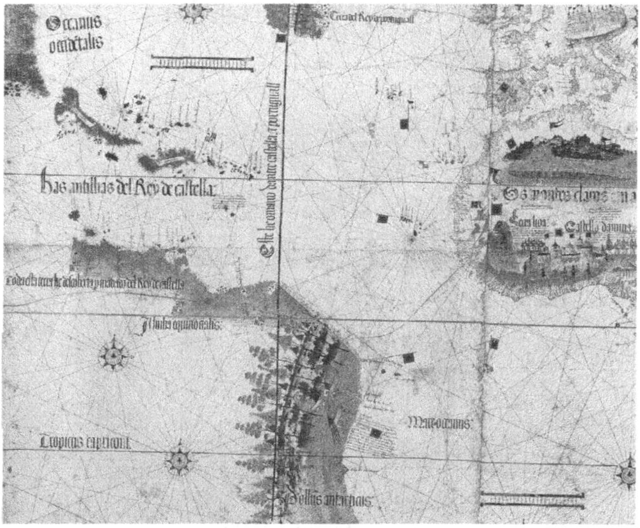

3. Un aperçu inestimable. Carte adaptée par T.D. Allman.
Source : 1502 Cantino Planisphere.

Durant des siècles les historiens américains renièrent ce que révèle cette extraordinaire section du planisphère de Cantino. Encore au XXe siècle, les propagateurs du mythe de Ponce considérèrent que ce qui, à l'évidence, était la Floride, n'était en fait que la côte de la Chine ! Remarquons, cependant, que la taille et la forme de la Floride est comparable à celle de l'Italie. Elles sont presque modernes par leur précision, comme le montre cette carte, qui fut dessinée en 1501, plus de douze ans avant la supposée “découverte” de la Floride.

Cette section de la carte est particulièrement précieuse car elle décrit précisément la ligne papale de démarcation pour ce qui concerne la Floride et le reste de l'Amérique. Elle montre décisivement que Ponce de Leon ne découvrit pas la Floride. Et elle permet de comprendre aussi pourquoi les expéditions maritimes des Portugais dans l'Atlantique nord cessèrent.

La suppression de ce que révèle la carte de Cantino constitue un acte de fondation dans la construction de toute une histoire falsifiée. Dans cette Floride fanstamée, de galants conquistadors espagnols, des gentilhommes sudistes et des visionnaires millionaires créèrent un paradis de carte postale qui culmina avec la création de Disney World. Les conquérants génocidaires, les propriétaires d'esclaves sadiques et les oligarques narcissiques ne jouèrent plus aucun rôle dans cette Floride fantasmée. Cette falsification prépara fort mal les Américains à affronter tout ce qui, aujourd'hui, infeste leur vie : la violence, le racisme, les inégalités sociales, et la destruction de l'environnement.

LE QUADRANT FLORIDA

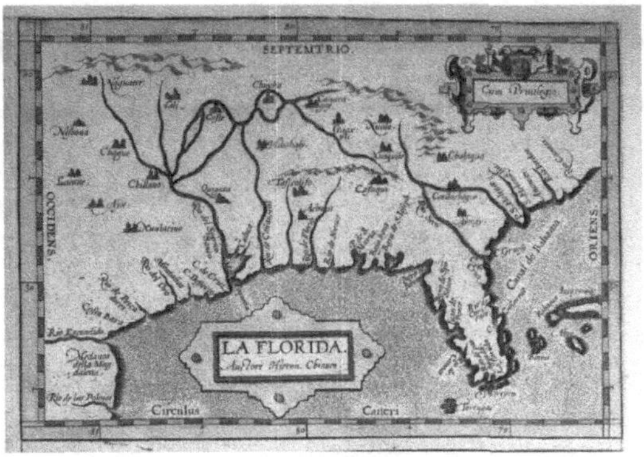

4a. La Florida, 1584.
Source : Geronimo Chaves, *Theatrum orbis terrarum*
(Antwerp : Abraham Ortelius, 1584.

4b. Tierra Florida, 1562.
Source : Diego Gutierrez, *Americae sive quartae orbis partis nova et exactissima descriptio physical, physical features, inland Waters, oceans.*
(Antwerp : Hieronymous Cock, 1562).

Comme la Louisiane à l'origine, et comme la Nouvelle Angleterre aujourd'hui, la Floride désignait tout d'abord une région toute entière, bien plus large que l'état de Floride tel qu'il est désormais. Toute l'Amérique du nord au sud de la Virginie et à l'est de la Louisiane était souvent appelée Floride. De nombreuses cartes montre la Floride s'étendant de la côte Atlantique – les Carolines actuelles – jusqu'au Mexique.

Avec l'avancée des rivaux coloniaux de l'Espagne, l'Angleterre et la France, la Floride fut réduite en taille. La vraie nemesis de la Floride espagnole s'avéra être ses voisins coloniaux du nord. L'indépendance des États-Unis mit fin à la domination espagnole en Floride, ainsi qu'à celle du Mexique, plus tard, dans les vastes étendues de l'Ouest du Texas à la Californie.

Ces deux cartes furent d'abord publiées à Anvers, au temps des Pays-Bas espagnols, l'une n 1562, l'autre en 1584, par le célèbre cartographe Abraham Ortelius. Elles montrent que la connaissance géographique de Nouveau Monde s'améliora rapidement, et qu'elle fut largement diffusée.

TERRA INFIRMA
La fatale ambiguïté floridienne de la terre et de l'eau

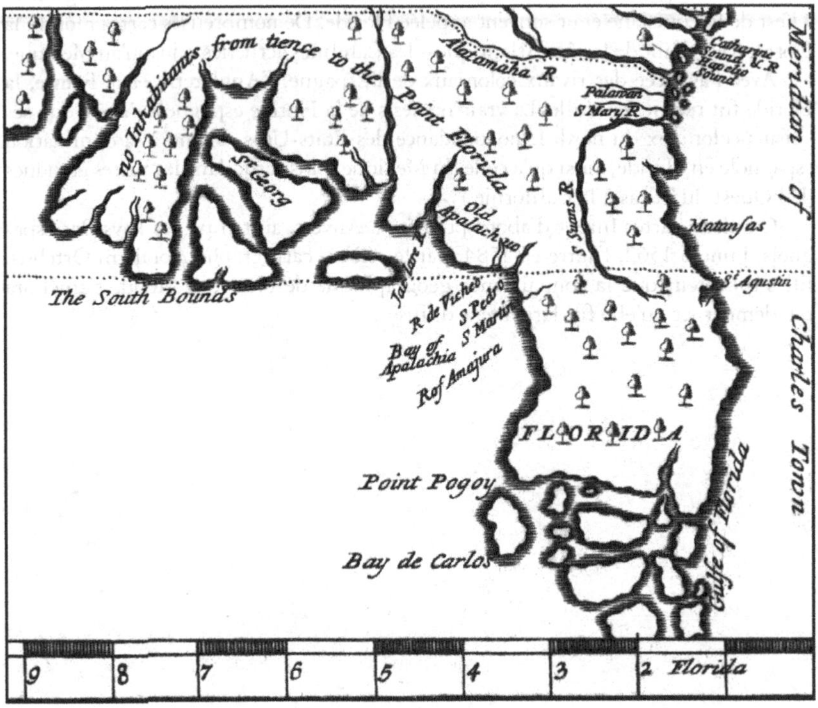

5a. Carte Bernard. Recueil de voiages.
Source : Jean Frederic Bernard, Bernard (J.F.) *Recueil de voiages.* 160. Amsterdam, 1737. v. 9. Découverte d'un pays plus grand que l'Europe, en Amérique…/ par le P. Hennepin, (p. 1-464 la fin du vol.) (Amsterdam : J. F. Bernard, 1737).

5b. Carte Bellin. Carte des costes.
Source : Jacques Nicolas Bellin, *Carte des costes de la Louisiane et de la Floride* (Paris : Depôt des cartes et plans de la marine, 1764).

Toutes les cartes de Floride sont des cartes fausses dans la mesure où elles mettent en évidence une claire séparation entre la terre et l'eau.

Ni terre ni eau, la Floride, pour sa plus grande part, est un amalgame visqueux des deux. Même ses terres les plus sèches sont composées de fonds marins calcifiés et non de sols fertiles. Même sans le changement climatique et la montée des niveaux des eaux, les zones les plus densément peuplées redeviendraient vite des marécages ou seraient entièrement submergées, si la main de l'homme n'intervenait pas.

Ces cartes anciennes montrent la juxtaposition de terre et d'eau que les premiers conquérants européens de la Floride rencontrèrent. À l'inverse de cartes plus modernes, elles montrent la fatale ambiguïté de terre et d'eau sur laquelle reposent, aujourd'hui, les vies et les rêves de plus de vingt des millions d'êtres humains.

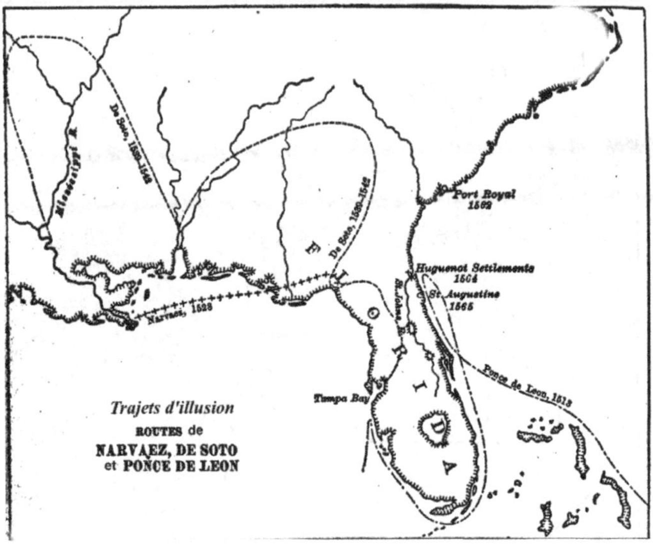

6. Itinéraires de l'Illusion. Carte adaptée par Sui ChengZhong.
Itinéraires of Narvaez, De Soto, et Ponce De Leon.
Source : Wilbur F. Gordy, *A History of the United States for Schools*
(New York, New York : Charles Scribner's Sons, 1914).

Le mépris de la réalité géographique de la Floride est une constante. Il a commencé avec De Soto et sa quête suicidaire de l'or dans une Floride qui n'a ni de métaux précieux, ni de métaux de base. Il se poursuit, au XXIe siècle, avec ceux qui, sous la protection de leurs forces de sécurité privées. se cachent dans leurs communautés fortifiées, nient le changement climatique, et croient que leurs fusils et leurs systèmes d'alarme peuvent les préserver de la réalité.

Depuis l'extermination des premiers habitants de Floride dans les années 1500, jusqu'aux meurtres, aujourd'hui de jeunes noirs sans armes, la violence. ainsi que la destruction, qui culmine dans la destruction de son unique et fragile écosystème, est aussi une constante de la Floride.

Cette carte, typique de celles que l'on trouve encore dans les livres d'histoire américains, présente des itinéraires fictifs. Ponce de León n'est jamais arrivé près du site actuel de St. Augustine. Nul ne sait, ni ne peut savoir quel fut l'itinéraire de de Soto car, entièrement absorbé par sa quête de l'or et de l'argent, il n'a laissé aucun document. En Floride, l'histoire, œuvre de fiction, est aussi un processus politique. En 1936, le Congrès des États-Unis fit des explorations fictives de de Soto l'histoire officielle. Comme ils discutaient de cette « histoire » fictive, les politiciens s'assurèrent aussi que l'itinéraire de de Soto passait dans leurs circonscriptions électorales. Bel exemple de charcutage électoral !

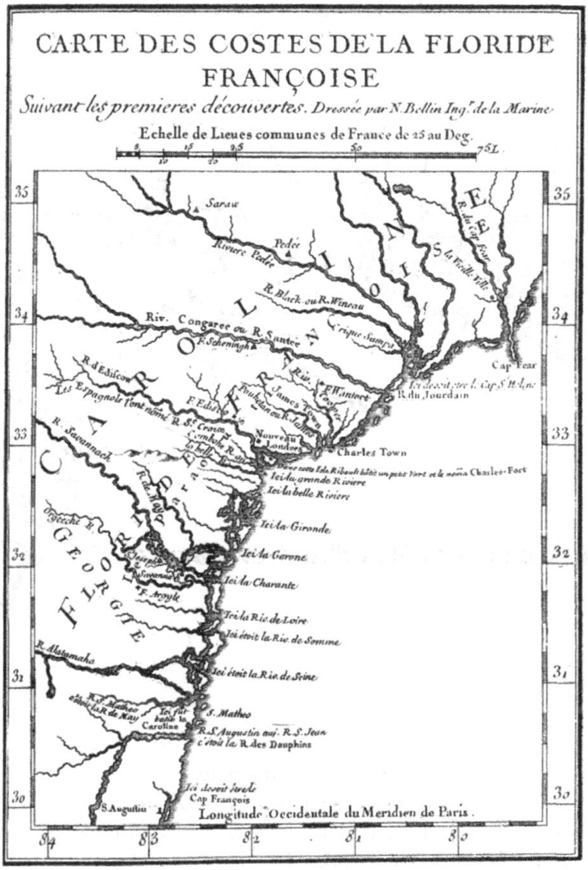

7. Fondateurs français. Source : Woodbury Lowery, *The Spanish Settlements within the Present Limits of the United States: Florida* (New York, NY : G.P. Purnam's Son, 1911).

Des colons français établirent la colonie de Fort Caroline, près de ce qui est aujourd'hui Jacksonville, à l'est de la Floride en 1564. Plus tard, à l'ouest, des Français fondèrent aussi Pensacola (1698), Mobile (1702) et, enfin, La Nouvelle Orléans (1718).

C'est parce que les Espagnols avaient besoin d'une base pour attaquer Fort Caroline que St Augustine en 1565 devint le premier établissement espagnol permanent. Le vrai fondateur de la Floride coupa la gorge de plus de 500 Français, huguenots pour la plupart. Pour économiser des cordes et des balles. Ce premier massacre d'hommes blancs par des hommes blancs dans un territoire qui devait par la suite faire partie des États-Unis marque le vrai début de l'histoire de la Floride – et de l'Amérique.

CONQUÊTE ET GÉNOCIDE

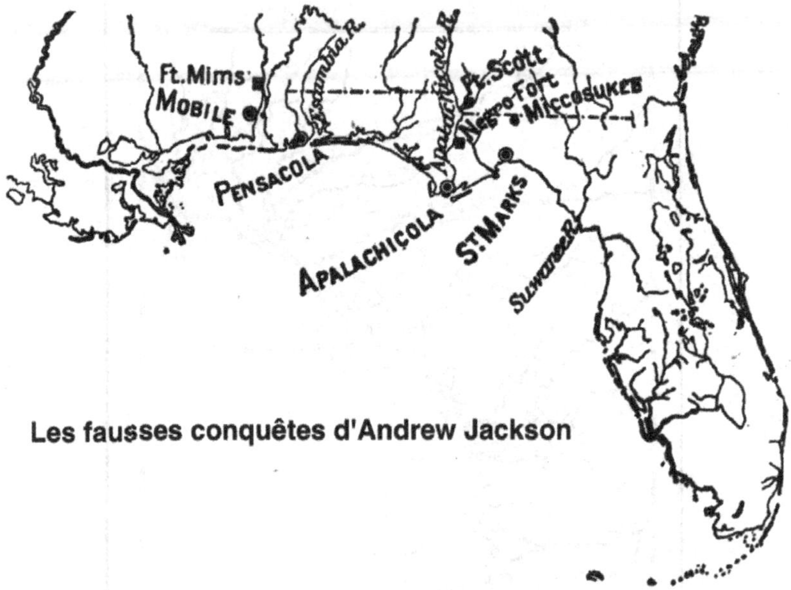

8a. Fausse conquête.
Carte adaptée par Sui ChengZhong.
Les opérations de Jackson en Floride. Source : Caroline Mays Brevard, *Une histoire de la Floride* (New York, NY : American Book Company, 1919).

Les États-Unis s'emparèrent de la Floride en combinant conquête et génocide.

En 1816, le futur président Andrew Jackson ordonna le massacre de paisibles agriculteurs indiens et noirs à Negro Fort, un établissement à cent kilomètres de la frontière des États-Unis, en Floride espagnole. Puis, en 1818, Jackson et ses troupes pillèrent la Floride, enlevant des gouvernants espagnols et assassinant des civils britanniques.

Au cours de sa campagne terroriste, Jackson n'alla jamais au-delà de la rivière Suwanee dans le Panhandle de Floride. Il revendiqua avoir « conquis » la Floride, mais ce fut un de ses nombreux mensonges, fidèlement perpétué par les historiens américains, ce qui le propulsa finalement à la Maison blanche. Fiasco politique aussi bien que militaire, l'incursion militaire illégale de Jackson fut dénoncée par le président Monroe. Elle eut pour conséquence principale de susciter la résistance des Séminoles à l'imposition de la domination américaine.

8b. Champs de bataille floridiens.
Source : Benson J. Lossing, *An Outline History of the United States*
(New York, NY : Sheldon and Company, 1878) 289.

Après la prise de la Floride par les États-Unis en 1821, résultat d'un extorsion diplomatique, et non par achat comme on l'enseigne encore aux Américains, les Séminoles furent confinés dans une zone pauvre de Floride centrale, futur site du Disney World. Ne souhaitant pas même laisser aux Séminoles ces terres désolés, les forces des États-Unis les privèrent de ce dernier refuge.

Le déplacement des Séminoles fut à l'origine de la Guerre séminole, le seul conflit armée qui eut lieu à l'intérieur d'un même état des États-Unis. Plus de soldats américains moururent en Floride que lors de la conquête de toutes les terres indiennes à l'ouest du Mississippi.

Ce fut le deuxième temps du genocide en Floride, qui fit suite à la disparition de ses premiers habitants. Dans des endroits aux noms étranges comme Withalacoochee et Wahoo Swamp, des soldats des États-unis – souvent des immigrés irlandais récents qui s'étaient engagés dans l'armée – moururent de faim et de diarrhée tout autant par des blessures de combat. Comme tous les événements désagréables, les horreurs de la guerre des Séminoles fut supprimée de l'histoire américaine. La vérité sanglante du passé floridien survit toutefois dans des douzaines d'endroits qui ont le mot "Fort" dans leur nom. De Fort Wallton Beach dans le Panhandle à Fort Meyers Beach et Fort Lauderdale dans le sud de l'état, ces noms de lieux témoignent silencieusement de l'un des chapitres les plus déplorables de l'histoire américaine.

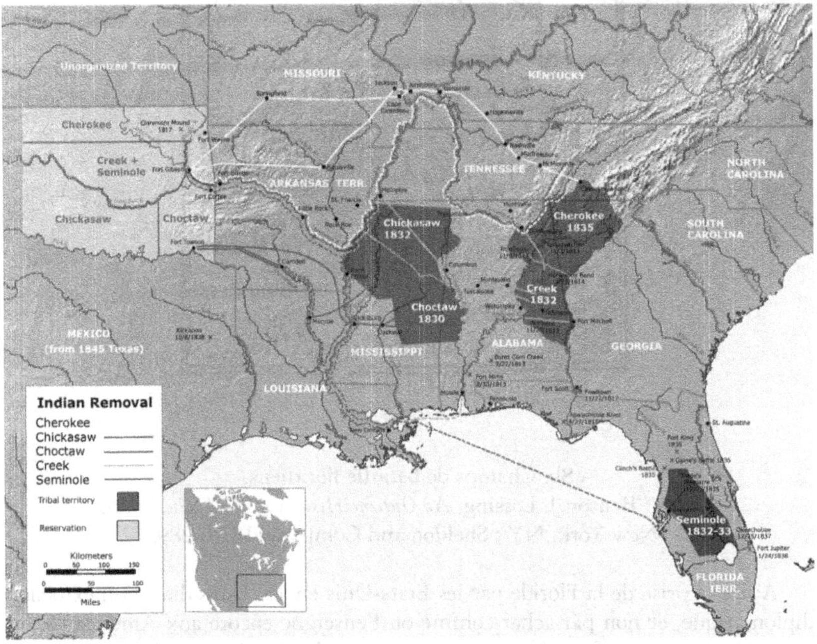

9. Nettoyage ethnique à l'américaine. Sentiers des Larmes.
Source : carte établie à partir de Wilcomb E. Washburn and William C. Sturtevant (ed.), *Handbook of North American Indians*. Vol. 4 : *History of Indian-White Relations*. Smithsonian Institution Press, Washington D.C. 1988.

Les États-Unis s'emparèrent de la Floride en combinant conquête et génocide.

Avec d'autres « tribus civilisées », les Séminoles de Floride furent déplacés quand les États-Unis du Sud-est furent nettoyés ethniquement. Contrairement à d'autres, forcés à s'installer à l'ouest du Mississippi le long de la « Vallée des larmes », les Séminoles de Floride furent transportés par bateaux à la Nouvelle Orléans, avant d'être dirigés vers l'Oklahoma.

GUERRE CIVILE

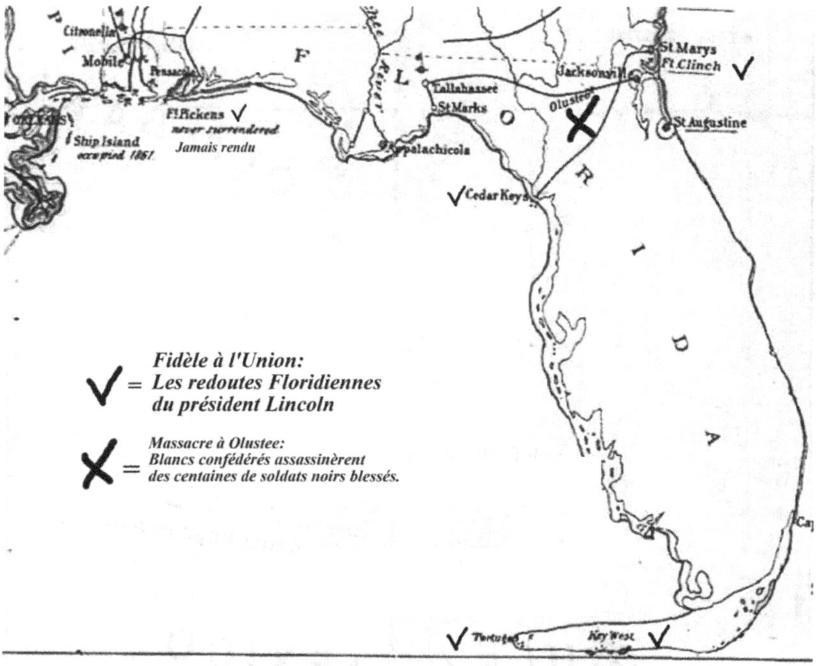

10a. Honte et Honneur. Carte adaptée par T. D. Allman.
Source : Franz Sigel, *Historical sketch of the war for the Union showing the lines of demarcation, important movements and battles in each year from 1861 to the close of the war in 1865*, published 1899.

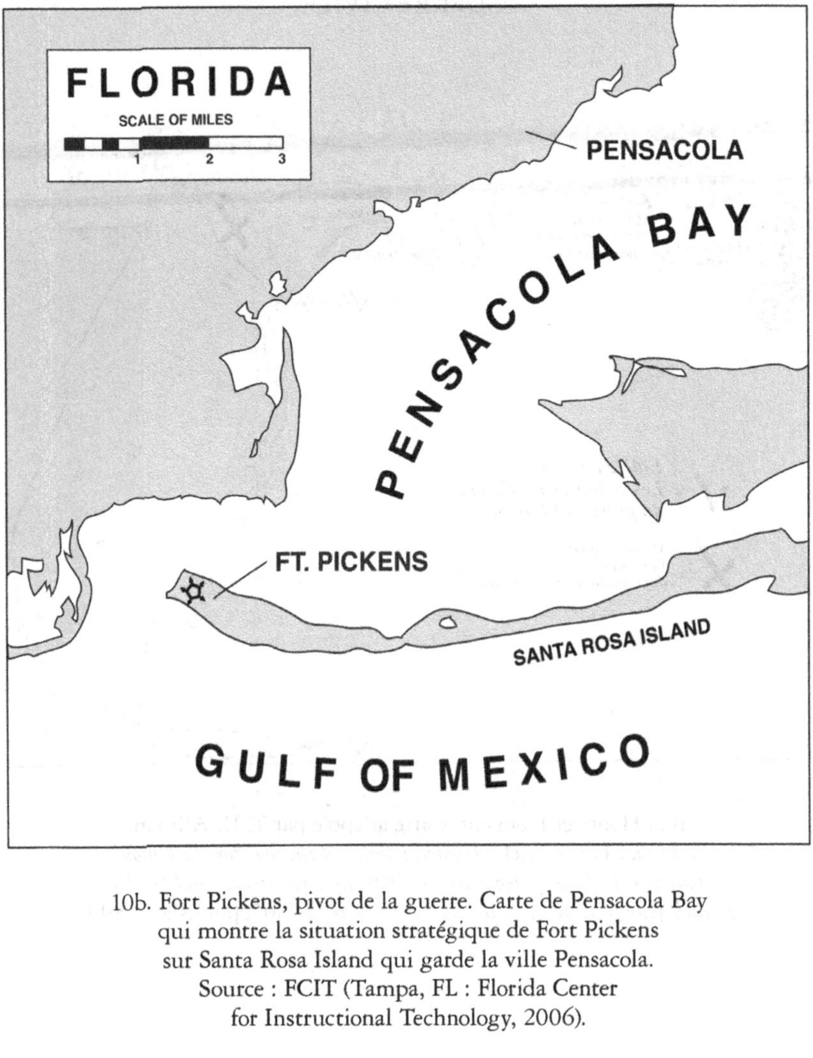

10b. Fort Pickens, pivot de la guerre. Carte de Pensacola Bay qui montre la situation stratégique de Fort Pickens sur Santa Rosa Island qui garde la ville Pensacola. Source : FCIT (Tampa, FL : Florida Center for Instructional Technology, 2006).

L'imposition générale de l'esclavage en Floride, entre 1825 et 1860, continue à empoisonner les relations sociales et politiques au XIXe siècle.

La première conséquence de l'imposition de l'esclavage fut la dévastation de la Floride, essentiellement par les forces confédérées, durant la Guerre civile. Plutôt que de les laisser sous le contrôle de l'Union, les forces de la rébellion détruisirent les routes, les ponts les lignes de chemins de fer et les phares. Ils incendièrent la plus grande ville de Floride, à cette époque, Pensacola. Ces destructions qu'elles s'infligèrent ells-mêmes ne changèrent rien. L'Union avait déjà gagné la guerre en Floride, car les troupes loyalistes avaient tenu les positions qui contrôlaient les principaux ports.

En paralysant l'exportation du coton, le contrôle des eaux et des ports de Floride par les États-Unis. La Confédération était condamnée dès le début. Quand les forces loyales aux États-Unis résistèrent aux efforts des anti-abolitionnistes pour prendre les forts qui contrôlaient l'accès à son port, les Confédérés mirent le feu à Pensacola et dévastèrent la plupart de ce qui restait de la Floride du nord.

La marine américains tint les avant-postes de Pensacola, Key West et d'autres enclaves côtières pendant la Guerre civile. Les « victoires » fictives des Confédérés à Natural Bridge, près de Tallahassee, et ailleurs, furent inventées dans les décennies qui suivirent la guerre. Le seul événement militaire d'importance en Floride fut le massacre, par par des soldats blancs Confédérés, de centaines de soldats noirs des États-Unis à Olustee, à l'ouest de Jacksonville, en 1865. De nos jours, des milliers de personnes, blanches se réunissent chaque année à Olustee pour y fêter la "victoire" de la Confédération.

L'acte de loyauté à l'Union le plus extraordinaire eut lieu à Pensacola, où de jeunes officiers américains tinrent Fort Pickens jusqu'à l'arrivée de la Marine des États-Unis.

« Never Surrendered » = « Jamais rendu. »

La note, « jamais rendu » sur une carte de la guerre civile en Floride, sous le poste solitaire de Fort Pickens, montre pourquoi la cause de l'esclavage était vouée à l'échec dès le début. Le blocus maritime du président Lincoln, monté par des avant-postes en Floride, de Key West à Pensacola et de Cedar Key à Fort Clinch, condamnait économiquement la Confédération avant que l'effusion de sang ne commence.

Comme bien des plus importants événements de Floride, la défense courageuse et victorieuse de l'Union à Fort Pickens fut supprimée de l'histoire.

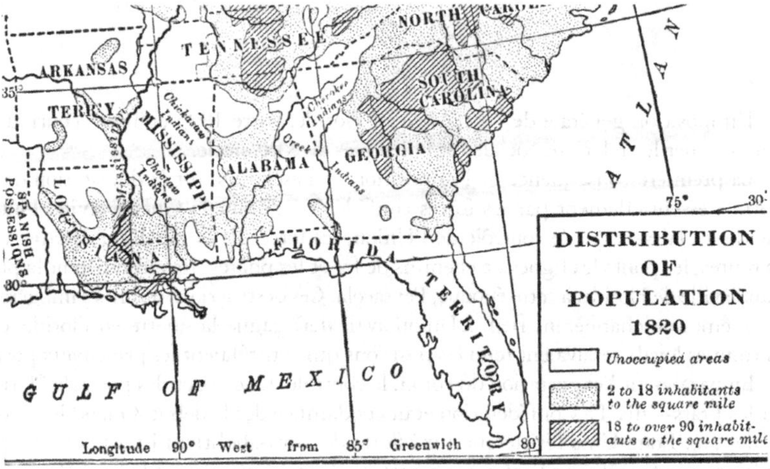

11a. Le vide en 1820.

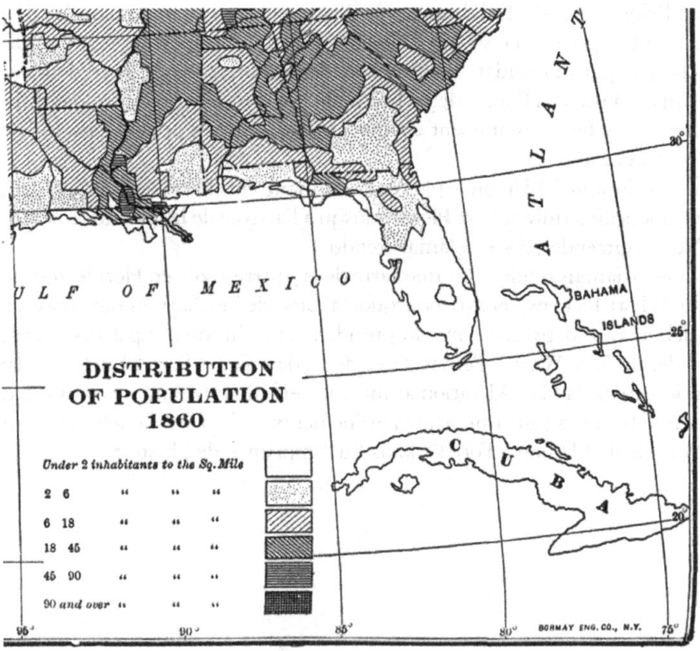

11b. Le vide en 1860.

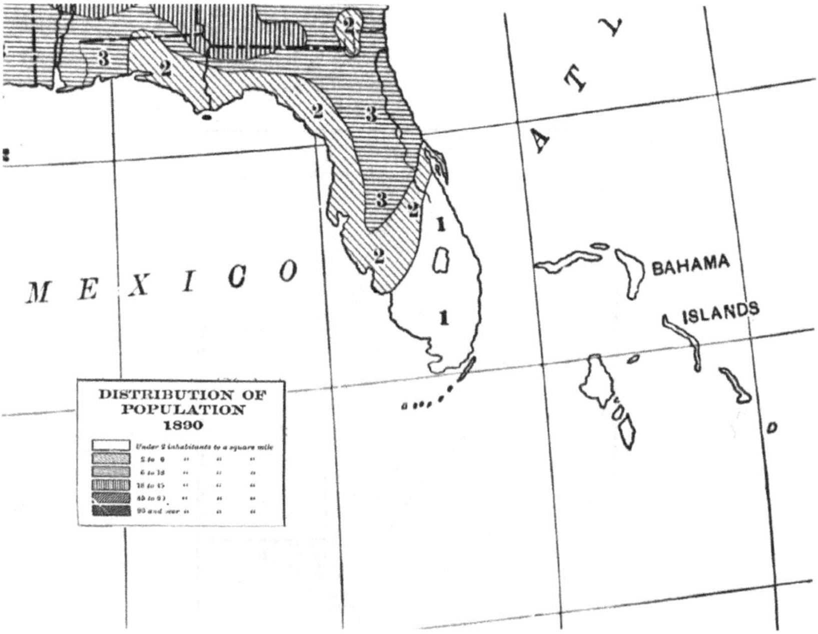

11c. Le vide en 1890.

Dans les royaumes du vide. Cartes adaptées par T. D. Allman
Source : Dixon Ryan Fox, *Harper's Atlas of American History*
(New York, NY : Harper and Brothers, 1920).

Plus de 300 ans après sa "découverte" par les Européens, la Floride était encore un marécage vide et sans piste. Sa population originelle avait été anéantie. Les tentatives espagnoles d'établissement se résumaient à rien. Comme l'observa le roi Philippe II lui-même, "La côte de la Floride était trop basse et trop sablonneuse ; la campagne était pauvre en ressources ; et ses ports n'étaient pas suffisamment profonds pour permettre le moindre établissement". À partir des années 1820, les Américains avaient implanté l'esclavage dans la frange nord de l'état. Après la guerre civile, on développa l'élevage de troupeaux dans le centre de la péninsule. En 1860, cependant, le sud de la péninsule restait une étendue totalement désertique. Ce ne fut qu'en 1896 que la ville de Miami fut fondée. Depuis, les rêves américains y ont établis leur résidence.

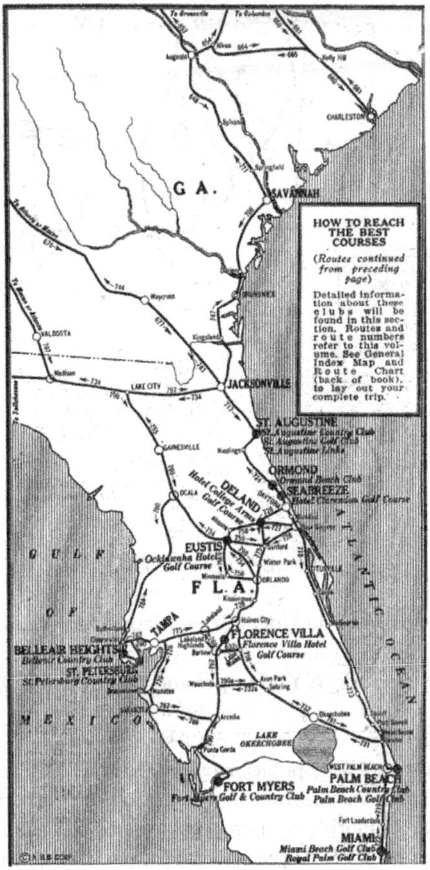

12. Les nouveaux conquistadores de la Floride.
Des marais aux terrains de golf. Les terrains de Golf de Floride en 1922.
Source : *The Automobile Blue Book Corporation*, Middle Atlantic and Southeastern Automobile Blue Book 1922 (New York, NY : The Automobile Blue Book Corporation, 1921).

Comme l'âge de la consommation ostentatoire se transformait dans la société de consommation aux États-Unis, l'idée de Floride, que l'on opposera à la Floride en elle-même, subit des mutations. Là où des conquistadors espagnols cherchèrent sans succès de l'or, les conquistadors de la révolution industrielle cherchèrent eux à créer un paradis pour les nababs et les oligarques. Naguère, les cartes de Floride avaient montré le chemin qu'il fallait prendre pour aller vers l'El Dorado. Maintenant, elles montraient le chemin pour aller sur les terrains de golf qui, le plus souvent, étaient en fait des marais. Le roi Philppe d'Espagne avait dit que la Floride était "maudite". Durant les guerres séminoles un soldat avait écrit qu'il préférerait passer un an en enfer plutôt qu'un mois en Floride. Désormais, pour les riches, puis pour chaque Américain, la Floride est devenue le Paradis retrouvé.

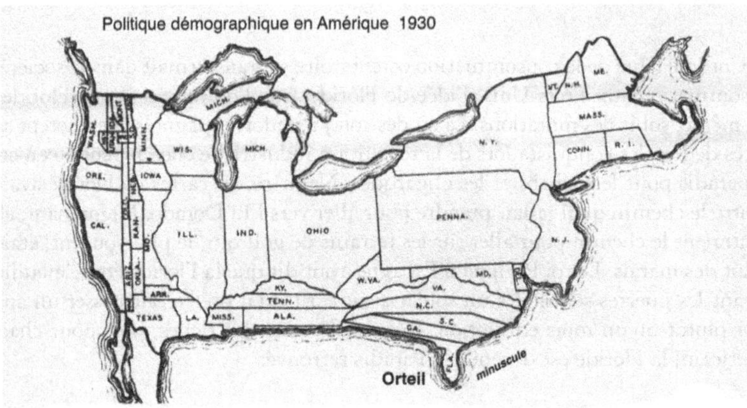

13. Orteil minuscule. Population de la Floride par rapport à celle d'autres états 1920. Source : Free Source online maps. Carte adaptée par Sui ChengZhong.

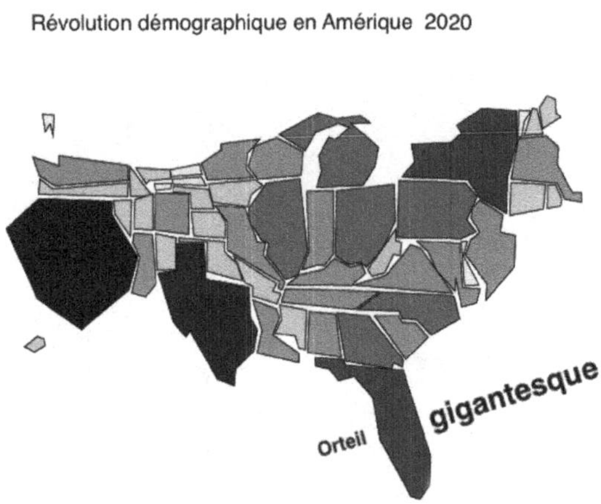

14. Orteil gigantesque. Population de la Floride par rapport à celle d'autres états 2020. Source : Free Source online maps. Carte adaptée par T. D. Allman et Sui ChengZhong.

Ces deux cartes montrent le glissement de la population à l'intérieur des États-Unis, et la pression que la croissance démographique en Floride a mise sur le système politique, la psyché et l'écologie des États-Unis d'Amérique.

En 1930 la Floride avait moins d'un million d'habitants. En 2020, la population de la Floride excèdera 21 millions.

En 1932, l'année où Franklin D. Roosevelt fut élu président des États-Unis, la Floride était le moins peuplé de tous les ex-états Confédérés. Au niveau politique national, elle était négligeable avec à peine un septième des grands électeurs de l'état de New York.

En 2016, l'année où Donald J. Trump a été fait président, la Floride dépasse la population de l'état de New York. Seuls le Texas et la Californie sont plus peuplés.

Aujourd'hui, comme dans le passé, la Floride révèle les réalités que l'Amérique voudrait se cacher. Au cœur du dysfonctionnement politique des États-Unis, au XXIe siècle, se trouve le caractère pernicieux d'une institution du XVIIIe siècle visant à privilégier les propriétaires d'esclaves. George W. Bush et Donald J. Trump ont tous deux été battus lors de leurs campagnes électorales. Même s'ils ont reçu moins de voix que leurs rivaux, le collège électoral les a néanmoins nommés président. De cette manière, deux des trois premiers présidents américains du XXIe siècle ont été choisis anti-démocratiquement.

Aujourd'hui en politique, comme dans tous les domaines, la Floride, avec son immense bloc de votes électoraux, incarne une crise existentielle pour les États-Unis.

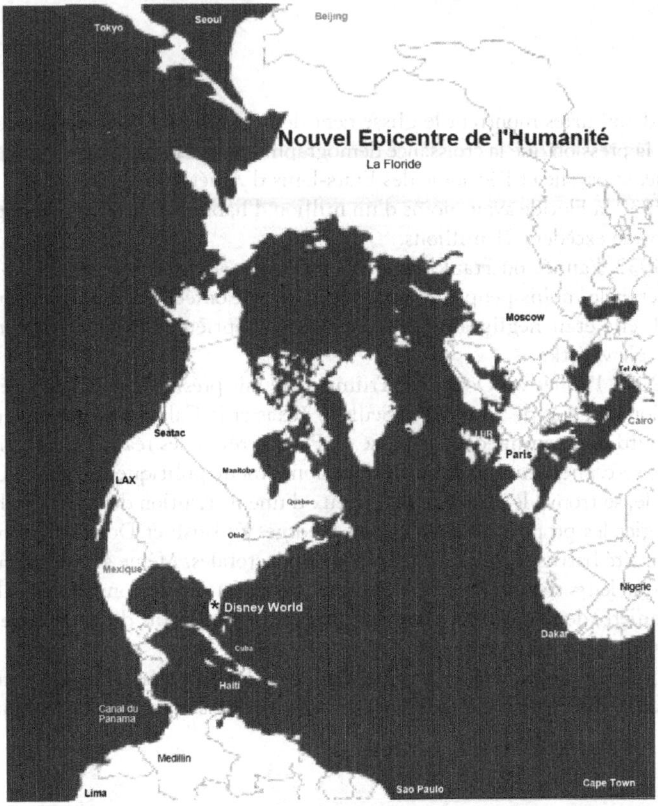

15. La Floride : Nouvel épicentre de l'Humanité.
Carte créée par T. D. Allman.

Historiquement à la périphérie du monde, la Floride est aujourd'hui au centre des toutes les révolutions sociales et technologiques qui restructurent le monde. En tant que lieu de vacances, de refuge, d'opportunités, ou tout simplement pour l'enfer, la Floride est l'endroit où tous maintenant convergent, d'Europe et du Moyen Orient, comme de toute l'Amérique du Nord, Canada inclus, et de toute l'Amérique latine, non seulement de Cuba et Haïti.

Dans un âge de connexions globales, les itinéraires qui vont de Shanghai à Buenos Aires, de Beijing à Brasilia, de Londres à Lima, de Dubai à Mexico, de Sao Paolo à Tokyo, de Bogota à Bombay, de Montevideo à Vancouver, de Toronto à Santiago, de Hong Kong aux îles Cayman, aussi de Johannesburg à Los Angeles tous passent par la Floride.

Avec Disney World comme epicenter, la Floride est le centre de ce nouveau monde post-littétaire, post industriel, post-culturel et post-moderne.

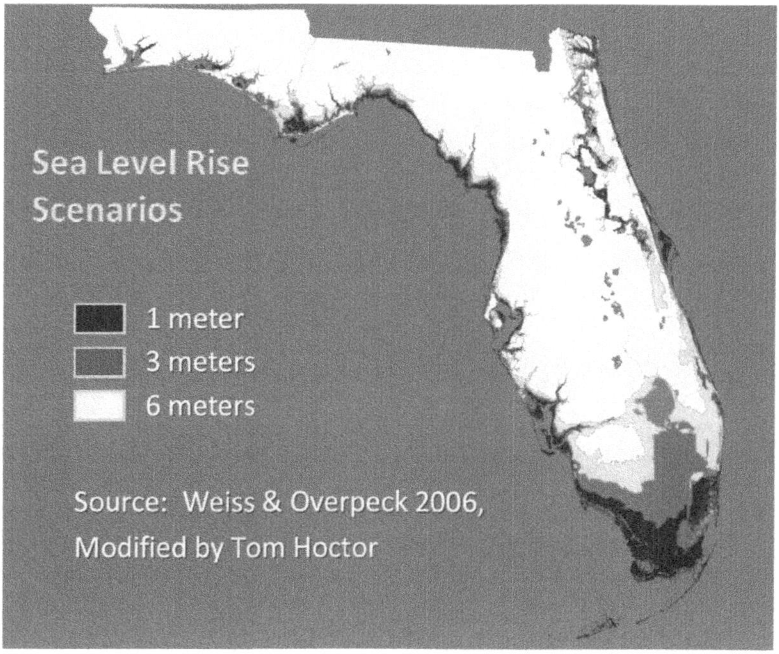

16. Ne cessez pas de regarder l'eau.
La Floride mètre par mètre : effets de la montée des niveaux de la mer.
Carte adaptée par Tom Hoctor. Source : Weiss & Overpeck, 2016.

La Floride a été sous la mer dans le passé géologique récent. Elle pourrait rétrécir à nouveau dans un avenir proche. L'avancée de l'eau de mer couvrira la terre. Elle envahira également les acquéreurs d'eau douce dont dépend toute vie en Floride.

Cette carte donne une idée de ce que deviendrait la Floride après quelques élévations relativement modestes du niveau de la mer. Une élévation de seulement un mètre inonderait le centre spatial Kennedy à Cape Canaveral. Elle noyerait la plupart des grandes villes de la Floride : Miami, Jacksonville, Fort Lauderdale, Tampa, St. Petersburg, Palm Beach, Pensacola, Sarasota, Naples.

Ces niveaux de la mer pourraient transformer quelque vingt millions d'êtres humains en réfugiés du changement climatique. Des hausses plus importantes pourraient noyer l'État entier.

L'auteur remercie le Dr Roy Winkelman, directeur du Centre de technologie pédagogique de Floride du College of Education de l'Université de Floride du Sud, pour son aide.

QUATRIÈME PARTIE

L'ILLUSION L'EMPORTE

L'esclavage est l'élément central de toutes les valeurs.
John C. McGhee, président de la convention de l'État sécessionniste de Floride, 1861[1]

1 *Journal of the Proceedings of the Convention of the People of Florida*, 3 janvier 1861, p. 8.

LA MAIN MARQUÉE AU FER

À Pensacola, en 1845, on installa un brasero de charbons brûlants dans la salle du tribunal. « Quand je fus sur le point d'être marqué au fer », affirma plus tard le prisonnier, « un officier du tribunal attacha ma main à une partie de la grille de devant. Il ... prit alors dans le feu un fer... l'appliqua à l'intérieur de ma main, et le pressa fermement, pendant quinze ou vingt secondes. Il y eut un bruit d'éclaboussure », ajouta-t-il, « comme le fait une poignée de sel que l'on jette dans le feu, lorsque la peau grilla et céda sous le fer chaud ». L'Américain soumis à cette cruelle et inhabituelle punition était un homme blanc libre. Jonathan Walker, charpentier de marine de quarante-six-ans, fut également exposé au pilori avant d'être marqué au fer, afin que les citoyens de Pensacola pussent le huer et le bombarder d'ordures. Quand le moment arriva deux lettres – ss – furent appliquées à l'intérieur de sa main. Selon la loi de Floride ss signifiait « slave stealer (voleur d'esclaves) ». Durant la période qui mena à la Guerre civile, ces deux lettres signifiaient toutefois pour des millions d'Américains « slave savior (sauveur d'esclaves). Les esclaves étaient-ils des biens qu'on pouvait voler ou bien des âmes qu'on pouvait sauver ? Sur cette question le pays allait se déchirer[1].

Comme Garcia, Ambrister, et Osceala, c'est par accident que Jonathan Walker incarna l'opposition à un mauvais usage américain du pouvoir, en l'occurrence au soutien apporté par le gouvernement des États-Unis à l'esclavage. Paysan de Cape Cod, il travaillait à la construction d'un bateau à Mobile quand il leva l'ancre pour Pensacola. Walker était malade, souffrant apparemment de paludisme, mais quand sept esclaves en fuite misérables et effrayés demandèrent son aide, il décida de les emmener aux Bahamas, où l'esclavage avait été aboli dix ans plus tôt.

Ils accédèrent presque à la liberté. Walker prit la mer le 20 juin 1844. Il longea tout d'abord la côte nord du Golfe du Mexique, avant

---

1 Walker, 1848.

de descendre le long de la côte ouest de la péninsule de Floride. Puis, après avoir évité Key West, lui et ses passagers contournèrent le cap de Floride. Walker délirait alors sous l'effet de la fièvre ; « quand nous débarquions », se souvint-il, « nous étions harcelés par des nués de moustiques, chacun d'entre nous était anxieux de pouvoir entrer sans contrôle et sans retard ». C'était la soif qui causait les tourments les plus vifs. « Nous continuâmes… à la recherche d'eau », raconta Walker plus tard, « sans pouvoir en trouver ». Le 8 juillet, ils avaient traversé presque un millier et demi de kilomètres de golfe, de détroit, d'océan ; la liberté miroitait comme de l'eau douce à l'horizon. Nassau, la capitale des Bahamas et son port principal, n'était plus qu'à une demi journée de voile, mais ce jour-là, dans les eaux internationales, un charognard des mers de Floride du nom de Richard Roberts saisit le navire de Walker et emprisonna les neuf hommes qui étaient à son bord. Enchaînés, ils furent acheminés par bateau jusqu'à Pensacola. Tous les esclaves furent rendus à leur maître, sauf un ; ce dernier échappa à une remise en esclavage en s'ouvrant le ventre et en se vidant de son sang sur le sol de sa prison.

Dans les eaux des Bahamas, le capitaine Roberts se serait rendu coupable de piraterie. Même après qu'on l'eut marqué dans sa chair, Walker ne sembla pas comprendre qu'une forme différente de « justice » prévalait en Floride. « Mais qui lui a donné le droit de me prendre en charge moi et mon bateau en haute mer ? », s'étonna-t-il. « Je ne souhaite pas accabler le capitaine Roberts de réflexions hors de propos ; mais je me plains vraiment du manque de courage, de la profonde dépravation de ces professeurs de chrétienté ; car, à l'évidence, il n'a aucune pitié pour ses frères humains… Le capitaine Roberts » continua-t-il, « manifestait un grand sérieux et une grande dévotion envers la religion. Cependant on sacrifiait librement au blasphème dans la cabine et on n'y rechignait pas sur les ponts de son navire ». Le récit de Walker est encore intéressant à lire, car, à chaque page, son narrateur-héros confond totalement la piété avec la moralité et se montre, d'une manière touchante, dévoué à l'une et à l'autre. Voilà un homme auquel le sens sans discrimination de la bonté faisait abhorrer également le blasphème et l'esclavage comme autant d'affronts au dessein du Créateur.

En marquant publiquement au fer un citoyen américain dans un tribunal américain, la Floride avait voulu signifier aux agitateurs extérieurs qu'il était périlleux de se mêler de ses affaires. Mais, après qu'il eut été relâché, dans le Nord, là où il prenait la parole, des femmes s'évanouissaient. Des hommes pleuraient et les deux sexes prenaient des résolutions morales, lorsque Jonathan Walker levait sa main et que l'auditoire voyait de ses propres yeux que même un homme blanc n'était pas à l'abri de l'empreinte délétère de l'esclavage. On exposa des daguerréotypes de la main mutilée de Walker dans les salles de classe et dans les presbytères. John Greenleaf Whittier écrivit le poème « The Branded Hand » en l'honneur de Walker :

> Lève alors cette main droite virile, audacieux laboureur des vagues
> Ta paume marquée au fer prophétisera : « le salut des esclaves »
> Montre ces lettres marquées au fer, pour que ceux qui les lisent puissent sentir
> Ton cœur fortement enfler, tes tendons devenir de l'acier[2]

De plus en plus de tendons devinrent de l'acier, lorsque les gens s'aperçurent que ce genre de mutilation faisait partie en Floride de la crise d'un système de gouvernance fédéral américain qui favorisait l'esclavage à tous les niveaux. C'était un membre d'une milice privée qui l'avait capturé, mais c'était l'État de Floride, soutenu par le gouvernement fédéral, qui avait déclaré que Walker était un criminel et l'avait marqué au fer. Comme Richard Keith Call le disait, sans toutefois s'en excuser, l'esclavage était « une institution liée indéfectiblement à notre système social et politique, une institution propre aux États, et une institution nationale, créée par le peuple américain et protégée par la Constitution des États-Unis[3] ». Les propriétaires d'esclaves en étaient fiers ; les abolitionnistes considéraient que c'était un déshonneur. Personne ne contestait sa réalité.

C'était non seulement les noirs mais également les blancs américains qui étaient les victimes de cet engagement du système en faveur de l'esclavage. À cause de la place privilégiée qu'occupait l'esclavage dans leur système gouvernemental, les Américains ne pouvaient pas (et ne peuvent toujours pas) choisir leur président directement, dans une élection libre. Pour donner aux propriétaires d'esclaves et aux États esclavagistes un plus grand pouvoir, la Constitution disposait que le président serait désigné par un collège électoral. Grâce aux préjugés pro-esclavage que

---

2 « The Branded Hand » : N. H. Dole (editor), *The Early Poems of John Greenleaf Whittier*, p. 172-176.

3 Call, 1861, p. 6.

le système électoral des États-Unis avait intégrés, c'était comme si les propriétaires d'esclaves votaient pour eux-mêmes. Ils avaient plus de voix, car ils avaient des esclaves. La disposition des « trois-cinquièmes » dans la Constitution des États-Unis rendit cela officiel[4]. Le bonus donné à l'esclavage pénalisait un fermier du Midwest qui travaillait la terre de ses propres mains ; il récompensait les planteurs du Sud qui faisaient faire le travail par leurs esclaves. À l'intérieur de la Floride, cette distorsion électorale était encore plus extrême. Puisque le bonus des trois-cinquièmes favorable à l'esclavage s'appliquait également par répartition à l'intérieur de la Floride, les comtés qui comptaient un grand nombre de propriétaires d'esclaves, comme les comtés autour de Tallahassee, avaient une représentation bien plus importante dans la législature de l'État que les comtés qui comptaient moins d'esclaves.

Les propriétaires d'esclaves souhaitaient un gouvernement fédéral fort, mais seulement tant que son pouvoir servait à promouvoir, à défendre et à étendre l'esclavage. Le poème de Whittier résumait bien l'outrage moral que l'indulgence du gouvernement des États-Unis provoquait. Dans l'un de ses éditoriaux, le très mondain Horace Greeley, célèbre pour conseiller aux jeunes gens d'aller vers l'Ouest, résuma une autre de ces sources de tension. Elle consistait en une plainte éternelle, usante et ingrate du Sud. « "Pourquoi ne laissez-vous pas l'esclavage tranquille ?" demandaient impérieusement et plaintivement au Nord », remarquait Greeley, « des hommes qui auraient dû voir, mais ne voulaient pas voir, que l'esclavage ne laisserait jamais le Nord tranquille[5] ». Il poursuivait en faisant la liste des demandes de quelques propriétaires d'esclaves et rapportait combien servilement le reste du pays se pressait pour les satisfaire. « Achetez-nous la Louisiane » disaient les propriétaires d'esclaves. « Avec plaisir ». « Maintenant la Floride ! » « Certainement ». Ensuite : « Violez vos traités avec les Creeks et les Cherokees ; expulsez ces tribus des terres qu'elles possèdent depuis des temps immémoriaux, pour que nous puissions étendre nos plantations ». « Aussitôt dit, aussitôt fait ». « Maintenant le Texas ». « Vous l'avez ». « L'esclavage », soulignait Greeley, « se servait de l'Union comme de la patte d'un chat – il entraînait la République dans des guerres iniques et des dépenses énormes, et étendait, ainsi, son empire ».

4 Constitution des États-Unis, Article 1, Section 2, Paragraphe 3.

5 Horace Greeley, *The American Conflict : A History of the Great Rebellion*, 1865, vol. 2, p. 354.

La réaction des propriétaires d'esclaves à l'élection présidentielle de 1860 démontra que Greeley avait raison. Abraham Lincoln fut élu président par un processus électoral qui donna aux États esclavagistes une bien plus grande influence qu'un système strictement démocratique ne leur aurait donnée. La plateforme électorale de son parti proclama officiellement « le droit de chaque État à déterminer et à contrôler ses propres institutions internes, exclusivement selon son jugement propre », mais, lorsque les bulletins de vote eurent été déposés dans les urnes, les grands électeurs désignés, et les résultats affichés, l'esclavage ne laissa pas le processus constitutionnel américain tranquille.

Plus tard, quand on revint sur la Guerre civile, nombreux furent ceux qui déclarèrent que l'esclavage n'était qu'un élément secondaire dans des divergences philosophiques plus importantes. Ceux qui poussèrent la Floride à la sécession auraient certainement trouvé ridicule une telle idée. « Pourquoi tout cela ? » demanda John C. McGhee, président de la convention de l'État sécessionniste de Floride, dans son discours d'ouverture. « Pour le Sud et pour notre peuple, l'esclavage est l'élément central de toutes les valeurs ». En janvier 1861, soixante-neuf hommes blancs se réunirent dans une salle à Tallahassee ; soixante-deux d'entre eux votèrent pour déclarer que la Floride était « une Nation souveraine et indépendante ». Il y avait presque quarante-neuf ans plus tôt, le 13 mars 1812, les neuf ragamuffins de Mathews avaient fait de même. Dans la salle de Tallahassee, se trouvait en fait réunie une proportion plus petite de la population totale de la Floride de 1861 que celle que Mathews était parvenu à rassembler.

Dans d'autres États, les débats sur la sécession durèrent des mois et des milliers de participants, tout autant que les législatures d'État, s'y investirent. Les sécessionnistes de Floride ouvrirent leur réunion le matin et, à l'heure du dîner, ils en avaient fini. Dans d'autres États, on tint un référendum sur la sécession. Un geste aussi grave que celui de la séparation de l'Union, il allait de soi, devait être approuvé par les électeurs. La clique sécessionniste de Tallahassee s'assura que les Floridiens ne pussent jamais avoir la possibilité de donner leur opinion sur la plus importante affaire à laquelle l'État avait eu à faire face. Juste avant de déclarer la sécession le 10 janvier, ils repoussèrent « une résolution… que l'ordonnance soit soumise au peuple pour ratification ». Le gouverneur sécessionniste de Floride, John Milton expliqua pourquoi :

« Une minorité très importante était opposée à la sécession et dans de nombreuses parties de l'État il y avait des regroupements pour adhérer à ou pour garder le gouvernement des États-Unis ». Dans la salle même, ils furent sept à voter contre la sécession. Seulement quinze ans après l'établissement de l'État, les ennemis de la démocratie avaient pris de nouveau le pouvoir. Moins de quarante-sept ans s'étaient écoulés depuis que Jackson s'était introduit pour la première fois en Floride – humiliant les Espagnols, massacrant les Séminoles, tuant les blancs qui s'opposaient à lui. Désormais, en pérorant sur la liberté, les Américains allaient se tuer mutuellement.

La dette que les Floridiens avaient vis-à-vis du gouvernement fédéral fit que leur précipitation à faire sécession fut inconvenante tout autant que précipitée et mal avisée. Moins de trois ans auparavant, l'armée des États-Unis avait écrasé le dernier soulèvement séminole. La Floride était plus dépendante des finances et de la protection fédérales que n'importe quel autre État esclavagiste. En Caroline du sud et en Virginie les habitants pouvaient revendiquer une identité qui remontait bien avant la création des États-Unis. La Floride était une créature du gouvernement fédéral. Tout ce qu'ils possédaient, les sécessionnistes de Floride le devaient à l'intervention du gouvernement fédéral, cependant quand ils eurent à faire un choix, ils choisirent l'esclavage contre la loyauté. Plus que « l'élément central de toutes les valeurs », l'esclavage était devenu la valeur centrale qui détruisait toutes les autres valeurs.

L'élection présidentielle se tint le 6 novembre 1860. La Caroline du sud, qui ne connaissait pas la modération, déclara la sécession avant Noël, mais il n'y eut pas ensuite de précipitation. La Virginie, le Kentucky, la Caroline du nord et le Tennessee se retinrent tous les quatre. Il semblait possible que la crise liée à l'élection de 1860, comme la crise liée à l'annulation de 1832, pût se limiter à la Caroline du sud. Mais, les trois États esclavagistes qui s'étaient récemment constitués sur la frontière du Sud – l'Alabama, la Floride et le Mississippi – se précipitèrent là où les États esclavagistes les mieux établis hésitaient à s'aventurer. L'Alabama précéda la Floride d'un jour pour devenir le premier État après la Caroline du sud à faire sécession. Le Mississippi suivit la Floride le jour suivant. La sécession de la Floride, presque trois mois avant que Lincoln n'entrât en fonction, fut la première sinon la dernière fois où les politiciens de Floride contribuèrent à ouvrir une crise constitutionnelle aux États-Unis.

En soixante-douze heures, l'ambition d'Andrew Jackson d'étendre l'Union en étendant l'esclavage avait été anéantie par les trois États esclavagistes auxquels, presque tout seul, il avait donné existence – en « liquidant » les Indiens, les Anglais et les Espagnols et en les faisant passer, aux frais du gouvernement, dans les mains d'une élite esclavagiste triée sur le volet qui, après s'être retournée tout d'abord contre lui, se retournait maintenant contre l'Amérique même. Jackson, comme Menendez, avait infligé à la Floride un autre système auto-destructeur qui, comme le montraient désormais les événements, finirait par conduire à la destruction de tous ses rêves.

Les trois États, la Floride tout particulièrement, étaient sous tutelle militaire, mais grâce à elle la sécession pouvait désormais revendiquer un espace intérieur. Avec une sécession qui ne se limitait plus à la Caroline du sud, Montgomery, Alabama, pouvait être déclarée capitale, et Jefferson Davis du Mississippi déclaré président de la Confédération avant même qu'Abraham Lincoln ne prît ses fonctions comme président des États-Unis. Cependant, la prudence continuait à guider la conduite des États esclavagistes les mieux établis. Il fallut une ultime provocation de la part de la Caroline du sud, l'attaque de Fort Sumter, pour déclencher la guerre. Les forces confédérées attaquèrent la garnison des États-Unis à Fort Sumter le 12 avril 1861, un peu plus de cinq mois après l'élection présidentielle. À l'origine, la petite force des États-Unis, avec seulement 123 officiers et hommes de troupes, y compris les treize membres de la fanfare militaire, devait stationner à Fort Moultrie, où Osceola était mort. Mais Moultrie était exposé à des tirs au jugé d'établissements proches. Souhaitant éviter toute confrontation, le major Robert Anderson, un loyaliste du Kentucky, et son second, le capitaine Abner Doubleday, traversèrent le bras de mer pour s'installer à Sumter. C'était l'hiver. Sur leur petit bout d'île, ces troupes loyales aux États-Unis, privées de bougies et de chaleur, se blottissaient sous des couvertures, faisant l'expérience de ce même froid humide qu'Osceola avait fait vingt-trois ans plus tôt.

Le major Anderson prit grand soin de s'assurer que les troupes des États-Unis ne seraient pas les premières à tirer sur des camarades américains. Les troupes des États-Unis ne cherchèrent vraiment à se défendre que quand les Confédérés déclenchèrent un tir de barrage. Abner Doubleday dirigea le feu. Dans ses *Reminiscences of Fort Sumter and Moultrie in 1860-1861*, publié en 1876, Doubleday fit référence à la croyance très répandue qu'il avait tiré le premier coup de la Guerre civile pour l'Union. « En tirant le premier coup de fusil contre la rébellion, je n'eus aucun sentiment de culpabilité », se rappela-t-il, « car je croyais fortement que le conflit était inévitable, et que ce n'était pas nous qui le cherchions[6] ». On se souvient de certaines personnes pour ce qu'elles firent ; on se souvient d'Abner Doubleday – par deux fois – pour ce qu'il ne fit pas. Contrairement à la légende, Abner Doubleday n'inventa pas le baseball. Il ne tira pas non plus le premier coup de feu « contre la rébellion ». Ces premiers coups de feu furent tirés en Floride, à Pensacola, plus de trois mois auparavant, en janvier 1861.

Il y a une multitude de similarités, et une grande différence, entre la défense couronnée de succès, et oubliée, des États-Unis dans la baie de Pensacola en janvier 1861 et la célèbre attaque des Confédérés dans le port de Charleston trois mois plus tard. Pensacola, à l'époque, était la plus grande ville de Floride, comme Charleston était la plus grande ville de Caroline du sud. À Pensacola, la population était tout aussi agressivement favorable à l'esclavage que l'était celle de Charleston. Les forces de l'Union assiégées à Pensacola étaient encore moins importantes que celles de Caroline du sud, quatre-vingt un officiers et hommes de troupe seulement. À Pensacola, comme à Charleston plus tard, la défense de la propriété et de l'honneur des États-Unis échouait à deux officiers inconnus de l'armée américaine. Le lieutenant Adam Jacoby Slemmer, commandant en exercice à Pensacola, était comme le major Anderson à Fort Sumter un ancien de West Point et un vétéran de la Guerre séminole. Son second, le lieutenant Jeremiah H. Gilmore, sera élevé ultérieurement au grade de général. Comme Doubleday, Gilmore fournira un commentaire écrit de ce qui se passa[7].

La grande différence est que, en Floride, les forces américaines assiégées ne se rendirent jamais. Combinant courage, habileté, réflexion rapide et cran – ce que leurs adversaires pro-esclavage se plaisaient à appeler de la « bravoure » – ils déjouèrent toutes les tentatives des Confédérés pour les soumettre, et contrattaquèrent. Ces braves patriotes américains remportèrent la première victoire de l'Union, avant même que la guerre, comme on s'en apercevra plus tard, n'eût commencé. C'était, comme

6 Abner Doubleday, *Reminiscences of Fort Sumter and Moultrie in 1860-61*, 1976, p. 145-146.

7 H. Gilmore, « With Slemmer » in The Century Co., *Battles and Leaders of the Civil War*, 1885-1887, vol. 1, p. 40-49.

toujours, une autre différence floridienne. Ces héros floridiens – bien que blancs et portant l'uniforme de leur pays – seront rayés de l'histoire, aussi systématiquement que le furent les défenseurs de Negro Fort. Tout autour de Pensacola et dans le reste de la Floride, vous trouvez encore des monuments et des plaques commémorant l'héroïsme supposé des Confédérés. Nulle part vous ne trouverez un mémorial honorant ces patriotes loyaux qui combattirent pour l'Amérique à Pensacola.

Avant même que la Floride ne fît formellement sécession, des pilleurs avaient commencé à profaner des drapeaux américains et à voler des armes et des munitions au gouvernement. Il s'agissait bien d'une insurrection, aussi sûrement que la capture de Walker et de son bateau avait constitué un acte de piraterie, mais en Floride, comme partout dans le Sud, de nombreux officiers de l'armée hésitaient entre apporter leur soutien à ceux qui attaquaient les installations des États-Unis et un degré d'indécision passive qui revenait à abandonner leur devoir, sinon à la trahison. La conduite d'un officier de haut rang de la marine des États-Unis à Pensacola, le contre-amiral James Amstrong, fut particulièrement scandaleuse. Comme des intrus abaissaient le drapeau des États-Unis et pillaient les propriétés de l'État américain, Amstrong se contenta de regarder, sans rien faire.

Lâchés par leurs commandants, les deux jeunes lieutenants, Slemmer et Gilmore, décidèrent de défendre leur pays par eux-mêmes. Mais comment et où ? Dans la baie de Pensacola il fallait choisir entre Fort Barrancas et Fort Pickens. Fort Barrancas, qui se trouvait à l'époque sur l'emplacement actuel de la base aéro-navale de Pensacola, était sur le continent. Fort Pickens, de loin le plus facile à défendre des deux endroits, se trouvait du côté opposé du chenal qui relie la baie de Pensacola au Golfe du Mexique, à l'extrémité de l'île de Santa Rosa, une île barrière, longue et étroite, qui sépare la baie de Pensacola du Golfe. Après avoir décidé de combattre à Fort Pickens, Slemmer et ses hommes transférèrent tous les vivres, les armes et les munitions qu'ils pouvaient de leurs baraquements à la sûreté momentanée de Fort Barrancas. « Ce n'était pas trop tôt », rapporta Gilmore, « car à environ minuit, un groupe de vingt hommes vint au fort, à l'évidence avec l'intention d'en prendre possession et pensant le trouver inoccupé comme il l'était d'habitude. Nous défiâmes le groupe, mais comme il ne répondait pas et ne faisait pas halte, la garde lui tira dessus ».

Slemmer et Gilmore venaient de remporter leur première victoire et, aussi petite fût-elle, ils en comprirent la signification. « C'était », ajouta Gilmore, « le premier coup de fusil de la guerre tiré par notre camp ». Grâce à cette action opportune, ils avaient sauvé leurs vivres et leurs armes, mais il fallait que « l'unique force de l'armée des États-Unis dans le port pour conserver et préserver, autant qu'il était possible, la propriété des États-Unis », comme Gilmore décrivait son unité, se déplaçât rapidement à Fort Pickens, sur l'île de Santa Rosa, si elle voulait se défendre elle-même et défendre le drapeau américain contre de futures attaques. Le matin du 9 janvier 1861, le lieutenant Adam Jacoby Slemmer regarda de l'autre côté du chenal qui séparait Fort Barrancas de Fort Pickens et se posa la même question que le Français Jean Ribault s'était posé à Matanzas Inlet, de l'autre côté de la Floride, 295 années plus tôt. Comment traverser cette eau ? Deux navires de la marine des États-Unis étaient à l'ancre dans la baie de Pensacola. Le capitaine O. H. Berryman du *Wyandotte*, un des nouveaux navires à vapeur de la marine, et le capitaine Henry Walker du voilier *Supply* voulaient apporter leur aide, mais des membres pro-confédérés dans l'entourage d'Amstrong, comme Gilmore le dit plus tard à plusieurs reprises, « contrecarrèrent… ce qu'ils appelaient le plan fou de résister aux autorités de l'État ».

Finalement, tôt le matin du 10 janvier 1861, le vapeur de la marine des États-Unis, *Wyandotte*, apparut en vue de Fort Barrancas. Son capitaine avait décidé, sur son initiative propre, de les aider. Gilmore raconte ce qui se passa ensuite : « Dans un grand bateau à fond plat ou chaland, et dans plusieurs petits bateaux chargés de nos hommes, de nos provisions, de canons en bronze, de munitions, d'outils, et de tout ce qui appartenait à l'Union pouvant être transportée, y compris, je me souviens, une vieille mule et sa charrette (qui s'avéra par la suite d'une grande utilité pour nous), nous fumes tirés jusqu'à Pickens et débarqués à 10h du matin le 10 janvier 1861, ce jour même où la Floride fit sécession de l'Union ». Deux jours après nous être installés à Fort Pickens, rapporta Gilmore, « nous vîmes que le drapeau dans les quartiers de la marine avait été abaissé, et alors nous sûmes qu'elle s'était doucement et docilement rendue ». Alors que les troupes américaines loyalistes de Fort Pickens, en regardant de l'autre côté de l'eau, voyaient qu'on abaissait le drapeau de leur pays, ce qui les effrayait encore le plus c'était le silence sur l'autre rive. Pas un seul coup de feu de résistance n'avait été tiré. « Voir ainsi notre drapeau abaissé devant l'ennemi suscita chez nous une grande excitation et une intense émotion, un sentiment mélangé de honte, de colère », se rappela Gilmore, « et de défiance ». Un drapeau avait été abaissé ; de nombreux autres furent levés à sa place. « Il n'y avait pas alors de drapeau qui flottait sur le fort, aussi nous accrochâmes notre propre drapeau sur le bastion nord-ouest », écrivit plus tard Gilmore, « pour que tout le monde pût voir que notre drapeau était encore là ». Les navires de la marine des États-Unis dans le port le virent. Le *Supply* hissa lui-même encore plus de drapeaux américains, ainsi que le *Wyandotte*.

Pendant qu'une foule favorable à la Confédération applaudissait à la vue du déshonneur infligé au drapeau américain, les deux navires de guerre des États-Unis s'esquivèrent dans la baie de Pensacola, hors d'atteinte des Confédérés. Comme il en avait été, en 1565, avec les Espagnols et les Français, il en était, en 1861 avec les Confédérés et les États-Unis. Peu importait qui dominait sur terre, le contrôle des voies d'eau de la Floride déterminerait le futur vainqueur. Avec les forces américaines qui tenaient Fort Pickens, aucun navire de guerre ne pouvait entrer ou quitter Pensacola. Les quartiers de la marine de Pensacola qui pourraient avoir été le berceau d'une puissante flotte confédérée, était désormais inutile stratégiquement grâce à ce que Slemmer et Gilmore avaient fait. Les deux jeunes officiers avaient quelque chose d'autre en commun, en plus de ressources militaires. L'un et l'autre étaient jeunes mariés, et « dans ce “déménagement” hâtif et tumultueux », comme un des voisins en Pennsylvanie de Slemmer s'émerveilla plus tard, « les épouses patriotes de Slemmer et de Gilmore firent un travail d'homme d'ouvrage[8] ». Le travail continua quand ils atteignirent Fort Pickens, lorsque Mrs Slemmer et Mrs Gilmore contribuèrent à rendre cet avant-poste balayé par le vent vivable en même temps que défendable. « Les épouses héroïques des lieutenants Slemmer et Gilmore – des femmes raffinées et cultivées – constituent une part de l'histoire de Fort Pickens[9] », observa un autre chroniqueur, mais il eut tort sur ce point. Comme les actes héroïques de leurs maris, la bravoure de ces femmes américaines

8 « Brigadier General Adam J. Slemmer », in Moses Auge, *Lives of the Eminent Dead : and Biographical Notices of Prominent Living Citizens of Montgomery County, Pa.*, 1879, p. 224-231.

9 Benson John Lossing, *Harpers' Popular Cyclopedia of United States History*, 1890, vol. 1, p. 516.

loyalistes n'occupera aucune place dans la noble histoire des femmes héroïques pro-esclavage concoctée pour la Floride.

Après avoir provoqué puis saboté une confrontation avec l'armée et la marine des États-Unis, les notables favorables à l'esclavage de Pensacola en furent réduits à faire des discours sur ce qu'il y avait d'honorable dans leur tentative. Les Slemmer, les Gilmore et les autres étaient occupés à consolider les défenses du fort, quand on fit une première tentative pour les amener à se rendre. Quatre hommes apparurent à l'entrée du fort, demandant à entrer. L'un d'entre eux était un employé civil de la marine. Lui, comme d'autres, avait prétendu être loyal à ses employeurs militaires ; maintenant il montrait son vrai visage. « Nous avons été envoyés par les gouverneurs de la Floride et d'Alabama pour demander une reddition pacifique de ce fort », annonça-t-il. « Je suis ici sous l'autorité du président des États-Unis », répondit le lieutenant Slemmer.

En plus de tirer les premiers coups de feu, Slemmer et Gilmore avaient gagné le premier engagement stratégiquement significatif de la Guerre civile sans perdre un seul soldat. Les pertes attendaient toutefois encore d'être comptées. Les vivres n'atteignirent pas Fort Pickens avant la mi-avril. Et à la mi-mai, comme le dit Gilmore, « notre compagnie, sur recommandation du chirurgien, les hommes étant épuisés par le dur labeur, la surveillance et l'exposition incessantes, et le désir de nourriture décente depuis les quatre mois… fut mutée à Fort Hamilton, New York Harbor ». Le coût de leur bravoure avait commencé à être manifeste avant qu'ils ne prennent la mer ; « le scorbut était déjà apparu chez les hommes », écrivit Gilmore. « En route pour le Nord », ajouta-t-il, « l'un d'eux mourut et peu d'entre eux se remirent entièrement des effets de la pression physique et mentale qu'ils avaient supportée ». Slemmer fit lui-même partie des pertes. Héros qui allait alors vers ses trente-trois ans, à quarante ans il était mort. « Il mourut », comme un rapport le dit plus tard, alors qu'il commandait Fort Laramie, des effets persistants de la fièvre typhoïde qu'il avait contractée durant la Guerre civile. Il avait commencé sa carrière en traquant les Séminoles ; il la finit en harcelant les Indiens des plaines de l'Ouest. Entre les deux, le général (qu'il était devenu) Adam Jacoby Slemmer avait fait quelque chose dont il pouvait, lui et son pays, être fier à jamais.

Pendant ce temps, depuis son bureau de Washington, le sénateur David Yulee, le plus ancien responsable politique de Floride, incitait à l'insurrection contre les États-Unis. « La chose la plus importante à faire est d'occuper immédiatement les forts et les arsenaux de Floride », écrivit Yulee au conseiller militaire en chef du gouverneur Madison Starke Perry, Joseph Finegan. Finegan, qui devait devenir rapidement général de la Confédération et ensuite l'auteur du pire massacre de Floride depuis celui de Negro Fort, n'avait aucune expérience militaire[10]. Ses seules qualifications pour entraîner la Floride dans la guerre étaient politiques et financières. Son affaire de construction était devenue une mine d'or grâce aux contrats financés par le gouvernement que son proche associé, le sénateur Yulee, lui avait obtenus. Suite à un beau marché avec les responsables floridiens, Finegan acquit également huit kilomètres de rives du lac Monroe, cette section du système fluvial de la St. Johns qui s'étendait de Sanford jusqu'à Deltona, pour 18 dollars – non pas 18 dollars l'hectare, mais 18 dollars pour l'ensemble des huit kilomètres. Ce fut un coup du même ordre que l'acquisition par Humphreys des kilomètres carrés d'Enemathla à Tallahassee, et pour la même raison. Dès que l'armée américaine eut débarrassé l'endroit des Séminoles, Finegan se retrouva être le seul propriétaire d'un véritable empire dont ses rivaux blancs, comme les Séminoles, étaient exclus. En 1861 Finegan, qui était arrivé, enfant et sans un sou, d'Irlande possédait une demeure de quarante chambres à Fernandina.

Perry et son successeur en tant que gouverneur durant la Guerre civile, John Milton, étaient représentatifs de la psychologie, une combinaison de ressentiment et de confiance en soi exagérée, qui prévalait chez les leaders sécessionnistes de Floride. Pendant quarante ans les hommes éminents de Floride avaient dépendu du gouvernement pour leur enrichissement et leur protection. Désormais, les sénateurs et les gouverneurs de Floride complotaient contre ce même gouvernement auquel ils devaient, directement ou indirectement, tout ce qu'ils possédaient. Leur projet de renverser le gouvernement des États-Unis était antérieur à l'élection d'Abraham Lincoln. « Ce n'était pas quelque chose qui n'avait pas été envisagée » concéda plus tard un commentaire favorable à l'esclavage, « mais quelque chose qui avait été prévu depuis longtemps[11] ». Pour de riches Floridiens comme Yulee, Perry, Finegan et Milton, la sécession

10 Franklin Lafayette Riley et al. (ed.), *The South in the Building of the Nation : History of the States*, vol. 3, p. 45-63.

11 Brevard, 1904, p. 156.

était une opportunité à saisir, et non une catastrophe à éviter. Comme ils plongeaient la Floride dans la guerre, ils étaient guidés par leur croyance irrationnelle que, s'il le fallait, ils pourraient vaincre les forces armées des États-Unis. Comme la Guerre séminole l'avait déjà montré, et la Guerre civile le montrerait de nouveau, ils ne pouvaient même pas défendre la Floride.

Une fois que la sécession fut proclamée, les mêmes responsables et les mêmes milices qui avaient bâclé les opérations contre les Séminoles affrontèrent l'armée et la marine des États-Unis, et l'incompétence militaire floridienne entra dans une nouvelle phase. Si la tentative de sécession devait réussir, la première tâche essentielle, comme le sénateur Yulee le soulignait, était de prendre le contrôle des points stratégiques clés de l'État. Un autre des sécessionnistes ultra, John Jackson Dickison, fit la liste des installations côtières qui devaient être sécurisées si les sécessionnistes de Floride devaient défier l'autorité fédérale avec quelque chance de succès. C'était : « Fort Barrancas avec ses 44 canons et ses munitions ; les baraquements de Barrancas, où il y avait une batterie de campagne ; Fort Pickens, équipé de 201 canons avec des munitions ; Fort McRee, 125 canons de garnison sur la mer ; Fort Taylor, Key West, avec 60 canons ; les baraquements de Key West, 4 canons ; Fort Marion, 6 batteries de campagne et quelques armes ; et Fort Jefferson sur les Tortugas[12] ». On ne tenta jamais de sécuriser les installations des îles à Key West et à Fort Jefferson. Elles restèrent entre les mains de l'Union pendant toute la guerre. Les militants pro-esclavages de Floride furent également complaisants en ce qui concernait Fort Marion, comme le Castillo de San Marcos à St. Augustine était désormais appelé. Dans leur effort pour éviter la confrontation, les troupes fédérales évacuèrent St. Augustine, laissant seulement un jardinier sur place. Quand les miliciens du gouverneur Perry y parvinrent finalement, le jardinier réclama et obtint un reçu avant de leur confier ce qui était la propriété des États-Unis. Les fortifications les plus légendaires de Floride étaient tombées dans les mains des sécessionnistes sans combat, mais quand il faudra combattre, les Confédérés les abandonnèrent sans tirer un coup de fusil.

Il restait les fortifications autour de Pensacola. Le sénateur Yulee insista sur la fait que « la base navale et les forts de Pensacola étaient de première importance », cependant les responsables floridiens ne firent

12 Dickison, 1898, republié 2002, p. 12.

rien quand les hommes de Slemmer vidèrent leurs baraquements, puis trafiquèrent les fusils à Fort Barrancas même. Le très mobile lieutenant Slemmer avait également rendu inutilisable l'artillerie de Fort McRee, qui commandait sur le continent l'entrée de la baie de Pensacola. Même après l'attaque par les Confédérés de Fort Sumter en avril 1861, le régime sécessionniste des propriétaires d'esclaves de Floride ne tenta pas de faire partir les forces américaines de Fort Pickens. Ce fut au contraire les forces des États-Unis, non celles des Confédérés, qui attaquèrent. Lors d'un raid de nuit sur les quartiers de la marine de Pensacola, une escouade de Fort Pickens y débarqua et remporta la première victoire américaine sur le sol de Floride.

Un sloop de commerce, le *Judah*, avait pu naviguer sans être attaqué dans la baie de Pensacola. Comme les troupes de l'Union, avec leurs jumelles, observaient ce qui se passait dans les quartiers de la marine, ils découvrirent que le *Judah*, bien qu'il fût entré pacifiquement dans le port, s'apprêtait à devenir un navire de guerre confédéré. Dans son rapport au ministère de la guerre, le capitaine William Mervine, commandant de l'escadron de la marine américaine qui faisait le blocus du Golfe, démontra qu'il aurait pu avoir quelque succès en tant qu'auteur de récits d'aventure. « Les mouvements de la goélette avaient été observés attentivement », rapporta-t-il, « et je jugeai qu'il était si absolument certain qu'elle avait l'intention de devenir un navire corsaire que je décidai qu'on devait tenter de la détruire, même si les chances d'y réussir étaient loin d'être favorables ». Les Confédérés dans les quartiers de la marine furent mis en déroute en quinze minutes, en partie parce qu'ils étaient endormis[13].

Là haut à Washington Gideon Welles, le ministre de la marine, reconnut que c'était un triomphe pour les relations publiques, quand la nouvelle arriva sur son bureau. « Une expédition exécutée face à un ennemi si supérieur en nombre, si brillamment, si vaillamment et avec un tel succès, ne peut pas ne pas être reconnu par le ministère. Ce récital », prédit-il, « désormais remplira les cœurs d'admiration ». Le ministre Welles s'assura que tous les cœurs pussent être pleins d'admiration en adressant le récit du capitaine Mervine directement aux journaux. « La destruction du Judah », annonçait en gros titre le *New York Times* du 20 octobre 1861 au-dessus du rapport sur le « Récent exploit naval à

---

13 Dickison, p. 14-23.

Pensacola ». Ce fut une des rares fois où les événements de la Guerre civile en Floride firent les gros titres.

La destruction du *Judah* en octobre 1861 confirma ce qui était évident depuis janvier, lorsque Slemmer avait pris possession de Fort Pickens. Tant que les États-Unis bloquaient l'entrée de la baie de Pensacola, toutes les installations sous contrôle confédéré étaient inutiles. Cependant, les Confédérés hésitaient à prendre le risque, humain comme militaire, de sécuriser l'objectif stratégique le plus important et le plus vital de Floride, car, comme Jefferson Davis et Robert E. Lee le voyaient, la Floride ne valait pas la peine d'être défendue. Les vies floridiennes, le gouvernement comme le commandement militaire de la Confédération en étaient d'accord, seraient mieux employées dans le combat en faveur de l'esclavage en dehors de Floride, en des lieux qu'ils considéraient plus importants, comme la Virginie.

Quelques temps plus tôt seulement, les plus hauts responsables de Floride avaient dénoncé chaque action fédérale comme une tyrannie intolérable. Désormais, ils se soumettaient gentiment aux dictats des chefs suprêmes confédérés, étrangers à leur État, qui, bientôt, infligeraient à la Floride des dommages incomparablement plus grands que les Yankees. À Pensacola le chef suprême des Confédérés était un ancien lieutenant-colonel de l'armée des États-Unis du nom de Braxton Bragg. Les origines de Bragg en Caroline du nord étaient plus humbles encore que celles de Clinch ; on murmurait que sa mère avait passé du temps en prison. On disait aussi que, durant la guerre avec le Mexique, ses propres troupes avaient pratiqué ce que, bien plus tard, on appellerait le *fragging*. Atterrés par la brutalité de Bragg, ils tentèrent de le tuer en allumant un obus d'artillerie sous son lit de camp.

La guerre contre les Séminoles tout d'abord, puis l'attaque contre le Mexique avaient permis à des Américains comme Bragg de s'élever de la pauvreté à la classe des officiers. Comme Duncan Clinch, Bragg aurait pu finir comme journalier ou comme métayer, si le gouvernement des États-Unis ne lui avait pas permis d'avoir une éducation gratuite à West Point. Les contribuables américains payèrent ensuite le salaire de Bragg, lui fournirent une indemnité de résidence, et assurèrent l'éducation de ses enfants jusqu'à ce que, cherchant à s'enrichir davantage, il ne quittât l'armée des États-Unis en 1856 et ne s'établît en Louisiane. Là – comme Perry, Milton, et beaucoup d'autres en Floride – le lieutenant-colonel

Bragg devint un aristocrate sudiste. Avant même que la Louisiane ne fît sécession, Bragg se précipita pour prendre les armes contre l'armée des États-Unis.

Quand il arriva à Pensacola, Bragg, qui avait le rang pour la Confédération de brigadier général, déchargea de tout pouvoir l'autorité civile et proclama la loi martiale. Pour ce qui était des combats, toutefois, il poursuivit la politique confédérée d'indolence, pendant que les navires des États-Unis débarquaient plus d'un millier d'hommes de troupe à Fort Pickens. La plupart de ces renforts venaient du sixième régiment de volontaires de New York et apportèrent avec eux un bouc, méchant mais très admiré, comme mascotte. Alors qu'ils transformaient la petite présence fédérale qu'avait établit Slemmer en une imprenable redoute, les Confédérés ne faisaient toujours rien – jusqu'à ce que l'attaque américaine réussie du *Judah* n'incitât le général Bragg à agir. Dans la nuit du 8 octobre 1861, un peu moins de neuf mois après que Slemmer ne prit Fort Pickens, les forces confédérées firent enfin leur seule et unique tentative d'attaque.

Comme le rapport officiel de la Confédération l'établit plus tard, le désastre eut lieu avant même que les troupes indisciplinées de Bragg ne quittent les quartiers de la marine de Pensacola, lorsque le moteur du Ewing, le vapeur qui était censé les tirer jusqu'à l'île de Santa Rosa tomba en panne. Les officiers de Bragg n'avaient pas pensé à vérifier si le navire était en État d'affronter la mer. Quand les Confédérés réussirent malgré tout à traverser le chenal, ils s'aperçurent que le site de débarquement choisi par l'état major de Bragg n'était pas du tout près du fort. « Après une progression de 5 à 7 kilomètres » qui, se plaignait le rapport officiel, avait été « rendue difficile et fatigante du fait de la nature du terrain », les sentinelles des États-Unis repérèrent les Confédérés. « L'alarme ayant donc été donnée, et comme il devenait impossible de cacher notre avance désormais à l'ennemi », dit le rapport, toute possibilité d'atteindre Fort Pickens, et plus encore d'en prendre possession, était exclue. En compensation, les Confédérés se mirent à s'agiter dans l'obscurité. Un des officiers de Bragg, pensant qu'il avait acculé l'ennemi, tenta d'utiliser à son profit cet avantage imaginaire : « Sans tarder un instant, il chargea avec sa baïonnette », notait le rapport, « mais ne rencontra aucune résistance. Le camp était presque totalement vidé et nos troupes mirent rapidement le feu aux tentes, aux entrepôts et aux hangars ».

Il n'y avait personne, parce que les troupes américaines avaient commencé à encercler les forces de Bragg et les couper de l'endroit où ils avaient débarqué. Les Confédérés se retiraient définitivement quand « deux compagnies de l'armée régulière des États-Unis, qui nous avaient dépassé dans le noir et qui s'étaient postées derrière un buisson épais pour intercepter notre colonne qui se retirait », commencèrent à leur tirer dessus. Désormais, revenir simplement sur leurs bateaux ressemblait déjà à une victoire, mais pas pour longtemps. À peine « l'ordre fut-il donné aux bateaux à vapeur de se diriger vers Pensacola », expliqua le rapport confédéré, « qu'on découvrit qu'une aussière s'était prise dans l'hélice de l'*Ewing* et qu'il ne pouvait pas partir ». Même quand l'hélice fut finalement dégagée, l'*Ewing* ne put pas tirer les péniches chargées de troupes car son mécanisme de direction ne marchait pas. « L'ennemi prenant avantage de ces circonstances », continuait le rapport, « apparut au milieu des dunes de sable le long de la plage et ouvrit le feu sur la masse de nos troupes qui s'étaient regroupées en nombre dans les péniches ». Les Confédérés furent incapables de répliquer : « La nécessité d'utiliser le "Neaffie" comme remorqueur et l'incident qui l'avait handicapé pendant quelques instants, empêchèrent de mettre en action ses canons », expliqua le rapport.

Durant cette désastreuse incursion, les troupes de Bragg avaient passé la plupart de leur temps à piller. Après avoir loué cette indiscipline et cette mauvaise conduite comme « tout à l'honneur des braves hommes qui en étaient responsables », Bragg accorda à ses troupes la permission spéciale de conserver ce qu'ils avaient pris, y compris les biens personnels et l'argent. Les leaders politiques de Floride étaient désormais spectateurs des événements. « Vous aurez entendu parler de cette histoire sur l'île de Santa Rosa », informa-t-on le nouveau gouverneur en poste de Floride, John Milton. « L'objectif de l'expédition fut parfaitement et complètement atteint », ajouta-t-on, sans spécifier de quel objectif il s'agissait.

Le seul résultat qu'obtint Bragg fut de provoquer une nouvelle attaque américaine. Ce qu'un compte-rendu favorable aux partisans de l'esclavage décrivit comme « la démonstration militaire la plus imposante de l'histoire de la Floride » commença le matin du 22 novembre 1861, lorsque l'avant-poste confédéré de Fort McRee, juste en face de Fort Pickens, tomba sous le feu nourri de l'artillerie américaine. Une fois encore, le général Bragg n'avait pas pensé que les États-Unis pourraient riposter à ce qu'il avait fait. Il fut si surpris par les obus d'artillerie qui tombaient qu'il prit note de l'heure exacte, 9h 30 du matin. Le feu de l'artillerie venait de mitrailleuses nouvellement installées à Fort Pickens, mais le feu le plus destructeur vint de deux navires de guerre américains, le *Niagara* et le *Richmond*. Ils étaient loin de la rive et lâchaient volée après volée d'obus meurtriers. À la fin de l'après-midi les Confédérés n'étaient plus en état de répliquer. Deux navires américains, capables de frapper n'importe où et à n'importe quelle heure, avaient démontré que les défenses côtières de la Confédération en Floride étaient inutiles.

Ce qui était vrai à Pensacola était également vrai à Mobile, le long des côtes de Louisiane et du Texas, dans les îles au large de la Géorgie, et en Virginie. Pensacola fut une victoire prophétique pour l'Union, Charleston une victoire insensée pour la cause perdue de la Confédération. La Caroline du sud n'était pas elle-même à l'abri, lorsque les forces amphibies des États-Unis frappèrent les défenses côtières de la Confédération et transformèrent Port Royal Sound en un port permanent en eau profonde et en base navale de l'Union. Les feux d'artifice de Fort Sumter firent naître l'illusion que la guerre était encore, malgré la révolution industrielle, une affaire chevaleresque dans laquelle des hommes, certes, mouraient mais l'honneur continuait de fleurir. On parlait beaucoup du sang qui était « répandu », mais aucune mention n'était faite des miasmes et des humeurs qu'un corps mourant émet vraiment. Pendant que les nouveaux navires à vapeur de la marine américaine étranglaient le Sud, les nouveaux chemins de fer amenèrent des centaines de milliers de jeunes hommes sur des champs de batailles plus meurtrières encore.

Cette première guerre industrielle fut aussi l'une des dernières qui eut lieu dans des conditions médicales pré-modernes. Cela en aggravait le côté sanguinaire. Les chirurgiens de l'armée américaine estimèrent ultérieurement que 995 sur 1 000 hommes d'infanterie furent victimes du « flux sanguin », comme on appelait alors la dysenterie. Quelques 5 000 Floridiens en uniforme moururent durant cette guerre. Seulement 1 000 environ furent tués dans, ou suite à, une bataille. Les microbes et la septicémie étaient ce qui tuait le plus. La piste de sang était en fait une piste de vomi et d'excréments, quand les forces confédérées montèrent au nord, puis, après avoir atteint leur apogée à Gettysburg en Pennsylvanie, quand ils se dirigèrent vers le sud, jusqu'à ce que les derniers partisans de la Confédération, comme les Séminoles avant eux, n'eussent plus d'autres endroits pour se cacher que les Everglades.

La « démonstration militaire » des États-Unis à Pensacola annonçait un nouvel âge de la guerre – l'âge de la puissance navale, symbolisée par le destroyer, le navire de combat et (quand il s'agissait d'intimider les non-Européens et de construire un empire) la canonnière. Pendant la guerre de 1812, la lumière rouge éblouissante des roquettes avait fourni une toile de fond dramatique pour « la bannière étoilée » ; mais le bombardement britannique n'avait pas menacé la structure même de Fort McHenry dans le port de Baltimore. Moins de cinquante ans plus tard, en 1861, à Pensacola les destructions étaient telles que Fort McRee ne put jamais être utilisé de nouveau à des fins militaires. Le Clausewitz du nouvel âge était un capitaine de la marine américaine, Albert Thayer Mahan. Comme le capitaine Sprague, le capitaine Mahan est une de ces autorités que les meilleurs étudiants de Floride ne mentionneront jamais, pourtant il définit à la perfection ce qui se passa à Pensacola. « Le blocus, comme il avait été mis en place par la marine des États-Unis pendant la Guerre civile », écrivit-il, « n'est à l'évidence qu'une phase spéciale de destruction du commerce ; mais ô combien efficaces – non, décisifs – furent les résultats[14] ! ».

L'analyse affinée de Mahan insistait aussi sur une autre force puissante que les sécessionnistes eurent le malheur de sous-estimer. La puissance du sentiment nationaliste américain, observait Mahan, « fut mise en évidence par la soudaine et rapide ascension du Nord au moment où éclata la guerre civile, quand on tira sur son drapeau à Fort Sumter. Puis ce fut combien profondément la dévotion à l'Union et à son drapeau, encouragée par une longue maturation des idées, s'était enracinée dans le cœur du peuple, que montrèrent d'innombrables oraisons du 4 juillet, souvent sans doute vaniteuses, parfois peut-être grotesques, mais dont les forces vives et les résultats étaient particulièrement apparents, comme si un feu s'allumait d'âtre en âtre dans tous les États du Nord ». À la « destruction du commerce » que le blocus naval et le courageux patriotisme d'Américains comme le lieutenant Slemmer s'était désormais ajouté l'étonnant pouvoir destructeur de la technologie industrielle du dix-neuvième siècle, sous la forme de projectiles hautement explosifs tirés depuis la mer.

14 Mahan, 1897, p. 133.

Alors que le général Bragg ne pouvait protéger les sécessionnistes de Floride de la ferveur américaine et de la puissance de feu des États-Unis, lui et le reste du commandement de la Confédération purent apporter, et apportèrent, en Floride le cauchemar qu'ils avaient accusé le gouvernement d'avoir projeté d'apporter. Tout comme l'avait prédit Yulee, Perry et Milton, dès 1861 les droits des blancs de Floride furent détruits, et leurs libertés usurpées par l'administration confédérée. Un compte-rendu favorable aux propriétaires d'esclaves de Floride décrit l'émasculation à laquelle procédèrent les Confédérés des droits des États de la manière suivante : « À l'automne 1861 le gouvernement confédéré arrêta la réquisitions des différents gouverneurs et créa des districts militaires dans les États sécessionnistes sous le commandement d'officiers. Les réquisitions du gouvernement central furent transférées au commandement des districts qui cherchèrent l'aide du gouverneur pour remplir les quotas ». En français plus simple, les gouverneurs ne gouvernaient plus ; les États eux-mêmes, par un décret confédéré, n'étaient plus désormais que des sous-districts des commandements militaires. La rébellion qui était censée être pour les droits des États avait transformé les États et leurs responsables élus en autant de fonctionnaires d'échelon inférieur dans une économie dirigée, dictatoriale et qui fonctionnait mal.

St. Augustine fournit un exemple du fait que non seulement la Confédération échoua à défendre la Floride, mais la rendit indéfendable. En janvier 1861, suite au retrait américain, un groupe pro-confédéré, qui se faisait appeler l'Artillerie Marion de St. Augustine, avait installé un certain nombre de canons de 32 livres et d'obusiers de 8 pouces dans le Castillo de San Marcos. Mais, environ un an plus tard, sur ordre des Confédérés, ces mêmes armes furent démontées puis emportées par les chariots des troupes de la Confédération et, comme les soldats de Floride, envoyées dans le Nord, au Tennessee et en Virginie, Puis, dans un acte de destruction gratuite qui symbolisait bien leur approche « la Floride en dernier », les Confédérés enlevèrent les lentilles du phare de St. Augustine. Comme à l'époque de Ribault et de Menendez, les navires durent à nouveau trouver leur chemin le long de la côte de Floride sans bénéficier d'aide à la navigation sur la côte.

Le pire était encore à venir. En février 1862, le haut commandement confédéré donna « l'ordre dévastateur à son département de Floride de replier tous les hommes et les vivres vers le nord ». On interdit expressément aux Floridiens de défendre Ferdinanda, Pensacola, et d'autres villes côtières et les ports de Floride. La Floride était abandonnée, comme un compte-rendu favorable à la cause confédérée le souligna d'une matière neutre, car « on avait besoin de plus de troupes au Tennessee et au Kentucky ». Alors que le gouvernement confédéré, dans les termes mêmes du gouverneur Milton, livrait « la Floride à la merci et aux abus du gouvernement de Lincoln », les forces confédérées enlevaient au peuple de Floride ainsi qu'à l'administration de l'État la possibilité matérielle de se défendre eux-mêmes. Quand les forces fédérales débarquèrent à Apalachicola, les marins américains trouvèrent la population dans « une situation de quasi-famine ». Les Confédérés, après avoir rendu ineffectives les défenses de la ville, avaient brûlé les récoltes et détruit les stocks de nourriture. À Jacksonville, les troupes confédérées, agissant sur ordre, brûlèrent le meilleur hôtel de la ville ainsi que sa fonderie d'acier et ses scieries. On encouragea aussi une destruction indépendante. Des « broussards » locaux erraient comme autant de prédateurs, qui sans aucun contrôle, détruisaient ce que les forces armées confédérées n'avaient pas détruit.

Le général Bragg fut particulièrement sans pitié ; « brûlez tout de Fort McRee jusqu'à l'intersection avec la route de Mobile », ordonna-t-il. « Détruisez toutes les machines, etc., publiques comme privées », spécifia-t-il ; « rendez ineffectives les scieries de la baie et autour de la baie, et brûlez le bois. Brisez la voie de chemin de fer de Pensacola à l'intersection, emportez les rails dans un endroit sûr ». « Le travail de destruction… commença le 11 mars et continua jusqu'au 10 mai », dit un rapport compatissant. « Les scieries, les magasins de bois, les entrepôts, les magasins de marine, les bateaux et les canonnières, le fourrage, les réserves de nourriture, et les vêtements… tout fut brûlé ou saboté ». « Les bâtiments publics, les tentes de camp, et tout ce qui était inflammable, des quartiers de la marine à Fort McRee, furent rapidement en flammes », nota un autre rapport. La flotte des États-Unis attendait au large, observant les forces confédérées de Bragg détruire la Floride à sa place.

Le 8 mai 1862, la destruction de Pensacola entra dans sa phase finale. Sur l'ordre de Bragg, on força à bout de fusil la population civile à abandonner la ville. D'un point de vue confédéré, le passage suivant est particulièrement révélateur car il n'offre aucune critique de cette orgie destructrice. Au contraire, il trouve pittoresque l'effet visuel de ce que firent les Confédérés : « Des enfants effrayés, déconcertés par cet étrange environnement, accrochés en pleurs à leurs mères ou à leurs gouvernantes presque aussi déconcertées qu'eux. L'avis avait été bref, et rien n'était clair pour beaucoup, si ce n'était que par l'inexorable décret de guerre tout ce qui relevait de la sécurité et du confort devait être abandonné. Au dernier moment, les quartiers de la marine, les vapeurs et les bâtiments publics furent incendiés, et la jolie baie fut éclairée par les flammes ». Parce que le ministère confédéré de la guerre l'avait ordonné, les ports et les villes de la côte de Floride, y compris désormais les fortifications naguère imposantes à Pensacola, « furent rendues à “la bannière étoilée” des États-Unis après à peine plus d'un an passées sous le drapeau des États confédérés ».

Après l'abandon des Confédérés, la Floride aurait tout aussi bien pu ne pas exister, en ce qui concernait les deux parties. Les Nordistes considéraient que la Floride n'avait aucune importance ; « le plus petit têtard dans la sale mare de la sécession », comme le *Philadelphia Inquirer* l'appelait. Les Confédérés, quant à eux, appelaient la Floride « l'État oublié de la Confédération ». Les spécialistes et les historiens diront aux générations futures que presque rien ne s'est passé en Floride durant la guerre civile. Il s'est passé, au contraire, tout. Une élite locale, qui se berçait d'illusion sur son importance, provoqua gratuitement les représailles d'un gouvernement central bien plus puissant. Du fait de son racisme, le reste de la population blanche, non sans quelques inquiétudes, soutint également cette marche suicidaire. Le résultat fut que l'économie et l'ordre social préexistants furent complètement détruits. Le prix à payer sera immense. Ayant perdu les esclaves pour la conservation desquels ils avaient provoqué une guerre, l'élite politique et culturelle, après cette guerre, dut faire face à un lumpenprolétariat noir sans éducation et une population blanche pauvre qui était également incompétente pour affronter les défis à venir du vingtième siècle. En face des conséquences destructrices de son ignorance, de son égoïsme et de sa folie, cette même élite optera pour une politique de répression des noirs et d'inégalité entre les blancs qui, jusqu'à ce que les forces fédérales n'interviennent de nouveau, perpétua la pauvreté, l'ignorance et la haine raciale.

Ce fut ce qui se passa également, avec quelques différences, dans tous les États esclavagistes sécessionnistes. Mais cela se passa tout d'abord en

Floride. La Floride fut le précurseur de tout, y compris de la métaphore. Est-il quelque chose qui résume mieux ce que la Confédération se fit à elle-même que Bragg détruisant tout ce qu'il touchait, pendant que ceux qui étaient censés diriger la Floride regardaient passivement tout en parlant de bravoure ? Comme le montre bien Pensacola, la destruction de la Confédération fut, fondamentalement, un acte d'auto-destruction.

Un mythe plus tardif fut que personne ne pouvait vraiment avoir prévu ce qui allait se passer, mais Richard Keith Call avait pourtant prédit ce que la sécession amènerait : « la ruine la plus terrible ». Pour lui, la sécession était la première scène d'une tragédie dans laquelle tout ce qu'il avait construit et chéri serait « follement et inconsidérément détruit, sans la moindre réflexion[15] ». « La haute trahison [de la Floride] contre notre gouvernement constitutionnel », dit-il à quelques sécessionnistes qui jubilaient le 10 janvier 1861, le même jour où Slemmer tira les premiers coups de feu pour le compte de l'Union, avait ouvert en grand « les portes de l'Enfer, d'où viendra la malédiction des damnés qui nous plongera dans la perdition ». Ils ne prêtèrent pas attention au vieil homme désespéré, et poursuivirent leurs festivités.

15 Call, p. 3.

LEVER LES AMBIGUÏTÉS

En Floride, il y eut deux Guerres civiles. Tout d'abord, une guerre qui eut réellement lieu. Limitée dans le temps, elle commença en 1861, dura quatre ans, et finit en 1865. Puis, une Guerre civile imaginaire. Spectacle sans fin, elle commença quand se termina le conflit militaire, lorsque les Confédérés vaincus et leurs apologistes transformèrent la brutalité et la ruine qu'ils avaient déclenchées en un combat pour défendre une noble cause. Dans cette guerre qui regorge de charges héroïques mais dont sont absentes les diarrhées, le général Bragg, comme les officiers confédérés, est un gentilhomme. En revanche, d'authentiques héros, comme le lieutenant Slemmer y figurent, s'ils y figurent d'ailleurs, comme des voyous yankees.

Il serait bon de limiter l'histoire de la Guerre civile en Floride à ce qui se passa vraiment durant cette Guerre civile, mais les fausses représentations subséquentes de ce qui se passa réellement et les redéfinitions qui suivirent de sa signification ont fini par défigurer sa compréhension, plus encore que la violence initiale ne le fit. Tant que les Américains ne se seront pas libérés eux-mêmes de cette Guerre civile fictionnelle, ils ne pourront jamais transcender l'héritage national de l'esclavage, du racisme, de l'hypocrisie, du déni et de la malhonnêteté. Maintenant encore, la Guerre civile – la vraie – reste ce qui, de loin, est arrivé de pire à l'Amérique. L'invention continue, ex *post facto*, d'une fausse Guerre civile est également un événement d'une importance cruciale dans la vie de l'Amérique comme nation. Il y a beaucoup à apprendre de ces deux événements distincts, la vraie Guerre civile et la Guerre civile travestie, mais seulement si nous sommes prêts à reconnaître qu'elles sont deux événements distincts et si nous trouvons un moyen de lever toute ambiguïté.

Aujourd'hui, il n'existe aucun Fort Slemmer en l'honneur du jeune officier qui permit au drapeau des États-Unis de continuer de flotter à Pensacola. Tout le monde, en revanche, a entendu parler de Fort Bragg.

Des milliers de soldats américains sortent de Fort Bragg chaque année. Alors que des hommes et des femmes d'Amérique en uniforme en partent pour servir leur pays, peu d'entre eux, et même peut-être aucun, ne se rendent compte que le nom de leur base de départ honore un personnage que, aujourd'hui, on considérerait comme un terroriste. Une histoire de Fort Bragg par l'armée américaine publiée en 2003, est un exercice apologétique confédéré. Le « commandement habile et la superbe stratégie » de Bragg, déclare-t-elle, sont les raisons pour lesquelles cette base est nommée en « l'honneur » d'un général confédéré. La tactique de Bragg, ajoute-t-elle, « témoigne de son génie militaire ». L'hommage continue jusqu'à ce que, enfin, il soit mentionné que la défaite [de Bragg] à Bennett's Place, près de Durham, Caroline du nord… a marqué la fin des actions des Confédérés dans cette région[1] ». Bragg commença la guerre en perdant la Floride, il la finit en perdant la Caroline du nord. Pensacola annonçait sa trajectoire, et celui de la Confédération, vers la ruine, mais pourtant, tant de générations plus tard, il est traité comme un héros. Ce qu'il fit en Floride n'est signalé nulle part.

On aurait pu s'attendre à ce que, plutôt que d'honorer le perdant confédéré, le nom d'une grande base de l'armée américaine honorât le général qui fut vainqueur, mais même les Yankees savent pourquoi Fort Bragg ne s'appelle pas Fort Sherman. William Tecumseh Sherman est ce méchant homme qui incendia Atlanta ; aussi les installations militaires honorent-elles le général qui incendia Pensacola. Pour comprendre le triomphe de la Guerre civile mythique sur la vraie Guerre civile, il suffit seulement de juxtaposer ces deux événements. L'incendie de Pensacola n'a aucune place dans la compréhension qu'a l'Amérique de la Guerre civile, ni d'elle-même. En revanche, l'incendie d'Atlanta est aussi vivant dans l'esprit des gens que dans *Autant en emporte le vent*[2].

De tous les aspects de la vie en Floride durant la Guerre civile, la manière dont la Confédération traita les blancs est ce que les falsificateurs rayèrent le plus aisément. La Loi de réquisition, très largement honnie, annulait les droits de propriété comme les droits individuels ; elle donnait pouvoir aux responsables confédérés de saisir la propriété privée des blancs, même quand celle-ci appartenait à des notables comme le sénateur Yulee. En 1862, Yulee qui avait perdu ses propriétés de

1 « Fort Bragg History », sandhillsnc.com. Consulté le 2 juin 2012.

2 Dovell, 1952, vol. 1, p. 480-482.

Ferdinanda, suite à la politique confédérée de renonciation, poursuivit en justice le gouvernement confédéré dans une tentative qui s'avéra infructueuse pour l'empêcher d'enlever son chemin de fer de Cedar Key. Il alla de nouveau devant le tribunal quand les responsables de la Confédération confisquèrent sa récolte de canne à sucre. Il avait prévu de gagner un demi-million de dollars grâce à la canne à sucre. Désormais, tout ce qu'il recevait, c'était les factures d'avocats. Pendant que la Confédération prenait la propriété des riches, elle envoyait les pauvres blancs à l'abattoir. Les chasseurs de primes touchaient un bonus sur chaque garçon blanc qu'ils pouvaient fournir. D'autres prenaient pour proie les pauvres blancs de Floride en se faisant passer pour des agents de la réquisition. Quand les vrais agents du bureau de conscription de la Confédération arrivaient, les familles qui avaient payé des pots de vin à des imposteurs finissaient par perdre leur fils ainsi que leur argent.

La « cause confédérée », disait un dicton, « était la guerre du riche, mais le combat du pauvre ». La première loi de conscription confédérée obligeait tous les hommes entre dix-huit et trente-cinq ans à combattre. Ensuite, tous les hommes entre quinze et cinquante ans furent appelés. Enfin, comme la septicémie et le fusil Gatling décimaient les conscrits en nombre toujours plus grand, ce fut au tour de garçons de quatorze ans et d'hommes de soixante ans d'être enrôlés. À la fin de 1863 les quatre cinquièmes des hommes blancs en état de combattre se trouvaient en dehors de Floride[3]. Les pressions économique, sociale et émotionnelle sur une société dépourvue d'hommes furent encore multipliées par le fait que la fonction principale de l'homme blanc était de contrôler la population noire.

Tout au long de la guerre et longtemps encore après, on entretint les propriétaires d'esclaves et leurs sympathisants dans l'idée que, en les mettant en esclavage, les blancs faisaient aux noirs une faveur. Voici comment le gouverneur Richard Keith Call tenta de justifier l'esclavage dans une polémique de 1860 : « Des barbares sauvages, nus, idolâtres, noirs à cause du soleil brûlant de leur climat d'origine, avec des mèches de cheveux nouées et entremêlées entre elles, plus semblables à de la laine de bête qu'à des cheveux de tête humaine, sauvage de goût, de manière et de disposition », firent l'expérience, par la vertu même d'avoir été faits esclaves, « d'une amélioration de leur apparence, de leurs sentiments et

3 Dovell, vol. 1, p. 511., 504.

de leur caractère, de leur civilisation et de leur religion », argumenta-t-il. Et voici ce que l'on apprenait aux étudiants de Floride en 1952 : « L'esclavage des noirs américains a été la meilleure école pour civiliser la pire race de sauvages barbares que le monde n'ait jamais connue[4] ».

L'idée de l'esclavage comme institution bienfaisante va de pair avec celle que rien n'est jamais la faute des propriétaires d'esclaves. Ils n'ont pas d'autre choix que de commettre des actes sauvages de violence pour prévenir ceux, toujours annoncés mais jamais réalisés jusqu'alors, des barbares yankees. Une tyrannie, inconnue sous la domination américaine, doit être infligée aux blancs tout autant qu'aux noirs, puisque la lutte contre la tyrannie potentielle yankee le demande. Alors que le monde de l'esclavage s'auto-détruit, l'homme blanc sudiste n'est pas responsable d'avoir provoqué la guerre ni de l'avoir perdue. Le tort est aux Yankees comme il le fut auparavant aux Séminoles, aux Britanniques, aux Espagnols et aux Indiens. En tout cas, il n'y avait pas d'autre choix. Il était dicté par l'honneur, et les Yankees s'apprêtaient à faire de même, de toute façon. Après la défaite des Confédérés, on supprima toute idée de responsabilité dans la catastrophe, conséquence de ce qu'un chercheur, qui écrivait dans les années 1940, décrivit comme la « conservation en tant qu'"histoire" de ce qui n'était naguère qu'une opportune propagande politique conservatrice[5] ».

Un mécanisme puissant de cette « conservation en tant qu'"histoire" d'une propagande pro-esclavage » fut ce que l'article d'un autre chercheur définit comme « Le rituel du monument confédéré[6] ». Ces « goûts leveurs de fonds pour les statues et les monuments », relate-t-il, « comportaient tous les mêmes ingrédients essentiels : une parade dans les rues de la ville jusqu'au site, plusieurs discours de bienvenue par les dignitaires locaux, quelques sélections musicales "appropriées pour l'occasion", un poème ou deux du lauréat local de la ville, et une oraison. On levait alors les draperies qui entouraient le monument, qui désormais se dressera comme le symbole éternel de la Cause perdue ».

Le Ur-grand papa des monuments confédérés occupe encore la place d'honneur sur le site du capitole de l'État à Tallahassee. Son inscription,

---

4 Dovell, vol 1, p. 504.

5 Philip D. Ackerman, « Florida Reconstruction from Walker through Reed », cité par Dovell, vol. 2, p. 570.

6 Towns, 1978.

qui inspira la construction de bien d'autres monuments similaires, se lit comme suit :

> Pour sauver de l'oubli
> Et perpétuer dans la mémoire des générations à venir
> Le patriotisme des hommes
> Qui périrent dans la Guerre civile de 1861 à 1865

C'est un sentiment que tout le monde pourrait partager si ce n'est que, comme l'inscription de Tallahassee le rend manifeste, seulement ceux qui combattirent pour l'esclavage comptent pour héros et patriotes dans cette version de la participation de la Floride à la Guerre civile. La liste des principales batailles dans lesquelles les Floridiens moururent en combattant pour l'esclavage, vingt-neuf en tout, figurent sur le monument. Les plus célèbres sont les « batailles de Virginie : Williamsburg, Seven Pines, Richmond, Cold Harbor, Manassas, Sharpsburg, Fredericksburg… Chancellorsville, Wilderness, Yorktown » et – mal orthographié et mal placé jusqu'à aujourd'hui – Gettisburgh.

Les plus nombreuses sont les « batailles occidentales : Richmond, Ky., Farmington, Shiloh, Corinth, Green River, Perryville, Chickamauga, Missionary Ridge, Resaca, Gilgal Church, Cassville, Kennesaw Mountain, Decatur, Jonesboro, Franklin, etc. ». En plus de ces deux longues listes, il y en a une troisième, beaucoup plus courte. Occupant, de loin, le moins de place, on trouve les « batailles de Floride », qui s'élèvent exactement à trois : Pensacola, Olustee, Natural Bridge – c'est-à-dire, « Pont naturel[7]. »

Comme le démontre ces inscriptions, ce monument raconte deux histoires, une fausse, l'autre accidentellement vraie. La première fable qui est raconté est comment, en construisant des monuments comme celui-là, les Néo-Confédérés ont pu faire apparaître que les Floridiens qui moururent dans la guerre civile agissaient avec abnégation, car la guerre leur était tombée dessus. La liste qui suit des batailles de Virginie et des batailles occidentales montre comment, au contraire, les vies des conscrits de Floride furent emportées dans une explosion de violence pro-esclavage qui éclaboussa de leur sang de vastes étendues d'Amérique, alors que la liste des batailles de Floride fournit la clé pour lever toute

7 Visite à Talahassee, 2005.

ambiguïté entre la réalité et le fictionnel si on veut comprendre ce qui s'est vraiment passé en Floride, et à la Floride, durant la Guerre civile.

Le fait le plus important, pour ce qui concerne la première des trois batailles de Floride, est qu'il n'y a jamais eu de bataille à Pensacola. Le désastreux raid confédéré sur l'île de Santa Rosa en octobre 1861 n'était en aucune façon une bataille. Ce furent les Confédérés eux-mêmes qui saccagèrent et brûlèrent Pensacola en mai 1862, mais ce n'était pas non plus une bataille. La « démonstration imposante d'artillerie » de novembre 1861, qui vit l'artillerie américaine détruire Fort McRee, ne peut pas plus être comptée comme bataille, à moins que l'on ne considère que les Confédérés, qui se mettaient à couvert sur les ailes pendant que les canons brisaient leurs défenses en mille morceaux, aient livré combat. Voilà qui réduit le nombre de batailles censées s'être déroulées en Floride à deux, Olustee et Natural Bridge. Ce qui est tout d'abord manifeste est que ces engagements furent particulièrement tardifs. La bataille d'Olustee dans le nord-est de la Floride eut lieu en février 1864, après que le cours des choses devint décisivement défavorable à la Confédération. L'engagement de Natural Bridge au centre de la Floride – en fait, une série d'escarmouches – eut lieu en mars 1865, quelques semaines seulement avant que la Confédération ne déposât les armes. Est-il toutefois exact que rien de ce qui s'est passé en Floride entre la fin de 1861 et le début de 1864 ne vaille la peine d'être signalé sur un mémorial de la guerre civile ?

Pendant tout ce temps, Key West était utilisé comme quartier général du commandement de l'escadron du blocus du Golfe. Les navires de la marine américaine qui opéraient au large de Pensacola, de Fernandina, et d'autres ports contribuaient à étouffer le commerce de la Confédération. Alors que les Confédérés continuaient à esquiver le combat en Floride, la position naguère isolée de Slemmer devint partie d'un collier d'installations américaines qui s'étendaient tout autour de l'État. Sous la protection des forces américaines, les loyalistes de Floride établirent des avant-postes à Mayport, à l'embouchure de la rivière St. Johns près de Jacksonville, et le long de la côte du Golfe de Charlotte Harbor et Cedar Key jusqu'au Panhandle. Les forces américaines contrôlaient aussi Fort Myers, alors au fin fond des Everglades, ainsi que St. Augustine. Stratégiquement importants pour l'effort de guerre, ces avant-postes servaient aussi de sanctuaires et de bases d'entraînement aux Floridiens loyalistes, blancs comme noirs, qui étaient volontaires pour combattre au côté des États-Unis. Comme plus en plus de gens cherchaient refuge dans les zones qui échappaient au contrôle des Confédérés, deux Florides virent le jour. Une Floride multiraciale, où flottait le drapeau des États-Unis et où des noirs libérés et des blancs loyalistes vivaient côte à côte, qui se trouvait concentrée le long des côtes. Une Floride raciste, de l'intérieur des terres, qui était nichée au centre et au nord de l'État. Des différences d'importance dans les manières de vivre se développèrent à mesure que la guerre avançait entre les zones contrôlées par les États-Unis et l'intérieur confédéré. La levée des lois raciales confiscatoires de Floride permit à Madgigine Jai-Anna Kingsley et à d'autres non-blancs entreprenants de réclamer leur propriété dans les zones contrôlées par les États-Unis. À Ferdinanda et à St. Augustine, les noirs, auparavant susceptibles d'être torturés et mutilés pour le seul crime de vouloir apprendre à lire et à écrire, pouvaient désormais aller à l'école. La Proclamation d'Émancipation transforma ces enclaves côtières en terre promise pour tous les noirs de Floride. Ils savaient que s'ils parvenaient à arriver dans les zones tenues par les États-Unis, leurs femmes et leurs enfants seraient libérés de l'oppression des propriétaires d'esclaves ; que les jeunes hommes pourraient rejoindre l'armée des États-Unis et combattre l'esclavage.

Ces deux Florides, l'américaine et la confédérée, s'éraflaient l'une l'autre à Jacksonville. Cas unique en Floride, la ville changea de mains à quatre reprises, sans toutefois qu'il en importât beaucoup à un camp ou à l'autre. Les Confédérés, qui s'en tenaient à leur stratégie de la « Floride en dernier », ne se préoccupèrent jamais d'y combattre. Les forces américaines occupèrent Jacksonville en mars 1862, en mars 1863, puis de nouveau en février 1864. À chaque fois que les forces américaines approchaient, les Confédérés abandonnaient leurs positions, ce qui explique pourquoi il n'y a de « bataille de Jacksonville » sur aucun mémorial confédéré.

Si tard dans la guerre, l'isolation morale et émotionnelle des leaders sécessionnistes de Floride était frappante ; dans leur arrière-pays préservé des collines de Tallahassee, ils étaient militairement comme géologiquement à l'écart du reste de l'État. Pour eux, la perte de Jacksonville, 250 kilomètres à l'est, ne semblait pas devoir avoir plus de conséquences tout d'abord que l'incendie de Pensacola, 300 kilomètres à l'ouest. Puis les troupes des États-Unis commencèrent à se déplacer vers l'intérieur. Se pouvait-il que l'armée du président Lincoln se décidât finalement à venir les attaquer ? Alarmé à l'idée qu'un vrai combat pût avoir lieu, le gouverneur Milton plaida auprès du haut commandement confédéré de Charleston, Caroline du sud, pour avoir sa protection. Le général P. G. T. Beauregard était encore au commandement, presque trois ans après avoir déclenché, avec l'attaque de Fort Sumter, une guerre que la Confédération était désormais clairement en train de perdre. Après l'appel du gouverneur Milton, Beauregard ordonna pour la première fois l'envoi d'une force confédérée significative en Floride. Elle y rejoignit le petit contingent de Floride emmené par le partenaire en affaires, et en rébellion, du sénateur Yulee, James Finegan.

Tallahassee ne fut jamais l'objectif de cette incursion des forces de l'Union en Floride ; une telle action aurait constitué une violation de la politique des États-Unis. Dans ses instructions au major général Quincy A. Gillmore, qui supervisait l'avancée en Floride, le général en chef de l'armée des États-Unis, le général H. W. Halleck, lui rappela pourquoi une action comme tenter de prendre Tallahassee était « en opposition avec une saine stratégie ». « Si elle était couronnée de succès, elle absorberait nos troupes dans des garnisons pour occuper la place, mais elle aurait peu ou pas d'influence sur le cours de la guerre ». En réponse, Gillmore désavoua explicitement toute avancée vers Tallahassee. « Je n'ai aucune intention d'occuper cette partie de l'État », écrivit-il. Il continua en déclarant que ses objectifs étaient logistiques et économiques, non territoriaux. « Un : de fournir un point de vente au coton, au bois de charpente, au point de construction, à la térébenthine et aux autres produits de l'État. Deux : de couper une des sources d'approvisionnement de l'ennemi. Actuellement, il repose largement sur les troupeaux de Floride pour son bœuf... Trois : d'obtenir des recrues pour mes régiments de couleur ». Les noirs de Floride, par milliers, désiraient se battre ; Gillmore voulait en armer le plus possible.

Il y avait, de plus, des considérations politiques en jeu. À Washington, le président Lincoln avait décidé d'encourager les efforts en Floride pour reconstruire un gouvernement d'État. Il avait envoyé son secrétaire, John Hay, à Ferdinanda et St. Augustine pour évaluer et encourager cette possibilité. Rien ne sortit de ce plan. Prendre Tallahassee n'en fit jamais partie. Au contraire, les instructions qu'avait Hay limitaient ses activités à Key West et à d'autres zones sous le contrôle de l'armée des États-Unis. De sa main propre, le président Lincoln informa le général Halleck que les considérations militaires l'emporteraient sur les considérations politiques ; « vous êtes le maître », lui assura-t-il. En tout cas, au mythe que les combats d'Olustee sauvèrent Tallahassee, il faudrait ajouter la fiction que la bataille déjoua aussi le plan d'Abe Lincoln de livrer la Floride aux Yankees et à leurs sympathisants avant même la fin des combats.

Le général Truman Seymour, le commandant des opérations, reçut les instructions très claires « de ne pas risquer de riposte ou de ne pas faire d'attaque qui pourrait occasionner des pertes importantes », cependant, comme en était pleinement conscient le général Beauregard, c'était précisément ce que les avancées de l'Union pouvaient occasionner. Les forces dont la présence inquiétait tant le gouverneur Milton étaient trop réduites, moins de six mille hommes, et la distance, plus de 250 kilomètres, trop importante pour qu'elles pussent avancer avec succès sur Tallahassee. Pour les mêmes raisons, elle était une cible séduisante et pleine de possibilités et c'était pourquoi Beauregard envoyait des troupes en Floride. Plutôt que de considérer la menace, il considéra « la possibilité de porter un vrai coup à l'ennemi[8] ».

Facile à trouver sur une carte routière de Floride, le site de la bataille d'Olustee se trouve à 30 kilomètres à l'est du X géant, de style confédéré, que forment les autoroutes 75 et 10 lorsqu'elles se croisent près de Lake City, Floride. Le calcul de Beauregard qu'il pouvait porter « un vrai coup à l'ennemi » s'avéra exact. Olustee fut la bataille la plus coûteuse en vies humaines qui eut lieu en Floride, cependant comme le montre le tableau qui suit, ce qui frappe le plus dans la liste des victimes est l'asymétrie en ce qui concerne les disparus. Les sources confédérées et américaines s'accordent sur le fait que les disparus du côté américain furent bien plus nombreux que du côté confédéré, de plus de quatre-vingt six contre un[9].

---

8 U. S. Senate, Reports of Committees : 30th Congress, 48th Congress, 1st session, 1864, « The Florida Expedition », p. 274-355. Disponible (mais ignoré) en librairie durant 150 ans, désormais en ligne. Politique militaire, 22 janvier 1864 ; les objectifs de Gillmore, 31 janvier 1864 ; ordres « de ne pas risquer de riposte », 7 mars 1864 ; comportement des troupes noires, 26 mars 1864 ; désenchantement de Beauregard, 3 mars 1864.

9 Florida Almanac 2007-2008, p. 26. Toutes les sources donnent des chiffres virtuellement identiques.

	Morts	Blessés	Disparus et prisonniers
États-Unis	203	1152	506
Confédérés	93	842	6

Victimes sur le champ de bataille d'Olustee,
Floride, 20 février 1864

Plus d'un millier de soldats noirs combattirent du côté américain à Olustee. Ils sauvèrent la vie de bien des soldats blancs après l'attaque des Confédérés. « Les troupes de couleur se comportèrent honorablement », rapporta le général Seymour. « Ce n'est pas dans leur comportement que doit être cherchée la cause principale de l'échec, mais dans l'affaissement imprévu d'un régiment blanc ». Ces volontaires afro-américains avaient rejoint l'armée des États-Unis afin de combattre pour leur liberté. À Olustee, ils combattirent. Comme le dit un témoin blanc sur le champ de bataille, « Les troupes de couleur furent merveilleuses et elles combattirent comme des démons ». C'était la vraie Guerre civile, un combat à mort sur la question de l'esclavage dans lequel des blancs tuaient des noirs – et, cette fois, des noirs en retour tuaient des blancs. Comme toujours la boue et les insectes exercèrent leur emprise ; l'ennemi restait invisible jusqu'à ce qu'il fût trop tard. C'était comme la bataille de Withlacoochee, mais, cette fois, les troupes des États-Unis furent tuées par des Floridiens blancs et non par des Séminoles. Comme dans le passé, la tuerie ne déboucha sur rien. Les Confédérés de Floride, comme les Séminoles avant eux, étaient condamnés à être vaincus par une puissance supérieure qui venait du nord. Rien de ce qui se passait dans les marécages de Floride ne pouvait changer cela.

Olustee fut la scène du massacre le plus conséquent de Floride après Negro Fort. Ce fut pourquoi les disparus de l'Union furent bien plus nombreux que les disparus confédérés, et avec une marge si importante. Le massacre eut lieu quand, plutôt que de continuer leur offensive, les troupes confédérées arrêtèrent leur avancée pour prendre pour cible plus particulièrement les soldats noirs. Une fois que la tuerie eut cessé, le premier geste des Confédérés fut de diviser leurs prisonniers. « J'ai envoyé 150 prisonniers (non blessés) au major général Gilmer », rapporta Joseph Finegan. Il est clair que tous ces prisonniers, pratiquement, étaient des blancs puisque Finegan ajoutait, « Parmi eux, il y a 3 nègres ». Il demandait alors : « Que dois-je faire avec le grand nombre des ennemis blessés que j'ai entre les mains ? La plupart sont des nègres[10] ». Pratiquement, on ne vit plus aucun des soldats noirs que mentionnait Finegan.

Le général John P. Hatch, plus tard commandant des forces des États-Unis en Floride, put apporter quelque lumière sur ce qui s'était passé. « Peu de temps après la bataille d'Olustee », écrivit-il, « un ensemble de blessés et de prisonniers aux mains de l'ennemi fut envoyée dans nos lignes ». Il ajouta : « Le très petit nombre de prisonniers de couleur attira immédiatement l'attention, car il était bien connu que le nombre d'entre eux blessés sur le champ de bataille était important ». « On sait maintenant », rapporta le général Hatch, « que la plupart des hommes de couleur blessés furent assassinés[11] ». Du fait de leur volonté d'assassiner les noirs blessés, les forces de Floride avaient laissé passer la seule chance qu'il y eut en Floride durant la Guerre civile d'infliger une défaite significative à l'armée des États-Unis. Quand on lui demanda pourquoi ils avaient laissé s'échapper les forces des États-Unis, un officier de champ répondit : « pour tuer les sales nègres, monsieur ». Plus de deux ans plus tard, des officiers des États-Unis se virent rappelés que de Soto était passé par là. « Les corps des soldats de l'Union tués lors de la bataille d'Olustee », écrivit un lieutenant des États-Unis du nom de Frederick E. Grossman, « furent déterrés par des cochons dans les semaines qui suivirent la bataille, en conséquence de quoi les os et les cranes furent dispersés largement sur le champ de bataille[12] ».

Olustee, la plus grande des batailles de Floride que le mémorial de Tallahassee célèbre comme un triomphe du « patriotisme héroïque » s'avère être en haut d'une autre liste. Cette liste qui comprend : « Olustee, Fort Pillow, Poison Spring, et le Crater », est la liste des « plus célèbres massacres de guerre » établi par Gregory J. W. Urwin, le rédacteur en chef de *Black Flag over Dixie*, qui étudie les atrocités infligées aux troupes non blanches des États-Unis par les Confédérés durant la Guerre civile[13]. Le racisme,

---

10 U. S. Senate, « The Florida Expedition », p. 328, le rapport de Finegan date du 23 février 1863.

11 Stuart B. McIver, *Dreamers, Schemers and Scalawags*, 1993, vol. 1, p. 176.

12 *Report of Lieutenant Frederick E. Grossman, Seventh United States Infantry, on the Reburial of Union Troops at Olustee, Florida*, 25 mai 1866. Texte complet sur http://battleofolustee.org/reports/grossman.htm. Consulté le 4 juin 2012.

13 Coles, 2005, p. 65-89.

qui avait coûté, et coûterait, tant à l'État coûta aux Confédérés ce qui aurait pu être leur seul succès militaire significatif en Floride ; « les fruits de la victoire furent insignifiants », Beauregard informa-t-il amèrement Jefferson Davis, « principalement parce que… aucune tentative sérieuse ne fut faite pour poursuivre les forces fédérales alors qu'elles se repliaient[14] ».

Des décennies plus tard, on transforma le massacre d'Olustee en une fable qui célèbre la bravoure, puis en victoire glorieuse dont tous les hommes, les femmes et les enfants blancs de Floride pouvaient à juste titre être fiers. « Lors de cette bataille » déclare un commentaire très lu, « les Confédérés remportèrent une victoire totale sur une armée bien plus importante que la leur ». Mais les commentaires de Beauregard mettent fin à cette idée de « victoire totale ». Quant à la prétention que les Confédérés battirent « une armée bien plus importante que la leur », les documents militaires de la Confédération établissent que leurs forces à Olustee se montaient à cinq mille deux cents hommes. Les forces des États-Unis étaient de cinq mille cinq cents hommes. Grâce à leur connaissance du terrain et parce qu'ils bénéficièrent de l'effet de surprise, les Confédérés eurent un net avantage au début de la bataille. Comme bien des comptes-rendus similaires, « La Victoire d'Olustee » vise à créer l'impression que des Confédérés héroïques firent dégager des Yankees mous de Floride : « après s'être retirée d'Olustee vers Jacksonville », établit ce compte-rendu, « la majeure partie de l'armée s'embarqua pour la Caroline du sud ». Ce furent les Confédérés et non pas les Yankees qui abandonnèrent la Floride. Reconnaissant qu'il était futile d'y poursuivre les opérations, le général Beauregard donna l'ordre à ses troupes de quitter la Floride. Puis, poussant sa stratégie de la « Floride en dernier » à son point ultime, le commandement confédéré donna également l'ordre aux troupes floridiennes de la quitter. Finegan et sa brigade floridienne arrivèrent en Virginie le 25 mai 1864, seulement trois mois après la Bataille d'Olustee. Pendant les dix mois suivants, les forces des États-Unis mirent en pièce les Floridiens. En avril 1865 ce qui restait du corps expéditionnaire de Floride fut désarmé par la cavalerie des États-Unis que commandait le général George Armstrong Custer, rassemblé entre des palissades, comme l'avaient été les Séminoles, et reconduit vers le sud.

---

14 Dickison, 1898, p. 47.

« La Victoire d'Olustee » était une invention de Caroline Mays Brevard, une des plus influente Floridienne qui ait jamais vu le jour[15]. Comme les fables de Washington Irving, au mépris des faits authentiques, se métamorphosèrent en « histoire » de Floride durant la période du Territoire, les fictions de Brevard devinrent l'« histoire » qui prévalut pour ce qui se passa vraiment durant la Guerre civile. Née en 1860 dans deux des familles les plus influentes de Floride, les Call et les Brevard, Brevard récrivit son histoire familiale de même qu'elle fit une fiction des événements de Floride. Son père, qui s'éleva jusqu'au rang de brigadier général dans l'armée confédérée, fut directement impliqué dans la Bataille d'Olustee. Son grand père, du côté de sa mère, était le gouverneur Richard Keith Call, le critique le plus incisif de la sécession.

Les archives militaires de la guerre – en particulier les archives confédérées – disent bien ce qui s'est passé en un lieu comme Olustee. Les comptes-rendus de Brevard nous disent ce qui ne s'y est pas passé. En inventant certains éléments, en en supprimant d'autres, elle créa une Floride de légende où les riches et puissants blancs, en particulier ses propres ancêtres, incarnaient la vertu et le progrès. Leur traitement viril des Séminoles insoumis fournit le prologue, dans son récit, aux merveilleuses victoires de la meilleure classe des blancs de Floride durant la Guerre civile. Elle avait cinq ans lorsque la Confédération déposa les armes et elle n'eut jamais une expérience de première main de l'esclavage et de la guerre. Cela lui permit, comme Washington Irving, d'écrire d'une manière élégiaque et fausse, et avec une totale autorité, sur des temps et des lieux qu'elle n'avait pas connus. Les héros confédérés eux-mêmes n'ont le droit de dire que ce qu'elle leur laisse dire. Elle censure les commentaires du général Beauregard sur la Bataille d'Olustee.

Elle censure également son propre grand père. Les jérémiades de Richard Keith Call sur la folie de la sécession sont l'un des moments de clairvoyance dans l'histoire de la Floride. C'est ce qui le rachète devant le tribunal de l'histoire, pourtant sa petite-fille les supprime car la perspicacité aiguë de son grand-père ne rentre pas dans sa version en dentelles blanches des événements. « Il y avait une excitation folle », écrit-elle des festivités qui ont accompagné la sécession. « Parmi les cris et les acclamations, les hommes tombaient dans les bras les uns des autres et s'écriaient que le jour de la liberté était arrivé ». Brevard ajoute alors, en

15 Brevard, 1904, p. 166-167.

faisant référence à son grand-père, mais en se refusant à le nommer, le citer ou expliquer pourquoi il avait ce sentiment : « Il y en avait certains qui n'avaient pas de sentiment de joie ; certains aimaient encore l'Union et rendaient hommage au vieux drapeau ; leur cœur était triste et leurs yeux étaient remplis de pleurs[16] ». Ultérieurement, dans une monographie intitulée *Richard Keith Call by His Granddaughter*, elle transformera son éminent ancêtre en une sorte de créature que Washington Irving aurait pu inventer ; dans son récit, sa loyauté envers les États-Unis devient une peccadille d'excentrique[17]. Brevard ne mentionne jamais que la sécession divisa sa famille aussi profondément qu'elle divisa l'Amérique, et encore moins qu'Ellen Call Long – la fille de Richard Keith Call, et sa propre tante – manifesta elle aussi sans honte et publiquement sa loyauté aux États-Unis[18]. Mais, à cause de sa nièce et des mensonges qu'elle a propagés, cette femme remarquable devint une autre de ces non personnes que les histoires de Floride d'une noblesse triomphante ne mentionneront jamais.

Pendant les dernières décennies du dix-neuvième siècle et les premières décennies du vingtième siècle, Brevard fut l'apologiste du racisme et la propagandiste néo-confédérée la plus puissante de Floride. Deux institutions s'avérèrent particulièrement efficaces quand elle en arriva à imposer ses positions à l'idée que la Floride se faisait d'elle-même. La première était la branche floridienne des Filles unies de la Confédération. La seconde institution qui servit les buts de Brevard était le gouvernement de l'État de Floride. Avant la Guerre civile, ses ancêtres avaient utilisé le pouvoir de l'État pour accumuler des terres et de l'argent. Elle, utilisa les fonds publics de la Floride pour financer, et le gouvernement de l'État pour imposer, l'image qu'elle avait créée du passé floridien. Son *opus magnum* a pour titre *Government and History of Florida.* Les enfants noirs comme les enfants blancs furent forcés d'étudier son récit d'un passé floridien favorable à l'esclavage. Grâce à une législation que Brevard et ceux qui la soutenaient mirent en place, la loi de Floride stipulait que son texte devait être enseigné dans chaque école. Conférencière populaire, elle était connue pour « parler de la façon la

16 *Ibid.*, p. 157.

17 Caroline Mays Brevard, « Richard Keith Call by His Granddaughter », *Florida Historical Quarterly*, juillet, octobre, 1908.

18 Rivers and Brown, 2009, p. 25-91 ; Tracy J. Revels, *Grander in Her Daughters : Florida's Women During the Civil War*, 2005, p. 77.

plus charmante des temps de l'esclavage, des bals coloniaux, des duels, et de toutes ces choses romantiques que nous associons à la vie sociale de l'ancien Sud[19] », mais Brevard, qui vécut jusqu'en 1920, ne limita pas sa propagande aux mots. Partout en Floride, on conserva sa propagande raciste comme une « histoire » gravée dans le marbre, lorsqu'elle et ses acolytes transformèrent les espaces publics de Floride en une sorte de parc à thème de nostalgie d'État pour l'esclavage. « Les monuments dédiés aux vétérans confédérés qui empêchèrent que Talahassee ne fût envahie par les troupes de l'Union furent rendus possibles grâce à ses écrits et à son influence », écrivit un admirateur après sa mort[20].

La campagne de Brevard pour couvrir la Floride de monuments à l'honneur de « victoires » confédérées qui n'en furent pas, ou qui n'eurent pas d'importance militaire ou qui furent simplement déshonorantes atteignit son point culminant durant les années qui précédèrent la première Guerre mondiale, lorsqu'elle et les Filles unies de la Confédération transformèrent le site du massacre d'Olustee en un lieu de célébration du courage des pro-esclavagistes. Son premier geste dans la transformation du sens de ce massacre fut de conserver Olustee comme une des batailles de Floride sur le monument de Tallahassee tout en changeant le sens dans son livre d'histoire. Ensuite, Brevard et ses alliés remodelèrent le champ de bataille d'Olustee lui-même. Comme toujours, ils utilisèrent l'argent des autres ; sur leur ordre la législature de l'État de Floride acheta les terres et finança le monument. Quand le monument d'Olustee fut inauguré en 1912, quelques quatre mille Floridiens – jamais un nombre aussi important de personnes ne s'étaient rassemblé en une seule fois depuis la bataille elle-même – convergèrent vers le site. L'objet de leur vénération était une pierre qui, à l'aube de l'âge du tourisme floridien, ressemblait plus à un hôtel de villégiature dans un style espagnol réactualisé qu'à un mémorial de guerre ; « cette tour de granite », déclara un orateur, « monte la garde sur le lieu où le soldat confédéré gagna le droit d'être admis dans le temple de la gloire[21] ». On ne mentionna pas les morts du côté des États-Unis, quand la tour qui honorait ceux qui les tuèrent fut inaugurée.

19 Caroline Mays Brevard, « The Association of History Teachers of Florida » (sans date), Call Family Papers, Florida Memory, Division of Libraries and Information.

20 Lewis Publishing Co., *The History of Florida : Past & Present*, 1923, vol. 3. p. 141.

21 « The Confederate Monument at Olustee », *United Daughters of the Confederacy Magazine*, vol. 69, 2006, p. 24.

Comme les exploits fictifs de Ponce de Leon à St. Augustine, à Olustee ce triomphe des Confédérés, qui n'en fut pas un, a depuis longtemps supplanté ce qui s'y est vraiment passé et est devenu le point d'ancrage de l'industrie touristique locale. Tous ceux qui se livrent aux célébrations de février, les vendeurs de souvenir, ceux qui aiment s'habiller en uniformes de la Guerre civile et tirer de lourds coups d'artillerie, convergent sur le site du massacre de 1864. Les modèles réduits ne sont pas autorisés : « artillerie de taille réelle seulement », souligne la réglementation. L'événement le plus spectaculaire a lieu la nuit qui précède ce qui est censé être la reconstitution de la bataille, lorsque les passionnés tirent au canon dans l'Osceola National Forest toute proche. Chaque année, les Confédérés avancent glorieusement. Et tout le monde pousse des cris de joie et braille lorsque les États-Unis sont vaincus. Ni dans la littérature publicitaire ni sur les sites web des organisateurs figurent les mots massacre, de couleur, noir, ou nègre. Aucun des participants ne reconstitue une bataille où des Confédérés blancs ont assassiné les soldats des États-Unis noirs qui étaient blessés.

La mise en scène de cette bataille imaginaire d'Olustee illustre à quel point la falsification du passé de la Floride est un processus continu. La première « reconstitution » n'a eu lieu qu'en 1977, 113 ans après la vraie bataille. Tout d'abord, raconte un participant, ceux qui jouaient le rôle des soldats devaient se frayer un chemin à travers l'épais sous-bois qui couvrait le vrai site de la bataille, aussi cette bataille que l'on rejouait fut-elle déplacée de ce site vers un endroit où « la visibilité était bien meilleure ». Le champ de la reconstitution fut donc par la suite « coupé à ras » afin que ne subsistât aucune végétation. En plus de la « reconstitution » de la bataille et de tirs d'artillerie amateurs, le Festival annuel de la Bataille d'Olustee et de la Reconstitution de la Bataille d'Olustee inclut les concours du Festival de la Bataille d'Olustee des Miss enfant, Miss petite, Miss préado, Miss bambine junior et Miss miniature. Le département de la protection de l'environnement de l'État de Floride subventionne en partie les festivités. Les marchands, les amateurs d'armes et les « reconstitutionistes » tirent en l'air, puis font la fête sur et autour des restes des soldats des États-Unis tués à Olustee[22]. « Le personnel du parc m'a dit qu'il y avait une fosse commune qui contenait les restes

22 Voir http://www.olusteefestival.com/. Consulté le 12 juin 2012.

d'environ 400 soldats de l'Union qui moururent là ce jour », signala un visiteur sur son blog en 2007, « mais personne n'en connaît les noms ni le lieu exact où se trouve la fosse[23] ».

La contrepartie masculine de Brevard dans la fabrication des triomphes imaginaires floridiens lors de la Guerre civile s'appelait John Jackson Dickison. Il faisait partie des plus extrémistes parmi les ultra-sécessionnistes et il aida à constituer deux régiments de cavalerie, mais quand le général d'intendance refusa de lui fournir du fourrage, Dickison refusa de combattre. Alors que les conscrits de Floride trimaient au nord, à pied, il resta chez lui avec ses chevaux. Comme beaucoup de ces extrêmistes chauvins, Dickison était un Floridien de sa propre invention ; il n'y vivait que depuis quatre ans quand la Floride fit sécession. Dans *Confederate Military History of Florida*, encore populaire chez les nostalgiques de l'esclavage, Dickison se donne à lui-même le meilleur rôle, même si, comme son propre récit le montre bien, il évita tout combat sérieux. Un des incidents qu'il décrit eut lieu en mars 1865, un mois seulement avant que la Confédération ne se rendît. Il semble vouloir faire croire tout d'abord qu'il poursuit une unité de l'armée des États-Unis mais, comme il l'admet finalement, « l'ennemi » consistait seulement en quelques familles noires qui tentaient d'atteindre la liberté. « Je marchai toutes les nuits, en temps espacés et à vitesse moyenne, et j'atteignis Fort Peaton, à 10 kilomètres de St. Augustine, où », annonce Dickison, « je dépassai quatre nègres ». Suit alors ce qu'il présente comme une réalisation militaire encore plus conséquente : la capture, à moins d'un kilomètre et demi des lignes de l'Union, de vingt autres esclaves en fuite, et « également d'un chariot et de six poneys ». Dans cette vignette de la bravoure confédérée qu'il choisit lui-même, les miliciens de Dickison ne tirèrent pas un coup de fusil sur les troupes américaines toutes proches, de même que le général Finegan et ses troupes ne poursuivirent pas les troupes des États-Unis à Olustee. Dans les deux cas, leurs cibles sont les noirs. Pour Dickison aussi, la guerre en Floride se termine comme elle a commencé : une guerre pour l'esclavage, menée pour kidnapper et tuer des noirs.

En une autre occasion, Dickison échangea vraiment des coups de feu avec des troupes des États-Unis, même si ce n'était pas des Yankees.

23 Baker County Florida Archives, *Cemeteries : Olustee Battlefield Memorial Cemetery*. Consulté le 1er juin 2012.

Au début de l'année 1865, une force américaine de 386 hommes de troupe qui venait de Cedar Key se dirigea vers l'intérieur lors d'une de ces incursions périodiques. Puis, comme prévu, elle revint vers la côte. Le retrait américain était déjà si avancé que, quand il l'apprit, Dickison dut courir après les troupes américaines dans une vaine tentative de les rattraper. Lorsqu'il y parvint, Dickison et ses troupes étaient trop épuisés – « presque brisés par la fatigue », comme il le dit – pour pouvoir vraiment affronter les troupes américaines, aussi allèrent-ils dormir. Le matin suivant, il trouva bien quelques troupes américaines sur lesquelles tirer, mais comme toujours dans ces récits confédérés de bravoure, il y eut une anicroche. À St Augustine, il fit porter la faute de son échec de ne pas avoir attrapé « les nègres en fuite » plus tôt, « au vent qui soufflait très fort ». Cette fois, il n'avait pas apporté avec lui suffisamment de munitions. « Si nos munitions étaient arrivées à temps, se plaignit Dickison, la force entière aurait été capturée ». Il y avait une autre raison pour laquelle Dickison échoua à fondre sur sa proie. Dès qu'il tentait de faire des prisonniers, les soldats des États-Unis « se rassemblaient une première fois puis une seconde fois et renouvelaient les attaques ». Repoussant les raids infructueux de Dickison sur leurs arrières, les forces américaines continuèrent le retrait qu'elles avaient commencé avant que Dickison ne pût l'interrompre.

Des générations d'écoliers de Floride grandirent en apprenant comment Dickison avait balayé les Yankees, mais qu'est-ce qui fit de Cedar Key une si grande victoire ? Dickison revendiqua lui aussi qu'il avait fait échouer un plan pour prendre Tallahassee, à plus de 200 kilomètres de là. Comment le commandement des États-Unis pouvait-il espérer y arriver avec 386 hommes, Dickison ne l'explique pas. Pourquoi eut-il à les pourchasser dans la direction opposée, vers la côte, pour les amener à échanger le feu avec lui, il ne l'élucide pas plus. Grâce à son triomphe de Cedar Key, veut nous faire croire Dickison, la femme blanche de Floride fut sauvée. À l'approche des envahisseurs, écrivit-il plus tard, « les cœurs les plus braves de nos belles femmes tremblèrent et leurs jolies lèvres pâlirent… Si notre héroïque petit groupe n'était pas arrivé au moment opportun », ajoute-t-il, faisant référence à lui-même, « terribles de fait auraient été les conséquences[24] ».

24 Dickison, p. 77-79, 81-82.

Comme à Olustee, le plus grand mensonge est une omission. Dickison ne mentionne pas qu'il combattait des soldats noirs. La plus grande part de ces troupes des États-Unis qui « se rassemblaient une première fois puis une seconde fois et renouvelaient les attaques » étaient constituées d'ex esclaves, et beaucoup d'entre eux de Floride. Les blancs que Dickison attaquaient n'étaient pas non plus des Yankees. Des 386 hommes des troupes américaines impliqués dans le raid de Cedar Key, 186 étaient des blancs du second régiment de Floride de l'armée des États-Unis ; 200 étaient des noirs de l'infanterie de couleur des États-Unis. Quelque chose d'historique se passa bien à Cedar Key, mais ce n'était pas que, comme d'habitude, les Confédérés manquaient de munitions, ou de renforts, ou étaient fatigués, ou que le vent commençait à souffler au moment même où une grande victoire se dessinait. Des blancs et des noirs combattaient côte à côte dans la loyauté à l'égard des États-Unis d'Amérique, comme ils avaient combattu également à Olustee. Un des mensonges les plus importants que l'on ait fait en Floride sur la Guerre civile est qu'il s'agissait d'un combat entre les braves fils de Floride et les « envahisseurs yankees ». Mais le plus grand de tous ces mensonges est que le Américains noirs étaient trop paresseux, ou satisfaits, ou fondamentalement stupides, pour combattre pour leur liberté. Au début de 1865 la principale force des États-Unis en Floride consistait en Sudistes, et non pas en Nordistes. Des noirs avec des fusils étaient désormais à même de se défendre ; des Floridiens blancs avançaient à leur côté. Voilà pourquoi c'était non seulement les lèvres de femmes qui tremblaient, mais les lèvres de tous les Confédérés.

Alors que les forces des États-Unis faisaient des avancées régulières dans la Floride confédérée, les forces confédérées ne passaient jamais à l'offensive. Une des rares tentatives de prendre une position fédérale fut celle de Fort Myers dans ces étendues sauvages de la Floride du sud-ouest, début 1865. Des milices confédérées demandèrent aux forces des États-Unis qui tenaient le fort de se rendre. L'officier qui les commandait refusa. Quelques jours plus tard le détachement confédéré revint, avec une pièce d'artillerie. Les Confédérés ouvrirent le feu. Les troupes des États-Unis dans le fort répliquèrent. Les Confédérés partirent. Les forces américaines avaient remporté « la bataille terrestre la plus au sud de la Guerre civile », mais l'événement était significatif pour une raison qui n'a rien à voir avec la latitude. Des troupes noires comme blanches occupaient Fort Myers. À cette époque Fort Myers abritait plus de trois cents personnes, blanches et noires, à peu près le même nombre que celles qui avaient trouvé refuge à Negro Fort cinquante ans plus tôt. Cette fois, parce que les défenseurs du fort avaient reçu un entraînement approprié, il n'y eut pas de massacre.

Natural Bridge, la troisième des batailles de Floride qui est inscrite sur le monument de Tallahassee, glisse sur la même structure que Olustee-Cedar Key. Les troupes américaines avancèrent vers l'intérieur des terres pendant quelque temps. Puis, après avoir rencontré une résistance importante, quelque résistance ou pas de résistance du tout, elles revinrent sur la côte. Bien que cette incursion fût également décrite plus tard comme une « invasion yankee », les hommes de couleur de l'infanterie des États-Unis furent la cible de l'essentiel du combat, avec le second régiment de cavalerie composé de soldats blancs recrutés en Floride. L'âge de ceux qui combattirent pour le camp pro-esclavage à Natural Bridge deviendra également un détail important dans la fiction néo-confédérée. Voici comment Caroline Mays Brevard recréée l'événement dans un texte publié en 1904 : « Les cadets du Séminaire de Floride de l'ouest avec leur professeur à leur tête épaulèrent leurs fusils, et d'un cœur courageux, marchèrent fièrement vers leur première bataille. Les petits garçons de l'école… furent amèrement déçus d'être laissés de côté, et certains en pleurèrent, pensant que c'était dur de ne pouvoir prendre part aux dangers et à la gloire de ce jour ». Elle ajoute : « Grâce à cette bataille, l'intérieur de l'État fut de nouveau sauvé d'une invasion et sa capitale ne fut pas prise[25] ».

Comme pour Olustee, la documentation officielle de la Confédération réfute la version néo-confédérée. Les rapports de témoins montrent que la bataille de Natural Bridge ne fut pas une « victoire sudiste significative ». Elle montre également que c'était les Confédérés et non les troupes de l'Union qui, pour l'heure, avaient une « force supérieure ». Les archives confédérées manifestent bien que de leur côté pratiquement personne ne combattit, ce qui explique la quasi inexistence de victimes confédérées. Même si, alors, les Confédérés recouraient à la conscription de jeunes garçons, aucun compte-rendu confédéré ne mentionne que des cadets ont combattu. Les documents officiels de la Confédération établissent explicitement que ce fut « notre

25 Brevard, p. 177.

artillerie » et non pas des cadets qui n'avaient pas l'âge pour combattre qui décidèrent du sort de la bataille.

Cette série d'escarmouche et de manœuvres qui sera plus tard appelée la bataille de Natural Bridge se déroula à deux endroits différents le long de la rivière St. Marks. Sachant que des soldats américains remontaient la rivière, les forces confédérées se précipitèrent tout d'abord vers un endroit du nom de Newport, où se trouvait le dernier pont sur la rivière St Marks qui restait. Voici comment le général Sam Jones, l'officier confédéré le plus haut gradé qui avait été laissé en Floride, décrivit les événements après qu'il fut arrivé à Newport le soir du 5 mars : « J'y trouvai le brigadier général Miller, qui était arrivé rapidement avec une compagnie de cadets et un petit groupe de miliciens ». C'est la seule mention qui est faite de cadets dans le rapport officiel confédéré. Si les cadets avaient participé à une quelconque action militaire, le général Jones l'aurait signalé. Or, le général dit tout le contraire. Ce fut l'armée régulière confédérée, et non des écoliers, qui participa au combat. Les troupes des États-Unis, écrit-il, avaient été « retardées dans leur marche par une partie du cinquième bataillon de cavalerie de Floride ». Jones ne mentionne pas de troupes des États-Unis tentant de prendre le pont ou de traverser la rivière en direction de Tallahassee pour une raison facile à comprendre. Puisque les forces des États-Unis remontaient la rivière dans des bateaux, elles n'avaient pas besoin de traverser de pont. Cependant, les Confédérés détruisirent le dernier pont qui restait sur la rivière St. Marks.

Le vrai combat eut lieu le jour suivant, le 6 mars, treize kilomètres plus en amont à un endroit où la rivière coule sous terre sur quelques centaines de mètres. D'où le nom : « Natural Bridge ». « Des réservistes, des milices et deux sections d'artillerie [des Confédérés] arrivèrent à Natural Bridge à environ 4 heures du matin », rapporta le général Jones. Bien qu'il eût pris les troupes des États-Unis par surprise, Jones rencontra une forte résistance. « L'ennemi », écrivit-il, « combattit obstinément en plusieurs moments pendant dix ou douze heures ». Dans son rapport officiel, Jones ne mentionne pas des cadets qui auraient été sous le feu. Dickison ne les mentionnera pas plus dans son compte-rendu, même si ce genre de détail aurait pu être une marque de fabrique de sa description de la bravoure des Confédérés. Au lieu de mentionner les cadets, il écrit : « nos troupes chargèrent de manière très vaillante et très déterminée, repoussant les troupes fédérales à chaque occasion jusqu'à ce qu'elles fussent forcées de retourner à leurs canonnières, après avoir subi de lourdes pertes ». Il est toutefois rare qu'une charge d'infanterie, même opérée « d'une manière vaillante et déterminée », ne fasse que trois morts. Ce fut pourtant le total des morts déclarés par les Confédérés pour les deux jours de combat, et non pas seulement pour la bataille de Natural Bridge.

Comme pour Olustee et Cedar Key, les comptes-rendus de première main des États-Unis et des Confédérés s'accordent sur ce qui s'est réellement passé. Le capitaine Thomas Chatfield, un officier de la marine des États-Unis qui aida à transporter les troupes sur la rivière St. Marks, laissa sa vision de témoin de l'affrontement. Quand ils arrivèrent à Natural Bridge, raconte Chatfield, les forces des États-Unis croyaient qu'ils avaient laissé les Confédérés derrière eux. Le matin suivant, comme ils tombèrent sous le feu des renforts du général Jones, ils découvrirent qu'ils avaient eu tort sur ce point. « À l'évidence, les forces rebelles étaient presque ou carrément égales aux nôtres », écrivit le capitaine Chatfield, « car après deux heures de combat, alors que nos troupes avaient pris un morceau de champ, elles avaient échoué à dégager les bois de l'ennemi, et elles avaient perdu rapidement des hommes. Ce fut à ce moment qu'elles entendirent des sifflets à l'arrière de l'ennemi, et pendant un court instant le feu des rebelles s'intensifia à un point tel que le général Newton sut qu'ils avaient reçu des renforts et qu'il devait battre aussitôt en retraite ou perdre l'ensemble de sa petite armée[26] ». Ici, comme ailleurs, la tactique des États-Unis était de se retirer quand les Confédérés réussissaient à concentrer des forces suffisantes pour fournir une vraie résistance.

Dans son rapport, le commandant des Confédérés dit exactement la même chose : « notre artillerie ouvrit un feu nourri[27] », ce sur quoi on ordonna aux forces de l'Union de se retirer. Cette charge de l'infanterie confédérée, si célébrée par la suite, eut lieu seulement après le début du retrait des États-Unis, et, à ce moment, les « Confédérés se ruèrent en avant comme un troupeau de moutons », rapporta Chatfield. Quand cette foule fut suffisamment proche, un officier américain ordonna à ses troupes de pivoter et de tirer sur la masse qui approchait. « Ils firent

26 David Churbuck (ed.), Reminiscences (1905), publié en ligne à http://www.churbuck.com. Consulté le 1er juin 2012.

27 Dickison, p. 82.

feu à trois reprises, raconte Chatfield, puis arrêtèrent et quand la fumée s'estompa, il n'y avait pas un seul homme debout ». Il fut évident que presque personne du côté confédéré ne fut blessé. « Probablement, un nombre considérable de soldats ne furent pas touchés du tout », observa Chatfield, « mais simplement ils se mirent à terre avec leurs camarades touchés, incapables de comprendre une telle averse de plomb mortelle ». C'est quelque chose que quiconque a été témoin d'une large foule en proie à des tirs admettra volontiers.

Ce fut la fin en même temps que le début de ce qui, plus tard, deviendra la célèbre charge de l'infanterie confédérée à Natural Bridge. Comme le rapport même du général Jones le manifeste bien, il ne fit pas plus d'effort pour poursuivre les forces américaines qui se retiraient que ne l'avaient fait Finegan à Olustee ou Dickison à Cedar Key. « Mais notre victoire à Natural Bridge fut un signal », insista Dickison plus tard, « et de nouveau les envahisseurs échouèrent dans leur désir, longtemps caressé, de prendre possession de Tallahassee[28] ». La meilleure réfutation que l'on puisse trouver de cette importance, infondée, que se donnaient les Confédérés de Floride est que le « désir, longtemps caressé, de prendre possession de Tallahassee » est un autre mythe. Les documents des États-Unis rendent manifeste que, dans ce cas également, le but ne fut jamais « de prendre possession de Tallahassee ». Ils suggèrent, curieusement, qu'un des objectifs pourrait avoir été de dépasser Tallahassee et d'aller, à la place, jusqu'en Géorgie. Selon le capitaine Chatfield, l'objectif d'un tel raid aurait été un endroit qui, dans les dernières semaines de la Guerre civile, figurait plus précisément dans les calculs, et le cœur, des États-Unis que cette capitale de seconde zone de Floride. Il s'agissait du camp confédéré de prisonniers de guerre à Thomasville, Géorgie, situé à vingt deux kilomètres seulement de l'autre côté de la frontière de l'État de Floride. Selon le compte-rendu de Chatfield, le but de l'expédition sur la rivière St. Marks était de dépasser Tallahassee et de « filer à Thomasville, délivrer les prisonniers de l'Union, et de revenir par le même chemin où elle était venue ». Il ajoute que cette opération audacieuse fut confiée entièrement à des « troupes de couleur ».

Les choses ne se passèrent pas ainsi. « Au lieu de mener à bien le plan prévu », ajoutait Chatfield, « les troupes furent attaquées aussitôt après

28 *Ibid.*, p. 81.

être sorties des marécages par les forces rebelles… qui s'étaient cachées dans les bois ». Ici, de nouveau, son compte-rendu rejoint celui du général Jones. La seule différence réside dans ce que les Confédérés pensaient être le but de l'incursion des États-Unis. Alors qu'ils croyaient qu'ils arrêtaient une « invasion yankee » de Tallahassee, il se trouva que, à la place, ils contrecarrèrent une tentative de soldats noirs des États-Unis originaires du Sud pour libérer des prisonniers blancs d'un camp en Géorgie. Il y avait plus ironique encore. À la fin de 1864, des milliers de prisonniers des États-Unis avaient été entassés dans un enclos de deux hectares, à Thomasville. Le manque d'abri et de salubrité en tua de nombreux. Puis, quand une épidémie de variole éclata, les Confédérés abandonnèrent cette prison au nord de la frontière de Floride. Et ils emmenèrent leurs prisonniers dans une prison confédérée plus connue encore, celle d'Andersonville, Géorgie. Si l'attaque des Confédérés n'avait pas bloqué l'avance des États-Unis, la force de frappe n'aurait rien trouvé quand elle serait arrivée à Thomasville. Les Confédérés avaient déplacé leurs prisonniers quatre mois plus tôt, en décembre 1864.

Les récits ultérieurs loueront les cadets du Séminaire de Floride de l'ouest, sans mentionner les pièces d'artillerie du général Jones. Ils voudront faire croire que les forces des États-Unis combattirent pour traverser le pont alors qu'elles arrivèrent en bateau. Ils laisseront tomber un autre détail. Les soldats des États-Unis qui, selon le général Jones, « combattirent obstinément en plusieurs moments pendant dix ou douze heures » étaient noirs. Le brouillard de la guerre obscurcit les raisons pour lesquelles on agit, et pas seulement ce qu'on fait, mais après la fin de la guerre deux catégories de protagonistes furent injustement effacées de l'histoire de la Floride, même si leurs exploits les prédisposaient à ce que l'on fît clairement et honorablement mention d'eux dans le vrai récit de ce qui s'est passé durant la Guerre civile. L'une est celle des Floridiens blancs qui combattirent pour les États-Unis. Dans ses mémoires, le capitaine Chatfield, s'attarde sur un blanc de Floride, du nom de Strickland, qui était à la tête d'une patrouille des États-Unis. « Strickland ne revint jamais », écrivit-il. « Lui et sa petite escouade furent capturés par des miliciens à l'extrémité d'un grand marécage, et il fut abattu comme déserteur un ou deux jours plus tard, l'alternative à son exécution étant qu'il rejoignît l'armée confédérée, ce qu'il refusa. Il n'avait jamais été partisan des rebelles, il avait fui la conscription, c'était tout : mais ils appelèrent cela de la désertion et l'abattirent. Il était simplement un rustique blanc d'un meilleur genre, et il refusait de combattre contre les États-Unis ».

Dans une autre épitaphe digne de Thucyclide, Chatfield commémore un soldat noir « disparu dans cette bataille. C'était un sergent du 9e régiment, de la couleur de peau d'un nègre ordinaire, avec des cheveux crépus, mais un visage caucasien, de plus d'un mètre quatre vingt cinq, sans beaucoup de chair, plutôt mince. Par son langage et son maintien un gentilhomme, à l'évidence bien éduqué, avec rien de servile chez lui, capable de commander un régiment. Je l'avais eu, lui et son escadron, à bord de mon petit vaisseau pendant quarante-huit heures, alors que je leur faisais remonter la Caloosahatchee jusqu'à Fort Myers, quelques mois plus tôt : et quand nous eûmes atteint le front, au lieu de se précipiter sur la berge comme les hommes de troupes le font invariablement, il s'arrêta après eux, leva sa casquette, et me remercia pour la façon courtoise dont je l'avais traité pendant qu'il était à mon bord ».

Aujourd'hui, il n'y a pas de monument en l'honneur de l'un ou de l'autre, mais des patriotes américains comme Strickland et le sergent sans nom que le capitaine Chatfield décrit, comme Garcia et son ami Choctaw sans nom de Negro Fort, préfigurent l'Amérique dans laquelle nous vivons maintenant. Ils sont les mêmes camarades de bivouac que nous voyons dans *Platoon*. Ils ont la vedette dans d'innombrables films d'aventure. Parce que leur pays, ou simplement le président, le demandent, ils combattent ensemble dans des endroits comme l'Irak et l'Afghanistan. Ils jouent ensemble dans les matchs de football professionnel ; ils peuplent les casernes de pompiers de notre pays et les salles d'urgence. Ce sont des Américains comme eux qui furent les premiers à réagir le 11 septembre, mais il n'y a toujours pas de place pour eux dans l'histoire convenue de la Floride. Le cabotinage sans signification de Dickison à St. Augustine et Cedar Key reste la version officielle, de même que les contes édifiants de Caroline Mays Brevard qui nous disent comment de nobles blancs sauvèrent la Floride « d'une invasion et empêchèrent sa capitale d'être prise » – quand, en réalité, la Floride confédérée s'effondrera, et le drapeau des États-Unis d'Amérique flottera de nouveau sur le capitole de Tallahassee, dans les mois qui suivirent ces victoires « décisives ». La « victoire » confédérée de Natural Bridge fut décisive, mais pas dans le sens que l'on prétendit ultérieurement.

Jusqu'alors, Tallahassee avait été comme une brindille sur le bord externe d'un tourbillon géant. Les responsables floridiens étaient si éloignés du vortex, les mouvements sur le bord extrême du tourbillon si lents, qu'il était possible de prétendre qu'un mouvement à l'accélération régulière ne précipiterait pas dans les ténèbres. Après Natural Bridge, il ne fut plus possible de le prétendre. Natural Bridge avait montré que Tallahassee, en dépit de l'attaque improvisée mais victorieuse du général Jones, tomberait bientôt entre les mains du gouvernement des États-Unis.

Un des tests pour un leader est quand la défaite menace. Durant les quatre semaines et les cinq jours qui séparèrent la « victoire » confédérée à Natural Bridge de la reddition confédérée à Appomattox, un leader honorable aurait pu préparer le peuple de Floride à affronter l'inévitable avec courage et stoïcisme. Mais le gouverneur John Milton oublia ses devoirs au moment où la Floride avait le plus besoin d'un leader. Auparavant il avait regardé, sans rien faire, les Confédérés incendier Pensacola, et dépouiller l'État de ses réserves de nourriture et de sa capacité à se défendre. Désormais, toujours sans rien faire, le gouverneur Milton se réfugiait dans sa plantation, Sylvania, près de Marianna. À l'heure de la sécession, le gouverneur Milton avait incarné l'ingratitude et la folie de l'élite floridienne des propriétaires d'esclaves. Durant la guerre, il symbolisa son acceptation passive de tout dictat confédéré. La sécession de la Floride avait été un acte suicidaire. Désormais, il en fut l'incarnation vivante. Le 1er avril 1865, le gouverneur de Floride, sans s'être préoccupé de démissionner de ses fonctions, se tira une balle dans la tête et, de terne politicien floridien qu'il était, devint dès lors un martyr confédéré adulé. Milton, par ailleurs, n'était pas un fan de la confédération. « Elle ne reçut jamais le moindre mousquet des États confédérés[29] », se plaignait-il, faisant référence au manque d'armes de la Floride, avant d'en terminer avec lui-même.

La vie de Milton avait suivi la même trajectoire que la Floride. Né en Géorgie, il avait spéculé sur les terres et les esclaves, avant que ses échecs en Alabama et en Louisiane ne le forcent, dans sa quarantième année, à tenter sa chance en Floride. Il avait alors été marié deux fois, avait engendré quatorze enfants, et s'était trouvé impliqué dans des duels. Grâce au mélange habituel de relations personnelles et d'argent public, il acquit des milliers d'hectares dans son tout dernier État de résidence.

29 John Thomas Scharf, *History of the Confederate States Navy*, 1887, p. 49.

À Marianna « les possessions de Milton consistaient de 1200 hectares, d'un manoir, d'une école et d'une chapelle familiale, de granges, d'un atelier de forgeron et de quartiers pour 50 esclaves » selon la plaque de l'État de Floride qui marquait alors le site de la plantation. Pour Milton, comme pour les autres leaders sécessionnistes, tous les profits que la Floride lui avait permis de faire ne lui avaient pas suffi, aussi, quatre ans et demi plus tard, sous la forme du corps du gouverneur Milton éclaboussé de sang, la prophétie d'un autre gouverneur de Floride, Richard Keith Call, devint-elle réalité. Les « portes de l'Enfer » s'étaient ouvertes toute grandes pour celui qui avait été gouverneur de Floride durant la Guerre civile, alors que l'État dont il était à la tête s'enfonçait dans la « perdition ». Le crâne traversé par une balle du gouverneur Milton, comme la tête d'Osceola auparavant, symbolisa l'état moral tout autant que l'état matériel de la Floride de l'époque.

Après le suicide du gouverneur Milton, les chroniqueurs de Floride désinfectèrent l'histoire de la même manière que les membres d'une famille nettoient la chambre où un des leurs s'est tué. La terrible perspective d'une domination yankee, voulurent-ils faire croire, ne lui avait pas laissé d'autre choix. Une description, en 1966, des circonstances qui avaient entouré la mort du gouverneur, disait que, du fait de la guerre, la famille de Milton avait été obligée de préparer ses propres repas. « Il n'y avait plus de serviteurs pour l'accueillir désormais », rappelait-elle. « Et, comme une de ses filles s'affairait à préparer son "dîner à son retour chez lui", Milton alla tranquillement dans sa chambre, prit un pistolet, et se tira une balle dans la tête ». « Le gouverneur Milton était dévoué à une cause perdue[30] », voilà l'explication que donne un manuel de Floride en 1974, comme si cela pouvait excuser l'abandon de ses devoirs. La plupart des comptes-rendus occultent le fait, peu agréable à dire, que la Floride fut le seul État confédéré dont le gouverneur n'eut pas les tripes pour voir la fin du conflit.

C'est sa peur des blancs de Floride qui, apparemment, conduisit le gouverneur Milton à se tuer. Auparavant, il s'était plaint des « déserteurs de l'armée confédérée » qui erraient en Floride. En mars 1865, ce n'était pas les « envahisseurs yankees » ou des noirs libérés mais des bandes indisciplinées de Floridiens blancs qui faisait peser une grande menace pour la loi, l'ordre, et la vie au cœur de la Floride de l'esclavage qui

30 Merlin G. Cox et J. E. Dovell, *Florida from Secession to Space Age*, 1974, p. 25.

s'étendait de la résidence du gouverneur à Tallahassee jusqu'à la maison de Milton à Marianna. Bien que le noir vengeur et lascif soit toujours tapi dans les arrière buissons de leurs récits, Brevard, Dickison, et la plupart des autres laissent de côté un autre facteur qui, à la fin de la Guerre civile, était devenu un motif de peur largement répandu. Des milliers de blancs vaincus, sans toit, sans terre, vagabondaient en Floride. Les riches blancs avaient entraîné les pauvres blancs de Floride dans un combat qu'ils ne pouvaient que perdre, et que, désormais, ils avaient perdu. Ils rentraient chez eux, ensanglantés, découragés, désespérés, et en colère. L'élite, propriétaire d'esclaves, qui entraîna tous ces hommes vers la catastrophe, s'était assurée que la plupart d'entre eux n'aient pas de propriété, et par conséquent, de solution de survivre par des moyens honnêtes une fois que la guerre serait perdue. Désormais, ces hommes vaincus, qui possédaient des armes, des couteaux, et presque rien d'autre, erraient en Floride, seuls, en groupes, ou en bandes organisées. Au début de 1865, le gouverneur de Floride était convaincu que les « déserteurs » confédérés complotaient de le kidnapper et de le vendre aux Yankees.

Ce fut dans la Floride contrôlée par les États-Unis que se produisit le plus célèbre, et seul incident, de Floride durant la Guerre civile – et il n'impliqua pas de troupes confédérées, valeureuses ou non. Fort Jefferson, dans les Dry Tortugas, que Ponce de Leon avait appelés ainsi du fait des tortues qu'il y avait trouvées 350 ans plus tôt, était une base qui servait pour le blocus naval des États-Unis. La forteresse de l'île servait également de prison pour les déserteurs de l'Union et les malfaiteurs. Contrairement à une croyance populaire, aucun prisonnier de guerre confédéré n'y était retenu. Fort Jefferson devint le plus célèbre avant-poste fédéral de Floride, quand Samuel A. Mudd, le médecin qui soignait l'assassin du président Lincoln, John Wilkes Booth, y fut transféré par mer et y fut placé sous la garde du quatre vingt deuxième régiment d'infanterie noir des États-Unis.

La croyance que le Dr Mudd, rejeton d'une famille catholique propriétaire d'esclaves du Maryland, fut mis aux fers et ne fut jamais autorisé à voir la lumière du soleil est une légende. De même, comme il s'avéra plus tard, est la croyance qu'il était totalement innocent. Le Dr Mudd connaissait l'assassin avant que Lincoln ne fût tué. Il avait caché Booth et l'avait soigné après l'assassinat du président ; Mudd avait alors menti sur ses relations avec Booth et avait caché d'autres preuves. La commission militaire qui le jugea reconnut l'ambiguïté de la situation et lui épargna une condamnation à mort. Des gens qui n'ont jamais entendu parler de Fort Pickens, d'Olustee, ou de Cear Key connaissent l'histoire du médecin qui fut emprisonné dans ce fort lugubre, même si, aujourd'hui, le conte continue à être teinté de fausses représentations néo-confédérées. Dans la plupart des commentaires, y compris dans les représentations du cinéma et de la télévision, ne figurent pas de soldats noirs ; et on considère que Mudd fut injustement condamné. En est complètement absent tout ce que l'emprisonnement en Floride, dans une forteresse peuplée par une unité noire de l'armée des États-Unis, de quelqu'un qui fut impliqué dans l'assassinat du président Lincoln, nous dit sur le rôle réel qui a été celui de la Floride lors de la Guerre civile et qui s'oppose à son rôle imaginaire. À savoir que la Floride, pendant toute la guerre, a été un actif fédéral et un passif confédéré[31].

31 Robert Summers, *Dr. Samuel A. Mudd at Fort Jefferson*, 2008 s'appuie sur des documents et des lettres authentiques.

EMPÊCHER DE S'AIMER

« La mort sera préférable à la réunion », avait dit aux législateurs de Tallahassee le gouverneur Milton, ce choix du suicide sur une vie d'Américain loyaliste étant selon lui « le sentiment de tout vrai Sudiste[1] ». L'ex-sénateur David Levy Yulee n'était pas de ceux qui partageait ce sentiment. Avant même que les troupes des États-Unis n'atteignent Tallahassee, il était retourné précipitamment à Washington. Sa mission, comme il la voyait, était d'arriver « à restaurer des relations normales entre la Floride et le gouvernement de Washington », tout en redevenant lui-même un acteur majeur de la vie politique[2].

Quant aux poubelles de l'histoire, en Floride, la marée continua à les déverser dans les deux sens. Alors que Yulee partait vers le nord, des douzaines de notables confédérés se pressaient en Floride. Le plus éminent et aussi le plus haut en couleur de ces fugitifs anti-abolitionniste était l'ancien sénateur Judah Benjamin. Né dans les Indes occidentales de parents juifs, Benjamin, comme Yulee, était un notable sécessionniste au pédigrée exotique. En 1860, le sénateur Benjamin de Louisiane, comme le sénateur Yulee de Floride, répudia son allégeance aux États-Unis. Il devint – tout d'abord comme ministre de la guerre, puis comme ministre des affaires étrangères – le juif qui occupa le plus haut poste dans la Confédération. Puis, quand la cause des propriétaires d'esclaves s'effondra, Benjamin prit la tête des finances de la Confédération. Arborant de grosses lunettes et un chapeau mou, il se fit passer pour un Français errant et se faufila en Floride. Avec l'or de la Confédération qu'il avait cousu à l'intérieur de son costume, Benjamin paya 1 500 dollars à un chercheur d'épaves local pour prendre la mer vers Nassau sur un rafiot, qui coula.

Des marins bahamiens libres le sauvèrent de la noyade. À la dérive « avec trois nègres en tant que compagnons d'infortune, et avec seulement

---

1 Dovell, *Florida*, 1952, vol. 1, p. 516.
2 Tebeau et Carson, 1965, p. 217.

un mètre du bateau hors de l'eau », Benjamin fut « certain que nous ne pourrions pas survivre plus de cinq minutes si la mer devenait quelque peu agitée », quand il fut sauvé une seconde fois par un vaisseau britannique. En sécurité à Londres, l'ancien ministre confédéré de la guerre écrivit un traité de droit devenu un classique (*Benjamin's Sale of Goods*, toujours réédité) et, devenu sujet britannique, il fut nommé au Conseil privé de la Reine. Le dernier acte se déroula à Paris, en 1884. À l'âge de soixante-douze ans, l'homme dont le visage était apparu sur le billet de deux dollars de la Confédération tomba sur la tête alors qu'il descendait de voiture, mourut et fut enterré au même cimetière du Père Lachaise[3] où, quatre-vingt-sept ans plus tard, sera également enterré un autre personnage au passé floridien, Jim Morrison des Doors (né à Melbourne, Floride, le 8 décembre 1943).

D'une manière générale, en Floride, la défaite de la Guerre civile ne changea rien. Même après la prise de contrôle de l'État par les troupes des États-Unis, la domination raciste continua de prévaloir dans les parties de l'État qui étaient auparavant contrôlées par les Confédérés. À la consternation et à l'étonnement des blancs loyalistes et des noirs, la domination raciste s'étendit même dans d'autres parties de la Floride qui n'avait pas durant plusieurs années été soumis à un régime raciste. En conséquence, les Floridiens noirs qui avaient joui d'un ensemble de droits civiques et de droits de l'homme dans les parties contrôlées par l'Union étaient désormais dépouillés de ces droits. Pour les blancs aussi, la victoire des États-Unis eut des conséquences paradoxales : une extension des pouvoirs de ceux qui avaient soutenu la Confédération, et la privation de droit électoral pour les Floridiens blancs loyalistes.

« C'est un pays d'hommes blancs, et par Dieu, aussi longtemps que je serai président, ce gouvernement sera un gouvernement pour les hommes blancs », expliqua le président Andrew Johnson, le politicien unioniste du Tennessee qui, en tant que vice-président, a succédé à Lincoln lorsqu'il a été tué, quand des membres du Congrès remirent en question le favoritisme dont il faisait preuve envers les ex-Confédérés[4]. Sous la Reconstruction présidentielle, comme elle fut appelée, seuls ceux qui avaient eu le droit de voter lors de l'élection présidentielle de 1860 furent autorisés à se présenter aux élections de la toute puissante

3 Hanna, 1938, p. 202-206.

4 Hans Louis Trefousse, *Andrew Johnson : A Biography*, 1989, p. 236.

convention constitutionnelle de 1865, où se règleront les questions clés à propos du contrôle politique de l'après-guerre. Puisque seulement les hommes blancs – et la grande majorité d'entre eux étaient des sécessionnistes – avaient pu voter lors de l'élection présidentielle de 1860, leur réserver à eux seuls une participation à la convention garantissait que le système politique de la Floride d'après-guerre serait « reconstruit » par ceux dont le but était de restaurer, et non de remplacer, le système à trois étages de la suprématie blanche de l'élite qui, comme les événements le montraient dorénavant, n'avait été que perturbé par la Guerre civile. Les Floridiens noirs qui avaient combattu dans l'armée des États-Unis n'étaient pas autorisés à voter. De même que les Américains blancs qui avaient établi leur résidence en Floride après 1860. Cela signifiait que l'on refusait également le droit de vote à de nombreux blancs qui avaient combattu pour l'Union.

L'administration judiciaire conserva également sa structure à trois étages. Les pauvres blancs continuèrent d'être lourdement pénalisés pour tout écart de conduite. Des cruautés innommables continuèrent à être infligées aux noirs pour les plus petites infractions, alors que la justice pour les grands scélérats restait problématique. Après avoir contribué à provoquer la mort de milliers de Floridiens, le sénateur Yulee, qui retournait sa veste si facilement, au lieu d'être jugé pour trahison, devint de nouveau le pivot de toutes les combines financières sophistiquées de Floride. Rien ne symbolise mieux, après-guerre, le retour en grâce des Confédérés vaincus que le sort du Dr Mudd, le plus célèbre prisonnier de Floride. Le président Andrew Johnson lui accorda son pardon, après moins de quatre années d'emprisonnement. L'homme impliqué dans l'assassinat du président Lincoln quitta la Floride triomphalement, en nouveau héros confédéré. Comme Yulee l'avait projeté, il y eut une « restauration des relations normales entre la Floride et le gouvernement de Washington » – si par « normales » on entend la restauration, soutenue au niveau fédéral, du pouvoir et des privilèges de ceux que les États-Unis avaient vaincus au bout de quatre ans de guerre.

« Les hommes favorables à l'esclavage les plus importants, les rebelles les plus actifs durant la rébellion », notait tristement un loyaliste floridien, ce furent eux qu'on récompensa pour leur déloyauté, alors qu'on enleva leurs droits à ceux qui étaient restés fidèles à leur pays. La population de la Floride à cette époque comptait au moins trente-cinq mille individus blancs de sexe masculin. Moins de quatre mille d'entre eux purent voter lors de la première élection de Floride après la Guerre civile. Très restreints donc, les électeurs donnèrent le résultat escompté. Les sympathisants des Confédérés, après avoir dominé la convention constitutionnelle, dominèrent aussi la législature qui était censée avoir été reconstruite ; ils prirent également le contrôle du gouvernement de l'État. Au lieu d'entrer dans un nouvel âge, la Floride avait régressé au temps pré-étatique du Territoire. Quelques magnats privilégiés, qui contrôlaient quelques centaines (ou désormais quelques milliers) de votes, décidaient qui aurait le pouvoir, le pays, et l'argent[5].

Le gouverneur nouvellement élu, défenseur d'une suprématie blanche totale, du nom de David S. Walker, incarnait les espoirs des Néo-Confédérés. Bien qu'il fût un avocat de l'esclavage, il s'était pendant un bref moment opposé à la sécession, avant de soutenir la Confédération une fois que l'Ordonnance de Sécession de la Floride avait été promulguée. L'hypothèse était que, en embrassant la combinaison propre à Walker de loyauté *pro forma* à l'Union et une suprématie blanche militante, une élite blanche oligarchique continuerait à contrôler le gouvernement de l'État et l'allocation des terres et de l'argent. Comme par le passé, les compatriotes blancs avec des droits politiques limités imposeront ces privilèges, quand et s'il est nécessaire, en maintenant presque la moitié de la population de l'État « à sa place ». Dans ce système quelque peu différent d'inégalités imposées par l'État, la situation juridique des noirs sera modifiée ; leur condition politique et socio économique, elle, ne changera pas. Les noirs ne seront plus esclaves désormais, mais ils deviendront biens meubles, avec cette différence que leur contrôle relèverait dès lors de la responsabilité de l'État de Floride, et non plus de propriétaires individuels. Les anciens propriétaires d'esclaves de Floride auront encore accès au marché du travail des noirs ; avec pour avantage qu'ils n'auront plus aucune responsabilité juridique de les habiller, de les nourrir et de les loger.

L'orchestre jouait « Dixie », lorsque les législateurs néo-confédérés de Floride, avec une opposition bien moins importante qu'on aurait pu le penser, révoquèrent l'ordonnance de Sécession de 1860 et adoptèrent l'article XIII ajouté à la Constitution des États-Unis qui abolissait l'esclavage. Les nouveaux dirigeants de Floride revinrent ensuite à

5 Brown, 1997, p. 153-154.

leurs occupations principales : établir un nouveau système efficace de répression raciste pour remplacer l'ancien. Sous le regard des loyalistes blancs et des noirs, privés de droits et sans pouvoir, les nouveaux dirigeants codifièrent en loi un système compréhensif de violence raciste dirigé par l'État. Sous les nouveaux « codes noirs » de Floride, les noirs pouvaient être soumis au fouet et au pilori mais pas les blancs. « Le vagabondage » – qui était quelque chose dans lequel les blancs ne voulaient pas se trouver – pouvait être puni par un travail forcé et non payé, c'est-à-dire ce qu'on appelait avant de l'esclavage. Entre autres restrictions, aucune personne noire ne pouvait témoigner contre une personne blanche devant une cour de justice. La privation du droit de vote pour les noirs était valable, de manière permanente, pour toutes les élections et à tous les niveaux.

Si on refusa aux noirs de Floride leurs droits politiques, on leur refusa aussi toute chance de se libérer économiquement. Même vouloir être auto-suffisant était une forme d'insubordination. Dans des réunions publiques, les politiciens racistes au pouvoir renforcé de Floride « mettaient en garde les nègres contre toute manifestation d'insolence et de paresse et contre le mythe d'un présent présidentiel de vingt cinq hectares et d'une mule ». Durant les générations à venir, l'indignation blanche devant l'indolence et l'irrespect des nègres ira de pair avec l'étonnement devant l'idée qu'ils puissent être autorisés à acquérir suffisamment de terre et d'outils pour être auto-suffisants[6].

À la fin de la Guerre civile, de nombreux Sudistes en étaient arrivés à penser avec le général Robert E. Lee qu'il était temps, comme il le disait, qu'on « mît fin » à l'esclavage. La question centrale était de savoir sous le contrôle et au bénéfice de qui la fin de l'esclavage se ferait. Comme la rapide adoption par la législature de Floride du Treizième amendement le démontrait, les suprématistes blancs ne considéraient pas l'abolition comme un prix intolérable à payer, dans la mesure où l'esclavage était remplacé par un nouveau système, dirigé par l'État, de sujétion des noirs.

Le droit de vote était une autre histoire. Dans les années 1860, comme dans les années 1960, le droit de vote était la clé qui ouvrait tout. Si les noirs pouvaient voter, leur poids électoral déterminerait un système de plus grande égalité. Comme nous avons pu le constater à notre propre époque, cela a permis à des noirs d'être élus à des postes dans la haute

6 Dovell, vol. 1, p. 537-538.

fonction publique. Voilà pourquoi les Néo-Confédérés de Floride réagirent si différemment quand les quatorzième et quinzième amendements à la Constitution des États-Unis furent promulgués. L'Article XIV établissait clairement pour la première fois le droit fondamental que quiconque naissait au États-Unis avait le droit d'être américain. « Toute personne née ou naturalisée aux États-Unis, et soumise à leur juridiction, est citoyen des États-Unis et de l'État dans lequel elle réside », spécifie-t-il. Il poursuivait en bannissant des lois comme ce « Code pour les noirs » promulguées en Floride et rendait inconstitutionnel pour tout État de refuser « à toute personne relevant de sa juridiction l'égale protection des lois ». Grâce à cette clause d'« égale protection », il ne pouvait plus y avoir de lois pour les blancs et de lois pour les noirs. L'Article XV était encore plus précis. « Le droit de vote des citoyens des États-Unis », disposait-il, « ne saurait être dénié ou limité par les États-Unis ou par aucun État, pour des raisons de race, de couleur ou de condition antérieure de servitude ».

Le gouverneur et la législature néo-Condéférés de Floride réagirent avec horreur et défiance. Abolir l'esclavage était une chose. Accorder des droits aux noirs était une autre histoire. C'était une question d'honneur, déclarèrent-ils, l'« honneur », comme toujours étant un mot code pour asservir les noirs. « Nous avons perdu beaucoup, pour beaucoup d'entre nous tout, sauf notre honneur. Préservons au moins cela », invitait le gouverneur Walker. La législature, qui avait adopté l'Article XIII, rejeta presque à l'unanimité l'égalité des droits pour les noirs.

En 1867, le Congrès remporta sa plus grande bataille dans le combat qu'il perdra finalement pour imposer le principe de l'égalité de tous les hommes à la Confédération vaincue. Passant outre les vétos du président Johnson, il annula les constitutions néo-confédérées des États, qui avaient été tolérées par la Reconstruction présidentielle. Lors de la Reconstruction congressionnelle, le Congrès devait approuver toutes les nouvelles constitutions des États ; l'occupation militaire des États-Unis ne cesserait pas avant. Pour retrouver une représentation au Congrès, chaque État devait aussi ratifier le Quatorzième amendement et étendre complètement le droit de vote à tous les hommes, quelque fût leur race ou leur couleur. (Les femmes n'obtiendront les mêmes droits que cinquante ans plus tard).

Avec cette extension du droit de vote en Floride, le changement par rapport à la politique oligarchique des blancs seulement fut particulièrement net. Dans les élections que les Néo-Confédérés avaient organisées, seulement 7042 personnes, toutes blanches, avaient étaient enregistrées sur les listes. À la fin de 1867, tout juste deux ans plus tard, un total de 26 582 électeurs étaient enregistrés en Floride. Plus de la moitié – 15 434 – étaient noirs, mais 11 148 électeurs blancs, beaucoup plus qu'auparavant, étaient également inscrits. Dans les élections de Floride de 1868, les Républicains, le parti de l'égalité des droits, remportèrent une large majorité, mais les blancs nés dans le Sud continuaient à avoir le plus grand nombre de sièges. Les anciens esclaves noirs étaient proportionnellement les moins représentés, avec seulement dix-neuf des soixante-dix sièges de la Chambre et du Sénat.

« Nègres avec le droit de vote ; blancs privé de droits civils[7] ». Une fois encore Caroline Mays Brevard fournit cette version romancée des événements qui, des générations plus tard, remplirait encore les livres d'histoire. « Dans la première législature qui se tint après la constitution, il y avait de nombreux nègres qui ne savaient ni lire ni écrire », déclara également Brevard. En fait, les membres noirs relativement peu nombreux de la législature incluait quelques-uns des Floridiens les mieux éduqués toutes races confondues. Présentant la paranoïa raciste comme un fait, Mays (comme des générations d'écrivains semblables) livrait une expression classique des peurs des blancs sur ce qui était censé arriver quand les noirs ne restaient pas à leur place. « Les nègres étaient tellement excités par la politique », se lamente-t-elle « que peu d'entre eux voulaient gagner leur vie par un travail ordinaire. Travailler dans les champs ne les satisfaisait pas, quand ils pensaient qu'ils pourraient entrer à la Législature ou même au Congrès ». « Avec les noirs qui dirigeaient la Législature, ajoute-t-elle, la Floride souffrait grandement d'impôts élevés ». « Les blancs devenaient de plus en plus pauvres », continuait-elle. En réalité, la Floride ne levait presque pas d'impôts, et les blancs ne devenaient pas « de plus en plus pauvres ». Les impôts augmentèrent légèrement après la Guerre civile, même si la Floride, de même que les deux autres États orphelins d'Andrew Jackson, le Mississippi et l'Alabama, restera pauvre durant des générations du fait de mauvaises conditions économiques, inhérentes au système de répression raciale qu'elle imposa.

---

7 Brevard, 1904, p. 187.

Les blancs de Floride avaient encore tous leurs droits, y compris celui de voter, mais on avait donné quelque chose aux autres. C'était pourquoi tous les Floridiens, et non pas seulement quelques-uns, étaient représentés dans la législature de Tallahassee, et pourquoi les débats y reflétaient désormais les convictions et les rêves de tous les Floridiens. On a écrit des milliers de livres sur le sujet, donné des dizaines de discours, mais la différence essentielle entre la Reconstruction présidentielle et la Reconstruction congressionnelle pouvait et peut encore être résumée en cinq mots : désormais les noirs pouvaient voter.

La défaite des Confédérés était comme tous les désastres qui s'étaient précédemment abattus sur la Floride. Les blancs de Floride, par définition, n'avaient rien à se reprocher. Le chaos et la destruction de la Guerre séminole n'avaient pas été de leur faute ; désormais ils n'avaient rien à se reprocher dans la ruine et la défaite de la Guerre civile. Puisque rien n'était jamais de leur faute, le vrai méchant responsable de cette Floride arriérée, violente et pauvre ne pouvait être qu'un Agitateur extérieur, un scélérat qui change d'habits périodiquement, mais dont la fonction ne change jamais. Dans la démonologie des années 1860, la source de tous les maux est le Carpetbagger. De même que ces « agents britanniques » qui n'existaient pas, que le général Gaines dénonçait en 1818, le Carpetbagger est « un de ces Philanthropes au style propre » dont les « prétendues attention et gentillesse » réveille des maux inutiles en « fomentant un esprit de discorde ». Ce qui rend les choses pires encore est que ses « prétendues attentions et gentillesse » sont seulement un masque de sa cupidité. Ils ne sont là que pour mettre la main sur les richesses non spécifiées de la Floride.

La fiction du Carpetbagger suppose que la Reconstruction congressionnelle opposait les Floridiens de longue date à des envahisseurs étrangers. En réalité, certains des extrémistes racistes néo-confédérés les plus obstinés étaient des nouveaux arrivants opportunistes venus du Nord. Alors que beaucoup de ceux qui étaient dénoncés comme des « Carpetbaggers » avaient une grande expérience et un grand amour des lieux. Le plus connu d'entre eux était le responsable principal de la Reconstruction congressionnelle, un homme qui avait une connaissance inégalée de la Floride depuis 1839. Il s'agit du colonel John Titcomb Sprague. Ce même Sprague, jamais mentionné, qui avait écrit le seul compte-rendu faisant foi de la Guerre séminole et qui avait trinqué avec Coacoochee lorsque celui-ci et ses anciens camarades floridiens cherchaient refuge au Mexique, devenait dorénavant la figure carrefour d'une autre phase cruciale de l'histoire de la Floride.

À l'époque où Sprague accomplit son devoir en tant que commandant en chef en Floride, sa vie avait pris la dimension d'une de ces épopées pour grand écran qu'Hollywood ne mettra jamais en scène. Dans l'Ouest, Sprague et sa cavalerie avaient escorté de longs convois de wagons à travers le désert, en combattant – et, quand il le pouvait, en se conciliant avec – les Comanches, les Navajos, et les Apaches. La Législature du Nouveau Mexique lui fit voter des remerciements, mais, en mars 1861, des sécessionnistes insultèrent et agressèrent cet officier de l'armée des États-Unis à La Nouvelle Orléans. Ce qui l'attendait au Texas était pire encore. En essayant de rejoindre son régiment, Sprague fut kidnappé par une foule pro-confédérée. Finalement relâché, il composa une monographie qu'il lut plus tard dans une séance extraordinaire de la Société d'histoire de New York. Elle faisait la chronique de la prise de pouvoir par les sécessionnistes, alors que le légendaire Sam Houston avertissait que les conséquences en seraient désastreuses.

En tant que commandant en chef de l'armée des États-Unis en Floride, le colonel Sprague eut pour mission de superviser la transition d'une domination raciste à ce plein respect des droits de l'homme qui étaient désormais la loi de l'État. Personne ne connaissait le besoin de justice de la Floride mieux que Sprague. Personne n'avait une meilleure compréhension du passé tragique de la Floride et de ses iniquités humaines. Lors de ses exploits passés en tant que guerrier, érudit, auteur et conciliateur, Sprague avait développé une empathie durable pour ses ennemis. Il ajoutait aussi à son devoir une compréhension, acquise sur le terrain, de la guerre, de la diplomatie et de la nature humaine qui n'avait pas d'égal. Plus important encore, Sprague était moralement inattaquable. Alors que la Floride plongeait la tête la première dans une démocratie multiraciale, Sprague avait besoin de toutes ces qualités pour faire taire les passions et donner le pouvoir aux aspirations de milliers de noirs et de blancs qui avaient désormais le droit de voter[8].

---

8 John Titcomb Sprague, *The Treachery in Texas, the Secession of Texas, and the Arrest of the United States Officers and Soldiers Serving in Texas*, 1862 ; Ben E. Pingenot, « John Titcomb Sprague », Handbook of Texas Online (http://www.tshaonline.org/handbook/articles/fsp30). Consulté le 4 juin 2012. Publié par Texas State Historical Association. Bird, 2012.

La différence fut manifeste lors de la convention constitutionnelle de 1868, qui devait permettre le remplacement de la constitution raciste de 1865. Pour la première fois en Floride, des gens de toute couleur et de toute confession étaient libres de dessiner ensemble ce que serait le pays dans l'avenir. Comme l'exprima de manière mémorable un rapport de presse, les délégués comprenaient les « noirs et les blancs, ainsi que l'entre-deux ». Le factionnalisme de Floride, auparavant les blancs seulement, s'était déjà redéployé sous une forme multiraciale à l'époque où la convention constitutionnelle de 1868 se réunit. Les futurs gouverneurs, Harrison Reed et Ossian Hart, membres fondateurs du puissant Club républicain de Jacksonville, furent deux des leaders factionnels les plus en vue. L'un et l'autre utilisèrent leurs relations fédérales pour construire les bases d'un pouvoir bi-racial. Hart était officier en chef de l'état civil durant la campagne d'enregistrement du vote élargi, et il envoya ses agents dans les bois pour enregistrer les « squatters » et dans les anciens quartiers d'esclaves pour enregistrer les électeurs noirs ; ce faisant, il devint un leader qui avait un fervent soutien dans tout l'État. Le rival de Hart, Harrison Reed, utilisa, quant à lui, sa position de directeur de la poste des États-Unis pour construire sa propre organisation politique lorsqu'il donna aux pauvres blancs et aux noirs un premier goût de patronage politique en en faisant des receveurs des postes locaux[9].

Liberty Billings, dont le nom est inoubliable, fut un des ces « Carpetbaggers » qui ne deviendra jamais riche, qui n'abandonnera jamais son combat pour les droits de l'homme, et qui ne quittera jamais la Floride, même après que les suprématistes blancs en eurent repris le contrôle. Pasteur unitarien, Billings fut blessé alors qu'il était à la tête de troupes de couleur durant la Guerre civile. Il quitta l'armée en 1863 et acheta une propriété à Ferdinanda ; sa maison s'y trouve encore. Le principal soutien fédéral de Billings était le Parti républicain. Il lui envoyait de l'argent. Il lui envoya aussi un remarquable organisateur politique noir du nom de William U. Saunders, qui deviendra une force majeure de la vie politique floridienne. Billings, Saunders et un autre organisateur du droit de vote, envoyé en Floride par le Parti républicain, Daniel Richards, fondèrent la branche floridienne de la Ligue loyaliste d'Amérique. L'engagement de Liberty Billings pour la Floride ne faiblit

9 Dovell, vol. 2, p. 553-557.

pas. Il mourut à Fernandina en 1877. Le colonel Thomas W. Osborn fut un autre leader de la convention constitutionnelle de 1868. Né dans le New Jersey et élevé à New York, Osborn avait été promu sur le champ de bataille pour sa bravoure au combat. Envoyé en Floride, il y dirigea la plus importante de toutes les agences fédérales. Habituellement appelée le Bureau de l'Homme Libéré, son nom complet, le Bureau des Réfugiés, des Hommes libérés et des Terres abandonnées, donne une idée des opportunités qu'il ouvrit avant qu'on ne lui réduisît, à lui aussi, ses pouvoirs. L'organisation initiale d'Osborn s'appelait la Fraternité Lincoln. La Ligue loyaliste comme la Fraternité Lincoln permettaient aux esclaves récemment libérés de se rencontrer, de discuter de leurs problèmes, de parler politique, d'organiser des actions et, comme nous le dirions aujourd'hui, d'avoir des réseaux.

Ces alliances factionnelles qui se recomposaient sans cesse prirent des noms pittoresques. Billings et d'autres se mirent ensemble pour constituer l'« Équipe de la Mule ». Le « Groupe de la Pêche » réunissait Reed et ses alliés. Quels que fussent leurs noms, ces différentes factions soutenaient toutes l'égalité des droits par principe, mais aussi parce que leurs leaders avaient compris ce que la majorité des réformateurs de Floride mettront plus de cent ans encore à s'apercevoir. Seul, le vote noir sur une grande échelle pouvait apporter des changements importants. « J'entrevis au début de la rébellion », se souvint plus tard le futur gouverneur de Floride Ossian Hart, « que l'ordonnance de la sécession sonnerait le glas de l'esclavage et qu'avec quatre millions d'hommes libérés, la question de l'égalité des droits ne pouvait être perdue de vue… et je l'ai dit à notre peuple[10] ». La politique de reconstruction esquissait le vingt et unième siècle d'une autre façon. Même si les noirs pouvaient voter, même si les loyalistes et les migrants étaient comptés, la Floride vacillait sur le bord du gouffre. « Nous avons besoin de quelques milliers de Yankees supplémentaires pour les dépasser en nombre de votes », écrivit le révérend John Sanford Swaim, faisant référence aux Néo-Confédérés qui, dans la convention constitutionnelle précédente, avaient refusé à des nouveaux arrivants, comme lui, le droit de vote. C'était ainsi, pensait-il, qu'il sera possible d'établir un gouvernement de l'État « fondé sur les principes éternels de liberté et d'égalité des droits[11] ».

10 Brown, 1998, p. 115.
11 *Ibid.*, p. 231, 292, 271, 282.

Ces principes éternels ne furent pas suffisants pour permettre l'unité lors de la convention constitutionnelle de janvier 1868[12]. Avant même que les délibérations ne commencent, l'Équipe de la Mule nomma son propre président et prit possession de la chambre dans le capitole de l'État où devait se tenir la convention. Le Groupe de la Pêche se regroupa à Monticello, à quarante kilomètres de là. Puis, une nuit, la faction de la Pêche revint et délogea l'Équipe de la mule du hall. Deux conventions rivales étaient censées désormais prendre les choses en charge, jusqu'à ce que le colonel Sprague, comme un proviseur qui interromprait une volée de coups de poing dans une cour d'école, ne remît de l'ordre. Sous la guidée de Sprague, les factions multiraciales de Floride produisirent une remarquable nouvelle constitution. La convention néo-confédérée de 1865 avait cherché « à ré-instituer un système d'esclavage en fait sinon en droit[13] ». La constitution de 1868 garantissait aux noirs le droit de voter et d'avoir des fonctions électives. Dans une mesure qui reflétait la profonde empathie que Sprague avait développée lors de son service militaire en Floride pour leur situation difficile, il était également alloué aux Séminoles un siège au Sénat et un siège à la chambre. Elle précisait ensuite que les Séminoles devaient être représentés par un Séminole, « et en aucune façon par un homme blanc ». Si Osceola avait vécu suffisamment longtemps pour voir ce jour, il aurait eu soixante-quatre ans.

Aucun mensonge n'était plus bas que la déclaration qui suivit que « les gens de couleurs » impliqués dans la politique en Floride étaient une populace de révolutionnaires et d'ignorants. Parmi les noirs les plus notables qui aidèrent à rédiger la constitution de 1868, il y avait un natif du comté Gadsden du nom de Robert Meacham. La mère de Meacham était noire. Son père, un médecin blanc, après que les parents d'élèves blancs l'eurent expulsé de l'école, le fit étudier chez lui. Le garçon apprit ensuite à d'autres enfants à lire et à écrire. Après avoir joué un rôle clé dans la rédaction de la constitution de 1868, Meacham fut élu au Sénat de Floride. À bien des égards, il serait juste qu'on se rappelât de lui aujourd'hui comme d'un des Pères fondateurs de la Floride. Mais, après avoir expulsé les noirs de leurs postes, les suprématistes blancs les expulsèrent aussi des livres d'histoire[14].

---

12 Texte complet accessible, Florida Memory, Division of Libraries and Information.

13 Gannon, 1996, p. 48.

14 Canter Brown, 1998, p. 110.

Josiah Walls fut un autre remarquable leader qui ne deviendra jamais un modèle, car l'histoire de sa vie fut supprimée[15]. Né esclave en Virginie, il rejoignit l'armée des États-Unis qui avançait ; après avoir combattu dans les divers affrontements qui eurent lieu en Floride, il décida d'y rester. Walls apprit le droit par lui-même, ouvrit un des premiers cabinets noirs d'avocats de l'État de Floride et devint maire de Gainesville. Dans son effort de diversifier les récoltes, il transforma une ancienne plantation d'esclaves en une ferme cultivant des légumes. Le nom du journal qu'il fonda, *New Era* – c'est-à-dire, *Époque nouvelle* – résume son rêve. John Walls fut, en outre, élu trois fois à la Chambre des représentants des États-Unis en tant que représentant de la Floride. À cause de manœuvres politiques motivées par les préjugés raciaux, on l'empêcha de siéger à la Chambre deux fois sur les trois. La première fois, son opposant remit en cause la validité de son élection. Il fut de nouveau candidat et fut vengé. Après un second mandat où il ne fut pas attaqué, Walls se représenta de nouveau. Il eut cette fois encore le plus grand nombre de voix, mais, comme en anticipation d'élections floridiennes ultérieures, ce fut le candidat qui arriva second qui fut élu. La répression politique raciale fut si grande dans les décennies qui suivirent qu'aucun autre noir de Floride ne sera élu au Congrès avant 110 ans.

Alors qu'il siégeait au Congrès, John Walls eut le pouvoir de faire nommer des cadets à l'académie militaire des États-Unis de West Point. La manière dont il utilisa ce privilège met en perspective ces déclarations que les Reconstructionnistes « radicaux » avaient privé les Floridiens blancs de leurs droits alors qu'ils avaient accordé des privilèges non acquis à des noirs qui ne les méritaient pas. Un des cadets de West Point que Walls fit nommer était un jeune homme noir, fils de Jonathan Clarkson Gibbs, membre du premier cabinet noir de Floride. L'autre cadet qu'il fit nommer était le fils de l'ancien gouverneur, David S. Walker. C'était le même gouverneur Walker qui avait fait passer comme lois les « Codes pour les noirs » et avait considéré que souscrire au « suffrage des nègres » équivalait à un déshonneur[16]. Un siècle avant que ces mesures ne fussent finalement promulguées, le représentant Walls avait également introduit une législation qui proposait l'établissement

15 Burnett, 1998, p. 46-49.

16 Dovell, vol. 2, p. 538.

d'un fond pour l'éducation nationale et une sorte de programme de sécurité sociale pour les personnes retraitées.

La réponse des blancs fut de tenter de le tuer. En une occasion, la balle manqua sa tête de « quelques centimètres ». Poussé hors du service public par ces mêmes blancs suprématistes avec lesquels il s'était concilié alors qu'il était à Tallahassee, Walls se battit avec succès pour obtenir des terres publiques près de Tallahassee qui serviraient à la construction d'une école pour les élèves noirs. Connue initialement sous le nom du State Normal College pour les étudiants de couleur, elle deviendra plus tard l'École d'agriculture et de mécanique et plus tard encore le légendaire Florida A&M. Marginalisé et isolé, Walls passa les dernières années de sa vie à travailler dans la ferme de l'école. Autre non personne floridienne valeureuse, il mourut en 1905.

« Le membre le plus cultivé de la Convention (de 1868) était probablement, Jonathan Gibbs, un nègre », remarquait William Watson Davis dans son étude de 1913, *The Civil War and Reconstruction in Florida*[17]. Né dans une famille de noirs libres de Philadelphie, il obtint tout d'abord sa licence à Dartmouth, puis il étudia la théologie à Princeton. De retour à Philadelphie, il combattit la ségrégation dans les transports publics, plus de cent ans avant que Rosa Parks ne refusât d'aller à l'arrière d'un bus. Gibbs repoussa l'idée que les noirs n'étaient pas prêts pour l'égalité. La question, soulignait-il, était de savoir si les blancs étaient prêts, eux, à « abandonner leurs préjugés stupides ». Gibbs ne contestait pas que les ex-esclaves étaient nombreux à n'être pas allés à l'école. Mais, ajoutait-il, « nous disons que si les hommes blancs ignorants ont le droit de voter, les hommes de couleur ignorants devraient eux aussi avoir le droit de voter ». En 1865, alors que la Confédération était à l'article de la mort, Gibbs partit vers le sud. « La destitution et la souffrance de ce peuple alimentèrent mes rêves les plus fous », écrivit-il[18]. Un mélodrame sexuel ainsi que des principes moraux l'amenèrent à se réinventer en Floride. Un divorce difficile scandalisa sa congrégation philadelphienne ; son voyage vers le sud mit une distance entre lui et ses détracteurs. Il pensait ne faire qu'un voyage de quelques mois. Mais, l'attendaient un nouvel amour et une nouvelle vie. À Jacksonville, Gibbs et sa nouvelle épouse fondèrent une école ouverte aux enfants de toutes les races. Gibbs fut la

17 Davis, 1913, p. 494.

18 Jonathan C. Gibbs, Letter to *Christian Recorder*, 15 avril 1865.

force la plus importante de la convention de 1868, qui s'avéra être un des assemblages les plus impressionnants de talents humains de toute l'histoire de la Floride. Comment expliquer cette remarquable aptitude dont les noirs firent montre dans les arts de la démocratie, impressionnante si peu de temps après l'abolition de l'esclavage ? En tentant de démontrer que les leaders noirs de Floride n'étaient pas vraiment noirs, les chroniqueurs néo-confédérés qui étaient leurs contemporains reconfiguraient l'ADN en même temps que les faits. À l'époque, il n'y avait pas de question à se poser sur l'identité raciale du leader des droits civiques, William U. Saunders. Les documents authentiques d'alors font référence à lui comme à « William U. Saunders, noir » ou à « W. M. Saunders (nègre) » ou « le nègre Saunders[19] ». Entre les mains des révisionnistes de la race blanche, ce protagoniste extraordinaire du combat pour la justice raciale devint le « mulâtre du Maryland[20] » , comme l'appelle un rapport de 1952, ou « un mulâtre ex-barbier de Baltimore » selon un rapport de 1971[21].

Le représentant noir de Floride, Josiah Walls, fut l'objet d'une mutation similaire ; il devint un « mulâtre de Pennsylvanie[22] ». Walls venait en fait de Virginie, cet État dont les blancs de Floride étaient très nombreux à déclarer fièrement venir. Les documents de l'époque mettent l'accent sur sa peau noire, mais la diabolisation de Walls à la fois comme nordiste et comme produit d'un mélange avait un double but. Elle privait les noirs de Floride d'un héros. Elle renforçait les blancs dans l'illusion que les Yankees et les sang-mêlés étaient la source du problème. Délégitimer le combat pour la justice raciale servait un but plus profond encore. En transformant certains noirs en « mulâtres », ce que réalisaient les noirs se transformait en une démonstration de la suprématie blanche. La présence supposée de sang blanc, qui était censée expliquer ces réalisations, les rendait en et par elles-mêmes déshonorables, car elles avaient nécessairement comme un parfum de mésaventure sexuelle.

Dans la liberté politique pour tous qui suivit l'adoption de la constitution de 1868, une coalition arc-en-ciel entra en fonction. Harrison

19 Davis, p. 470, 493, 479.
20 Dovell, vol. 2, p. 561.
21 Tebeau, 1971, p. 248.
22 Dovell, vol. 2, p. 561.

Reed fut élu gouverneur. Osborn fut envoyé pour représenter la Floride au Sénat des États-Unis. Utilisant le système des dépouilles, le gouverneur Reed nomma Ossian Hart à la tête de la Cour suprême de l'État, faisant ainsi de lui le premier Floridien de naissance à être à la tête de cette institution. Pour ce qui concerne Jonathan Gibbs, le gouverneur lui accorda une distinction sans précédent : il nomma Gibbs, officier de la milice de l'État de Floride. Soixante ans après le massacre de Negro Fort, l'étiquette voulait que des hommes blancs appellent « Colonel » un homme noir en Floride. Bien que Gibbs eût soutenu l'Équipe rivale de la Mule, Harrison Reed le fit nommer à un poste plus important encore : celui de secrétaire d'État de Floride.

La constitution de 1868, tout aussi prophétique en ce qui concerne l'éducation que dans d'autres domaines, stipulait que la Floride aurait un système d'écoles publiques racialement intégré, dans lequel les enfants noirs comme les enfants blancs seraient préparés pour le futur. Pour être sûre qu'il en serait ainsi, elle créait un ministère de l'éducation pour tout l'État, dont un des trois membres serait le secrétaire d'État. En plus de l'éducation, Gibbs fit de l'intégrité du processus électoral de Floride une de ses priorités. Dans ses efforts pour endiguer la violence politique, Gibbs mena la première enquête nationale sur les activités terroristes du Ku Klux Klan. Après son mandat de secrétaire d'État, il devint superintendant de l'instruction publique. Gibbs fut un autre de ces Carpetbaggers qui ne devint jamais riche et ne rentra jamais chez lui. Il résidera en Floride durant tout le reste de sa vie.

Aujourd'hui encore, le gouverneur Harrison Reed, qui occupa ses fonctions de 1869 à 1873 apparaît comme le stéréotype du Carpetbagger paradigmatique. En réalité, l'itinéraire de Reed fut un itinéraire normal pour quelqu'un qui contribua à l'histoire de la Floride. Comme Mathews et DuVal, Billy Powell et John Milton, il arriva en Floride après avoir essuyé ailleurs plusieurs revers de fortune qui l'amenèrent à se réinventer dans le contexte floridien. Né dans le Massachusetts et élevé dans le Vermont, Reed fut un directeur de journal influent, célèbre pour ses éditoriaux abolitionnistes. Ses deux journaux, *The Milwaukee Sentinel* et le *Wisconsin State Journal* existent toujours aujourd'hui. Puis, en octobre 1862, son épouse de plus de vingt ans, mourut au moment où un poste fédéral se libérait dans la zone contrôlée par les États-Unis de Floride. Quand Reed y arriva pour y commencer une nouvelle vie, l'y attendait l'amour sous la forme de Chloe Merrick, une enseignante volontaire de Syracuse, New York. Ils se rencontrèrent sur Ferdinanda Island[23].

Elle était là car, en février 1862, quand le sénateur Yulee, le futur général confédéré James Finegan et d'autres sécessionnistes abandonnèrent Ferdinanda, plus d'un millier de noirs, ainsi qu'un plus petit nombre de blancs, accueillirent les forces de l'Union comme des libérateurs. S'apercevant de leur besoin éperdu d'éducation, de travail et de soins médicaux, les autorités fédérales firent appel à des « philanthropes » pour venir en aide à ceux qui s'étaient récemment libérés de leurs propriétaires. Une fois en Floride, Chloe Merrick se rendit compte que son premier travail devait se passer tout d'abord dans une salle de classe. Presque tous les hommes noirs aptes au combat, près de deux cents, s'étaient portés volontaires pour combattre dans l'armée des États-Unis. Ils laissaient 250 femmes et plus de 400 enfants sans revenu et sans protection. Pire encore, il y avait des enfants sans mère. Merrick se retrouva à la direction d'un orphelinat tout autant que d'une école. Ses locaux se trouvaient dans la grande demeure que James Finegan avait abandonnée quand il avait pris les armes contre les États-Unis. Ce fut là, en mai 1863, que le futur gouverneur Reed rencontra pour la première fois sa future femme. Chloe Merrick l'avait invité à une cérémonie de remise de diplômes de ses élèves.

Ce fut un moment mémorable. En Floride, des enfants qui, autrefois, auraient été punis pour vouloir apprendre recevaient désormais leurs diplômes. Aucun d'entre eux n'oubliera ce jour, même si ce n'est pas seulement du fait de sa signification en matière d'éducation. La Floride avait marqué Harrison Reed, tout comme le marqua Miss Chloe Merrick. « Je veux vivre en Floride pour l'aider à devenir un État libre », déclara-t-il. Il voulait aussi travailler aux côtés de la femme qu'il aimait. La gravité de celle-ci avait, à l'époque, pris un côté vieille fille. De presque vingt ans son aîné et avec une propension d'éditorialiste à la méticulosité, Reed avait quelque chose qui l'apparentait aux fréquentations d'« une vieille mamie ». Bref, ces deux figures romantiques floridiennes étaient faites l'une pour l'autre. Comme toujours en Floride, quand l'amour et les bons sentiments semblent l'emporter, un méchant apparaît sur la scène. Ce fut Joseph Finegan. Après avoir commandé les troupes de

23 Voir Foster, 1999.

Floride lors du massacre d'Olustee, puis tué plus encore de soldats des États-Unis en Virginie, il voulut récupérer sa demeure de Ferdinanda – et, grâce au gouvernement fédéral, il y parvint. Alors que les loyalistes de Floride, dont les camarades étaient morts pour l'Union à Olustee, observaient avec incrédulité, les orphelins de Merrick étaient expulsés, pour que l'ex-général confédéré pût retrouver sa vie fastueuse.

À des fins de conciliation et pour temporiser, le gouverneur Reed chercha à unir les factions rivales à l'intérieur du Parti républicain, d'une manière générale sans succès. Comme le représentant Walls, il tenta également de concilier les Confédérés les plus notoires de l'État, sans le moindre succès. Quand s'agit de maintenir la loi et l'ordre, le gouverneur Reed échoua également, aussi impuissant à supprimer la violence chronique de Floride que ne l'avaient été des gouverneurs favorables à l'esclavage comme DuVal, Call et Perry. À cette différence que, alors que l'armée des États-Unis était venue à leur rescousse pendant les soulèvements séminoles, Reed le « Carpetbagger », lui, n'obtint aucune aide militaire du gouvernement de Washington quand des terroristes blancs vinrent tout saccager. Déterminé à préserver la paix, le gouverneur Reed obtint un prêt de 21 000 dollars ; il commanda deux mille fusils pour la milice de l'État. Expédiés par mer depuis New York, les fusils furent débarqués à Jacksonville pour être acheminés à 250 kms de là à Tallahassee, mais bien avant que le train n'y arrivât les armes avaient disparu. Des miliciens, emmenés par ce vieux paladin de la chevalerie confédérée qu'était John J. Dickison, s'étaient emparé des fusils et des munitions. Le gouverneur Reed se trouva dans la même situation où s'étaient trouvées les autorités espagnoles durant les années qui avaient précédé l'annexion par les États-Unis. La souveraineté resta certes dans les mains du gouverneur, mais il y eut, en Floride, de très nombreux hommes sans loi dont la violence resta impunie[24].

Le détournement des fusils du gouverneur Reed annonçait l'échec permanent des gouvernements de l'État de Floride à contrôler la violence des blancs. Les gouvernements de la Reconstruction manquèrent de moyens. Les gouvernements d'un État ségrégationniste n'en auront pas le courage. Ce qui permit toutefois le triomphe de la violence est l'abandon de ses devoirs par le gouvernement fédéral. En 1868, comme en 1835

24 Davis, p. 290 ; John Wallace, *Carpet Bag Rule in Florida*, 1888, p. 92.

et en 1858, seule l'armée des États-Unis pouvait réprimer la violence floridienne, mais la demande d'aide du gouverneur Reed fut rejetée.

Quand se termina le mandat de Reed, les factions floridiennes avaient fini par reproduire les schismes politiques de Washington. Comme le président Johnson, le gouverneur Reed fut l'objet d'une procédure d'impeachment – et cela à deux reprises[25]. Comme lui, Reed fut également acquitté. Le second vote qui l'acquitta, 10-7 au sénat de Floride, manifesta typiquement le triomphe du factionnalisme floridien : « Six démocrates et quatre républicains furent du côté du gouverneur ; trois démocrates et quatre républicains contre lui ». D'ex-Confédérés avaient sauvé un gouverneur abolitionniste, en montrant que, assez paradoxalement, l'opportunisme politique pouvait combler le vide qui divisait les anciens ennemis de la Guerre civile. Un Carpetbagger stéréotypé aurait quitté la Floride après la fin de son mandat, comme l'ex-gouverneur DuVal et tant d'autres « vrais Sudistes » le firent quand leurs rêves de pouvoir et d'argent ne furent pas réalisés. À l'inverse, l'ex-gouverneur Reed resta en Floride ; il y restera jusqu'à sa mort[26]. Après avoir démontré que les éditorialistes font rarement des dirigeants efficaces, il revint à son métier premier.

Périodiquement, la politique floridienne nous amène à nous poser une curieuse question. Que se serait-il passé si l'« esclavagiste ordinaire d'un meilleur genre », comme l'appelait le capitaine Chatfield, avait fait cause commune avec les anciens esclaves floridiens ? À la convention pour la nomination républicaine de Floride en 1872, les opposants à Ossian Hart, tête de liste très populaire, tentèrent de tirer les premiers. Les membres d'un groupe rival, le Ring, annoncèrent avec impudence que leur candidat, Marcellus Stearns, avait déjà remporté la nomination pour le poste de gouverneur. Les supporters de Hart firent vite savoir qu'ils ne laisseraient pas la victoire leur échapper. « La plupart des partisans de Hart, dont une majorité d'hommes de couleur… montèrent sur des chaises, des tables, des bureaux et tout ce qui pouvait leur permettre d'être en hauteur », se rappela plus tard un observateur blanc, « et crièrent, brayèrent, hurlèrent, et jurèrent qu'ils ne se soumettraient pas à une telle nomination ». Ossian Hart, blanc né en Floride, remporta la nomination grâce à la ferveur de ses supporters noirs. Avec leur soutien

25 Brown, 1998, p. 257, 278.

26 *Ibid.*, p. 237, 244.

sans faille, il remporta l'élection et succéda à Harrison Reed comme gouverneur de Floride.

Les résultats de l'élection de 1872 en Floride, comme le déroulement de la convention constitutionnelle de 1868, réfute toute argumentation que durant la Reconstruction on aurait dénié leurs droits aux blancs. Dans la course au poste de gouverneur, l'opposant d'Ossian Hart obtint quelques trois mille cinq cents voix de plus que le candidat de la suprématie blanche en avait obtenues la fois précédente, mais Hart fit encore mieux, obtenant cinq mille voix de plus que le candidat de son parti avait, lui, obtenu précédemment. Hart avait gagné en parvenant à faire voter plus de gens pour lui, mais sans en empêcher d'autres de voter pour quelqu'un d'autre. Un total de trente-trois mille citoyens votèrent en 1872. Ce qui dépassait le nombre total de citoyens, électeurs et non-électeurs, blancs comme noirs, qui étaient enregistrés seulement trois ans plus tôt. Les résultats de 1872 montrent également que le meilleur remède pour les maladies de la démocratie est plus de démocratie encore. Les élections de 1868 amenèrent au pouvoir un gouverneur qui n'eut pas de réussite. Sous la forme d'Ossian Hart, les élections de 1872 amenèrent au pouvoir un gouverneur inspiré. Désireux de consolider la démocratie biraciale de Floride, la première priorité du gouverneur Hart fut d'assurer que l'égalité des droits serait protégée par la Floride et non seulement par la loi fédérale. À cette fin, il persuada la législature, au bout quatre ans, d'approuver un « Acte pour protéger tous les citoyens de l'État de Floride dans leurs droits civiques et de leur fournir des moyens pour les revendiquer ». Les Républicains étaient trop divisés pour pouvoir le faire passer eux-mêmes, aussi le gouverneur Hart fit-il passer ce projet d'égalité des droits comme loi avec le soutien des Démocrates qui représentaient la Floride du sud et du centre[27].

Ces Démocrates, comme leurs contreparties du nord de la Floride, avaient dans leur grande majorité soutenu l'esclavage et la Confédération. Des intérêts économiques et une différente conception du futur de la Floride expliquaient pourquoi ces suprématistes blancs soutenaient maintenant une législation sur les droits civiques. La Floride au sud de Gainesville était désormais une terre de troupeaux. De nouveaux ports et de nouvelles routes, et non pas une nostalgie pro-esclavagiste

27 Brown, 1998, p. 254-256, 275-276.

pour les plantations, voilà ce qu'ils avaient besoin pour acheminer leurs bêtes vers les marchés et pour amener de nouveaux pionniers et de l'argent. Je vous aiderai à développer le sud de la Floride, promit le gouverneur Hart, si vous m'aidez à faire passer ma législation sur les droits civiques. Un tel opportunisme marquait une avancée potentielle vers une politique dans laquelle le racisme ne serait plus « l'élément de toutes les valeurs ». L'alliance de Hart avec les éleveurs préfigurait aussi l'émergence de la Floride péninsulaire comme la région la plus importante de l'État.

Jusqu'à ce qu'Ossian Hart prît ses fonctions tous les gouverneurs de Floride – racistes ou non, confédérés ou unionistes – furent des « Carpetbaggers », dans le sens où ils étaient venus en Floride d'un autre endroit. Mais, désormais, un blanc né en Floride était finalement devenu gouverneur – et personne n'était plus authentiquement floridien que le gouverneur Ossian Bingley Hart. Son grand-père s'était infiltré en Floride espagnole dans les années avant l'annexion. Son père, Isaiah Hart, passa sa jeunesse à tuer des Séminoles et à kidnapper des noirs dans ce que lui et le « général » Mathews aimaient appeler la « guerre patriotique ». En 1821, quand son fils Ossian vint au monde, Isaiah Hart avait acquis une plantation et une compagnie de transport fluvial. Il avait aussi quelque culture livresque. Ce fut pourquoi, il donna à son fils le nom d'Ossian, un barde gaélique dont les poèmes, même s'ils s'avérèrent être par la suite des contrefaçons anachroniques, furent à l'époque considérés comme le symbole du raffinement littéraire romantique. Les voisins des Hart sur les bords de la Saint Johns comprenaient Zephaniah et Anna Kingsley. L'endroit où se trouvaient les propriétés de plus grande valeur d'Isaiah Hart s'appelait Cowford ; il s'aperçut qu'elles recelaient des possibilités qui allaient bien au-delà du croisement du bétail. Après avoir acheté les terres adjacentes à la cale de ses ferries, Isaiah Hart commença à faire les plans de ce qui deviendra finalement Jacksonville.

Ossian Hart ne fut pas seulement le premier gouverneur à être né en Floride. Il fut le premier dont l'expérience reflétait les réalités chaotiques de la Floride. Tous les gouverneurs précédents y étaient arrivés adultes, en apportant avec eux des attitudes et des manières d'être forgés ailleurs. L'expérience de Hart était le produit de ce qui se passait en Floride. Il était né dans ce petit monde cosmopolite aux attitudes raciales relativement souples qui caractérisaient la vie des plantations sous les Espagnols. Garçon, il vit ce monde être purgé des libres penseurs, quand les lois raciales mises en pratique à Tallahassee réduisirent les libertés des blancs comme celles des noirs. Hart était adolescent quand la guerre pour déplacer les Séminoles atteignit son apogée, il avait vingt ans quand des dizaines de milliers d'Africains-américains furent rassemblés en Floride comme esclaves. À cette époque les jeunes hommes poursuivaient généralement leurs ambitions à Tallahassee et dans les comtés de coton voisins. Le chemin d'Ossian Hart jusqu'au poste de gouverneur fut plus encore tortueux. À l'âge de vingt-deux ans, il s'aventura plus de trois cents kilomètres vers le sud le long de la côte de Floride. L'Acte d'occupation armée de 1842 avait rendu pour peu de temps possible de s'établir honnêtement en Floride, et il saisit sa chance. Arrivé dans les étendues sauvages de Floride du sud, Ossian Hart poursuivit le rêve qui en ruinera beaucoup d'autres comme lui. Le jour était venu, s'était-il convaincu, « où des vaisseaux après vaisseaux quitteront nos ports, chargés de cette Douce Orange, de ce Citron à la bonne odeur, aussi beau que celui qui pousse en Sicile – la Goyave, le Citron et le Citron vert – des Bananes, des Pamplemousses et des Bananes plantains ».

Une catastrophe prévisible s'ensuivit. En cherchant à transformer la viscosité des Everglades en terre arable, Hart et ses voisins se noyèrent presque lorsque leur canal de drainage, plutôt que d'assécher la terre, déclencha un fort courant d'inondation. Le grand ouragan de 1846 paracheva cette marche vers la ruine. Fort Pierce est un autre bon exemple de ces catastrophes – l'une succédant à l'autre – que l'homme fomente lui-même. L'armée des États-Unis qui pensait que les Séminoles étaient vaincus, y abandonnèrent le camp militaire, ce qui permit au Dr. Frederick Weldon – ce même Dr. Weldon qui décapita Osceola – de reprendre le fort et ses fortifications. Il y loua des emplacements aux colons qui arrivaient. Les cultures d'Ossian Hart à Fort Pierce furent un échec, mais ce fut là que sa carrière politique prit racine. La région put envoyer un délégué à la législature de Tallahassee. Quand on compta les dix votes, Hart passa de justesse avec cinq voix, ses deux opposants se partageant les cinq autres voix. Après que l'ouragan eut mis fin à sa carrière législative comme à sa carrière d'horticulteur, Hart partit pour Key West. Il y occupa une fonction élective. En l'occurrence, celle d'avocat du Circuit judiciaire du sud de l'État de Floride. Durant son mandat de deux ans, Hart officia comme procureur itinérant, faisant tout un circuit dans ces parties des Everglades qui sont encore sauvages aujourd'hui.

Une nouvelle opportunité sembla se profiler à Tampa ; en 1859 Ossian Hart était l'un des procureurs les plus prometteurs de la ville. Alors, un de ces événements qui définit le caractère d'un homme, et avec lui son destin, le rattrapa. Un homme blanc fut retrouvé mort. Et fidèle aux coutumes locales, on choisit de tuer un esclave en contrepartie. Ossian Hart, reconnaissant que c'était injuste, défendit l'homme noir innocent dont le nom était Adam. Dans de tels cas, la distinction entre procès et lynchage était une question de procédure. Le jury condamna Adam. Le juge le condamna à mort, mais par une manœuvre juridique remarquable, Ossian Hart parvint à faire déclarer à la Cour suprême de Floride un vice de forme. Cela ne changea rien. La foule sortit Adam de sa cellule et le pendit.

Avant même que ne commençât la Guerre civile, Ossian Hart avait des convictions que l'on admire encore aujourd'hui. Il préférait travailler ses propres terres plutôt que d'observer des esclaves le faire. À une époque où les femmes faisaient partie des meubles, il supporta l'Acte de propriété pour les femmes mariées quand il fut dans la législature. Le lynchage d'Adam, suivi de la domination brutale des Confédérés, confirma Ossian Hart dans son opposition à l'injustice, quelles que fussent les victimes. Des loyalistes comme Hart pensaient qu'une fois les confédérés vaincus le gouvernement des États-Unis récompenserait leur patriotisme. « À leur consternation », comme le dit Hart lui-même, ils se retrouvèrent eux-mêmes victimes d'« une politique qui les amenaient directement à la ruine ». Dans le but de faire entendre une voix différente, Hart chercha à se faire élire à la première convention constitutionnelle pour blancs seulement d'après-guerre. Il avait, après tout, été éligible pour voter en 1860. Il fut battu de la même manière que le seront bien d'autres Floridiens éclairés. « Hart veut mettre le sale nègre au même niveau que l'homme blanc et, moi, je ne le veux pas », déclarait son opposant, James Gettis. Hart qui était né en Floride fut battu par James Gettis qui venait de Pennsylvanie[28]. C'est un stratagème qui permet encore de gagner des élections en Floride, où des Yankees racistes qui s'opposent

28 *Ibid.*, p. 66, 73, 103-106, 160-161.

à des Floridiens favorables aux droits civiques constituent une figure récurrente de la vie politique depuis plus de cent ans.

« Ce n'est pas un gouvernement pour l'homme blanc ni un gouvernement pour l'homme noir, mais un gouvernement pour le peuple », déclara Hart, durant les célébrations, éclairées par des torches, du 4 juillet qui se tinrent au capitole de l'État en 1868. Hart n'avait pas de temps pour s'occuper des droits des États, surtout quand il s'agissait d'États dont les gouvernements appliquaient un système d'oppression raciale et d'injustice économique. « Certains disent que "l'État est souverain" », ajouta-t-il lors de son oraison de 1868. « Ce n'est pas vrai, c'est le peuple qui est souverain ». « Il n'y a personne pour acheter la Législature », se lamentait un éditorialiste quand Hart fut devenu gouverneur. Sous lui, seize amendements constitutionnels furent proposés et adoptés. Ils permirent des réformes dans des domaines allant des finances publiques à la réorganisation du système judiciaire de l'État. Les progrès réalisés dans l'éducation furent la plus grande source de satisfaction du gouverneur Hart. « La Floride a de quoi se réjouir beaucoup », déclara-t-il alors qu'il commençait la seconde année de son mandat, « car nous avons désormais de nombreuses écoles publiques gratuites (500 écoles, fréquentées par 18 000 élèves), qui montent en nombre et en efficacité et qui sont ouvertes à tous les enfants de l'État. Pour une large majorité de personnes qui n'avait jamais vu une telle chose avant la Reconstruction », ajouta le gouverneur, « ce fait béni est nouveau et merveilleux ». Maintenir l'égalité en droit, comme le voyait Hart, était une manière de garder la Floride « loyale, sûre et libre ». Des finances saines et l'éducation universelle feraient que la Floride serait « bien équipée et bien habitée ». Essentielle, par-dessus tout, pour la prospérité future de la Floride, croyait ce loyaliste sudiste, était sa loyauté envers les États-Unis d'Amérique. C'était seulement sous « le bon vieux drapeau avec toute la gloire qui en irradiait », déclara-t-il, que la Floride pourrait réaliser tout son potentiel.

À la fin de 1873, comme un nouvel hiver arrivait à Tallahassee, les perspectives de la Floride étaient plus encourageantes qu'elles ne l'avaient jamais été depuis l'annexion par les États-Unis. Mais, une fois encore, la météorologie agit comme un deus ex machina dans l'État du soleil. Auparavant, ni la fièvre, ni les ouragans ne l'avaient arrêté, mais, durant la campagne de 1872, Hart attrapa une pneumonie. Une fois qu'il prit ses fonctions, « l'hiver de Tallahassee aggrava la situation qui passa de mauvaise à pire, avec des orages, de la pluie, de la grêle, combinés et alternant avec des périodes de froid ». À la fin de mars 1874, il était mort. Ossian Hart, « l'esclavagiste ordinaire d'un meilleur genre » le plus connu, et Jonathan Gibbs, l'homme noir le plus accompli, qui consacrèrent l'un et l'autre leur vie à l'amélioration de la Floride, avaient montré ce qui pouvait arriver quand la politique transcendait le racisme, mais il y avait quelque chose qui avait à voir avec le climat de Tallahassee, quand il s'agissait de ceux qui y occupait des fonctions, qui semblait soit aller dans le sens de la longévité soit infliger une mort précoce. Hart mourut le 18 mars 1874, à l'âge de cinquante-trois ans. En moins de cinq mois la Floride de la Reconstruction avait perdu ses deux leaders les plus énergiques[29].

Ossian Hart fut le leader politique de Floride le plus passionnant depuis Osceola, son penseur le plus courageux depuis Zephaniah Kingsley. Aussi, ce qui lui arriva était-il, hélas, à craindre. L'oubli : c'est le sort que la Floride inflige à ses tout meilleurs sujets. Aujourd'hui, le père d'Ossian Hart est honoré comme le fondateur de Jacksonville. Le nom officiel du pont cantilever géant de la ville, un point de repère local, est le pont Isaiah D. Hart. Aucun édifice, aucune institution, aucun marqueur historique n'honore son fils, même si, comme le nota son biographe Canter Brown, « Hart, de son vivant, avait compté parmi les hommes les plus importants de la région, apportant sa contribution en tant que colon, législateur, procureur, leader civique, entrepreneur, juriste et politicien ». Le programme officiel de l'État de Floride des grands Floridiens, supervisé par ce qui est décrit comme « un groupe de sept historiens distingués de tout l'État », exclut le premier gouverneur de Floride né en Floride, même si, en plus du sénateur Yulee, il honore le gouverneur William Pope DuVal, celui qui a dépossédé les Séminoles. Blanc, noir, de race-mêlée, né en Floride ou non : il y a de la place pour eux tous dans l'oubli qu'en fait la Floride. Le colonel Sprague est l'un des personnages les plus significatifs, les plus importants, les plus pénétrants à avoir traversé la Floride du dix-neuvième siècle. Aucune histoire de la Floride ne prend la peine de noter le rôle continu qu'il a joué durant deux des événements les plus cruciaux de l'histoire floridienne : la Guerre séminole et la Reconstruction. C'était un « Carpetbagger » après tout.

---

29 *Ibid.*, p. XIII.

Les Carpetbaggers étaient assez vils, mais dans le schéma néo-confédéré, Ossian Hart appartenait à une lie plus encore dépravée de l'humanité, les Scalawags. Parmi ces termes typiquement américains, « scalawag », selon un éditorialiste, fut tout d'abord « appliqué à un bétail, maigre, galeux, atteint de sclérodermie, et à tous les égards sans valeur ». Après la défaite confédérée, « scalawag » acquit un nouveau sens. Il fut appliqué aux hommes blancs qui n'étaient pas considérés comme suffisamment racistes et suffisamment déloyaux aux États-Unis pour être honorables.

« Il y a peu d'hommes dont les vies ont été plus totalement entremêlées avec l'histoire de l'État », remarqua un de ceux qui firent son éloge quand Hart mourut en 1874, « et dont la mort laisse un si riche héritage à ceux qui lui survivent ». Le faire sortir de l'histoire de la Floride, c'était détruire cet héritage, et ce fut pourtant ce qui arriva, encore plus dans le cas de Hart que dans celui de la plupart des autres. Dans le processus continu de falsification que constitue l'histoire de la Floride, on garde Clinch, mais pas son massacre de Negro Fort. On garde le gouverneur Milton, mais on fait disparaître son suicide. Puis, il y a ceux, comme Ossian Bingley Hart, dont les triomphes et les défaites sont si révélateurs qu'ils ont été entièrement supprimés dans la compréhension que la Floride veut avoir d'elle-même.

Ce qui perdure, comme le mépris pour les « donateurs indiens », est le mythe du Scalawag – cette croyance persistante que des Floridiens comme Ossian Hart furent « des opportunistes et des traitres qui ont déserté leurs compatriotes et se sont mis dans les bonnes grâces de Républicains radicaux haïs pour leurs gains matériels », comme un compte-rendu récent le dit. Ossian Hart fut l'Osceola blanc de Floride, à cette différence que, après la mort, la décapitation et la banalisation d'Osceola, on trouve quelques allusions à sa bravoure lors d'un spectacle, à la mi-temps des matchs de football de la FSU. Dans la mémoire toujours fourbe que la Floride a d'elle-même, Ossian est bien moins encore qu'Osceola : « un Scalawag sans aucune honnêteté... un traitre à son pays et à sa race[30] », comme un Floridien blanc le décrivit, lui et ceux de son espèce. Nulle part ailleurs, se plaignait un journal, « il n'y eut plus de radicaux blancs qui représentaient la lie de l'humanité qu'en Floride[31] ».

---

30 Davis, p. 609.

31 Dovell, vol. 2, p. 553.

Aujourd'hui encore, c'est un lieu commun de dire que le gouvernement de l'État, durant la période où les noirs comme les blancs étaient autorisés à voter, était plus dépravé que quand, seuls, les blancs avaient la possibilité de se quereller et de chaparder. Ce n'est pas vrai. Grattez l'« histoire », et il devient manifeste que la gouvernance de la Floride de la Reconstruction fut à la fois non-remarquable et remarquable. Elle fut non-remarquable pour les mêmes raisons que ses détracteurs disent trouver si choquantes. La période qui suivit la Guerre civile fut une période troublée et vénale partout aux États-Unis ; la Floride ne fait pas exception et est un bon exemple de ce qui se passa au niveau national. Ce qui est remarquable, ce sont les principes dont les leaders de la Reconstruction en Floride ont fait montre dans leur approche du bien-être du peuple – et de tout le peuple. À l'inverse de ceux qui les remplacèrent, ils avaient compris que l'éducation, la justice, et l'accès à des opportunités économiques étaient les conditions premières d'un meilleur futur pour tous. Un dernier point doit être souligné pour ce qui concerne la Reconstruction en Floride. La gouvernance, quels que furent ses échecs, fut moins, bien moins, corrompue qu'elle ne l'avait été sous la domination exclusivement blanche avant la Guerre civile.

Un historien floridien, qui écrivait en 1951 et qui faisait encore à cette époque l'éloge de l'esclavage comme d'une institution bénéfique, ne put contester les réalisations de l'ère de la Reconstruction. « Indépendamment des accusations et des contre-accusations », écrivait J. E. Dowell dans son recueil en deux volumes des exploits des hommes blancs, « il y eut entre 1868 et 1876 des améliorations dans l'éducation publique, dans le système pénal, dans les circuits du système intermédiaire des cours de justice, dans le droit du travail, dans la révision des codes civil et pénal, dans la législation sur la propriété foncière et avec la création d'une école d'agriculture[32] ». La croissance de l'éducation publique fut particulièrement impressionnante, comme le fut le progrès réalisé par la réforme des finances de la Floride. « En 1875 il y avait 678 écoles publiques avec quelques 28 000 élèves » et « le programme de réforme financière fut un modèle pour d'autres États du sud[33] ».

Les crimes et les corruptions que l'on reprochait aux Reconstructionnistes de Floride avaient sans doute augmenté, mais ils augmenteront plus

32 Dovell, vol. 2, p. 575-576.

33 Brown, 1998, p. 29.

largement encore sous la domination raciste des blancs. Ce fut le bien que ces Carpetbaggers, Scalawags, et mulâtres essayèrent d'apporter qui fit qu'ils furent si durement condamnés. Une photographie prise en avril 1874 à Tallahassee est un instantané de ce que la Floride fut brièvement et, en même temps, de ce qu'elle deviendra de nouveau plus tard. Elle montre une foule de leaders civils rassemblés en l'honneur d'un hôte illustre, Harriet Beecher Stowe. L'auteur de *La Case de l'oncle Tom*, qui avait le don de se trouver là aux moments les plus cruciaux de l'histoire de la Floride, fut surprise par l'accueil chaleureux qu'elle reçut. Les blancs de Floride lui firent visiter leur jardin et organisèrent une réception de gala en son honneur à l'hôtel de ville. Le matin suivant, elle vint au capitole pour être photographiée avec une foule de gens qui souhaitaient commémorer sa visite. Même si les barbes et les chapeaux des gentilshommes et les bonnets et les longues jupes des dames donnent un air archaïque à la scène, c'était une photographie de la Floride future. Dans cette photographie, des noirs et des blancs qui ont réussi se mêlent confortablement sur les marches du capitole, y compris sur les marches les plus hautes[34]. Remplacez leur drôle de vêtements avec une garde-robe moderne ; puis introduisez une bonne proportion d'hispaniques. Vous avez une scène que l'on voit souvent aujourd'hui, quand il y a une session de la législature à Tallahassee. Une célébrité se montre et, alors, des gens de toutes les factions et de toutes les couleurs de peau se rassemblent pour être pris en photo avec elle.

« Quel intérêt sur terre avons-nous désormais à être séparés ? », se demanda Mrs Stowe quand elle réfléchit sur sa visite. « Pourquoi ne serions-nous pas amis ? » Cet « intérêt sur terre » était le racisme, en particulier la peur raciste du sexe interracial. En deçà de bien d'autres rationalisations, ce qui faisait que les blancs et les noirs ne pouvaient pas être amis était que Zephaniah Kingsley avait raison. La nature humaine étant ce qu'elle est, les amis deviennent des amants, et se marient.

Shakespeare, avec bien d'autres choses, comprit l'horreur de l'esclavage :

> Vous avez parmi vous bien des esclaves
> Que comme vos ânes, vos chiens et vos mules,
> Vous utilisez de manière abjecte et servile
> Car vous les avez achetés. Aussi, vous dirai-je

34 Photographie in Foster, 1999.

> « Laissez-les être libres, mariez-les à vos descendants.
> Pourquoi transpirent-ils sous leur charge, »

demande Shylock dans *Le Marchand de Venise*, comme traduit par François-Victor Hugo. Mariez-les à vos descendants ! Longtemps après la fin de l'esclavage, même après que la ségrégation eut été déclarée anticonstitutionnelle, l'opprobre qui porte sur l'amour entre blancs et noirs se retrouvera dans les livres.

Pour les empêcher de s'aimer, il sera nécessaire dans les années qui suivront de lyncher, de massacrer des communautés d'hommes libres, de maintenir des gens dans l'ignorance et la pauvreté et, plus fondamentalement encore, de les maintenir dans la haine et la peur. Pendant cent ans, faire porter la faute sur le Carpetbagger, le Scalawag et le « mulâtre » ne sera qu'un substitut à la reconnaissance de la responsabilité des Floridiens dans leur retard. Pour ceux qui cherchaient à conserver, et étendre, leurs pouvoirs et leurs privilèges en Floride, l'usage de ce substitut ne s'arrêta pas là.

LE TRIOMPHE DE LA VIOLENCE

Soixante ans plus tôt, en 1816, le massacre de Negro Fort avait inauguré l'« américanisation » de la Floride, qui mena au génocide, à l'esclavage et à la Guerre civile. Mais, désormais, le terrorisme déterminait à nouveau ce que serait le futur de la Floride[1]. Les sang-mêlés, les étrangers, et les traîtres avaient-il déshonoré la Floride « en approuvant le suffrage des nègres » ? En tout cas, la violence fut un moyen éprouvé et facile pour restaurer l'« honneur ». Ils ne pouvaient remporter des élections libres, mais comme un commentaire publié après la Seconde Guerre mondiale le dit, « supprimer impitoyablement les noirs avec le licou, le fusil et le fouet contribua à donner de la force à leur cause[2] ». On appela les terroristes blancs de Floride les « Régulateurs », comme si, en tuant des gens, ils rectifiaient le mauvais fonctionnement du corps politique.

Les Régulateurs ciblèrent les électeurs blancs tout autant que les électeurs noirs. « Je me levai un matin et trouvai un morceau de papier... qui m'informait que si je restais trois jours de plus je serais en danger », déclara un blanc natif de Floride dans son témoignage de 1871 au Joint Select Committee du Congrès qui enquêtait sur les crimes politiques. « Il y avait une... grande affiche sur le magasin », témoigna un autre blanc, « que j'avais 24 heures pour partir ». Témoignant en tant que secrétaire d'État de Floride, Jonathan Gibbs produisit des documents qui montraient que, en deux ans, des centaines de Floridiens furent assassinés pour des raisons politiques. Il pourrait bien avoir sous-estimé le nombre. Gibbs estimait que vingt personnes avaient été tuées dans le comté de Madison ; le « shérif blanc de Madison établit le nombre dans son comté à 37, et non à 20 ». Un autre responsable officiel estima qu'il y

1 Daniel R. Weinfeld, *The Jackson Country War : Reconstruction and Resistance in Post-Civil War Florida*, 2012, p. 65.

2 Davis, 1913, p. 621.

eut environ 75 assassinats dans le comté de Jackson, mais un Régulateur se vanta « d'avoir perpétré 175 assassinats dans le comté de Jackson[3] ».

À Marianna, la ville de l'ancien gouverneur Milton, « on appela Samuel Fleishman, un marchand juif, devant un comité de citoyens et on lui fit savoir qu'il devait quitter le comté, car il avait exprimé des opinions désobligeantes pour la "suprématie blanche" ». Fleishman était citoyen du comté de Jackson depuis vingt ans. « Ils me donnèrent deux heures pour régler mes affaires et quitter la ville », dit-il. « Je leur dis… que je préférerais mourir plutôt que de partir ». Ce fut ce qui se passa. « Une semaine plus tard on retrouva son corps sur la voie publique ». Comme toujours c'était la faute de la victime. « Il n'avait pas tenu compte de l'avertissement de ceux qui l'avaient expulsé », remarqua une personne familière de ces procédés[4].

Dans un témoignage qu'il fit sur l'honneur devant le Congrès, le sénateur de l'État de Floride, William James Purnam, résident également de Marianna, fournit une preuve visuelle du terrorisme des blancs. Il s'agissait d'une « vilaine cicatrice » sur son cou. À l'époque où on tenta de l'assassiner, le sénateur Purnam rentrait chez lui à pied après un concert auquel il avait assisté avec le Dr. John L. Finlayson, un Floridien blanc natif de Marianna. Le sniper, qui se tenait tapi dans l'obscurité, ouvrit le feu alors qu'ils traversaient la place de la ville. Cette lâcheté remontait aux vendettas politiques du temps du Territoire. Elle poursuivait la tradition floridienne de violence politique bâclée. La balle qui était destinée au sénateur Purnam traversa le crâne du Dr. Finlayson. Le jour suivant, les citoyens noirs du comté de Jackson se rassemblèrent pour manifester leur soutien. Terrifié à l'idée que la prise d'une résolution aurait pour conséquence de faire massacrer les manifestants, le sénateur Purnam les força, comme il le décrivit lui-même, à « lever leur main droite et à me jurer de rappeler leurs amis et de rentrer chez eux ».

Sa réaction à la campagne de terreur des Néo-Confédérés fournit une illustration de cette calamité plus grande encore qui frappait la Floride. Même quand ils étaient eux-mêmes victimes du terrorisme des Régulateurs, les leaders blancs ne cessaient jamais de conseiller la

---

3 Davis, p. 558 ; United States Congress, *Report*, « Joint Select Committee on the Condition of Affairs in the Late Insurrectionary States », 1872, p. 60 ; Weinfeld, *Jackson Country War*, p. 180, 140.

4 Davis, p. 575-578.

non-violence. En retour, ces conciliateurs étaient méprisés, tout autant que torturés et tués. Au printemps de 1868, témoigna le sénateur Purnam, « des affiches peu amicales » dans l'ouest de la Floride commencèrent à être signées curieusement : « Ku Klux Klan ». Les combattants de la liberté, censément vaillants, de Dickison se transformaient eux-mêmes en une organisation dont l'idéologie était la terreur.

Bien qu'on les dénonçât comme des intrus sans scrupules, dans la vie réelle des personnes comme William James Purnam, originaire de Washington, D. C., incarnaient l'idéalisme qui avait amené bien des Américains honorables en Floride. Dans le comté de Jackson, Purnam aida à la négociation de contrats de travail entre les planteurs et des hommes nouvellement libres. Il s'employa à ouvrir des écoles pour les enfants des Afro-américains et organisa aussi des séminaires sur la démocratie, qui avaient pour but d'apprendre aux anciens esclaves leur devoir de citoyens. Travaillant sous la direction d'Ossian Hart, Purnam mena la campagne d'enregistrement des électeurs dans le comté de Jackson. Dans la convention constitutionnelle de 1868, il se distingua comme un modéré, cherchant la conciliation et le compromis.

Éviter toute responsabilité individuelle était un point essentiel de la violence raciste dirigée contre le peuple. « Samuel Sullivan fut tué par une foule à Newmansville ; Moses Smith à Gordon ; et Henry Franklin, à Gainesville ». Les tueurs choisissaient parfois leur victime dans des réunions publiques, ce qui leur permettait d'être absous par avance. « Après une réunion, Matt Nickels, sa femme et son fils », selon un compte-rendu, « furent tous les trois emmenés un peu à l'écart de la ville, tués à coup de fusil et leurs corps furent jetés dans une vieille fosse ». Il s'agissait, comme un observateur le dit, vraiment « de cas d'assassinats et non d'une liste de victimes ». En dehors des villes, sur les chemins de terre, on trouvait des « cadavres [non-identifiés et non-réclamés] en putréfaction dans des "fosses" et des "mares" ». « Ils me fouettèrent de la couronne de mes cheveux jusqu'à la plante de mes pieds », témoigna une femme. « Le sang perlait à travers ma robe, tout autour de ma taille ». Les femmes noires étaient considérées comme du bon gibier, mais quand une femme blanche était d'une manière ou d'une autre concernée, on manifestait son indignation. Une vague de terreur déferla après que deux femmes blanches eurent profané les tombes de soldats de l'Union et qu'un responsable local eut la témérité de dire à ces deux « filles raffinées et de position sociale élevée » qu'elles avaient mal agi. Le jour suivant, des tireurs blancs prirent dans une embuscade des pique-niqueurs qui se trouvaient dans un char à bœufs. Des femmes furent visées, un petit garçon fut tué.

Bien que les Régulateurs aient vu partout des menaces contre la féminité blanche, il n'y a qu'un seul cas connu de femme blanche tuée dans la violence relative à la Reconstruction en Floride. Le tireur, dit-on, avait tenté de tuer « le *generalissimo* » des escouades terroristes blanches locales. Comment avait-il pu prendre le leader mâle d'un gang pour une jeune femme ne fut jamais expliqué. Quand John Quincy Dickinson, le juge de paix qui, auparavant, avait témoigné sur la violence, ordonna au gendarme de la ville d'enquêter, ceux-là mêmes qui déclaraient que les attaques avaient « été organisées par des blancs radicaux et des noirs », tuèrent le gendarme, un homme noir du nom de Calvin Rodgers. Puis, ils tuèrent également le juge de paix, Dickinson. Celui qui tua Miss Maggie McClellan ne fut jamais traduit en justice.

Typique des changements politiques que le terrorisme suscita fut le résultat de l'élection législative de 1874 à Pensacola. Un candidat blanc suprématiste du nom de Charles W. Jones y battit son opposant par seulement cinq voix d'écart. Deux années plus tôt Jones avait été largement battu lors de sa première tentative pour être élu à une fonction publique. Cette fois, il y eut un nombre suffisant d'électeurs, blancs comme noirs, à être suffisamment intimidés pour lui permettre de se glisser dans la chambre des représentants de Floride. Comme beaucoup de blancs suprématistes, Charles W. Jones était un Carpetbagger comme la plupart des Reconstructionnistes. Cet habile praticien d'une politique raciste était né en Irlande et y avait passé sa jeune enfance. Il grandit à New York, y fréquenta des écoles publiques ainsi qu'à St Louis, mais personne ne le décrivit jamais comme « un sale Yankee qui vint ici pour nous diriger ». Ce qui différenciait un politicien « sudiste » acceptable comme Jones d'un Carpetbagger comme Harrison Reed, ce n'était pas ses origines, ethniques ou géographiques. La volonté de fermer les yeux sur la violence politique, et d'en tirer bénéfice au nom de la suprématie blanche, fut ce qui fit de candidats comme lui d'« authentiques » Floridiens.

La même élection de 1874 qui vit l'arrivée de Charles W. Jones à la législature de Tallahassee mit aussi le sénat de l'État dans une impasse, 12 contre 12. Les suprématistes blancs résolurent le problème en assassinant le sénateur républicain Elisha G. Johnson d'un coup de fusil en plein visage. « L'assassinat… mit fin à l'égalité », note un commentaire en 1996, « mais rappela à tous la fragilité des relations entre les Conservateurs blancs nés en Floride et leurs opposants Républicains[5] ». En 1996 encore, la référence aux « Conservateurs blancs nés en Floride » perpétuait la fiction que c'était entre les étrangers yankees et les Sudistes « blancs nés en Floride » que le combat avait lieu. Alors que Jones, le paladin de la cause néo-confédérée, était un Irlandais de New York, le sénateur républicain assassiné, Elisha Johnson, né et élevé en Caroline du nord, avait combattu pour la Confédération avant de s'établir avec sa famille en Floride. Si les stéréotypes avaient prévalu, il aurait été accueilli chaleureusement par l'élite néo-confédérée de l'État. Mais, parce que Johnson avait accepté le résultat du combat, avait embrassé la cause abolitionniste et soutenu les amendements de la Constitution sur les droits de l'homme, il fut assassiné avant d'être oublié.

Tandis qu'Elisha G. Johnson, héros de guerre confédéré, était exclu de la législature de Floride par le biais d'un assassinat, Charles W. Jones, qui évita le service militaire durant la Guerre civile, se vit conférer par la même législature les plus grands honneurs. En 1875, elle le désigna pour être un des sénateurs des États-Unis de Floride. Le meurtre de Johnson avait permis aux Néo-Confédérés et à leurs alliés de prendre la main dans la législature de Tallahassee ; ce qui, en retour, permit à Jones d'assumer une des charges les plus importantes d'Amérique sans avoir à affronter les électeurs. À Washington, le sénateur Jones aida à forger le paradigme d'un membre floridien du Congrès qui réussit, paradigme qui prévaudra jusqu'à l'époque de la guerre froide. Alors que, simultanément, il se lamentait sur, et dénonçait, les horreurs de la tyrannie fédérale, « le sénateur Jones », note Judy Nicholas Etemadi dans son étude sur sa carrière sénatoriale, « fut très bien considéré en Floride pour avoir obtenu des dotations pour la base navale de Pensacola, des voies postales supplémentaires, et des édifices publics ». Partisan, sans complexe, des coutumes racistes de l'ancienne Confédération, Jones incarnait aussi le pouvoir grandissant de l'électorat irlando-américain d'Amérique, et combinait ainsi deux des courants les plus colorés et

5 Jarrell Shofner, « Reconstruction and Renewal, 1865-1877 », in Gannon, 1996, p. 257, 260.

les plus corrompus de la politique démocrate de la dernière moitié du dix-neuvième siècle et de la première moitié du vingtième siècle – le raciste du Sud profond et les machinations politiciennes de la Grande Ville. Des hommes d'État, jusqu'au président Grover Cleveland inclus, considéraient Jones de Floride comme un des hommes les plus solides du Congrès à avoir avec soi, alors que, remarquaient les politiciens de Tallahassee et de Washington, ils n'avaient pas vu le sénateur depuis bien longtemps.

Ce qu'il faut retenir de cette disparition mystérieuse est que le sénateur de Floride originaire de Balbriggan en Irlande avait été détruit par une héroïne qui sortait tout droit d'un roman d'Henry James. La millionnaire en question vivait dans le Michigan. Pour elle, Jones avait abandonné les crachoirs de cuivre du Sénat des États-Unis ainsi que les rivages, qui ne connaissaient pas le gel, de son État d'adoption pour vivre dans la rue à Détroit. « Il mena une vie vagabonde dans la ville pendant une année ou deux » rapporta ultérieurement le *New York Times* dans un article dont le titre était « Un sénateur fou ». Bien que son nom – Clothilde Palms – eût une consonance floridienne, le *Florida Times-Union* la décrivit comme « une femme ordinaire de 35 ans ». Pour échapper aux avances du sénateur Jones, la vieille fille qu'était Miss Palms, épousa tout d'abord un médecin local, puis s'enfuit en Europe. Le sénateur ne revint jamais ni au Congrès ni en Floride. Des années plus tard, il mourut dans l'asile d'aliénés de Dearborn[6].

L'ancien sénateur Yulee est un autre homme d'État dont la vie se termina loin de la scène de ses triomphes floridiens. Les manœuvres financières qu'il y avait fait l'ayant finalement acculé lui et ses victimes à la banqueroute, Yulee abandonna la Floride pour Washington, D. C. Il voulut finir sa vie dans la capitale d'un pays qu'il avait cherché à détruire ; mais le destin lui réservait encore quelque chose d'autre. Né sur une île danoise des Caraïbes, il mourut sur l'île initialement néerlandais de Manhattan, dans ce qui s'avéra être sa dernière expédition financière. C'était Yulee qui avait tout d'abord montré que ce n'était pas la région en elle-même mais le racisme qui comptait dans la politique floridienne. Vous pouviez être un ex-juif des îles Vierges ou un catholique

6 Judy Nicholas Etemadi, « A Love-Mad Man : Senator Charles W. Jones of Florida », Florida Historical Quarterly, octobre 1977, p. 123-137 ; « An Insane Senator », *New York Times*, 30 mai 1890.

d'Irlande – et personne ne vous considérerait comme un Carpetbagger aussi longtemps que vous étiez suffisamment raciste. Au moment de sa mort, les rubriques nécrologiques faisaient état des dévastations que les manipulations de Yulee, en temps de guerre comme en temps de paix, avaient causé à la Floride. « Du début à la fin Mr. Yulee a été un escroc », remarqua un éditorialiste de Tampa. Depuis, la métamorphose habituelle s'est opérée. En 1999, Yulee fut officiellement adoubé par l'État de Floride comme « Grand Floridien[7] ».

Le successeur d'Ossian Hart, Marcellus Lovejoy Stearns, fut le seul gouverneur de Floride manchot ; il avait perdu un membre en combattant pour l'armée des États-Unis[8]. Sous le gouverneur Stearns, les finances, l'administration et les écoles de Floride s'améliorèrent. En 1876, Stearns tenta d'être élu sur son nom propre, mais, alors, le meurtre et la terreur n'étaient plus dans les marges de la politique. Comme un commentaire le dit sans prendre parti, « la loi du hors-la-loi et celle du lynchage étaient devenus partie intégrante d'une campagne politique[9] ». Alors que les Démocrates poursuivaient leur « politique du fusil », les Républicains continuaient à prôner la non-violence. « Étant donné l'excitation de l'esprit public, et l'appréhension, dans une large mesure fondée, de troubles que pourrait susciter l'élection politique qui a lieu actuellement dans cet État », le gouverneur invita au calme. Une autre déclaration des Républicains résuma ce qui était en jeu. « L'élection qui vient est la crise du gouvernement libre de Floride », disait-elle[10].

Dans l'excitation qui entoura la course au poste de gouverneur en 1876, le résultat de l'élection présidentielle, opposant le Républicain Rutherford B. Hayes au candidat démocrate, Samuel J. Tilden, passa presque inaperçu. Les résultats envoyés par télégraphe depuis tous les coins de la nation montraient que Tilden arrivait nettement en tête dans le vote populaire. Puis la nouvelle se répandit que, en dépit de son succès dans les urnes, il manquait une voix au candidat démocrate pour remporter le collège électoral. Soudain, on s'aperçut dans toute l'Amérique que la Floride avait la possibilité de remettre en question la volonté de

7 Dickie Anderson, « Famous Floridians : David Levy Yulee », *Amelia Islander*, Juin 2012, Consulté le 5 juin 2012.

8 Claude R. Flory, « Florida's Last Reconstruction Governor », *Florida Historical Quarterly*, vol. 44, no. 3, janvier 1966, p. 181-192.

9 Dovell, 1952, vol. 2, p. 562.

10 Davis, p. 701.

toute la nation. Les votes au collège électoral étaient également sujets de contestation en Louisiane, en Caroline du sud et dans l'Oregon, mais la Floride était au vortex de la lutte. Si les Républicains remportent cet État, rapporta le *New York Times* en novembre 1876, « ils auront 185 votes, une voix de majorité ». Cela signifiait, en retour, que le candidat qui avait fini second deviendrait le président des États-Unis.

Puisque le gouvernement de la nation dépendait de la manière dont les votes étaient comptés en Floride, des voitures de chemin fer privées – les jets d'affaires de l'époque – convergèrent sur Tallahassee. Ainsi que des légions d'avocats. Une fois installés dans leur hôtel à Tallahassee, « ces hommes d'État en visite », comme on les appelait, firent sortir des cigares de leur humidior à cigares, du bourbon de leur carafe et de l'argent liquide de leurs valises, alors que, sous leur regard vigilant, les membres de la commission électorale du Florida Board of State faisaient le tri dans les résultats contestés, comté par comté. Celui dont on se souvient le mieux parmi ces politicards itinérants du côté républicain était le général Lew Wallace, plus tard célèbre en tant qu'auteur de *Ben Hur*. Parmi les notables du parti démocrate on trouvait le général George Washington Biddle, des Biddle de Philadelphie ; il avait représenté les États-Unis dans la querelle avec la Grande-Bretagne au sujet des pêcheries de la mer de Bering. Mais, alors, quelque chose de plus important que des roqueries était en jeu.

Bien que, plus tard, les Néo-Confédérés et les ségrégationnistes aient fait croire que c'était les Carpetbaggers yankees qui avaient volé des voix au collège électoral en Floride, les trois membres de l'agence électorale de la Florida Board of State ne comptaient pas un seul Yankee. À sa tête, il y avait Samuel B. McLin, natif du Tennessee. Parce que Mc Lin, comme des milliers d'autres natifs du Tennessee, était resté loyal à l'Union durant la guerre civile, il sera dénoncé comme « déserteur de l'armée confédérée ». L'autre républicain, le Dr. Clayton A. Cowgill, sera dénoncé comme un Carpetbagger du Delaware, même si le Delaware, comme le Tennessee, était, tout à la fois, un État esclavagiste et un État situé au sud de la ligne Mason-Dixon. Le troisième membre, et le seul Démocrate, William Archer Cocke était également originaire d'un État esclavagiste. Puisque Cocke soutenait la suprématie blanche, il fut l'objet des louanges convenues : « natif de Virginie, vieux résident de Floride, avocat réputé, historien et démocrate », voilà comment un commentaire à sa mémoire le décrit.

Selon le comptage initial, Rutherford B. Hayes avait, de fait, remporté l'État pour les Républicains par 43 voix sur les quelques 45 000 bulletins déposés dans les urnes[11]. Il y avait une anicroche cependant. Le petit comté de Baker avait soumis trois ensembles de résultats – deux étaient fournis par les Démocrates, un par les Républicains. C'était le résultat républicain, validé par un juge du nom d'Elisha W. Driggers et le shérif local, un noir du nom de Bill Green, qui donnait le vote du collège électoral à Hayes. Si l'un ou l'autre des résultats des Démocrates étaient acceptés, la présidence allait à Tilden. Aucun des résultats du comté de Baker ne respectait les règles de l'État, aussi la commission électorale fit sa propre enquête. En dépit des différences politiques, les deux Républicains et le Démocrate furent tous les trois d'accord pour dire que Tilden, et non pas Hayes, arrivait en tête dans le comté de Baker, par un vote de 238 contre 143. Cela transformait la victoire d'un fil de Hayes en une mince victoire de Tilden dans l'État. Si ce nouveau total restait en l'état, Tilden serait le prochain président des États-Unis, mais ce nouveau total ne resta pas longtemps en l'état, lorsque les membres de la commission électorale eurent à statuer sur les résultats contestés des autres comtés. Quand le comptage des voix sur l'ensemble de l'État fut complet, la victoire étroite de Hayes était passée de 43 à 924 votes.

Bien que l'idée que les Républicains aient volé la Floride prévale encore aujourd'hui, ceux qui volèrent vraiment l'élection furent les Démocrates. Pour gagner, tout ce que les Républicains voulaient c'était une élection juste et paisible qui permettrait aux noirs de l'État de même qu'aux citoyens blancs de voter en toute liberté et toute sécurité. Ce n'était qu'avec des intimidations violentes et des résultats électoraux truqués que les Démocrates pouvaient être certains de remporter la Floride. S'il y eut des irrégularités des deux côtés, les résultats de l'élection révélèrent une claire empreinte de l'interférence des suprématistes blancs qui bénéficia à Tilden et aux Démocrates – et non à Hayes et aux Républicains – qui s'étendit d'une extrémité de la Floride à l'autre. À Key West, une circonscription donnait 401 votes à Tilden, 59 à Hayes. Les responsables locaux arrivèrent à ce résultat tordu après avoir emporté les urnes dans un lieu secret. Ils annoncèrent seulement leur résultat infondé en faveur de Tilden le jour suivant. Dans une autre circonscription, à l'extrémité

11 Tebeau, 1971, p. 253.

nord de l'État, le temps hivernal était l'excuse. « La soirée étant fraîche et la salle de vote n'ayant pas de cheminée ou de lumière », expliqua-t-on, les « inspecteurs allèrent compter les votes dans une maison toute proche ». « Toute proche » s'avérait être à trois kilomètres. Dans certains comtés, les lieux de vote furent tenus secrets pour empêcher les Républicains, et en particulier les noirs, de voter.

Dans d'autres lieux, la politique électorale était à la lettre la continuation de la Guerre civile, et non pas par d'autres moyens. « L'ancien commandant de la cavalerie confédérée, J. J. Dickison mena… des hommes à cheval dans des charges de cavalerie sur des foules d'électeurs potentiels », note un compte-rendu[12]. « Le matin de l'élection, avant l'aube », témoigna ultérieurement le gouverneur Stearns, « plusieurs personnes vinrent chez moi, et me dirent que les Démocrates arrivaient en ville armés. Je… descendis dans le centre-ville et m'aperçus qu'un assez grand nombre était venu là avec des armes, qu'ils avaient déposées… à différents endroits autour de la place du tribunal ». Ceux qu'on empêchait de voter, rapporta Stearns, « étaient tous des Républicains[13] ».

Après presque deux mois passés à trier les totaux contestés des votes, la commission électorale annonça que le candidat républicain à la présidence avait remporté les quatre votes du collège électoral, même si les deux membres républicains de la commission électorale avaient gardé de nombreux votes douteux pour Tilden. « L'agence ne rejeta pas les votes… obtenus par intimidation ; cependant aucune personne, familière avec les preuves… ne doutera un moment qu'il y eut des intimidations, suffisantes pour changer le résultat général », nota Paul Leland Haworth dans un compte-rendu remarquable, mais oublié, de 1903, *The Hayes-Tilden Disputed Presidential Election of 1876*. « Alors qu'un bon comptage des votes exprimés dans l'État de Floride aurait pu donner une petite majorité à Tilden », conclut-il, « une élection libre aurait pu avec plus grande certitude encore donner une majorité substantielle à Hayes ». Ce commentaire soulève la grande question que l'État de Floride, de même que le Congrès et la Cour Suprême des États-Unis, ne poseront jamais. Comment peut-il y avoir un bon comptage des voix quand il n'y a pas eu d'élection libre[14] ?

---

12 Shofner, « Reconstruction and Renewal », p. 257.

13 U. S. Senate, Reports of Committees : 30th Congress, 1st Session-48th Congress, p. 76.

14 Haworth, 1906.

À cause du chaos électoral en Floride, le candidat qu'une majorité des électeurs d'Amérique avait choisi ne deviendra pas président ; un autre le sera. Ce n'était pas une simple remise en question du vote populaire. Tilden, sur l'ensemble de la nation, avait gagné avec 51 pourcents du vote. Cette marge d'avance peut paraître mince, mais c'était plus que celle des présidents John Quincy Adams, Martin Van Buren, Zachary Taylor, James Knox Polk, Franklin Pierce, James Buchanan, et Abraham Lincoln n'avait eue. Tilden avait également obtenu une plus grande part des voix que les présidents James Garfield, Grover Cleveland, Benjamin Harrison, Woodrow Wilson, Harry S. Truman, John F. Kennedy, Richard Nixon, Jimmy Carter, Bill Clinton, et George W. Bush n'obtiendront quand ils accèderont à la Maison Blanche.

Le problème n'était pas seulement la vénalité des politiciens ou le mauvais fonctionnement du système électoral de Floride. La démocratie avait perdu, car le système électoral des États-Unis était biaisé. En cherchant à s'assurer que la Guerre civile n'avait pas été vaine, les militants des droits de l'homme d'Amérique avaient fait amender la Constitution par trois fois, mais ils laissèrent en l'état le dispositif électoral le plus antidémocratique. Tout en conservant le collège électoral, l'article XIV avait prescrit que tous les êtres humains, y compris les noirs, fussent désormais comptés comme des êtres humains à part entière, et non pas comme les trois cinquième d'un être humain. Cela fut un des plus étranges effets pervers de la victoire de l'Union dans la Guerre civile, car cela signifiait que la défaite des États anciennement confédérés augmentait leur représentation au Congrès, et, par conséquent, qu'on leur donnait une voix plus forte dans le collège électoral qu'ils n'en avaient eu avant leur sécession.

Si les États anciennement esclavagistes parvenaient à empêcher les noirs de voter, les suprématistes blancs des anciens États confédérés jouiraient d'un avantage politique plus grand encore que celui dont ils avaient joui avec l'esclavage. L'article XIV avait prévu ce danger et avait tenté d'y remédier. « Mais si le droit de vote lors d'une élection… est refusé à des habitants mâles de tel État », dispose-t-il, « la base de la représentation pourra être réduite en proportion du nombre de ces citoyens mâles par rapport au nombre total des citoyens mâles de vingt et un ans de tel État[15] ». Plus le nombre de gens empêchés de voter est

15 Constitution des États-Unis, Article XIV.

grand, spécifiait cette disposition de l'article XIV, plus la réduction sera grande – mais jamais un État ne sera pénalisé pour cela, quel que soit le nombre de gens qui ont été empêchés de voter.

En 1876, les États de l'ancienne Confédération avaient une population significativement plus petite en proportion de la population totale des États-Unis qu'avant la Guerre civile, mais leur force totale au Congrès et dans le collège électoral était nettement plus grande qu'elle ne l'avait été avant la Guerre civile. Les États sécessionnistes, qui avaient quatre-vingt huit votes au collège électoral en 1860 en avaient quatre vingt quinze en 1876. La Floride était l'exemple de la manière dont ce triomphe de la loi des effets pervers corrompait la démocratie au niveau national comme au niveau des États. Grâce à l'article XIV, la Floride avait un siège de plus au Congrès, et, par conséquent, un vote de plus dans le collège électoral. Ce vote supplémentaire au collège électoral suffit à défaire le vote majoritaire en faveur de Tilden au niveau national, alors que, en même temps, on empêchait les noirs en Floride d'exercer leur droit de vote. C'était ce qu'il y avait de pire dans les deux cas. Les droits de dizaines de milliers de personnes, en Floride et dans les autres États anciennement confédérés, qui avaient voulu voter pour Hayes, furent impunément violés. Et simultanément, les droits de la majorité des Américains qui avaient voté pour Tilden étaient également violés.

Dans la fureur qui entoura les résultats de l'élection présidentielle de 1876, on remarqua peu que le chaos électoral en Floride avait amené une autre défaite de la démocratie, lorsqu'une alliance de juristes yankees et de terroristes sudistes armés refusa au candidat républicain le poste de gouverneur. « L'objet du meurtre des leaders du Parti républicain de l'État, et les intimidations des autres républicains », comme l'expliqua le sénateur Purnam, avait été « de prendre possession et contrôle du gouvernement de l'État ». En 1876, lors des élections des États, la conspiration du « licou, du fusil et du fouet » avait presque, mais pas totalement, prévalu. En dépit de la campagne de terreur électorale, la commission électorale établit que le candidat républicain au poste de gouverneur, Marcellus Stearns était parvenu à battre son opposant démocrate, Georges F. Drew, par 458 votes, mais, alors, dans un acte étonnant d'interventionnisme judiciaire, la Cour suprême de Floride « demanda » à la commission de rétablir les votes frauduleux qu'elle avait rejetés[16]. Cela inversa le résultat de l'élection et fit gouverneur le candidat de la suprématie blanche par une marge de 195 votes. Puis la Cour demanda que fussent inversés tous les autres résultats électoraux. Ainsi, dans tout l'État, on retira tous les postes électifs à ceux qui, pour la commission électorale, avaient obtenu le plus de vote. Grâce à ce premier exemple d'activisme judiciaire « conservateur », les suprématistes blancs de Floride obtinrent le contrôle du gouvernement de l'État et de tous les postes – secrétaire d'État, contrôleur, trésorier, commissaire à l'immigration, procureur général, adjudant général, inspecteur de l'instruction publique, et expert général[17].

Bien qu'elle récompensât la violence politique et légitimât la fraude électorale, la Cour suprême de Floride ne répondait pas aux stéréotypes régionaux. Le président de la Cour suprême, Randall, le juge qui avait « donné le poste de gouverneur », et avec lui, le contrôle du futur de la Floride à des racistes néo-confédérés, était un Yankee. Né dans l'État de New York, le président Randall eut tout d'abord une certaine influence politique dans le Wisconsin. Puis, il fut nommé à un poste fédéral en Floride. C'était Reed lui-même qui avait nommé Randall président de la Cour suprême. Le président Randall ne nia pas qu'il y eût des irrégularités importantes. Il jugea simplement que si des votes étaient détournés en Floride, ce n'était pas très important. Peu importait si « les irrégularités ou la fraude dans une élection » étaient scandaleuses, déclara-t-il, « la commission n'avait pas le droit d'aller au-delà du dépouillement des bulletins de vote ».

C'était, en fait, le président de la Cour qui avait outrepassé son autorité. La loi de Floride invitait explicitement la commission électorale à « déterminer le vrai vote ». Dans chaque cas où les « bulletins de vote seront ou apparaîtront être si irréguliers, faux ou frauduleux que la commission sera incapable de déterminer le vrai vote », disposaient explicitement les textes, elle « n'inclura pas ces bulletins dans sa détermination ». Cela n'empêcha pas le président Randall d'ordonner aux membres de la commission de violer la loi et d'inclure des votes détournés et truqués dans son calcul final. Dans son volume de 1913, *The Civil War and Reconstruction in Florida*, William Watson Davis résuma ce qui s'était passé : « Depuis le meurtre du sénateur Johnson en 1875,

16 *Cases Argued and Adjudged in the Supreme Court of Florida, During the Years 1876-7-8, Reported by George P. Raney, Attorney-General*, vol. 26, 33, p. 36 ; Davis, p. 608.

17 Gannon, 2003, p. 50.

les Conservateurs contrôlaient le Sénat ». Désormais, « avec cette décision, la branche exécutive du gouvernement passait entre leurs mains ».

Le bénéficiaire de cet activisme judiciaire « conservateur » fut aussi un Yankee. Né dans une ferme du New Hampshire, le gouverneur Drew, comme le gouverneur DuVal avant lui, avait fui la propriété familiale à la suite d'une dispute avec son père relative à des travaux ménagers. Arrivé sans ami et sans qualification dans la ville industrielle de Lowell, Massachusetts, à l'âge de dix-neuf ans, de meunier il était devenu machiniste professionnel. Son destin prit une autre direction quand on l'envoya dans le Sud pour superviser l'installation d'une fabrique de moteur en Géorgie. Là, George Drew découvrit que c'était les esclaves noirs qui faisaient ce travail de ferme qu'il avait trouvé si désagréable. Il resta en Géorgie et finit par devenir un des plus riches propriétaires d'esclave du comté de Lee, Géorgie, mais lors de la déclaration de la Guerre civile, Drew s'enfuit de nouveau, cette fois en Floride, pour trouver la sécurité dans la région contrôlée par les fédéraux. C'est là, comme le dit un compte-rendu, que, en sécurité, il « resta avec la flotte jusqu'à la fin de la guerre ». Ce fut seulement après l'écrasement de la Confédération par l'Union que Drew décida de s'établir de façon permanente en Floride. Comme pour DuVal, et d'autres gouverneurs de Floride avant lui, en se frottant à la guerre, il était devenu familier avec l'idée que, en Floride, un homme pouvait devenir riche, pourvu qu'il eût de bonnes relations.

Comme les politiciens de Floride le font encore, Drew dissimula à la fois ses origines non-floridiennes et ses ambitions oligarchiques sous le manteau voyant d'un chauvinisme d'apparence sudiste, mais, en réalité, il inaugurait une nouvelle et plus complète forme d'exploitation. « Achetant la production entière des scieries, il les vendait en gros à des acheteurs dans les États du nord », écrit Don Hensley dans « The Rise of the Drew Family and Their Sawmills ». En 1869, George Drew, en partenariat avec Louis Bucki, un homme d'argent de New York, avait pris le contrôle de vastes ensembles de bois non encore abattus de Floride. Cette forme du capitalisme de Floride, « prendre tout et maintenant », consistait en une exploitation de type minière des arbres. Dès qu'un secteur était dépouillé de ses arbres, Drew demandait à la législature de lui céder un autre secteur de terres publiques[18].

18 Don Hensley, « The Rise of the Drew Family and Their Sawmills » in *The Rise and Fall of the Family Railway*, Publication en ligne. Consulté le 4 juin 2012.

Les mêmes milices racistes utilisées par Dickison pour détourner les fusils du gouverneur Reed et pour terroriser les ouvriers noirs de Drew étaient désormais les complices des Néo-Confédérés pour obtenir le pouvoir au niveau de l'État. Le jour de sa prise de fonction, Drew et ceux qui le soutenaient « se tenaient dans un vieil hangar de coton près du capitole, entre trois et cinq cents hommes, armés de fusils à répétition, qui avaient l'intention de massacrer ceux qui essaieraient de mettre en fonction le candidat battu ». Le gouverneur Stearns l'avait vu venir. « Nos opposants démocrates s'aperçoivent déjà que leur défaite est inévitable », dit-il à ceux qui le soutenaient la vieille de l'élection, « à moins qu'ils ne puissent étouffer la voix du peuple par la fraude ou la violence et empêcher les masses de notre parti de mettre leur bulletin dans les urnes ». Il avait prévu, également, que « des hommes mauvais, déterminés » avaient l'intention « d'arracher à notre peuple les droits garantis par la constitution[19] ». Ce que ni lui ni personne d'autre n'avaient prévu était l'intervention capricieuse de la branche judiciaire pour le compte des Néo-Confédérés.

Tallahassee s'épargna une nouvelle fois un bain de sang, du fait de l'engagement du gouverneur Stearns en faveur de la non-violence. Tôt ce matin-là, le gouverneur sortant, qui avait été sérieusement blessé pendant la Guerre civile, vint faire une visite de courtoisie à ce gouverneur entrant qui avait évité la guerre sous la protection de la marine des États-Unis. Après avoir informé son rival qu'il ne se dresserait pas sur son chemin, Stearns monta dans une voiture tiré par un cheval, et sortit de la ville, ainsi que de l'histoire[20].

Une fois en fonction, le gouverneur Drew reprit la tâche d'imposer la suprématie blanche avec toute la brutalité d'un fanatique né dans le Sud. Les blancs non racistes comme les noirs furent exclus de l'administration de l'État. Parmi les réactionnaires radicaux à avoir pris leur place, il y avait en particulier John J. Dickison. Pour récompenser Dickison d'avoir réprimé ses ouvriers tout comme ses opposants politiques, Drew nomma Dickison au poste d'adjudant général. Ainsi le plus célèbre terroriste de l'État devint-il son administrateur militaire principal[21].

19 Davis, p. 701.

20 John Wallace, *Carpet Bag Rule in Florida*, 1888, p. 343.

21 Dowell, vol. 2, p. 578.

La Floride avait fait des progrès fiscaux dans les dernières années de la Reconstruction, mais, s'il ne trouvait pas un moyen de financer ses dépenses à partir d'une base d'imposition élargie, le gouvernement de l'État resterait dans l'indigence. Annonçant les politiques actuelles de la Floride, la solution du gouverneur Drew fut d'une part de donner plus aux riches en les imposant moins et en les libérant de toute régulation, et d'autre part d'éliminer, autant qu'il était possible, les fonctions utiles du gouvernement. Pour lui ces babioles inutiles incluaient les prisons. « La location de détenus », cette forme primitive d'externalisation, transforma le système pénal en un centre de profit, tout en fournissant aux barons terriens de Floride, à commencer par le gouverneur Drew lui-même, un approvisionnement subventionné par le gouvernement en travail d'esclaves. C'est également à l'époque du gouvernement de Drew que remontent les camps de térébenthine. Sous l'esclavage, l'esclave savait qu'il en allait de l'intérêt de son maître à bien le nourrir et à le maintenir en bonne santé. Les détenus de la chaîne des forçats pouvaient espérer qu'un jour ils redeviendraient libres. Les camps de térébenthine, autorisés par l'État, furent le goulag de Floride. Pour peu, et parfois pour rien, on y envoyait des hommes, noirs surtout, qui en sortaient rarement vivants. Ils y travaillaient dur et, souvent, y mouraient, perdus et oubliés à jamais. Ces camps ne furent abolis qu'en 1949.

Dans le New Hampshire, le père de Drew l'avait fouetté car il lisait un livre. En tant que gouverneur, il fit la même chose, dans un sens figuré, aux enfants de Floride. À une époque où des États comme la Californie et l'Iowa créaient de grandes universités grâce à des concessions de terres, le gouverneur de Floride « plaidait pour l'élimination des lycées publics ». Dans bien des endroits de Floride, en particulier dans ceux avec une importante population noire, l'éducation publique fut totalement supprimée. Comme la politique de destruction environnementale, illustrée par les opérations d'exploitation forestière de Drew lui-même, sa destruction du système d'éducation de Floride eut des conséquences qui perdurent jusqu'à aujourd'hui, mais après quatre années de « coupe budgétaire », la Floride restait tout aussi en banqueroute qu'elle l'avait toujours été[22]. Quel que soit le nombre de détenus qu'on louait, ou le nombre d'enfants auxquels on faisait quitter

22 Samuel Proctor, « Prelude to a New Florida », in Gannon, 1996, p. 266-268.

l'école, les finances de la Floride resteraient sous la ligne de flottaison tant que la base de l'imposition serait composée essentiellement d'une minorité riche qui ne payait pas d'impôt et d'une majorité pauvre qui ne pouvait pas en payer. Comme Zephaniah Kingsley l'avait souligné un demi-siècle plus tôt, le remède était la création d'une classe de propriétaires fonciers, mais les Floridiens « conservateurs » considéraient comme « incendiaire » et non comme admirable que des « radicaux » comme Liberty Billings eussent appelé à la « propriété et à l'égalité[23] ». L'indignation s'ajouta à l'incrédulité quand il fut fait allusion à ce que les noirs comme les blancs pourraient bénéficier de ce plan d'accès à la propriété qui permettrait aux gens de nourrir leurs familles, d'éduquer leurs enfants, et de sortir de l'endettement.

Ossian Hart avait prévu ce qu'en serait le coût si on laissait de nouveau le champ libre aux racistes. La perspective d'une restauration raciste le remplissait d'effroi, car il savait que, une fois au pouvoir, ils s'arrangeraient pour qu'il n'y eût plus d'élections libres. Et alors ? « On ne sait pas jusqu'où ils feront régresser la Floride avant que cette marche en arrière puisse être arrêtée », prédit-il justement.

23 Dovell, vol. 2, p. 533.

LA REINE IGNORANCE

Alors qu'allouer à de pauvres Floridiens vingt hectares et une mule était dénoncé comme mauvais et immoral, laisser un millionnaire yankee prendre des millions d'hectares de propriétés floridiennes était loué comme un exemple des « plans avisés » mis en œuvre par le successeur de Drew, le gouverneur William Bloxham[1]. Le scandale de la propriété Disston en 1881 fut une des plus grandes arnaques à être dévoilée depuis que George Mathews s'était trouvé mêlé à l'affaire Yazoo, en Géorgie, en 1795[2]. Dans son dernier plan pour « développer » la Floride, un ploutocrate de Philadelphie du nom de Hamilton Disston acquit deux millions d'hectares de terre de Floride dans un marché qui imitait « l'Achat » de la Floride à l'Espagne soixante ans plus tôt[3]. Bien que le gouverneur Bloxham déclarât que le marché sauverait la Floride financièrement, la Floride ne reçut jamais un sou. L'argent alla à des créditeurs extérieurs à l'État qui avaient acquis des droits sur les dettes que le sénateur Yulee n'avait pu rembourser dans ses projets de chemins de fer.

Sous le successeur de Bloxham, Edward Aylesworth Perry, il n'y eut pas de terre pour les sans terre ; l'accès à la propriété restait illégal. Il y avait des hectares illimités pour les spéculateurs dont les banqueroutes, comme les ouragans, le gel et les épidémies, devenaient désormais un élément récurrent du mélodrame floridien d'expansion et de ralentissement. La solution du gouverneur Perry fut un cadeau encore plus fastueux. « En 1885, quand Perry devint gouverneur », selon un compte-rendu, « l'État contrôlait 5 367 265 hectares de terres. Le 1er janvier 1889, juste avant la fin du mandat de Perry, l'État n'en contrôlait plus que 2 104 898 ». Les gouverneurs Bloxham et Perry avaient donné suffisamment de terres – plus d'un millions d'hectares – pour faire de toute famille floridienne, blanche et noire, le possesseur d'un domaine important.

1 Brevard, 1904, p. 190.

2 Dovell, 1952, vol. 2, p. 644-645 ; Tebeau et Carson, 1965, p. 250-256.

3 Dovell, vol. 2, p. 659.

Le gouverneur Perry fut un des racistes les plus extrémistes à avoir eu cette fonction de gouverneur. Dans la perspective de ses activités floridiennes futures, le nom de son lieu de naissance – Richmond, un hameau à l'ouest du Massachusetts – avait un côté prophétique. Perry fit ses études à Yale ; il ne partit vers le sud que quand il fut adulte. Une fois là, il reconnut, comme le gouverneur Drew, que la clé pour acquérir de la richesse et du pouvoir était d'être du côté des forces de la violence et du racisme. Il eut également la vie amoureuse du politicard prometteur de Floride. Sa belle du Sud était une femme d'Alabama, Wathen Virginia Taylor. Quand ils ne faisaient pas de politique, les Perry étaient chez eux dans leur grande demeure de Pensacola. Modèle d'élégance de propriétaire d'esclave, avec colonnes grecques et balustrades, cette résidence fut plus tard transformée en loge maçonnique.

Les gouverneurs Reed et Stearns furent fustigés comme de « sales Yankees qui sont venus ici pour nous dominer ». Perry, tout autant de Nouvelle-Angleterre qu'eux, aura un mémorial de guerre confédéré en son honneur. Le monument, un obélisque de dix mètres de haut, fut l'un des plus grandioses de Floride, mais son emplacement posa problème. « Pensacola fut une de ces communautés dont les citoyens ressentirent le besoin de se souvenir des sacrifices faits pour la Confédération », mais considérant les résultats peu glorieux des Confédérés, de quoi et de qui fallait-il se souvenir ? « Comme l'endroit ne pouvait se vanter d'avoir un héros local », explique W. Stuart Towns, « ils dédièrent le monument à la "Confédération", ou aux "Garçons en gris" ». À Pensacola, le monument fut surmonté d'un soldat confédéré générique de trois mètres de haut. De ses yeux de pierre, il regarde encore la ville qui marqua au fer Jonathan Walker et qui fut incendiée par les Confédérés, vers l'île de Santa Rosa où, défiés par le lieutenant Slemmer et ses troupes loyales aux États-Unis, les Confédérés subirent leur première et essentielle défaite[4].

Plus bas sur le monument, on fait la louange de Perry le natif du Massachusetts comme d'un des « héros sans couronne de la Confédération du sud ». Vous en avez pour l'argent que vous avez dépensé, quand il s'agit d'auto-glorification dans l'espace public. Mrs Perry mena la campagne de levée de fonds de l'Association en faveur du monument des femmes confédérées pour le mémorial qui devait immortaliser son époux. Collectant de l'argent des orphelins et des veuves de la Confédération,

4 Towns, 1978.

les femmes confédérées réunirent 5 000 dollars pour leur obélisque qui, puisque le calcaire de Floride n'était pas considéré comme une substance suffisamment noble, fut fait dans du granite importé.

Pour le design de leur monument ces femmes confédérées regardèrent du côté de Washington D. C., du quartier général du gouvernement qui avait écrasé la rébellion que leur monument voulait célébrer et de la J. F. Manning Company. Parmi les clients de la société figuraient les unités d'infanterie d'Ohio et de New York qui avaient aidé à écraser la brigade de Floride durant son incursion, après Olustee, en Virginie, mais cette société acceptait également l'argent d'anciens rebelles. Leur « incomparable héroïsme continuera à émerveiller et à inspirer les générations futures », dit l'inscription que les designers yankees gravèrent sur le monument de Pensacola. Bien que le monument de Pensacola fût à l'évidence un édifice privé, le coût de l'entretien du monument, comme à Olustee, est passé depuis longtemps dans le domaine public, en l'occurrence à la charge des contribuables de Pensacola, dont un tiers sont des descendants d'esclaves. Comme d'autres figures racistes, Perry continue à être honoré aux frais de l'État. « Sa plaque de grand Floridien se trouve au temple de rite écossais, 2 East Wright Street, Pensacola », avertit la division floridienne des ressources historiques, puisque Perry s'est vu confirmé dans cet honneur en 1998.

L'héritage le plus persistant du gouvernement de ce raciste du Massachusetts est la fameuse constitution de « l'impôt électoral » de Floride en 1885[5]. En 1884, l'année où Perry fut élu, les abus endémiques des gouvernements Drew et Bloxham avaient suffi à entraîner un important rejet populaire. Perry parvint à l'emporter, mais seulement après qu'une alliance de Démocrates mécontents et de Républicains noirs et blancs, faisant campagne pour « un scrutin libre, le vote de tous et un comptage équitable des suffrages », eut obtenu 46 % des voix. L'élection de 1876 avait montré que le monopole de la violence ne pouvait à lui seul assurer une victoire des racistes ; les tribunaux avaient dû intervenir. L'élection de 1884 avait montré que, même quand on empêchait un grand nombre de citoyens noirs de voter, un électorat noir réduit avait néanmoins le potentiel de faire pencher la balance en faveur des blancs qui étaient favorables à une plus grande équité dans des domaines comme l'éducation et le système judiciaire. La leçon que l'élite raciste

5 Texte complet accessible, Florida Memory, Division of Libraries and Information.

avait tiré de tout cela était qu'on avait besoin d'un système de gouvernement délibérément conçu pour garantir la domination raciste d'un parti unique. On révoqua tout d'abord la constitution si admirée de 1868, avec ses protections des droits de l'homme. Puis on imposa un nouveau système de suprématie de la race blanche.

Au nom des coupes budgétaires, le gouverneur Drew avait infligé à la Floride un des traits qui définit encore sa gouvernance. En l'occurrence, le refus de lever et de dépenser les sommes d'argent adéquates pour le bien public. Le résultat est que, quelle que soit la quantité de l'argent en circulation dans l'État ou la croissance de sa population, la Floride est, d'une manière chronique, à la traîne de la nation dans des domaines comme l'éducation, la protection de l'environnement, la sécurité au travail, et la santé. Sous la forme du marché Disston, le gouverneur Bloxham inaugura le second trait qui définit la gouvernance de la Floride. Il s'agissait de l'utilisation de projets de « développement » au bénéfice de magnats très riches, généralement originaires d'un autre État, mais ni au bénéfice des finances de la Floride ni de ses habitants. L'adoption de la constitution de 1885 ajouta le troisième trait qui définit la gouvernance et qui perdura pendant des générations. Il consacrait la transformation de la Floride *de facto* en un État de parti unique. Ceci fut réalisé, et c'est ce qui est le plus connu, par l'autorisation qui fut donnée à la législature de l'État d'imposer un impôt électoral. Comme le premier président de la Cour suprême d'Amérique, John Marshall, l'avait souligné déjà en 1819, « le pouvoir de lever des impôts inclut le pouvoir de détruire ». Détruit, en l'occurrence, était le pouvoir des citoyens de Floride de gouverner leur État par le biais d'un vote dans des élections libres.

Même si vous aviez assez d'argent pour payer l'impôt électoral de Floride, il ne vous suffisait pas de vous présenter au lieu de vote habituel. Pour voter, il fallait « payer le second samedi, ou avant ce second samedi, qui précédait le jour de l'élection, l'impôt électoral pour les deux années qui précédaient l'année où l'élection avait lieu ». Les électeurs devaient prouver également qu'ils avaient « résidé dans l'État pendant une année et dans le comté pendant six mois au moment de chaque élection ». Rendre visite à de la famille en Alabama ou en Géorgie pouvait vous coûter votre droit de vote, mais seulement si vous étiez noir. Plus simplement encore, votre patron pouvait vous envoyer faire une course dans un autre comté et faire passer l'information. Les responsables des élections disqualifièrent des milliers d'électeurs noirs sans remettre en cause les qualifications d'un seul électeur blanc, mais que se passait-il si un citoyen noir parvenait malgré tout à se frayer un chemin entre tous ces pièges ? À la manière de quelque protagoniste mythique, il devait alors affronter l'Épreuve des urnes, comme la parabole de Washington Irving décrivait la forme électorale. Un article de 1928 dans le *Florida Historical Quarterly* montrait comment cela fonctionnait. « La loi fournissait des bulletins et des urnes séparées pour chacune des fonctions électives principales », expliquait-il. « Tous les bulletins pour un poste en particulier devaient être mis dans l'urne spécifiée. Un bulletin placé dans une mauvaise urne ne pouvait pas être compté[6] ». Puisque la plupart des noirs étaient analphabètes et puisque les commissaires blancs démocrates refusaient de leur dire dans quelle urne mettre leurs bulletins, le vote noir, qui était presque entièrement républicain, était pratiquement éliminé[7] ».

Malgré toutes ces contraintes, il était encore possible dans certaines localités pour les électeurs noirs de faire pencher les résultats en faveur de candidats moins racistes. Pour empêcher cela, la législature de Tallahassee « fit passer des lois afin de prendre le contrôle des gouvernements municipaux », là où des coalitions d'électeurs blancs et noirs décidaient du pouvoir. Tout d'abord à Pensacola, puis à Jacksonville et à Key West, des maires démocratiquement élus, des conseillers municipaux et des commissaires furent démis de leurs fonctions quand le gouvernement de l'État rendit impossible toute politique multiraciale et le bipartisme. De telles violations de la procédure normale et de la protection égale de la loi ne furent jamais contestées juridiquement, car la nouvelle constitution détruisit aussi l'indépendance de la justice de Floride. Une nouvelle fois au nom de la « démocratie », les fonctions de juge de l'État, y compris celles de juge à la Cour suprême devinrent électives. Par conséquent, les « lois non-écrites » d'un électorat restreint, de blancs seulement – et non ce que l'on trouve dans les livres de droit – devinrent la loi suprême du pays.

Un autre prétexte dont on abusa beaucoup pour priver du droit de vote les noirs consistait en la disposition qui ôtait le droit de vote à ceux

6 James O. Knaus, « Growth of Florida's Election Laws », *Florida Historical Quarterly*, Juillet 1926, p. 10.

7 Jarrell Shofner, « Reconstruction and Renewal, 1865-1877 », in Gannon, 1996, p. 262.

qui avait fait l'objet d'une condamnation. Toute personne condamnée pour « un crime manifeste par quelque cour que ce soit de l'État ou d'un autre État » pouvait se voir refusée le droit de vote. Il n'y avait pas de standard objectif ou d'appel possible. Une simple rumeur de conduite censée mauvaise quelque part, à un certain moment, suffisait à empêcher un citoyen de voter pour le reste de sa vie.

La privation du droit de vote quand on a été condamné pour un quelconque délit, qu'il soit mineur ou ancien, serait un des héritages du triomphe du racisme en Floride. Avec 6 % de la population du pays, la Floride représenterait plus de 20 % des Américains privés du droit de vote. Puisque le système judiciaire américain punit le genre de délit que les pauvres blancs comme les noirs tendent à commettre beaucoup plus durement qu'il ne punit le genre de délit que les riches Américains commettent, la privation de droit de vote pour délit il a infligé un préjugé de classe tout autant qu'un préjugé racial dans la procédure électorale floridienne. Approximativement 10 % des citoyens blancs de Floride et presque 20 % de ses citoyens noirs seraient interdits de voter. Quand il s'agit de priver des citoyens américains de leur droit de vote, la Floride se montrait à nouveau une tendance nationale.

Si on considère les États-Unis dans leur ensemble, selon un rapport de 2016, le nombre de citoyens privés du droit de vote, « a monté fortement durant les dernières décennies ». « Approximativement 1,17 millions de personnes, poursuit le rapport, en ont été privés en 1976, 3,34 millions en 1996, et 5,85 millions en 2010 ». Lors de l'élection de 2016, plus de six millions de citoyens américains furent interdits de vote, car, à un moment de leur vie, ils avaient été condamnés pour un délit ou un autre, et même si, après avoir purgé leur peine de prison, ils n'avaient pas eu affaire de nouveau à la justice. Les statistiques n'incluaient d'ailleurs pas les Américains privés du droit de vote pour d'autres raisons. Ces dernières allaient de la privation du droit de vote des étudiants extérieurs à l'État dans lequel ils étudiaient jusqu'à l'établissement de contraintes diverses pour s'inscrire sur les listes électorales, très évidemment destiné à empêcher les noirs américains de voter, quand bien même ils n'auraient jamais eu affaire avec la justice.

Refuser aux noirs le droit de voter ne pouvait pas éliminer la possibilité qu'un gouverneur de Floride, un jour, nommât une personne noire éminente à un poste d'autorité. Pour empêcher qu'un nouveau Jonathan Gibbs n'occupe un poste important en Floride, la constitution de 1885 dépouilla le gouverneur du pouvoir de nommer son propre cabinet. Les postes du cabinet en Floride devinrent électifs pour tout l'État. Comme pour l'élection des juges de la Cour suprême, cela semblait démocratique, mais cette disposition signifiait que les noirs étaient exclus, de fait, des postes de l'État, même par nomination. Alors que les racistes réécrivaient l'histoire de la Floride comme sa constitution, on oubliait que les noirs de Floride s'étaient fort bien insérés dans la vie politique. Selon l'étude de Canter Brown, *Florida's Black Public Officials, 1867-1924*, presque un millier de noirs, la grande majorité d'entre eux des ex-esclaves nés en Floride, occupèrent des fonctions publiques après la Guerre civile. Pour ce qui est de leurs professions, elles allaient de celle de fermier et d'ouvrier à celles d'artisan et de prêcheur[8].

Bien que les racistes blancs eussent le pouvoir d'État ainsi que la violence politique à leur disposition, des milliers de citoyens noirs et blancs votèrent contre l'abolition de la constitution de 1868. Des dizaines de milliers de Floridiens votèrent contre la constitution de « l'impôt électoral ». Le comptage final officiel fut de 31 803 contre 21 243. La différence que la nouvelle constitution instituait allait être manifeste dans les élections pour le poste de gouverneur. En 1880, le candidat républicain au poste de gouverneur obtint 26 485 voix. Le candidat républicain à la présidence, James Garfield, en obtint 23 654, 45,83 % du total. En 1896 le candidat républicain au poste de gouverneur obtint 8200 voix, le candidat à la présidentielle seulement 11 298, même si, alors, la population avait pourtant presque doublé.

Parce qu'elle restreignait si fortement l'électorat, la constitution de 1885 garantissait que, dans les années 1950, la Floride serait encore contrôlée, à quelques exceptions près, par des Néo-Confédérés racialement bigots, beaucoup d'entre eux aussi implacablement hostiles à l'amélioration des conditions des blancs qu'ils étaient opposés à la justice pour les noirs. Nulle part la corruption du service public n'était plus merveilleusement manifeste que dans la législature de l'État, à laquelle il était expressément interdit de se réunir plus d'une fois tous les deux ans. Après avoir voté en rafale des lois d'intérêt spécial, elle était juridiquement obligée de se séparer pendant deux ans. Parce que les législateurs de Floride se réunissaient si peu et que leurs sessions

8 Brown, 1998.

étaient si brèves, il n'y avait pas de contrôle sur les abus de pouvoir de l'exécutif. Comme aux jours du Territoire, les riches et ceux qui avaient des relations se réservaient la plus grande part du gâteau ; les miettes revenaient aux « compatriotes » néo-confédérés. Les terroristes suprématistes blancs – puis leurs fils et leurs petits-fils – remplirent les couloirs de la législature, tout en élisant résidence dans les bureaux de shérif locaux et, comme l'âge de l'automobile arrivait, en fondant sur des proies noires et sur des proies yankees avec les célèbres radars floridiens.

Dans la mythologie ségrégationniste ainsi que dans les livres d'histoire, la « marche en arrière » de la Floride sera célébrée comme un triomphe des patriotes sudistes sur les intrus nordistes. Mais, à cet égard, les certificats de naissance racontent une histoire bien différente.

Gouverneur (en fonctions)	*État de naissance*	*Parti*	*Orientations politiques*
Harrison Reed (1868-1873)	Massachusetts	Républicain	Abolitionniste, militant des droits civiques
Ossian B. Hart (1873-1874)	Floride	Républicain	Citoyen loyal aux États-Unis, libérateur des noirs
Marcellus Stearns (1874-1877)	Maine	Républicain	Abolitionniste, vétéran des États-Unis
George F. Drew (1877-1881)	New Hampshire	Démocrate	Raciste radical, a échappé au service militaire
William D. Bloxham (1881-1885)	Floride	Démocrate	Suprématiste blanc
Edward A. Perry (1885-1889)	Massachusetts	Démocrate	Raciste confédéré

Gouverneurs de Floride 1868-1889

La politique « des blancs seulement » n'était qu'un début ; l'application de la ségrégation, qui était désormais imposée constitutionnellement dans les écoles de Floride, fut étendue à tout voyage en train ou en bus et aux hôtels et aux restaurants. Quand les ségrégationnistes en eurent fini, les actes sexuels privés étaient devenus un sujet de règlement de l'État. Qui était autorisé à boire à une fontaine publique était aussi un sujet de test racial. L'impôt électoral restait le meilleur exemple de la dépravation constitutionnelle de la gouvernance. Imposé de manière ostentatoire pour financer l'éducation, il ne fit rien pour élever le niveau scolaire car, comme avec presque tout en Floride, l'objectif déclaré n'était jamais le vrai objectif, en l'occurrence ici dénier aux citoyens noirs leurs droits, quelles qu'en fussent les conséquences. Les conséquences seront pires encore puisque, grâce à la dernière de ses constitutions, la Floride avait un gouvernement qui par sa nature tendait à être moralement et intellectuellement, ainsi que financièrement, en banqueroute – et puisque la domination raciste était écrite dans la constitution de l'État, il n'y avait pas de possibilité pour les électeurs de Floride de la remettre en cause.

Il n'y avait rien de nouveau en cela. D'eux-mêmes, les habitants de Floride – blancs et noirs – n'auraient jamais pu débarrasser leur État de l'esclavage. Ils n'auraient jamais pu rejeter la tyrannie oligarchique confédérée. Il en allait de même avec la marche en arrière qui fut celle de la Floride tout au long de la première moitié du vingtième siècle. Seul, le gouvernement des États-Unis pouvait faire respecter les droits civiques et les droits de l'homme des citoyens des États-Unis. Cela, le gouvernement fédéral ne voulut jamais vraiment le faire, même lors de la Reconstruction du Congrès, et, vers 1876, le gouvernement de Washington ne lèvera même pas le petit doigt à cet égard. Pourquoi l'aurait-il fait, quand d'une manière générale le peuple des États-Unis, qui avait fait une guerre terrible pour préserver l'Union, ne prêtait plus attention à ce qui se passait dans les anciens États confédérés ? Alors que les suprématistes blancs renforçaient l'étau dans l'ancienne Confédération, la Californie attirait. Les grandes usines du Nord crachaient de l'argent ! Des fusées emporteraient des hommes dans l'espace avant que la perversion constitutionnelle de la démocratie ne cesse d'être encouragée par les manquements de Washington à son devoir constitutionnel.

La constitution raciste de Floride de 1885 restera en application, avec des modifications, jusqu'à 1968. Le résultat fut que le peuple resta embourbé dans l'ignorance. La perpétuelle indifférence pour le progrès scientifique comme pour le progrès humain fut particulièrement manifeste en 1888, quand la Floride subit sa dernière vague d'épidémie. Alors que la fièvre jaune consumait Jacksonville, les habitants répandirent dans leur maison une solution toxique de mercure, dans le faux espoir qu'elle pourrait les sauver. Les Floridiens tirèrent aussi des obus d'artillerie, croyant que « le choc tuerait les microbes[9] ». La progression de la maladie provoqua la pire vague de dévastation que s'infligea la Floride depuis l'incendie de Pensacola par les Confédérés. À Jacksonville, on commença par brûler les hôtels, avec, invariablement, l'idée que la faute incombait aux étrangers.

Le refus de prévoir les conséquences continuait aussi de prévaloir. Quinze ans plus tôt un médecin floridien, John P. Wall, avait découvert que c'était « le moustique *Aedes aegypti* qui transmettait la maladie ». Des chercheurs cubains confirmèrent ses découvertes ; cependant personne ne se soucia de drainer les mares stagnantes d'eaux non traitées où prospéraient les moustiques. Quand la fièvre apparut, « le Dr Wall arriva de Tampa pour une visite d'inspection ». Averties par avance qu'une épidémie était imminente, les autorités médicales de Jacksonville refusèrent pourtant de diagnostiquer la maladie, nota un mémorialiste. Même quand des gens crachaient, ce qui était révélateur, des vomissures noires, « le médecin en charge refusait à chaque fois qu'il pût s'agir de la fièvre jaune ». On lit plus loin, inévitablement : « quelques jours tard, il y avait de nouveaux malades ». Comme toujours, c'était la faute d'un agitateur extérieur ; cinquante-trois ans avant l'attaque de Pearl Harbor, Jack le Jaune – la personnification de la maladie aux yeux qui louchent – regardait ses victimes depuis les affiches et les journaux[10].

Comme durant la Guerre civile, les responsables de Tallahassee ne firent rien jusqu'à ce que la peur que Jack le Jaune utilisât sa tête de pont de Jacksonville pour avancer vers la capitale de l'État ne montât. Pour l'éviter, le gouverneur Perry donna l'ordre qu'on encerclât les gens qui fuyaient l'épidémie à bout de fusil et, que, comme les Séminoles autrefois, on les « concentrât ». Un des plus grands parcs pour les malades

9 Dovell, vol. 2, p. 658.

10 E. Lynne Wright, « Disasters and Heroic Rescues of Florida », Periodical, p. 9-10 ; E. E. et E. B. Johnson, « Diary of the 1888 Epidemic », Periodical ; John W. Cowart, *Yellow Jack in Jacksonville : The 1888 Epidemic*, 2005, histoire en ligne. Consulté le 5 juin 2012.

et les mourants s'appelait Camp Perry, fort justement. Durant plus de trois ans en tant que gouverneur, Perry n'avait rien fait pour protéger les Floridiens des maladies meurtrières qui étaient endémiques. Le manque de fonds était l'excuse habituelle, mais il y en avait plus qu'assez pour augmenter de 5 à 8 dollars par mois la somme d'argent que le trésor de Tallahassee versait à chaque Floridien qui avait combattu pour l'esclavage. Toutefois, il n'y avait pas de terre pour les vétérans. Si le peuplement des terres de l'État restait illégal, le principal effet qu'eut ce programme de « retraite » confédérée financé par l'État fut, malgré tout, d'étouffer toute velléité d'auto-suffisance, tout en augmentant, chez les blancs le sentiment, raciste, d'avoir un droit.

Le gouverneur Perry démontra qu'il n'était pas important de savoir où vous étiez né, pour autant que vous étiez suffisamment raciste. Son successeur, le gouverneur Francis Philip Fleming, en fonctions entre 1889 à 1893, démontra qu'avoir une sœur noire n'était pas non plus un obstacle pour devenir un politicien blanc raciste en Floride. Le grand-père de Fleming, un immigrant venu des Iles britanniques, avait acquis, par donation, des terres espagnoles, contiguës à la rivière St Johns. Son père, né en Floride, Lewis Fleming, comme son voisin Zephaniah Kingsley, trouva l'amour lors d'une incursion de jeunesse à Cuba, même si ce ne fut pas, cette fois, sur le marché aux esclaves de La Havane. Le futur gouverneur de Floride était le fils de la seconde femme de Lewis Fleming, Margaret Seton, native de Floride et d'extraction écossaise, qu'il épousa après la mort de son épouse cubaine. Du fait du premier mariage de son père, le gouverneur Fleming avait deux demi-frères et une demi-sœur cubains. Puis il y eut la demi-sœur noire, Chloe, du gouverneur Fleming, l'enfant que son père eut avec une esclave de la plantation familiale d'Hibernia.

Alors que Francis Fleming faisait des discours sur la nécessité patriotique de préserver la pureté de la race blanche, lui et sa famille multicouleur vivait ensemble à Hibernia. La couleur de peau déterminait la place de chacun dans la hiérarchie de la cohabitation domestique. Les enfants cubains, qui étaient plus ou moins de peau claire, devinrent « anglo » malgré leur origine hispanique. Chloe, qui était à moitié africaine, se vit accordée le statut de « servante personnelle de la maîtresse de la maison », la maîtresse en question étant sa propre belle-mère, Margaret Seton. Par sa demi-sœur Chloé, le gouverneur Fleming eut une nièce noire vraiment exceptionnelle. Comme Anna Madgigine Jai Kingsley, Louise Cecilia Fleming, mieux connue sous le nom de Lulu, fut une des plus remarquables femmes floridienne de son époque[11].

Esclave, à l'époque de sa naissance, Lulu Fleming reçut une excellente éducation. Suite à des études de médecine à l'Université Shaw en Caroline du nord et au collège médical pour femmes de Philadelphie, elle devint une des Floridiennes les plus qualifiées, toutes races confondues, dans le domaine de la santé publique. Bien que ses compétences fussent particulièrement recherchées en Floride, cette Floridienne mi-blanche, mi-noire fut envoyée dans l'État libre du Congo, cette partie déchirée de l'Afrique qui avait alors été conquise par Léopold II, roi des Belges, et d'autres investisseurs rapaces, à commencer par le Henry Sanford de Floride. Voulant travailler comme missionnaire médicale, Lulu remonta le fleuve Congo en 1887, deux ans avant Joseph Conrad. Entre-temps, l'oncle de Lulu, le futur gouverneur Francis Fleming, montait de plus en plus haut dans l'élite du pouvoir raciste néo-confédéré.

« Le climat ressemble beaucoup à celui du cher État de ma naissance », écrivit-elle d'Afrique, une constatation qui s'avéra tristement exacte. Au Congo, Lulu Fleming contracta la maladie du sommeil. Tombée dans le coma, elle fut rapatriée en Amérique, pour y mourir. Après l'élection de Fleming au poste de gouverneur en 1888, deux des membres cubains de sa famille moururent de la fièvre jaune. Mais ces morts-là, elles-mêmes, n'amenèrent pas de changement tangible dans les priorités publiques de la Floride ou dans celles de son gouverneur. John F. Kennedy sera élu président avant que l'État de Floride ne décerne son premier titre de docteur[12].

Même après l'adoption de la constitution de 1885, on continua à se battre en Floride pour les droits civiques et les droits de l'homme. Et, comme les résultats des élections de 1888 le montrèrent, les suprématistes blancs ne remportèrent pas toutes les batailles. La victoire, sur l'ensemble de l'État, de Francis Fleming en novembre dans la course pour le poste de gouverneur était bien le verdict final, mais le vote dans le comté de Monroe – qui comprenait les Florida Keys et un morceau du continent qui leur est proche – donna des résultats qui ébranlèrent les politiciens blancs. En dépit de toute une machinerie électorale

11 Rivers and Brown, 2009, p. 122-150.

12 Dovell, vol ; 2, p. 559-560.

racialement truquée, un noir fut élu juge. Le candidat qui sortit victorieux, le juge James Dean, était un ancien esclave natif de Floride. Né à Ocala en 1858, il avait seulement dix ans quand la constitution de Floride sur les droits de l'homme fut adoptée. Il avait dix-neuf ans en 1877, quand des racistes blancs commencèrent à démanteler le système d'éducation de Floride qui donnait à chacun les mêmes chances. Ce qui signifie que le futur juge fut d'âge scolaire durant cette brève période où la Floride s'était engagée à offrir une éducation à tous ses enfants. L'enfant fut tout d'abord éduqué à l'institut Cookman à Jacksonville, qu'Ossian Hart avait aidé à financer. Puis, en 1883, Dean obtint une licence de lettres à l'université Howard à Washington, D. C. Un an après, il se vit décerner un master par l'école de droit de Howard. Les deux fois, il sortit major de sa promotion.

À l'âge de vingt trois ans, Dean devint délégué à la convention nationale républicaine. Il aurait pu rester à Washington, et devenir un pilier de l'élite noire. Mais il rentra en Floride parce qu'il avait un rêve. Ce rêve remontait, expliqua-t-il, à sa remise de diplôme à l'institut Cookman quand, « alors que je ressentais une profonde sympathie pour mon peuple et que mon jeune cœur s'enthousiasmait pour un grand objectif, je me séparai de cet institut et entrai dans ce pays fleuri pour me battre avec la Reine Ignorance, qui règne sur de hauts lieux ». Le jeune avocat s'établit à Key West[13].

À l'époque, Key West, avec dix-neuf mille habitants était devenue la première ville champignon américaine de Floride. Quand le commodore Matthew Perry, plus tard fêté pour son expédition au Japon, y arriva pour prendre possession de l'île pour les États-Unis, elle était inhabitée. L'île était trop exposée aux ouragans et aux pirates, elle était également trop petite et trop près de La Havane pour avoir une valeur stratégique ou économique pour les Espagnols. Ses habitants les plus nombreux, une fois le drapeau des États-Unis déployé, n'étaient ni des Américains ni des Cubains, mais des immigrants venus des Bahamas. La plupart étaient des marins noirs bahamiens. Les autres étaient des loyalistes blancs qui avaient fui les États-Unis durant la Guerre d'Indépendance. Alors que la péninsule de Floride était encore une étendue sauvage sans

13 Canter Brown Jr. et Larry E. Rivers, « The Pioneer African American Jurist Who Almost Became a Bishop : Florida's Judge James Dean, 1858-1914 », *Florida Historical Quarterly*, vol. 87, no. 1, Summer 2008, p. 16-49.

la moindre piste, la position de Key West au centre de la route maritime qui allait de New York à La Nouvelle Orléans lui donnait une position vitale avec le reste des États-Unis. La source principale de la prospérité première de Key West était le pillage d'épave, plus poliment connu sous le nom d'affaires « de sauvetage ». Dès les années 1500 les Floridiens – tout d'abord les Indiens puis les Européens – pillaient les épaves que la mer périodiquement rejetait sur leurs rives. Sous la domination des États-Unis, le pillage d'épave devint une forme légalisée de pillage. Ces chasseurs de butin, comme Jonathan Walker et ses esclaves en cavale le découvrirent, n'attendaient plus que les navires ne s'échouent, pour saisir des produits de « contrebande », à la fois matériels et humains. Quand la mer tardait à fournir un butin suffisant, les chasseurs d'épave faisaient échouer les navires eux-mêmes – utilisant des faux feux et des fausses bouées pour tromper les marins.

Les chasseurs d'épave et le butin qu'ils ramenaient donnèrent à Key West un côté désinvolte qui existe encore. Durant la Guerre civile, la situation de Key West l'isola psychologiquement comme géographiquement de la répression confédérée. Puis, dès 1868, des milliers de réfugiés immigrèrent à Key West pour échapper à un bain de sang à Cuba toute proche. L'Espagne avait perdu la Floride (et toutes ses autres possessions sur le continent américain) depuis longtemps, qu'elle s'accrochait encore à Cuba. Comme sa répression cruelle du mouvement d'indépendance le démontra, l'Espagne des Bourbons n'avait rien appris de ses tragédies coloniales antérieures.

À l'époque où Dean y arriva, Key West était la communauté la plus peuplée et aussi la moins intolérante de Floride. Il n'avait que vingt-neuf ans quand il lança sa campagne pour devenir juge du comté de Monroe, et il eut tant de succès que, sur ses basques, ce fut un candidat noir qui obtint également le poste de shérif. « On concéda du côté démocrate comme du côté républicain », rapporta un journal, « que Mr. Dean était le plus qualifié des trois candidats, car il était le seul avocat ». Seule une paranoïa sexuelle raciste pouvait fournir un poison politique capable de détruire la carrière d'un responsable élu comme le juge James Dean, aussi le sexe, inévitablement et presque immédiatement, arriva-t-il sur le devant de la scène. Parmi les responsabilités du juge, il y avait l'émission des autorisations de mariages. Et très vite parvint à Tallahassee l'information scandaleuse, choquante et fausse, que le juge Dean avait donné l'autorisation à un homme blanc d'épouser une femme noire. Ce n'était pas le cas. Dean maintenait la ségrégation des races avec autant de vigilance que tout juge blanc. La mariée était noire. Mais, sous serment, le marié jura qu'il était de parents de races mêlées, c'est-à-dire « mulâtre ».

La controverse était culturelle tout autant que raciale. Les tests ADN ne seraient pas disponibles avant une centaine d'années, mais même s'il avait été possible de faire figurer le génome de M. Gonzalez sur le banc des témoins, sa race serait restée une construction sociologique. Dans le contexte cubain, Gonzalez aurait probablement été considéré comme blanc, du fait d'un teint clair. En Floride où une goutte de sang africain suffisait à faire d'un homme un « homme de couleur », Gonzalez n'était blanc ni par la loi ni par les conventions sociales. S'il avait refusé à Gonzalez et à sa fiancée une autorisation de mariage, le juge Dean aurait eu à établir qu'une personne qui jurait qu'il n'était pas blanc était en fait de race blanche. Un tel changement dans le statut racial décidé par la cour aurait constitué une intervention plus extrême pour un juge noir dans les affaires de reproduction de la race blanche que celui dont le juge Dean était accusé.

Puisqu'il n'existait pas de base juridique pour remettre en cause la décision du juge Dean, le gouverneur Fleming le releva de ses fonctions sur une base morale ; « sa faute officielle », assura-t-on, fournissait « une preuve tangible de son incapacité morale à occuper un poste de confiance et de responsabilité ». « Notre ville a été dans un grand état d'excitation durant les deux dernières semaines en ce qui concerne la suspension du juge Dean de ses fonctions par le gouverneur Fleming », écrivit un citoyen de Key West à la fin de juillet 1889. « L'acte », ajoutait-il, « est considéré par toutes les classes sans qu'il soit question de race, de nationalité ou de politique comme un acte indigne perpétré à son égard par de simples préjugés raciaux et non pas pour une faute professionnelle ». La Cour suprême de Floride refusa de prendre en considération la contestation par Dean de la légalité de sa mise à pied. Ce fut ainsi qu'un des juristes les plus qualifiés de Floride fut exclu des instances judiciaires, et qu'il fut remplacé par une personne sans expérience juridique. Le *Florida Sentinel* expliqua pourquoi : « c'[était] simplement parce qu'il était de couleur ».

En 2012, l'État de Floride décrivait encore le juge Dean comme coupable et le gouverneur Fleming comme le héros qui avait été justement récompensé, tant personnellement que politiquement. « Le gouverneur Francis P. Fleming le releva de ses fonctions en 1889 pour avoir marié une femme noire et un homme blanc (même si le marié soutenait qu'il était mulâtre) », selon le Projet pour la mémoire de la Floride des Archives et de la bibliothèque d'État de Floride. « Il quitta Key West sans le sou et déshonoré, pour Jacksonville où il mourut dans la pauvreté », mais ceci est encore de la fiction[14]. Écarté du prétoire le juge Dean, comme de nombreux noirs américains ambitieux, se tourna vers la religion, en l'occurrence vers l'Eglise africaine méthodiste épiscopale, dont il devint un leader national. À l'époque, le chemin de fer avait remplacé le transport fluvial comme le moyen de transport le plus lucratif pour faire des affaires en Floride ; Jacksonville avait remplacé Key West comme plus grande ville de Floride. L'ancien gouverneur Fleming et l'ancien juge Dean cohabiteront dans la même ville durant des décennies.

L'hiver de Floride les anéantit tous les deux. Quand Fleming mourut, en « décembre 1908, dans sa maison de Jacksonville, après une longue et douloureuse maladie », on lui fit des adieux néo-confédérés trop longs pour qu'ils pussent tenir sur un obélisque. On déclarait qu'il avait été : « Un… soldat courageux, un citoyen loyal et patriote, un officier public fidèle, un conseiller avisé, un homme d'église ardent et zélé, un gentilhomme chrétien charitable et fiable ». De longues et respectueuses rubriques nécrologiques s'émerveillaient que, pendant qu'il était « président des soldats de l'ancienne Confédération et de l'association de la maison des marins », Francis Fleming avait, en plus, trouver le temps d'assumer les devoirs de « commodore et d'administrateur du Yacht Club de Floride ». Comme « président et comme membre actif de la Société historique de Floride ; et éditeur des, et contributeur fréquent aux, publications de la revue de la Société », il avait également aidé à transformer les désastres militaires, économiques, sociaux et moraux, qui, grâce en partie à ses propres activités, avaient submergé la Floride, en des triomphes d'honneur et de courage[15].

La mort de Dean, en décembre 1914, firent l'actualité jusqu'à New York où, rapporta un journal, ses obsèques attirèrent « un large ensemble

14 Florida Memory, « Judge James Dean – Monroe County, Florida ». Consulté le 5 juin 2012.

15 « In Memoriam : Francis Philip Fleming », *Florida Historical Society Quarterly*, vol. 2, no. 1, avril 1909, p. 4-8.

de personnes. Des centaines d'entre elles firent une file et regardèrent pour la dernière fois le visage de celui que de nombreux parmi eux avait connu en vie ». La répression des suprématistes blancs avait empêché Dean d'avoir des fonctions publiques ; elle ne l'avait pas empêché de combattre la Reine Ignorance sur son propre terrain. Dean transmit un esprit de combat qui, en Floride, continuera à être réprimé cruellement, sans être jamais éteint.

La réalisation la plus durable de Francis Fleming fut visuelle. Le drapeau de l'État de Floride acquit sa croix rouge diagonale si particulière, ou croix de Saint André, sur ordre de l'ancien gouverneur. Alors, comme aujourd'hui, le sceau de l'État occupait le centre du drapeau. Depuis 1868, les statuts de Floride avait décrété que le sceau déploierait « les rayons du soleil, un cacaoyer, un bateau à vapeur, et une femme indienne dispersant des fleurs ». En 1895, parce que la Floride est plate, on enleva la montagne du sceau. La « femme indienne » perdit finalement ses plumes de l'Ouest sauvage ; aujourd'hui elle porte une blouse séminole et une jupe. Autrement, le grand sceau est le même que celui qu'il était au temps du gouverneur Fleming[16].

Ce qui, pour Fleming, faisait défaut, ce n'était pas le grand sceau, mais le champ sur lequel il était déployé. À l'époque, le drapeau de Floride, à l'exception du sceau était entièrement blanc. Certains considéraient cela comme une assertion adéquate de la suprématie blanche. Pour Fleming, le blanc rappelait la soumission aux Yankees. Après avoir quitté ses fonctions, il consacra son énergie à éliminer ce qu'il considérait comme des aspects défaitistes du drapeau de Floride. Lors d'un référendum « pour blancs seulement », la campagne de Fleming pour superposer le drapeau de guerre confédéré à croix rouge sur le drapeau blanc de Floride fut couronnée de succès. L'Alabama, le Mississippi et la Géorgie firent également de versions du drapeau de bataille confédéré le drapeau de leur État. Dans ces États, le symbolisme pro-esclavage finit par susciter quelque controverse. La Géorgie enleva la croix de Saint André confédérée de son drapeau en 2000. En Floride, la version pro-esclavage du drapeau de Floride du gouverneur Fleming continue aujourd'hui encore à flotter, sans susciter de protestation, sur les postes de la police de la route, sur les guichets des péages et les bureaux de poste, tout

16 Joseph E. Miller, « Governor Francis P. Fleming (1841-1908) », *Jacksonville Observer*, 2 octobre 2009.

comme sur le capitole de l'État et sur d'autres édifices publics, y compris sur les écoles de Floride. Personne ne semble remarquer que le symbole le plus ostentatoire de l'État célèbre encore l'insurrection armée contre les États-Unis.

CINQUIÈME PARTIE

INVENTER LE FUTUR

J'aurais été riche, s'il n'y avait pas eu la Floride.

Henry FLAGLER, sur ses aventures floridiennes[1].

1 Standiford, 2003, p. 212.

DES PIONNIERS AU PARADIS

Dès 1500 environ, la croyance que l'on pouvait trouver en Floride, ou alentour, de l'or et un raccourci vers la Chine avait précipité les événements. Plus tard, l'idée qu'utiliser le travail des esclaves était un bon moyen de devenir riche avait suscité des rêves et conduit au désastre. Comme le vingtième siècle se profilait, un nouveau mythe floridien manifesta sa prégnance. On prétendit que la Floride était un paradis. Comme c'était le cas des autres croyances, ce mythe se développa indépendamment de toute réalité. L'épidémie de fièvre jaune ne parvint pas à le tuer et les ouragans ne le chassèrent pas. Si on définissait les périodes historiques selon leur malentendu dominant, il serait possible de dire que nous sommes encore, en Floride, dans cette Troisième Grande Période d'Illusion.

On peut retrouver le mythe de l'El Dorado dans les archives espagnoles. On peut comprendre comment l'idéologie de la bravoure et de la victoire confédérées se propagea en étudiant les inscriptions sur les monuments publics. On peut également trouver des traces écrites de ce mythe du Paradis. Comme la croyance en la Fontaine de Jouvence, il fut importé – en l'occurrence du Nord après la Guerre civile. Auparavant, on aurait douté de la santé mentale de quiconque aurait suggéré que la Floride était un paradis. Plutôt un mois en enfer, disait un soldat durant la Guerre séminole, qu'un mois en Floride. C'était avant que des étrangers influents ne commencent à parler et à se comporter comme si la Floride était un Paradis. Un des premiers exemples où la Floride fut vendue comme Paradis date de 1868. Cette année-là, l'Anglais H. H. Williams donna pour nom à son lieu d'attraction de St. Augustine : *Paradise Grove and Rose Gardens*. L'année suivante, la nièce de James Fenimore Cooper, Constance Fenimore Woolson, commença à répandre cette idée nouvelle que la Floride était une merveille[1].

1 Constance Fenimore Woolson, « The Ancient City, Part I », *Harper's Monthly*, décembre 1874, p. 1-25 ; « The Ancient City, Part II », *Harper's Monthly*, janvier 1875, p. 165-185 ; Sharon Kennedy-Nolle, « "We Are Most of Us Dead Down Here" : Constance Fenimore

Woolson était celle qui avait conseillé à ses lecteurs d'éviter de marcher sur les ossements humains lors de leurs promenades romantiques sous la lune, mais, dans son texte, ce qu'on avait considéré auparavant comme dangereux et terrible était désormais présenté comme engageant et attrayant. Les marécages et les alligators inclus.

> Le courant lent depuis l'Everglade
> Montre la piste de l'alligator
> Ah, Destinée ! Pourquoi devons-nous toujours
> Nous éloigner de la plage de Floride ?

C'est ainsi que Miss Woolson en faisait l'élégie. En faisant référence à la petite ville abandonnée comme à l'Ancienne Ville, Woolson aida également à répandre l'idée que St Augustine était une sorte de Troie ou de Carthage nord-américaine.

Parmi ceux qui se convertirent à cette promotion de la Floride, il y eut l'ancien gouverneur Harrison Reed. Après la prise de pouvoir par les suprématistes blancs, Reed, qui était éditeur avant de devenir politicien, revint à son ancienne profession. Son nouveau magazine mensuel, *Semi-Tropical*, fut le précurseur de toutes les publications futures sur cet art de vivre floridien, fait de gaité et de soleil. Alors même que les milices racistes et Jack le Jaune terrorisaient l'endroit, Reed et ceux qui écrivaient dans son magazine déclaraient que la Floride était salubre ; ils lui prédisaient un futur glorieux qui se trouvait à portée de main. Le virage fut particulièrement manifeste dans le cas du révérend Charles Beecher. Lui-même militant anti-esclavagiste d'importance, le plus jeune frère d'Harriet Beecher Stowe arriva en Floride après la Guerre civile pour des raisons familières. Accusé d'hérésie par ses camarades congrégationalistes là haut dans le Nord, il opta pour un nouveau départ. Aider les esclaves à s'élever était le grand projet initial de Charles Beecher, mais, quand la domination raciste se fut de nouveau imposée, sa mission subit une vraie métamorphose. Il avait tout d'abord représenté la Floride dans son ouvrage *The God of Bible Against Slavery*, c'est-à-dire, *Le Dieu de la Bible contre l'esclavage*, comme une terre sauvage et spirituelle. Désormais il la décrivait de plus en plus en termes d'immobilier.

Woolson's Travel Writing and the Reconstruction of Florida », in Victoria Brehm (ed.), *Constance Fenimore Woolson's Nineteenth Century : Essays*, 2001, p. 141-160.

Avec le vingtième siècle qui approchait à grands pas, promettait Beecher, des trains à grande vitesse parcourraient les deux côtés de l'État, permettant au transport terrestre de rivaliser avec les avions qui restaient encore à inventer. Trente ans avant que cela n'arrive, Beecher prédisait aussi l'éradication du paludisme et de la fièvre jaune. Les épidémies une fois éradiquées, informait-il les lecteurs de *Semi-Tropical*, la Floride deviendrait un paradis ultra-moderne où les millionnaires ainsi que « les magnats du gouvernement fédéral auraient des résidences semi-tropicales d'hiver ». « La Floride méridionale », prédisait Beecher, « serait le lieu de résidence d'une population importante de Yankees et de Canadiens ». Un trait intéressant qui caractérise cette Floride du futur est l'absence de Floridiens. Il ne mentionnait jamais dans son article de « compatriotes » noirs ou blancs. Ce n'était pas la seule transformation qu'il prévoyait. « Du fait de la croissance de l'État », explique un commentateur, « Beecher pensait que les Everglades n'existeraient plus[2] ».

La Floride transforma plus remarquablement encore la célèbre sœur de Charles Beecher, Harriet Beecher Stowe. Avant de diriger son enthousiasme sur la Floride, Mrs Stowe avait consacré son infatigable activité littéraire à défendre les libertés humaines. Mais c'est une fois installée dans une plantation près de Jacksonville que sa vision de quartiers résidentiels fermés se mit en place. Ce que Mrs Stowe ne voyait pas ne la préoccupait pas. Ce qu'elle voyait la réjouissait. La transition de la Floride de l'abominable à l'acceptable se trouve résumée dans un commentaire qu'elle fit après s'y être installée. « Pour ce qui nous concerne », écrivit-elle, « nous voilà réconciliée avec cette sorte de vie primitive, sauvage, de pique-nique – cette joie insouciante qu'inculque la Floride ». La Floride était encore « primitive » et « sauvage », mais ces caractéristiques étaient désormais décrites comme séduisantes et non plus comme repoussantes.

Harriet Beecher Stowe fut à la Floride d'après la Guerre civile ce que Washington Irving lui avait été auparavant, cette célébrité littéraire venue de l'extérieur qui remplace la réalité par le mythe. Même les temps de l'esclavage brillent plaisamment dans les descriptions qu'elle fait de la plantation qu'elle et des amis louèrent près de Jacksonville. Dans ces temps heureux passés, Mrs Stowe déclara, dans un article de l'*Atlantic Monthly*, que sa plantation de Floride « avait fait pousser de grandes

---

2 Foster, 1999, p. 104-106.

quantités de coton ordinaire, et… qu'elle avait eu une orangeraie très productive, de laquelle, ceci dit, il ne restait aucune trace ». Il n'en restait aucune trace parce que tous les orangers avaient été détruits, concédait Stowe elle-même, par « la grande gelée de 1835 ». La plantation de Stowe avait rapporté de l'argent en une occasion, par la contrebande d'esclaves et non par sa production agricole. Nous le savons, car Stowe s'était en fait installée sur l'ancienne plantation de Zephaniah Kingsley et de Madgigine Jai, Laurel Grove. Sans mentionner leurs noms, Mrs Stowe évoquait « la splendeur des anciens occupants de la maison ; comment ils entretenaient un cuisinier français, avaient une table élégante et donnaient de superbes dîners ». Elle n'informait pas ses lecteurs que l'hôtesse qui présidait à cette « table élégante » était une ex-esclave africaine. À la place, Stowe tissait un conte de noblesse fabriquée où les drames et la sueur de Floride, comme son climat humide, étaient dissous « en rêve dans des brouillards pourpres ».

Stowe et ses amis investisseurs s'étaient convaincu que, en plantant du coton, ils arriveraient comme « nos prédécesseurs à vivre dans l'abondance et le confort dans un bel endroit cultivé sur la rivière St. Johns ». Chaque « fleur de coton parlait d'un avenir doré », jusqu'à ce que de méchants charançons ne détruisent leur récolte et contraignent Stowe et ses amis à abandonner Laurel Grove[3]. « L'un d'entre nous partit éditer un journal », raconta-t-elle, « un autre ouvrit une agence immobilière. Quant à nous, nous achetâmes avec d'autres une plantation d'orange sur l'autre rive de la St Johns ». C'était ce que faisaient les gens quand leur plan initial pour devenir riches avait échoué. Ils se reconvertissaient dans les relations publiques, devenaient agents immobiliers, ou, comme Mrs Stowe, déménageaient avec leurs rêves sur un autre morceau de terre où, disaient les promoteurs, on était sûr de devenir riche, cette fois. Dans la nouvelle plantation de Stowe, les improbabilités romanesques se ramifièrent. La « plantation d'orange sur l'autre rive de la St Johns » se trouvait être la vieille Mandarin Plantation d'Anna Kingsley. Elle était trop au nord pour que la culture des agrumes eût la moindre chance de réussir, mais Mrs Stowe y fit une exceptionnelle récolte de mots. En 1873, elle publia un livre intitulé *Feuilles de palmier.* Dans des chapitres aux titres comme « un mois de janvier de Floride en fleurs », il décrivait la Floride comme

3 Stowe, « Our Florida Plantation », *Atlantic*, vol. 43, 1879, p. 643.

l'antichambre du Paradis. Le chapitre clé s'intitulait « Acheter des terres en Floride[4] ».

C'était comme si quelque chose était vraiment dans l'eau qu'ils ont bu. Les suprématistes blancs et les abolitionnistes ; les Nordistes et les Sudistes ; les poètes et les agents de voyage : ils buvaient tous à la Floride et leur panégyrique commençait à déferler. Il y avait une raison souterraine pour laquelle des gens si différents finissaient dans les relations publiques, même si on considère que c'est de la littérature ou de l'histoire. À part le bois et les phosphates, la Floride n'avait que peu de choses à vendre, mais que se passerait-il si ses millions d'hectares de terres vides, improductives et détrempées étaient transformées en marchandises. L'urgence à transformer des hectares sans valeur en biens immobiliers les unissait tous dans cette grande entreprise qui consistait à faire croire que la Floride était ce qu'elle n'était pas.

Gèle-t-il en Floride ? Vendez-la alors comme un endroit où l'on échappe au froid ! La Floride est-elle (si l'on excepte la Louisiane) l'État le plus pluvieux d'Amérique ? Appelez-la l'État du soleil ! La plus étrange de ces fictions était celle qui disait que la Floride était bonne pour la santé. Jusqu'au vingtième siècle le facteur le plus important qui y limita la croissance démographique n'était ni les ouragans ni la chaleur. C'était que la Floride pouvait vous tuer. Médicalement c'était le pire des deux mondes. Les fièvres exotiques et les infections y prospéraient. De même que bien des maladies – de la grippe à la polio – qui touchaient les gens là haut dans le nord. Cette situation doublement dangereuse était exacerbée par le refus des responsables publics de Floride de dépenser le moindre sou pour la santé publique. Les habitants le payaient de leur vie. Ainsi, d'ailleurs, que ces politiciens qui ne voulaient rien dépenser. En 1841 déjà, le gouverneur Reid était mort de la fièvre jaune ; et, plus récemment, en 1908, le sénateur William James Bryan était mort, lui, de typhoïde[5].

Comme l'idée qu'il n'y gèle jamais, la proposition que « les conditions nécessaires pour permettre au tuberculeux de vivre sont admirablement fournies par les ressources climatiques de la péninsule » devint partie obligée du répertoire publicitaire de la Floride. Le publicitaire-poète Sidney Lanier, qui combattit pour l'esclavage durant la Guerre civile,

---

4 Stowe, 1873, p. 39, 279-281.

5 Tebeau, 1971, p. 333.

fut étroitement lié avec cette déclaration que la Floride pouvait vous sauver de la tuberculose. En 1875, le poète romantique de Géorgie, appauvri et malade, en compensation d'un voyage et d'un hébergement gratuit, écrivit un livre intitulé *Florida : Its Scenery, Climate, and History.* Dans le chapitre essentiel, « Pour les tuberculeux », Lanier conseillait de fortes doses de clair de lune et de soleil. Une fois qu'ils se seraient installés sous ce climat de rêve, promettait-il aux migrants en quête de bonne santé, « l'administration de doses régulières de whisky à intervalle d'une heure à une heure trente chaque jour du lever au coucher ferait des merveilles ». Un an seulement après avoir achevé son ode à la salubrité de la Floride, Lanier mourut de la maladie dont, selon lui, la Floride guérissait, à l'âge de quarante et un ans[6].

Dans *Feuilles de palmier*, Mrs Stowe s'en prenait violemment à un visiteur très mal élevé qui décrivait la Floride telle qu'elle était. « Nombreux sont ceux, écrivait ledit visiteur, qui sont trompés par son climat très doux ; et ils descendent ici – pour mourir ». En le réfutant, Mrs Stowe faisait porter la faute aux victimes. « Des invalides viennent de fait ici », concédait-elle, « s'exposent imprudemment, et meurent ». Fallait-il faire porter la faute à l'imprudence des invalides plutôt qu'à la Floride ? Le typhus et la polio figuraient parmi les maladies qui frappaient le plus les enfants en Floride. Et ceux qui survivaient avaient toutes les chances de ne jamais aller à l'école. « C'est vraiment un Eden pour les enfants », s'enthousiasmait Mrs Stowe. « Toute la journée nous les voyons courir et faire la course – jusqu'aux quais… où ils attrapent des crabes, et au-delà où ils cueillent des fleurs dans les bois, sans qu'il soit question de grêle, de neige fondue ou de pieds mouillés ». Elle plaignait les pauvres petits là haut dans le nord qui sont « retenus prisonniers » dans les salles de classe. Elle recourait ensuite à la vieille tactique favorite des publicitaires de Floride, en évoquant la vie horrible de la zone tempérée. « Nous ne pouvons mieux illustrer cela », concluait Stowe, « que par deux expériences que nous fîmes cette année. Le matin de Pâques, nous fûmes réveillés par les chants des oiseaux et c'était un matin paradisiaque ». « Et maintenant », ajoutait-elle tout de suite, le Nord. Un ami à Hartford écrit, « Je fus réveillé par le crépitement de la neige et de la neige fondue sur le bord de ma fenêtre. Ce n'était pas un temps à aller

6 Lanier, 1877, « For Consumptives », p. 210-217, 213 ; Anne E. Rowe, *The Idea of Florida in the American Literary Imagination*, p. 36-37.

à l'église, la tempête était trop forte… » Qui, confronté à ces horreurs du Connecticut, où le climat impie conspirait même pour empêcher le culte, ne préférerait pas la Floride[7] ?

Parmi ceux qui furent attirés en Floride par une telle publicité, il y eut le prodigieusement riche Henry Flagler, co-fondateur de la Standard Oil et incarnation du triomphe de la finance aux États-Unis. Flagler arriva en Floride tout d'abord en 1877, pensant qu'y résider rendrait la santé à sa première épouse, Mary Harkness. Il n'en fut rien ; elle mourut, mais quand sa fille tomba elle aussi très malade, Flagler donna l'ordre de la transporter en Floride – tout d'abord par voie ferrée jusqu'à Norfolk en Virginie, puis par mer, sur le yacht de Flagler, l'*Oneida*, pour les 1200 kilomètres restants jusqu'à St Augustine. Il n'y a aucun moyen de savoir comment elle s'en serait tirée si elle n'avait pas été soumise à cette épreuve, mais, en tout cas, quand le yacht de Flagler jeta l'ancre en Floride, on débarqua un cadavre[8].

Grâce à Flagler, Ponce de Leon apparut finalement à St. Augustine – 376 ans après la date officielle donnée par les marqueurs historiques – en 1889. Il arriva par chemin de fer. Henry Flagler, qui avec Andrew Jackson et Walt Disney fut un des grands contributeurs à l'américanisation de la Floride, avait décidé d'utiliser ses millions de la Standard Oil pour faire courir un chemin de fer le long de la côte atlantique jusqu'à un endroit où il ne faisait jamais froid en hiver. Quatre siècles plus tôt, la caravelle, capable de naviguer contre le vent, avait révolutionné les relations de la Floride avec l'Europe. Désormais le chemin de fer de Flagler révolutionnait ses relations avec le reste des États-Unis. Quand ils arriveraient là, par train, dans leur voiture privée, les super-riches auraient besoin d'une scène pour se montrer et, en même temps, pour manger et dormir, aussi à St. Augustine, Flagler fit-il construire, selon ses recommandations, l'hôtel le plus grandiose que la Floride n'avait jamais vu. Avec ses deux tours ornementées, chacune de 50 mètres de haut, ce majestueux édifice semblait une transposition, pierre par pierre, de la hautaine Séville. Comme le chemin de fer, comme les millionnaires qui arrivaient par le chemin de fer, c'était en fait un produit dérivé de la révolution industrielle. Flagler dissimula ses poutres d'acier sous des

---

7 Stowe, 1873, p. 120.

8 « Dies on the Yatch ; H. M. Flager's Invalid Daughter Expires While Hurrying South », *New York Times*, 27 March 1889.

détails architecturaux d'aspect espagnol pour créer une voluptueuse attraction de style européen à laquelle les super-riches de la belle époque ne pourront résister.

Il appela ce prodigieux caravansérail le Ponce de Leon Hotel. Ce choix, d'un point de vue floridien, n'avait aucun sens. Durant les centaines d'années où ils avaient été maîtres de l'endroit, les Espagnols n'avaient jamais donné le nom de Ponce de Leon à quoi que ce fût, mais Flagler n'avait pas de point de vue floridien. Il était un multimillionnaire yankee ; il avait à l'esprit des lieux comme les stations balnéaires méditerranéennes que lui et ses magnats d'amis visitaient sur leurs yachts – et, à cette époque, un personnage mythique qui portait le nom de Ponce, mais qui n'avait que peu à voir avec le vrai Ponce de Leon, était une composante de l'imaginaire enfantin depuis plusieurs générations, grâce aux contes d'écolier de Washington Irving. En plus, un engouement pour une architecture espagnole fantasmée accompagna l'arrivée en Floride du chemin de fer et le grandiose hôtel de Flagler. Dès lors, pourquoi ne pas appeler cet hôtel le Ponce de Leon Hotel ?

Après l'ouverture du Ponce de Leon Hotel, on commença à fêter à St. Augustine la journée Ponce de Leon tous les mois d'avril. Pendant un temps, des vestiges de la vérité historique perdurèrent. Les Indiens fuyaient quand ils voyaient Ponce de Leon approcher, comme ils avaient fui lors de son débarquement en 1513. Mais, depuis 1909, les Indiens – joués par des habitants de St. Augustine qui portent des costumes de l'Ouest sauvage – poussent des cris de joie et braillent devant les Espagnols comme des acteurs dans un film de Tom Mix. Ils sont prêts à sacrifier les Espagnols qu'ils ont capturés au dieu du soleil, comme dans les films, jusqu'à ce que les ouvertures diplomatiques de Ponce n'en fassent des amis. Jusqu'à 1926, vous ne trouviez pas encore de Fontaine de Jouvence à St. Augustine, mais petit à petit l'idée que le Ponce de Leon historique et l'attraction touristique « le vieux St. Augustine » étaient en quelque sorte liés prit racine. Bientôt des rues, des écoles et des programmes immobiliers dans toute la Floride portèrent son nom ; les livres d'histoire suivirent. Ponce de Leon était devenu une figure majeure, non pas pour ce qu'il avait fait durant sa vie, mais parce que, plus de 360 ans après sa mort, un millionnaire américain décida de donner son nom à un hôtel.

Alors que la population de la Floride s'accroissait, dans tout l'État la fiction devenait la réalité. Ignorant la vraie histoire de la Floride, les nouveaux arrivants confectionnèrent une Floride mythique qui mêlait les intrigues de westerns d'Hollywood au décor des couloirs d'hôtel. Les célébrations d'événements historiques qui n'avaient pas eu lieu aidèrent à transformer les étrangers en voisins. Elles donnèrent aussi aux nouveaux arrivants le sens, entièrement faux, d'un contexte historique qui faisait paraître logique ce qui était irrationnel, et « visionnaire », comme bien des articles de relations publiques le diront, un comportement destructeur. Elles y parvenaient en les trompant sur la nature de la terre où ils s'établissaient et sur la place qui serait la leur. Sur la côte du Golfe, Tampa fit la course en tête pour ce qui concerne le truquage historique. Les nombreuses personnes qui assistent à la grande kermesse civique, Gasparilla, pensent qu'elle reflète un vrai événement – un ancien raid du pirate José Gaspar. Mais Gaspar n'a pas existé. Lui comme Gasparilla sont nés dans les rêves d'un rédacteur de la rubrique mondaine du *Tampa Tribune*, Mary Louise Dodge, et quelques amis en 1904. L'invention de Gaspar donna à Tampa une « histoire » du jour au lendemain. Elle donna aussi à certaines personnalités dynamiques l'occasion de singer les manifestations sociales de villes plus anciennes. Maintenant que Tampa avait sa propre version du pirate de La Nouvelle Orléans Jean Lafitte, elle pouvait tenir une fiesta annuelle modelée sur le Mardi Gras de La Nouvelle Orléans[9].

Le fait que Gaspar n'eût jamais existé n'empêcha pas qu'un mythe subsidiaire n'obtînt quelque crédit, en l'occurrence que Gaspar aurait enterré un trésor quelque part dans les alentours de Tampa Bay. En cherchant le trésor qui n'existe pas d'un pirate qui n'existe pas, les chasseurs de trésor ont détruit « au bulldozer des monticules indiens, endommagé des marécages et détruit des mangroves par leur détermination à trouver de l'argent et de l'or », écrit Kevin McCarthy dans son livre sur les boucaniers de Floride. Encore récemment, en 1992, des chasseurs de trésor furent arrêtés pour avoir profané d'authentiques sites historiques dans leur chasse au « trésor » de José Gaspar. C'est un événement paradigmatique de la Floride : détruire la vraie histoire de l'État en cherchant à profiter de son passé illusoire[10].

Quand son hôtel ouvrit, Flagler avait déjà dépensé une fortune. En retour, ce ne fut que tragédie personnelle et un hôtel qui ne dégagera

9 Voir Nancy Turner, *The History of Ye Mystic Krewe Of Gasparilla, 1904-1979*, 1979.
10 McCarthy, 1994, p. 55-57.

jamais le moindre bénéfice. Ce n'était qu'un début. La seconde épouse de Flagler deviendra folle en Floride. Son fils unique, effrayé par les extravagances de son père et son obstination à n'écouter personne, quittera la Floride ; ils ne s'adresseront plus jamais la parole. Quelqu'un, qui aurait eu une idée moins grandiose des possibilités de la Floride et des siennes propres, aurait été dissuadé, mais ce ne fut pas le cas de Henry Flagler. « J'ai trouvé un véritable paradis », annonça-t-il quand il lança sa seconde grande vague de dépenses en Floride. Les fièvres et le froid avaient vite mis fin à l'espoir que St. Augustine fût suffisamment sûre et suffisamment au sud pour devenir le paradis de l'Amérique. Mais, alors, après un naufrage, une cargaison de noix de coco de Cuba s'était déversée sur la côte au sud du phare de Jupiter, où ils avaient germé. Ces grands et gracieux palmiers, contrairement aux palmiers nains broussailleux, n'étaient pas originaires de Floride ; comme les porcs sauvages, ils étaient des envahisseurs biologiques. La vue, alors inhabituelle, de ces palmiers qui fleurissaient sur cette rive suscita chez Henry Flagler une vision dans laquelle Palm Beach, où le gel était inconnu, serait le terrain de jeu d'hiver des personnes les plus riches du monde, une combinaison de Monte Carlo et de Tahiti. Cette Floride-là n'existait pas, aussi Flagler entreprit-il de la créer.

Tout d'abord, il déracina les mangroves ; il devait y avoir partout, décréta-t-il, d'imposants palmiers. Jusqu'alors, en Floride méridionale, même les riches vivaient dans des maisons de bois construites sur pilotis de façon à être au-dessus de l'humidité. Lui et ses voisins de Palm Beach, décida Flagler, vivraient désormais dans des palaces de marbre. Palm Beach était exclusivement pour les riches. Pour loger les ouvriers et les domestiques nécessaires pour faire fonctionner son paradis, Flagler fit construire la ville de West Palm Beach, qui servit aussi comme tête de ligne du chemin de fer et comme dépôt de marchandises. Jusqu'alors, Flagler, bien qu'immensément riche, avait été éclipsé dans ses conquêtes par son partenaire, J. D. Rockfeller. En Floride, Flagler ne joua plus de Soto vis-à-vis du Pizarre qu'était Rockfeller ; il devint le *numero uno.* Pour cela, il avait arrêté de créer de la richesse et avait commencé à la consommer sur une échelle gigantesque. À lui seul Whitehall, le palace de Palm Beach de Flagler, coûtera plus de 4 millions de dollars.

Durant l'hiver 1895, Flagler, sur ses fonds propres, avait fait avancer la ligne de son Florida East Coast Railroad, sur plus de cinq cents kilomètres le long de la côte atlantique de Floride. C'était très amusant de jouer au train en Floride, mais, comme il arrive inévitablement, l'air de l'Arctique jaillit vers le sud, défaisant de nouveau son rêve d'un paradis où il ne gèlerait pas. Sa troisième et dernière épouse tremblait dans ses fourrures quand leur parvint un bouquet de fleurs d'oranger fraîches. À l'inverse de celles de Palm Beach, ces fleurs d'oranger n'étaient pas mortes de froid. Une riche veuve du nom de Julia Tuttle les leur avait adressées depuis une propriété qu'elle possédait quelques cent kilomètres plus bas sur la côte. Les fleurs d'oranger n'étaient qu'une partie de la présentation que Tuttle avait préparée ; celle-ci comprenait aussi des photographies, des coupures de journaux et des relevés de température.

Comme Flagler, Julia Tuttle était venue en Floride pour transcender la mort et se réinventer, après les décès de son père et de son mari, l'un et l'autre multimillionnaire. Le rêve de Flagler était de construire un chemin de fer vers un endroit où le thermomètre jamais, jamais, ne descendrait sous les trente-deux degrés Fahrenheit. Tuttle rêvait, elle, de créer une métropole floridienne capable de rivaliser avec leur ville d'origine commune, Cleveland. Aucune route, ni aucune ligne de chemin de fer n'arrivaient sur ses terres, aussi y accédait-elle par péniche, emportant avec elle des tonnes de provisions, y compris deux vaches laitières. Le rêve de Tuttle de transformer sa terre de broussailles en ville dépendait pour être réalisé de la possibilité de la relier au monde extérieur. D'où la cour qu'elle faisait à Flagler. Son stratagème fonctionna. Moins d'un an plus tard, le chemin de fer commença à transformer la terre de Tuttle en une métropole immédiate, Miami. En tout cas, c'est l'histoire que l'on raconte. Selon l'historien du département de Floride pour la protection de l'environnement, « Flagler avait déjà des plans pour étendre son chemin de fer jusqu'à Miami. Lui et Mrs Tuttle firent de l'histoire des fleurs d'oranger un gadget de relations publiques ».

Le froid qui avait aidé à réaliser le rêve de Tuttle tua les rêves d'innombrables autres personnes. L'ancien membre de la chambre des représentants des États-Unis, Joseph Walls, avait survécu à plusieurs tentatives d'assassinat. Il était devenu prospère, même après que les racistes blancs eurent réussi à faire se retirer des noirs éminents comme lui de la vie publique, mais la Grande Gelée de 1895 eut raison du pionnier de l'entreprenariat noir en Floride ; il perdit tout. Ce même hiver un autre fermier floridien, un blanc du nom d'Elias Disney, vit aussi ses récoltes dévastées. Il fuit vers le nord, pour finir par s'installer dans le Missouri. Son fils Walt Disney y grandit bercé par les histoires des aventures de la famille en Floride. En 1963, après avoir décidé de construire un gigantesque parc de loisirs, Disney limita son choix à deux sites. Et il choisit la Floride de préférence au Missouri. Aujourd'hui, il est difficile d'envisager l'Amérique, et encore moins la Floride, sans Miami et Disney World. Ni l'un ni l'autre n'auraient existé sous leur forme présente, s'il n'y avait pas eu la Grande Gelée de 1895.

En 1500, vous auriez eu beau savoir tout ce qui était nécessaire de savoir sur la Floride, ce savoir ne vous aurait pas préparé à ce qui était en train de s'abattre sur elle et ses habitants, car ces changements n'avaient pas leur origine en Floride et ne pouvaient pas être expliqués par tout ce qui s'y était passé avant. Les changements qui s'opéraient à grande vitesse en Floride auraient tout aussi bien pu venir de l'espace. Grâce à la Révolution industrielle, les Américains prirent un certain nombre de choses qui n'existaient pas en Floride – notamment du minerai de fer, du charbon, du pétrole, et une éducation de qualité – et les transformèrent en machines, en réalisations et en idées qui engagèrent le monde dans la modernité. Produits dérivés de cette transformation globale, des garçons comme Flagler qui avaient grandi en lisant Washington Irving à la lueur de la bougie devinrent des multimillionnaires dans un monde éclairé par la lumière électrique. Maintenant que le dollar était plus puissant que l'épée, chaque été ces titans de l'industrie refaisaient à l'envers les voyages des conquistadors, et traversaient l'océan sur leurs yachts pour explorer, et piller, l'Europe. Puis, chaque hiver, ces ploutocrates partaient à la quête de la chaleur et du luxe dans leurs voitures de chemin de fer privées.

Faire un tableau de l'expansion des chemins de fer que construisirent et utilisèrent ces hommes est comme faire un tableau des avancées antérieures de l'esclavage. C'est faire la carte des conquêtes d'une nouvelle forme d'organisation humaine. À cet égard également, la Floride fut à la traîne des événements. Le chemin de fer transcontinental qui allait jusqu'en Californie fut terminé en 1869. Le chemin de fer ne couvrira la Floride d'un bout à l'autre qu'en 1912. Construire des chemins de fer jusqu'en Californie aida l'Amérique à s'enrichir sur une échelle continentale. Le cuivre, l'argent, le plomb, et plus tard l'uranium furent tous découverts dans l'Ouest, avec le minerai de fer, le pétrole et le charbon. Comparé à l'Ouest doré, la Floride n'avait rien d'autre à offrir que des mauvaises herbes, des maladies, des ouragans et de la chaleur, mais quand on gagne de l'argent, l'argent demande à être dépensé. Voilà pourquoi c'est avec du retard que la Floride commença à jouer son nouveau rôle dans la vie et les mœurs américaines. Grâce à Henry Flagler, à ses rivaux dans la construction des chemins de fer et des stations balnéaires, et à leurs nombreux imitateurs, la Floride devint partie intégrante de ce concours de consommation ostentatoire que l'économiste Thorstein Veblen analysa (et sur lequel il ironisa) dans *Théorie de la classe de loisir*[11].

« La consommation ostentatoire d'articles de prix », expliquait Veblen, qui publia son célèbre traité au faîte même de la folie floridienne qui entourait la construction du chemin de fer, « est un moyen d'honorabilité pour l'homme de loisir ». Veblen fut à l'argent ce que Mahan fut à la puissance maritime ; sa grande vision de ce qu'il appelait l'âge de l'« émulation pécuniaire » était qu'un homme après avoir consommé une livre de caviar n'élève pas davantage son statut en en consommant cinq livres. « À mesure que la richesse s'accumule dans ses mains, il ne suffira plus de ses seuls efforts pour étaler son opulence », expliquait Veblen, « il lui faut appeler à l'aide amis et concurrents, offrir des cadeaux précieux, donner à grands frais festins et divertissements ». Le concept de « loisir ostentatoire » était central dans l'analyse de Veblen. Puisque un homme riche possède désormais suffisamment de richesse pour se nourrir, s'habiller et se loger pendant plusieurs vies, le travail, dans son sens premier, n'est plus nécessaire. Le statut qui est associé au succès reste néanmoins fondamental, d'où cette manie des membres de la « classe de loisir » de venir perturber leur loisir avec toutes sortes de recherches éprouvantes. Faire de la voile, chasser, collectionner des objets d'art, voyager, jouer au golf, parrainer des bals costumés toujours plus sophistiqués pour le compte de maladies toujours plus bizarres : J. P. Morgan définit l'essence du loisir ostentatoire en observant que celui qui avait besoin de savoir combien il lui coûterait d'entretenir un yacht ne pouvait se l'offrir.

L'empire de Flagler lui coûta plus qu'un millier de yachts, et il n'était que le plus ostentatoire de ces nouveaux consommateurs de Floride.

11 Veblen, 1899 (puis 2008), p. 46.

Maintenant que la Floride, comme les yachts, était à la mode, des centaines de gens riches firent de la Floride leur hobby. Se détachant de tous les autres, il y avait un trio de multimillionnaires, qui se prénommaient tous Henry. Henry Bradley Plant (1819-1899) et Henry Shelton Sanford (1823-1891) auraient pu être les frères d'Henry Morrison Flagler (1830-1913). Que Henry Flagler s'impliquât dans le pétrole était typique de la Révolution industrielle. Plus d'un siècle avant que Federal Express ne commençât ses opérations, Henry Plant, lui, fit fortune avec un service express de colis qui garantissait une livraison rapide de tout ce dont vous aviez besoin, si vous pouviez en payer le prix. Plant, comme Flagler plus tard, visita tout d'abord la Floride dans l'espoir qu'elle pourrait améliorer la santé de son épouse. Dans son cas, également, l'effet censément « apaisant et revigorant du climat de Floride » échoua à produire le résultat escompté. Son épouse mourut elle aussi. Mais, comme dans le cas de Flagler, cette perte lui permit à la fois de retrouver l'amour – il prit vite une seconde épouse – et de se réinventer dans l'opulence.

Tandis que Flagler concentrait son énergie sur la côte atlantique, la côte du Golfe devint, comme ses biographes l'écrivirent plus tard, le « hobby de Mr Plant[12] ». Le fleuron le plus clinquant de son empire fut le Tampa Bay Hotel. D'une longueur de quatre cent mètres et souvent décrit comme de style « mauresque », derrière ses dômes et ses coupoles exotiques le Tampa Bay Hotel était, comme l'hôtel Ponce de Leon, une construction industrielle, en béton renforcé, avec bains privés et téléphones dans chaque chambre. Comme Flagler, et à l'inverse des prétendus magnats floridiens précédents, style Yulee, Plant n'avait pas besoin d'escroquer de l'argent à des investisseurs. Il avait, à l'époque, des fonds personnels illimités. Il les utilisa pour acheter les chemins de fer confédérés en faillite, puis il les dépensa à la construction du port de Tampa, pour une somme équivalente, 3 millions de dollars, à celle du Tampa Bay Hotel. Ces embellissements n'étaient pas plutôt réalisés qu'éclata la guerre hispano-américaine. Alors que la puissance et la colère des États-Unis, qui avaient été dirigées auparavant contre les Séminoles et les Confédérés, se déchaînaient contre ce qui restait de l'empire espagnol autrefois puissant, une nouvelle époque – le siècle américain – naissait : la Floride en était la rampe de lancement. La nouvelle importance de

12 George Hutchinson Smyth et George Sherwood Dickerman, *The Life of Henry Bradley Plant*, 1898, p. 87-116.

Tampa fut signée, scellée et livrée quand Théodore Roosevelt lui-même, en route vers le théâtre du champ de bataille et vers la présidence des États-Unis, entra dans le hall de l'hôtel de Plant.

Flagler et Plant incarnaient la rencontre de la technologie et des excès d'une nouvelle ère. Le troisième Henry de Floride – Henry Shelton Sanford – fut le symbole de sa brutalité et de son amoralité. Les deux premiers millionnaires avaient utilisé leur richesse et leur influence pour éviter le service militaire durant la Guerre civile ; Sanford, pour sa part, le fit en se faisant nommer général dans l'armée des États-Unis. Mais mettant un océan entre lui et le bain de sang, le « général » Sanford se fit alors nommer envoyé des États-Unis en Belgique. Comme le *New York Times* le rapportera plus tard, il s'y « fit connaître et bien voir du roi belge ». Exploitant les opportunités financières que son poste gouvernemental lui donnait, Sanford devint le partenaire financier du roi Léopold II, qui, par les mauvais et cupides traitements qu'il avait infligés à ses sujets coloniaux d'Afrique, était devenu un des chefs d'État les plus riches et les plus honnis d'Europe. Ce fut Sanford qui, pour le compte du roi, recruta Henry Morton Stanley – vétéran confédéré né au Pays de Galles et journaliste américain – pour partir à la recherche de « Dr Livingstone, je présume ? »

Le quartier général de Léopold au Congo fut appelé Léopoldville. Sanford nomma le quartier général de son domaine en Floride centrale Sanford. Dans l'un et l'autre lieu, il n'y avait plus d'esclaves, mais maintenant que l'État de Floride louait ses détenus, des milliers de personnes travaillaient sans être payées pour créer cette Floride agréable et confortable dont quelques-uns des Américains les plus privilégiés souhaitaient faire une étape dans leurs migrations saisonnières sur la carte de la mode et du luxe. Plant aura Teddy Roosevelt, mais en 1883 le président Chester Alan Arthur résida à Sanford House, la version côté lac du Tampa Bay Hotel.

Le noyau de l'empire de Sanford était ce territoire de Floride centrale que Joseph Finegan avait pris tout d'abord aux Séminoles, puis qu'il s'était fait restituer par le gouvernement après la Guerre civile. L'ancien commandant confédéré avait vaincu à Olustee Chloe Merrick et ses orphelins, mais il ne faisait pas le poids face au « général » yankee qui avait passé les années de la Guerre civile à faire de l'argent en Belgique. Henry Sanford força Finegan à vendre pour moins de 20 000 dollars.

Jusqu'alors, les broussailles de Floride centrale étaient considérées comme bonnes à rien sinon à faire paître le bétail. La structure en calcaire de la Floride faisait que ni une agriculture commerciale tempérée ni une agriculture commerciale tropicale n'était rentable, mais, ici comme au Congo, Sanford imagina vite de nouvelles façons de produire des richesses. Un des nombreux avatars du calcaire est le phosphate : il y en avait d'immenses quantités dans le sous sol de la Floride centrale. Le phosphate a deux qualités remarquables, et en fait paradoxales. Rien ne peut pousser sur lui, et rien ne peut pousser sans lui. Dans son état naturel, il est si inerte que les dépôts de phosphate de Floride contiennent des restes parfaitement préservés des créatures qui, il y a des milliers d'années y rodaient – et, avant, y nageaient alors que la Floride était encore au fond de l'océan. Il faut inclure les restes fossilisés de tigres géants et de mastodontes – et d'énormes requins dont chaque dent est plus grosse que de nombreux poissons d'aujourd'hui[13].

Le phosphate rend toute production agricole impossible là où il se trouve, mais le phosphore qu'il produit est essentiel à l'alimentation partout dans le monde. Jusqu'à ce que Sanford et d'autres magnats n'arrivent, il n'était pas simple d'extraire le phosphore et il n'y avait aucun moyen de faire sortir de Floride ce matériau extrêmement encombrant. Les chemins de fer de Sanford et le port de Tampa de Plant changèrent tout cela. En 1880 la Floride ne produisait pas de phosphate, en 1888 elle n'en produisait que 3 000 tonnes. Mais en 1898, grâce au développement des moyens d'extraction au diesel et à l'électricité, près de 600 000 tonnes furent extraites. La production atteignit 860 000 tonnes en 1903, et plus d'un million de tonnes une année plus tard. À cette époque, il fallait un an aux sociétés de phosphate pour déblayer sept mille hectares. Aujourd'hui, cela prend un mois, comme le montrent les chiffres de la production. En 2003, plus de 20 millions de tonnes de roches phosphatées étaient arrachées du sol de Floride chaque année, ce qui a provoqué la dévastation de larges parties de la Floride centrale. Quand on extrait une roche phosphatée, on utilise des quantités immenses d'acide sulfurique pour la raffiner. La production floridienne de phosphate a pour produit dérivé une substance radioactive appelée le phosphogypsum. L'État en est jonché par plus d'un milliard de

13 Joseph A. Fry, « Struggling for Survival in Florida », in *Henry S. Sanford : Diplomacy and Business in Nineteenth Century America*, 1982, p. 112-130 ; Adam Hochschild, « From Berlin to Florida », in *King Leopold's Ghost*, 1998, p. 76-87 ; *New York Times*, 23 mai 1891.

tonnes. Un autre produit dérivé est une campagne de relations publiques d'un coût de plusieurs millions de dollars qui décrit les processeurs de phosphate comme amis de l'environnement. Du fait de son abondance, de son accessibilité et de l'absence traditionnelle de réglementation d'entreprise en Floride, l'État de Floride représente les trois-quarts des phosphates utilisés à des fins agricoles à l'intérieur des États-Unis et à peu près un quart de la production mondiale. Ce produit, essentiel pour la formation des racines dans des cultures qui nourrissent des milliards de personnes, est également utilisé par les terroristes pour faire des explosifs.

La Révolution industrielle fit également de l'invention de John Gorrie une force économique qui modifia le pays et la vie des gens. Il faudra attendre après la Seconde Guerre pour voir la climatisation dans les foyers, mais avec le développement de voitures de chemin de fer réfrigérées il devint possible de mettre les oranges comestibles de Floride sur les marchés. La fièvre jaune était répandue par les moustiques. La « fièvre orange » fut répandue par le papier journal. En commençant avec « une cabane en rondins et 70 hectares de broussailles sauvages » en Floride, assurait le *Lippincott's Magazine* aux investisseurs potentiels, tout le monde pouvait finir, comme Sanford, Plant et Flagler, avec « des revenus de Nabab ».

Bien que Christophe Colomb eût apporté avec lui quelques-unes des fameuses oranges acides de Séville lors de son second voyage vers le Nouveau Monde en 1493, la production de ce fruit qui sert à faire le jus d'orange que l'on boit aujourd'hui ne devint significative en Floride que vers la fin du dix-neuvième siècle, quand les oranges douces de Chine seront introduites sur une large échelle. Il y a une raison à cet important retard. Les cultures d'agrumes poussent certes sur un sol riche en calcaire, mais comme les Kingsley et Harriet Beecher Stowe le découvrirent, les gelés de la Floride détruisirent inévitablement les plantations d'agrumes et les espoirs des planteurs. La nouvelle croyance, que les oranges, une fois pressées, produisaient de l'or liquide, ne tint pas compte de la réalité. En 1894, dans une frénésie de production, les spéculateurs expédièrent presque six millions de caisses d'agrumes. Puis la Grande Gelée frappa, et on n'en expédia plus que 150 000. Le froid avait fait à l'industrie des agrumes de Floride ce que le blocus naval de la marine des États-Unis avait fait trente ans plus tôt aux exportations de coton du Sud[14].

14 Dovell, 1952, vol. 2, p. 629.

La Fièvre Orange manifesta ce que Jack Le Jaune avait démontré en 1889. En Floride, les moments d'apparente linéarité étaient des aberrations. Les trois Henry voulaient « construire pour l'éternité », comme le disait Flagler, mais alors même qu'eux et ceux qui les imitèrent changeaient la Floride, la Floride exsuda. Un des premiers à être défait fut Henry Sanford. « Avec une fortune inextricablement embourbé en Floride », note un de ses biographes, « Sanford n'eut pas d'autre choix que de continuer », y déversant de l'argent propre après en avoir déversé du sale. Lui, aussi, aurait pu rester un homme riche, s'il n'y avait pas eu la Floride. Défaite aussi fut Julia Tuttle, dont les ambitions avaient allumé la première grande bataille de Floride du sud entre les défenseurs de l'environnement et les développeurs. La redoute des défenseurs de l'environnement, emmené par le Commodore Ralph Munroe du Yacht Club de Key Biscayne, était Coconut Grove. Plus d'un siècle plus tard, cela reste un refuge de feuilles et de verdure. La tanière des développeurs, comme c'est encore le cas, était cette zone au nord de la rivière Miami. Aujourd'hui, c'est la Miami des gratte-ciels ; à l'époque c'était la propriété de Julia Tuttle. La cour, réussie, qu'elle fit à Henry Flagler fit pencher la balance inévitablement en faveur des développeurs. Elle mena aussi Julia Tuttle à la ruine. Pour lui avoir fait venir le chemin de fer jusque sur ses terres, Tuttle céda la moitié de ses possessions à Flagler, toutefois pas en un seul bloc. Dans ce qui apparut comme une manœuvre habile, Tuttle mêla leurs lots, comme des espaces blancs et noirs sur un échiquier. Mais, elle n'avait tenu compte ni de la manie de Flagler à construire, ni de l'économie qui était en ébullition. La mauvaise qualité des constructions faites pour devenir riche vite de Tuttle amena un premier désastre, quand un incendie ravagea la nouvelle cité. Alors que les lots de Tuttle ravagés par le feu restaient vides, et attendaient qu'on les achetât pour être approvisionnés, Flagler fit comme si rien ne s'était passé. Le Commodore Munroe ne put cacher sa satisfaction. « Flagler continuait à construire sans qu'il y eût de demande » écrivit-il. « La déception fut amère pour Mrs Tuttle dont les terres restèrent vides, remplies de mauvaises herbes et peu demandées jusqu'à sa mort ».

Construire « sans qu'il y ait de demande » a pour conséquence que Miami depuis sa création a été une ville de propriétés invendues et de « programmes de développement inachevés ». Flagler aida à établir une autre tradition floridienne, en lésinant sur les nécessités publiques.

Aucun embellissement n'était trop beau pour Palm Beach. La mauvaise qualité était la règle « dans cette ville de service qu'était West Palm Beach », écrit Les Standiford à propos des inégalités permanentes que Flagler aida à créer. À Miami, « le plan de traitement des ordures de [Flagler] avec des tuyaux insuffisants qui déversaient des tonnes de déchets bruts des égouts dans la belle rivière Miami créera de sérieux problèmes de santé durant la décennie », rappelle Gene M. Burnett. La rougeole et la fièvre typhoïde commencèrent à tuer immédiatement. Puis, un jour, en septembre 1898, Julia Tuttle se plaignit de maux de tête. Quelques heures plus tard, elle était morte à l'âge de cinquante ans. Une infection apportée par les moustiques s'était développée en fièvre cérébrale, comme on appelait alors la méningite. Sept ans plus tôt Julia Tuttle, riche et en bonne santé, était arrivée en péniche dans des étendues sauvages et vierges. Désormais, ses enfants durent vendre ce qui restait de ses terres pour payer ses dettes[15].

Ce que la construction automobile fut à Détroit et ce que le forage du pétrole fut au Texas, jeter son argent par les fenêtres s'avéra l'être pour la Floride – cette activité économique qui détermine son activité et définit son âme. Aujourd'hui, c'est encore ce qui réunit le yachtsman de Hobe Sound et le retraité d'Ocala dans son mobile home. L'un dépense de, et l'autre vivote avec, l'argent qu'ils ont l'un et l'autre gagné ailleurs. Henry Flagler fut au nouvel âge de l'« émulation pécuniaire », ce qu'Andrew Jackson avait été aux étendues sauvages de Floride. Il incarna la dernière grande vague d'événements à s'être déversée sur la Floride avant de se retirer, mais il arrive un moment pour tous les protagonistes floridiens où ils se tiennent au bord de l'eau, regardant au loin et cherchant à imaginer la prochaine chose à faire. La raison prévaudra-t-elle, demande ce moment, ou l'illusion ? L'hiver 1905 fut le moment fatal pour Henry Flagler. En prolongeant son chemin de fer vers le sud, Flagler n'avait pas prêté plus d'attention à la structure géologique souterraine que les Espagnols n'en avaient prêtée lorsqu'ils cherchaient de l'or, cependant il se trouva que, par accident, son chemin de fer courait juste sur cette chaîne côtière très basse mais vitale qui empêche la majeure partie de la côte atlantique de la péninsule de Floride d'être entièrement inondée par les marées provoquées par les ouragans. Au sud de Miami, la chaîne disparaît dans la boue des Everglades. Cela n'arrêta pas Flagler. En

15 Burnett, 1998, p. 19 ; Standiford, 2003, p. 60.

1905, il annonça son projet le plus stupéfiant à ce jour. Il prolongerait, comme son département de relations publiques en informa le monde, son chemin de fer jusqu'à la ville-île de Key West.

Auparavant, les chemins de fer avaient traversé des plaines, avaient enjambé des rivières, s'étaient engouffrés dans des tunnels sous les montagnes. Désormais, ce que Flagler appelait son Overseas Railroad – son chemin de fer transocéanique – traverserait un des coins les plus secoués par les tempêtes de l'Océan Atlantique. La comparaison avec les conquistadors devait alors obligatoire. « La première visite ici de Ponce de Leon en 1513 fut à peine plus significative que le premier voyage de Flagler », c'était la manière dont on voyait les choses. C'était juste, même si ce n'était pas pour les raisons que l'on donnait habituellement. Dans les deux cas, la première incursion prépare la scène, des années plus tard, pour un acte transcendent de folie. La découverte que fit Ponce en 1513 était que la Floride ne valait pas la peine d'être colonisée, mais, à l'époque, la conquête du Mexique par Cortez et sa vanité personnelle l'amenèrent à y revenir. Le grand projet de construire le canal de Panama fournit le contexte qui, en 1905, rendit la construction d'un chemin de fer sur 200 kilomètres en pleine mer si impérieuse à Henry Flagler. Flagler, qui avait alors soixante quinze ans, considérait le président Theodore Roosevelt qui, à cette époque, avait quarante-sept ans et était au faîte de son pouvoir, comme un parvenu vaniteux. Son Overseas Railroad, Flagler en était convaincu, montrerait au monde qui était le vrai visionnaire[16].

Pour construire le chemin de fer sur l'océan, il fallut faire venir d'aussi loin que l'Allemagne du béton pouvant se durcir dans l'eau salée. Du chêne du nord, plus solide que le pin de Floride, fut nécessaire pour soutenir les tréteaux. On importa aussi d'immenses quantités de charbon pour faire tourner les dragues géantes de Flagler. Puisque le système éducatif de Floride ne formait pas de personnels qualifiés, on dut importer également d'ailleurs des ingénieurs et des artisans. Une fois là, ils découvrirent ce que Jonathan Walker avait découvert soixante ans plus tôt. C'était les moustiques et non les alligators qui rendaient les hommes fous de désespoir et de peur. Des milliers fuirent les camps de travail de Flagler. Des centaines moururent, à commencer par l'ingénieur-chef du projet, avant que le projet ne fût terminé. Les publicitaires de Flagler,

---

16 Dovell, vol. 2, p. 616-619.

comme les historiens le feront, mirent l'accent sur les obstacles qu'il eut à surmonter lors de la construction de la « Huitième merveille du monde ». Ils ne mentionnèrent pas que l'État de Floride donna à Flagler trois mille hectares de terre pour chaque kilomètre et demi de chemin de fer qu'il construisait, même si le kilométrage, dans bien des cas, n'avait aucune utilité publique et n'en aurait jamais. Au total Flagler obtint plus de quatre cents mille hectares en tant que cadeau de l'État. La milice de Floride ainsi que les shérifs étaient là pour intimider les ouvriers de Flagler, si, à l'occasion, ceux-ci étaient tentés de faire grève. La Floride n'avait pas de règlements de sécurité, de système de compensation pour les travailleurs, et, par conséquent, étaient épargnés à Flagler les frais auxquels d'autres employeurs faisaient face quand leurs décisions pouvaient coûter la vie à des centaines de leurs ouvriers, comme c'était le cas des siennes. Il ne payait pas non plus d'impôts. L'État de Floride ne préleva jamais un sou à Flagler ; aujourd'hui encore, il ne prélève toujours pas d'impôts, même pas au plus riche des riches.

L'État de Floride permit aussi à Flagler de changer d'épouse à son gré. Après la mort de sa première épouse, il épousa son infirmière, une femme du nom d'Ida Alice Shourds. Flagler était déjà une très belle prise, mais la seconde Mrs Flagler en vint vite à croire qu'un destin matrimonial plus brillant encore l'attendait. Après avoir consulté les esprits qu'elle faisait venir grâce à sa planche Ouija, elle annonça que très bientôt le tsar des Russies ferait d'elle son impératrice. Depuis que le sénateur Charles W. Jones s'était enfui à Détroit, jamais un Floridien important n'avait été affligé d'une telle illusion romantique. Flagler fit enfermer la seconde Mrs Flagler dans un asile à vie, mais, à cette époque, même les requins de la finance se mariaient « pour le meilleur et pour le pire ». Henry Flagler n'avait aucun moyen de disposer légalement de son épouse folle – jusqu'à ce que la législature de Floride ne fît une loi spéciale lui permettant de divorcer, avant de l'abroger de façon à ce que les gens ordinaires ne pussent se prévaloir de ses dispositions.

Sa troisième épouse, Mary Lily Kenan, était à ses côtés le 22 janvier 1912, quand Henry Flagler mit un terme à ses dépenses floridiennes en traversant l'océan dans sa voiture privée du chemin de fer. Dans les chroniques de la presse locale, il avait dès lors dépassé les conquistadors et était devenu une figure biblique ; « le magnat des chemins de fer a étendu sa main sur la mer et les eaux se fendirent » s'enthousiasmait un journal. L'événement important, toutefois, avait eu lieu trois ans plus tôt. À la fin de 1909, Henry Flagler, pour la toute première fois, avait dû s'endetter pour couvrir ses opérations floridiennes, obtenant un financement de 10 millions de dollars en obligations émises par J. P. Morgan and Co. Les revenus qu'il tirait de ses hôtels et de ses chemins de fer n'avaient jamais couvert les coûts, et la vente des terres que l'État de Floride lui avait données ne lui avait pas permit non plus de rentrer dans ses frais. Ce fut alors qu'un terrible ouragan frappa les Keys. Plus de soixante kilomètres de voies, la moitié de ce qui avait été construit, furent détruites. Une tempête précédente, en 1906 avait déjà tué plus de 150 des ouvriers de Flagler. Les ouragans infligeront ultérieurement des dégâts plus importants encore. Ce que révéla d'une manière cruciale l'ouragan de 1909, c'est que de telles destructions étaient périodiques, normales et inévitables, mais cette évidence ne dissuada pas Flagler pour autant. Il mit à mal sa fortune pour financer l'ultime partie de son grand projet avant de mourir.

Ceux qui le critiquaient appelèrent cette extension du chemin de fer jusqu'à Key West « la folie de Flagler ». C'est ce qu'elle s'avéra être, une version en chemin de fer de ces contrefaçons de temples grecs et de chapelles gothiques en ruine que les riches adoraient faire construire dans leurs propriétés. Au cœur de la folie de Flagler, il y avait l'illusion que relier Key West à la péninsule de Floride par le chemin de fer pourrait procurer une forme d'avantage commercial, mais qu'y avait-il à relier ? Un chemin de fer courant depuis les Keys le long de la côte de Floride, amènerait des marchandises et des passagers sur plus de huit cent kilomètres, après les avoir fait passer sur des ponts, au milieu de marécages et à travers des étendues arides de palmiers nains – jusqu'à Jacksonville, son grand port et son dépôt ferroviaire. De grands ports comme New York, San Francisco et La Nouvelle Orléans reliaient la haute mer aux empires de l'intérieur. Le port de Tampa de Plant permettait déjà aux lignes de chemin de fer de Floride d'acheminer des marchandises vers l'Amérique latine. Mais Flagler refusait de voir que faire aller son chemin de fer jusqu'à Key West était inutile.

Flagler avait apporté de l'argent et, comme bien d'autres en Floride le firent, il l'avait utilisé pour créer une attraction. Grâce à Flagler, vous pouviez attacher votre voiture privée de chemin de fer au train à la Pennsylvania Station de New York. À Key West, les voitures du train rentraient dans un ferry, qui les emmenait à Cuba. Des artistes décrivirent l'Overseas Railroad comme un projectile futuriste, emportant ses occupants au-dessus des vagues jusqu'aux tropiques latins. Pratiquement, ses bénéfices s'avérèrent être également imaginaires. La circulation des trains vers Key West était si compliquée et si dangereuse que, même lorsqu'il n'y avait pas d'ouragans, le train, à certains endroits, se trainait à vingt-cinq kilomètres à l'heure. Cuba, qui est une île, n'offrait aucun itinéraire vers l'Amérique du sud. Les passagers les plus nombreux qui arrivaient à La Havane étaient en fait les porcs que l'on dirigeait vers les abattoirs de Cuba.

Key West tomba dans le déclin après l'arrivée du chemin de fer de Flagler. En moins de vingt ans, elle perdit quatorze mille emplois ; la ville comme le comté furent en faillite. La terrible ironie de cela fut que, avant même d'avoir dépensé le moindre sou pour son extension vers Key West, Flagler avait déjà fondé la future « métropole des mers du sud ». Miami, « la ville que Flagler construisit », deviendra tout ce qu'il avait faussement prédit que Key West serait[17].

Comme Miami le démontra très vite, elle avait un don de survie. En septembre 1926 un des plus puissants ouragans jamais enregistré balaya Miami. Alors qu'un immense dôme d'eau avançait sur les terres, ce fut la désinformation qui tua le plus. Les journaux locaux qui éprouvaient toujours de la réticence à dire quoi que ce fût de négatif, n'avaient pas prononcé le mot « ouragan » dans leurs bulletins météorologiques[18]. L'ouragan de 1926 fut une de ces catastrophes qui généra périodiquement des déclarations comme quoi Miami serait condamnée, même si entre 1920 et 1930 sa population fit plus que tripler. La géologie est la raison sous-jacente pour laquelle elle survécut. Située à l'extrémité sud de cette chaîne de calcaire dur qui court tout le long de la côte atlantique de la Floride, Miami, par endroits, est à plus de six mètres au-dessus du niveau de la mer. C'est suffisamment haut pour lui épargner une totale catastrophe quand, inévitablement, les ouragans frappent. Le calcaire sous-jacent pouvait supporter les plus hauts gratte-ciels ; la rivière Miami fournissait le noyau de ce qui devint à la longue un port important. Miami, et non pas Key West, était le point le plus au sud

17 Garry Boulard, « "State of Emergency" : Key West in the Great Depression », *Florida Historical Quarterly*, vol. 67, no. 2, octobre 1988, p. 166-183.

18 Barnes, 2007, p. 111-126.

des États-Unis où il est pratique d'expédier et de transborder de grandes quantités de matériaux de construction et de biens de consommation. C'était aussi le lieu le plus au sud où des millions de gens pouvaient facilement converger non seulement en hiver, mais durant toute l'année.

Il en fut autrement neuf ans plus tard, quand ce fut au tour du chemin de fer que Flagler avait construit d'être touché. Tout, sauf l'horaire exact du grand ouragan de la fête du travail de 1935, était prévisible, cependant, comme Majory Stoneman Douglas le rappela plus tard, « il n'y avait pas de secours organisé » lorsque la tempête détruisit le chemin de fer de Flagler et tua 400 des 1 000 personnes qui vivaient sur les îles entre Key West et Key Largo[19]. S'il n'y eut pas plus de morts, cela était dû à deux raisons. Le chemin de fer de Flagler n'avait pas amené de développement mais une perte de population, puisque les autochtones avaient saisi l'opportunité pour aller chercher du travail ailleurs, et c'était jour de congé. Plus de 350 personnes qui auraient dû se trouver sur la route étaient parties à Miami ce week-end-là. La plupart des morts furent des étrangers – non pas des touristes mais « des vétérans usés de l'armée, des retardataires délaissés de cette autre armée qui avait marché sur Washington » qui avaient été envoyés dans des camps de travail dans les Keys. Nombre d'entre eux furent projetés dans la mer ; mais, malgré cela, des cadavres jonchaient les îles. Environ 250 vétérans furent tués ; pour les autochtones également l'impact fut terrible. « Il n'y avait, après tout, que quatre personnes des Keys, aux liens familiaux très ténus et presque claniques, comme le capitaine John Russell, receveur des postes à Islamorada, et soixante-dix neuf membres de sa famille ». De ces soixante-dix neuf Russell, soixante huit périrent dans l'ouragan.

Censé être une ligne vitale, le chemin de fer de Flagler, fut pour quelque chose dans le nombre des morts ainsi que dans sa propre destruction. Avant qu'il ne fût construit, les raz de marée clapotaient librement à travers les Keys de l'Océan Atlantique au Golfe du Mexique, aller et retour. Ce n'était plus possible désormais, parce que « la digue de rochers du chemin de fer… avaient barré les canaux naturels d'écoulement dans la baie de Floride ». Quand le raz de marée refoulé éclatait finalement sur ces retenues faites par l'homme « les courants sous-marins créés par

19 Willie Drye, *Storm of the Century*, 2002, p. 42-43.

la force terrible de cet éclatement… emportaient tout : les hommes, les débris et le sable même sous les murs et les fondations de béton renversés[20] ».

Les statistiques démographiques repoussent l'idée que les êtres humains peuvent prévoir, et encore moins déterminer, quelles seront les conséquences de leurs actes. Elles manifestent aussi le triomphe d'un déterminisme géographique. Miami avait ce qui manquait à Key West, les attributs physiques pour devenir une métropole, comme les chiffres le montrent[21].

	Key West	Miami	Miami Metro
1900	17 114	1 681	–
1930	12 831	110 637	214 830
1960	33 956	291 688	1 497 099
2010	21 500	505 000	5 250 000

Croissance et stagnation en Floride du sud, 1900-2010.

Henry Flagler ne vit jamais les désastres que son *hubris* avait engendrés. Début 1913, il trébucha et tomba en descendant un escalier à Whitehall. Une porte pneumatique – une de ces nombreuses commodités qu'il y avait fait installer – projeta le multimillionnaire la tête la première en bas des marches. Selon les rédacteurs de la rubrique nécrologique, Flagler avait fait à la Floride une faveur extraordinaire en y dilapidant son capital. « Mais qu'un homme pût avoir le génie de voir ce dont était capable cette étendue sauvage de sable sans eau et de sous-bois, puis d'avoir le courage d'y construire un chemin de fer », déclara un porte-parole de J. P. Morgan and Co., « est plus merveilleux encore que des programmes de développement similaires ailleurs dans le monde ». Un commentateur alla au cœur du problème. Dans le Nord, Flagler avait été « déterminé à faire de l'argent », remarquait-il, « alors que, ensuite, comme il commençait ses développements en Floride, il se satisfit de le dépenser ». Flagler fut de tout temps « celui qui dépensa le plus d'argent » en Floride et, par conséquent, il finit, mieux que n'importe qui d'autre,

20 Majory Stoneman Douglas, *Hurricane*, 1958, p. 158-168.

21 Tous les chiffres proviennent du bureau de recensement des États-Unis.

par incarner son énigme fondamentale[22]. Alors que la Floride absorbait la richesse comme une éponge, il s'avérait impossible sur le long terme d'en tirer des profits.

En 1994, le *Palm Beach Post*, fidèle à son rôle de promoteur municipal, publia un livre qui témoignait bien de cette insistance continue à transformer le passé de la Floride en quelque chose de confortable, sans qu'il fût besoin de se poser des questions morales. Le titre de l'ouvrage – *Des pionniers au Paradis* – opérait la fusion entre le mythe floridien du paradis et le mythe américain du pionnier. Sous-titré *West Palm Beach, the First 110 Years*, il encourageait une mauvaise appréhension des choses, en l'occurrence que la ville avait vu le jour suite à l'action de fermiers indépendants qui s'étaient taillé une vie pour eux-mêmes. Au lieu d'un camp de travail pour des groupes de détenus, la couverture du livre montrait des photographies anciennes de deux adorables petits enfants. L'un était blanc, l'autre était noir, ce qui était une troisième incorrection. C'était prétendre que, en dépit de son long refus d'investir dans l'éducation, quelle que fût votre race, la Floride était et avait toujours été un merveilleux endroit pour élever vos enfants.

Le mythe du paradis transforme également ce qu'on considère comme la culture. La première fois que je vis ce tableau à Jacksonville de « Ponce de Leon » perdu dans la clairière d'une forêt, c'était à une exposition intitulée *La Floride comme paradis : cinq siècles d'art*[23]. C'était les mots ; la nature que montraient les toiles était bien différente. Dans leur encadrement doré, elles montraient une Floride d'insectes, de marécages, d'épaves de vaisseau et de désolation. Cela n'empêchait pas les commissaires de l'exposition ou le public de l'exposition d'avoir besoin de croire que la Floride était un lieu, que, pendant un demi millénaire, tout le monde s'était accordé à trouver comme paradisiaque. À cette exposition, comme dans les livres d'histoire, le devoir du passé était de pouvoir justifier par avance le présent, en l'occurrence ici la croyance que la Floride était le meilleur endroit qui fût pour votre prochain appartement, vos prochaines vacances, pour le prochain chapitre de votre vie. Cette nuit-là, un très gros orage balaya Jacksonville. Quand j'allumai les nouvelles de onze heures, le monsieur météo à l'allure de gentil garçon d'à côté faisait de grands gestes sur une image de radar. Là où devait se trouver la ville,

---

22 Stuart W. Martin, « Florida's Flagler ».

23 Cummer Museum of Art, *Florida as Paradise : Five Centuries of Art*, 2001.

il y avait un tourbillon noir qui se consumait. Il eut un grand sourire et dit : « Eh bien, c'est le prix à payer pour vivre au paradis ».

En Floride, aucune activité n'échappe au surnom de paradis. *War in Paradise*, explique-t-on sur sa couverture, traite de « l'impact de la seconde Guerre mondiale sur l'État du soleil ». Bien que l'invocation du paradis n'ait vraiment commencé que durant le dernier tiers du dix-neuvième siècle, *The Florida Reader* est sous-titré *Visions of Paradise, from 1560 to the Present.* Le thème du Paradis perdu est également régulièrement repris dans les titres (et les sous-titres) de Floride. Ainsi trouvons-nous *Some Kind of Paradise : a Chronicle of Man and the Land in Florida* et *Fifty Feet in Paradise : The Booming of Florida. Last Train to Paradise* raconte l'histoire de l'extension jusqu'à Key West de Flagler. *Slow Train to Paradise* raconte « comment les investissements néerlandais aidèrent à construire les lignes de chemin de fer ». *Cutting through Paradise* est « l'histoire politique du canal à travers la Floride », même si ledit canal, qui ne fut jamais terminé, traverse en fait des zones arides et des marécages. Les efforts pour protéger l'environnement deviennent *Saving Paradise*, titre d'une étude de l'« Acte de 1972 pour la direction environnementale des terres et de l'eau en Floride ». La télévision publique appelle sa version de l'histoire de la Floride : *Struggle for Paradise. Borders of Paradise* est une étude des cartes anciennes ; *Picketing in Paradise* dépeint les efforts des syndicats dans l'industrie de la blanchisserie.

Les titres ou sous-titres de ces livres, rendus en français, seraient : *Visions du paradis ; La Floride comme paradis ; Une sorte de paradis ; Quinze metres au paradis : Le dernier train au paradis ; Train lent au paradis ; Creuser au paradis ; Sauver le paradis ; La lutte pour le paradis ; Les frontières du paradis ; En grève au paradis ;* et, finalement, *Paradise baisé.*

En 1949, les noirs continuaient encore à être interdits à Silver Springs, où pendant des générations des touristes (blancs seulement) avaient embarqué dans les fameux bateaux à fonds de verre. Sanctuaire authentique de Floride, la vie sauvage à Silver Springs consiste en des singes rhésus importés pour donner à l'endroit cet aspect de jungle et de safari que ses promoteurs voulurent lui donner. Six des premiers films de Tarzan furent filmés à Silver Springs. Ce qui rendait cette évocation de la jungle africaine vraiment floridienne était que les personnes de descendance africaine n'y étaient pas acceptées, mais, comme un poster publicitaire le dit, ils pouvaient « voir Silver Springs de… PARADISE PARK pour gens de couleur[24] ». Cet usage inadéquat, bizarrement insipide et frauduleux du terme engendre inévitablement le dédain, la désillusion et le désenchantement, aussi avons-nous « Le paradis pollué », « Le Mal au paradis » et également « Le Paradis du fou : joueurs, poseurs et la culture des excès à South Beach ». Depuis des décennies, il a gagné plus d'argent en ricanant sur la Floride que n'en ont gagné bien des promoteurs qui clament que la Floride est merveilleuse. Néanmoins Hiassen a fini par devenir un autre de ses perdants classiques. Roi Canute des chroniqueurs, il n'a pas plus réussi à repousser les vagues humaines qui déferlent sur la Floride qu'Harriet Beecher Stowe n'avait réussi à décourager les charançons.

C'est dans le titre d'un film : *Stranger than Paradise – Plus étrange que le Paradis* – que l'on trouve la meilleure juxtaposition des termes Paradis et Floride. Réalisé en 1984 par le cinéaste désormais culte, Jim Jarmusch, ce film à petit budget récapitulait l'histoire moderne de la Floride sous la forme d'une hégire de la déglingue. Tout d'abord l'héroïne, qui comme bien des Floridiens est une immigrée venue d'Europe de l'est, se lie avec un aventurier new yorkais. Dans la seconde partie du film, ils finissent à Cleveland, Ohio, la ville de Henry Flagler et de Julia Tuttle. La partie la plus excitante du film s'intitule « PARADISE ». « Des bikinis ! Des plages ! », s'enthousiasme le garçon. « Ils ont aussi des alligators », remarque-t-elle. Dans une scène mémorable, Jarmusch immortalise le fait que les bas des portes dans les hôtels bon marché de Floride deviennent tous poisseux du fait du mauvais entretien et de l'humidité. À quel point le sable sur le bord des routes semble abimé n'échappe pas non plus à sa caméra, quand elle s'attarde sur les palmiers nains rabougris et broussailleux qui alternent avec des mégots de cigarettes écrasées. En montrant la Floride telle qu'elle est, Jarmusch aida à populariser cette forme de cinéma qui rapprochera John Sayles et Wayne Wang des frères Coen et de Quentin Tarentino[25].

Ce que l'auteur de *Stranger than Paradise* prit soin de noter n'avait pas été ignoré par le Maître. En 1904 Henry James, l'auteur le plus pointilleux, et à l'époque l'auteur vivant le plus important d'Amérique, honora la Floride de sa visite. En observant que la rivière St. Johns était

24 Tim Hollis, *Glass Bottom Boats & Mermaid Tails : Florida's Tourist Springs*, 2006, p. 27.

25 Geoff Andrew, *Stranger Than Paradise : Maverick Film-Makers in Recent American Cinema*, 1999, p. 135-165.

« byroniquement folle », géologiquement parlant, James tirait en plein milieu de la cible, même s'il faisait tant de références sur le caractère prolifique des feuillages et sur la pureté de l'air que Mrs Stowe aurait pu en être flattée. Ses commentaires sur le « monument local très fleuri » que les Néo-Confédérés de Jacksonville avaient fait construire étaient si bien tournés qu'ils pouvaient laisser croire à ceux qui n'étaient très attentifs qu'il disait quelque chose de gentil. Il laissa toutefois le venin sortir dans sa correspondance privée. « La Floride est une terrible escroquerie », écrivit-il à un ami alors qu'il était loin et à l'abri, « – une tonne de jungles et de marécages lugubres et une misère de forêts plates et monotones pour un gramme ou deux de petits endroits perchés sur la côte – de quelques mètres de large entre la jungle et la mer[26] ».

Mais peu importait. Ni l'ironie contre-culturelle de Jarmusch ni la sensibilité très anglicane de James ne purent remettre en question le mythe que, en Floride, battage publicitaire plus marécage égalaient richesse et bonheur. Même après que, dans leur ancien paradis, le Boom eut tourné à la faillite, les gens ne se demandaient guère : comment cette idée est-elle tout d'abord née ?

26 Henry James, *The American Scene*, 1907, p. 433-435 ; Leon Edel, *Henry James, The Master : 1901-1916*, 1971, p. 275.

SWANEE

Alors que Tuttle, Flagler et consorts faisaient la promotion du Paradis, la « marche en arrière » de la Floride continuait à pleine vitesse. En 1907 Napoleon Bonaparte Broward proposa que l'État se débarrassât physiquement de tous les noirs. Ce qui rend cette proposition si typiquement floridienne est le rôle qu'il voulait faire jouer au gouvernement fédéral. Comme avec les Séminoles, on espérait que le contribuable américain mettrait de l'argent « pour acheter des terres, dans le pays ou à l'étranger… où on les y déplacerait », que l'armée des États-Unis les rassemblerait, les expulserait, puis « empêcherait les nègres de revenir aux États-Unis[1] ».

Trafiquant d'armes et raciste, Broward incarnait l'insouciance corsaire de la Floride quand il était question de la primauté du droit. Inculpé pour crime à l'époque où il fut élu shérif du comté de Duval, Broward fit de « la loi et de l'ordre » sa première priorité. Il fit les gros titres des journaux quand il mit les menottes à Gentleman Jim Corbett, le boxeur le plus aimé de l'époque, le véritable Muhammad Ali-Cassius Clay de ce temps mais sur quelles preuves l'arrêtait-il ? Après que Corbett eut mis son adversaire K. O. au troisième round, Broward avait fait arrêter le champion pour coups et blessures. Le futur gouverneur projetait initialement de devenir riche comme « pilleur d'épave », mais maintenant que la vapeur avait remplacé la voile, les navires pouvaient échapper aux bateaux des pilleurs ; et les transmissions sans fil leur permettaient d'appeler à l'aide. Les affaires de Broward étaient en train de s'effondrer quand la lutte des Cubains pour l'indépendance, que les Espagnols pensaient avoir écrasée pour de bon après dix ans de durs combats en 1878, éclata de nouveau en 1895. Plus de soixante-dix ans après que John Quincy Adams eut prédit que, une fois que les États-Unis auraient la Floride, les « lois de la gravitation politique tout autant

1 Proctor, 1950, p. 75-76.

que physique » ferait que l'île tomberait dans les mains des Américains, les Espagnols s'accrochaient encore à Cuba. Le *generalissimo* espagnol de l'île, Valeriano Weyler dit le boucher, était tristement célèbre pour sa cruauté, mais le soldat espagnol qui eut l'impact le plus important sur le long terme était une recrue du nom d'Angel Maria Bautista Castro y Argiz qui, plus tard quand il reviendra à Cuba, engendra un fils du nom de Fidel[2].

À l'époque où Broward se trouva impliqué dans la politique floridienne, deux ailes du parti démocrate qui avait monopolisé le pouvoir depuis 1877, s'en disputait le contrôle. Les « Anti » étaient contre tout, y compris contre la lumière du jour pour économiser du temps. Les « droit devant » voulaient une meilleure part pour les blancs ordinaires. À l'occasion, quand les Anti tentaient de tirer les premiers sur les « droit devant » de Broward, les délégués blancs « montaient sur leurs chaises et hurlaient leur approbation ou leur condamnation », tout comme l'avaient fait les noirs, dans les jours où ils avaient eu la possibilité de prendre part à la vie politique de la Floride. En plus de nettoyer la Floride de ses nègres, le gouverneur Broward proposait « de punir tout rédacteur en chef de journal, tout écrivain ou tout éditeur qui délibérément ou intentionnellement écrirait ou publierait un article qui ne dirait pas la vérité ». Il proposait aussi de construire des routes, des écoles primaires subventionnées par l'État et de créer une commission pour les chemins de fer (pour remplacer celle que Flagler avait fait abolir). La perspective d'une Floride débarrassée des nègres, dans laquelle l'État contrôlerait sévèrement ces petits malins de journalistes et ces magnats prétentieux, et qui aurait des routes carrossables et des écoles publiques, était de nature à réjouir les pauvres blancs, ses « compatriotes ». Malheureusement, les réalisations promises par Broward étaient exclusivement rhétoriques.

Le racisme est la raison pour laquelle les réalisations de Broward furent presque nulles. Les propositions d'utiliser l'argent public pour l'éducation des enfants divisait l'électorat blanc. Puisque « diviser l'électoral blanc faisait surgir le spectre d'une domination nègre », aucun programme sérieux de réforme ne put jamais voir le jour. La proposition de Broward d'un programme d'assurance-vie au financement public était typique. Loué par des observateurs extérieurs mais rejeté par la

2 Louis A. Perez, *Cuba Between Empires*, 1878-1902, 1983, p. 59.

législature, il ne fut jamais rien d'autre qu'une ornementation oratoire. L'autre proposition emblématique de Broward, en plus du déplacement des nègres, était de rendre les Everglades « aptes à la civilisation ». En 1906, il se battit pour un amendement de la constitution de 1885 qui aurait permis la destruction des marais de Floride. La mesure fut largement rejetée, non pas pour des considérations environnementales mais par peur que les Floridiens pussent avoir à payer. « Le trésor sera à sec avant les Everglades », avertit un chroniqueur. Entre-temps, des fortunes se faisaient et se défaisaient par la spéculation sur les marécages qui étaient censés être transformés en programmes immobiliers par les programmes d'assèchement proposés[3].

D'une certaine manière Napoleon Bonaparte Broward (1857-1910) avait tant en commun avec Ossian Bingley Hart (1821-1874) qu'ils auraient pu être père et fils. L'un et l'autre étaient des gouverneurs nés en Floride, ce qui était encore inhabituel. L'un et l'autre venaient de familles qui s'étaient établies très tôt dans le bassin de la St. Johns – et qui s'étaient plu à donner à leurs fils des prénoms particuliers. Comme Ossian Hart, Napoleon Bonaparte Broward mourut à l'âge de cinquante-trois ans après une épuisante campagne politique, en partie à cause du manque, en Floride, d'hygiène et d'établissements médicaux.

Hart et Broward, l'un et l'autre montrèrent de la sympathie pour les plus défavorisés, mais Broward différait de Hart sur le point le plus important. Hart avait proclamé haut et fort ce que des générations de « progressifs » blancs n'avaient jamais voulu admettre. Le progrès ne pourrait venir – et encore ce n'était pas sûr et il y aurait bien des difficultés – que si la Floride renforçait l'électeur noir. Aussi longtemps que l'électorat de Floride resterait exclusivement blanc, la Floride resterait corrompue, arriérée, ignorante et pauvre. L'échec de Broward à transcender – ou même à se rendre compte de la nécessité à transcender – le racisme ne l'a pas empêché de se voir accordé une place de choix dans le panthéon des Grands Floridiens. « L'exemple de Broward ne cessera pas d'être un défi et une inspiration » disait un panégyrique. Au début, dans toutes ses louanges, la proposition de nettoyage raciste de Broward fut considérée comme une excentricité. Aujourd'hui, son projet d'une Floride entièrement blanche est totalement exclu de la liste de ses réalisations reconnues.

3 Proctor, p. 64-65, 252.

Bien que les priorités de Broward fussent différentes, ses objectifs étaient les mêmes que ceux de Flagler, transformer la Floride en ce qu'elle n'était pas. Se débarrasser des noirs ! Et alors la Floride sera ce que nous voulons qu'elle soit. Puisqu'il n'était pas plus possible de débarrasser la Floride de sa population noire que de la débarrasser de ses marécages, la trajectoire des espérances racistes fut également celui du Boom et de la faillite. Les lynchages, les massacres, les escadrons de la mort du Ku Klux Klan : que la violence fût celle d'une communauté ou qu'elle fût organisée par l'État, elle échoua à faire disparaître le nègre. Les racistes blancs firent face à l'échec de la réalité à se conformer à leurs espérances de la même manière que les spéculateurs immobiliers firent face aux dolines et à l'infestation des termites, en se réfugiant dans une Floride imaginaire. Dans la réalité géographique, la vraie rivière Suwannee n'est pas beaucoup plus qu'une tranchée d'eau noire qui sort des marais d'Okefenokee, coule à travers l'étroit goulet de la Floride du nord pour se jeter dans le Golfe du Mexique. Il n'y eut jamais de grandes plantations. Aucune maison à portiques ne borde ses rives. La vraie Suwannee est un simple ruisseau comparée à la Swanee, qui dans la mythologie raciste devint une combinaison du puissant Mississippi, du Jourdan sacré et du Danube bleu.

Dans ce cas également, ce fut un Yankee qui fabriqua la version truquée de cette Floride que la postérité trouvera préférable à la vérité. Le compositeur s'appelait Stephen Collins Foster, un Pennsylvanien qui soutiendra l'Union durant la Guerre civile. Le frère de celui-ci, Morrison Foster, raconta plus tard comment cela s'était passé : « Un jour en 1851, Stephen vint à mon bureau, sur les rives de la Monongahela, à Pittsburgh, et me dit, "Trouve-moi un bon nom en deux syllabes d'une rivière du sud ?" » Quand Morrison suggéra la Pee Dee, un cours d'eau de Caroline du sud, son frère répondit : « Oh, peuh… je n'en veux pas ». Aussi, raconta Morrison, « je pris un atlas sur le haut de mon bureau et… mon doigt s'arrêta sur la "Swanee", une petite rivière de Floride qui se jetait dans le Golfe du Mexique. » « C'est ça, c'est exactement ça, s'exclama-t-il tout content, alors qu'il écrivait le nom ; et la chanson fut prête, elle commençait par : "En descendant la ribière Swanee[4]" ».

Foster ne vit jamais cette rivière de Floride, mais ce qui en fit vraiment un hymne de la nostalgie du pays natal tout autant qu'une chanson

4 Morison Foster, *My Brother Stephen*, 1896 (texte complet publié en 1932), p. 47.

idiote comme son premier grand hit, « Oh ! Susanna », est que le chanteur est apparemment un esclave libre ou en fuite. Puisque la chanson fut interprétée par des blancs au visage grimé en noir, l'émotion qui s'y exprime est doublement fausse. Un faux noir exprime son désir de revenir sur les lieux de son asservissement, qui, grâce à la plume de Foster, se trouvent désormais là où il n'y eut jamais de plantations de ce style. En Floride, la fiction de Foster – comme la condescendance de James – fut accueillie comme s'il s'était agi d'une célébrité.

Que la Suwannee n'eût pas les caractéristiques nécessaires pour être utilisée comme canal n'empêcha pas la foudre de frapper deux fois. En 1919 George Gershwin, jeune juif né à Brooklyn, était dans un bus quand la mélodie lui vint à l'esprit. Le parolier qui introduisit la « Swanee » dans l'air de Gershwin s'appelait Irving Caesar (qui écrivit plus tard « Tea for two » et vécut jusqu'à 101 ans). Elle était interprétée au départ par un chœur de filles légèrement vêtues, sur une scène dans l'obscurité à l'exception de lampes électriques qui éclairaient la danse de leurs pieds, pour une de ces revues qui, à l'époque, naissaient et mouraient aussi vite que les fleurs d'hibiscus.

Gershwin, comme Foster, n'avait jamais vu la Suwannee. Pas plus que son parolier. « Nous n'étions jamais allés au sud de la Quatorzième Rue quand nous écrivîmes "Swanee" », plaisanta Caesar des décennies plus tard. Près de soixante-dix ans plus tôt la chanson de Foster avait déjà acquis la notoriété en tant que musique imprimée et un piano dans le parloir principal était devenu une tradition américaine. Le succès de la « Swanee » de Gershwin fut contemporain de la production de masse des phonographes et, un peu plus tard, du développement commercial de la radio et du cinéma parlant. Ce fut Al Jolson qui fit de « Swanee » un hit en la transformant en une des premières chansons à être vendue à plus d'un million d'exemplaires. La « Swanee » de Gershwin, comme la chanson de Foster plus tôt, est un point de repère technologique dans la commercialisation de la culture populaire américaine[5].

Alors que les bons vivants de Palm Beach tapaient des pieds au rythme de « Swanee », la Floride dut faire face à la pire vague de terrorisme politique depuis 1876. Comme l'élection présidentielle de 1920 approchait, la question était – comme toujours – de savoir qui aurait le droit de voter en Floride et, quand on aurait voté, quels bulletins de

5 Howard Pollack, *George Gershwin : His Life and Work*, 2006, p. 237-238.

vote seraient comptés. La première Guerre mondiale venait tout juste de se terminer ; le service outre-mer avait montré aux soldats noirs un monde où être noir était considéré comme quelque chose d'intéressant et non pas de repoussant. Puis, en mai 1919, l'Amendement XIX à la Constitution des États-Unis qui donnait aux femmes le droit de vote fut finalement adopté. Et on put croire que la « nouvelle ère » qu'avait appelé de ses vœux Josiah Walls, membre du Congrès, était enfin arrivée quand « les Africains-américains à travers toute la Floride… créèrent le premier mouvement de droits civiques de l'histoire des États-Unis ». La domination raciste ne l'avait pas détruit, mais avait simplement repoussé « la vibrante vie intérieure du mouvement de Floride » pour les droits de l'homme dans la clandestinité. Maintenant que la lutte avait lieu de nouveau au grand jour James Weldon Johnson, un des fondateurs floridiens de la NAACP, posa la question à laquelle l'élection de 1920 devrait répondre : « Nos pieds fatigués n'ont-ils pas enfin atteint ce pour quoi nos pères ont gémi ».

La réponse fut Non. Le jour de l'élection, comme bien d'autres jours, les citoyens noirs qui tentèrent d'aller voter furent terrorisés, fouettés, castrés, assassinés. Cette ultime victoire du terrorisme politique montra que la Première Guerre mondiale, comme la Guerre civile, n'avait pas changé la nature raciste fondée sur la violence de la culture civique de la Floride. Elle montrait également, une fois encore, que seul le gouvernement américain pouvait protéger les droits des Américains en Floride et que, une fois encore, il ne se préoccuperait pas de le faire. Les membres du Congrès échangèrent tout au contraire des blagues de mauvais goût lorsque des témoins tentèrent de leur décrire ce qui s'était passé. « La volonté du Congrès de mettre de côté les Quatorzième et Quinzième Amendements de la Constitution signa l'arrêt de mort du mouvement de Floride », note Paul Ortiz qui a exhumé cette tragédie oubliée. La répression électorale de 1920 devint un autre de ces événements qui furent expurgés de l'histoire, et cela pas seulement en Floride. « L'histoire américaine a complètement effacé les martyrs de 1920 » s'aperçut Ortiz, lorsqu'il y chercha *Emancipation Betrayed*, son récit de *The Hidden History of Black Organizing and White Violence in Florida from Reconstruction to the Bloody Election of 1920*[6].

Sidney Johnston Catts, gouverneur de Floride à l'époque où ces actes de violence eurent lieu, en fit porter la responsabilité aux victimes. Au

6 Ortiz, 2006, p. 227-229.

lieu de s'agiter quand des blancs assassinaient des noirs qui essayaient de voter, le « messie esclavagiste », comme on l'appelait, informa la NAACP que cela devrait apprendre aux « noirs à ne pas tuer nos officiers blancs et à ne pas déshonorer nos femmes blanches ». Le problème de Catts était que chercher la bagarre avec la NAACP ne lui était guère utile politiquement. Tous les candidats au poste de gouverneur se déclaraient et étaient racistes. Une nouvelle forme de propagation de la peur et de la haine s'avérait nécessaire, aussi Catts introduisit-il l'anti-catholicisme dans la politique floridienne. Les catholiques constituaient seulement 3 pourcent de la population. La plupart étaient les Minorquins, bien plus floridiens que n'importe qui d'autre, et durant des générations la Floride avait élu des catholiques et des juifs aux fonctions publiques, dans la mesure où ils soutenaient l'esclavage et la suprématie blanche avec suffisamment de ferveur. Cela n'empêcha pas Catts d'inventer tout d'abord une conspiration négro-papiste puis de s'engager à protéger la Floride contre celle-ci.

Abstinent, et tout à la fois raciste et bigot, Catts – qui fit campagne contre Rome et le rhum, et non pas contre la rébellion – devint le seul candidat avec un programme prohibitionniste à parvenir à se faire élire gouverneur d'un État américain. La victoire des évangélistes du Panhandle était également la victoire des mafiosi de Tampa. La prohibition et la consommation de rhum qu'elle entraînait furent une manne pour les contrebandiers de Floride, comme ils n'en avaient plus vue depuis la prolifération des armes à Cuba de l'époque de Broward. Comme la contrebande des esclaves plus tôt et celle de la drogue plus tard, cette contrebande enrichit les pieux comme les non pieux, en faisant, en Floride, des prêcheurs du catéchisme et des patrons du crime organisé des alliés de fait sinon de nom. Les racistes modérés de Floride dénoncèrent Catts comme extrémiste. En réalité, sa coalition de la peur et de la haine à ses fins propres – et son opportunisme – laissait présager une forme moderne de politique dans laquelle l'exploitation d'un ensemble bien choisi de questions qui divisent peut, et fréquemment parvient à, décider de la victoire ou de la défaite dans la politique des factions de Floride[7].

Comme l'élection de 1920 le montra, la lutte pour la liberté n'avait jamais cessé en Floride. Comme le manifesta le massacre de Rosewood

7 David R. Colburn et Richard K. Scher, *Florida's Gubernatorial Politics in the Twentieth Century*, 1980, p. 222.

le jour du Nouvel An 1923, le règne de la terreur inauguré par Andrew Jackson en restait un trait permanent. En 1816, des Américains blancs massacrèrent la population de Negro Fort car elle tentait de mener une vie normale. En 1923, des blancs détruisirent l'établissement nègre de Rosewood, à quinze kilomètres, à l'intérieur des terres, de Cedar Key, pour la même raison. Comme à Negro Fort, les chefs qui essayèrent de défendre leur communauté furent torturés à mort. En plus de la violence, cet ultime massacre de Floride est un bon exemple du rôle que le froid peut jouer dans les infortunes de la Floride. Dans son livre sur le massacre de Rosewood, Michael D'Orso fournit une description classique de la manière dont la Floride se rétracte quand de fortes gelées frappent : « Un demi-siècle plus tard on se rappellera… comment le gel scintillait sur les palmiers et les palmiers nains, comment des blocs de glace scintillaient dans le marécage et des cristaux de givre recouvraient la mousse qui pendait des branches des chênes ».

« Ceux qui restèrent en vie », en tout cas, pouvaient s'en souvenir. Durant cette vague de froid, les Floridiens blancs tuèrent, matraquèrent, assassinèrent, lynchèrent et terrorisèrent Rosewood jusqu'à ce qu'il n'y eût plus de vie. Puis, conservant les mêmes structures, les blancs bannirent le massacre de Rosewood des esprits et de la mémoire. Des décennies plus tard, quand les descendants des victimes tentèrent de réunir divers éléments pour comprendre ce qui s'était passé, ils découvrirent que, pour ce qui concernait la presse de Floride, les morgues et les archives universitaires, rien ne s'était passé. Arnett Doctor, dont la famille faisait partie des victimes, trouva tout d'abord que les contes de l'incendie, de la mutilation et du meurtre étaient difficile à croire. « Qui », s'étonnait-il, « pourrait croire que tout cela s'est passé sans être consigné d'une manière ou d'une autre, qu'il n'y ait pas quelque chose que l'on puisse consulter à la bibliothèque locale ? » Mais, comme Michael D'Orso se rappelle dans son enquête sur le massacre de Rosewood, « Arnett… est allé chercher dans tous les textes qu'il a pu trouver sur l'histoire de la Floride. Nulle part il n'y avait de mention de Rosewood. Pas une simple phrase[8] ».

Des personnes comme Ortiz ou comme D'Orso attirèrent, à l'occasion, l'attention sur tel acte de violence en particulier. Mais, autrement, la répression de la vérité allait main dans la main avec la répression des

---

8 D'Orso, *Like Judgment Day*, 1996.

hommes. Il est d'autant plus étonnant que le sort de Rubin Stacy, un métayer noir qui avait perdu sa terre, ait pu faire les premières pages. C'était en 1935, au plus profond de la Grande Dépression. Stacy allait de porte à porte, suppliant qu'on lui vînt en aide. Ennuyés, les blancs qu'il importunait appelèrent la police. À Fort Lauderdale, la police remit Stacy à une foule prête à le lyncher, qui invita des journalistes pour qu'ils couvrent cette tuerie publique. Les tueurs posèrent fièrement pour les photos, qu'on retrouva, immédiatement, sur les premières pages des journaux de Floride. C'était un cas simple de meurtre avec préméditation, mais, comme ils souriaient devant les appareils photos, les meurtriers de Stacy savaient par avance que l'État de Floride ne les poursuivrait jamais. De fait, il ne le fit jamais, et c'est la raison pour laquelle la Floride entraîna largement la nation entière dans la pratique du lynchage[9].

L'impunité pour les tueurs était la clé de voûte du « système de terreur » floridien, comme Zephaniah Kingsley l'avait appelé, mais là haut dans le Nord ce que le gouverneur Catts décrivit comme « une foule de personnes blanches qui prenaient leur revanche », était un lynchage – et, comme le soulignaient ceux qui veillaient aux intérêts touristiques et immobiliers de la Floride, la tradition floridienne de meurtre non puni par la loi était mauvaise pour les affaires. Au lieu d'être considéré comme un crime, le meurtre de Stacy fut considéré comme le dernier exemple d'un problème récurrent de relations publiques. Un membre du sénat de l'État de Floride, Simon Pierre Robineau, eut alors une idée pour contrer la mauvaise publicité. Sur son ordre, la législature de Tallahassee abandonna le vieil hymne de l'État, « Florida, My Florida », et le remplaça par le panégyrique de Foster sur les délices de l'esclavage le long de la Suwanee[10].

Écrit par un homme d'église qui était également professeur de langues au collège d'agriculture de Floride à Lake City, les paroles de « Florida, My Florida », notaient justement que ses rivages étaient baignés « par le Golfe et l'immense océan », tout en louant « tes mines de phosphates[11] ». Pour faire de « Swanee » la chanson de l'État de Floride,

9 Dora Appel, *Imagery of Lynching : Black Men, White Women, and the Mob*, 2004, p. 41.

10 Marjory Stoneman Douglas, avec John Rothchild, *Voice of the River*, 1987, p. 110.

11 C. V. Waugh, « Florida, My Florida », Laws of Florida, Concurrent Resolution no. 24, 1913, p. 517.

les législateurs rejetèrent un hymne composé par un vrai Floridien qui décrivait la Floride comme elle était vraiment. Ils le firent sur l'ordre de quelqu'un, se souvint Majory Stoneman Douglas, qui était « tout aussi français que toute personne que vous pouvez rencontrer à Paris ». Né à Versailles et licencié de l'école de droit de Harvard, Simon Pierre Robineau avait exercé la profession d'avocat à Lake Forest dans l'Illinois, avant de déménager en Floride où il fonda sa carrière politique sur la nostalgie de la Confédération.

Aujourd'hui, la vallée de la Suwannee peut se vanter d'avoir une plantation de style propriétaire d'esclaves si parfaite qu'elle semble y avoir été transplantée depuis un film hollywoodien. Comme bien d'autres sanctuaires néo-confédérés, cette demeure à portiques est entretenue aux frais des contribuables. Son nom officiel est le Stephen Foster Culture Center State Park. Il aurait été plus approprié de l'appeler le Florida Slavery Celebration Center – aurait été plus approprié de l'appeler le Centre Floridien pour la célébration de l'esclavage[12]. »

Un des spectacles qui attire le plus l'attention présente des négrillons en haillons qui s'agitent dans une extase rythmique, très contents d'être esclaves en Floride, tout en contemplant avec des yeux exorbités, ravis et sans envie, les allers et venues de blancs déguisés. Comme avec l'adoption de la chanson de Foster pour hymne de la Floride, le détail qui importe ici est la date. Cette plantation, apparemment vénérable, fut construite en 1954, la même année où la Cour Suprême des États-Unis prononça sa décision de mettre fin à la ségrégation raciale. Comme ils avaient l'habitude de le faire, les politiciens répondirent au défi de changer de temps en se barricadant dans un faux passé. En présence du gouverneur de Floride, des sénateurs et autres leaders civils, l'inauguration du centre est l'événement public le plus notable qui se déroula dans cette région depuis que, à Olustee toute proche, on avait dédié un mémorial à la victoire des Confédérés.

12 Visites et interviews.

VOICI LA FLORIDE

La grande bulle immobilière de Floride était, dans les années 1920, la version américaine de la folie des tulipes qui avait saisi les Pays-Bas dans les années 1630. Au plus fort de cette manie, les prix d'un marécage floridien montait d'un jour sur l'autre. Quand bulle éclata en 1926, ils tombèrent en moins d'une heure. Cette fois, de nouveau, la Floride envoyait un signe précurseur que personne ne remarqua. L'hystérie qui accompagna la montée des prix de l'immobilier en Floride, puis la panique qui suivit leur effondrement annonçaient le crash de Wall Street de 1929 vers lequel l'Amérique se précipitait obstinément.

Alors que la Grande Dépression s'abattait sur l'Amérique, la Floride se retrouva avec des projets immobiliers aux beaux noms exotiques qui, lancés pendant le Boom, n'avaient pas été achevés ou qui ne trouvaient plus d'acheteurs. Derrière beaucoup d'entre eux, il y avait un « visionnaire » qui, jusqu'à ce que sa fortune s'évaporât, imaginait qu'il pouvait transformer la Floride en son idée de Paradis. L'un des plus connus était un ancien réparateur de bicyclettes antisémite du nom de Carl Fischer. Comme Julia Tuttle, c'était un millionnaire du Midwest, en ce qui le concerne de l'Indiana. Comme Henry Flagler, Fisher avait fait subir une grande transformation à ses activités, en l'occurrence il s'était tourné vers l'automobile. Après avoir fait de son affaire de bicyclettes le premier vendeur d'automobiles d'Amérique, Fisher et son partenaire Barney Oldfield, créateur de l'Oldsmobile, fondèrent la Fisher Automobile Company. Il créa ensuite les 500 miles d'Indianapolis[1].

Vous pouviez construire des voitures, les vendre et les faire courir, mais avant que les Américains ne trouvent une destination pour faire faire de longues distances à leurs voitures, les voyages étaient dominés par les chemins de fer. En 1913, l'année même où Flagler, l'apôtre du chemin de fer, mourut, Fisher et ses amis promoteurs inaugurèrent le

1 Voir Foster, 2000.

Lincoln Highway. Première route américaine à relier la côte est à la côte ouest, elle allait de New York à San Francisco. Et une nouvelle révolution quant à la manière dont les Américains voyageaient et à la destination de leurs voyages s'ensuivit : la Californie tout d'abord, la Floride ensuite, mais cette fois avec seulement un décalage de trois ans. En 1916, Fisher inaugura le Dixie Highway, à la tête d'une caravane d'automobilistes, qui, les yeux ronds et les klaxons à fond, descendirent du Midwest jusqu'à Miami.

Carl Fischer venait d'inaugurer l'Age de l'Automobile et de dresser la scène pour les migrations vers la ceinture du soleil. Le moment était venu pour que la Floride avalât ses immenses réalisations. La Folie de Fisher consista en un marais infesté par la vermine du côté océan de la baie de Biscayne. Cette étendue sauvage marécageuse, décida-t-il, serait pour les gens qui possédaient des automobiles ce que Palm Beach était pour ceux qui avaient des voitures privées de chemin de fer. Par endroits, la terre de Fisher était si marécageuse et la baie de Biscayne si peu profonde qu'il était difficile de dire qui était quoi. Il tourna cela à son avantage, en draguant des millions de tonnes de sable et de boue, qui comblèrent ainsi sa terre marécageuse, puis lui permirent de créer de la propriété foncière supplémentaire sous la forme d'îles artificielles entre Miami et ce qui désormais, proclama-t-il, serait Miami Beach. En 1925, les prix immobiliers en Floride étaient si gonflés que les possessions de Fisher furent évaluées à 100 millions de dollars, plus du double de ce que Fisher avait dépensé durant les décennies qu'il y avait passé. Puis, après l'ouragan de 1926, la bulle immobilière éclata ; l'empire de Fisher sur le bord de mer s'écroula. Et le crash de la bourse de 1929 le ruina définitivement. Sans le sou et sans aucun pouvoir, il mourut en 1939 d'affections provenant de son alcoolisme. À cette époque, la Floride le mit à bas d'une autre façon. Miami Beach, dont il avait voulu faire un Paradis pour Gentils seuls, était devenue la première station balnéaire juive d'Amérique.

L'inventeur-entrepreneur Glenn Curtiss fut aux avions ce que Fisher fut aux voitures. Curtiss développa des hydravions ainsi que des avions qui pouvaient atterrir sur les porte-avions. Il fut le pionnier des vols long courrier, battit des records de vitesse et entraîna des femmes pilotes. Puis, en 1920, Glenn Curtiss décida de s'occuper d'immobilier en Floride. C'était l'époque des *flappers* qui dansaient le charleston sur les ailes des avions, à une époque où l'« aviatrix » symbolisait le glamour. Son premier projet fut la création d'un terrain d'aviation duquel Amelia Earhart s'envola pour son vol fatal autour du monde. C'était aussi l'époque où les femmes d'Amérique se pâmaient à la vue de Rudolph Valentino, aussi Curtiss ajouta-t-il au glamour de l'aviation un projet de développement immobilier sur le thème des *Mille et une nuits* appelé Opa-locka. Après que Curtiss eut fait faillite à son tour, l'armée des États-Unis reprit le terrain d'aviation. Et, ensuite, la CIA y lança ses opérations de la Baie des Cochons contre Cuba. Ses bungalows bâclés avec minarets devinrent par ailleurs un des premiers bidons-villes de Miami.

Il semble que la météo de Floride en voulut doublement à George Merrick. Sa vision de visionnaire était, quarante ans avant l'arrivée des Cubains, une vision hispanique de cinéma. Les lots qu'il tentait de vendre, à l'intérieur des terres, n'étaient même pas sur l'eau, aussi construisit-il un boulevard orné d'arbres banians pour diriger les acheteurs vers les Everglades. Merrick appela cette rue Coral Way. Il donna pour nom à son projet de développement immobilier Coral Gables, même s'il n'y avait pas de corail. Ruiné par l'ouragan de 1926, il se réinstalla dans les Keys. Mais l'ouragan de la fête du travail de 1935 le ruina une seconde fois. Il travaillait pour la poste quand il mourut en 1942, à l'âge de cinquante-cinq ans[2].

Au plus fort de la spéculation foncière de Floride, deux journalistes de Jacksonville, Frank Parker Stockbridge et John Holliday Perry, firent fortune avec leur livre, *Florida in the Making* (*La Création de la Floride*), une encyclopédie du style tout est possible, des opportunités que l'on pouvait trouver en Floride[3]. La Grande Dépression transforma leur volume original, publiée en 1926, en une relique d'un temps disparu, aussi en 1938 sortirent-ils un nouveau livre avec un nouveau titre. *So This Is Florida* (*Voici la Floride*) explorait les changements qui s'étaient produits en Floride, depuis que le Boom avait tourné à la faillite.

Nulle part, s'aperçurent-ils, le changement était plus extraordinaire qu'à St. Augustine. Malgré des temps difficiles, écrivaient-il, elle était devenue la scène d'une « aventure révolutionnaire dans les champs de l'histoire et de la science[4] ». « Sans doute le plus intéressant et très

2 Voir T. D. Allman, « Circumspice » in *Miami : City of the Future*, 1987.
3 Stockbridge et Perry, 1926.
4 Stockbridge et Perry, 1938.

probablement le plus important programme de développement des dernières années en Floride », annonçaient Stockbridge et Perry, « si ce n'est pas de tous les temps, est le programme de restauration historique de St. Augustine ». De tous les temps ? C'était comme si ces deux hommes de presse austères avaient été hypnotisés par un charlatan. Dans une certaine mesure, c'était bien le cas. « Cet immense projet a été inspiré dans un premier temps par Mr. Walter B. Fraser, maire de St. Augustine. Mr. Fraser est le directeur des jardins de la Fontaine de Jouvence, l'attraction touristique la plus populaire de St. Augustine », expliquaient-ils.

C'est Walter B. Fraser, et non Pedro Menendez de Avilés, qui fut le fondateur de la St. Augustine que des millions de touristes visitent encore chaque année. Comme Mary Louise Dodge, l'inventeur de José Gaspar, le pirate de Tampa qui n'a jamais existé, et Henry R. Schoolcraft, le découvreur de cette piste de de Soto qui, elle non plus, n'a jamais existé, Walter B. Fraser est un de ces fonceurs qui ont fait de la Floride ce qu'elle est. Comme sa Fontaine de Jouvence, Fraser lui-même était une invention récente, en l'occurrence une auto-invention. En 1926 le futur maire, « directeur de la Fontaine de Jouvence » vivait encore en Géorgie rurale. Il travaillait dans l'administration de l'école locale de la ville de Sylvester. Fils d'un pasteur méthodiste qui avait neuf enfants, il aurait pu continuer à travailler dans le système scolaire du comté de Worth en Géorgie jusqu'aux jours où le tribunal en ordonna la désintégration, si, en 1927, Walter Fraser n'avait pris un congé.

Un an seulement plus tôt, le fils du pasteur de Géorgie aurait paru déplacé parmi les flambeurs qui peuplaient le Ponce de Leon Hotel. Quelle différence un an après ! Les agents immobiliers étaient si désespérés que, même quelqu'un qui n'avait pour toute ressource que son salaire d'administrateur d'une école de Géorgie fut accueilli comme un roi. Durant sa visite, Fraser acheta en argent liquide des terres qui appartenaient à une dame qui s'appelait Dr. Luella McConnell, acquérant du coup une des parcelles de terre les plus légendaires de toute la Floride. En 1565, Pedro Menendez de Avilés et ses hommes avaient campé sur ce qui désormais devenait la propriété de Fraser. Plus tard, le même endroit servit de cimetière pour des Indiens qui s'étaient convertis au christianisme. C'est là que, en 1869, la nièce de James Fenimore Cooper avait trébuché sur des ossements lors de ses déambulations au clair de lune. Cette même parcelle de terre était également le site abandonné de la Paradise Grove de H. H. Williams.

Grâce à Flagler, en 1889 Ponce de Leon avait finalement atteint St. Augustine. Maintenant, grâce à Fraser, la Fontaine de Jouvence y jaillissait également. L'idée de Fraser était de transformer son cimetière qui moisissait en une attraction qui fêterait l'éternelle jeunesse, mais la propriété avait un sérieux défaut. Elle était adjacente à une plaine de boue malodorante qui rendait la nage et le bateau impossibles, pour ne rien dire d'activités comme la découverte de la Floride. Les gens, cependant, étaient prêts à payer des millions pour visiter cette propriété aux odeurs fétides, pressentit Fraser, s'il pouvait les convaincre que c'était à cet endroit même que Ponce de Leon était tout d'abord arrivé en Floride, puis qu'il avait bu à la Fontaine de Jouvence. Il s'était rendu compte que, pour ce faire, il avait simplement besoin d'imposer au public américain une compréhension nouvelle, mais entièrement fausse, de la place de St. Augustine dans l'histoire des États-Unis – de même qu'une version également fausse de la découverte de la Floride, de l'Amérique du Nord, et de l'hémisphère occidental, et de leurs conquêtes subséquentes[5].

Une grande fable, mais c'était la Floride : le premier geste de Fraser fut de transformer la nature de la plaine boueuse dans l'esprit des gens. Il changea son nom, et, dans sa campagne publicitaire, il parla d'un « marais salant ». Quelle que fût la manière dont on l'appelât, un conquistador qui aurait mis pied sur le rivage se serait enfoncé jusqu'au poitrail dans les sols détrempés. Aucun problème, dit Fraser. « Une étude des anciennes cartes et des anciens tableaux ainsi qu'une observation des modifications topographiques provoquées par les marées et les courants », annonça-t-il, « indiquent que… les conditions qui prévalaient alors étaient très différentes de celles que nous connaissons aujourd'hui. Des bancs de sable, aujourd'hui disparus », déclara-t-il, « bloquaient les canaux au nord et au sud » qui menaient de l'océan atlantique à ce qui est maintenant St. Augustine, et, par conséquent, il faisait de ses terres les terres sur lesquelles Ponce avait débarqué[6].

Les nombreuses cartes authentiques de l'époque espagnole démontraient clairement le contraire : à St. Augustine, la ligne côtière n'avait qu'à peine changé depuis des centaines d'années. Pour résoudre le problème,

5 Interviews avec son fils, John Fraser, et le personnel de la Fontaine de jouvence, 2005.
6 Lawson, 1946.

Fraser fit installer un monument pyramidal inspiré du Monument de Washington, fait en calcaire, avec une plaque qui disait que Ponce avait débarqué ici. Comprenant qu'un semblant d'érudition était vital dans ce cas, Fraser paya à un « expert », dont les qualifications n'étaient pas reconnues, la somme importante de 20 000 dollars pour « prouver » que ses contes étaient vrais. Toutefois, comme le dit un érudit contemporain, « ce document léger, mal renseigné et plein d'erreurs ne présente aucun intérêt pour un historien sérieux[7] ». Le Lawson, Edward, *La Découverte de la Floride par Ponce de Leon* continua à être présent dans les bibliographies – en particulier en 2012 lorsque des ouvrages, des pamphlets et des communiqués de presse divers commencèrent de célébrer le cinq centième anniversaire de la découverte supposée de Ponce.

Une génération avant que le concept de marketing de « persuasion clandestine » n'entrât dans le vocabulaire du camelot, Fraser comprit également l'importance du sexe. L'illustration de couverture de l'une de ses monographies (censées être) si érudites montrait une belle jeune fille blanche – les bras levés dans une geste d'invitation au-dessus de la tête, et aux mamelons d'un rose délicat. Selon les normes de l'époque l'image était une image pornographique – si on fait abstraction du fait que la jeune femme portait malgré tout un voile, même s'il était quelque peu transparent. Bien que l'on ne vît que l'image de cette séduisante jeune fille sur la couverture, cette image n'était pas en fait sur la couverture à proprement parler. On n'apercevait ses formes attirantes qu'à travers une ouverture en forme d'œuf sur la couverture. S'il regardait plus précisément, celui qui achetait le pamphlet de Fraser découvrait que le voile transparent qui enveloppait la pâle beauté n'était en fait que les gouttelettes créées par les eaux magiques de la Fontaine de Jouvence qui coulaient en cascade sur sa délicieuse silhouette. On voyait également, mais seulement quand on ouvrait la couverture, l'image d'un vieux *caballero* à la barbe blanche. Ce gentilhomme corpulent – qui dans son costume Ponce de Leon pourrait être un retraité actuel qui participe à un bal masqué à St. Augustine – faisait la révérence à la jeune fille nubile de la Fontaine, l'âge rendant hommage à l'éternelle jeunesse.

Le 13 avril 1934, il se produisit un événement qui aurait pu abattre le château de cartes d'un charlatan qui aurait eu moins de ressources.

7 Peck, 1993.

« Ce jour-là », se souvint Fraser plus tard, « un ouvrier… découvrit un squelette. Les fouilles suivantes en découvrirent d'autres ». Avant leur fin, « environ une centaine de squelettes avait été découverts ». Au lieu de ré-enterrer ces restes humains rapidement, et avec respect, Fraser donna l'ordre qu'on retirât les bijoux et les autres effets que portaient les squelettes. « On recouvrit ensuite ces vieux restes d'un conservateur », écrivit-il, et on en fit une nouvelle exposition dans l'attraction de la Fontaine de Jouvence où « on pouvait voir des squelettes d'enfants qui reposaient sur des squelettes de femmes adultes, à l'évidence enterrés avec leurs mères ». Il y avait également « deux squelettes d'enfants, l'un [mort] peu de temps après sa naissance, et l'autre un bébé de quelques mois », ajouta Fraser, dans une de ses publicités[8].

Presque un siècle plus tôt, le Dr Frederick Weldon de St. Augustine, après avoir coupé la tête d'Osceola, avait tenté de garder secret ce qu'il avait fait. Fraser, pressentant une nouvelle opportunité dans les relations publiques, décrivit ainsi ce qu'il allait faire : « Se rendant compte de l'importance historique de la découverte, Mr. Walter B. Fraser, directeur du parc de la Fontaine de Jouvence, en informa le Smithsonian Institute à Washington, D. C. » Ses exhumations, affirmait Fraser, prouvaient que « ces gens étaient parmi les plus avancés, culturellement, des Indiens d'Amérique. » « Leurs merveilleux cérémoniaux », ajoutait-il, sur la base d'aucune autre preuve que celle de son imagination débordante, « faisaient penser à ceux des grandes civilisations indiennes du Mexique », mais ces restes humains anciens n'étaient pas ceux d'une civilisation pré-colombienne. Ils remontaient à la période de la domination espagnole. La présence de squelette d'enfants indiquait que beaucoup d'entre eux avaient péri dans des épidémies. Comme les crucifix et les rosaires que Fraser avait retiré à ces restes humains le prouvaient clairement, il avait profané des tombes d'Indiens catholiques et non d'Indiens adorateurs du soleil.

En 1939 Fraser ajouta des gadgets américains au faux site archéologique qu'il avait créé à partir du cimetière espagnol profané. La « station de radio de la Fontaine de Jouvence est faite en "Tabby", une forme de construction typique de la Floride espagnole », annonça-t-il. Fraser disait à ses clients que, pour le prix de l'entrée, ils pouvaient voir comment

---

8 Fraser, 1939.

s'était déroulée l'histoire de la Floride. Ce fut ce qu'ils allèrent voir. Son collage bizarre reproduisait fidèlement le processus de spoliation qui avait fait de la Floride ce que, désormais, elle était devenue. Une tasse en papier gratuite de l'élixir d'immortalité faisait partie du prix du billet.

La Fontaine de Jouvence était entièrement fausse. Ce que de nombreuses personnes ne comprennent toujours pas est que les déclarations de Fraser à propos de St. Augustine étaient également fausses. La tour de style espagnol qui se trouve sur ce qui fut donné comme « la plus vieille bâtisse des États-Unis » date seulement de 1888. Juste derrière la Fontaine, la « plus vieille école en bois » de St. Augustine fut l'invention la plus durable de Fraser. Bien que l'on affirmât que le petit bâtiment avait servi brièvement d'école dans les années 1860, c'était en fait la résidence de la famille Gianopoulos, survivants de New Smyrna. Construite en 1788 – douze ans après la déclaration d'indépendance des États-Unis – elle était plus récente que des milliers de structures plus importantes le long de toute la côte est des États-Unis. Ce bâtiment, pour la visite de laquelle des millions de visiteurs paieront, était si peu important qu'il n'était même pas construit en *coquina*, cette substance semblable au stuc utilisé pour les constructions importantes de St. Augustine. Ce défaut même, après que Fraser eut fait jouer sa baguette magique, était précisément ce que justifiait le prix de l'entrée. Ce n'était pas seulement la plus vieille école, annonça-t-il. C'était la « plus vieille école en bois[9] ».

Ce ne fut jamais l'histoire ou l'archéologie – ni l'intérêt pour les quelques artefacts qui restaient à St. Augustine – qui l'inspirèrent. Ce n'était pas non plus son intérêt pour le personnage historique ou mythique de Ponce de Leon. Ce fut plutôt, comme Fraser l'expliqua à Stockbridge et à Perry, la grandeur et le luxe de la station balnéaire de Flagler de 1889 qui l'avait amené à inventer une St. Augustine qui n'avait jamais existée. C'était, également, « le grand Ponce de Leon Hotel », déclara Fraser, qui inspirerait et relierait « ensemble tous les éléments qui constituaient le monument historique restauré et reconstruit en lequel les archéologues, les ingénieurs et les constructeurs commençaient à convertir St. Augustine au printemps de 1937 ».

C'était avec le but de créer une nouvelle St. Augustine modelée sur l'hôtel d'une station balnéaire américaine construit moins de cinquante

9 Steve Ratjar et Kelly Goodman, *A Guide to Historic St. Augustine, Florida*, (sans date), p. 89.

ans plus tôt, expliquaient-ils, que « archéologue, architecte, ingénieur, géologue, astronome, botaniste, celui qui étudie la cartographie, la géographie physique et humaine, les langues, la médecine, l'agriculture, l'écologie des plantes, l'anthropologie et la paléontologie », travaillaient tous ensemble pour faire de « St. Augustine un grand laboratoire pour l'histoire, de même que pour les beaux-arts et la démocratie sociale ». Ce qui rendait ce projet si historique, comme les avait convaincus Fraser, c'était qu'« une méthode pan-scientifique serait utilisée ». C'était une autre manière de dire que le vrai passé de St. Augustine serait détruit. « Le plan devait faire se télescoper les siècles », disaient-ils[10].

Un des édifices les plus révélateurs de la St. Augustine historique est le « musée de Ripley qui ouvrit en 1950 ». Il se trouve dans le « château Warden, un repère historique de 1887 », explique le site web Believe It or Not, Croyez-le ou non ! Ses bibelots de style Prince Vaillant sont faits en béton renforcé. Ce ne fut jamais un château ; ce fut tout d'abord la résidence de vacances du ploutocrate de la Standard Oil, William Grey Warden. C'était comme vivre sous l'abat-jour d'une lampe Tiffany. Une gigantesque verrière dominait des balcons intérieurs et des escaliers, des sols de marbre blanc et des cheminées de marbre noir. Aujourd'hui, les décorations comprennent la tête rétrécie de ce qui, dans une photo publicitaire, semble avoir été un Indien américain. Ces restes de chair crânienne, d'un peu près la taille et la forme d'un citron pulpeux de supermarché, sont présentés dans la paume de la main d'une femme aux longs doigts blancs effilés. Des ongles vernis en rouge terminent les doigts. Les petits yeux sévères de cet être humain fixent les vôtres entre les doigts féminins, comme s'il s'agissait d'un jeu de coucou[11].

Après que la famille Warden l'eut abandonné, « le "château Warden" devint la propriété du vainqueur du Prix Pulitzer, Marjorie Kinnan Rawlings », révèle l'histoire officielle du musée. Rawlings est l'auteur de *The Yearling*, un roman de 1938 qui se passe en Floride et qui fut adapté au cinéma par Hollywood avec Gregory Peck dans le rôle principal. Les évocations par Rawlings de pauvres blancs est ce qui fit que cet ouvrage parut si important à l'époque. Cette histoire d'un garçon de la campagne de Floride qui doit tuer son animal favori, un daim, parce qu'il mange les récoltes de la famille, qui fut publié au cœur de

---

10 Stockbridge et Perry, 1938.
11 Rajtar and Goodman, *Guide*, p. 50.

la Grande Dépression, semblait combiner une thématique exotique et cosmique à la Pearl Buck avec le réalisme américain de John Steinbeck.

En déménageant de Washington en Floride, l'objectif principal de Rawlings était de gagner de l'argent dans la culture des agrumes ; mais quand ses arbres moururent, elle se tourna vers l'écriture. C'était une tradition floridienne à l'époque. Le compositeur Frederick Delius figure également parmi ceux qui avait fait faillite en faisant pousser des oranges et qui s'était reconverti dans l'art. Ce fut en observant les ouvriers qu'elle employait pour travailler sur sa plantation de trente hectares que Rawlings eut l'idée d'écrire *The Yearling*, qui s'avéra être son unique triomphe littéraire. Aujourd'hui Rawlings est à la littérature américaine ce que les objets exposés au château Believe It or Not sont à l'histoire de la Floride : une étrangeté, une curiosité, une anomalie qui, néanmoins, révèle beaucoup de choses si vous prenez la peine de bien regarder.

Quel est le problème avec cette grande, mais éphémère, romancière floridienne ? Malgré son incontestable réalisme, le roman de Rawlings décrit une Floride aussi fausse que la Fontaine de Jouvence. Il n'y a pas dans son livre de « personnes de couleur », comme on les aurait appelés à cette époque, alors que les noirs constituaient presque 40 pourcent de la population de la Floride. Sa vision des blancs est également fausse. Dans la vie réelle, les pauvres blancs de Floride ne subsistèrent pas, au bord de la famine, parce qu'ils étaient de nobles compatriotes. On leur refusait les terres, les opportunités et l'éducation parce que les oligarques politiques et financiers de Floride prenaient tout pour eux. Les écrits de Rawlings semblaient promettre que ses fermiers des arrière-bois resteraient dans leur Eden rustique aussi longtemps qu'il y aurait des pins et des marais. Dans une certaine mesure, ce fut le temps qu'ils y restèrent. Car, aussi implacablement que ces étendues sauvages et ses marécages devinrent des communautés balnéaires ou des attractions touristiques, les protagonistes de Rawlings furent relégués dans les parcs à caravanes et les « projets » de la nouvelle Floride.

Bien que le roman de Rawlings, comme le père de Richard Feynman aurait pu le dire, ne nous dise « absolument rien sur la nature des événements » de Floride, la vraie vie de l'auteur est en revanche éclairante. Après l'échec de sa plantation d'agrumes, puis après celui de ses tentatives littéraires, Rawlings prit des pensionnaires au château Warden. La romancière la plus connue de Floride s'assurait de la propreté des draps quand un dernier malheur arriva. Deux invités périrent brûlés, lorsqu'un incendie ravagea l'hôtel de Rawlings. Après avoir servi comme refuge aux riches et comme piège de feu aux touristes, le château Warden était prêt pour une ultime réinvention – en tant que musée Ripley Believe It or Not ! Il ouvrit juste après que des millions de gens eurent visité les précédentes expositions de Ripley à Chicago et à New York.

Si un candidat déconstructionniste au doctorat écrivait un jour une thèse sur le musée Believe It or Not de St. Augustine, Rawlings pourrait faire l'objet elle-même d'une exposition de choix. Contrairement à ses personnages de fiction, elle fut, elle, un vrai protagoniste floridien ; sa réputation littéraire subit la même métamorphose, de la richesse à la misère puis à l'artifice, que la ville de Ponce subit dans la conquête des Amériques. Un autre chapitre pourrait être écrit au sujet de la tête rétrécie d'Indien présentée dans la paume des doigts joliment manucurés d'une femme blanche, et sur ses résonances floridiennes. Bien que, aujourd'hui, le nom d'Osceola soit vaguement connu par beaucoup de gens en Floride, une très petite partie seulement sait qu'il fut emprisonné à St. Augustine. Aucun marqueur historique n'indique la maison où le Dr. Weedon gardait son grotesque trophée.

La ville de St. Augustine admet aujourd'hui qu'aucun de ses bâtiments ne remonte au-delà de « la destruction de la ville par les forces britanniques d'invasion en 1702[12] ». La guerre et les ouragans jouèrent leur rôle, mais c'est le cycle, très américain, de négligence, d'abandon, de « développement » et de « restauration » qui fit les plus grands dommages. On trouve dans une publication municipale cette intéressante information que, de toutes les structures encore debout quand la ville passa sous la tutelle des États-Unis, il ne reste aujourd'hui que trente-six bâtiments qui peuvent revendiquer une origine coloniale quelconque, c'est-à-dire d'avant 1821. C'est beaucoup moins que les bâtiments que l'on peut trouver dans des douzaines de villes de Virginie et des Carolines mais dans lesquelles les automobilistes ne s'arrêtent jamais, pressés qu'ils sont d'aller visiter « la plus vieille ville » d'Amérique.

Ces métamorphoses incessantes ont pour résultat d'avoir fait de St Augustine, ainsi qu'une étudiante d'une université de l'Ohio le découvrit

12 Site web officiel de la ville de St. Augustine, « The Nation's Oldest History ». Consulté le 6 juin 2012.

en 2002, « Une ville schizophrène ». Cette année-là Shauna Henley, alors en licence à l'Université de Miami à Oxford, Ohio, passa ses vacances d'été à St. Augustine. En quelques mois, elle découvrit par elle-même ce que les spécialistes reconnus de l'histoire de la Floride ne semblaient avoir jamais remarqué : « L'histoire de l'agglomération tout entière a été reformulée dans le seul but d'en faire une destination de voyage plus attractive ». Elle continuait : « Par conséquent, ce que trouvent les visiteurs quand ils arrivent à St. Augustine est une invention du vingtième siècle avec un passé très mélangé ». En surface, observe-t-elle, « la ville a évolué dans une direction où elle semble se satisfaire de faire abstraction de la réalité[13] ».

Les problèmes, notait-elle, apparaissaient quand la réalité faisait intrusion. Les noirs, par exemple, commencèrent à jouer un rôle clé à St. Augustine bien avant que les Espagnols n'en partent, pourtant ils n'occuperont aucune place dans la version fictive que la ville donnera d'elle-même. Du coup, la visite que fit le Dr Martin Luther King Jr. à St Augustine, dans les années 1960 lors de sa lutte contre la ségrégation raciale constitua un vrai choc. Les blancs de St Augustine se sentirent profondément offensés par le fait que les noirs, plus que toute autre population, pussent déranger la belle tranquillité de la « plus vieille ville » d'Amérique. La lutte qui s'ensuivit fut particulièrement dure, car, comme cette étudiante de l'université de l'Ohio le souligna, « le mouvement pour les droits civiques ne dérangeait pas seulement le statu quo, mais affectait une image très construite ». Les résidents noirs le formulèrent d'une manière plus frappante encore. « À St Augustine », disait-on, « les chevaux pouvait boire de l'eau aux fontaines ; nous non ». Quand les noirs purent enfin entrer dans les hôtels de St Augustine, les propriétaires d'un hôtel versèrent de l'acide dans la piscine[14].

Fraser, un des prévaricateurs les plus inventifs – et aussi les plus dingues – de Floride de tous les temps, fit bien plus que de falsifier le passé. Sa « plus vieille ville » fut un précurseur des parcs à thème – et des communautés à thème – de la Floride du vingt et unième siècle. Elle préfigurait un âge où – dans des domaines qui iraient de la politique à la science, en temps de guerre ou en temps de paix – les loisirs

---

13 Shauna Henley, « A City with Schizophrenia ». Rapport en ligne, 2002. Consulté le 10 avril 2007.

14 David R. Colburn, *Racial Change & Community Crisis : St. Augustine, 1877-1980*, 1991.

seraient une valeur fondamentale. Le rêve de Fraser d'un mélange festif d'histoire et de réalité, réalisé par « du folklore, des traditions, des fêtes religieuses, des pièces de théâtre historiques, des pantomimes, des concours, des festivals, des fiestas et des pèlerinages », comme il le disait, annonçait aussi des efforts plus sérieux, une génération plus tard, pour faire revivre des zones historiques comme Quincy Market à Boston et de redonner une nouvelle actualité à de vieux espaces public comme Union Station à Washington, D. C. Aujourd'hui, Fraser pourrait trouver des soutiens, s'il soulignait que, en réalité, les reliques de St Augustine étaient plus une question d'ambiance qu'une question d'exactitude historique. Cependant, c'est ce que, par dessus tout, Fraser sentit qu'il devait cacher, aussi continua-t-il à imposer ses « découvertes », qui détruisaient l'histoire, au public.

Le résultat est une situation pleine d'ironie conceptuelle et émotionnelle. On dit aux visiteurs qu'on leur donne à voir les origines de l'Amérique ; en fait, ce qu'ils voient est ce qui fut un signe avant-coureur de son futur. Cela ne veut pas dire qu'on ne peut pas voir la vérité. En 1976 et en 1985 les excavations du Dr. Kathleen Deagan, célèbre archéologue de Floride, établit ceci : Ponce de Leon ne débarqua jamais à St Augustine ; aucune fontaine n'y coula jamais. Plusieurs grands panneaux, érigés à la demande du Dr. Deagan, attiraient l'attention des visiteurs sur ces réalités[15]. Pendant une heure, j'ai observé des gens passer devant ces panneaux sans les lire. Et lorsque j'ai demandé à l'un des guides si tous les visiteurs croyaient que Ponce de Leon avait découvert la Fontaine de Jouvence, il répondit : « Quatre-vingt quinze sur cent, oui. Les cinq pourcent restants nous disent que c'est Christophe Colomb qui a découvert St. Augustin[16]. ».

Ce qui reste le plus encore dans l'ombre est l'extrême importance de Fraser lui-même. Chronologiquement comme éthiquement, il fut l'une des grandes figures de transition de la Floride. Il fait le lien entre les monuments confédérés à la mémoire de la Guerre et les mannequins mécaniques qui représentent les présidents à Disney World. L'« attraction » de Fraser a duré plus longtemps que tout ce que Ponce de Leon a construit en Floride. Au fil du temps, sa Fontaine de Jouvence – celle qui est branchée sur les canalisations d'eau de St Augustine – est devenue

---

15 Kathleen A. Deagan (ed.), *America's Ancient City : Spanish St. Augustine, 1565-1763*, 1991.

16 Interviews avec le personnel de la Fontaine.

le plus important artefact de l'histoire du tourisme en Floride. Mieux que quiconque, elle résume la vérité qui a modelé le passé de la Floride et qui continue à déterminer son futur, en l'occurrence que la réalité n'y est jamais dissuasive. De vraies expositions devraient montrer Fraser en train de déterrer des bébés morts, de dépouiller les squelettes de leurs bijoux, de faire des faux parchemins, de faire des canalisations pour relier sa Fontaine aux réserves municipales d'eaux. Mais Fraser lui-même est devenu une victime de la dénaturation incessante du passé de la Floride.

Comme le démontre la Fontaine de Jouvence elle-même, la vérité n'est jamais inaccessible. Des personnes comme le Dr. Deagan la font toujours remonter à la surface, ce qui n'arrête jamais des protagonistes comme Fraser de sortir vainqueurs. Ils triomphent souvent, pour cette raison très simple que les gens n'aiment pas qu'on leur rappelle des choses déplaisantes. Ce que la Fontaine permet de révéler de plus important est que le triomphe de Fraser sur la vérité ne fut pas son seul triomphe. Avec la complicité d'un public qui payait, celui qui venait de la capitale de la cacahuète de Géorgie vola le sens de l'histoire de Floride. Il était si connaisseur et ils étaient si complaisants, que St Augustine – et la Floride – n'ont jamais repris possession de leurs biens volés.

Durant les décennies où Walter B. Fraser transformait les débris du passé de la Floride en une maquette de son futur, la Floride produisit pourtant une figure publique qui, comme Ossian Hart au siècle précédent, transcenda sa situation personnelle. Sudiste de naissance, d'éducation et d'héritage, le sénateur, et plus tard représentant, Claude Pepper (1900-1989) naquit dans une cabane de métayer proche de Dudleyville en Alabama. Il travailla dans une aciérie près de Birmingham avant de finir à l'école de droit de Harvard. À cette époque, l'Alabama n'avait pas grand chose à offrir à un jeune licencié de droit qui avait de grands rêves, aussi en 1925 Pepper s'établit-il en Floride et en moins de quatre ans se fit-il élire dans la législature de Tallahassee. Puis en 1936, la Floride choisit, avec Claude Pepper, le sénateur des États-Unis le plus indépendant d'esprit qu'elle n'aura jamais eu. Personne n'incarna mieux les espoirs et les opportunités du New Deal que le sénateur de Floride Pepper. D'autres politiciens soutenaient des politiques particulières. Il fut une preuve vivante de la différence qu'une nouvelle donne pouvait faire dans la vie d'un individu[17].

---

17 Claude Pepper et Hays Gorey, Pepper, *Eyewitness to a Century*, 1987 ; Reginald Thomas, « Claude Pepper, Fiery Fighter for Ederly Rights, Dies at 88 », *New York Times*, 31 mai

Pepper soutint de toute sa force les programmes fédéraux – du Civilian Conservation Camp au WPA – qui aidaient directement les Floridiens pauvres et en difficulté à survivre à la Grande Dépression. Il mit en garde contre les dangers de l'isolationnisme bien avant l'attaque sur Pearl Harbour, mais en 1950, quand il fut candidat à un troisième mandat au Sénat, la guerre froide venait de commencer et, durant une mission à Moscou, il fit publiquement l'éloge du dictateur communiste, Joseph Staline. L'ennemi juré de Pepper était un natif du New Jersey, sophistiqué, du nom de George Armistead Smathers. Né à Atlantic City, Smathers était le fils d'un juge fédéral. Son oncle avait représenté le New Jersey au Sénat des États-Unis. Comme les plages de Floride prenaient le pas sur celles de la côte du New Jersey, la famille de Smathers s'installa à Miami ; étudiant, il devint une personnalité du campus. Président de l'association des étudiants et de sa fraternité à l'Université de Floride, il y fut aussi capitaine de l'équipe de basket-ball avant de rejoindre les Marines durant la Seconde Guerre mondiale[18].

Dans les élections au Congrès de 1946, Smathers – comme John Kennedy et Richard M. Nixon – devint un des premiers jeunes vétérans de la Seconde Guerre mondiale à être élu à la Chambre des représentants des États-Unis. Surnommé « George le superbe », Smathers, ce membre du Congrès qui venait d'une Miami à la vie trépidante, devint un proche ami de John F. Kennedy, ce membre du Congrès de Boston, à la vie trépidante. Les deux amis ne laissèrent jamais des questions comme le droit de vote et la ségrégation raciale déranger leur passion partagée pour les aventures sexuelles. « Ensemble ou seuls, ils étaient des loups en rut », rappela le présentateur de télévision, Roger Mudd, « toujours capables de trouver ou d'attirer de superbes proies ». Nombreuses furent les conquêtes qui se passèrent sur des yachts alors que Kennedy était en vacances dans la résidence familiale de Floride. Mudd se souvint d'avoir « été agrippé à ses jumelles pour savoir qui arrivait et qui partait, mais d'avoir toujours la vue bloquée par un bateau des services secrets quand une de ces beautés de Palm Beach montait à bord ».

1989 ; Tracy E. Danese, *Claude Pepper and Ed Ball : Politics, Purpose, and Power*, 2000 ; « Florida : Anything Goes », *Time*, 17 avril 1950.

18 Brian Lewis Crispell, *Testing the Limits : George Armistead Smathers and Cold War America*, 1999, particulièrement p. 54-75.

En 1950 Smathers chercha à se faire élire au Sénat des États-Unis. La confrontation qui s'ensuivit avec Pepper fut une bagarre floridienne classique, jusqu'à son incident le plus célèbre, qui était entièrement fictif. Alors qu'il sillonnait les coins reculés de Floride, dit l'histoire, le Yankee Smathers mit en garde les blancs ruraux contre les perversions incarnées par l'élitiste Claude Pepper (qui était vraiment un fils du Sud). Dans son édition du 17 avril 1950, le magazine *Time*, qui joua le rôle de Washington Irving, fournit la version standard de ce qui n'arriva jamais. « Smathers », raconta *Time*, « fit un petit discours pour les électeurs esclavagistes qui disait ceci : "Savez-vous que ce Claude Pepper est connu dans tout Washington comme un extroverti sans vergogne ? En plus de cela, on raconte, de source sûre, que cet homme pratique le népotisme en faveur de sa belle-sœur et qu'il a une sœur qui était dans le passé une actrice dans la New York dépravée" ».

Cette « longue histoire », comme la décrivait *Time*, était à la politique de la Floride du vingtième siècle ce que la Parabole des boîtes avait été à celle de la Floride plusieurs centaines d'années plus tôt – un mensonge qui révèle bien des vérités. Bien que Smathers n'eût jamais fait un tel discours, sa campagne se fondait sur un mépris des électeurs et sur l'exploitation de leur ignorance. Le magazine voyait également juste, quand il remarquait que « Smathers était capable d'aller loin en faisant campagne ». Le *Time* disait que Smathers avait déclaré : « Je ne voyage pas sous la bannière écarlate de Harvard. Je n'ai jamais été un camarade de classe d'Alger Hiss ». Smathers fit de la Confédération ainsi que de l'anticommunisme ses chevaux de bataille. Lors du premier meeting de sa campagne, rapporta le *Miami Herald*, « les cris des rebelles résonnèrent dans tout le Colisée d'Orlando et les spectateurs se drapèrent dans les drapeaux de guerre des Confédérés ». S'en remettant à des techniques qui préfiguraient ce qui amènera au recomptage des voix lors de l'élection présidentielle de 2000 et renvoyaient à la fois aux tactiques terroristes de 1876, « les sergents de Smathers » furent envoyés autour des bureaux de vote « pour maintenir l'ordre le jour des élections et pour former une force anti-communiste permanente ». La vraie raison, supposait Pepper, était « d'empêcher les noirs nouvellement qualifiés de voter ».

Au Sénat, Pepper s'était battu pour des programmes qui avaient bénéficié au peuple de Floride, bien plus encore que dans la plupart des autres États. Avec le soutien de leaders au Congrès comme Pepper, les États-Unis et ses alliés avaient vaincu les Nazis en Europe ; puis, presque à eux seuls, ils avaient défait les Japonais dans le Pacifique. Répudier Claude Pepper, c'était répudier la politique qui avait permis aux États-Unis de passer du désespoir à la richesse, de l'isolationnisme à la puissance mondiale. En 1950, ce fut pourtant ce que firent les électeurs de Floride. Ce qui, à l'époque, fut révélateur, c'est la manière dont le reste du pays réagit. On considéra la campagne de Smathers, fondée sur la haine et la peur comme amusante. « Le George Smathers à la parole facile », se moquait le *Times*, « avait appris à mettre du sel sur les vieilles blessures de Pepper ». Ce qui était vrai en Floride s'avéra également vrai dans toute l'Amérique lors des élections générales du mois de novembre qui suivit. De Pennsylvanie et du Maryland à l'Utah et à l'Idaho, des challengers du type de Smathers l'emportèrent sur ceux qui étaient en poste comme Pepper. Nulle part, le triomphe de la tactique qui consistait à salir l'adversaire ne fut plus évident qu'en Californie. Richard Nixon, comme Smathers, y dénonça son opposant comme un mauvais Américain crypto-communiste, et finit par l'emporter.

Débonnaire lorsqu'il participait à des parties à Palm Beach, au Congrès Smathers était aussi têtu dans son soutien à la suprématie blanche qu'une mule du comté de Gadsden. En 1964, il vota contre le premier acte des droits civiques à être passé au Congrès depuis 1868. Il offrit même d'envoyer des fonds au Révérend Martin Luther King Jr, à la seule condition que le futur lauréat du Prix Nobel quittât la Floride et n'y revînt plus jamais. Puis, à partir de 1968, George Smathers se réinventa. Il quitta le Sénat et devint un entrepreneur multimillionnaire dont la société de lobbying vendait des contacts. Smathers avait permis à Kennedy de rencontrer des jeunes femmes complaisantes ; il introduisit également Richard Nixon auprès de Charles Rebozo dit « Bebe ». L'amitié de Smathers et du président déshonoré devint financièrement et politiquement rentable, quand il vendit sa grande demeure de Key Biscayne à son grand ami Nixon. Jamais depuis David Levy Yulee, l'amoralité politique n'avait pris, en Floride, de plus belle forme.

Des politiciens comme Pepper et Smathers attiraient plus l'attention, mais Charley Johns, gouverneur de 1953 à 1955, démontra comment le pouvoir continuait d'être acquis et d'être exercé en Floride, quelle que fût la personne en fonction. Johns est un gouverneur qui ne fut élu par personne. Quand ils rédigèrent la constitution de l'État en 1885, les

Néo-Confédérés de Floride supprimèrent le poste de vice-gouverneur. Suite à l'incapacité du gouverneur en exercice, disposait-elle, le président du sénat de l'État, presque à coup sûr un suprématiste blanc de la Floride rurale du nord, deviendrait gouverneur. C'est ce qui se passa en 1953 quand le gouverneur élu fut déclaré dans l'incapacité d'exercer ses fonctions, après deux moins seulement, et qu'un sénateur de l'État, Charley Johns, le chef politique du petit comté de Bradford, qui même aujourd'hui compte moins de sept mille habitants, devint le premier magistrat de Floride. L'innovation à laquelle fut attaché son nom est la chaise électrique portative. On la déplaçait dans toute la Floride, avec son propre générateur électrique, dans un camion spécial. Bien que l'engin eût plutôt tendance à cuire qu'à tuer ceux qui y étaient attachés, Johns déclara que c'était une arme essentielle dans sa guerre contre le crime et l'immoralité[19].

Avant, pendant et après son temps comme gouverneur, Johns fut toujours profondément préoccupé par ce qu'il dénonçait comme la menace homosexuelle-communiste-noire pour la Floride. Johns frappa son plus célèbre coup contre les forces idéologico-sexuelles dissidentes après être revenu à son point de départ, la législature de l'État. Le rapport de la commission Johns, « Homosexualité et citoyenneté en Floride », était le résultat de huit ans d'enquête, financée par les contribuables, sur la vie privée des gens. Quand il fut finalement publié en 1964, le « Pamphlet de Pourpre », comme tout le monde l'appelait, devint un produit pour collectionneur dans les librairies cochonnes de Times Square à New York, du fait de ses descriptions photographiques explicites de la Menace Homosexuelle. Pour ceux qui étaient appelés dans la chambre 202 du Thomas Hotel de Gainesville, une « suite d'interrogatoire » de la Commission, l'inquisition de Johns n'était pas une plaisanterie. Avec la complicité de ceux qu'ils faisaient chanter, les enquêteurs de Johns infiltrèrent des lieux comme la Burger House de Gainesville. Un « rapport confidentiel » révéla les résultats de ces voyages sur le terrain, à savoir qu'il y avait des endroits en Floride où les homosexuels se réunissaient[20].

---

19 Allyson A. Beutke (producteur), *The Dark Legacy of the John Committee*, 2000. Le site web du film est instructif.

20 James Anthony Schnur, *Closet Crusaders : The Johns Committee and Homophobia : 1956-1965* ; John Howard (ed), *Carryin' On in the Lesbian and Gay South*, 1977, p. 132-163 ; State of Florida, Legislative Investigation Committee, *Homosexuality and Citizenship in Florida*, 1964.

Plus de 130 ans plus tôt, le Nucleus avait transformé le gouvernement en une machine à argent et en une massue politique. Johns et sa clique étaient connus sous le nom du Pork Chop Gang (le gang de la côte de porc), c'est à dire une cabale d'escrocs qui, pendant des décennies, dilapidèrent la richesse publique de la Floride comme des gloutons dévorent un plateau de côtelettes de porc[21]. Si les dénominations changeaient à l'occasion, la source de pouvoir et de lucre eux ne changeaient pas. Dans les années 1960, le système politique antidémocratique de Floride restait enraciné dans la constitution de 1885, sous laquelle les membres de la législature représentaient les alligators, les dolines – et les intérêts particuliers – mais certainement pas les gens. Les conséquences en étaient l'injustice fiscale et l'injustice politique. Chaque année, les habitants de villes comme Miami et Tampa envoyaient des millions en impôts à Tallahassee. En retour, la législature évitait de faire des efforts pour financer l'éducation et rejetait des projets de secours aux victimes des ouragans. Comme toujours, on invoquait l'égalité pour faire régner l'inégalité[22]. Le Pork Chop Gang établit que chacun des soixante-neuf comtés de Floride devait recevoir une part égale du budget de l'État. « Résultat de cela », note l'historien du droit Stephen H. Wainscott, « Dade (Miami) eut vingt cents par habitant, alors que le petit comté de Liberty obtint, lui, soixante et un dollars par habitant ».

Parce que l'augmentation de la population était plus importante dans la Floride péninsulaire, l'injustice devenait de plus en plus grande. En 1960, le comté de Pinellas (siège du comté : Clearwater) avait 374 665 habitants. Hillsborough (Tampa) en avait 397 788. Broward (Fort Lauderdale) avait une population de 333 946 habitants. Les 1 106 399 habitants de ces trois comtés avaient moins de représentants dans la législature de l'État qu'une poignée de comtés de Floride du nord avec une population combinée de 30 000 habitants. Selon le recensement de 1960 sur tous les États-Unis, le comté de Liberty, site du massacre de Negro Fort, comptait 2868 habitants. Le comté de Dade (Miami) en comptait 935 047, 326 fois plus. À Tallahassee, cela ne comptait pas ; « 12,3 % de la population pouvait élire une majorité au sénat de l'État et 14,7 % pouvait faire de même à la chambre basse », note Seth A. Weitz, dans son étude non publiée, *Political Immorality in Florida*. Les Pork Choppers

21 « Florida's Dubious Dynasty » in Burnett, 1998, p. 106-109.

22 Weitz, 2007.

« mirent en place des barrières institutionnelles qui laissèrent le système politique de Floride virtuellement déconnecté des changements profonds qui agitaient l'État », l'Amérique et le monde. Johns et ses alliés en étaient si déconnectés qu'ils tentaient encore le 2 mars 1966 de bloquer le redécoupage électoral de la législature. Ce jour-là, la cour fédérale jugea que les circonscriptions électorales étaient si injustement découpées qu'elles ne pouvaient être utilisées en l'état pour les élections primaires qui étaient prévues moins de deux mois plus tard.

Personne n'appela cela la Reconstruction, mais à partir de 1962 la Cour Suprême des États-Unis réussit finalement à faire ce qu'elle avait échoué à faire en 1877 quand les Néo-Confédérés prirent le pouvoir. Elle jugea qu'un simulacre de démocratie comme celui de Floride était non constitutionnel. « Les législateurs représentent le peuple, non les arbres ou les hectares », décréta le Juge suprême Earl Warren[23]. Aussi à l'aise dans leur tanière que l'avaient été leurs précurseurs confédérés durant les derniers jours de la Guerre civile, le Pork Chop Gang aurait pu continuer à bloquer la réforme indéfiniment, mais, désormais, sous l'ordre de la cour fédérale, les responsables politiques à Tallahassee durent redessiner la carte politique de la Floride de sorte que ses circonscriptions électorales correspondent quelque peu à la vraie répartition de la population de l'État. Quand bien même les cours demanderaient bien vite de nouveaux changements, les résultats obtenus étaient importants.

Jusque là, Charley Johns incarnait un système floridien qui, à l'exception de la brève période qui suivit la Guerre civile, avait réussi à détourner la démocratie durant 140 ans. Désormais il devenait un exemple de ce qui pouvait arriver quand le gouvernement fédéral protégeait les droits des citoyens des États-Unis. La circonscription législative redécoupée dans laquelle Johns cherchait désormais à se représenter comptait vingt-trois comtés et quelques trois cents mille habitants. La plupart de ceux qui votèrent lors de l'élection de mai 1966 étaient des blancs nés dans le sud, mais en dépit du « fait que Johns remporta 15 des 23 comtés de la circonscription », il ne fut pas réélu, par une marge aussi fine qu'une feuille de papier de 50,1 pourcent contre 49,9 pourcent. Ceux qui avaient du goût pour une justice poétique notèrent que les votes qui avaient fait battre Johns venaient du « comté d'Alachua où les

23 Stephen H. Wainscott, « From the Political Thicket to One Man, One Vote » in John W. Johnson (ed), *Historic US Court Cases*, 2001, p. 258-266.

chasses aux sorcières du Comité de Johns avaient terrorisé l'Université de Floride une décennie plus tôt[24] ».

La Floride s'était finalement débarrassée de l'ancien gouverneur Johns pour la même raison que, en 1865, elle s'était débarrassée du gouverneur Milton. À la longue, le gouvernement des États-Unis avait exercé sa souveraineté, et pris des mesures pour remédier à la situation fétide de Floride.

24 Weitz, p. 241.

TOUT EST DANS L'EMPLACEMENT

En octobre 1957, les Soviétiques lancèrent le *Spoutnik*, le premier satellite fabriqué par l'homme. Ce succès soviétique constitua un tournant décisif pour la Floride comme pour la psyché américaine, mais ce fut le dernier événement lointain à avoir un impact important. En juillet 1955, de l'autre côté de l'Amérique du nord, des feux d'artifice remplirent le ciel d'Anaheim, en Californie, à l'occasion de l'inauguration de Disneyland. La Floride allait devenir la rampe de lancement vers un triomphe de l'Amérique sur le communisme qui viendrait de l'espace, mais l'explosion démographique à l'extérieur des villes que Disney contribua à déclencher aura des effets qui persisteront bien après la guerre froide. Disney World, son parc à thème de Floride attirera des centaines de millions de visiteurs. Dix millions de personnes s'installeront en Floride, la faisant passer d'un État faiblement peuplé à un État crucial pour les changements qui remodèleront l'Amérique.

La géographie nord-sud de la Floride continua de déterminer son destin, à une différence près toutefois. Auparavant, le changement se faisait essentiellement dans un seul sens, soit il venait du nord soit il venait du sud. Désormais, ce fut simultanément du nord et du sud qu'il vint, lorsque les innovations technologiques introduites par des personnes étrangères à l'État révolutionnèrent de nouveau la place de la Floride dans le monde. Le résultat fut que la Floride, qui avait été durant si longtemps un endroit reculé, se trouva à nouveau au centre des événements mondiaux. La crise des missiles de Cuba, en 1962, fut comme une réplique du choc, provoqué par les ambitions des superpuissances, qui avait eu lieu en Floride en 1565, mais les protagonistes n'étaient plus désormais des nations, mais des individus qui arrivaient en Floride par une multitude de routes, et avec une infinité de motivations différentes. Durant les décennies à venir, comme le montreront les événements, les individus eux-mêmes eurent plus de pouvoir pour changer le monde que n'en eurent les nations et les idéologies. Une des raisons pour lesquelles les individus devinrent si importants est qu'ils étaient bien plus nombreux. L'explosion démographique en Amérique latine fut un des événements qui poussa au changement en Floride, mais aussi exotique la Floride semblait-elle pouvoir devenir, les nouveaux arrivants restaient en majorité des Nord-Américains : ceux du Midwest qui fuyaient la neige, des réfugiés du Nord-Est pour lesquels l'idée du Paradis était auparavant les rivages du New Jersey. Des millions de Canadiens arrivèrent également, comme le révérend Charles Beecher l'avait prédit. Plus de trois millions de Canadiens – près de 10 pourcent de la population totale du pays – visitaient la Floride chaque hiver.

La nature des temps avait changé. En ce qui concerne les noms, c'était comme la parabole des aveugles et de l'éléphant. Des termes comme « postindustriel », « postmoderne », et « mondialisation » – avec « suburbain » et « héliotropisme » – proliférèrent. Quel que fût le nom que l'on donnait, les gens étaient devenus trop mobiles pour qu'ils pussent restés confinés dans une seule nation et pour que leurs mouvements fussent limités dans une seule direction. Dans le renforcement du pouvoir des individus, l'automobile et l'avion ont été les éléments les plus importants. Les Américains dont les parents avaient travaillé dans des fermes ou dans des usines pouvaient désormais sauter dans leur voiture et partir en Floride. Les Latino-Américains dont les parents n'avaient jamais vu d'avion pouvaient désormais voler vers la Floride. Mais, quand bien même ils devraient y arriver par d'autres moyens, la Floride n'était qu'à cent cinquante kilomètres des côtes de Cuba, et pas beaucoup plus loin du reste des Caraïbes. Alors que la technologie changeait partout la vie, l'Inde, l'Europe de l'Est, l'Afrique de l'Ouest et le Moyen-Orient se rapprochèrent aussi de la Floride – et en furent plus proches qu'ils ne l'avaient jamais été depuis le temps des Grandes Découvertes.

Le jour du Nouvel An de 1959 est une date qui marque bien ce moment où l'avenir de la Floride prit une double direction. La nuit qui précéda, la veille du jour de l'an, Batista avait fui Cuba, alors même que les fêtards jouissaient des fameux excès de la vie nocturne de La Havane. Fidel Castro allait devenir le dernier conquistador à apporter un changement majeur en Floride – en Floride et non pas à Cuba. Ce fut en effet à Miami que Fidel Castro déclencha une vraie révolution, lorsque les échecs de son régime déversèrent les unes après les autres des vagues de Cubains qui fuyaient en direction de la Floride. Rien ne symbolise mieux l'échec de la révolution violente en Amérique latine que l'émergence de Miami comme *Maîtresse des Amériques*, ainsi qu'une étude sur son importance grandissante l'appelle judicieusement[1]. Les erreurs de l'Amérique y apparaissent aussi avec clarté. Les États-Unis, les événements en Floride le montreront, pouvaient envoyer un homme sur la lune, mais ne pouvaient pas affronter rationnellement un régime, sur une île proche, qu'ils n'aimaient pas. Ils pouvaient faire d'un parc de loisir la pièce centrale d'une civilisation. Ils n'avaient pas de pouvoirs sur les machines de vote.

Des siècles plus tôt, les Floridiens avaient passé leurs vies dans l'oubli, à ouvrir des huitres sur des tas de fumier, lorsque les premières caravelles aux voiles blanches venues d'Europe jetèrent leurs ancres. Désormais, toujours dans l'oubli, ils filaient dans leurs bateaux à moteur et préparaient leurs repas dans des parcs à caravanes, alors que les fusées américaines montaient dans l'espace et que des navires soviétiques avec des rampes de fusée croisaient le long de la côte. Le Pork Chop Gang, les chefs timicuans de cette nouvelle époque, n'avaient pas compris que leur système était désormais archaïque, mais même si vous compreniez que des transformations s'opéraient, comment en comprendre le sens ? Cent ans plus tôt exactement, le Français Jules Verne avait montré pourquoi les yeux (et les caméras de télévision) du monde entier devraient se tourner vers la Floride. En 1865, Verne avait prédit que les Américains iraient *De la terre à la lune* et quand ce serait le cas, avait-il prévu, ce serait dans « un engin-projectile » lancé de Floride[2].

Jules Verne fut l'un de ses visionnaires floridiens qui ne vit jamais la Floride de ses propres yeux. Mais, contrairement à ceux qui y arrivèrent avec leurs rêves et qui tentèrent de rendre la Floride conforme à leurs rêves, il observa la Floride à distance, avec détachement. Il écrivait au moment exact où les Américains s'entretuaient à Olustee, et il reconnut que la Floride avait deux avantages essentiels, pour ce qui concerne les futurs voyages dans l'espace. Comme son compatriote, Alexis de Tocqueville, qui avait écrit *De la démocratie en Amérique* trente ans plus tôt, Verne prévit que les États-Unis allaient devenir une des plus puissantes nations de

1 Jan Nijman, *Miami, Mistress of the Americas*, 2011.

2 Jules Verne, *Les Voyages extraordinaires : Autour de la lune*, 1867 ; *From Earth to the Moon : Direct in Ninety-Seven Hours and Twenty Minutes : And a Trip Around It.*

tous les temps. Il considérait comme fait acquis que, après avoir écrasé la Confédération, les États-Unis continueraient à s'enrichir, à être inventifs et seraient suffisamment puissants pour assumer les risques et les coûts de l'exploration de la lune. Il comprit aussi l'importance de la nature humaine, à commencer par ce qui en est une variante : le nationalisme américain. Les Américains de Verne n'envoient pas d'expédition *De la terre à la lune* car ils aiment la science et aspirent à l'aventure. Ils tirent un énorme obus dans l'espace car, maintenant que la Guerre civile est terminée, ils ne peuvent plus se tirer dessus.

La Floride est la partie des États-Unis continentaux la plus proche de l'équateur – et quand on lance une fusée la latitude est déterminante car la vitesse pour échapper à la gravitation de la terre diminue plus le site de lancement est proche de l'équateur. Les lecteurs, aujourd'hui encore, s'émerveillent du don de Verne pour le fantastique ; son respect pour les lois de la physique est ce qui fit que ses pronostics furent si visionnaires. Comme les événements futurs le montrèrent, les usages que l'on pouvait faire de l'inclinaison équatoriale de la Floride ne se limitèrent pas au voyage dans l'espace. Dans des activités qui allaient des croisières organisées dans les Caraïbes à l'âge des Jumbo jets jusqu'au blanchiment de l'argent de la drogue dans une économie globalisée, le fait que la Floride combinait un accès vers les tropiques et un emplacement malgré tout américain en fit l'endroit de tous les possibles, où des gens et des activités très différents pouvaient converger, pour des raisons très différentes.

L'autre célèbre créateur de merveilleux qui prit conscience des possibilités de la Floride est Walt Disney. Il passa le vendredi 22 novembre 1963, le jour même où le président Kennedy fut assassiné, à se créer une image distanciée de la Floride. Le simple fait que Disney fût en Floride aurait pu déclencher d'ordinaire une vague de spéculation immobilière. Mais, en ce jour dramatique, personne ne prêta attention à ce qu'il survolât un terrain vague au sud-ouest d'Orlando où les alligators étaient bien plus nombreux que les hommes et où la distraction principale était la chasse aux dindes sauvages. Il fait chaud et lourd durant la majeure partie de l'année dans ce domaine marécageux, éloigné des plages de Floride, mais, pourtant, périodiquement, il y fait si froid que le gel détruit ce qui y pousse. C'est sur ces terres que les Séminoles, généralement tout à fait auto-suffisants, en avaient été réduits à mendier des subventions fédérales.

« C'est ici », déclara Disney, en pointant du doigt le futur site du merveilleux qu'il avait décidé de créer au milieu de cette désolation floridienne. Qui paierait pour visiter un tel endroit ? Disney, prévoyant l'avenir avec tout autant de clarté que Verne, savait que des générations d'Américains le feraient, une fois qu'il aurait fait jouer son marketing magique. À l'époque, les banlieues remplaçaient les quartiers traditionnels. Dans cette nouvelle Amérique des maisons sur deux niveaux, des congélateurs et des plateaux-télé, comprit Disney, les vrais voisins étaient désormais ceux des séries télévisées. Même quand il neigeait dehors, le vrai voisinage était celui qui, par écran de télévision interposé, se trouvait dans ce paradis, sûr et sans saison, qu'on finira par appeler la ceinture du soleil. Il comprit aussi que, pour des millions d'Américains, le problème, de plus en plus, n'était pas que ce qu'on voyait à la télévision était irréaliste, faux ou illusoire. Le problème était que les réalités de leurs vies ne correspondaient pas à ce qu'ils voyaient à la télévision. Disney comprit quelque chose d'autre. Grâce au très important programme de dépenses du nouveau gouvernement fédéral, la Floride était en train de devenir une zone de captage de population[3].

Le Dwight D. Eisenhower National System of Interstate and Defense Highways, pour utiliser son nom officiel complet, avait un effet d'intégration tout autant que d'exclusion. Alors que les nouvelles voies express traversaient les grandes villes et contournaient les petits bourgs, ils déstabilisaient les aires urbaines et industrielles traditionnelles, en détruisant leurs quartiers d'affaires, en isolant leurs habitants et en incitant ceux-ci à déménager ailleurs. Les routes elles-mêmes transformèrent cette très longue épreuve, parfois dangereuse, qu'était un voyage jusqu'en Floride en un voyage sans stress et à grande vitesse. Grâce aux autoroutes inter-états, les radars du Sud profond devinrent aussi obsolètes que les fontaines d'eau réservées aux blancs car, en cette matière également, le gouvernement fédéral finit par avoir la main[4].

En se développant, le système autoroutier inter-états dirigea bien les gens vers la Floride tout en y faisant converger des artères à voies multiples : l'I-95 descendait le long de la côte atlantique, acheminant la

3 Foglesong, 2003.

4 Dennis W. Johnson, « Ribbons of Highway : The Intersate Highway Act of 1956 » in *The Laws That Shaped America : Fifteen Acts of Congress and Their Lasting Impact*, 2009, p. 261-292.

circulation depuis les régions les plus densément peuplées de l'Amérique du nord directement jusqu'en Floride. L'I-75 y acheminait les habitants du Midwest et de l'Upper South, alors que l'I-10 les amenait de la vallée du Mississippi, à travers le Panhandle, dans la péninsule de Floride. Près du site de la bataille d'Olustee, l'I-75 et l'I-10 se croisaient sous le X géant du drapeau de guerre confédéré. L'I-4 au nord de Cape Canaveral, se séparant de l'I-95, acheminait aussi les gens vers la Floride centrale. En quelques décennies, prévit Disney, ces nouvelles voies achemineraient plus de millions de personnes en Floride qu'il n'en était précédemment arrivé durant l'existence humaine toute entière, à une différence près. Ces nouvelles voies de migration couraient à travers le centre vide de la Floride, et non seulement le long des côtes. Au centre même de ce centre se trouvait le territoire que choisit Disney.

Comme d'habitude, les changements qui transformaient l'Amérique avaient touché la Californie tout d'abord. Pendant que Miami avait brièvement enflammé l'imagination de l'Amérique, Hollywood, durant les années 1920, s'intronisa elle-même comme sa principale manufacture de rêves. Durant les années 1930 du Dust Bowl et à nouveau durant la Seconde Guerre mondiale, quand de nombreuses industries de guerre y déménagèrent, la Californie continua son développement, car elle offrait ce que la Floride n'offrait pas, la possibilité d'y gagner de l'argent, et pas seulement de le dépenser. Comme de nombreux habitants du Midwest, Walt Disney, jeune, partit vers l'ouest. Et, en Californie du sud, il devint l'un des esprits qui exercèrent leur contrôle sur le Siècle américain. Il y arriva en monétisant l'idée d'elle-même que l'Amérique chérissait le plus, tout en séparant de la nature l'idée de ce que cela signifiait d'être américain et en la rendant post-littéraire. Grâce à Walt Disney l'image que l'Amérique se faisait d'elle-même n'était plus confinée aux livres d'école et aux salles de classe. Elle se pavanait, elle dansait, elle chantait devant vous dans les cinémas et sur les écrans de télévision. Disney recyclait les contes de Washington Irving (et de bien d'autres, à commencer par Jules Verne) d'une manière qui continuait à faire ressembler le passé américain à un triomphe perpétuel et agréable de la valeur et de la vertu sur tout ce qui se mettait en travers de son chemin, et qui, tout à la fois, rendait l'expérience d'être américain une expérience de plus en plus passive. Disney commercialisa l'aventure ; ce que les clients obtenaient pour de l'argent était de se libérer de la liberté pendant un moment, pendant que Disney préprogrammait votre vie et également votre compréhension de la vie.

C'est seulement après être devenu par deux fois une légende en Californie, tout d'abord par ses dessins animés, puis par son parc à thèmes, que Disney fit déferler son génie de l'organisation en Floride. Il jeta son dévolu sur la Floride pour les mêmes raisons que Flagler et de Soto. Ses triomphes précédents l'avaient laissé profondément insatisfait. Parce qu'il ne s'étendait que sur cent trente hectares environ, le premier Disneyland avait été vite entouré, se lamentait Disney d'« une jungle de signaux, de lumières, d'escroqueries qui avaient "lassé" le public du Disneyland ». Dans cette cuvette marécageuse de la Floride centrale, il comptait rectifier tout cela en créant une terre d'aventures où rien ne serait laissé au hasard. Il y parviendra en transformant *La Persuasion clandestine* que Vance Packard avait étudiée dans son best seller de 1957 en déterminants invisibles. La première étape consistait à éliminer les forces du marché. Dans la rue principale du Royaume enchanté chaque boutique serait la propriété ou sous licence de Disney. Dans chaque devanture ou sur chaque étagère ne seraient présentés que les produits autorisés par Disney. Ensuite, le libre arbitre de l'individu. Comme Disney et ses concepteurs le conçurent, les visiteurs devaient abandonner leur liberté avant même de descendre de voiture. Des intendants souriants leur disaient où se garer ; les gens n'avaient pas la possibilité de choisir leurs propres places de parking.

Dans le monde de Disney, la couleur même de l'eau était contrôlée. Les lacs de Disney ne pouvaient pas être marron tannin, comme l'étaient naturellement les pièces d'eau en Floride centrale. Ils devaient être d'un bleu éclatant, par conséquent, on draina les dolines, on enleva la boue, on installa des liners, et on pompa de l'eau filtrée dans les lagunes ainsi obtenues. Les visiteurs qui entraient dans le parc à thèmes imaginaient qu'ils traversaient un paradis tropical. Ils marchaient en fait sur le toit paysagé d'un centre de contrôle souterrain par lequel les techniciens de Disney, grâce aux techniques de contrôle de la foule que l'organisation de Disney avait inaugurées, déterminaient où ils allaient, ce qu'ils faisaient, et combien ils dépensaient. La vente des billets révélait ce que la Fontaine de jouvence de Fraser, en plus petit et en plus vulgaire, avait déjà révélé. Un grand nombre des visiteurs payants préféraient avoir une expérience passive de ces « attractions » dénaturées plutôt que d'avoir les inconvénients de la réalité. Aujourd'hui, il y a plus de visiteurs au Royaume enchanté de Disney (quelques dix-huit millions chaque année) qu'à Venise (dix-sept millions). Il y a plus de personnes qui paient pour voir le château de Cendrillon du Disney World que celles qui prennent la peine de visiter Versailles et le Parthénon réunis.

Cette extension du contrôle se retrouve dans les noms. En Floride, Disneyland devint Disney World, presque 150 fois la taille du modèle originel californien. Ce nouveau monde, déclara Disney, était fondé sur « les idéaux, les rêves et les vraies réalités qui sont à l'origine de l'Amérique ». Il fut, à l'évidence, fondé sur les vraies réalités qui sont à l'origine de la Floride. Les acquisitions de Disney s'inscrivirent dans la tradition d'une acquisition subventionnée par l'État de terres à usage commercial remontant aux premiers temps espagnols en passant par les ploutocrates du début du XXe siècle. Comme Menendez et Jackson, Disney nettoya ces terres de tout ce qui, ou de tous ceux qui, n'étaient pas conformes à ses souhaits. Puis il imprima, comme Flagler, ses rêves sur l'endroit.

Déterminé à obtenir ses terres à des prix en dessous de ceux du marché, Disney et ses agents mirent en place une conspiration de grande ampleur pour s'assurer que les vendeurs n'auraient aucune idée de qui achetait leur propriété. La Latin-American Development and Management Corporation donna faussement l'impression que des investisseurs étrangers étaient derrière les acquisitions. Bien qu'il n'eût rien à voir avec le commerce du bétail, Disney ouvrit avec le Reed Creek Ranch, Inc. un autre front. Après que ces sociétés potiches eurent été utilisées dans le but désiré, elles et les terres qu'elles possédaient furent réunies en une autre société entièrement détenue par Disney connue sous le nom de Compass East Corporation. En recourant à de telles tactiques Disney acquit plus de cent kilomètres carrés de terres pour un peu plus de 5 millions de dollars, soit moins de 80 dollars l'hectare. Quand la nouvelle tomba que Disney était l'acheteur, des terres adjacentes changèrent de mains pour 30 000 dollars l'hectare.

« Le thème "du contrôle" sera un des facteurs premiers dans la plupart des prises de décisions liées au projet », note un commentaire favorable à Disney, mais comment garder le contrôle une fois l'empire acquis[5] ? Ainsi que des développeurs comme Joseph Finegan et Gad Humphreys

5 Emerson, 2009.

l'avaient découvert, même les octrois des terres les plus coûteuses étaient inutiles si les responsables gouvernementaux avaient un pouvoir de réglementation ou si des plaignants pouvaient contester leur validité devant un tribunal. La solution s'avéra être aussi simple qu'un dessin animé et fidèle aux traditions floridiennes : garder le contrôle en empêchant tout processus démocratique et en faisant des tribunaux ses complices. Se débarrasser de la primauté du droit tout en célébrant les valeurs propres à l'Amérique. Pour ce qui concerne Disney, l'aide vint également de la CIA. Le plus proche contact de Disney dans cette « communauté du renseignement » était un agent secret accompli, William Donovan, dit Bill le sauvage. Légende dans le domaine des opérations secrètes comme l'était Disney dans le divertissement familial, Donovan était le fondateur de l'organisation qui avait précédé la CIA, l'Office of Strategic Services. Parfois appelé le « Père de la CIA », il était aussi un des fondateurs de Donovan, Leisure, Newton & Irvine, un cabinet juridique de New York dont un des avocats était un futur directeur de la CIA, William Casey.

Les avocats de Donavan fournirent de fausses identités aux agents de Disney ; ils établirent également un centre de communications secret et orchestrèrent une campagne de désinformation. Quand il filtra que quelqu'un achetait toutes ces terres, les agents de Disney diffusèrent de faux rapports comme quoi la Ford Motors Company était derrière cet achat. La psychologie joua son rôle, mais au sens large chaque entreprise de Disney était partie intégrante d'une campagne d'auto-promotion. Les films, les dessins animés et les shows télévisés de Disney, bien avant que le terme ne fût utilisé, devinrent des « informercials » pour ses parcs à thèmes. Et, à leur tour, ceux-ci renforçaient la demande pour d'autres produits et services qui avaient Disney pour thème, des cartons-repas aux appartements en multipropriété. Chaque centre individuel de profit permettait de générer un impact cybernétique plus grand que la somme de ses parties, à savoir la croyance que ce qui était bon pour Disney était bon pour l'Amérique. Quand l'*Orlando Sentinel* eut vent des activités clandestines de Disney, le journal interdit à ses journalistes d'enquêter pour la même raison que le *New York Times* avait refusé de publier quoi que ce fût sur l'invasion de Cuba que projetait la CIA. S'opposer à Disney c'était comme dévoiler des secrets gouvernementaux, ce qu'aucun citoyen loyal ne pouvait faire[6].

6 T. D. Allman, « Beyond Disney », *National Geographic*, mars 2007.

Le principal stratège juridique de Disney en Floride était un vieil agent de la CIA du nom de Paul Helliwell. Après avoir contribué à lancer la guerre secrète de la CIA en Indochine, Helliwell s'installa à Miami en 1960 pour « fournir une couverture commerciale pour les opérations cubaines de la CIA ». Helliwell avait des liens avec le crime organisé ; Disney figurait aussi parmi ses clients. Lors d'un « séminaire » secret que Disney réunit en mai 1965, Helliwell y vint avec cette approche qui, jusqu'à aujourd'hui, a permis à l'organisation de Disney d'éviter l'imposition et les règles environnementales tout en gardant le « contrôle » sur ses immenses possessions de Floride. C'était la même stratégie que la CIA avait poursuivi dans des pays étrangers où Helliwell avait officié. Mettre en place un gouvernement de marionnettes ; puis utiliser ce régime pour contrôler ce qui s'y passait[7].

Personne n'y résiderait, mais Helliwell conseilla à Disney d'établir au moins deux « villes » fantômes, puis d'utiliser des gouvernements fantoches pour contrôler l'utilisation des terres et pour s'assurer que les sommes d'argent générées par le parc à thème restent dans les mains de Disney. Bien que rien n'y poussât, le reste des terres seraient classées comme « terres agricoles » de façon à éviter des taxes commerciales sur ce qui était la plus grande entreprise commerciale à avoir jamais vu le jour en Floride centrale.

Sur le papier, les « villes » de Disney World seraient des villes américaines ordinaires – à cette exception que leurs seuls résidents officiels seraient une poignée de fidèles de Disney triés sur le volet qui « éliraient » périodiquement leurs responsables qui, à leur tour, céderaient le contrôle complet aux cadres de Disney. Pendant ce temps, on refuserait à des centaines de milliers de gens qui vivaient et travaillaient vraiment dans cette zone tout droit à la parole dans ce qui se passait, y compris le droit de voter. C'était la politique traditionnelle de la Floride, du même genre que le redécoupage électoral qui avait permis au Pork Chop Gang de conserver le contrôle sur tout. C'est pourquoi Disney lui-même eut à faire face aux mêmes problèmes que les blancs suprématistes avaient dû affronter. La nouvelle insistance de la Cour suprême des États-Unis pour que les responsables élus représentent le peuple, et non les alligators et des intérêts particuliers, s'appliquait aux nababs du divertissement

7 Joseph J. Trento, *Prelude to Terror : The Rogue CIA and the Legacy of America's Private Intelligence Network*, 2005, p. 24-27 ; Foglesong, p. 42.

extérieurs à l'État et à leurs parcs à thème tout autant qu'aux Dixiecrates et aux comtés de Floride. Pour garder « le contrôle sur l'ensemble du projet », s'aperçurent rapidement Disney et ses conseillers, « la société devra trouver un moyen de limiter le pouvoir électoral des résidents locaux », même si, comme ils le reconnurent, leurs efforts « violaient la Clause de protection égale » de la Constitution des États-Unis[8].

En Floride, comme dans la plupart des États, les lois étaient promulguées sous des « titres » variés. Dans les Statuts de Floride, le Titre XII est consacré aux « Municipalités », le Titres XIII aux « Planification et au développement ». Le Titre XXXIII se rapporte à la « réglementation des échanges, du commerce, des investissements et de la demande ». Le Titre XXXVI est consacré aux « Organisations commerciales ». Les lois du titre XXXIX réglementent « les relations commerciales ». Les projets de Disney relevaient de tous ces titres, mais aucun d'entre eux ne sera utilisé pour établir son parc à thèmes ou les municipalités fantômes qu'il comprenait. Au contraire, Disney World fut établi sous ce que les statuts de Floride définissent comme « Titre XXI, Drainage ». En Floride, comme toujours, le drainage était nécessaire pour préparer un terrain avant la construction, mais ce n'était pas la raison pour laquelle les experts juridiques de Disney choisirent cette tactique. Définir la construction du parc de loisir le plus grandiose du monde comme un projet de drainage permettait aux avocats de Disney de transformer Disney World en une « zone de drainage ». Sous les lois de Floride de telles zones, même si elles étaient des propriétés privées, avaient des pouvoirs quasi gouvernementaux qui les exemptaient de bien des formes de réglementation. Aucune législation n'était nécessaire pour établir une zone de drainage ; aucun référendum ou audition publique n'était requis. Tout ce que vous aviez à obtenir c'était qu'un juge de Floride qui vous était favorable décrète que vos terres étaient désormais une zone de drainage. Presto ! – vous possédiez vraiment alors un Royaume enchanté, indépendant à la fois du contrôle du gouvernement et du contrôle des citoyens[9].

Le 11 mars 1966, les corporations potiches de Disney, cachant le fait qu'elles avaient un droit de propriété commun et se présentant comme

---

8 Emerson, p. 193.

9 Statutes of Florida, Titre XXI Drainage, Statutes of Florida, chapitre 67-764 pour le Reedy Creek Improvement District ; Chapitres 67-1104 et 67-1965 pour les deux « villes ».

des propriétaires individuels adressèrent une requête à la Neuvième Cour de Justice de Floride, à Orlando, pour transformer leurs propriétés en une zone de drainage. En établissant cette zone, Disney devenait définitivement propriétaire de terres qu'il avait acquises grâce à l'intervention du gouvernement. Cela lui permit aussi de prendre possession des propriétés et des maisons d'autres gens ou, comme la loi le dit, « de condamner et d'acquérir des propriétés au-delà des limites des siennes » quand des propriétaires peu conciliants refusaient de vendre. Contrôler la zone de drainage donna également à Disney le pouvoir de modifier l'écosystème de Floride en toute impunité. Si un ruisseau qui coulait en direction des Everglades traversait le parc à thème, les paysagistes de Disney pouvaient désormais en bloquer le cours, quelles que pussent être la gravité immédiate ou lointaine des conséquences. La construction de barrages sur ses cours d'eau naturels permit à Disney de créer ces lacs artificiels qui dominent le paysage de Disney World. Puisque les agences de l'État et des comtés n'avaient que le pouvoir de réguler les cours d'eaux qui pénétraient ou qui sortaient de la zone de drainage, la destruction des voies d'eau naturelles dispensait le Disney World d'avoir à rendre des comptes en matière d'environnement. Cette impunité hydraulique était un modèle pour l'immunité juridictionnelle que recherchait également Disney, et qu'il obtint, en matière d'impôts fonciers et de sécurité du consommateur.

L'existence de cette zone de drainage, aussi brève et utilitaire fût-elle, permit également aux avocats de Disney d'invoquer que rien d'exceptionnel ne s'y passait quand, un an moins un jour plus tard, ils obtinrent de la législature de Tallahassee de transformer la zone de drainage en une zone « de développement » aux pouvoirs quasi souverains. Selon son préambule, cette législation en faveur d'intérêts spéciaux était simplement « UN ACTE qui était lié à l'établissement, aux pouvoirs et aux fonctionnements de la Zone de développement de Reedy Creek ; qui changeait le nom de la Zone de drainage de Reedy Creek… en Zone de développement de Reedy Creek ; qui donnait de nouvelles limites territoriales à la Zone ». Il y avait alors, selon le comptage de mots par ordinateur, 11 226 mots en beau jargon juridique, sans compter les index et les annexes, qui plaçaient de fait le Disney World au-dessus des lois de Floride et, comme les événements le montreront, au-delà de la lettre de la Constitution des États-Unis.

Bien qu'elle fût promulguée par la législature de Floride, cette législation essentielle, qui remodèlera la Floride centrale socialement et économiquement et qui affectera les vies de dix millions de personnes, fut rédigée par une équipe d'avocats de Disney qui travaillaient à New York dans le bureau de Donovan et à Miami dans ceux de Helliwell. Les avocats de Disney en Californie signèrent le texte avant qu'il ne fût envoyé à Tallahassee où, sans en changer un mot, les législateurs compatissants de Floride le promulguèrent comme loi. « Personne ne se soucia de le lire », remarquera plus tard un ex-législateur.

Si les sénateurs et les représentants de l'État avaient pris la peine de lire le texte qu'ils approuvèrent, ils auraient découvert que les avocats de Disney avaient permis l'une des plus remarquables mainmises sur des terres que la Floride ait connue depuis deux cents ans. Ils avaient également obligé les contribuables de Floride à leur en être redevables. Comme ils dessinaient « les nouvelles limites territoriales » de Reedy Creek, les avocats de Disney ajoutèrent quelques milliers d'hectares qui n'étaient pas à l'origine dans la zone ; puis, ils exemptèrent ces additions de toute imposition future. Comme si cela n'était pas suffisant, ils obligèrent aussi les autorités locales et les autorités de l'État à pourvoir à « un remboursement des impôts qui avaient été levés sur les terres qui ne faisaient pas partie de la Zone ». Cela voulait dire que la loi demandait désormais aux propriétaires de leur maison, aux petits entrepreneurs et aux retraités de subventionner les bénéfices du Disney World deux fois. Les habitants locaux devraient payer plus d'impôts pour financer les routes, les services de secours et les autres améliorations maintenant que les sociétés de Disney étaient exemptées d'impôts fonciers. Disney profita aussi directement de ce que les impôts prélevés sur les résidences des familles et sur les entreprises locales étaient payés sur les comptes de Disney pour « rembourser… les impôts qui avaient été levés sur les terres qui ne faisaient pas partie de la Zone », comme la loi écrite par Disney le requérait.

Le jour même où fut créée la zone de développement, l'État de Floride, promulguant une autre législation écrite par Disney, créait également les deux « villes » d'Helliwell, l'une et l'autre sur les réservoirs artificiels que les ingénieurs de Disney créèrent en bouchant le cours naturel des eaux. Quand vous visitez le Royaume enchanté de Disney, vous visitez la Ville de Bay Lake, Floride. L'autre est la Ville de Reedy Creek, plus tard renommée la Ville de Buena Vista Lake. Elle comprend des attractions telles que Downtown de Disney et Old Key West Resort de Disney. Les mêmes lois qui les créèrent dépouillèrent chaque « ville » de toute indépendance en précisant que « l'exercice des pouvoirs et des droits de la ville… se conforme aux plans, aux programmes, aux résolutions et aux autres actions adoptées ou entreprises par le conseil de direction de la Zone ». On fit alors des dispositions pour que toutes les opérations des villes soient contrôlées « sans aucune limitation » par « une agence centrale », à son tour contrôlée par « le conseil de direction de la Zone », qui n'était lui-même qu'un code secret pour l'entreprise Disney.

Les experts juridiques de Disney se débarrassèrent ensuite de tout gouvernement représentatif, et imposèrent des restrictions sur les libertés civiques, ce qui ne s'était plus vu en Floride depuis les jours qui avaient précédé la naissance de l'État. La loi qu'ils rédigèrent demandait à ce que tout candidat à une fonction élective « détînt, directement ou par voie fiduciaire, une vraie propriété située dans la Ville » pour « être éligible à la fonction de conseiller municipal ». Il en allait de même pour le tout puissant conseil de direction de la Zone anciennement de drainage. « À chaque élection des conseillers, chaque propriétaire foncier disposera d'un (1) vote… pour chaque hectare de terre et pour toute fraction d'hectare de terre importante qu'il possède dans la Zone », requérait la loi électorale de Disney. Cela signifiait que si vous possédiez mille hectares, vous étiez mille fois plus « égaux » que quelqu'un qui n'en possédait qu'un. Même au temps où on refusait à la plupart des blancs, ainsi qu'à tous les noirs et aux femmes, le droit de voter, les hommes blancs qui pouvaient voter disposaient au moins d'une voie chacun, sans qu'il fût question de la surface des terres qu'ils possédaient.

Imposer un critère de propriété pour l'accès à une fonction publique violait la Constitution des États-Unis. Cela remettait en cause presqu'un siècle et demi de progrès intermittent vers l'égalité des droits en Floride. L'Article Un, section 4, de la Constitution de l'État de Floride avait proclamé qu'« aucun critère de propriété pour l'éligibilité à une fonction publique, ou pour le droit de vote, ne sera jamais exigé dans cet État ». Disney remit cela en question. Pour la première fois depuis 1845, on devait être propriétaire pour voter dans une élection municipale de Floride. Vous n'aviez pas, toutefois, besoin de résider sur place. Les avocats de Disney s'arrangèrent pour que les conseillers de la direction pussent résider en Californie (s'ils étaient des cadres de Disney) ou à New York (s'ils étaient des avocats de Disney), ou dans un pays étranger (s'ils étaient en poste dans un des parcs à thèmes de Disney outremer). Ils ne devaient même pas être citoyens américains.

Comme le ministre de la justice de Floride le dit plus tard, le charabia juridique relatif au drainage fut un « simple subterfuge » pour contourner tout processus démocratique et les droits constitutionnels et pour créer une « zone de développement spéciale aux comtés multiples, aux buts multiples avec de nombreux et divers pouvoirs ». Parmi ces pouvoirs, il y avait le droit unilatéral à générer des revenus publics pour l'usage personnel de Disney « en émettant une obligation générale et des obligations ». Ce pouvoir effectif d'imprimer de l'argent public pour des profits privés renvoyait au temps où les magnats de Floride, qui utilisaient les banques plutôt que des zones de drainage, avaient également utilisé le gouvernement pour générer de l'argent qu'ils n'avaient pas gagné pour leur bénéfice propre.

Dans son procès en appel à la Cour suprême de Floride, le ministre de la justice de l'État souligna que les obligations pour le drainage émises par l'État servaient à financer des projets en matière d'eau dont toute une communauté serait bénéficiaire et non à subventionner les profits réalisés par des sociétés extérieures à l'État sur des châteaux enchantés et des promenades en monorails. Adhérant à une tradition longue et bien établie, la Cour suprême de Floride se rangea au côté des intérêts spéciaux. « L'émission de fonds publics dans un but privé » de Disney était légale, puisque, selon l'opinion de la cour, une fois que le Disney World serait en place et fonctionnerait, « les bénéfices envisagés de la Zone profiteraient alors aux nombreux habitants de ladite Zone ». Qu'est-ce qui donnait l'idée à la Cour suprême que le Disney World aurait un jour « de nombreux habitants » qui, d'une manière ou d'une autre, verraient les « bénéfices » de cette législation en faveur de privilèges spéciaux ? Pendant plus de deux ans Disney et ses substituts avaient orchestré une campagne de désinformation destinée à faire croire aux gens qu'ils allaient créer une nouvelle ville, et non pas seulement un parc à thème.

Walt Disney réitéra à maintes reprises qu'il s'engageait à créer une ville avec « de nombreux habitants », mais jamais d'une manière aussi persuasive que dans le discours qu'il prononça en Floride le 2 février 1967. Le gouverneur et son cabinet descendirent de Tallahassee. Des équipes de télévision y assistaient, ainsi que les plus éminents leaders politiques de Floride. Les rideaux s'ouvrirent juste à l'heure prévue. Walt Disney dispensa son sourire habituel d'auto-dépréciation, puis annonça qu'il allait créer en Floride, non seulement un parc à thème mais une nouvelle forme d'Amérique. Bien entendu, dit-il pour rassurer son auditoire, il y aurait des promenades dans l'espace et des montagnes enchantées, mais, « de loin la part la plus importante de notre projet floridien », promit-il, « sera le prototype d'une communauté expérimentale du futur. Nous l'appellerons Epcot », dit Disney.

Si l'on peut dire que la Floride, parmi les nombreux mélodrames des derniers cinq cents ans, reçut vraiment une définition, ce fut alors, car, du fait du lieu et du moment, la distinction entre la réalité et l'imaginaire – la nature et les noms – disparut entièrement. Walt Disney était mort lorsqu'il fit cette présentation. Fumeur chronique, il était mort d'un cancer du poumon sept semaines plus tôt, le 15 décembre 1966. Ce qui définissait cet instant, c'est qu'il était sans importance. Alors que les lèvres de feu Disney bougeaient, tout le monde dans le public murmurait son accord. Alors que ses mains bougeaient, ils approuvaient de la tête. C'était un instant Fée clochette. Cette même Fée clochette que, bien des années plus tard, vous voyez encore dans les publicités arrosée d'une poussière brillante, mais d'une poussière de crédulité en ce jour où Disney assura qu'Epcot serait bien une vraie ville, et non pas une nouvelle attraction qui y ferait croire[10].

Un mois avant sa mort, Disney avait confirmé qu'il s'agissait d'un tour de passe-passe. Il n'y aurait pas « de propriétaire, et par conséquent pas de contrôle des électeurs », répondit Disney, quand on lui demanda s'il envisageait de garder le contrôle. Ce n'est pas ce qu'il dit en Floride. « Tout à Epcot sera consacré au bonheur des gens qui y vivent, y travaillent et y jouent », déclara-t-il. Quand il eut fini de parler « depuis l'autre côté », comme Mrs Flagler aurait pu le dire, les applaudissements furent tout d'abord révérencieux. Puis ils allèrent crescendo et se transformèrent en des applaudissements qui manifestaient une croyance, une confiance et une approbation. Le Walt Disney posthume, comme l'Andrew Jackson mécanique du hall des présidents, avait rejoint Mickey, Donald et l'Apprenti sorcier dans ce monde particulier où il importe

10 Foglesong, p. 75, 64-68, 103.

peu de savoir si vous êtes réel ou non ; où il importe peu de savoir si vous dites ou non la vérité. On vous croit, de toutes les façons.

Epcot ne devint jamais une ville. Selon le recensement de 2010, la population totale de la ville de Bay Lake est de quarante-sept habitants ; la population de la ville de Buena Vista Lake est de dix habitants. « Pour des raisons juridiques », il avait été nécessaire de projeter une image de démocratie car « seul un gouvernement élu par le peuple pouvait exercer son autorité de planification et de zonage et être exempté des lois relatives à l'utilisation des terres ». C'est pourquoi « la Disney Co. dut déclarer qu'elle construisait une ville ». Une fois que ces privilèges spéciaux eurent été acquis, Epcot fut rétrogradé à une attraction de second rang.

En utilisant l'État de Floride et ses statuts comme leviers, Disney et ses successeurs inaugurèrent un modèle commercial fondé sur des subventions publiques à destination de profits privés qui ne relève pas des lois, des règlements et des impôts touchant la population. Et c'est ce modèle qui caractérise de plus en plus l'économie des États-Unis. Dans les décennies qui suivront l'établissement de la Zone de Reedy Creek, « privatiser les zones de gouvernance publique traditionnelle » comme les appelle le professeur Chad E. Emerson, devint une tendance nationale. À l'époque où Disney World fut créé, les États-Unis avaient approximativement 38 000 « unités gouvernementales » traditionnelles – des villes, des comtés, des boroughs, des quartiers, et autres « formes propres de gouvernement local », certaines datant de l'époque coloniale. Il y avait aussi presque 15 000 « zones spéciales », essentiellement des zones scolaires. En 2007, selon le bureau de recensement des États-Unis, l'équilibre avait changé. Selon les dernières statistiques, plus de 37 381 « zones spéciales » se trouvaient réparties dans le pays, et de nombreuses d'entre elles étaient des zones de profit avec des pouvoirs qui auraient été inimaginables dans le passé. Cette « approche alternative de la gouvernance », hors-constitution, dispense ces entités privées de toutes règles et leur permet de gagner plus d'argent. Elle permet aussi aux corporations privées de se placer en dehors de tout contrôle démocratique, ce qui leur donne le pouvoir d'abuser de leurs employés et de leurs clients, comme de l'environnement et du capital de leurs investisseurs, en totale impunité. Les avantages ne s'arrêtent pas nécessairement là. Dans bien des cas, les malfaiteurs obtiennent des cautions du même gouvernement dont ils ne payaient pas les impôts et à la réglementation duquel ils n'avaient jamais obéi[11].

Pendant des décennies, Disney World a montré que, une fois qu'on y a goûté, une impunité partielle n'est jamais suffisante. Alors que les pouvoirs de Disney World augmentaient, ses lobbyistes s'assurèrent que l'État de Floride en viendrait même à perdre toute autorité dans la protection du public en cas de blessure ou de mort. Le premier accident de monorail à Disney World se produisit en février 1974, quatre mois après le début de sa mise en service. En juillet 2009, sept personnes furent blessées et un opérateur du monorail fut tué[12]. Pour toute réponse, le porte-parole de Disney annonça que trois employés avaient été temporairement suspendus. En juin 2005, Rob Jacobs, à l'époque chef du bureau de Floride pour l'inspection des fêtes foraines, résuma ainsi la signification en termes de vie humaine d'une telle impunité. « Nous n'avons pas le pouvoir de fermer le parc ou de faire arrêter la promenade », expliqua-t-il lorsqu'un garçon de quatre ans mourut après avoir fait une promenade simulée dans l'espace du Disney World, et que l'État de Floride ne fit rien[13].

Disney World commença son activité commerciale en 1971. Une décennie plus tard, Frances Novak-Branch, une étudiante de Rollins College à Orlando, étudia les conséquences économiques et sociales qu'il avait eu sur la vie des gens qui résidaient près du parc à thèmes. Partant de statistiques officielles, elle fit quelques-unes de ces découvertes que l'on n'enseigne jamais en classe. « De 1970 à 1980, le niveau des salaires sur l'ensemble des trois comtés diminua de 6 % », montraient les statistiques officielles. Novak-Branch, qui dut finalement publier ses recherches à ses propres frais, découvrit aussi que les dépenses *per capita* pour les services publics, y compris pour l'éducation et la santé, avaient baissé depuis l'ouverture du Disney World. Dès 1972, il y avait eu d'autres indicateurs statistiques. Les crimes avaient augmenté ; la production d'oranges avait baissé – au point où la production d'oranges dans le comté d'Orange, Floride, avait virtuellement cessé. Mais le

11 Emerson, p. 179-181 ; US Bureau of the Census, 2002 « Census of Governements, Individual State Descriptions », 2005, p. 54-62 ; Helisse Levine, Eric A. Scorsone, et Jonathan B. Justice, « Growth of Special Municipal Districts, 1992-2007 » in *Handbook off Local Governmernt Fiscal Health*, p. 370-374, 513.

12 Nombreux rapports de presse.

13 Associated Press, 18 juin 2005.

changement le plus remarquable que Disney World avait suscité était démographique. « Alors que l'on venait auparavant en Floride pour les plages, dans les années 1980, Disney World comptait pour environ 40 % des vacanciers de Floride », notait un rapport officiel[14].

Un des effets de ce changement dans la structure des migrations fut la décision du SeaWorld Parks & Entertainment d'établir son SeaWorld Adventure Park à plus de quatre-vingt kilomètres de la mer la plus proche. Pour son inauguration en 1973, on prit dans l'océan des requins et des baleines et on les transporta dans des réservoirs par camion à l'intérieur des terres. La Floride avait déjà une attraction sur la vie marine. Le Marineland, sur l'océan Atlantique à cinq kilomètres au sud de Matanzas Inlet, était l'un des plus anciens parcs à thème de Floride. Il avait été fondé dans les années 1930 par un ami du célèbre sportif mondain, le millionaire Cornelius Vanderbilt Whitney et par un des fils du comte Léon Tolstoï. Le Marineland se proclamait lui-même le premier « oceanarium » du monde, mais sa situation au bord de la mer ne put pas rivaliser avec la proximité du SeaWorld de Disney World. Le parc à thème enclavé au milieu des terres devint vite l'attraction d'eau de mer la plus visitée d'Amérique.

SeaWorld attirait quelques six millions de visiteurs à l'année, et par conséquent, quand, en février 2010, une baleine tueuse de six tonnes appelée Tilikum tua son gardien durant un spectacle, ce fut un événement majeur pour les actualités. Baleine mâle âgée de trente ans, Tilikum avait été capturé dans les eaux subarctiques de l'Islande quand elle était encore jeune. Elle avait passé la majeure partie de sa vie tout d'abord au Canada, puis en Floride, confiné dans ce qui était l'équivalent pour une baleine d'une baignoire d'eau salée. Tilikum consommait quotidiennement quelques 170 kilogrammes de produits de la mer. Des systèmes de filtration sophistiqués étaient nécessaires pour faire disparaître les excréments de l'animal. On utilisait des additifs chimiques pour que l'eau ressemblât à l'eau de l'océan. L'eau de mer artificielle devait également être refroidie à une température d'environ dix degrés centigrades. Rien ne pouvait compenser le confinement. Les baleines tueuses migrent généralement sur des dizaines de milliers de kilomètres durant le cours de leur vie ; mais cette bête énorme et puissante, elle, ne parcourrait jamais les océans.

---

14 Frances Novak-Branch, *The Disney World Effect*, 1983.

Tilikum avait déjà tué un être humain dans un parc à thème de Vancouver qui, ensuite, fit faillite, ce qui permit à SeaWorld de l'acquérir pour une bouchée de pain. Cette fois Dawn Brancheau, l'employée du SeaWorld fut entraînée tout d'abord dans la piscine, avant de s'y noyer sous les yeux des spectateurs. Des membres du public exprimèrent par la suite leur inquiétude. Ferait-on du mal à Tilikum ? Et que ferait-on pour les gens qui avaient payé à l'avance pour l'option « interaction avec l'animal » ? De même que la Fontaine de jouvence se faisait appeler désormais parc archéologique, de même SeaWorld faisait sa promotion en tant que parc zoologique de la vie marine, aussi la mort fut-elle considérée comme un revers de la science. Le fait qu'un mammifère captif de six tonnes, de sept mètres de long, eût tué un être humain, soulignèrent les porte-parole du SeaWorld en tenue de safari, ne détournerait pas SeaWorld de sa « mission ». « Ce n'est pas notre métier de punir nos animaux », ajouta James Atkinson, le directeur du parc. Deux jours plus tard, Tilikum était de nouveau proposé en spectacle au public.

Alors que ce qui se passait au SeaWorld était abordé comme une sorte de reality-show, un autre genre de mélodrame se déroulait derrière des portes closes à deux milles kilomètres de là, aux quartiers généraux new yorkais de The Blackstone Group, les fonds spéculatifs en capital à risque qui étaient propriétaires de Tilikum ainsi que la plupart des orques en captivité du monde. Comme il faisait partie de sa stratégie de diversifier ses profits depuis la débâcle financière des bourses du monde, Blackstone s'était employé à verrouiller le marché du spectacle des baleines tueuses. Grâce, en septembre 2009, à un rachat de SeaWorld et d'autres attractions, comme le parc à thème de safari africain de Busch Gardens près de Tampa, pour 2,7 milliards de dollars, Blackstone avait fini par « investir plus massivement dans les orques que n'importe qui », rapporta le *Wall Street Journal*, puisqu'il détenait « plus de la moitié des 42 orques en captivité dans le monde ». Pour des raisons comptables, chaque orque était évalué à approximativement 10 millions de dollars. Tilikum, qui faisait deux fois la taille des autres orques de spectacle de la société, aurait valu plusieurs millions supplémentaires car, en plus de sa présence sur scène, il avait valeur d'étalon : depuis sa capture, il avait « engendré 13 fois, plus de la moitié du nombre des baleines tueuses nées dans ses parcs[15] ».

15 Mike Esterl, « Marine Park Operator Faces a Big Dilemma », *Wall Street Journal*, 9 mars 2010.

Jusqu'à son implication dans une seconde mort d'homme, ce Léviathan plein de testostérone avait été pour l'industrie de divertissement des mammifères marins ce que Mickey Mouse était pour l'univers, « cette icône identifiable… qui permettait de générer des centaines de millions de dollars », comme l'expliqua un consultant industriel. Cherchant à contrecarrer la menace qu'il sentait planer sur la viabilité financière de son icône, Blackstone prit l'offensive. Au lieu de faire des excuses pour ce qui était arrivé, il affirma que « ses orques recevaient d'excellents soins et profitaient bien de leur interaction avec leurs entraîneurs ». On rappela au public que depuis trente et un ans SeaWorld « et ses parcs partenaires » avaient contribué à hauteur de quelques 20 millions de dollars à la conservation de la vie sauvage, ce qui équivalait à environ à 1/135, ou environ 0,75 pourcent, de son prix d'achat par Blackstone.

La mort de Dawn Brancheau joua le même rôle que ces panneaux signalétiques de la Fontaine de jouvence qui soulignaient que Ponce de Leon n'avait jamais mis un pied à St Augustine. On avait révélé une vérité, ou plutôt on avait exposé un mensonge, et maintenant ? Peu de temps après la mort de Brancheau, un film documentaire, intitulé en France *L'Orque tueuse*, transforma Tilikum d'attraction touristique en célébrité. Comme ces exposés sur les horreurs de l'esclavage cent cinquante ans plus tôt, la description par le film des horreurs infligées à des animaux en captivité comme Tilikum amena un changement dans les attitudes du public. À la fin de 2014, SeaWorld, devant les protestations du public, suspendit tout ce qu'il avait prévu pour exploiter plus encore les animaux. En 2015 la société, alors que l'indignation devant les mauvais traitements des animaux marins grandissait, annonça qu'elle annulait les shows de l'orque tueuse, pas avant 2019 cependant. Puis, en mars 2016, SeaWorld fit lui-même la publicité la plus dommageable qui fût, quand il fut forcé de révéler que Tilikum était en train de mourir d'une infection bactérielle qui résistait à tous les traitements médicaux. Confiné depuis près de trente ans dans ce qui était l'équivalent marin d'une cage, utilisé pour le programme d'élevage du SeaWorld tout autant que pour les spectacles, Tilikum mourait d'une de ces maladies qui se développent avec la saleté dans laquelle de tels animaux captifs sont contraints de passer leur vie entière. Début janvier 2017, en Amérique, des chaînes de télévision et de radio interrompirent leurs programmes pour annoncer que l'orque tueuse la plus célèbre du monde était morte.

Des rubriques nécrologiques dans les magazines rappelèrent la vie de Tilikum comme s'il s'agissait d'une star de cinéma qui serait morte tragiquement. On exposa le passé homicide de Tilikum dans toutes ces rubriques, mais c'est sa vie d'innocente victime de la cupidité humaine qui fournissait le thème principal. Les cours en bourse du SeaWorld avaient alors chuté de moitié par rapport à l'époque où la Blackstone Corporation s'était mise à accaparer le marché des orques tueuses. Et le président de Blackstone, Stephen Schwarzman, était devenu le dernier « visionnaire » de Floride à s'embourber dans les fosses à vermine de Floride[16].

Moins d'un mois après la mort de Tilikum, le président de Blackstone s'envola pour la Floride, mais ce n'était pas pour SeaWorld. Piqué au vif par cette mauvaise publicité, Blackstone avait décidé de se débarrasser de ses orques tueuses. D'une manière qui constituait une vraie parabole de la Floride, il vendait ses parts de SeaWorld aux Chinois qui, par centaines de mille se prssaient désormais dans les parcs à thème de Floride. Il y avait une autre raison à cette expédition floridienne. Le « Président Trump », rapporta-t-on un peu partout, avait « invité le président de Blackstone, Stephen Schwarzman, à voyager avec lui à bord d'Air Force One … jusqu'à son club Mar-A-Lago en Floride du sud ». Pour embarquer dans Air Force One, Trump et Schwarzman avaient tout d'abord emprunté Marine One, l'hélicoptère présidentiel, pour aller directement de la Maison blanche à la base Andrew de l'armée de l'air. Le propriétaire du SeaWorld, notait un rapport, était à la Maison blanche ce jour-là, car il avait « présidé » une réunion du conseil d'administration des entreprises de Trump. Une des premières décisions de Trump, en tant que président, avait été de nommer l'« investisseur milliardaire » à la tête de son forum stratégique et politique. Dans ce cas, comme dans bien d'autres, la Floride, après avoir inauguré une tendance, en devenait l'illustration. Mais, désormais, la tendance en question était celle, aux États-Unis, du pouvoir déclinant de la démocratie et du pouvoir grandissant de l'oligarchie[17].

Aujourd'hui, plus de cinquante mille personnes sont employées dans la Zone de développement de Reedy Creek. Aucune d'elles n'a le

---

16 https://www.bloomberg.com/gadfly/articles/2016-08-05/blackstone-s-seaworld-stake-turns-from-whale-to-minnow.

17 http://thehill.com/homenews/administration/317815-trump-invites-blackstone-ceo-on-air-force-one.

droit d'y vivre et d'y voter. En plus des attractions traditionnelles de Disney, il y a maintenant, selon la direction de Reedy Creek, « plus de 25 800 chambres d'hôtel dans 26 lieux différents, des golfs réputés, des attractions sportives et une abondance de zones de vente et de divertissement », mais vous ne pouvez pas y acheter de maison ou d'appartement. Vous pouvez acheter du temps partagé cependant, c'est Disney World, et cela s'appelle « Disney Vacation Club Membership ». Aussi importante la somme que vous déboursez puisse-t-elle être, vous ne serez pas vraiment propriétaire. Quel que soit le temps que vous y passez, vous ne pourrez jamais y établir votre résidence ou voter. Juridiquement parlant, Disney World est le filleul du marché Disston qui scandalisa la Floride en 1881, avec une différence. Enveloppée dans l'imagerie de Disney, la Zone de développement de Reedy Creek s'est avérée être immunisée contre l'examen et l'indignation que les projets antérieurs avaient provoqués. Une des raisons pour laquelle aucune cour fédérale ne s'est jamais prononcée sur la non constitutionalité de la violation par Disney du droit de vote est que personne jusqu'à aujourd'hui ne l'a mise en cause. C'est comme si le candidat qui perdait l'élection devenait président et que personne ne protestait.

SIXIÈME PARTIE

LA FLORIDISATION DE L'AMÉRIQUE

La réalité doit précéder les relations publiques, car on ne peut tromper la Nature
Richard FEYNMAN, 1986[1]

1 Feynman, 1986, p. 169.

L'UNIVERS DU PARC À THÈME

C'est une autre création de Disney qui devint le prototype expérimental de l'Amérique. Celebration, une « communauté » pré-planifiée où les techniques de contrôle qui prévalaient à l'intérieur du parc à thème furent appliquées à la vie même des gens, et non plus seulement à leurs vacances, vit le jour comme partie intégrante de la Zone de Reedy Creek. Une fois que les maisons eurent été vendues, les cadres de Disney firent redessiner de nouveau les limites de la zone, cette fois pour en exclure la nouvelle ville qu'ils avaient construite et, comme Disney l'avait promis, priver les résidents de Celebration du droit de participer à la gouvernance locale. Ce mélange de privation de droit électoral et de décor de village fit de Celebration le prototype expérimental, pour l'Amérique, de la communauté de demain – ce prototype de communauté à thème pour toute la Floride qui offre aujourd'hui un décor de liberté tout en enlevant à ses résidents leur responsabilité démocratique et, dans une certaine mesure, ce qui n'est pas apparent à première vue, en leur imposant un contrôle sur leur vie[1].

À la période de Noël en particulier, quand d'immenses bonhommes de neige – certains en mousse de polystyrène, d'autres en plastique gonflable – montent la garde sur le devant des jardins, Celebration ressemble à une Amérique de Currier et Ives améliorée avec des palmiers. La seule chose qui manque, ce sont ces libertés de se réunir qui, naguère, étaient censées avoir fait ce que l'Amérique était. L'équipe qui a dessiné Celebration, dirigée par un cadre clé de Disney du nom de Peter Rummell, s'assura que fût intégré dans le plan un important hôtel de ville. Elle s'assura aussi que Celebration n'eût pas de gouvernement municipal. Aujourd'hui presque dix mille personnes vivent à Celebration, mais personne n'y élit personne. À l'inverse de Bay Lake et de Buena Vista Lake tout proches, Celebration n'est pas une « ville ».

1 Visites en 2003, 2005, 2006.

C'est seulement ce que, dans le jargon du recensement, on appelle un « lieu non incorporé désigné pour le recensement ».

Personne ne se souvient plus de Menendez de Avilés ou de Duncan Clinch ; il en est de même pour Peter Rummell, le conquistador paradigmatique de l'âge du parc à thème en Floride[2]. Rummell, comme James Gadsden, devint riche et puissant en se rendant utile aux riches et aux puissants. Comme Gadsden également, il vit ses conquêtes, qui commencèrent en Floride, couvrir d'autres continents. L'Euro Disney, aujourd'hui connu sous le nom de Disneyland Paris, fut l'une des créations de Rummell. Les critiques disaient qu'il pleuvait trop à Paris, mais Rummell, dont le titre chez Disney était président de l'image, comprit à propos de la froide et pluvieuse Marne-la-Vallée ce que Disney avait compris à propos de la cuvette d'Orlando à la chaleur lourde. L'endroit n'avait pas d'importance. L'accessibilité était l'essentiel. Les autoroutes de l'Europe convergeaient vers le site choisi par Rummell. Les clients européens, prévoyait Rummell, ne s'arrêteraient pas dans la vraie Europe mais dans la version payante que Disney en faisait.

Durant des décennies Rummell prospéra dans un poste de pouvoir secondaire. Puis, dans les années 1990, Rummell – comme de Soto et Flagler – décida de devenir *numero uno* dans son propre empire privé. Le domaine qu'il choisit était situé dans ces confins de pins de Floride du nord où, près de deux siècles plus tôt, Duncan Clinch avait attaqué Negro Fort et que Jackson avait ravagés.

En décidant de coloniser le nord de la Floride avec une série de parcs à thème résidentiels du style de Celebration, Rummell fit faire un cycle à l'histoire. En 1803, Thomas Jefferson avait proposé au nettoyage ethnique une approche influencée par le marché. Son idée était d'établir des postes commerciaux du gouvernement des États-Unis qui fourniraient aux Indiens des articles de consommation comme des poêles ventrus et des robes de calicot, tout à crédit. Une fois qu'on les auraient amenés à s'endetter, assura le président Jefferson au Congrès, les Indiens seraient obligés de vendre leurs terres pour payer leurs factures. Le président Jefferson préféra finalement avoir recours à la violence pour les évincer, mais, en Floride espagnole, une variante du plan de Jefferson mit en mouvement le processus qui rendit Rummell à la longue maître de ce qui avait été l'un des plus magnifiques cadeaux de la Couronne espagnole.

---

2 Interview avec Peter Rummel, Jacksonville, 2005.

Qu'ils fussent d'origine africaine, indienne ou de race mêlée, les « fugitifs » de la Floride espagnole avaient besoin d'outils et d'armes. Quand ses clients floridiens ne pouvaient payer, le poste commercial de Panton, Leslie and Company demandait une compensation, et l'obtenait, sous la forme de centaines d'hectares de terres vacantes. Alexander Arbuthnot commerçait avec Panton Leslie quand Andrew Jackson saisit son navire et le fit assassiner. Après le massacre de Negro Fort, le colonel Clinch confia les noirs hispanophones qu'il kidnappa à Panton, Leslie ; ils cultivaient les terres qui avaient été cédées à la société par l'Espagne. C'était seulement le premier arrangement lié au cadeau des Espagnols. Parce que certains « Indiens » ne pouvaient pas rembourser leur dette totalement et en temps voulu pour les fusils et les charrues qu'une entreprise qu'exploitaient les rivaux britanniques de l'Amérique les avait amenés à acheter, Panton, Leslie et ses successeurs se virent accordés quelques six cents mille hectares par la Couronne espagnole. Parce que les tribunaux des États-Unis, par la suite, firent respecter leur revendication sur ces terres, un territoire de la taille de presque la moitié du Connecticut devint propriété privée en Amérique, sans que ses propriétaires n'eussent à payer le moindre sou. Dans une victoire très emblématique des privilèges, les 5700 kilomètres carrés finirent par passer dans les vastes et complexes possessions de la famille Du Pont, héritière de cette fortune légendaire acquise par leurs ancêtres huguenots quand ils émigrèrent aux États-Unis[3].

La société de Floride de la famille, dirigée par un légendaire gendre Du Pont, Ed Ball, avait pour nom la St. Joe Company ; le sigle de l'action à la bourse de New York est JOE. « Si vous ne connaissez pas JOE, vous ne connaissez pas la Floride », affirme justement un communiqué de presse en 2007, désormais retiré des sites web de la société[4]. La plupart des gens n'ont vraiment aucune idée sur la manière dont la symbiose de la terre et des privilèges en Floride affecte leurs vies car ils n'ont aucune idée sur la manière dont des intérêts comme ceux de la St Joe Company ont exercé un immense pouvoir et ont accumulé une richesse immense, la plupart du temps au bénéfice d'un

3 Zietwitz et Wiaz, 2006.

4 Communiqué de presse de la société : consulté le 17 juillet 2008 ; effacé ensuite du site web, mais la référence reste à http://groups.yahoo.com/group/HopeForCleanWater/message/4014.

petit groupe de personnes dont très peu vivent en Floride si ce n'est, peut-être, pendant l'hiver.

Pendant des générations, les bénéfices de JOE, fondées sur l'exploitation du bois de construction, financèrent les fonds de placement de douzaines d'héritiers de cette famille chanceuse. Puis, comme le vingt et unième siècle approchait, ses propriétaires commencèrent à comprendre qu'il y avait du foncier sous tout ce bois. Ce fut là que Peter Rummell entra en scène. En 1997, il mit en place son maître projet qui consistait à transformer la vieille société St Joe de térébenthine et de créosote en une entreprise qui créerait de l'art de vivre. Très impressionnés, les directeurs de la société donnèrent tout pouvoir à Rummell pour orchestrer le thème d'un empire privé de cinquante fois la taille de Disney World.

Alors que l'Age des parcs à thème se superposait aux conquêtes des premiers conquistadors de la Floride, le contrôle de l'image devint central pour les opérations de JOE. « En nous concentrant sur l'image », annonçait un communiqué de presse, « nous prenons grand soin de créer des "vrais endroits" authentiques, organiques et originaux où on vivra, travaillera et se divertira ». Typique des ces « vrais endroits », était un projet de développement appelé WaterColor, c'est-à-dire Aquarelle. Comme Celebration, c'est un bon exemple de l'appropriation par une société d'un principe esthétique dans le but d'une diversification de ses profits. Construit sur une terre qui formait le cœur de la « zone de confinement et de concentration » des Séminoles, Celebration opérait une fusion des techniques du contrôle des foules des parcs à thème et de l'illusion suburbaine de liberté. WaterColor fit de même avec l'esthétique environnementale, imitant, détournant et cooptant les valeurs d'un projet de développement beaucoup plus petit appelé Seaside. Commencé en 1980 par l'héritier d'un grand magasin d'Alabama, du nom de Robert Davis, Seaside se trouvait sur une terre que son grand père avait achetée en 1946 pour en faire un camp d'été pour ses employés. L'idée première était que, sur cette étendue de côte vierge, des travailleurs aux bas salaires pourraient avoir les mêmes chances de jouir du sable, de la mer et du soleil de Floride que les riches. Ce fut un autre de ces projets utopiques qui ne vit jamais le jour. Les blancs de la classe ouvrière vinrent certes en foule sur les plages du nord-ouest de la Floride, même si ce n'était pas de la façon bucolique qui avait été imaginée tout d'abord. Une spéculation anarchique transforma le Panhandle de Floride en une vulgaire Riviera de Rednecks. En 1980, la Riviera Redneck devint un grand mur de ciment. À bien des endroits, l'espace entre la route élargie et la ligne d'une côte qui recule était devenu tellement étroit et les appartements étaient tellement empilés le long de l'eau, que chaque nouvel immeuble avait besoin d'avoir sa propre passerelle en béton pour être relié à une rampe d'entrée de l'autre côté de la route.

Alerté par tant de laideur et de gâchis, Davis décida de créer un modèle alternatif de développement immobilier. Le résultat fut un chef d'œuvre idiosyncrasique de ce qu'on commençait à appeler le postmodernisme. Le trait le plus révolutionnaire de Seaside était la manière dont il tournait le dos à la mer. La plupart des maisons étaient situées le long de routes secondaires, ce qui encourageait les gens qui y vivaient à se rapprocher les uns des autres. La plage elle-même était facilement accessible à pied ou à bicyclette par des allées en sable. Déplacer les résidences du bord de mer à Seaside signifiait que la plage restait vierge. Les dommages que pouvait causer un ouragan étaient réduits. « Je crois que les leçons qu'on a apprises à Seaside peuvent vraiment être appliquées dans des zones rurales comme dans nos villes », s'enthousiasma le Prince de Galles, une de ces nombreuses célébrités qui fit le pèlerinage à Seaside[5].

Les cadres de JOE étaient impressionnés. Toute entreprise immobilière qui recevait l'approbation d'un futur roi d'Angleterre valait la peine d'être cooptée. WaterColor fit du décor de Seaside le centre même de sa stratégie de marketing lorsque, une nouvelle fois, on transforma une intéressante expérience humaine en thème. Malgré l'image d'intimité donnée par le marketing, WaterColor devint une banlieue qui s'étendait, pleine d'énergie – même si, à l'inverse des banlieues américaines traditionnelles, vous n'y donniez pas le jour et que, si vous y mourriez, vous ne pouviez pas non plus y être enterré. Rummel et ses spécialistes de l'image avaient créé une de ces « communautés » floridiennes, « orientées vers la famille », sans écoles, sans hôpital, sans cimetière non plus, et sans transport public.

« WaterColor offre des opportunités infinies ! », disaient les brochures publicitaires[6]. Le droit de vote n'en faisait pas partie. Comme à Celebration, la démocratie était exclue de la brochure. Les voisins durent payer la note pour les améliorations publiques coûteuses que la création de ces nouveaux quartiers rendit nécessaire. Par exemple, on

---

5 Visite et interviews avec Robert Davis, Seaside et San Francisco, 2005 ; Brooke, 2002.

6 Visite et interviews 2005 ; site web de *water-color vacation rentals.*

utilisa l'argent du contribuable « pour déplacer une route importante... quand 6 kilomètres de l'US 98 furent déplacés à l'intérieur des terres pour valoriser la plage de WindMark », un autre de ces « endroits authentiques » nouvellement inventés par Rummell[7]. Cela faisait partie également de la tradition floridienne : utiliser de l'argent public pour générer de la richesse privée. Dans ce cas particulier, cela enlevait aussi aux contribuables l'accès à leurs plages.

Le cours des actions JOE, environ 30 dollars l'action lorsque Rummel était arrivé, avait presque triplé, mais le vrai test pour un « vrai endroit » est ce qui arrive quand la bulle éclate. Les actions JOE se négociaient à 85 dollars l'action en 2005. « Puis », comme le dit un commentaire compatissant, « il y eut la récession du marché national et les ventes de St Joe se tarirent ». En 2019, JOE s'échangeait à 15 dollars l'action, à peu près la moitié de sa valeur avant que Rummell ne lançât son thème extravagant[8]. La tentative de Peter Rummell de construire un empire avait fini par démontrer ce que l'incursion d'Hernando de Soto dans le même territoire 450 ans auparavant avait déjà démontrée. La Floride était un merveilleux endroit pour lancer des projets visionnaires, tant que vous aviez une autre source de revenus. Et s'il n'y avait plus d'argent ? La Floride, pressée et pressurée, exsudait de nouveau. Tant de terres avait été gaspillées dans ces argumentaires de vente pour un art de vivre que JOE, jadis si puissant, n'était même plus désormais le plus gros propriétaire terrien de Floride[9].

Si Celebration et WaterColor sont les paradigmes de thème haut de gamme, la petite ville de Christmas démontre comment, dans sa version bas de gamme également, transformer ce qui est en quelque chose qui n'est pas continue d'être le grand principe unifiant de Floride. Christmas ne fut pas établie par une congrégation qui craint Dieu pour saluer la naissance du Sauveur. Appelée originellement Fort Christmas, elle fut établie, aux frais du gouvernement fédéral, pour faciliter la tuerie des Séminoles le 25 décembre 1837. Une fois les Séminoles disparus, Fort Christmas eut à faire face au problème habituel. Que faire maintenant que la source extérieure de financement s'était tarie ? Cette fois, ce fut la

---

7 Desiree French, « Proactive Community Builder : Peter S. Rummel », *Urban Land* magazine, juin 2006.

8 New York Stock Exchange, tableau sur dix ans. Consulté le 6 juin 2012.

9 Florida Trend magazine, 27 mai 2009.

Poste qui, en tant qu'agence du gouvernement fédéral, vint à la rescousse, en supprimant le « Fort » de Fort Christmas. Grâce à cette modification du nom, on transforma une relique abandonnée d'une guerre oubliée en une « attraction », cette attraction devenant désormais sa nouvelle et festive marque postale.

« La Christmas esclavagiste », le premier week-end de décembre, est particulièrement intéressante[10]. Pour cinq dollars vous pouvez garer votre camping car et participer à des petits plaisirs comme des barbecues d'alligator tout en regardant comment on fabrique des balais. Comme Gasparilla à Tampa, la Christmas esclavagiste est devenue le centre d'un cycle festivalier d'attraction touristique tout au long de l'année. « Les campements de la milice » sont un événement biannuel. Comme à Olustee, « les démonstrations de tir au canon » sont le clou des festivités. La Christmas esclavagiste a à voir avec la démographie. Selon le bureau de recensement des États-Unis, Christmas est à plus de 95 pourcent blanc et à seulement 0,43 pourcent afro-américain ; le revenu per capita était de moins de 15 000 dollars à l'année, c'est-à-dire d'un peu moins d'un tiers de la moyenne nationale.

À trente kilomètres de Christmas, juste à côté de l'océan Atlantique, vous rentrez dans le meilleur exemple floridien de cette force de transformation que constitue le thème. Bien que son nom officiel soit le John F. Kennedy Space Center, la majorité des gens le connaissent mieux sous son nom colonial espagnol, Cape Canaveral. Les Espagnols l'appelèrent Canaveral à cause des roseaux qui poussaient dans les marais, *canaveral* étant apparenté à canne, comme dans canne à sucre et canne de marche.

Le centre spatial est l'une des attractions floridiennes dont on fait le plus la promotion. La campagne multimédia, financée par les impôts des contribuables américains, est centrée sur la promotion des quartiers généraux de lancement de la NASA, comme si c'était une attraction de Disney. « Une journée de joie. Une vie d'inspiration » déclare la publicité. Bien qu'il faille faire deux cents kilomètres aller-retour, la NASA décrit le centre spatial comme « juste à l'est des attractions les plus populaires d'Orlando et des parcs à thème ». « Faites une expérience supplémentaire lors de vos vacances à Orlando, Floride » exhorte une autre publicité de la NASA, « avec une journée au Kennedy Space Center

10 « Places to Go and Things to Do : Fort Christmas Historical Park », *North Brevard – Titusville – Community Directory*. Consulté le 6 juin 2012.

Visitor Complex ». Si vous la faites, elle vous coûtera de l'argent. Vers 2010, 2010, l'accès aux locaux du gouvernement des États-Unis pour maman, papa et trois enfants coûtait 405 dollars hors taxes. Prenez les circuits "Tour d'exploration" et "Tour de l'histoire de l'espace" : vous arrivez à 726, 95 dollars. Cela ne comprend pas les « Expériences spéciales » de la NASA. S'ils ajoutent les circuits « Mars Base 1 », « Voler avec un astronaute » et « Expérience de formation d'astronaute », le coût total de cette excursion familiale paradigmatique augmente à 3306, 95 dollars. C'est avant que vous ne découvriez le "plus grand magasin spatial du monde." "Le Space Shop, ajoute NASA, est également le seul endroit dans où vous pourrez rencontrer l'astronaute du jour et obtenir une photo dédicacée juste pour vous." La NASA possède également des boutiques à l'aéroport d'Orlando, afin que les touristes puissent acheter des souvenirs, même s'ils n'ont pas visité le Kennedy Space Center[11].

Ce qui fait du Kennedy Space Center le meilleur exemple de la force de transformation que constitue le thème est que le processus habituel du thème dans ce cas a été inversé. La plupart des attractions ne reposent sur rien mais prétendent être quelque chose. Au Kennedy Space Center, un site de grande importance historique, culturelle et scientifique a été détourné en quelque chose d'autre. Les seules créatures vivantes qui atteignirent la lune partirent de Cape Canaveral, mais sa signification est à chercher au-delà des fusées. Quelques-uns des événements les plus importants de l'histoire du monde moderne se sont également déroulés là. L'un d'eux fut l'échec de la NASA à lancer, le 6 décembre 1957, ce qui était censé être le premier satellite américain. Alors que des millions de personnes regardaient leurs écrans de télévision en noir et blanc, la fusée Vanguard de la NASA explosa sur sa rampe de lancement. Comme l'invasion manquée de la Baie des Cochons cinq ans plus tard, cette tentative manquée de mettre un satellite en orbite fit croire que l'Amérique était menacée dans l'espace comme sur terre. Soudain, gagner la « course de l'espace » apparut aussi essentiel pour la survie du monde libre que de faire des guerres contre-révolutionnaires sous les tropiques. Dans ces temps très idéologiques, la lune fut à la politique des superpuissances ce que la Floride y avait été 450 ans plus

---

11 « A Day of Fun. A Lifetime of Inspiration », Kennedy Space Center, *Performance Group Reservation Form*. Consulté le 6 juin 2012 ; Informations du Centre des visiteurs spatial Kennedy. Consulté le 3 mars 2019 ; visites à Cape Kennedy, 2003, 2005, 2006.

tôt – lointaine, déserte et sans intérêt, jusqu'à ce qu'il apparaisse que quelqu'un d'autre pourrait y arriver en premier.

En dépit de toutes leurs craintes, les Américains verront finalement à la fois l'écroulement de l'Union soviétique et du communisme ; l'Amérique rattrapera aussi son retard pour remporter la course à l'espace, devenant la première et, jusqu'aujourd'hui, la seule nation à avoir envoyé des êtres humains à plus de quatre cents mille kilomètres de la terre et à les y avoir ramenés sains et saufs. On déclara que cet exploit était une victoire décisive, mais de quoi, et sur qui ? Entre 1969 et 1971, huit expéditions lunaires partirent de Floride. Aucune, depuis, n'est retournée sur la lune, car la seule raison d'y aller en premier – vaincre le communisme dans l'espace – s'est évaporé depuis longtemps.

S'il a échoué à remplir un but scientifique, le programme spatial habité a servi de baromètre géopolitique. Les premières missions vers la lune reflétaient comment les priorités de la guerre froide dominaient tout. Puis, des années avant la chute du mur de Berlin, l'abandon du programme annonça un nouvel âge dans lequel la guerre idéologique devenait de plus en plus sans fondement. Le baromètre de l'homme dans l'espace enregistra son plus grand mouvement toutefois en 2011, quand les États-Unis arrêtèrent totalement la mission des navettes spatiales. Alors, l'idée que l'entreprise privée pouvait réussir là où le « grand gouvernement » échouait devint, comme la menace communiste dans l'espace auparavant, un élément clé dans la théologie publique de l'Amérique. En temps voulu une entreprise privée enverrait à nouveau des hommes dans l'espace – jusqu'à Mars, la NASA promit-elle cette fois. Entre-temps, des Américains seront mis en orbite comme hôtes payants dans des fusées russes. Naguère cela aurait provoqué colère, honte et peur. Maintenant, c'est toute juste si on le remarque.

Pendant cinquante ans le programme spatial habité a aussi tendu un miroir à l'image changeante que l'Amérique se faisait d'elle-même. Les premières missions concernaient encore des blancs bien américains qui s'avéraient avoir *L'Étoffe des héros*, comme le dit le titre d'un livre de Tom Wolfe sur les astronautes[12]. En tout, trente deux hommes blancs nés américains, soit mirent pied sur la lune, soit furent mis en orbite autour d'elle. Un seul d'entre eux, un géologue qui vola avec la dernière

12 Tom Wolfe, *The Right Stuff*, 1973 (republié en 2008).

mission, était vraiment un scientifique. Après l'abandon du programme lunaire, l'Amérique entra dans sa plus grande période d'immigration depuis le XIXe siècle, quand des millions d'Européens qui cherchaient une vie meilleure avaient débarqué en masse à Ellis Island, à New York, ainsi que dans d'autres ports importants d'Amérique. Mais, désormais, ils débarquaient en avion à JFK à New York, à LAX à Los Angeles et à MIA à Miami. Les certificats de naissance des astronautes le reflétaient également. En 1986, Franklin Chang-Diaz devint le premier hispanique d'Amérique à être envoyé dans l'espace ; par son père, Chang-Diaz était également le second astronaute sino-américain d'Amérique. Puisque sa famille avait émigré aux États-Unis d'Amérique centrale, il fut aussi le premier astronaute costaricain-américain.

L'Amérique, la Floride et la nature humaine étant ce qu'elles sont, il fallut peu de temps pour que le sexe rompît ses attaches terrestres. Neuf couples mariés avaient volé dans l'espace. Quatre d'entre eux ont divorcé depuis, un autre reflet de la vie américaine. Ce qui est inévitable chez l'homme fit aussi une incursion dans le cosmos en 2007, quand le premier scandale sexuel d'astronaute fit sensation dans les journaux[13]. Il y a de temps à autre des arrestations pour cocaïne à Cape Canaveral, même si, comment et quand un astronaute peut s'envoyer en l'air dans l'espace reste à déterminer.

Même après la fin de leur mise en orbite, le thème que la NASA proposa ne changea pas – en l'occurrence que, pour l'Amérique, les astronautes étaient de célèbres pionniers, qui allaient conquérir des frontières extra-terrestres comme les héros du temps passé avaient soumis les frontières terrestres. Dans cette invention du futur, l'espace est une terre d'aventure où les lois de la physique et de la finance sont suspendues, et où dans chaque épisode les valeurs des relations publiques finissent par triompher sur l'esprit d'enquête scientifique. C'est particulièrement évident dans l'Astronaut Hall of Fame des États-Unis, la version de Cape Canaveral du Hall of Presidents de Disney World, où l'Astronaute héroïque prend la place que le brave Conquistador, le gentilhomme confédéré et le millionnaire visionnaire avaient occupé dans leur sanctuaire respectif.

À Cape Canaveral comme au SeaWorld, ce partage en commun de l'irréalité rend la réalité particulièrement choquante quand elle

13 Pew Research Center, Project for Excellence in Journalism, PEJ News Coverage Index, 4-9 février 2007.

se manifeste, comme le 28 janvier 1986. Ce matin-là, une des fusées qui propulsaient la navette spatiale *Challenger* se sépara du reste de l'assemblage du lancement. Il n'y eut pas d'explosion et la capsule spatiale qui emportait l'équipe des sept astronautes ne fut pas endommagée. « Mais la navette n'avait pas de moyen de s'en sortir et les astronautes ne survécurent pas à l'impact de leur compartiment avec la surface de l'océan », comme l'établit un commentaire d'une manière bureaucratique. Cette défaillance venait des particularités systémiques de ce que les enquêteurs décrivirent comme « la culture organisationnelle et le processus de prise de décision » de la NASA.

Partout en Amérique, les écoliers regardaient la télévision quand les astronautes moururent ; c'était la première fois qu'il y avait un professeur dans le Projet Spatial, ainsi que l'annonçait une campagne publicitaire omniprésente de la NASA. Christa McAuliffe, qui était, parmi les dix finalistes d'une sorte de concours d'orthographe de la NASA, le premier professeur à aller dans l'espace n'avait pas d'expérience aéronautique. Elle n'enseignait pas les sciences mais l'instruction civique, pourtant comme un juge du concours l'expliqua ultérieurement : « elle avait un enthousiasme contagieux ». Juste avant le lancement, la NASA avait négocié la présence de McAuliffe dans le programme d'actualités du matin le plus regardé du pays et l'avait également fait participer à l'émission d'humoristes de la nuit la plus populaire d'Amérique.

La NASA avait fait un travail minutieux quand il s'était agi de sélectionner les seconds rôles auprès de McAuliffe. Par le biais d'un autre concours, précurseur cette fois d'*American Idol*, la NASA chargea la télévision et des stars du cinéma de découvrir des talents pour être astronautes. Judith Resnik, la seconde femme sélectionnée pour la mission *Challenger*, avait été recrutée par Michelle Nichols, l'actrice qui avait joué le lieutenant Uhura du vaisseau spatial *Enterprise* dans la série culte *Star Trek*. C'était les cheveux de Resnik, expliqua-t-on plus tard, qui l'avaient fait choisir pour cette mission. Durant une précédente sortie dans l'espace, avaient révélé les études de la NASA, le public qui l'avait regardée avait trouvé fascinant de voir les longues vagues de cheveux de Resnik onduler en apesanteur. Sa sélection rentrait en outre dans la politique de la diversité de la NASA. Après le désastre, les responsables de la NASA soulignèrent que Judith Resnik avait été la première femme juive dans l'espace. L'astronaute noir de la mission, Ronald McNair, avait apporté son saxophone. Il avait pour intention, lors de son séjour dans l'espace, de jouer des morceaux de jazz de sa composition. Ellison Shoji Onizuka, natif d'Hawaii, devait être le premier Nippo-américain dans l'espace.

Trois autres blancs, plus ou moins stéréotypés, complétaient l'équipage de *Challenger*. Le lieutenant colonel Francis Richard Scobee de l'US Air Force était le commandant de la mission ; Gregory Jarvis, spécialiste des charges utiles, était un employé de la société aérospatiale Hughes. Le pilote de *Challenger* était Michael John Smith, un diplômé de l'US Naval Academy qui avait bombardé Hanoï durant la guerre du Vietnam[14]. Après une étude attentive des conditions météorologiques à Cape Canaveral, Smith avait décidé qu'il était préférable de ne pas procéder au lancement ce jour-là. Quand les supérieurs de la NASA rejetèrent son avis, il dit quelque chose qui, par la suite, apparut comme visionnaire. « Vous savez », observa ce pilote expérimenté, « parmi ceux qui prennent les décisions ici, il y en a qui n'ont jamais piloté d'avion ». Il s'avéra plus tard que des directeurs de la NASA violaient fréquemment leurs propres règles de sécurité pour synchroniser leur superproduction spatiale avec les grandes heures d'écoute des chaînes de télévision ou avec une visite de célébrité à Cape Canaveral.

Quand la catastrophe se produisit, ils firent de leur mieux. Le pilote de *Challenger*, Michael Smith, tira les leviers nécessaires pour déverrouiller les boutons sur son panneau de contrôle. Ce n'était pas de sa faute si ces contrôles n'étaient plus reliés à rien. On s'aperçut que les sorties d'oxygène personnelles de quatre des astronautes avaient été activées. Ce n'était pas à cause d'elles que la navette, qui avait ses propres sorties d'oxygène, n'en avait plus. Le commandant de la navette, le colonel Scobee, « se battit jusqu'à la fin pour survivre. Il fit voler ce vaisseau sans aile jusqu'au crash », conclut un enquêteur, qui ajouta : « Ils étaient alors encore vivants[15] ».

La Commission présidentielle spécialement réunie pour l'accident de la navette spatiale, dirigé par l'ancien ministre des affaires étrangères William P. Rogers, était, à une exception près, composée de personnes

14 Personnel du *Washington Post, Challengers : The Inspiring Life Stories of the Seven Brave Astronauts of Shuttle Mission 51-L*, 1986.

15 Jay Barbree, *The Challenger Saga : An American Space Tragedy*, 2012. Version imprimée de la série télévisée de 1997.

qui étaient là pour rassurer le public américain que tout allait bien à la NASA. Cette exception était Richard Feynman. Le prix Nobel de physique avait été choisi pour être l'alibi scientifique d'un panel composé presque entièrement d'avocats avec des relations à Washington et d'ex-astronautes photogéniques. En un sens, il était surprenant que Feynman, qui avait rencontré dans sa carrière tant d'événements et de situations révélateurs, n'eût jamais rencontré la Floride sur sa route. En un autre sens cela ne l'était pas. La science n'a jamais eu de place en Floride pour des raisons qui remontent à avant la Guerre civile. La NASA elle-même – qui courtisait si facilement les célébrités et les politiciens – n'avait aucun programme de proximité avec des savants du calibre de Feynman.

Depuis les temps de son enfance où il regardait les oiseaux, Feynman avait consacré sa vie à faire la distinction entre la nature et les noms. Désormais, avec la NASA, il enquêtait sur une organisation qui avait passé des décennies, et des milliards de dollars, à nier cette distinction. Ce n'était pas seulement parce que ceux qui dirigeaient le programme spatial de l'Amérique avaient peu de compétence scientifique et technique. En les questionnant, Feynman découvrit qu'ils n'avaient aucune connaissance des bases mathématiques du calcul des risques. Ce qui, du coup, avait amené la « direction officielle » à déclarer que « la probabilité d'une défaillance (était) un millier de fois moindre » que les propres savants de la NASA ne l'avaient déterminée. Comme il se plongeait dans ce qui avait particulièrement failli, Feynman tomba sur ce qui, avant tout, pourrait bien manifester le plus grand écart entre la nature et le nom. C'était une pièce que la NASA appelait dispositif de sécurité qui avait causé la mort des astronautes.

Les pièces en question étaient les joints toriques des boosters de *Challenger*. Imaginez un tuyau d'arrosage de jardin avec un embout qui vous permet de réguler le débit de l'eau. À l'intérieur de cet embout, il y a petit anneau en caoutchouc. Si ce joint de caoutchouc ne fonctionne pas bien, l'embout ne contrôle pas l'eau ; au lieu d'aller où vous voulez qu'elle aille, l'eau gicle partout. La même chose est arrivée quand *Challenger* a quitté sa rampe de lancement. Simplement, ce n'était pas de l'eau mais des gaz chauds à haute pression produits par le propulsif solide brûlant à l'intérieur du booster qui giclèrent, d'une manière incontrôlable, de l'embout.

Ce sont les joints toriques qui ont causé l'échec du lancement de la navette spatiale, mais qu'est-ce qui a causé la défaillance des joints ? Les joints toriques sur les navettes spatiales américaines, découvrit Feynman, n'étaient pas faits pour les mêmes températures que le tuyau d'arrosage de votre jardin. Votre tuyau d'arrosage fonctionne tant que les températures restent au-dessus de zéro ; Morton Thiokol, une société de l'Utah qui était une des entreprises préférées de la NASA, ne garantissait la sécurité de ses joints toriques que pour une température supérieure à 11 degrés centigrades. Ultérieurement, quand on se souvint de ce jour, on dit en Floride à propos de la catastrophe de Challenger ce qu'on avait dit à propos du Massacre de Dade 150 ans plus tôt, ce qu'on avait dit aussi à Rosewood en 1923. Il faisait si « inhabituellement froid » ce matin où ils moururent. Mais ce froid n'était pas inhabituel. À Cape Canaveral, à 360 kilomètres au nord de Miami, il fait froid tous les hivers. C'est pourquoi Henry Flagler alla plus au sud.

Cette nuit-là, au Kennedy Space Center, de la glace se forma sur la plateforme de lancement. La NASA recula certes le lancement de plusieurs heures pour permettre à la glace de fondre. Puis, elle décida que *Challenger* serait lancé à 11h 34. Mais les responsables du lancement ne tinrent pas compte de la donnée scientifique suivante : la température qui montait ne pouvait pas réparer les dommages que le froid avait déjà faits. Les joints toriques avaient perdu leur élasticité du fait de la température basse. Ils ne les regagnèrent pas simplement parce qu'à une nuit floridienne où il avait gelé succédait une journée ensoleillée.

La NASA avait équipé des véhicules spatiaux qui coûtaient des millions de dollars avec des gadgets qui fonctionnaient mal quand le temps devenait frais et, lorsque la Commission Rogers commença ses auditions télévisées, seul Richard Feynman sembla y trouver de l'intérêt. La réponse bureaucratique éprouvée était d'étouffer la vérité que disait Feynman en dispensant un baume qui obscurcissait tout. Malheureusement pour ceux qui voulaient tout obscurcir, Feynman, brillant performer universitaire et en même temps un des savants les plus respectés du vingtième siècle, leur avait déjà volé la vedette lors de congrès ennuyeux et de colloques indigestes depuis le début du vaudeville. Tout ce dont il avait besoin cette fois était un morceau de caoutchouc et un verre d'eau glacée. Comme les caméras de télévision tournaient autour de lui,

Feynman montra son petit morceau de caoutchouc, le plongea ensuite dans le verre d'eau glacée, et l'en ressortit. Comme on pouvait le voir clairement sur les écrans de télévision de toute l'Amérique (et comme on peut le voir encore sur YouTube), le caoutchouc était déformé après sa brève exposition au froid. Des millions de téléspectateurs purent aussi voir que, même après avoir été sorti du froid, le caoutchouc ne retrouvait pas sa flexibilité première[16].

Le mépris de la NASA pour la science et la sécurité produisit une des plus mémorables circonlocutions de la Commission Rogers. Il s'agit de cette observation insipide que la catastrophe de *Challenger* était « un accident qui avait ses racines dans l'histoire[17] ». L'histoire se répéta en 2003 quand sept autres personnes furent tuées lorsque la navette spatiale *Columbia* se désintégra. À nouveau ceux qui voulaient obscurcir la vérité introduisirent des mots comme « probablement », « très vraisemblablement », et « dans une certaine mesure », même si les faits les forçaient à concéder que « l'accident de Columbia n'était probablement pas une anomalie et un événement dû au hasard, mais qu'il avait plus vraisemblablement ses racines dans l'histoire de la NASA et dans la culture des programmes des vols spatiaux habités ». C'est-à-dire, ce n'était pas un accident, mais le résultat d'« une culture de sécurité défaillante » à la NASA, comme le dit un enquêteur. C'était alors une vieille histoire. En 1986, les ordinateurs de la NASA étaient déjà si anciens que, comme les joints toriques, ils constituaient un risque pour la sécurité. « Il n'y a pas suffisamment de place dans la mémoire des ordinateurs les plus courants pour tous les programmes de montée et de descente et pour les programmes de charge utile en vol », avait souligné Feynman. « Il devient de plus en plus difficile de trouver des fabricants qui fournissent des ordinateurs si démodés », avertit-il.

En 2002, l'année avant que les astronautes de Columbia ne finissent en cendres, le *New York Times* révéla que pour « permettre aux navettes de continuer de voler, l'agence spatiale avait commencé à mettre des avis sur l'Internet – y compris sur Yahoo et eBay – pour trouver des pièces de remplacement ». « Des labos de la NASA vieillissants ont besoin de

16 Feynman, 1986 ; Alan J. McDonald, *Truth, Lies, and O-Rings : Inside the Space Shuttle Challenger Disaster*, 2009 ; Diane Vaughan, *The Challenger Launch Decision : Risky Technology, Culture and Deviance at NASA*, 1996.

17 Rogers et al., 1986.

2 milliards de dollars de relooking », disait un gros titre[18]. Ces demandes d'argent passaient sous silence le fait que la NASA – qu'elle envoyât ou n'envoyât pas des hommes sur la lune, qu'elle lançât des navettes spatiales ou abandonnât également ce programme – avait coûté aux contribuables américains, en dollars courants, à peu près 15 milliards de dollars annuellement, durant cinquante ans. Tout cet argent n'avait pas empêché une « baisse régulière et significative des capacités des laboratoires de la NASA, y compris pour l'équipement, la maintenance et la restauration des installations ».

Dans les années 1960, alors qu'ils lui donnaient un nouveau nom futuriste, les politiciens et les promoteurs imaginèrent que faire un thème de la région qui entourait Cape Canaveral était un premier pas vers un thème floridien de l'univers, mais ce ne fut pas sur « La Côte de l'espace » de Floride, mais dans la Silicon Valley en Californie qu'on inventa le futur. La Floride fut laissée en retrait par les développements révolutionnaires de domaines qui allaient de la microbiologie à la nanotechnologie dans des États qui, à l'inverse de la Floride, finançaient traditionnellement l'éducation et encourageaient la recherche scientifique. L'astronaute icône s'avéra également être une franchise à l'attrait limité pour le marché immobilier. Si vous explorez les étendues plates de la Côte de l'espace, vous ne trouverez aucune communauté ayant pour thème les astronautes. En revanche, là où les colons français de Ribault firent naufrage il y a si longtemps, les communautés ont pour nom Tuscan Hills et Painter Hills. Là où le pélican est roi, vous trouvez Quail Run, c'est-à-dire, Collines Toscanes, Collines des Artstes, et Course de Cailles.

Bien que sa tentative pour introduire la NASA dans le « monde de la réalité » fut infructueuse, la catastrophe de *Challenger* amena Richard Feynman à faire un commentaire si pénétrant qu'il pourrait bien être la chose la plus importante qui est jamais été dite sur ce qui s'est passé de tout temps en Floride ; « La réalité », argumenta-t-il vainement, « doit précéder les relations publiques, car on ne peut tromper la nature ».

Ni le fabricant ni personne à la NASA ne furent jamais considérés comme responsables, civilement ou pénalement, pas même après qu'on eut vérifié que, depuis neuf ans, les administrateurs de la NASA comme

18 Feynman, 1986 ; « For Parts, NASA Boldly Goes… on eBay », *New York Times*, 12 mai 2002.

les cadres dirigeants de Thiokol savaient que les joints toriques avaient des défauts et qu'ils pouvaient causer des morts humaines, et qu'ils n'avaient pris aucune mesure pour les améliorer. Les responsables de la NASA et les cadres dirigeants de Thiokol ne sont pas les seuls à être passés aux abonnés absents. Personne n'impliqua Harriet Beecher Stowe. Juliet Tuttle et Carl Fisher ne furent jamais condamnés non plus. Même Feynman arrêta avant d'avoir résolu le grand mystère. Qu'est-ce qui aurait pu amener tous ces soi-disant experts à dépenser tout cet argent sur des joints de caoutchouc qui se déforment dès qu'il fait suffisamment froid pour mettre un chandail ? Vous pouvez chercher dans tous les rapports, étudier tous les témoignages, suivre tout le processus de recherche et de développement des joints toriques de leur création dans l'Utah jusqu'à leur fin dans le ciel de Floride. Vous ne trouverez pas de réponse, bien que comme « La lettre volée » du conte d'Edgar Allan Poe, la raison pour laquelle les joints toriques furent défaillants est toujours là, devant les yeux de tout le monde. Elle implique non seulement la NASA et les fabricants, mais tous ceux qui, durant des générations, ont cherché à faire croire que la Floride était quelque chose qu'elle n'était pas, et ont fini par se tromper eux-mêmes.

Le mythe qu'il ne fait jamais froid en Floride tua les astronautes, tout comme, jadis, le mythe de l'or avait entraîné la perte des conquistadors.

CITÉS DU FUTUR

Quand vous étudiez Disney, vous comprenez ce qu'on a voulu et espéré faire de la Floride, ce qu'on a prétendu qu'elle était et comment on l'a commercialisée. Mais pour comprendre ce qu'est devenue la Floride dans le « monde de la réalité » dont parle Feynman, il vous faut aller fouiller dans la vie d'un autre authentique génie américain. Jack Kerouac – gourou, mauvais garçon et superstar littéraire de la Beat Generation – arriva en Floride avant même Disney, les astronautes et les Cubains. En 1957, en deux semaines de frénésie, il écrivit *Les Vagabonds célestes* à Orlando dans un appartement de location dont la fenêtre de derrière donnait sur un oranger[1]. Entre-temps, Kerouac avait choqué l'Amérique, et excité tous les anti-conformistes, avec la publication de ce classique de la contre-culture qu'est *Sur la route.* Comme de Kerouac lui-même, on se souviendra de ce livre aussi longtemps qu'on se souviendra de Walt et de Mickey – c'est-à-dire tant qu'existera une civilisation américaine.

Disney affréta un avion privé. Kerouac arriva en bus. Disney utilisait du celluloïd et du plastique pour tenter de rendre l'Amérique conforme à ce qu'il avait mis sur les écrans de télévision. Kerouac mit sur papier sa violente diatribe contre ces entraves en plastique qui, selon lui, emprisonnait l'esprit américain, même si, tout d'abord, la Floride apparut à Kerouac comme une sorte de paradis. « Pourquoi ne viendrais-tu pas à Orlando pour prendre ton pied devant le spectacle floridien de belles routes sans ornières et de fantastiques supermarchés ? », écrivit-il à Lawrence Ferlinghetti, le poète beat, en 1961. Ferlinghetti ne s'y montra jamais. La Floride devint, pour Kerouac, une série de sous-locations miteuses dans une errance qui le mena d'Orlando à Tampa puis, enfin, à St Petersburg où, en 1969, quelques mois après que les États-Unis eurent fait marcher des hommes sur la lune, la mort rattrapa l'apôtre

1 Visite de la maison de Kerouac, Orlando, 2005 ; *New York Times*, 14 mars 2004 ; Bob Kealing, *Kerouac in Florida : Where the Road Ends*, 2004.

beat qui incarnait la rébellion de la jeunesse. Il avait quarante-sept ans ; cet artiste protéiforme qui, mieux que personne d'autre depuis Walt Whitman, avait su recréer l'Amérique dans l'énergie explosive de sa prose, n'eut pas à devenir un vieil homme fou avec une longue barbe blanche. *Kerouac en Floride : là où s'arrête la route*, voilà comment le titre d'un livre le décrivit. Ponce et de Soto auraient été bien placés pour vous dire que c'est le plus vieux thème floridien qui soit. Un autre dénouement surréaliste est que la collection, la plus complète au monde, de l'art de Salvador Dali ait trouvé également pour lieu de dernier repos St Petersburg. Comme Tuttle, Flagler et LeBron James, tous ces Dali (et leurs donateurs) arrivèrent en Floride via Cleveland, Ohio[2].

Jamais deux grands génies créatifs ne furent si fondamentalement américains et pourtant si différents, mais Orlando (comme la Floride, comme l'Amérique) les fit se transcender l'un et l'autre. C'était désormais un lieu où on pouvait passer des années sans entrer dans un parc à thème ou sans lire de livre[3].

Jamais ceux qui font la queue pour entrer dans un parc à thème n'ont été aussi nombreux qu'aujourd'hui. Jamais l'esprit rebelle et solitaire de Kerouac n'a autant rôdé dans les parcs de camping cars et n'a autant traîné dans les centres commerciaux. Mais, alors que des foules toujours plus nombreuses déferlent sur la Floride, Orlando est devenu ce à quoi elles tentent d'échapper – le nouveau territoire de l'expansion périurbaine de l'Amérique, un endroit si gigantesque et si divers qu'il offre une maison de rêve ou un vide sanitaire à tout le monde. Disney fut l'apprenti sorcier qui alluma le feu. En venant en Floride, il pensait pouvoir échapper à « la jungle des signaux, des lumières et des escroqueries[4] », mais Disney World aujourd'hui n'est que le nodule d'une immense agglomération, en forme de goutte, de parc à thèmes et à caravanes, de quartiers résidentiels fermés et de taudis aux fenêtres brisées où des banlieues à l'emporte pièce sont parsemées des gratte-ciels de société[5]. S'étalant sur la section centrale de la Floride, le Grand Orlando est devenu ce que les sociologues appellent parfois une « Edge

2 Cindy Cockburn, « The New Dali Museum » (communiqué de presse), 11 janvier 2012 ; « Why Is the Dali Museum in St. Petersburg, FL ? », site web du musée Dali. Consulté le 7 juin 2012.

3 T. D. Allman, « Beyond Disney », *National Geographic*, mars 2007.

4 Emerson, 2009, p. 188.

5 Garreau, 1991.

City », un endroit où des millions de personnes poursuivent les rêves de Disney tout en menant des vies à la Kerouac.

Prenez la route d'Epcot Center ; quelques minutes plus tard vous traversez Kissimmee, une des vraies villes américaines du futur. Ville de rodéo pour Rednecks quand y arriva Disney, Kissimmee est aujourd'hui l'endroit où vivent bien des personnes qui travaillent sur les attractions et qui ramassent les déchets à Disney World – et qui sont autorisées à voter. Après l'intersection de l'U. S. 192 et de la Dwarfs Lane 7, vous trouverez le Capone's Dinner and Show. Plus loin, vous dépasserez Pirates Island-Kissimmee, qui, contrairement à ce que son nom indique, ne se trouve pas sur une île. Il y a aussi un endroit qui propose des promenades en hélicoptère à prix réduit. La machine vrombissante, avec ses rotors qui tournent, est juste à côté du trafic. C'est plus effrayant que n'importe quel circuit d'un parc à thème[6]. Aussi, dès que vous quittez le Royaume enchanté, vous retournez dans la vraie Amérique. Vous y retrouvez des gens et des situations qui n'ont jamais eu, et qui n'ont toujours pas, de place dans les livres d'histoire. Si vous voulez comprendre Miami regardez donc les rediffusions de *Deux flics à Miami*. Ou encore, prenez le temps de voir ce merveilleux film, *Moonlight*, qui remporta à la surprise générale l'Academy Award du meilleur film. Il en va de même avec Orlando. *The Florida Project*, un film qui se passe dans un motel de Kissimmee, montre la vraie Orlando, la vraie Floride, et la vraie Amérique.

Les Dollar stores et les franchises de fast-food s'accrochent sur les bords du Disney World comme des bouts de ferraille qui seraient attirés par un aimant, cependant un côté farfelu et sauvage comme une inventivité qui fait que l'Amérique est l'Amérique sont aussi présents. Ainsi que l'aspiration à quelque chose de plus. Il va sans dire qu'il n'y a pas de corail au Coral Cay Resort, mais juste de l'autre côté de la rue se trouve le Wat Florida Dhammaram. De vrais moines y chantent de vrais vedas dans le premier authentique temple bouddhiste Theravada de Floride. Les Vietnamiens furent les premiers Asiatiques à coloniser Orlando. Depuis l'ouverture du Disney World, elle est également devenue la capitale indienne de Floride : non pas celle des Séminoles mais celle des Tamouls et des Punjabi, des iddlys et des naan rotis. Si vous

6 Visites en 1987, 2003, 2006.

voulez étudier le sanscrit, allez à l'Hindu University of America, située sur l'Econlockhatchee Trail[7].

À l'extrémité d'Orlando, les murs de béton du collège de Meadow Woods donnent sur un marais resté intact. Des enfants de près d'une centaine de pays y étudient. Et chaque fois qu'un élève d'un nouveau pays s'y inscrit, on déploie un nouveau drapeau. Des drapeaux que vous ne voyez généralement nulle part, si ce n'est aux Nations Unies, décorent les caravanes qui tiennent lieu de salles de classe que l'État de Floride ne fournit pas. Ici, où on peut voir à travers les fenêtres la brousse détrempée qui servit jadis de zone de concentration pour les Séminoles, vous pouvez aussi voir le futur. Les blancs comme les noirs sont des minorités dans cette école où flottent les drapeaux du monde entier. Selon le bureau du recensement, ce sera bientôt le cas de l'Amérique toute entière[8].

« Personne ne nous a averti que cela allait arriver », se plaignit la lauréate du prix Pulitzer, Jane Healy, après s'être aperçue, un matin, qu'à la station de radio d'Orlando qu'elle écoutait habituellement sur le poste de sa voiture s'était substituée la station FM Rumba 100.3. Elle avait tort. Les avertissements avaient été nombreux. Depuis des décennies, si vous vouliez savoir ce qui allait se passer à Orlando, il vous suffisait de regarder cette autre métropole instantanée américaine, Miami. Healy, elle-même, était un bel exemple de la manière dont Miami prévoyait le futur. Quand elle arriva à Orlando, le *Miami Herald* avait déjà des prix Pulitzer. L'*Orlando Sentinel* espérait qu'elle serait comme une sorte de caution civique au féminin. Au contraire, elle dévoila des affaires de corruption dans l'immobilier. Disney et les photos de la lune faisait les premières de couverture, mais de toutes les transformations qui touchaient la Floride, aucune n'était plus importante que la métamorphose de Miami en ville américaine du futur – à moins de refuser de voir ce qui se passait. « Que le dernier Américain qui quittera Miami, emporte avec lui le drapeau » disait un bon mot – comme si les vagues d'immigrants, les drogues de contrebandes et les fusillades n'étaient pas tout autant américaines qu'Ellis Island, la Prohibition et Al Capone[9].

7 Hindu University of America, Catalog 2007, « Academic Programs in Sanskrit Studies », p. 63-65.

8 Interview et visite, 2005.

9 Interviews avec Jane Healy et d'autres, 2005, 2006, 2010, 2012.

Orlando était censée être un refuge, pour l'Amérique aux yeux bleus, de tout ce que Miami symbolisait, mais aujourd'hui il y a presque deux fois plus d'Hispaniques – 536 922 selon le recensement des États-Unis – qui vivent dans la région d'Orlando que sa population totale avant que n'arrive Disney. Dans ce cas également, les dés furent jetés par une main commerciale invisible. Les ventes d'un projet appelé Buenaventura Lakes se faisaient lentement, jusqu'à ce que des stratèges du marketing se mettent à faire de la publicité en espagnol à Porto Rico. Soudain, les Porto Ricains commencèrent à affluer dans la région d'Orlando, créant une alternative hispanique à une Miami majoritairement cubaine. Des manipulateurs commerciaux invisibles étaient également responsables du changement observé sur le poste de sa voiture par Healy. Des analystes du profit à Clear Channel Communication, le conglomérat géant de la radio, avaient décidé que le potentiel de l'Américain moyen, d'âge intermédiaire, jusqu'ici synonyme d'Orlando, de voir ses revenus augmenter n'était désormais pas suffisant.

Comme Chicago un siècle plus tôt, Miami était un signe avant-coureur de ce que serait les Amériques, et pas seulement les Florides, à venir. Chicago fut créée par l'appétit insatiable de la Révolution industrielle pour les marchés et les matériaux bruts. Miami fut la première grande ville américaine à être transformée par la mondialisation des mouvements de populations tout autant que par celle des biens et des services. Ses traumatismes, considérés comme si peu américains à l'époque, illustraient des tendances qui, depuis, se sont largement répandues. L'une d'entre elles est l'émergence de nouvelles formes d'inégalité. Les noirs pauvres avaient toujours été ghettoïsés à Miami ; avec l'arrivée des Cubains, la vieille hiérarchie à trois étages de l'inégalité, qui remontait à l'époque de l'esclavage, prit une nouvelle forme. Comme ils le mettaient eux-mêmes en évidence, les noirs à Miami n'étaient plus des citoyens de seconde classe ; ils étaient désormais des citoyens de troisième classe. Miami était vraiment *la cité du futur* de l'Amérique – le dernier et meilleur exemple qu'elle montrait toujours l'Amérique comme elle était et comme elle était en train de devenir. Miami ne semblait « si peu américaine » à bien des Américains seulement parce qu'ils se connaissaient si peu eux-mêmes[10].

L'histoire rimait de nouveau. Au dix-neuvième siècle le colonialisme s'était prolongé à Cuba bien après que l'Espagne eut quitté son

10 *Cf.* TD. Allman, *Miami, City of the Future.*

empire du Nouveau Monde. Maintenant, de nouveau, Cuba était la dernière redoute d'une vieille foi démodée – le marxisme-léninisme cette fois plutôt que le droit divin des rois. D'autres modèles fermement enracinées se répétaient également en Floride. Quand ils arrivèrent à Miami, les Cubains (et seulement les Cubains) bénéficièrent de l'un des programmes de discrimination positive les plus complets jamais mis en place aux États-Unis. Tout en conservant cette tradition floridienne qui utilise le système juridique pour promouvoir l'inégalité, les États-Unis récompensaient aussi les Cubains pour des actes qu'ils punissaient chez d'autres. Un Haïtien qui arrivait sur les côtes, s'il était pris, était détenu dans un camp des Everglades. Tous les Cubains qui mettaient pied sur le sol des États-Unis obtenaient automatiquement des avantages qui auraient été dénoncés comme de l'« aide sociale », s'il s'était agi de Floridiens blancs ou noirs dans le besoin. Ils obtenaient aussi plus vite que n'importe qui la citoyenneté américaine, et donc le droit de vote. Comme ce fut déjà le cas à l'époque de DuVal et de Yulee, et à l'époque de Charley Johns, cet octroi de privilèges spéciaux à un groupe aux dépens d'autres groupes marquera profondément la politique de la Floride, tout en pervertissant son développement culturel, à commencer par sa culture de responsabilité civique. Comme l'avenir le montrera, c'était également une tendance américaine et non pas une aberration.

L'héritage raciste de la Floride est comme la croix de Saint André pro-esclavagiste sur le drapeau de l'État – si omniprésent qu'il est virtuellement invisible jusqu'à ce qu'un événement particulier révèle sa signification. Une nuit de février 1962, Dewey McLaughlin, un marin de la marine marchande, était assis seul dans l'appartement, au 732 de la deuxième rue à Miami Beach, qu'il partageait avec sa petite amie, Connie Hoffman, lorsque deux policiers firent irruption dans l'appartement sans mandat et l'arrêtèrent. Il ne s'agissait pas de drogues. Ils n'avaient pas monté le son de la radio trop haut, mais Connie Hoffman était une femme blanche ; et McLaughlin, selon les détectives, était noir. Par conséquent, on les accusait d'avoir violé la section 798.05 des Statuts de Floride, qui dispose : « Tout homme noir et toute femme blanche, ou tout homme blanc et toute femme noire, qui ne sont pas mariés, qui vivent habituellement dans, et occupent durant la nuit, la même pièce, seront l'un et l'autre condamnés à une peine de prison qui n'excèdera pas douze mois, ou à une amende qui n'excèdera pas cinq cent dollars[11] ».

Personne ne contesta le fait que Connie Hoffman était blanche, tout comme soixante-dix ans plus tôt personne n'avait contesté qu'Annie Maloney était noire. À Miami Beach en 1962 comme à Key West en 1889, la controverse porta sur l'identité raciale du partenaire masculin. La propriétaire de l'appartement avait espionné le couple. Elle avait dit aux policiers qu'elle avait observé McLaughlin pendant qu'il prenait sa douche. Après avoir vérifié par eux-mêmes, les officiers de police qui l'avaient arrêté s'accordèrent sur le fait que « certains traits qui sont prédominants chez des hommes de couleur » amenaient à la conclusion que McLaughlin n'était pas blanc. McLaughlin lui-même déclara qu'il n'était pas « de couleur » pour la même raison qu'Antonio Gonzalez en 1889 avait juré qu'il l'était – à savoir qu'il était latino. En dépit de son nom irlandais, la langue maternelle de McLaughlin était l'espagnol. Les documents officiels prouvèrent qu'il était de La Ceiba, en Honduras. McLaughlin, pour sa part, ne se considérait pas comme un « homme de couleur » car, dans les Caraïbes hispanophones, la classification selon des lignes raciales est bien moins commune qu'aux États-Unis. Par ailleurs, c'était à Miami Beach ; c'était en 1962. Ce n'était pas la Floride des chaînes de forçats ou des camps de térébenthine. C'était la Floride de Jackie Gleason, des restaurants chinois kasher, la Floride où l'on dansait le twist.

Connie Hoffman se défendit en disant qu'elle n'avait « jamais entendu parler d'aucune loi qui disait qu'un Noir et une Blanche ne pouvaient vivre ensemble et qu'elle n'y croyait pas ». Elle avait tort. C'était la loi en Floride depuis l'époque du gouverneur Fleming. Le 28 juin 1962, un jury du comté de Dade – et non pas quelques esclavagistes du Panhandle – déclara Hoffman et McLaughlin coupables de ce dont on les accusait. Ils furent condamnés à trente jours de travaux forcés. En 1845, le marquage d'un constructeur de navire à Pensacola avait révélé très précisément l'état de la civilisation de l'État de Floride. En 1962, condamner une serveuse et son petit ami à des travaux forcés eut le

11 Rachel F. Moran, « Love with a Proper Stranger : What Anti-Miscegenation Laws Can Tell Us About the Meaning of Race, Sex, and Marriage », *Hofstra Law Review*, octobre 2004 ; Richard Moran et Rachel F. Moran, *Interracial Intimacy : The Regulation of Race and Romance*, 2003, p. 91-93 ; Marc Stein, *Sexual Injustice : Supreme Court Decisions from Griswold to Roe*, 2010, p. 45, 113.

même effet. Ce qui était révélé, c'était à quel point les attitudes racistes blanches avaient imprégné la conduite de ceux qui n'étaient pas des Sudistes blancs stéréotypés. La propriétaire de l'appartement qui appela la police, Dora Goodnick, n'était pas Fille de la Confédération. S'ils avaient voulu devenir membres du Ku Klux Klan les deux détectives qui les arrêtèrent, dont les noms étaient Stanley Marcus et Nicolas Valeriana, aurait peut-être été rejetés.

Hoffman, s'en prenant à ses accusateurs, jura d'« aller jusqu'à la Cour suprême ». Mais, finalement, le procès ne remonta pas jusqu'à la Cour suprême pour la simple raison que ceux qui considéraient qu'il était légitime qu'une femme blanche qui couche avec un homme noir soit déclarée coupable d'un délit étaient très nombreux. Tout d'abord les officiers qui avaient procédé à l'arrestation, ensuite leurs supérieurs, puis le procureur, puis le juge, puis le jury, puis la cour d'appel, puis la Cour suprême de Floride auraient pu arrêter l'épreuve à laquelle Hoffman et McLaughlin avaient été soumis, mais ils ne le firent pas. En octobre 1964, une équipe des meilleurs avocats de Floride mirent leurs plus beaux costumes, firent leurs valises, et s'envolèrent pour Washington, D. C. Là, avec des visages sérieux, ils défendirent les idées suprématistes blanches de légalité qui avaient prévalu depuis la reprise du pouvoir par les Néo-Confédérés en 1877. Leur argumentation était un paradigme de la logique juridique. Criminaliser la cohabitation de couples non mariés de races différentes, prétendirent ces avocats payés par les contribuables, était justifié par le besoin d'étayer l'interdiction floridienne des mariages interraciaux. Selon eux, envoyer un couple non marié en prison était « subordonné à et servait au même but que la loi sur le métissage elle-même ».

L'argumentation des avocats de Floride prévalut. La Cour suprême décida que les législateurs à Talahassee pouvaient faire un délit d'un acte sexuel de blancs avec des noirs et vice versa, mais dans ce cas l'État devait faire passer un « test de nécessité ». C'est-à-dire que la Floride devait prouver qu'il y avait quelques justifications spéciales à traiter différemment du sexe interracial et du sexe intra-racial. La Floride, décidèrent les juges de la Cour suprême, avait échoué à mettre en évidence cette « charge plus grande de justification ». C'est sur ce point technique que la loi de l'État par laquelle Connie Hoffman et Dewey McLaughlin avaient été condamnés aux travaux forcés fut déclarée nulle et non avenue. Seuls deux des neuf juges – les juges Potter Stewart et William Douglas – « refusèrent d'accepter qu'il puisse y avoir un "objectif statutaire supérieur" qui exigerait de faire une discrimination à partir de la couleur de la peau[12] ».

Comme ces Floridiens qu'étaient Garcia et le Choctaw, la serveuse et le marin de la marine marchande n'avaient pas cherché la bagarre. Cependant, ils avaient pris position contre les forces dominantes qui encourageaient l'injustice en Floride, et qui en 1962 comme en 1816 étaient le racisme des Américains blancs. Comme Negro Fort, l'endroit où ils vivaient, le 732 de la deuxième rue, est un de ces sites historiques qui permet de comprendre la Floride. Bien qu'il n'y ait pas de plaque de « Grand Floridien » qui marque l'endroit, il est facile à trouver. La seule chose qu'il faut se rappeler c'est qu'à Miami Beach, les numéros vont en augmentant du sud au nord. L'iconique hôtel Fontainebleau, qui définissait les modes à l'époque où Hoffman et McLaughlin furent arrêtés, se trouve à quarante deux rues au nord de l'endroit où ils vivaient. Le fameux quartier de South Beach Deco commence trois rues plus au nord, à partir de la cinquième rue. Pendant des décennies, le quartier au sud de la cinquième rue était constitué de locations à bas prix, véritable annexe de « l'antichambre de Dieu », où des milliers de retraités attendaient la mort. Puis, à partir de 1980, le quartier fut repris par les « Marielitos », tout juste arrivés par bateau de Cuba. Puis, tout a de nouveau changé. Aujourd'hui, le 732 de la deuxième rue est au centre d'un quartier chic que ses promoteurs appellent SoFi, pour South of Fifth. Un complexe moderne d'appartements se trouve désormais là où se trouvaient alors les appartements de rendement défraîchis de Dora Goodnick. Bien qu'il soit tout neuf, l'architecture de cet immeuble Néo-Déco évoque un glamour et un style qui, sur ce site particulier, n'a jamais existé.

Les plages, clubs et voitures de sport sont essentiels à l'ambiance de SoFi, mais ce qui met ce vieux quartier à la pointe est son côté sexuel. Hétéro, gay, bi ; blanc, noir, basané, bronzé : les permutations raciales et sexuelles donnent un sens nouveau au concept d'« entre-deux ». En vous promenant dans SoFi, vous vous apercevez que Dewey McLaughlin et

12 U. S. Supreme Court, McLaughlin v. Florida, 1964 ; Loving et Ux. V. Virginia, 1967 ; Ariela R. Dubler, « From *McLaughlin v. Florida* to *Lawrence v. Texas* : Sexual Freedom and the Road to Marriage », *Columbia Law Review*, vol. 106, n° 5, 2006.

Connie Hoffman étaient de vrais pionniers floridiens. Ce fut la nature interraciale de leur relation qui en fit des pionniers. Ce fut aussi son aspect interculturel, car ce n'est pas simplement les différentes races qui désormais se mêlent librement dans leur vieux quartier. Des cultures différentes s'y mêlent et s'y assemblent également. Les accouplements ont depuis longtemps transcendé la division anglais-espagnol. Aujourd'hui, vous pouvez aussi entendre des gens flirter en portugais, russe, allemand, français, chinois, et, selon la saison et l'heure du jour, en bien d'autres langues.

Le drame juridique qui impliquait Dewey McLaughlin et Connie Hoffman faisait partie d'une avancée du nord vers le sud de la protection des droits constitutionnels qui, en culminant dans la révolution des droits civiques des années 1960, reprirent le travail d'intégration nationale qui avait été abandonné il y avait presque une centaine d'années plus tôt. Le racisme régional des États-Unis, on l'a moins souvent remarqué, fut également repoussé régulièrement par un autre grand mouvement – qui émanait celui-là des Caraïbes et de l'Amérique latine. Des individus comme Antonio Gonzales et Dewey McLaughlin n'arrivèrent pas en Floride avec une notion très précise de ce que pouvaient être des droits garantis constitutionnellement. Ils étaient les simples protagonistes d'une culture où l'idée que vous pouviez être envoyé en prison pour une relation sexuelle avec une femme d'une couleur de peau différente de la vôtre était considérée comme une insulte à la virilité d'un homme. Pour ce qui concerne les droits sexuels interraciaux, comme pour beaucoup d'autres, la Floride finit par être l'endroit où tout convergea. À cet égard, l'ethos macho du latino et la Constitution des États-Unis constituèrent deux avancées différentes venues de directions opposées – l'une juridique et philosophique venue du Nord ; l'autre démographique et culturelle venue du Sud – qui convergèrent et remodelèrent le paysage sexuel et juridique. À Key West en 1889, un juge noir n'était pas suffisamment puissant pour protéger d'une persécution raciste un couple qui voulait se marier. Il ne put même pas se protéger lui-même. À Miami Beach en 1962, un couple non marié était capable de faire prévaloir ses droits au niveau fédéral, sinon au niveau de l'État. Des droits considérés comme allant de soi aujourd'hui avaient dû être discutés jusqu'à la plus haute cour de justice du pays.

Ce qui est révélateur, ce sont les nombreuses variétés de sexe interracial que les Statuts de Floride ne mettaient pas hors-la-loi. Les relations furtives, les relations sexuelles imposées, le sexe chacun de son côté, le sexe rapide, le sexe avec la femme de chambre, le sexe avec l'ouvrier de la ferme : la loi de Floride était silencieuse sur tout à l'exception de ce qui arrivait quand l'accouplement d'un couple interracial allait au-delà de l'acte sexuel – quand on choisissait « de vivre habituellement dans, et d'occuper durant la nuit, la même pièce ». Alors seulement la loi de Floride décrétait qu'ils devaient « être l'un et l'autre condamnés ». Ce que les statuts punissaient c'était de considérer le sexe interracial comme quelque chose qui n'était pas honteux et ne devait pas être caché. Cacher quelque chose n'annule pas son existence. Comme la plus haute cour d'Amérique se demandait si oui ou non un marin et une serveuse pouvaient partager un appartement à Miami Beach, des chercheurs en sciences sociales soulignaient que les avocats « blancs » de Floride avaient au moins 20 pourcent de chance d'avoir un ancêtre noir. Les procureurs « noirs » de la NAACP avaient pour leur part 80 pourcent de chance d'avoir du sang blanc.

Miami constitua aussi un signe avant coureur quand il s'agit de sport et de franchiser le sport pour de l'argent. Dès 1888, les Washington Capitals eurent leur camp d'entraînement à Jacksonville. Les Philadelphia Phillies arrivèrent l'année suivante. Au début de la première Guerre mondiale, les entraînements de printemps étaient devenus, comme les courses hippiques à Hialeah, partie intégrante du calendrier des attractions floridiennes. Après la Seconde Guerre mondiale, plus de quinze équipes de première ligue établirent leur lieu d'entraînement en Floride. Puis, à partir de 1966, quelque chose de vraiment nouveau se mit en place à Miami. Pour la première fois, une ville floridienne développa sa propre équipe de sport professionnel plutôt que d'accueillir des équipes extérieures. Changement plus important encore : les Miami's Dolphins ne jouaient pas au baseball. Ils jouaient au football américain, et tellement bien que, en 1972, ils devinrent champions au niveau national – au cours d'une saison parfaite, ils gagnèrent dix sept matches et n'en perdirent aucun. En 1976, les Tampa Bay Buccaneers devinrent la seconde équipe de football de Floride à concourir dans une ligue majeure. La Floride jouait maintenant dans les grandes ligues, et les équipes de Miami Heat et d'Orlando Magic étaient même, dans l'industrie du basket, des équipes phares. Miami finira par avoir également une équipe de hockey sur glace, les Florida Panthers. Dès qu'un sport, quel qu'il fût, ne correspondait pas au climat de Floride, les fans semblaient devoir l'apprécier.

La principale constance que l'on peut observer, dès l'instant où Miami est devenue une nouvelle métropole de l'Amérique, est l'irruption de catastrophes imprévues. La veille du Nouvel An de 1980 s'avéra être pour Miami ce que la veille du Nouvel An de 1959 avait été pour La Havane. Ceux qui vivaient à Miami durant cette année fatale 1980 se lamentent encore sur ces choses qui « tournèrent mal » cette année-là. Rien n'alla mal. C'est simplement qu'une fois encore la réalité eut la témérité de se manifester. Aux grandes gelées des années 1890 avaient succédé les ouragans meurtriers de 1926 et de 1935 et les crises cubaines de 1961 et 1962. Puis, en moins d'un an, un double coup de malchance frappa, lorsque des colonnes de fumée furieuses montèrent du ghetto de Miami et que des bateaux remplis d'une centaine de milliers de Cubains convergèrent vers la Floride du sud.

Comment et pourquoi la violence raciale à son niveau le plus haut, et la migration vers les États-Unis sous sa forme la plus chaotique, convergèrent sur Miami au même moment ? Comme toujours, la plupart des gens optèrent pour une approche du genre prévisions météorologiques. Un jour, les prévisions météorologiques vous disent de barricader vos fenêtres : un ouragan arrive. Un autre jour, elles vous disent de ne pas laver votre voiture : c'est la sécheresse. Vous n'apprendrez pas par les prévisions météorologiques de la télévision que la terre s'incline sur son axe, ce qui cause les saisons, ou que la seconde loi de la thermodynamique explique pourquoi nous avons des ouragans ; la vie, comme l'histoire, consiste en des perturbations sans relation les unes avec les autres. Puis il y a l'approche contextuelle qui permet de comprendre pourquoi les gens font certaines choses. Les Séminoles n'auraient-ils pas pu massacrer Dade et ses hommes pour des raisons autres que celles d'être de « mauvais Indiens » ?

Pour comprendre les émeutes de Miami de mai 1980, il n'est pas nécessaire de remonter plus loin que le 17 décembre 1979. Ce matin là, après avoir menotté un motocycliste du nom d'Arthur McDuffie et lui avoir enlevé son casque de sécurité, des policiers « le battirent à mort avec leurs bâtons, lui remirent son casque et appelèrent une ambulance, déclarant qu'il y avait un accident de moto », comme le dit sobrement un compte-rendu. Il va sans dire que McDuffie était noir. Si les policiers avaient interrogé McDuffie avant de le brutaliser, ils auraient appris qu'il avait été, comme eux, un officier chargé de faire respecter la loi. Agent d'assurance et père de deux petites filles, McDuffie avait en outre été membre de la police militaire quand il était dans les Marines des États-Unis. En 1980, le système juridique des États-Unis fonctionna comme il aurait fonctionné en 1920, en 1880, ou en 1860 ou encore en 1835. Pour un jury de six personnes, blanches et de sexe masculin, il continuait d'être normal de tuer des hommes noirs en Floride. Ledit jury déclara tous les policiers non coupables. Il y a un autre parallèle à faire avec le passé. Les noirs de Miami, et non ses officiers de police, seront ceux auxquels on reprochera la mauvaise réputation de Miami.

Liberty City et les autres quartiers noirs de Miami réagirent calmement aux premières nouvelles de l'attaque de McDuffie. Ils restèrent calmes quand l'enquête officielle révéla la brutalité du meurtre de McDuffie et le camouflage qui s'en suivit, calmes également tout au long du procès. Puis, le 17 mai 1980, cinq mois après le jour de l'agression, il y eut l'acquittement des policiers. Ce soir-là, des milliers de personnes manifestèrent paisiblement devant le département de la justice du comté de Dade. « Les manifestants représentaient la communauté noire dans ses catégories les plus diverses – hommes d'affaires en costume, jeunes enfants en short, et vieilles dames en tabliers », écrivit plus tard Patrice Gaines-Carter. « Leur nombre augmentait à mesure qu'ils marchaient ». Il suffit d'une étincelle pour allumer le brasier. Quand un orateur demanda à ce qu'on priât, quelqu'un cria : « Nous sommes fatigués de prier[13] ».

Ce fut aussi une étincelle qui causa l'invasion en provenance de Cuba. Le 1er avril 1980 cinq Cubains, qui voulaient à tout prix quitter l'île, firent irruption dans l'enceinte de l'ambassade du Pérou à La Havane. En quelques jours, dix mille personnes s'étaient massées dans l'enceinte de l'ambassade. En guise de réponse, Fidel Castro s'autorisa un de ses gestes théâtraux. Si certains voulaient abandonner la Révolution, annonça-t-il, alors qu'ils le fassent. Le 15 avril 1980, le port de Mariel, quarante kilomètres à l'est de La Havane, fut déclaré ouvert à tous ceux qui voulaient quitter Cuba. Le mois d'octobre suivant, 124 779 Cubains, selon les statistiques officielles, avaient fui. Ils partirent pour la Floride

13 Patrice Gaines-Carter, « McDuffie : The Case Behind Miami Riots », *Southern Changes*, vol. 2, no. 7, 1980, p. 20-23 ; Bruce D. Porter et Marvin Dunn, *The Miami Riot of 1980 : Crossing the Bounds*, 1984.

sur des radeaux ; ils pagayèrent vers la pleine mer en s'accrochant à des bidons en plastique. La majorité des Marielitos, comme on les appela, furent secourus par les Cubains de Miami. Ceux-ci allèrent à Mariel dans tout ce qui pouvait flotter : des vedettes rapides, des yachts, des bateaux de pêche, des bateaux cigarettes, des pouce-pouces à moteur extérieur.

Ce fut la grande heure des Cubains de Miami, mais ce Dunkerque laissa vite place à des images de pagaille. En plus de ses dissidents, Castro expédia à Miami ses marginaux, ses « indésirables » et, aussi quelques-uns de ses pires criminels. Une fois à Miami, nombreux furent ceux qui convergèrent d'une manière toute fellinienne sur le quartier de South Beach qui n'était plus alors à la mode. Des décennies plus tôt on y avait dansé sur « Moon Over Miami », mais maintenant les cols blancs et bleus, dans leur majorité juifs, qui, à la retraite, s'y installaient, mouraient les uns après les autres. Ils n'étaient pas remplacés. Cela changea avec l'arrivée des Marielitos, qui déclencha une vague de délinquance qui ressembla également à un carnaval de travestis. South Beach était soudain devenu l'endroit le plus effrayant d'Amérique. Pour le dire autrement, l'histoire se répétait. Décennie après décennie, la Floride avait défait les rêves des gens et les projets de bien des gens, pourtant ceux qui adhéraient au mythe du Paradis avaient continué à se multiplier, jusqu'à ce que l'impossibilité de la réalité à correspondre aux illusions finisse par faire l'actualité.

« Paradis perdu ! » affichaient les titres des journaux, comme si la Floride avait toujours été un lieu où les catastrophes, humaines comme naturelles, n'étaient pas la norme. Il ne fut pas perdu pour longtemps. Alors qu'un groupe – les Américains de langue anglaise en général, les retraités en particulier – découvraient qu'ils ne vivaient pas au paradis, un autre groupe – les Latinos en général, les Cubains en particulier – décidaient que, oui, c'était le paradis ! Les Marielitos remplissaient les écrans de télévision tandis que, on le remarqua moins, des centaines de milliers et, finalement, des millions de Latinos qui travaillent dur fondirent sur la Floride[14].

La résistance est ce qui manifeste le plus de constance à Miami. La typhoïde et les ouragans n'en étaient pas venus à bout ; les nouveaux

14 Benedict L. Stabile et Robert L. Scheina, *Operations During the 1980 Cuban Exodus*, 2012, U. S. Coast Guard, site web d'USCG. Consulté le 7 juin 2012. Alex Larzelere, *The 1980 Cuban Boatlift*, 1988. *El Mariel Boat and Passagers Records*, base de données du *Miami Herald*. Consulté le 7 juin 2012.

traumatismes pas plus. La nouvelle Julia Tuttle était une ancienne journaliste d'Atlantic City, passée par Chicago et New York, du nom de Barbara Baer Capitman. Combinez dans votre esprit la Folle de Chaillot et Betty Friedan. Donnez-lui une voie perçante et une chevelure dont la Méduse serait fière. Ajoutez à cela une intelligence des relations publiques égale à celle de Walter B. Fraser. Vous aurez une idée de son impact. Beaucoup étaient convaincus que Barbara Capitman était folle. Peut-être ? Elle affirma avec certitude que South Beach – le quartier Déco, comme elle l'appelait – allait vite devenir « une station de renommée mondiale, comme Monte Carlo ou Rio, où des gens du monde entier se rencontrent pour s'amuser ». Les « développeurs » ricanèrent. Leur idée pour sauver South Beach était de la démolir. Un panneau avec un ruban bleu proposait de faire retourner à la poussière tous ces chefs d'œuvre de l'Art Déco, de faire s'entrecroiser des canaux à South Beach, d'y faire flotter de fausses gondoles puis de rebaptiser South Beach New Venice. L'idée que Miami Beach avec ses juifs, ses retraités, et (maintenant) ses hispaniques, pourrait devenir plus à la mode que des stations balnéaires WASP comme Palm Beach fut jugée, à Miami, comme absurde, mais pas par Capitman. C'était une exception, une « visionnaire » qui prévoyait de fait que quelque chose allait se passer.

La plus grande perspicacité de Capitman fut d'avoir compris le changement de nature du pouvoir en Amérique. Au lieu de se plier aux exigences de personnalités traditionnelles de Miami, elle construisit une base populaire de soutien national avec ses militants pour la préservation de l'Art Déco. Puis, en mars 1980, juste avant l'explosion de Liberty City et le tsunami des Marielitos, Capitman fit visiter South Beach à Andy Warhol. Alors qu'elle, avec son rouge à lèvres flou, et lui, avec ses cheveux blancs de mort, contemplaient les trésors fanés du Déco, un passant pourrait les avoir pris pour deux freaks floridiens de plus. Cela aura été une autre de ces confusions dont parle Feynman, car ce fut peut-être la rencontre la plus déterminante entre un homme et une femme qui n'étaient pas intéressés sexuellement l'un par l'autre depuis Flagler et Tuttle. Peu de personnes, depuis Rubens, n'ont eu un regard plus pénétrant pour découvrir les points clés où l'argent rencontre l'art que Warhol, et, après sa visite avec Capitman, il déclara que le quartier Déco était charmant ! Là où passait Warhol, comme Capitman l'avait compris, ceux qui faisaient les tendances le suivaient à coup sûr.

Parmi tous ceux qui ont inventé la Floride, c'est assurément à Harriet Beecher Stowe que Capitman ressemble le plus. Propagandiste infatigable tout autant que moralisatrice, elle ne laissa jamais la réalité se mettre en travers de son chemin. Bien qu'il y eût de nombreux immeubles Art Déco à South Beach, le quartier Déco était un fouillis de styles différents. Le long d'Ocean Drive, la Via Veneto de South Beach, l'immeuble le plus ostentatoire était le Betsy Ross Hotel, un plagiat du Mount Vernon de George Washington. Un grand nombre d'extravagances méditerranéennes éclipsaient également les créations Art Déco. Une d'entre elles, un édifice imposant style Renaissance espagnole, était à Ocean Drive ce que le Dakota était à Central Park West à New York – et non pas simplement à cause de l'idiosyncrasie architecturale. John Lennon sera assassiné devant ce Dakota en 1980 ; Gianni Versace sera tué devant ce palais de South Beach en 1997. Longtemps après que la prophétie de Capitman eut été réalisée, et que South Beach fut devenue la destination à la mode la plus excitante de tous les États-Unis, le danger des drogues reste inhérent à ce mélange grésillant qu'est Miami.

Comme à son habitude, le gouvernement fédéral avait subventionné cette dernière fantaisie de ce que la Floride devait être, en l'occurrence en remettant la « plage » à Miami Beach. Dans les années 1980, elle s'était si érodée que le plus invalide des retraités pouvait entrer dans l'eau en quelques pas. Cela changea complètement quand l'armée des États-Unis, en utilisant les fonds du budget de la défense nationale, créa un récif artificiel (composé en partie d'automobiles anciennes) et importa des millions de tonnes de sable pour recréer la version carte postale de Miami Beach. Quant à Capitman, le sort habituel réservé aux visionnaires en Floride l'attendait. Elle se ruina tout d'abord, avant d'être transformée en une plaque de rue. Aujourd'hui, alors que des gens habillés à la mode passent de la plage aux bars puis aux boutiques, peu nombreux sont ceux qui remarquent qu'ils sont sur Barbara Capitman Way, même s'ils réalisent leurs rêves dans un monde qu'elle a créé. Ce qu'elle a inventé est pour eux la réalité.

Les deux autres faiseurs de tendances qui s'éprirent des possibilités qu'offrait Miami au moment où elle était censée être condamnée sont Jeanne-Claude Denat de Guillebon et son mari, Christo Vladimirov Javacheff. Né le même jour (le 13 juin 1935) – lui en Bulgarie, elle à Casablanca – ils tombèrent amoureux à Paris (bien entendu) avant de s'installer à New York. Là, connu sous le nom de « Christo », le couple devint important dans le monde de l'avant-garde ; leurs installations, de Berlin à l'Australie, redéfinirent la compréhension que nous avons de notre environnement, et de nous-mêmes. Comme la fumée se dissipait au-dessus de Miami, ils arrivèrent avec une idée qui, tout d'abord, sembla encore plus folle que celle de Capitman. Pourquoi ne pas envelopper ces décharges miteuses, jonchées d'ordures, de la baie de Biscayne dans 600 000 mètres carrés de tissu rose ?

Surrounded Islands – Iles entourées serait son titre en français – transformèrent la vision qu'avait le monde transformèrent la vision qu'avait le monde de Miami lors de son inauguration en mai 1983. Qu'on les vît de terre, du ciel, ou du pont d'un yacht, les installations Christo évoquaient un vrai paradis de ciel et d'eau qui, comme Miami même, était désormais à la fois hors de ce monde et son centre même. Ce qui rendait cette merveille vraiment, authentiquement, et totalement Miami c'était que tout était faux. Les îles étaient fausses, des décharges laissées par le drainage de la baie de Biscayne pour créer du foncier. Le tissu était faux, fait en polypropylène synthétique, pourtant quelle vision harmonieuse et excitante cette tromperie créait[15] !

Cinquante ans plus tard et cinq cents kilomètres au sud de St Augustine, ici même dans la baie de Biscayne, la « méthode pan-scientifique » de Walter B. Fraser avait produit une œuvre d'art vivante qui combinait les compétences des ingénieurs, des architectes, des équipes de construction, des biologistes marins, des ornithologues, des spécialistes du comportement mammifère (des hommes comme des dauphins), ainsi que celles de couturiers et de dessinateurs industriels. Plus particulièrement sollicités furent les collecteurs des déchets, qui déplacèrent les tonnes d'ordure des îles, dont un évier de cuisine très médiatisé. Plus étonnant, les avocats et les politiciens ne jouèrent pas de rôle destructeur, mais rédigèrent et approuvèrent les nombreux permis nécessaires aux projets. Œuvre d'art vraiment mémorable qui toucha profondément tous ceux qui participèrent à sa construction, *Surrounded Islands* était aussi prophétique par les questions qu'il posait sur nos responsabilités.

---

15 Interviews et visites, 1980-2012 ; Allman, 1987, p. 38-39 ; « Barbara Baer Capitman », *New York Times*, 31 mars 1990 ; Barbara Baer Capitman, *Deco Delights : Preserving Miami Beach Architecture*, 1988 ; Christo et al., *Christo, Surrounded Islands : Biscayne Bay, Greater Miami, Florida*, 1980-83, 1985.

Respecterons-nous notre environnement ou le pillerons-nous ? Presque trente ans plus tard, ce ne fut pas un tissu rose flottant, mais une marée noire gluante qui entoura d'autres îles de l'autre côté de la Floride. On l'appela le Gulf Oil Spill ; on aurait pu l'appeler tout aussi bien *Surrounded Islands* (2). Les *Surrounded Islands* de Miami et celles de BP formaient un diptyque. Deux « installations », une seule vérité : elles montrent comment nos choix ne sont pas seulement le reflet de ce que nous faisons à la terre mais sont aussi le reflet de ce que nous sommes.

Seulement dix sept mois après que *Surrounded Islands* eut enchanté le monde, le 16 septembre 1984, *Deux flics à Miami* fit sensation lors de son lancement sur les chaînes de télévision. Ces hommes ! Ces femmes ! Plus toutes ces voitures et ces bateaux, et la musique, et toutes ces couleurs ! Au-delà de son captivant sens du rythme, du lieu, et du style, *Deux flics à Miami*, reflétait des vérités sur l'Amérique que la presse, les politiciens et les universitaires, ainsi que les publicitaires, s'étaient employés pendant des décennies à nier. Une de ces vérités était que la version parc à thème de l'Amérique, sur la frontière, suburbaine, était dans une large mesure un canular et l'avait toujours été. L'Amérique était née dans des villes (Indépendance Hall à Philadelphie, Bunker Hill à Boston, les marchés à esclaves de Charleston et de La Nouvelle Orléans, les comptoirs de New York, les parcs à bestiaux de Chicago, les usines à rêves de Los Angeles). Maintenant, comme *Deux flics à Miami* le montrait en couleur, elle se réinventait dans des villes une fois encore[16].

Pendant les années 1950 et 1960, la dés-américanisation des villes avait joué un rôle aussi central dans les affaires intérieures des États-Unis que la croyance dans la théorie des dominos l'avait joué dans la conduite de leurs relations extérieures. Les villes étaient étranges, effrayantes, c'était là que les rebus de l'Amérique étaient déversés ; c'était dans les banlieues que les « vrais » Américains vivraient à jamais heureux. Puis, à la fin des années 1970, Hollywood commença à montrer aux Américains quelque chose que les gardiens officiels de l'image nationale avaient oublié. Les villes pouvaient être excitantes tout autant que dangereuses, amusantes tout autant que violentes. Dans *Deux flics à Miami* les couleurs étaient encore plus vives ; de la musique dansait dans vos oreilles. Les couleurs pastel de l'Art Déco de Barbara Capitman et le

16 Visite sur le set ; interviews avec Don Johnson, Edward Olmos, et d'autres acteurs, 1985-1987.

rose de Christo devenaient nationales, avec les poursuites en voitures, à la télévision et en prime time.

Comme *La Fièvre du samedi soir* (1977), *New York 1997* (1981), et *Blade Runner* (1982), *Deux flics à Miami* faisait partie intégrante d'une transformation culturelle de l'Amérique. La couleur de la peau ne décidait plus de votre place dans la société, pas plus que votre origine ethnique. Crockett (blond, aux yeux bleus, et cool), Tubbs (noir, aux bonnes joues, et cool), et, le plus cool de tous, leur chef soucieux, totalement cool (et latino), le lieutenant Castillo, appartenaient à une nouvelle élite américaine. Ces types n'étaient pas riches. Dans le sens traditionnel du terme ils n'avaient pas réussi, mais ils étaient incontestablement ce que Kerouac, à Orlando, avait appelé « hip ». La sociologie, en elle-même, était fascinante, mais ce qui faisait que *Deux flics à Miami* était essentiel à regarder c'était ces corps – non seulement les torses et les biceps des guest-stars, mais, en plus, toutes ces choses sexy qui peuplaient les plages et les bars.

Qui étaient donc ces gens superbes ? Selon les journaux des actualités, Miami était une zone de guerre. Un coup d'œil dans les chambres à coucher avait révélé que les habitants de Miami avaient toujours préféré faire l'amour, et pas seulement avec la fille (ou le garçon) d'à côté, mais ce changement anticipait aussi une transformation américaine. En 1962 encore, Dewey McLaughlin et Connie Hoffman avaient été jetés en prison parce qu'ils vivaient ensemble, mais à l'époque du premier épisode de *Deux flics à Miami*, une cohabitation interculturelle, artistique, politique et financière – tout autant que romantique – avait transformé Miami en l'endroit le plus excitant, et le plus cool, d'Amérique, où poursuivre votre rêve. Que ce fût derrière la société de design de Miami, Arquitectonica, Miami Sound Machine, ou la politique de Miami-Dade, derrière beaucoup, si ce n'est derrière la plupart, des histoires de réussite, il y avait un couple interethnique – non seulement professionnel mais aussi sexuel. Cela avait pris beaucoup de temps, mais ce que le philosophe floridien oublié du sexe et de l'amour avait écrit presque 160 ans plus tôt s'était avéré finalement exact. « Non seulement les degrés intermédiaires de couleur sont sains, mais, quand les conditions sont favorables, ils s'améliorent en forme, en force et en beauté », avait déclaré Zephaniah Kingsley en 1829[17]. Quand on regardait *Deux flics à Miami*, personne ne pouvait désormais le nier.

17 Kingsley, 1829, p. 10.

Deux flics à Miami offrait un aperçu d'une Amérique du futur (c'est-à-dire d'aujourd'hui) qui serait éclectique, synthétique, polyglotte, et multiraciale. Comme l'Amérique d'aujourd'hui, *Deux flics à Miami* était plein de drogues, de violence, de marques de couturiers, et de jouets technologiques, mais imprégné aussi d'une capacité d'empathie et de tolérance inimaginable dans le passé. En 1980, Miami avait mis à nu les divisions raciales et ethniques de l'Amérique. Désormais, seulement quatre ans plus tard, *Deux flics à Miami* se plaisait à mettre en évidence une autre vérité de l'Amérique. Malgré tout ce qui les divise, quand les Américains unissent leurs talents ils émerveillent le monde. Bien après la diffusion de son dernier épisode aux États-Unis, le dynamisme hybride, uniquement américain, de la série fit qu'elle obtint un grand succès en Estonie et dans les Émirats arabes unis, entre autres.

Ce que la série touchait précisément du doigt, c'était l'effet multiplicateur que trop d'argent pouvait avoir. Dans les années 1980, plus des deux tiers des importations de cocaïne de l'Amérique atteignaient les consommateurs via la Floride. Le trésor des États-Unis calcula que quelques 5 milliards de dollars en devises de trop circulaient dans la région de Miami. Et le *Miami Herald* découvrit qu'il était impossible de trouver un billet de 100 dollars à Miami qui ne portât pas de traces de cocaïne. Tout cet argent était utilisé à d'autres fins que de sniffer de la coke. Il servait à acheter des voitures, des appartements, des maisons, des bateaux – mais aussi des vêtements, des accessoires, de la nourriture, du vin, du sexe, et des gens, et, parfois, après le sexe et les gens, à s'attacher les services de tueurs à gages. Si elles se plaignaient de la drogue et du crime, les personnalités les plus influentes de Miami étaient peu nombreuses à se plaindre que l'argent inondait leurs affaires et leurs comptes en banque, même si la poudre blanche collait à cet argent[18].

Dans ce domaine de convergences multiples, le bien et le mal se mêlaient aussi inextricablement que la chaleur et l'humidité à cette époque où la grande prémonition de Jules Verne sur l'importance de la Floride prit une forme sociologique et macroéconomique. À cause de sa géographie et de la politique des États-Unis et de Cuba, Miami était devenue ce que l'historien français Fernand Braudel appelait une ville-monde qui existe dans un temps-monde. Elle était en totale opposition avec les « attractions » floridiennes qui existaient hors du temps (ou dans

18 « South Florida : Trouble in Paradise », *Time*, 23 novembre 1981.

un temps faux) et qui (qu'il s'agisse des parcs à thème ou des résidences fermées) occupaient un espace artificiel délibérément inventé pour exclure la réalité. Cela s'était déjà produit en Floride. Plus de 150 ans plus tôt, en même temps qu'ils apportaient depuis l'autre côté de l'Atlantique les idéaux des Lumières, des navires à voile rendirent possible la mondialisation du commerce des esclaves africains. À Ferdinanda avaient élu domicile les spéculations idéalistes de Zephaniah Kingsley et les esclaves dont il faisait le commerce. Il en était désormais de même, mais avec une intensité un milliard de fois plus forte.

Comme il en allait avec Miami, il en irait aussi avec Orlando, puis avec la Floride – et pas uniquement avec la Floride. Chaque année qui passait, la vie en Amérique devenait plus semblable à celle de Miami. Pour s'en rendre compte, il suffit d'enlever les masques des « personnages » déguisés du Disney World. Sous le plastique, vous trouverez des gens qui viennent du monde entier – l'humanité sous toutes ses formes. Orlando, aujourd'hui, est tout aussi américaine qu'Ellis Island. Cette convergence de la situation américaine dans ces deux villes de Floride, chacune étant le produit d'une variante différente du rêve américain, constitue un dénouement plein d'ironie et d'enseignement.

On pourrait fuir Miami ou s'en moquer, mais si d'autres villes veulent engranger les bénéfices d'un monde qui a changé, elles se doivent de changer également. Avant que les avions et les super autoroutes ne réduisent les temps de trajet, Jacksonville était la ville principale de Floride. Sa situation à l'extrémité nord-est de l'État lui donnait accès plus haut sur la Côte Est, à Washington, aux sources politiques des finances et, à New York, au capital privé. C'était un des rares lieux de Floride où les riches pouvaient supporter de vivre toute une année avant l'invention de la climatisation. La haine moderne de l'hiver, suivie de l'invention de l'automobile et de l'arrivée des voyages aériens, infligea des coups durs à l'hégémonie de Jacksonville, mais quand il s'agit d'exploiter de nouvelles possibilités Jacksonville fut toujours son pire ennemi. Les économies de bouts de chandelle dans la santé publique avaient transformé Jacksonville en un bastion de la fièvre jaune en 1889. Des conditions de travail non réglementées et des constructions de mauvaise qualité furent à l'origine du Grand Incendie de 1901, lorsqu'un feu qui commença dans une usine de matelas mit moins de trois heures à consumer plus de deux mille bâtiments. L'incendie de Jacksonville, tout autant que le chemin de fer, dirigea le développement de la Floride vers le sud. Bien que la ville en bois de pin et en papier goudronné fût reconstruite en brique et en béton, les fondations de Jacksonville demeurèrent sectaires et racistes[19].

La destruction par Jacksonville de son industrie cinématographique – à deux reprises – symbolisa l'intolérance de la ville à ce qui pouvait être une alternative à ses prétentions d'une noblesse blanche comme neige. Un premier film fut réalisé à Jacksonville en 1908 ; pendant une décennie elle rivalisa avec New York comme capitale du cinéma des États-Unis. *The Gulf Between*, tourné entièrement en Floride en 1917, était le premier film Technicolor, mais avant même que Hollywood n'eût une chance de la dépasser, Jacksonville avait fait fuir les studios de production cinématographique. Les gens de la haute – les héritiers de Francis Fleming et consorts – se plaignaient qu'on tournait les films le dimanche, et aussi que les gens du cinéma faisaient baisser le niveau social. Et il y avait l'immoralité que l'on pouvait voir scintiller, avec Jacksonville en toile de fond. Bien que le film fût tourné à St Augustine, le thème lesbien représenté dans *A Florida Enchantment*, sorti en 1914, déplut aux gardiens de la morale dans tout l'État.

Débarrassé d'une racaille comme Mary Pickford et Oliver Hardy, Jacksonville détruisit ensuite son industrie du film en couleur. À la grande inquiétude de l'élite locale, Jacksonville devint également la capitale de l'industrie cinématographique afro-américaine. Les prêcheurs et les politiciens trouvèrent particulièrement inconvenants que des films décrivent les noirs d'une manière positive – comme des héros de guerre, des pilotes d'avion, ou de beaux cowboys, et non pas comme ces bouffons aux yeux exorbités que l'on voyait généralement sur l'écran. L'échec de l'industrie du film en couleur de Jacksonville qui suivit enleva encore du poids à l'idée qui prévalait que la prééminence de Jacksonville était et serait toujours fondée sur la suprématie blanche[20].

Ce qui limitait le plus les possibilités de Jacksonville, c'était la vieille morale d'auto-enrichissement, qui remontait à des Carpetbaggers

19 Visites et interviews, 2005-2008 ; Jacksonville Port Authority, *Jaxport Master Plan*, 1990 ; Ennis Davis et Robert Mann, *Reclaiming Jacksonville : Stories Behind the River City's Historic Landmarks*, 2012.

20 Norman Studios *Silent Film Museum, Hollywood East : Florida's Silent Film Legacy*, 2010 ; James Ponti, *Hollywood East : Florida's Fabulous Flicks*, 1992.

racistes comme George Drew (ainsi qu'à des racistes *bona fide* natifs du coin comme Broward). À l'époque des droits civiques, Jacksonville s'accrocha à l'idée que l'on devenait riche en arrachant des choses à la Floride (en particulier les produits du bois et les phosphates) et qu'on le restait en gardant une force de travail, blanche et noire, pauvre, sans qualification, bon marché et sans pouvoir. Cette approche qui privilégiait un *statu quo* fit que Jacksonville perdit son avantage comparatif, alors que d'autres endroits trouvèrent d'autres moyens d'attirer des gens et de l'argent.

Tampa avait un port naturel immense, une situation centrale et un climat plus propice au tourisme que celui de Jacksonville. Pendant longtemps, elle eut aussi la plus importante communauté cubaine de Floride. Assurément, la mafia trouva en Tampa un quartier général agréable pour ses opérations floridiennes. Dans ce qui constitue un des exemples les plus exotiques de l'hybridation de la Floride, le Ku Klux Klan fit cause commune avec les mafiosi, dominés par la célèbre famille Trafficante. L'élite anglo de Tampa les utilisa les uns et les autres pour briser les syndicats, terroriser les noirs, mettre au pas les ouvriers du cigare d'Ybor City – et pour limiter les possibilités de Tampa[21].

Au lieu de Jacksonville ou de Tampa, ce sont les deux villes entièrement fabriquées de Floride – Miami et Orlando – qui donnèrent le pas. Leur artificialité fut la clé de leur succès. On pouvait faire de Miami ou d'Orlando tout ce qu'on voulait. Jacksonville et Tampa avaient l'inconvénient d'avoir été quelque chose, même si l'histoire n'était pas finie. Aujourd'hui JAXPORT (le Jacksonville Port Authority) est au déficit commercial de l'Amérique ce que Miami fut auparavant à son problème de drogue. Chaque année plus d'un demi-million de voitures importées, avec leur moteur à combustion, entrent aux États-Unis par cet ancien système de lagunes qu'on appelle le fleuve St Johns. Peut-être un jour, un statisticien ou un philosophe déterminera ce qui, des voitures ou des drogues, a été le plus néfaste à l'Amérique ? L'économie globalisée se moque de savoir si nous sommes dépendants de la cocaïne ou de l'essence, ou des deux, comme, autrefois, elle se moquait de savoir si vous importiez des esclaves ou des machines d'imprimerie.

21 Scott M. Deitche, *Cigar City Mafia : A Complete History of the Tampa Underworld*, 2005 ; Ron Chepesiuk, *The Trafficantes : Godfathers from Tampa, Florida*, 2010 ; Gary Mormino, *The Immigrant World of Ybor City*, 1998 ; Ferdie Pacheco, *Ybor City Chronicles*, 1994.

Avec son secteur globalisé d'import-export, ses parcs à thème, et ses franchises de sport dans les plus grandes ligues, Tampa joue maintenant dans la cour des grands. Son aéroport, très apprécié, est à l'âge du tourisme de masse en avion ce qu'était le port de Tampa d'Henry Plant à l'âge des bateaux à vapeur. Bien que la manière dont les ploutocrates gagnent de l'argent change avec le temps, que ce soit Henry Plant, le ploutocrate paradigmatique de la belle époque, ou George Steinbrenner, le prototype du milliardaire de l'âge post industriel, ils ont l'un et l'autre fini par se réinventer à Tampa. Ce qui ne change jamais ici comme ailleurs, c'est l'importance des dépenses du gouvernement, en particulier en matière militaire. À la fin du dix neuvième siècle, les guerres de l'Amérique dans les Caraïbes furent toutes lancées de Tampa. Au début du vingt et unième siècle, les guerres en Irak et en Afghanistan furent dirigées depuis Tampa, quartier général du centre de commandement de l'armée des États-Unis, avec ce résultat que, en 2012, le général David Petraeus, héros de la guerre d'Afghanistan et directeur de la CIA, fut le dernier conquistador à être détruit, quand la chronique mondaine de Floride exposa sa vie privée compliquée en gros titres dans les journaux de toute la nation[22].

Que ce soit par une population immigrée de plus en plus importante, par une implication de plus en plus grande dans le commerce extérieur, ou la marginalisation continue de plusieurs secteurs de la société, les centres urbains de Floride partagent désormais les mêmes caractéristiques qui, autrefois, faisaient que Miami paraissait si aberrante. Ce qui ne veut pas dire qu'ils sont tous identiques. Regardez la foule lors d'un événement sportif à Miami. Vous verrez plus ou moins le même mélange de gens que vous pourriez voir dans les Meadowlands du New Jersey, simplement plus bronzés et en short. À Tampa vous verrez plus ou moins la même foule que vous verriez dans un des grands stades du Midwest. La Floride, comme l'Amérique, c'est désormais deux côtes, dans la mesure où les habitants du Midwest descendent sur sa côte ouest et que ceux du Nord-est peuplent sa côte est. Dans cette colonisation région par région, des circonscriptions électorales toute entières de l'Illinois et de New York ne disparaissent pas tant qu'elles se déplacent en Floride.

---

22 Canter Brown, *Tampa Before the Civil War*, 1999 ; *Tampa in Civil War & Reconstruction*, 2000.

Une structure identique se retrouve dans les migrations venues d'Amérique latine. Traditionnellement, les immigrants qui viennent des Caraïbes et d'Amérique du sud se dirigent vers Miami. Ceux qui viennent du Mexique et de l'Amérique centrale arrivent tout d'abord en Floride du nord et du centre, même si les temps où un simple diagramme pouvait représenter le méli-mélo de populations de Floride sont finis. Les Brésiliens jouent désormais un rôle important à Miami ; le recensement de 2010 donne la mégalopole d'Orlando comme la plus importante circonscription électorale « portoricaine ».

Les villes qui réussissent savent comment se spécialiser. Elles doivent également être généralistes, toujours prêtes à se réinventer en acquérant de nouvelles spécialités si elles veulent continuer à être prospères face aux bouleversements sociaux et économiques. Miami Beach s'est réinventée, d'une manière spectaculaire, en se transformant d'une « antichambre de Dieu » en une aire de jeux à la mode. Comme Fort Lauderdale, quand, délibérément, et avec succès, elle s'est transformée de capitale des vacances de printemps des États-Unis en capitale mondiale du yachting. Des villes de Floride plus petites comme Lakeland se demandent aussi comment se réinventer – quand une approche authentique prévaut par rapport à une approche artificielle.

On trouvera un des exemples les plus révélateurs de la spécialisation urbaine de l'Amérique sur la frange en expansion de la mégapole de Floride centrale. Située à cent kilomètres au nord d'Orlando, l'endroit est connu sous le nom de The Villages. Si on considère la première loi de la nomenclature de Floride, les Villages sont l'antithèse totale de ce qu'est un vrai village. Dans un village, on produit des récoltes, des outils, de l'artisanat, de l'art, et, pour ce qui concerne la famille humaine, le futur. Les Villages ne produisent rien, même s'ils ont près de cinq cent trous de golf, car la chaîne normale de la vie humaine y est interrompue. En d'autres temps et en d'autres lieux, des groupes divers s'étaient retrouvés dans leur hostilité vis-à-vis des Séminoles, des noirs, des abolitionnistes, des Carpetbaggers, des « agitateurs extérieurs ». Les Villages sont fondés sur l'exclusion des enfants. Tout résident qui y apporterait la vie, que ce soit biologiquement ou par adoption, et qui ensuite voudrait y élever un enfant sera mis à la porte – et les portes et les grilles de sécurité prolifèrent dans les Villages.

Les Villages illustrent une des tendances les plus manifestes de l'Amérique contemporaine. Plus on se dit « américain », plus, dans bien des cas, on se détache des valeurs qui ont fait l'Amérique. À l'intérieur du périmètre de sécurité des Villages, la principale forme de transport est le kart de golf. Durant l'invasion de l'Irak en 2003, la fièvre de la guerre s'est répandue dans les Villages. Les karts de golf, remodelés pour ressembler à des Humvees, ont été ornés de festons avec des emblèmes militaires. Des drapeaux flottaient partout, mais le système de ségrégation des Villages signifiait que de nombreux jeunes soldats qui risquaient leur vie sur le champ de bataille en auraient été exclus physiquement si, après avoir été blessés en Irak ou en Afghanistan, ils avaient voulu venir en convalescence dans la maison de leurs parents. Si la veuve et les jeunes enfants d'un soldat tombé au combat tentaient de venir chez ses parents, elle et ses enfants auraient également été exclus. Il y a des exceptions. Pendant trente jours chaque année, pas en une fois mais au total, les enfants peuvent séjourner chez leurs parents dans les Villages. Mais, après, ils doivent partir.

Dans les Villages, des droits normalement considérés comme universels sont limités à un seul groupe. Autrefois, ce groupe privilégié aurait consisté de personnes qui étaient blanches, ou qui étaient propriétaires, ou qui étaient de sexe masculin. Dans les Villages, la caste privilégiée consiste de personnes de plus de cinquante cinq ans. Plus vous êtes jeune et plus vos libertés civiques vous sont refusées. Ceux qui sont dans la trentaine et la quarantaine peuvent résider dans les Villages, mais seulement s'ils cohabitent avec au moins une personne de cinquante cinq ans ou plus. Si vous avez moins de dix-neuf ans, vous ne pouvez pas y résider quelles que soient les circonstances, même pas dans la maison de vos propres parents – même pas si vous êtes handicapés, et certainement pas si, comme de plus en plus de jeunes gens aujourd'hui, vous n'avez pas les moyens d'avoir un endroit à vous.

Dans les Villages, la famille américaine a été éradiquée, comme la démocratie américaine. Les Villages n'ont pas de maire, pas de conseil ni d'élections municipaux. Des entités connues sous le nom de Community Development Districts dictent la manière dont doivent vivre les gens. La plus puissante d'entre elles est le Village Center Community Development District, connu localement sous le nom de VCCDD. Comme le dit une annonce, le « VCCDD fournit aux résidents les services de l'eau et des égouts, les activités de loisir, le service de sécurité, la protection contre le feu et les services paramédicaux ». Elle prélève aussi des taxes sans que les résidents soient représentés, déterminant unilatéralement combien, en matière de « frais d'équipement et de service » les résidents doivent payer pour l'accès à des services qui vont des urgences médicales à l'usage des piscines, pour adultes seulement, des Villages. Les deux « villes » de Disney World avaient quelques résidents. Dans les Villages, les territoires du VCCDD ont été configurés de telle sorte qu'il n'y a pas de résidents et, donc, pas du tout d'électeurs. Son tout puissant conseil de direction est désigné par le développeur-propriétaire des Villages, sa famille et leurs agents.

Il n'y a pas si longtemps les Villages n'existaient pas. Pas plus que son développeur-propriétaire, Gary Morse. C'était une brousse désolée, et, lui, s'appelait Harold Schwartz Jr. Son père, Harold Schwartz Sr. vint initialement en Floride pour diriger des parcs de caravanes. Il appela son campement Jardins de Fleurs d'Oranger, un terme tout à fait impropre, comme c'était devenu classique. Dans cette étendue au nord de la Floride centrale, les fleurs gelent très souvent en hiver ; et pendant une grande partie de l'année, la chaleur est étouffante et humide. Au temps du Territoire, le gouverneur DuVal avait intégré ces terres en friche dans la zone de concentration des Séminoles. Rien ne changea vraiment jusqu'en 1983. Cette année-là, par une décision semblable à celle de Flagler de s'installer en Floride, le fils de Schwartz, qui vivait jusque là dans le Michigan, décida de rejoindre l'affaire familiale. Il eut tôt fait de transformer le parc de mobile homes de sa famille en un empire immobilier aux possessions plus grandes que l'île de Manhattan. Harold Schwartz Jr. s'était lui-même transformé – en un « conseiller » en relations publiques du nom de H. Gary Morse.

Des opportunités nées de changements traumatiques permirent la croissance de ce dernier empire floridien. Alertés par la violence due à la drogue et une vague de boat people qui se noyaient, de nombreux Américains étaient désormais effrayés par des lieux sur la côte de Floride où ils rêvaient auparavant de passer leur retraite. Ils pouvaient se diriger à l'intérieur des terres vers Orlando, mais où aller quand Orlando échouait également à fournir un refuge en dehors du monde réel ? À cette époque, des millions de Baby Boomers commençaient à approcher de l'âge de la retraite. Et parce que ces Baby Boomers allaient toucher leur prime d'assurance-vie, prévit Gary Morse, on pouvait faire d'immenses profit en attirant des acheteurs pour lesquels le sentiment de sécurité était plus important que des couchers de soleil sur la pleine mer. Partant du parc à caravanes de sa famille, il commença à amasser non pas des hectares, ni même des milliers d'hectares, mais des kilomètres carrés de terre. Finalement, il mit la main sur plus de quatre vingt cinq kilomètres carrés de terre. Ce fils inconnu d'un directeur de parc à caravanes s'était lui-même attribué l'une de ces grandes donations de terre de Floride, de la même taille à peu près que le domaine que le Congrès avait accordé à Lafayette en 1823.

Le changement de nom n'était pas la seule chose que Schwartz-Morse avait en commun avec David Levy-Yulee. Comme la plupart des bâtisseurs d'empire en Floride, il croyait fermement au rôle du gouvernement, en tout cas tant que l'argent public subventionnait sa fortune personnelle. Après avoir établi ses Community Development Districts, Morse les utilisa pour émettre l'équivalent d'obligations municipales tout en s'assurant que ne fut mis en place aucun gouvernement municipal, qui aurait pu servir à contrôler ses pouvoirs. Il s'exempta également unilatéralement des taxes floridiennes sur les ventes. Il n'avait aucune autorité pour le faire, mais comme Yulee – et d'autres visionnaires floridiens qui remontent, en passant par Disney et Flagler, à Call et Menendez – Morse comprit que rien n'est illégal en Floride, même pas l'usurpation de souveraineté, à moins, et jusqu'à ce qu'un procureur ne déclare que cela l'est, qu'un juge soit d'accord, et que, finalement, quelqu'un fasse respecter « la loi ».

Pour faire les plans qui allaient organiser la vie à l'intérieur des Villages, Morse ne fit pas appel à des urbanistes. Il prit des designers de parc à thèmes d'Universal Studios qui évidèrent une petite dépression, la remplirent d'eau et l'appelèrent Lake Sumter. Grâce aux bulldozers et à une technique de marketing, les Villages étaient désormais une propriété au bord de l'eau, qui avait, en plus, un lien subliminal avec l'héritage confédéré de Floride. Les terres de Morse restaient aussi éloignées qu'il était possible en Floride de l'eau salée, à quelques quatre vingt kilomètres du Golfe du Mexique et à presque cent trente kilomètres de l'Océan Atlantique. Les spécialistes de l'image de Morse créèrent néanmoins le premier phare à l'intérieur des terres ; et ils nommèrent le centre commercial voisin Lake Sumter Landing. Bien que les Espagnols n'aient laissé aucune trace à cet endroit, Spanish Springs fut le nom choisi pour l'autre centre commercial du développement.

"Non pas la démocratie, mais la liberté de se débarrasser de la démocratie" fut à l'origine de l'immense pouvoir d'attraction qu'eut le Disney World sur les vacanciers, comme Richard Foglesong l'avait compris, près d'une génération plus tôt. Désormais Morse, lui, avait saisi que, pour beaucoup d'Américains, le besoin d'échapper à la liberté était devenu le besoin d'une vie entière, aussi tout aspect de la vie dans les Villages fut-il placé sous ces contrôles que l'on trouve dans les parcs à thème. Les bonbons ou bâton d'Halloween étaient interdits. De même que les cordes à linge et les boîtes à lettres. Morse réduisit le danger que la liberté de la presse pouvait poser en achetant le journal indépendant local et en le transformant en son organe de publicité. Puis le développeur-propriétaire et sa famille établirent leur contrôle sur la station de radio des Villages de même que sur la filiale locale de télévision de Fox News, qui, pour de nombreux résidents, est la seule source d'information sur ce qui se passe derrière les grilles, dans le « monde de la réalité ». Que Morse ait compris que les gens vous paieraient pour qu'on leur enlève leur liberté en fit le conquistador paradigmatique de Floride de la fin du vingtième siècle. Cela le rendit également riche. Dans les meilleures années les Villages rapportaient un demi-milliard de dollars en ventes. Comme on est en Floride, Morse et sa famille non seulement ne payèrent pas de taxe sur les ventes, mais pas non plus d'impôt de l'État.

Comme New Smyrna au dix-huitième siècle, les Villages étaient une expérimentation pour une oligarchie du profit. Comme à l'époque de Clinch et de Call, une hiérarchie tripartite de relations sociales fait respecter et perpétue à la fois la mauvaise répartition du pouvoir. En bas – comme dans les jours qui précédèrent la Guerre civile – il y avait ceux sans aucun droit : ceux qui travaillaient dans les services ; ceux qui s'occupaient des greens de golf mais qui ne joueraient jamais au golf ; des personnes encore en âge de procréer ; les jeunes. Au-dessus d'eux, ceux de cinquante-cinq ans et plus occupaient la position que les « compatriotes » occupaient naguère. À moins qu'on n'augmente arbitrairement les « frais d'équipement » ou qu'on les réprimande pour avoir violé une des innombrables lois des Villages, ils imaginent rarement que, comme en Floride au temps des propriétaires d'esclaves, les Villages n'existent que pour enrichir une très petite élite et non pas eux.

Dans le passé, ce niveau supérieur était constitué par ceux qui possédaient des esclaves, et plus tard, par ceux qui contrôlaient les chemins de fer et la législature. Dans les Villages, il est constitué par le clan des Schwartz-Morse. Les règles qui gouvernent les autres ne s'appliquent pas à eux. Les membres du clan qui règne peuvent avoir et ont autant d'enfants qu'ils le souhaitent. À la fin du siècle, les petits enfants de Morse avaient commencé à hériter de certains de ses pouvoirs. Dans une société fermée où laisser votre chien vagabonder sans laisse peut vous valoir une amende, ils étaient tout à fait libres d'ignorer les restrictions des Villages quant à leur style de vie. Un exemple souvent cité de l'immunité des Schwartz-Morse était leur troupeau privé de buffles, longtemps une des curiosités locales.

Préserver cette structure d'inégalité systémique était un mythe aussi puissant que le mythe de la suprématie blanche l'avait été autrefois. Rien ne pouvait être plus radicalement subversif des valeurs américaines que d'empêcher les enfants de vivre avec leurs parents, pourtant toute personne ou presque que vous rencontrez dans les Villages vous dira être « conservatrice » et fier de l'être ! Vous pouvez n'avoir jamais entendu parler de Gary Morse, mais les politiciens des « valeurs de la famille » y prêtent attention quand il leur propose de les emmener dans son jet privé à l'une des réunions qu'il met en scène. Dans un meeting politique typique, des milliers de personnes applaudissent quand les candidats dénoncent la menace que le grand gouvernement fait planer sur nos libertés et appelle à une défense résolue de notre mode de vie américain traditionnel. Les politiciens repartent ensuite dans l'avion de Gary Morse tandis que le public retourne chez lui, où abriter un enfant, sans parler d'un buffle, l'exposerait à des représailles.

Comme ce fut le cas en Floride depuis le début, la rhétorique de la liberté obscurcit une réalité de dépendance. « Le grand gouvernement » fournit aux résidents des Villages une assurance-santé et des remboursements de la Sécurité sociale. Les contribuables de Floride paient pour les routes des Villages, qui sont encloses de façon à décourager les « étrangers » qui les financent par leurs impôts de les utiliser. Le plus grand bénéficiaire du grand gouvernement dans les Villages est Gary Morse, cependant cet homme riche et puissant se plaint de la menace que le gouvernement pose à l'Amérique en général et aux Villages en particulier. « Une réglementation excessive et inefficace est un challenge coûteux et continuel. Pour un pays construit sur la libre entreprise, elle pèse assurément fort sur nous » se plaignit-il dans une de ses rares interviews.

Les résidents, tellement pris par la nomenclature des Villages, imaginent qu'ils ont échappé aux tumultueux changements qui ont remodelé l'Amérique – sans s'apercevoir qu'ils constituent eux-mêmes un de ces changements. Ils discernent bien l'érosion des « valeurs traditionnelles » – sans se rendre compte qu'ils incarnent eux-mêmes la chute de ces valeurs traditionnelles. Ceux-là mêmes qui sont enfermés derrière leurs grilles ne pensent pas aux Villages comme à une répudiation radicale des valeurs traditionnelles. Ils ne pensent pas non plus aux Villages comme à une ville, cependant c'est précisément, du fait qu'ils y aient emménagé, ce qu'ils sont devenus. En 1980, seulement quelques milliers de personnes vivaient dans la région. En 2006, c'était la Micropole Statistical Area à la plus forte croissance d'Amérique. En 2010, la population était de 51 442 habitants, une augmentation de 517,3 pourcent en dix ans.

Aujourd'hui, à peu près le même nombre de personnes vivent dans les Villages qu'à Fairbanks, Alaska ou Charleston, Virginie occidentale. En Floride même, ils ont à peu près la même population que des villes comme Ocala et Pensacola. La différence est que dans ces lieux, la primauté du droit et le processus démocratique empêchent une personne ou une famille de créer un système héréditaire qui se perpétue. Il y a une autre différence qui fait de la situation dans les Villages quelque chose de vraiment « non-américain ». À l'inverse des gens qui fuient des endroits comme Cuba pour la Floride, ceux des Villages sont venus ici pour qu'on leur enlève leur liberté. Ils se sont volontairement dépouillés de leurs droits, « et ils en sont heureux », note Andrew Blechman, qui a écrit un livre, *Leisureville*, sur les Villages. « Vous savez, ils ont vendu l'urne électorale pour la boîte à suggestion des entreprises ».

L'autre tendance dont témoignent les Villages, en plus du mandat réduit d'un gouvernement responsable, est la dilapidation de la richesse productive de l'Amérique – l'érosion de l'épargne ; l'augmentation de la dette. De Soto et Ponce dépensèrent leurs fortunes dans une tentative donquichottesque pour reconstituer dans les marais de Floride un âge d'or de la conquête qui était déjà fini. Les gens dans des lieux comme les Villages dépensent le capital qu'ils ont accumulé ailleurs dans une tentative de recréer une Amérique qui n'existe plus. La différence est une différence d'échelle. Il y a plus de gens dans les Villages qu'il n'y en a jamais eu dans la Floride espagnole toute entière. Tôt ou tard, toutes ces communautés utopiques devront répondre à une question que

Henry Flagler lui-même ne put évacuer. Comment financerons-nous cette manière de vivre ? Dans des communautés comme les Villages, le futur est démographiquement, et par conséquent fiscalement, clair. Dans les prochaines décennies, le même système de ségrégation selon l'âge qui a été à l'origine des Villages les détruira. Tous ceux qui ont, aujourd'hui, plus de cinquante-cinq ans vont mourir. Si les projections actuelles s'avèrent exactes, il n'y aura pas un « remplacement de population » suffisant pour assurer le statu quo démographique. Comme les remboursements de la sécurité sociale deviennent de plus en plus insuffisants et que les gens se trouvent dans l'obligation de travailler de plus en plus longtemps, la prémisse de fonder des villes sur l'idée de la « retraite » – c'est-à-dire sur l'idée de consommer, et non de produire, de la richesse – deviendra, comme l'idée de couvrir la Floride de missions espagnoles, de la débarrasser des noirs, ou d'éliminer les Everglades, archaïque[23].

Par conséquent, les ségrégationnistes floridiens de l'âge font face à des choix similaires à ceux auxquels les ségrégationnistes floridiens de la race ont dû faire face autrefois. Qu'ils choisissent d'épouser le changement ou au contraire de le combattre, la loi des effets pervers continuera de présider aux mutations de Floride d'une main à la fois impérieuse et capricieuse, même s'il y a au moins une chose d'évidente. Plus les gens continuent de venir en Floride, plus ils continueront à créer des villes – des villes qui deviendront de grandes villes. Tampa et la région de Tampa Bay, Jacksonville et le comté de Duval, comme Miami et le comté de Dade, sont depuis longtemps devenus limitrophes. Actuellement, toute la partie centrale de la Floride est en train de devenir une super ville qui s'étend de Tampa Bay à travers la péninsule jusqu'à Daytona sur la côte Atlantique et depuis Ocala en direction de Sebring au sud. Comme Kissimmee, les Villages sont devenus un autre point nodal de la mégapole de la Floride centrale.

Vous voyez fort bien cela depuis l'espace. Quand le premier satellite américain a été lancé à Cape Canaveral en 1958, la Floride depuis l'orbite terrestre ressemblait à deux lettres *l* faiblement éclairées l'une à côté de l'autre. Une longue ligne de lumière descendait le long de la

---

23 Visite et interviews, 2006 ; Andrew D. Blechman. *Leisureville : Adventures in a World Without Children*, 2009 ; « The Villages : Florida's Disney World for Retirees », transcription de la National Public Radio, 31 mars.

côte atlantique de la péninsule. Une autre ligne de lumière descendait le long du Golfe du Mexique. Entre les deux, il y avait le vide sombre de la Floride de l'intérieur. Aujourd'hui, ces anciens marécages désertiques brillent si fort que c'est comme si la Floride était passée de feux de position en plein phares. La forme comme l'intensité ont été transformées. Des espaces si nombreux, qui étaient sombres auparavant, brillent si fortement maintenant que, au lieu de deux *l* parallèles, la Floride ressemble à un H d'imprimerie en italiques. L'étendue et l'intensité du rayonnement donne une idée de la consommation des ressources, du bouleversement des populations, et de l'altération du paysage naturel qu'implique une transformation soudaine aussi importante. La Floride, auparavant si vide, rayonne comme une réplique de gigantesques créatures extraterrestres phosphorescentes. Ce ne sont pas pourtant des extraterrestres qui sont en bas. Mais nous.

UNE CONVERGENCE FATALE

Alors que les prodigieux zéros de l'an 2000 se mettaient en place en cliquetant, certains déclarèrent que le nouveau millénaire témoignerait de la fin de l'histoire. Après tout, la lutte contre le communisme avait fini, comme la course à la lune, par la victoire de l'Amérique. Maintenant que le temps des guerres obscures menées dans d'obscurs endroits pour d'obscures raisons se terminait, n'allions nous pas dépenser tout l'argent que nous y avions consacré à faire des choses non destructives ? D'autres, voyant une menace dans ces zéros millénaires, prédirent qu'allait se mettre en action une théorie digitale des dominos. Alors que nos ordinateurs s'enraieraient, que nos devises s'écrouleraient et que nos avions et nos satellites tomberaient du ciel, nos missiles intercontinentaux balistiques seraient lancés automatiquement, et nous détruiraient, nous tout comme ceux qu'ils visaient. Ce fut un de ces grands non-événements qui ne produit pas d'actualité, pas d'actualité engendrant n'importe quelle actualité, jusqu'à ce qu'à autre buzz se manifeste.

De plus en plus, c'était la Floride qui faisait le buzz, comme le ferait un réveil enrayé sur une table de chevet. Nuit après nuit, dans les actualités des chaînes de télévision, qu'on regardait encore à l'époque : la Floride. Matin après matin dans les journaux, qu'on lisait encore à l'époque : la Floride. Une nuit sur la Fox, comme la dernière information en provenance de Floride s'inscrivait lentement en bas de l'écran, la blonde décolorée qui faisait l'opinion sembla avoir perdu son script durant un moment. Puis elle dit : « Pourquoi la Floride continue-t-elle à nous faire ça ? » Personne ne manifesta le moindre intérêt pour ce que pourrait être la réponse. Le contenu était quelque chose qui venait du vingtième siècle ! Le réchauffement climatique ? La recherche sur les cellules souches ? La sélection naturelle ? L'absence de pertinence des faits, qui a toujours prévalu en Floride, devenait la marque de fabrique d'une nouvelle époque.

Le précurseur du nouveau millénaire apparut sous la forme d'un petit garçon angélique qui dérivait vers la Floride dans une mangeoire flottante. Imaginez la *Vénus* de Botticelli sous l'aspect du plus mignon, du plus gentil, du plus aimable petit enfant que vous ayez jamais vu. Changez la coquille de mer en une chambre à air : vous avez Elian Gonzalez, tel que la marée poussée par une tempête de l'histoire le déposa sur les rives libres des États-Unis d'Amérique et dans leur cycle d'actualités 24h sur 24, 7 jours sur 7. Elian finit sur une chambre à air, parce que, génération après génération, les Américains ont placé l'hégémonie avant l'équité, parce que, dès 1492, les Espagnols ont placé la cupidité avant la bonté. Du début à la fin, sous Castro comme sous les Conquistadors, l'épée l'a emporté sur la croix et la violence a écrasé la liberté. Voilà, parmi ce que les livres d'histoire ont pris l'habitude d'appeler les raisons sous-jacentes, pourquoi Elian fut retrouvé flottant dans l'Océan en novembre 1999. La raison première était que sa mère et son petit ami avait fui sans en informer le père d'Elian, et lui avait encore moins demandé la permission de s'enfuir avec l'enfant. Leur bateau, qui n'était pas fait pour naviguer en mer, avait coulé. Seul le garçon avait survécu[1].

Si une Américaine avait mis en danger son enfant de telle manière, elle aurait été dénoncée, peut-être emprisonnée, mais on était la Floride. On fit les louanges de la mère d'Elian, noble martyre qui avait donné sa vie pour que son fils unique pût vivre dans le comté de Miami-Dade. Quand le père d'Elian demanda à ce que son fils lui fût restitué, les polémistes de la Floride du sud hispanophone le dénoncèrent comme un ogre. À Washington les législateurs s'agitèrent et proposèrent que l'on fît un Acte spécial du Congrès pour donner immédiatement la citoyenneté américaine à Elian. On n'avait jamais honoré ainsi José Marti, le héros national de Cuba. À Miami, le maire, qui était censé ne pas prendre partie, eut la même position que les Confédérés de Floride en 1860. La loi et la loyauté à l'Amérique ne comptaient pour rien quand elles rentraient en conflit avec les passions locales. Dans le déshonneur qui s'ensuivit pour les leaders de Floride, anglos comme hispaniques, personne n'eut le courage de dire : le garçon appartient à

1 National Public Radio, « The Elian Gonzalez Case : An Online NewsHour Focus », 1999-2000. Consulté le 7 juin 2012. Terrence Smith, « Dueling Images », NewsHour Media Unit transcript, 24 avril 2000.

son père. Par ailleurs c'est la loi. Aussi le garçon de six ans fut-il retenu en otage (même si personne ne voulut l'appeler ainsi) pendant plus de quatre mois à Little Havana.

En attendant les résultats de l'enquête, les autorités américaines avaient confié Elian à une famille éloignée qu'il ne rencontra jamais, à la suite de quoi ceux qui étaient les gardiens du garçon transformèrent leur maisonnée en une sorte de reality-show, et devinrent eux-mêmes aussitôt des célébrités. « Vous pensez que nous avons seulement des caméras dans la maison », menaça un de ses gardiens. « Ceux qui essaient de rentrer pourraient être blessés ». Avec les journalistes qui faisaient le siège de la maison à Little Havana, le symbolisme était à son comble. Le bateau d'Elian avait coulé le 22 novembre – le jour de l'assassinat de Kennedy, le jour de la décision de Disney. Il arriva à terre le jour de Thanksgiving ; Elian donna, c'est certain, aux éditeurs de photos des raisons de le remercier. Il n'y eut pas une grand-mère cubaine en Floride du sud qui ne vit pas à la fois l'enfant Jésus et un de ses chers petits dans ce sourire timide que proposaient les medias.

La perspective qu'Elian pût être rendu à Cuba offensait profondément, à Miami, le sens cubain du droit. L'idée que l'Amérique leur devait tout ce qu'ils voulaient, quand ils le voulaient, pour ne pas les avoir débarrassés de Castro, était transgressée. Aux manifestations « Sauvez Elian », des Cubain-Américains qui possédaient deux maisons et quatre voitures rappelaient le traumatisme d'avoir eu à dormir dans un garage sur un matelas pendant quelques semaines en 1960. Des gens qui avaient des collections d'art de plusieurs millions de dollars déclaraient qu'eux, aussi, étaient des orphelins de la tempête. Bientôt ce ne fut plus seulement les Cubains qui manifestaient. Leurs voisins anglo commencèrent à poser, à haute voix, des questions qui les avaient tourmentés à titre privé pendant des années. Les Cubains n'avaient-ils aucune reconnaissance pour ce que l'Amérique avait fait pour eux ? Ne faisaient-ils rien d'autre que prendre ? Les autres Latino-américains de Floride étaient également dégoutés et fatigués du traitement préférentiel qu'avaient les Cubains.

Comme des contre manifestations voyaient le jour, les « Anglos », on pouvait le voir, comprenaient des noirs tout autant que des gens d'origine irlandaise et de nombreuses autres origines non anglaises, et même traditionnellement très anti-anglaises. Une fois encore un privilège spécial pour certains avait produit une crise générale pour tous qui ne pourra être résolue que, quand l'autorité fédérale des États-Unis, comme elle l'avait fait depuis les temps des Séminoles, sauvera la Floride d'elle-même. Les spectateurs jetèrent des bouteilles de bière vides et des coups de poing partirent parmi les photographes attroupés, lorsque les officiers chargés des relations entre communautés du département de la justice, des équipes SWAT de la police des frontières, et des agents du service de l'immigration et de la naturalisation des États-Unis vinrent à la rescousse d'Elian.

Les habituelles rubriques nécrologiques « Miami est condamnée » suivirent, mais la Miami post-Elian ne mourut pas. Elle se transforma en la toute nouvelle grande métropole d'Amérique : aussi sexy que Rio ; aussi stylée que Milan, avec un côté semi tropical bien à elle. La Latin American Cafeteria sur Coral Way était un bon endroit pour observer comment Miami mit l'ouragan Elian derrière elle. Au pire de la crise, vous pouviez sentir la tension qu'il y avait entre les Anglos et les Cubains, quand vous vous asseyiez au comptoir. Cela n'empêchait pas les deux groupes ethniques de s'y entasser pour manger ces merveilleux sandwiches cubains. Pourquoi les sandwiches de la Latin American Cafeteria étaient-ils si parfaits ? Était-ce la manière dont ceux qui faisaient les sandwiches les toastaient avec ce qui ressemblait à des fers à repasser ? Ou, peut-être, était-ce la forme en fer à cheval du comptoir de la cafétéria, qui vous permettait de saisir les conversations des clients en plus des acrobaties des serveurs. Mais surtout, c'était ce qu'il y avait dans les sandwiches qui leur donnaient si bon goût. Quelle autre cuisine pourrait combiner du jambon et du porc, du fromage, de la mayonnaise et de la moutarde, le tout légèrement compressé dans du pain croustillant et chaud sans que le résultat ne fût vulgaire, mais tout au contraire raffiné ? La nourriture cubaine est une nourriture réconfortante, mais dans cette symphonie de glucides et de calories, il y avait aussi quelque chose d'exaltant.

Alors que les passions étaient à leur comble, quelqu'un transforma le mur qui se trouvait derrière le parking de la Latin American Cafeteria en une fresque grandeur nature d'Elian qui sortait de la mer. Quand Elian disparut, renvoyé à Cuba, la fresque disparut également. Elle fut remplacée par une publicité immobilière. Puis la Latin American Cafeteria, elle-même, disparut, à l'évidence pour céder la place à une opération immobilière très rentable. Comme on était à Miami, quand on licencia ceux qui faisaient les sandwiches à la Latin American Cafeteria, la toute dernière bulle avait explosé. Le site resta vide, preuve de la manière dont, à Miami chaque année, on détruit plus de propriété que ne le font les ouragans et les événements civiques[2].

Cinq mois après le retour chez lui d'Elian, en novembre 2000, la Floride fut le pivot d'une autre controverse très révélatrice. Cette fois, ce furent les valeurs électorales de l'Amérique qui furent trahies quand, pour la seconde fois, la démocratie en Amérique fut bafouée, suite à un disfonctionnement électoral en Floride. Au niveau national, le candidat démocrate, Al Gore, avait battu son rival républicain, George W. Bush, par plus d'un million de voix. Au total, il avait obtenu plus de voix – 50 999 897 – que n'importe quel autre candidat à la présidence jusqu'alors, à l'exception de Ronald Reagan lors de sa réélection. Pourtant, la Cour suprême des États-Unis, dans un acte extrême de militantisme judiciaire « conservateur », fit du candidat qui arriva second le président des États-Unis[3].

En 2000, comme en 1876, on dénia aux Floridiens leur droit de vote, du fait d'actes de répression dirigés contre des citoyens qui n'étaient pas blancs et qui étaient pauvres. Dans de nombreux cas, le prétexte était le retrait, qui remontait aux temps des chaînes de forçats et des camps de térébenthine, du droit de vote aux détenus, même après qu'ils avaient « payé leur dettes à la société ». Ses partisans disaient que dénier aux citoyens le droit de vote pour le reste de leur vie était une mesure anti-crime. Comme les élections le manifestèrent bien, le retrait du droit de vote des détenus n'était pas plus une mesure anti-crime que l'impôt électoral n'avait été un moyen de s'assurer une rentrée d'argent au temps des premières élections pour blancs seuls. Nulle part les préjugés raciaux qui pesaient sur le système électoral n'étaient plus évidemment visibles que dans le comté de Gadsden, le seul de l'État qui avait encore une population à majorité noire. Comme le *New York Times* a fini par le noter, c'est le comté de Gadsden qui « a eu le plus grand pourcentage de votes déclarés nuls de Floride en 2000 : 12 pourcent de ceux déposés dans la course à la présidence entre George W. Bush et Al Gore », mais ce n'était pas le seul. Partout en Floride, on empêcha des infirmières, des

---

2 Nombreuses visites, 1987-2004.

3 Voir Toobin, 2001.

enseignants et des héros de guerre décorés de voter parce qu'ils avaient des noms similaires à ceux des détenus.

En 2000, à la différence de 1876, la répression fut organisée par l'État. Agissant en sa qualité de secrétaire d'État de Floride, le directeur de la campagne des Républicains fit désinscrire presque soixante mille citoyens des listes électorales avant les élections. Le gouverneur de Floride était le frère d'un des candidats à la présidence ; lorsque les bulletins de vote furent déposés dans les urnes, puis comptés et recomptés, ses mandataires et ses alliés manipulèrent le système en faveur d'un candidat par rapport à l'autre. Comme dans les jours du Nucleus et du Pork Chop Gang, un privilège spécial, et non la volonté du peuple, prévalut.

Le processus électoral avait été corrompu, le problème le plus fondamental était le système électoral lui-même. Les résultats de l'élection présidentielle de 2000 témoignèrent du fait que pendant plus de 120 ans l'Amérique a eu une bombe électorale à retardement dans sa valise constitutionnelle, et ne s'est pas souciée de la désamorcer. Décennie après décennie la question n'était pas de savoir si, mais quand, le collège électoral contrecarrerait de nouveau la majorité. Le problème n'est pas seulement que bien des voix ne furent pas comptées, avec tant de préjudices. C'est aussi, et tout d'abord, qu'on a empêché bien des citoyens de voter. En 2000 la Floride resta, comme elle l'avait longtemps été, l'État où, proportionnellement, on refusa plus à des citoyens – blancs et noirs – le droit de voter que nulle part ailleurs, et pourtant dans la crise constitutionnelle qui s'ensuivit, ni l'État de Floride, ni la Cour suprême des États-Unis ne posèrent la question essentielle – la même que celle à laquelle on n'avait pas répondu en 1876. Comment peut-il y avoir un comptage équitable des voies lorsqu'il n'y a pas eu d'élection équitable ?

À cause du chaos électoral de Floride, le candidat qu'une majorité des électeurs d'Amérique avaient choisi ne deviendra pas président. Comme le montreront les événements, de Langley, Virginie, à Bagdad, Irak, ce n'était pas la simple destruction de la volonté populaire dont il était question. L'élection avait d'une autre manière des rapports avec le passé floridien. En 1818, les meurtres d'Arbuthnot et d'Ambrister avaient suscité l'indignation, car, en l'occurrence, les victimes d'Andrew Jackson étaient blanches. Le massacre de centaines de non-blancs attirèrent beaucoup moins l'attention, et ce également longtemps après les faits. En 2000, la privation du droit de vote des Afro-américains attira relativement peu l'attention. Ce fut le dysfonctionnement électoral dans les zones blanches qui captivait l'attention. Une autre similarité était qu'en 2000, comme en 1876, des voyous blancs perturbèrent le comptage des voix, mais cette ultime crise de la démocratie en Amérique était significative du nouveau millénaire sous un autre aspect. La technologie qui était censée donner plus de pouvoir aux gens les avait dépouillés de leurs droits. Grâce à ces machines de vote qui fonctionnèrent mal, des dizaines de milliers de blancs et de noirs virent leurs droits électoraux bafoués.

Après toutes ces polémiques, le collège électoral ne fut pas aboli, ou même réformé. L'édredon démentiel de règles électorales resta en place en Amérique. Le fiasco de l'élection présidentielle en Floride fut au système politique déficient d'Amérique ce que la catastrophe de *Challenger* fut au programme spatial habité déficient de NASA. Ce fut l'événement qui révéla les défauts fondamentaux que l'Amérique n'a jamais réglé. Puis, le 2 mai 2001, deux nouveaux arrivants en Floride entrèrent dans le bureau à Lauderdale Lakes du Département des véhicules à moteur l'endroit où tout le monde doit aller pour obtenir un permis de conduire. En Floride, tout le monde peut échapper à l'impôt. Nombreux sont ceux qui pensent qu'ils peuvent échapper à la mort, ou la différer indéfiniment. Mais personne n'échappe à une visite à la DMV. La Floride toute entière y fait la queue – la dame du monde avec sa coiffure en forme de casque de Palm Beach et la femme aux bigoudis en plastique, des hommes arborant des lunettes de soleil à 500 dollars, des hommes en combinaison graisseuse ; des neurochirurgiens et ceux qui mettent vos achats dans des sacs à Publix, la chaîne de supermarchés bien-aimée de Floride, qui est la plus grande entreprise détenue par ses propres employés en Amérique. Surtout, vous y voyez des parents nerveux, alors que des enfants anglo, des enfants noirs, des enfants hispaniques, des enfants qui se disputent avec leurs parents en créole, roumain ou malais, se préparent tous à prendre ce premier virage sur l'autoroute de la vie américaine.

Si vous étiez allé au DMV de Lauderdale Lakes le 2 mai, 2001, vous auriez pu faire la queue avec deux résidents floridiens qui, comme Andrew Jackson et Walt Disney, allaient changer la Floride – et l'Amérique – pour toujours. Ils avaient pour nom Marwan Yousef Mohamed Rashid Lekrab al-Shehhi et Mohamed el-Amir Awad el-Sayed Atta. Quatre mois et neuf jours plus tard, par un matin bleu lumineux, ils firent s'écraser deux vols commerciaux qu'ils avaient détournés sur les Twin Towers du World Trade Center à New York[4]. En plus d'avoir obtenu des permis de conduire en Floride, les pirates de l'air y avaient également appris à piloter – mais pas à faire atterrir – les avions qu'ils détournèrent, car, en Floride, le gouvernement, génération après génération, n'a jamais existé que pour permettre de faire de l'argent, mais pas pour protéger les gens. Atta et al-Shehhi avaient choisi la Floride, parce qu'en Floride il était aussi facile d'établir un commerce qui apprend, sans qu'on pose la moindre question, à faire s'écraser de gros jets commerciaux dans des gratte-ciels, qu'il l'était de vendre des mitraillettes dans le centre commercial local. Certes, ils ne détournèrent pas les avions en Floride. Le matin du 11 septembre les contrôles de sécurité de l'aéroport de Boston étaient comme les examens de conduite de Floride, c'est-à-dire comme les joints toriques faits dans l'Utah et les machines électorales fabriquées en Ohio. Ce n'était pas une chose qui ne marchait pas ou même cinq. Il y avait un dysfonctionnement systémique en Amérique. Des mois après la mort d'Atta, d'al-Shehhi, et de plus de trois mille autres personnes, le service d'immigration et de naturalisation des États-Unis renouvela les visas des pirates de l'air[5].

En 2003, les États-Unis envahirent l'Irak, car des armes de destruction massive étaient censées s'y trouver, mais elles ne s'y trouvaient pas. Puis, en octobre 2005, l'ouragan Katrina rejoignit la liste qui s'allongeait des disfonctionnements. Tout d'abord, il semblait devoir être un simple événement des Flash Infos de Floride – jusqu'à ce que Katrina, comme Andrew Jackson 191 ans plus tôt, sortît de Floride et chargeât avec détermination vers la Louisiane. Comme la pagaille qui s'ensuivit le démontra, les ouragans ne transforment pas les villes américaines en pièges mortels. Mais la mauvaise maintenance des digues qui les protègent par le Génie de l'armée américaine, oui. Les ouragans n'abandonnent pas les gens dans les stades des downtowns, et ne leur tirent pas dessus quand ils tentent de se mettre en sécurité. Les responsables gouvernementaux et ceux qui sont censés nous protéger, oui. À cet égard également, la Floride

4 *The 9/11 Commission Report : Final Report of National Commission on Terrorist Attacks upon the United States (9/11 Report)*, 2004.

5 9/11 *Report*, p. 251-252, 224-227 ; CNN Miami Bureau, « Six Months After Sept. 11, Hijackers' Visa Approval Letters Received », 12 mars 2002.

avait donné l'exemple. Alors qu'ils avaient négligé la protection contre les inondations pour La Nouvelle Orléans, les responsables publics, avec des dollars publics, s'étaient assuré que tout était en parfait état pour les yachts qui descendaient en Floride sur l'Intracoastal Waterway.

Aujourd'hui, la plupart des Américains croient que la conséquence principale des bouleversements des années 1960 fut que les citoyens noirs purent enfin voter, mais en Floride, l'expansion du droit de vote signifiait aussi qu'on donnait plus de pouvoir à une immense section intermédiaire de la population blanche qu'on ne lui en avait jamais donné auparavant. Maintenant que les législateurs de Floride représentaient le peuple, et que les migrations transformaient le nord, le centre et la côte du Golfe de la Floride en des avant-postes de l'Upper South et des États des plaines, deux choses se passèrent simultanément. Le progrès en ce qui concerne les droits civiques signifiait que plus d'Américains, auparavant privés de droit de vote, votaient malgré de constants restrictions et empêchements. Cette augmentation fut largement dépassée par l'augmentation des électeurs blancs, conséquence d'une migration vers la Floride en provenance d'autres États.

Comme la performance de la Floride dans l'élection présidentielle de 2012 l'a montré, aujourd'hui la plupart des Américains croient que la conséquence principale des bouleversements des années 1960 est que les citoyens noirs peuvent enfin voter, mais en Floride, l'expansion du droit de vote signifie aussi qu'on a donné plus de pouvoir à une immense section intermédiaire de la population blanche qu'on ne lui en avait jamais donnée auparavant.

Deux récits électoraux, par conséquent, se mirent en place, les mêmes qui dominent maintenant la politique dans toute l'Amérique. L'un était le récit optimiste et linéaire du Rêve américain devenu réalité. Dans ce récit, l'Amérique dépasse l'héritage de l'esclavage et de ses autres iniquités, faisant valoir l'idée que l'Amérique peut devenir parfaite. Quelle meilleure preuve de cela pourrait-on vouloir que l'élection de Barack Obama en 2008 comme président des États-Unis, qui, dans son triomphe, obtient les voix du collège électoral de Floride qui, huit ans plus tôt, avaient été volées à Al Gore ? Ce récit n'est pas faux. Mais, comme l'élection de 2012 l'a montré, il est incomplet, car simultanément un second récit se déploie. C'est le récit d'une peur et d'une colère (essentiellement) blanches. Ses politiciens sont (essentiellement) des politiciens qui exploitent l'énergie négative déclenchée par ce qui change en Amérique.

Nulle part ailleurs, l'élection ne fut plus disputée et plus serrée, mais après le comptage des voix, les résultats de 2012 prouvèrent une fois de plus que la Floride était bien le paradigme de l'Amérique. Ni les restrictions sur le vote si évidemment racistes de Floride, les tentatives de son gouverneur d'intimider les électeurs non-blancs, ni même l'inévitable imbroglio aux bureaux de vote de Floride ne purent défaire les profonds changements humains qui remodelaient l'Amérique, quand la Floride démontra que ici, comme ailleurs dans tout le pays, la démographie était le destin.

Les nouveaux contours politiques commencèrent à émerger en 1963 quand l'ancien sénateur Pepper retourna à Washington en tant que membre du Congrès, représentant une des nouvelles circonscriptions que la Floride acquit après le recensement de 1960. La Floride avait désormais un nouveau genre d'électeurs qui allaient avec ses nouvelles circonscriptions électorales ; la métamorphose politique de Pepper le démontra. Pour plaire davantage à ces nouvelles formes d'électeurs, le sénateur qui autrefois faisait l'éloge de Staline devint alors un représentant qui condamnait Fidel Castro. Tandis que la population floridienne d'exilés d'Amérique centrale augmentait, Pepper soutint également la guerre de Ronald Reagan contre les Sandinistes au Nicaragua, y compris le soutien secret (et illégal) par la CIA des « contras ». Durant les dernières années de Pepper, ses discours qui commençaient avec une dénonciation de la subversion communiste, se poursuivaient toujours par le rappel chaleureux du devoir de chaque Américain de rester ferme dans la défense d'Israël. Puis le célèbre vieil homme finissait par discuter de ce qui lui venait à l'esprit ce jour-là. Souvent, même si ce n'était pas toujours, il s'agissait d'assurer quelques bénéfices et quelques protections aux citoyens âgés de Floride, d'Amérique – et à ceux de sa circonscription électorale. Après avoir fait trois mandats au Sénat des États-Unis, Pepper siégera à la Chambre des représentants pendant vingt-six ans.

Quatre-vingt ans plus tôt, le juge James Dean, après avoir été démis de ses fonctions, s'était installé de nouveau à Jacksonville où son persécuteur, l'ancien gouverneur Francis Fleming, vivait également. Maintenant que Miami était le lieu où se retrouvaient amis et ennemis, parmi ses électeurs, Pepper comptait son vieil ennemi, George Smathers. Le « sol vénérien » de Floride, comme le poète Wallace Stevens l'appelait, transforma également Smathers, qui, petit à petit, se détourna de préoccupations terrestres comme l'argent et l'influence pour s'intéresser à son statut dans l'au-delà. Comme le jugement de l'histoire approchait, il décida de faire une donation, qui se montait à 24 millions de dollars, à sa vieille Alma Mater, l'University of Florida. En retour, le système des bibliothèques universitaires financé par des fonds publics se rebaptisa Bibliothèques George A. Smathers en honneur à ce politicien que l'indifférence à la réalité avait rendu nationalement célèbre. Riche, remarié, et reconnu, Smathers vécut jusqu'à l'âge de quatre-vingt treize ans. Dans sa rubrique nécrologique de janvier 2007, comme dans bien d'autres publications, on recycla l'étonnante histoire dans laquelle Smathers avait accusé la sœur de Pepper d'être une comédienne.

Pepper s'adapta au changement. Smathers laissa les changements qui s'abattaient sur la Floride couler autour de lui. Le gouverneur Claude Roy Kirk Jr., en fonctions de 1967 à 1971, incarna ces changements. Partisan de la peine de mort comme Charley Johns, et opposant à l'intégration raciale comme Smathers, Kirk fut pendant longtemps un démocrate avant que, en 1960, il se rebaptisât républicain. Jusqu'à ce que Kirk lui donnât ce nouveau visage déterminé, le Parti républicain, pour ce qui concerne en tout cas la plupart des blancs nés en Floride, était le parti de cet oppresseur folklorique, le Carpetbagger. Claude Kirk changea tout cela et, par la même occasion, concourut à introduire l'âge des mots codes dans la politique de Floride. Kirk ne faisait pas l'éloge du lynchage ; il transformait le soutien militant à la peine de mort en examen de passage de la politique floridienne. Lui et le nombre croissant de politiciens républicains nouvellement convertis ne faisaient pas des discours sur les fontaines pour gens de couleur et sur la féminité blanche, comme leurs ancêtres sudistes. Ils se répandaient en injures contre le *busing* « imposé par la cour », tout en dénonçant la législation des droits civiques sur le fait qu'elle étendait également la tyrannie fédérale.

Quand il ne s'en prenait pas aux détenus pour meurtre, Kirk traitait les enseignants de Floride comme s'ils étaient des criminels, transformant le mépris du savoir en outil politique. L'adversaire de Kirk pour le poste de gouverneur était Robert King High. Ce natif du Tennessee, fils d'un menuisier, avait été élu maire de Miami sur un programme réformiste. « Une bonne gouvernance » était son engagement, son seul engagement ; ses électeurs reconnaissaient que cela avait été son cas. Kirk (qui vivait à Jacksonville) dénonça High comme le candidat des dépravations de la grande ville. Kirk inaugura également l'usage d'une tactique de peur et de diffamation à la télévision. Des décennies avant que Willie Horton n'eut recours aux publicités négatives pour George H. W. Bush, une des publicités de Kirk montrait une chambre sombre. Bien que les spectateurs ne pussent pas voir ce qui s'y passait, ils pouvaient entendre une femme blanche qui criait. Kirk dénonçait son adversaire comme « un tampon pour Washington, soutenu par l'ultra gauche ». Dans un tout premier exemple de ce qui, plus tard, sera appelé du *swiftboating*, une boîte appelée le Comité pour l'intégrité dans la gouvernance distribua une caricature du maire High sous la forme d'un dessin animé. « Le pouvoir noir vous soutient à 100 pourcent », disait la légende. « Bob, marchons ».

Incarnation même de la « stratégie sudiste » de Richard Nixon, Kirk se faisait l'interprète de l'approche extrémiste dans la défense des libertés de Barry Goldwater. Il annonçait également les frères Bush avec son opposition rhétorique à toute dépense fédérale non-militaire, sauf pour des programmes qui pouvaient bénéficier à ses propres amis et supporters. Jusqu'à la victoire de Kirk au poste de gouverneur, la Floride tendait à devenir un état hostile à la peine de mort. Le gouverneur LeRoy Collins s'était opposé à la peine capitale et avait gagné. Ainsi que son successeur, Haydon Burns, à la tournure d'esprit pourtant plus traditionnelle. Le républicanisme de Kirk, « moi en premier », répudiait les valeurs traditionnelles du parti, mais ce fut le label républicain qui rendit la tactique de Kirk acceptable pour des centaines de milliers d'électeurs qui n'auraient jamais voté pour des Sudistes, ainsi que pour les centaines de milliers qui avaient voté pour des candidats ouvertement racistes, et qui maintenant étaient passés du côté des républicains. En 1966, Kirk – un multimillionnaire né en Californie – fut élu gouverneur de Floride en même temps qu'un natif de l'Illinois Ronald Reagan, un autre transplant de la ceinture du soleil et démocrate devenu républicain, était élu gouverneur de Californie. Comme Reagan, Kirk était un politicien divorcé qui, dans sa campagne contre son adversaire monogame, se proclama champion des valeurs familiales[6].

---

6 « Claude R. Kirk Jr. », *New York Times*, 29 septembre 2011 ; Edmund F. Kallina, *Claude Kirk and the Politics of Confrontation*, 1993.

Les Floridiens honnêtes considérèrent Kirk comme un voyou, son triomphe comme un coup de veine. Comme le démontra l'élection suivante de Floride qui marqua un tournant, ils avaient tort sur ce point. La course au Sénat de 1968 opposait l'ancien gouverneur LeRoy Collins (né à Tallahassee) à Edward Gurney (né à Portland, Maine). Collins était un Floridien de la quatrième génération ; Gurney, l'adversaire de Collins, avait fait des études de droit à Harvard tout comme Claude Pepper. Peu importa. Comme les gouverneurs Drew et Perry avant lui, et les gouverneurs Jeb Bush et Rick Scott plus tard, Gurney parvint à « dépasser comme sudiste » son adversaire natif de Floride. Alors qu'il était gouverneur, Collins était parvenu à éviter le genre de confrontation raciste qui déshonorait l'Alabama et l'Arkansas. Plus tard, il assuma le rôle de gardien national de la paix civile, en devenant le premier directeur du Service des relations entre communautés sous l'Acte des droits civiques de 1964. Quand la violence éclata en Alabama, Collins fut là pour calmer la situation. Par conséquent, son adversaire put faire circuler des photographies du gouverneur Collins marchant côte à côte avec le Révérend Martin Luther King Jr. à Selma. Gurney, l'immigrant venu du Maine, battit à plat de couture Collins, le natif de Floride dont les ancêtres avaient combattu les Séminoles tout comme les Yankees, et dont l'épouse était une descendante directe de Richard Keith Call, pour devenir le premier républicain à représenter la Floride au Sénat des États-Unis depuis la Reconstruction.

Durant les quarante années qui suivirent, les Républicains remplaceront les Démocrates comme parti dominant dans la législature de Tallahassee comme dans la délégation du congrès de Floride. Des événements annoncèrent le futur de la Floride d'une autre manière encore, quand un jeune natif du Connecticut, récemment licencié de Yale, apparut en Floride et fut volontaire pour travailler dans l'équipe de campagne de Gurney. Le plus jeune des George Bush avait évité le service militaire au Vietnam en se faisant affecter dans un programme d'entraînement d'aviation en Alabama ; il prit alors « ce qui équivalait à des vacances de deux mois qui lui permirent d'aller en Floride travailler pour un candidat républicain au Sénat des États-Unis, Edward J. Gurney », rapporta plus tard le *Washington Post*. C'était le début d'une relation avec la Floride qui, pour l'Amérique comme pour les Bush, sera fatale[7].

7 George Lardner Jr. et Lois Romano, « At Height of Vietnam, Bush Picks Guard », *Washington Post*, 28 juillet 1999.

Ce furent également, dans la Floride de cette époque, les guerres culturelles qui devinrent prophétiques. En 1977 Anita Bryant – plus connue jusqu'alors comme le visage de l'Amérique pour l'industrie du jus d'orange de Floride – reprit la croisade anti-homosexualité de Charley Johns. Seconde dauphine du concours de Miss America, Bryant était le visage de l'Amérique (c'est-à-dire blanche et non-ethnique) d'une industrie où les travailleurs migrants qui cueillaient et traitaient le soleil liquide étaient comme des homosexuels – des personnes qui n'avaient pas leur place dans le monde très élaboré de l'image de la Floride.

La croisade de Bryant contre les gays est une des premières grandes controverses sur le style de vie floridien à avoir obsédé la nation. Derrière la scène, cependant, l'impresario qui orchestrait la stratégie de marketing de l'industrie des agrumes était une figure tout aussi totalement floridienne que David Levy Yulee. Le Walter B. Fraser du jus d'orange de Floride était un natif de Messine, Sicile, du nom d'Antony T. Rossi. Son processus de réinvention personnelle fut mis en mouvement par un tremblement de terre en Italie qui, dans son cas, fut également à l'origine d'un changement spirituel. Alors que Rossi se mettait en quête de Dieu et de la richesse, il abandonna tout d'abord le catholicisme romain ; puis il chercha un endroit où on était à l'abri des tremblements de terre.

En Floride, la terre ne tremble vraiment jamais, mais comment transformer son autre rêve en réalité, celui de se construire un empire tout à lui ? En 1947, Rossi versa un acompte pour l'achat d'une entreprise de jus d'orange de troisième niveau, à Bradenton, au sud de Tampa Bay. Les ambiguïtés, périlleuses, du climat subtropical de Floride sont responsables du mélodrame sans fin de l'industrie fruitière, mais Rossi n'appela pas sa société Subtropicana. Il l'appela Tropicana synonyme du soleil lui-même.

Bryant ne pouvait pas repousser la diversité sexuelle que l'Amérique avait commencé petit à petit à accepter. À l'époque où elle abandonna sa croisade floridienne, les journées gay et lesbienne à Disney World rapportaient beaucoup d'argent : Rita Mae Brown était devenue le plus célèbre auteur de Floride depuis Zora Neale Hurston, après la publication de son roman révolutionnaire lesbien, *Rubyfruit Jungle*. Cette Floride idéale de sitcom que promouvait Bryant n'avait jamais existé, et n'avait pas non plus ce climat idyllique où les oranges sont censées pousser sur les arbres. Les producteurs ne cessaient de le démentir, mais leur grand problème était que les évolutions n'avaient jamais permis à l'orange de survivre aux gelées de Floride, même si le savoir-faire américain pouvait sembler avoir résolu ce problème. Le rhizome de l'orange amère, *Citrus aurantium*, étant plus résistant au gel que l'orange douce et le pamplemousse, les planteurs greffèrent les arbres d'orange douce de Floride sur des rhizomes d'orange amère. Cela ne régla pas le problème pendant longtemps. Des gelées meurtrières – ce que l'industrie fruitière appelle « l'effet du gel » – avaient anéanti la culture de l'orange et du pamplemousse en Floride du nord en 1835. L'effet du gel de 1895 et de 1896 avait traumatisé les producteurs partout en Floride. Les gelées de 1899, 1917, 1934, 1946 et 1957 causèrent de grands dégâts. Puis, dans les années 1980, deux effets du gel détruisirent la production fruitière presque partout au nord du couloir de l'Interstate 4. En outre, chaque nouvel hybride d'orange semblait plus susceptible encore d'être infecté ou de contracter une maladie[8].

Tout était désormais plus complexe, mais comme la croix de Saint André sur le drapeau de Floride, la question de la race était toujours présente, prête à être exploitée. Personne ne pouvait accuser le gouverneur Jeb Bush d'être raciste. Aussi, pourquoi tant de pauvres blancs préféraient-ils voter pour des Républicains privilégiés, en l'occurrence pour le rejeton de l'une des dynasties politiques les plus privilégiées d'Amérique, plutôt que pour l'un des leurs. Lors de l'élection de 2002 pour le poste de gouverneur, l'adversaire de Bush était un avocat de Tampa du nom de Bill McBride. Pas plus exotique que le Wonderbread au premier abord, McBride était un de ces Floridiens qui, après plus ample considération, démontrait que tout le monde, en Floride, était exotique, ou marié à quelqu'un qui l'était. « Voulez-vous voir mon album de famille ? », me demanda son épouse, Alex Sink, quand je lui fis la remarque qu'il y avait quelque chose de presque oriental dans ses yeux. Quand elle revint, elle me fournit cette information intéressante que, bien qu'elle fût native de Caroline du nord et qu'elle fût depuis longtemps résidente de Floride, elle était une descendante de l'un des fameux « jumeaux siamois ». « Chang et Eng n'étaient pas siamois », m'apprit-elle, en me montrant leurs photos. « Ils étaient chinois, même s'ils étaient nés dans le royaume du Siam[9] ».

---

8 Florida Citrus Mutual, In., « Timeline of Major Florida Freezes ». Mongi Zekri, « University of Florida Citrus Freeze Fact Sheet », 2011.

9 Interviews avec Bill McBride et Alex Sink, 2005.

Il y eut bien des raisons pour lesquelles McBride ne réussit pas à devenir gouverneur. Mais, ce jour-là, il m'expliqua l'une d'elles. Comme il faisait campagne, il était tombé sur une vieille connaissance. Les choses ne vont pas bien, lui dit cet homme. Lui et sa famille avaient perdu leur maison ; ils étaient obligés de dormir dans leur voiture. Après avoir passé quelques coups de téléphone, McBride revint vers cette famille sans domicile. Il leur avait trouvé un endroit décent qu'ils avaient les moyens de louer. Plus tard, McBride tomba de nouveau sur le même homme. Il lui demanda si sa famille aimait sa nouvelle maison. Ils vivaient à nouveau dans leur voiture, lui dit l'homme. Y avait-il quelque chose qui n'allait pas dans cette maison ? Non, répondit l'homme, mais il n'aimait pas que son épouse et ses enfants vivent à proximité de gens de couleur.

L'esclavage à la manière américaine ne fut introduit en Floride que dans les années 1820. Il y fut pratiqué pendant moins de quarante ans, cependant l'héritage persistant de l'esclavage – la peur raciale et la politique qu'elle engendre – projette encore sa grande ombre sur la Floride. Il n'y a pas eu encore d'élection dans laquelle les pauvres blancs de Floride n'ont pas voté pour perpétuer les privilèges de ses riches hommes blancs, dans la mesure où cela permettait de garder les noirs américains à leur place – et cette élection ne fit pas exception. « Je me suis bien aperçu que j'avais perdu à ce moment-là », me dit McBride. « J'avais fait de mon mieux pour l'aider, mais je voyais bien qu'il allait voter pour mon adversaire ».

Deux cent ans ou presque d'« histoire cachée » de la Floride se révélèrent en 2010, quand devint gouverneur un des plus authentiques Floridiens qui soit. Pour la raison suivante : Rick Scott avait passé toute sa vie hors de Floride avant de venir y dépenser une fortune qu'il avait acquise ailleurs. Tout comme Flagler et Tuttle, il avait commencé en Ohio. Comme Carl Fisher, Glenn Curtis, Plant, Sanford et de Soto, le nouveau gouverneur de Floride avait fait fortune par une des manières les plus lucratives de son époque. La grave crise financière des soins de santé de l'Amérique fut l'El Dorado de Rick Scott. Il était devenu très riche en gagnant de l'argent sur la maladie, en transformant les hôpitaux en centres de profit : le magazine *Forbes* le décrivit comme l'entrepreneur qui « achetait des hôpitaux par seau entier et promettait d'en presser le citron ». Comme la plupart des conquérants en Floride, Scott était devenu encore plus riche grâce au grand gouvernement. Sa société dut finalement payer un milliard six cents millions de dollars d'amendes pour avoir arnaqué l'assurance-santé, mais il avait déménagé alors. La Floride lui avait fait signe.

Au début, Scott, fidèle à la tradition de Yulee, eut l'intention de s'acheter un des sièges de Floride au Sénat des États-Unis. Les consultants politiques qu'il engagea lui conseillèrent de se présenter plutôt au poste de gouverneur. Henry Flagler avait dépensé 50 millions de dollars pour son projet favori en Floride ; même si Rick Scott en dépensa 70 millions pour devenir gouverneur, son plus grand atout fut la déconnection avec la réalité qu'il offrait. Que ce soit le rival de Scott pour la nomination républicaine ou son adversaire démocrate pour le poste de gouverneur, l'un et l'autre avaient l'inconvénient d'être embourbés dans les réalités de Floride. Lors de la primaire, son principal adversaire fut Bill McCollum, un politicien éprouvé de l'école de Charley Johns. Alors qu'il siégeait à la Chambre des représentants, ce fut lui qui dirigea les efforts pour parvenir à l'impeachment du président Clinton. Quand il était procureur général de Floride, McCollum fit verser plus de 120 000 dollars sur les fonds de l'État à un témoin pour attester que placer des enfants adoptés dans des foyers homosexuels était aussi dangereux que de les placer dans des foyers « qui comprennent un individu au comportement pédophile, des foyers de criminels, des foyers de vendeurs ou de consommateurs de drogue, des foyers de chômeurs, des foyers qui prônent le renversement du gouvernement des États-Unis [et] des foyers qui comprennent des terroristes en activité ».

L'immersion de McCollum, qui ressemblait à celle d'un vendeur de voitures d'occasion en polyester, dans les aspects les plus idiots de la politique de Floride contrastait avec l'absence de contenu du passé politique de Rick Scott. Avec l'aide de sa fortune venue d'ailleurs et de ses consultants politiques de Washington, il battit son adversaire natif de Floride dans la primaire, puis opposa les valeurs traditionnelles au grand gouvernement lors des élections générales. Le résultat fut poétiquement injuste, car, cette fois, le malheureux Démocrate battu par le riche nouveau venu était Alex Sink, que Scott anéantit avec la même efficacité qui avait été celle de Jeb Bush avec son mari.

Une fois en fonction le gouverneur Scott s'employa à baisser les quelques impôts que les gens riches comme lui payaient en Floride. Il s'opposa aussi au financement de centres d'aide au viol. Son but était de fermer les hôpitaux publics de Floride, pendant que ses soutiens dans la législature de Tallahassee bataillaient pour faire de l'éducation des enfants une source de profit. Avant d'entrer en fonction, durant la tournée de remerciements : « en route vers la prospérité », Scott fit l'éloge de Disney pour avoir illustré le meilleur des valeurs américaines et d'Epcot pour avoir fourni un modèle pour le futur de l'Amérique. Après avoir pris ses fonctions lors de la plus coûteuse cérémonie qu'on ait vue, Scott pressa les Floridiens d'honorer Ponce de Leon qui, affirmait-il, avait « nommé cette terre la Floride du fait de la nature luxuriante de sa végétation ». Puis, dans une ultime réinvention du passé de la Floride, l'échec floridien de Ponce fut décrit comme un triomphe du multiculturalisme. « ATTENDU QUE, l'expédition de Ponce de Leon comprenait des gens de cultures et d'origines diverses », le nouveau gouverneur pressa tous les Floridiens à célébrer « l'anniversaire du débarquement de Ponce[10] ». Par la suite, Scott utilisa son droit de veto pour bloquer le financement de soins de santé pour les fermiers qui souffraient de maladies sérieuses du fait de l'usage de pesticides.

Rick Scott était le George Drew du nouveau millénaire[11]. Dans son cas, également, ses efforts pour restreindre les droits de vote définissaient son approche qui, comme son prédécesseur et collègue républicain Charlie Crist le dit, allait « dans le sens contraire de nos idéaux démocratiques[12] ». Une partie des efforts de Scott de « rendre plus difficile de s'inscrire et de réduire la possibilité de vote anticipé » menaçait des organisations comme la League of Women Voters de poursuites criminelles. Dans un État où, plus d'une fois, mal compter quelques centaines de voix avait fait pencher la balance en défaveur de la démocratie en Amérique, Scott s'employa à faire sortir des listes électorales plus d'une centaine de milliers de Floridiens. Parmi ceux-ci, il y eut un vétéran de la seconde Guerre mondiale de quatre vingt dix ans qui avait été décoré de l'Étoile de bronze pour bravoure au combat lors de la bataille des Ardennes. Son nom était Bill Internicola. Les partisans des libertés civiques soulignèrent que les désinscriptions de Scott visaient principalement les non-blancs, les Latinos, et les gens avec des noms aux sonorités étrangères[13].

10 Rick Scott, *Proclamation*, « 498th Anniversary of the European Discovery of Florida », The Capitol, Tallahassee, 31 mars 2011.

11 *Miami Herald*, 16 février 2011.

12 Charlie Crist, « Florida Laws Erect Barriers to Voter Participation », *Tampa Bay Times*, 10 avril 2012.

13 *Forbes*, 15 décembre 2000 ; *New York Times*, 18 décembre 2002 ; David SiSalvo, « How Governor Rick Scott Is Sabotaging Florida's Universities », *Forbes*, 23 avril 2012 ; *Florida Independent*, 20 avril 2012.

Il était impossible de dire que le gouverneur était raciste. Cela, parce qu'il avait choisi une femme noire pour être lieutenant-gouverneur, ce poste qui, après avoir été rétabli par la constitution de 1885, avait été finalement abandonné. Née à Trinidad, élevée à New York, le lieutenant-gouverneur Jennifer Carroll qui avait fait ses études universitaires au Nouveau Mexique et servi dans la marine des États-Unis, apporta à sa haute fonction une expérience aussi détachée de l'histoire passée des tribulations raciales de la Floride que celle de Scott l'était des misérables douleurs de sa population blanche. Son curriculum vitae se retrouva toutefois en accord avec le passé floridien d'une autre façon, lorsque cette politicarde native des Caraïbes dut démissionner de ses fonctions suite à un scandale financier[14].

En Floride, les étiquettes avaient toujours été détachées du sens. Maintenant que la race et l'origine ethnique l'étaient aussi, c'était une situation à déconcerter Heidegger ou Rousseau, jusqu'à ce qu'un événement qui clarifie les choses ne survînt. Il survint le 26 février 2012, à l'intérieur d'une résidence fermée qui s'appelait The Refuge à Twin Lakes, située dans la mégalopole de Floride centrale, à peu près à mi-distance entre les Villages et Disney World. Cette nuit-là, Trayvon Martin, un garçon de dix-sept ans, qui n'était pas armé, fut tué parce qu'il portait un sweat-shirt à capuche et qu'il était noir. Selon le tueur, George Zimmerman, c'était la faute de la victime. Sa présence avait fait qu'il s'était senti menacé. C'était pour cela qu'il avait suivi le garçon, et qu'il avait fini par le tuer, comme la police avait dit qu'elle l'avait fait en 1980, 1935, 1920 – ou en 1876 ou 1818. Il était normal de le tuer. On dit à Zimmerman qu'il pouvait rentrer chez lui.

Comme ce dernier mélodrame floridien amenait les Américains à se crier dessus dans les talk shows, les faits démontraient une nouvelle fois que, en un sens fondamental, la Floride ne changeait jamais. Zimmerman serait-il puni ou non ? C'était à la même question qu'un « compatriote » aurait eu à faire face dans les années 1850. Alors que le statut social, « blanc », de Zimmerman ne lui conférait pas automatiquement l'immunité qu'il donnait au millionnaire de Floride John Goodman, qui tua un autre homme en le fauchant avec sa Bentley mais qui sortit libre « en appel », même s'il avait été déclaré coupable à la

14 State of Florida, « Meet Lt. Governor Jennifer Carroll », Biographie en ligne consultée le 7 juin 2012.

fois d'homicide volontaire et de n'avoir pas porté à sa victime le secours qui aurait pu lui sauver la vie. Pendant ce temps une femme noire de Jacksonville, Marissa Alexander fut condamnée à vingt ans de prison pour avoir tiré un « coup de semonce » dans un mur au cours d'une altercation avec son mari, qui avait tout un passé de violence domestique. Vingt ans pour blesser un mur, quand le coupable était noir. Liberté pour un millionnaire quand quelqu'un fut, de fait, tué : le système de justice à trois étages de la Floride prospérait encore.

L'auto-défense, la violence, l'idée que l'homme noir, par son existence même, constitue un danger inacceptable ; ces thèmes remontent à Jackson, Gaines et Clinch. Sous bien des aspects, l'homicide de Trayvon Martin était tout autant à la mode que les téléphones cellulaires utilisés par le tueur et la victime, alors que leur rencontre atteignait son acmé. Il y avait aussi l'aspect multiculturel de l'homicide. Le nom du tueur est Zimmerman ; son père était blanc et de Virginie. Sa mère était péruvienne, ce qui explique pourquoi bien des rapports le décrivirent comme « hispanique ».

Mentalement et émotionnellement, de même que par son apparence physique, George Zimmerman démontra que dans l'Amérique du vingt et unième siècle il n'était plus nécessaire d'avoir les yeux bleus et les cheveux blonds pour agir comme le stéréotype de l'homme blanc de Floride agissait. Trayvon Martin fut tué dans la même section centrale, autrefois déserte, de Floride où Joseph Hernandez, après avoir assimilé les idées américaines de race et de violence, avait tabassé et mis à terre Billy Powell 175 ans plus tôt. La résidence fermée où Zimmerman tua Martin défiait également les idées reçues. Remettant en question l'idée que, seuls, des riches habitent dans ces endroits, elle montre à quel point la culture de la violence en Floride a pénétré dans toutes les races et dans toutes les classes, même quand – spécialement quand – ceux qui étaient sous l'emprise de ces préjugés ne soupçonnaient pas qu'ils perpétuaient les tragédies du passé de la Floride[15].

Il en était ainsi : un individu qui en poursuit un autre au cœur de la vieille zone de concentration des Séminoles. Cet endroit n'était rien d'autre que deux dolines quand Disney apparut dans le ciel au-dessus d'elles.

---

15 Adam Weinstein, « Trayvon Martin's Death Extends Sanford's Sordid Legacy », *Mother Jones*, 28 mars 2012 ; David R. Dow, « George Zimmerman Will Never Be Convicted of Murdering Trayvon Martin », *Daily Beast*, 22 mai 2012. Consulté le 30 mai 2012.

Maintenant, comme chaque parc à caravane et comme chaque enclave McMansion, il a un drôle de nom, mais quelle est sa nature ? Quelle est la nature de ce qu'est devenu cet endroit ? Si George Zimmerman avait regardé en l'air cette nuit-là, il aurait peut-être aperçu un satellite qui chutait dans le ciel. Quand il tira sur Trayvon comme s'il s'agissait « d'un loup ou d'un ours », il regarda sans sourciller tous ceux qui croient que l'on peut être à l'abri de nos peurs une fois que l'on a mis des grilles, loué des gardes de sécurité, acheté un fusil au centre commercial et, tôt ou tard, trouver une raison pour l'utiliser. Il regarda aussi les victimes.

Le jury de Floride, comme les flics de Sanford, diront à Zimmerman qu'il était normal de tuer le garçon noir. Qu'il pouvait rentrer chez lui. À cet égard, également, la Floride était bien l'Amérique et non pas une aberration. Les années suivantes, partout dans le pays – à Staten Island, New York ; à Ferguson, Missouri, à Baltimore, Maryland, ainsi qu'au Texas, en Oklahoma, en Ohio, dans l'Illinois ou le Minnesota – le verdict fut toujours le même, là où un noir non armé était abattu par un blanc. C'est OK ! C'est OK ! Allons-y. Tirons-leur dessus ! Tuons-les !

ÉPILOGUE

Ne cessez pas de regarder l'eau

Quand vous considérez le très, très long terme, il devient évident que, parfois, des changements si importants se produisent qu'ils rendent ce que les gens disent, tout comme ce qu'ils font, hors de propos. En 1500, l'Espagne se déchirait au sujet de la manière dont il fallait traiter les populations conquises du Nouveau Monde. En Floride, il importait peu que les missionnaires leur chantent des psaumes ou que les conquistadors les fouettent. Car l'arrivée de microbes meurtriers détermina le devenir de la population de Floride. L'introduction d'un esclavage de monoculture décida à nouveau du cours des choses. La Guerre civile elle-même ne put effacer la tache raciale que l'esclavage avait imprimée. Puis, au vingtième siècle, les gens arrivèrent en Floride, beaucoup de gens. En 1900, elle comptait à peine plus d'un demi-million d'habitants ; aujourd'hui elle en compte trente cinq fois plus.

En 1940, la Floride, démographiquement et psychologiquement, était encore le têtard de l'ex-Confédération. Elle était l'État le moins peuplé du Sud et avait moins d'habitants que l'Arkansas. En 2015, la Floride avait dépassé le Michigan, l'Illinois et New York pour devenir le troisième État le plus peuplé des États-Unis, devancée seulement par ces deux autres monstres de la ceinture du soleil que sont le Texas et la Californie. Le Texas et la Californie, à l'inverse de la Floride, avaient un grand nombre de ressources naturelles. Ils avaient une industrie et avait accumulé de la propriété intellectuelle ; la Floride avait le mythe du soleil, la séduction de la fuite. Ces atouts immatériels avaient suffi à déclencher une soudaine modification démographique aussi importante que celle occasionnée par la grande migration des années 1820, qui créa les conditions de la Guerre civile. Le premier influx avait balayé les nations indiennes de la frontière du sud-est ; presque du jour au lendemain, il avait transformé le Mississippi, l'Alabama, et la Floride en « des parcs à même de produire plus d'esclaves ». Aujourd'hui – tout aussi rapidement – les gens s'entassent en Floride et, ce faisant, recréent toutes les frustrations auxquelles ils voulaient échapper.

La Zone statistique de l'agglomération de Miami continue d'être le plus étonnant exemple de ce que, s'il s'agissait d'espèces non humaines, les biologistes appelleraient l'infestation de la Floride. Également connue sous le nom de la métropole du sud de la Floride, elle pourrait tout aussi bien être appelée la mégapole oolithe, en référence au calcaire souterrain qui fait qu'il est possible pour tant de millions de gens se s'établir là, entre l'Océan Atlantique et les Everglades. De plus de deux cents kilomètres de long mais rarement de plus de trente kilomètres de large, cette étroite bande nord-sud de calcaire, qui s'étend aujourd'hui de Jupiter jusqu'à Homestead, forme la septième agglomération la plus peuplée des États-Unis. Trois des centres métropolitains historiques – New York, Chicago, Philadelphie – sont encore plus importants. Los Angeles et les deux grandes agglomérations du Texas, Houston et Dallas-Fort Worth, sont aussi plus grandes, mais, en 2010, le Grand Miami avait dépassé l'agglomération de Washington, D. C. en population. Il devance aussi ce qui, auparavant, était la métropole la plus importante du Sud, Atlanta. La métropole que Flagler et Tuttle ont construit sur un désir d'échapper à des températures froides l'emporte aussi sur ces d'anciens centres urbains que sont Boston et San Francisco, ainsi que sur des villes de la ceinture de la rouille comme Détroit, ou des nouvelles venues dans la ceinture du soleil comme Phoenix, des centres high-tech comme Seattle, et des capitales régionales comme Denver et Minneapolis-St. Paul.

Ce ne sont pas seulement Miami et Orlando. En moins de deux générations, l'État de Floride est devenu l'État le plus densément peuplé si on fait exception de la mégapole du nord-est Boston-Washington. Lors des précédents moments-clés, les Espagnols, les Séminoles et les Confédérés découvrirent qu'il n'y a pas de moyen d'échapper au changement en Amérique, une fois qu'il a été mis en branle dans toute sa force. Aujourd'hui, c'est à nouveau le cas, alors que, partout en Floride, les gens doivent faire face aux complications qu'il y a à vivre dans État qui, désormais, non seulement est plus peuplé, mais dont la densité de la population est supérieure à la Pennsylvanie et à l'Ohio[1].

---

1 Toutes les statistiques viennent du bureau de recensement des États-Unis.

Des changements culturels d'importance et une infinité de choix individuels ont amenés en Floride des personnes aussi différentes que Rick Scott et George Zimmerman, LeBron James et John Travolta, mais à chaque fois cette implosion démographique a été accélérée et subventionnée par les gouvernements, le grand comme le petit. Longtemps après que la perte en population est devenue un problème crucial dans le nord, des États comme celui de New York ont continué à forcer les retraités à partir vers le sud par des politiques fiscales qui pénalisaient les enseignants et les directeurs de magasins d'équipement s'ils conservaient les maisons dans lesquelles ils avaient élevé leur famille. Bien après que l'augmentation de la population a été reconnue comme un problème crucial dans la ceinture du soleil, des États comme la Floride ont continué à favoriser une croissance non contrôlée avec des faibles impôts (ou pas d'impôts du tout), produisant un double disfonctionnement dans la gouvernance. Des États qui avaient les infrastructures, à la fois physiques et institutionnelles, de service public ont vu leurs fondations fiscales, de même que leurs routes et leurs écoles, se désintégrer. Des États comme la Floride, qui ne souciaient pas beaucoup de l'éducation et de service public ont eu à faire face à une explosion démographique qui a chargé plus encore leurs équipements déjà inadéquats.

Cet échec du gouvernement à gouverner intelligemment, ou à gouverner tout court, s'est avéré être plus qu'une importation polémique. En 2012, les données du recensement ont établi que Miami, la plus récente métropole d'Amérique, était aussi la moins éduquée. Le reste de la Floride – et de l'Amérique – n'était au demeurant pas loin derrière dans cette négligence accumulée pour ce qui concerne l'infrastructure intellectuelle de la nation. Avec une force de travail faiblement qualifiée, la Floride ne produisait toujours pas grand-chose, dans quelque domaine que ce fût. C'était aussi un indicateur, en ce début du vingt et unième siècle, de ce que l'Amérique tout entière était en train de devenir. Une nation endettée, qui consomme plus qu'elle ne produit, dépendante de biens importés comme de l'argent emprunté pour maintenir ses frivolités et, de plus en plus, ses nécessités. Dilapider du capital n'était pas nouveau, mais l'universalité – la démocratisation – de la capacité à gaspiller était nouvelle. Tout le monde était comme Ponce de Leon et Flagler désormais, dépensant de l'argent qui n'avait pas son origine seulement en Floride, mais ailleurs.

C'est, à l'évidence, un prototype environnemental que fournit la Floride, et pas seulement à cause de sa vulnérabilité géographique. Pendant des décennies, elle n'a rien fait de significatif pour ralentir ou pour adoucir l'impact de son extraordinaire essor démographique. De plus en plus, le modèle du laissez-faire s'applique nationalement, lorsque les Américains répondent au changement climatique, soit en s'en plaignant, soit en le niant. Aucune mise à l'amende n'empêche les glaciers de fondre. Ici, également, la Floride menace d'ouvrir la voie. La pression de l'eau s'accroit de manière volumétrique, ce qui veut dire qu'une montée du niveau de l'océan de 10 centimètres entraîne une poussée neuf fois plus importante de l'eau salée de l'océan vers les aquifères d'eau douce de Floride.

Pour ce qui concerne l'activité agricole de la Floride, notamment la production de jus d'orange, on a récolté ce qu'on a semé. Des gelées successives ont fait descendre l'industrie des agrumes toujours plus au sud de la péninsule. Cela n'a pu sauver l'orange et le pamplemousse, eux-mêmes espèces étrangères, de l'attaque, vague après vague, de tueurs envahisseurs. Le jour du jugement a vraiment semblé s'être levé quand une bactérie meurtrière au nom pourtant sympathique, Citrus Greening, a envahi la Floride. Au XIXe siècle les propriétaires d'esclaves de Floride avaient supplié le gouvernement de Washington de les protéger des Séminoles. Le résultat fut un génocide. Au XXIe siècle, en réponse aux suppliques des barons floridiens des agrumes, l'administration de Trump a donné l'autorisation d'asperger les oranges que mangent les gens avec des antibiotiques utilisés habituellement pour traiter la syphilis. On utilise désormais pour les orangers un volume d'antibiotiques plus de quarante fois supérieur à celui consommé par l'ensemble de tous les Américains. Une catastrophe dont l'homme est le seul responsable se profile à nouveau, cette fois bio-génétique.

Dans les années les plus fastes, environ un demi-million d'hectares avaient été cultivés ; désormais deux cent cinquante mille seulement le sont. Les exportations d'oranges de Floride sont tombées à 145 millions de packs après un pic de 244 millions de packs à la fin des années 1990. Le Brésil et la Chine ont dépassé les États-Unis pour la production d'agrumes. Derrière cela, un drame plus important se joue. L'orange de Floride était venue de Chine ; de même que la maladie qui la tue désormais. Le *Citrus Greening* est également connu sous les initiales HLB, d'après son nom chinois, *huang long bing*, ce qui veut dire la Maladie du Dragon Jaune. Tout comme les Européens avaient jadis traqué des Européens jusqu'en Floride pour les tuer, le Dragon jaune avait poursuivi sa proie sur un demi tour du monde. Comme bien d'autres intrus exotiques, c'est désormais le moment de vérité pour cette bactérie chinoise et sa proie chinoise dans le Jardin d'Eden de Floride[2].

Pendant près de deux cents ans, on n'avait cessé de prétendre que la Floride était, selon les termes de H. H. Williams, un « coin de paradis ». Si vous voulez voir de vos propres yeux quels sont les conséquences sur le long terme quand on tente de tromper la nature, un endroit intéressant est Clermont, Floride, situé à environ quarante kilomètres au nord-est de Disney World. Quand ils l'ont fondé en 1916, les promoteurs locaux lui ont donné le nom de Clermont-Ferrand, France, mais il fallait autre chose qu'un nom aux sonorités attrayantes pour transformer cet endroit en attraction. La « Tour fruitière » de Clermont, déclare son site web, « n'a pas de concurrent plus majestueux et plus monumental pour rendre hommage à la célèbre industrie fruitière et aux plantations subtropicales luxuriantes de la Floride centrale[3] ». Aujourd'hui ces plantations n'existent plus ; les seules fleurs d'oranger que vous pouvez encore voir sont celles des plaques d'immatriculation sur le parking. À cause du gel, des maladies et l'avancée d'une autre espèce d'envahisseurs – *Homo sapiens* – les orangers qui ont donné au comté d'Orange son nom appartiennent maintenant – comme les Séminoles qui, autrefois, y ont été concentrés – à l'histoire, mais qu'importe ! « La table d'observation en verre », selon les promoteurs de la Tour fruitière, désormais « sert de balise pour guider un nouveau business fleurissant et de base de population vers la région touristique du comté de South Lake ».

Naguère, les propriétaires d'esclaves sécessionnistes, plutôt que de considérer le problème que leurs excès avaient créé, s'étaient retournés contre leur principal bienfaiteur, le gouvernement fédéral. Aujourd'hui, les Néo-Conservateurs (les Néo-Confédérés comme les Néo-Conservateurs proprement dits) fulminent contre la tyrannie fédérale, même si, dans ce nouvel âge, qui a tant de correspondances avec l'âge ancien, les conquistadors dans leur kart de golf, comme leurs prédécesseurs à cheval,

---

2 Interviews avec Kevin Bouffard, mai 2012. Son rapport également dans le *Lakeland Ledger* : « Citrus Land in Florida Down 2.3 Percent This Year », 22 septembre 2011 ; « Threat of Citrus Greening to Industry Worse Than Feared », 15 novembre 2011.

3 Voir http://citrustower.com/clermont. Consulté le 8 juin 2012.

sont subventionnés par le gouvernement. Les chèques de Medicare et de la Sécurité sociale ont donné aux gens la sécurité et le loisir qui leur permettent de se plaindre du grand gouvernement. Des dépôts bancaires assurés au niveau fédéral et des hypothèques immobilières garanties par le gouvernement ont aidé à faire gonfler les bulles immobilières de Floride. Boom ou Faillite, les transferts fédéraux brassent plus d'argent en Floride chaque mois que tous les barons pilleurs de l'âge doré ne l'avaient jamais fait.

Une des raisons de la réponse désespérée que l'on donne à ce que l'Amérique est en train de devenir est que, comme la Floride, l'Amérique a désormais un système économique biaisé qui rend les riches plus riches, tout en arnaquant le plus grand nombre. Avant il s'agissait des oligarques contre les compatriotes. Maintenant, dans toute l'Amérique ce sont les privilèges de plus en plus grands du Un Pourcent contre les possibilités déclinantes de ce qu'on appelle encore la « classe moyenne ». Économiquement parlant, les tendances lourdes de l'Amérique au début du vingt et unième siècle posent des questions similaires à celles que l'approche que l'on a faite du Disney World posait depuis le début. Qu'est-ce qu'un « boom » dans lequel les salaires stagnent ou déclinent et où l'épargne individuelle diminue ? Quel est l'intérêt d'un « redressement sans emploi » dans lequel les saisies se multiplient et les dettes individuelles (souvent à des taux usuriers sur les cartes de crédit) montent en flèche, et où aller à l'université est également un aller simple vers la pénurie ? Pourquoi les malfaiteurs des entreprises sont-ils exemptés des lois auxquelles les gens normaux doivent obéir ?

Un des aspects les plus inquiétants d'une Amérique de plus en plus floridienne est son incapacité à résoudre ses problèmes propres, et encore moins à fournir des modèles de solution pour le reste du monde. Depuis cinq cents ans, la Floride a successivement été un sous-produit de l'Age des Grandes Découvertes, un pion dans les querelles dynastiques de l'Europe, un dérivé de l'expansion de l'esclavage, un symptôme tout d'abord de l'industrialisation, puis de la désindustrialisation des États-Unis. Maintenant que le pays tout entier a été redéfini par des forces qu'il n'a ni créées ni contrôlées, peut-être est-ce ainsi que l'avenir de l'Amérique se fera également. Tous ces Asiatiques intelligents et ces Latinos qui travaillent dur, poussés par des individus sophistiqués d'autres continents, et aidés par de très, très nombreux Scalawags nés avec le nouveau millénaire : est-ce cela la terrible grande leçon de la Floride ? Ne pas s'en soucier ! Les choses iront mieux – au moins elles iront différemment – une fois que tous ces milliardaires de Fujian et de Nizhny Novgorod et ces entrepreneurs de Sao Paolo et d'Oaxaca commenceront à jouer avec l'Amérique comme si c'était de la pâte à modeler. Est-ce que les livres d'histoire les salueront un jour comme des « visionnaires » ou seront-ils condamnés comme des Carpetbaggers ? Ou est-ce que les conquistadors de Séoul et de Shenzen finiront comme le de Soto du tableau ? Il est une chose que nous partageons avec Ponce de Leon, Julia Tuttle et Gary Morse : quoi que nous fassions, nous pouvons être sûrs que les conséquences de nos actions seront différentes de ce que nous voulions qu'elles soient. Génération après génération, ce fut la leçon, inchangée, que nous a enseigné la Floride.

Dans sa dernière incarnation de révélateur national, la Floride illustre ce dysfonctionnement systémique de l'Amérique qui, point par point, déni après déni, banalisation après banalisation, a affecté peu à peu le pays tout entier. Avant tout, la Floride reste prophétique dans son mépris des réalités. Les mots n'y ont jamais eu de sens, et alors que gagne la floridianisation de l'Amérique, le reste du pays devient aussi de plus en plus dépourvu de discours qui fasse sens. Au cours de ces premières décennies du vingt et unième siècle, les États-Unis se retrouvent avec une politique dans laquelle le bruit l'emporte sur la raison. Les mots hurlés à la radio ou tweetés prévalent parce qu'ils n'ont aucun sens, consistant ou stable. Et, bien entendu, l'Amérique a un président pour qui la distinction entre les faits et l'imaginaire, le mensonge et la vérité n'a pas non plus de sens.

Si la Floride est le paradigme du dysfonctionnement national de l'Amérique, Donald Trump en est le paladin – la plus forte en même temps que la plus authentique voix d'une diatribe nationale qui, en plus d'être hystérique, n'a pas le moindre sens. Par ses lamentations et son ressentiment, la plus riche et la plus puissante nation de la planète apparaît comme une superpuissante qui pleure comme un bébé. En Floride, on a toujours fait porter la faute sur les ouragans, les inondations et les épidémies, jamais sur les personnes. Mais, maintenant, ce sont les Chinois, les Mexicains, les étrangers illégaux qui sont la cause de tous les problèmes, y compris du fait que la plupart des Américains avaient, en fait, voté contre Trump et non pour lui. L'Amérique est entrée dans l'ère de la post-réalité, aussi n'y dit-on jamais, et on l'admet encore moins, que l'on s'est auto-infligé la crise nationale de ce début du XXIe siècle. Personne n'a forcé les Américains à se rassembler par milliers dans les marécages, pas plus qu'on ne les a forcés à nier le changement climatique. Et par-dessus tout, on s'est auto-infligé des griefs parfaitement injustifiés.

Quand on ne veut ou ne peut pas accepter la réalité, une politique fondée sur l'irréalité devient nécessaire pour maintenir ce que l'érudit floridien, Eugene Lyon, décrivait comme l'« utopie des espoirs réciproques ». L'utopie en question peut être une résidence fermée ou une plantation d'indigo – ou l'insistance que l'Amérique est toujours et sera toujours numéro un, tant qu'elle maquillera son passé en allant de l'avant. Vous pouvez appeler les mensonges illusion, idéologie, doctrine ou valeurs traditionnelles, ou encore points de discussion ou questions litigieuses si vous préférez. La fonction clé d'une telle politique, quelle que soit la manière dont vous l'appelez, est de maintenir l'écart qui prévaut, mais qui est désormais en danger, avec la réalité. Le problème, comme la Floride l'a démontré pendant un demi-millénaire, est que maintenir cet écart rend encore plus improbable que l'on puisse trouver des solutions pratiques à de réels problèmes. Lyon se référait à cette utopie que les Espagnols n'avaient pas réussi à trouver en Floride il y a cinq siècles. Au début du vingt et unième siècle, l'Amérique est également devenu cet endroit. Comme le Nouveau Monde que les Espagnols ont découvert, l'Amérique est encore un empire de merveilles, mais pas de ces merveilles que l'« utopie des espoirs réciproques » a permis[4].

Lors des élections de 2018, la Floride récompensa son gouverneur climato-sceptique en l'élisant sénateur. La Floride a désormais deux sénateurs à Washington qui refusent de s'attaquer au dysfonctionnement systémique de la Floride – et de l'Amérique – que ce soit la violence par armes ou le réchauffement climatique. Mais tenez-vous bien ! Lors de la même élection, les Floridiens ont réalisé un changement extraordinaire dans la constitution de l'état. Les personnes qui avaient été condamnés pour des actes qu'ils avaient ou n'avaient pas commis, étaient désormais autorisés à voter ! Du même coup, les électeurs de Floride supprimaient la plus grande injustice du système

4 Eugene Lyon, *Adelantimiento of Florida*, 1973, 207.

électoral floridien – et américain. C'est-à-dire, la privation du droit de vote pour un très grand nombre de noirs et aussi de pauvres blancs. La Floride, toujours aussi incohérente que prophétique, n'ouvrirait-elle pas ainsi la voie à un renouveau démocratique en Amérique ? En Floride, il faut toujours pouvoir rêver.

Des merveilles floridiennes, la plus extraordinaires reste l'impossibilité d'éradiquer l'espoir. Même après que les charançons eurent mangé sa récolte de coton, Harriet Beecher Stowe croyait encore que « les fièvres provoquées par le paludisme étaient ici d'un genre léger », tout comme, aujourd'hui, il ne vient jamais à l'esprit des millions et millions de gens qui l'ont suivie que la fonction de la Floride puisse ne pas être de donner une réalité à leurs rêves. Vous les voyez au Département des véhicules à moteur ; vous les voyez de nouveau devant les ponts-levis de Floride, autant de gens piégés par l'histoire, sans le savoir. Tous ceux qui ont passé quelque temps en Floride ont fait cette expérience. Pour aller à votre plage favorite, vous avez probablement à traverser un pont. Il y de bonnes chances, si c'est un pont-levis, que juste quand vous y arrivez, le pont soit levé, et que vous soyez obligé de vous arrêter. Le pont est levé, car une personne chanceuse qui possède un bateau trop gros pour passer sous ce pont a décidé de le sortir ce jour-là.

En Floride, ceux qui possèdent des bateaux ont la priorité sur ceux qui n'en possèdent pas. Aussi, pendant que le yacht passe sous le pont, les gens attendent-ils dans leurs voitures, bloquées dans la circulation, pour passer sur le pont. L'agent immobilier dans son Audi en leasing ; la famille noire avec ses ballons de plage dans un break d'occasion ; les enfants latinos qui jouent avec leur téléphones cellulaires ; le type aux cheveux en épis dans sa camionnette avec des décalcomanies du drapeau de la Confédération ; les gars dans la Miata avec leur kippa et leur string, tous attendent sans se plaindre. Tous acceptent que « les yachts d'abord », ce soit l'ordre des choses en Floride. Les klaxons ne se font pas entendre. Personne ne demande à savoir : pourquoi ceux qui ont des bateaux seraient-ils prioritaires ? Personne ne crie à voix haute et ne se met en colère : Ce n'est pas juste ! La plupart de ceux qui sont allés sur plage de Floride se sont trouvés là, à attendre ce moment, qu'ils partageront avec d'autres, où les feux rouges clignotants passeront au vert, et où toutes les voitures se mettront en marche ensemble comme si elles avaient un intérêt et un but commun.

Comme le montrent bien tous ces discours qu'ils entendent à la radio de leur voiture, le thème principal qui relie les différents événements est celui d'un dysfonctionnement systémique de l'Amérique. La Floride illustrait déjà son dysfonctionnement racial, économique et administratif. Maintenant, alors que l'Amérique s'enfonce de plus en plus dans le XXIe siècle, la Floride fournit également le meilleur exemple de son incapacité systémique à prendre vraiment conscience du changement climatique. À toute époque, la Floride a eu ses négateurs, ceux qui ont nié ses ouragans, ceux qui ont nié ses booms et ses faillites, ou ceux qui ont nié que l'esclavage ait eu des conséquences. Mais ici encore, comme toujours, la Floride a ouvert la voie ! Avant même qu'un président qui nie ce changement n'arrive au pouvoir et ne transforme sa résidence, et entreprise, privée de Palm Beach en « Maison blanche d'hiver », le gouverneur de Floride, qui le niait également, avait interdit à l'administration de l'État de faire référence sur ce sujet aux preuves avancées par les scientifiques. En 2016, la Floride a réélu un sénateur qui le nie lui aussi. Il a même refusé de rencontrer des maires de son propre parti pour discuter avec eux du fait que, dans leur localité, tout autour d'eux semblait s'enfoncer – même si c'était, en réalité, les eaux qui montaient.

Au moment le plus palpitant du film de science fiction, *La Chose de l'autre monde*, de 1951, en pleine paranoïa de la Guerre froide, un journaliste crie dans son microphone : « Dites à tous ceci, où qu'ils soient. Regardez partout le ciel. Ne cessez pas de regardez le ciel ». Aujourd'hui, pour autant qu'il s'agisse de la Floride, de l'Amérique et du destin du monde, l'épigraphe serait : « Dites à tous ceci, où qu'ils soient. Regardez partout l'eau. Ne cessez pas de regarder l'eau ». En Floride l'eau est toujours au dessous de vous, même si vous avez l'impression d'être sur une terre sèche. Les jours les plus ensoleillés, elle se cache dans le ciel au dessus de vous. L'eau, également, vous entoure et imprègne votre corps. Rien en vous n'échappe à l'humidité de Floride ! Un de mes plus lointains souvenirs, alors que j'avais deux ou trois ans, est d'avoir ressenti à quel point tout était moite – les oreillers, les sofas, les nappes de table, les draps des lits. Avant, presque, que je ne sache parler, longtemps avant que je ne sache lire et écrire, j'avais ressenti le pouvoir envahissant de cette moiteur floridienne. À l'époque du changement climatique, comme dans toutes les autres époques en Floride, l'eau fournit la clé à toute compréhension, mais comme, quand ils attendent que passent les bateaux des riches, les gens dans toutes ces voitures ne regardent pas l'eau. Ils ne consacrent pas beaucoup de temps à considérer la possibilité que, peut-être, l'inondation de leur jardin est liée à quelque chose de plus général. Il en fut de même à l'époque de l'esclavage, ou avec les Séminoles, ou quand les Everglades furent transformés en routes, en programmes immobiliers et en centres commerciaux. Où qu'ils vivent, les gens, généralement, ne consacrent pas beaucoup de temps à considérer que tout ce qu'ils font affecte la planète toute entière et l'avenir de l'humanité. À la place, ils jouent avec la radio de leurs voitures. Ils bavardent. Ils disent aux enfants de se taire. Ils ne regardent pas l'eau. Ils estiment que l'eau va de soi, car ils ne comprennent pas que l'eau est un protagoniste essentiel. Ils ne regardent pas l'eau. Ils regardent les feux de circulation, ceux qui leur diront quand ils peuvent traverser le pont.

Ils attendent très patiemment, car Richard Feynman, qui avait raison pour tout le reste, avait tort sur la Floride. Il avait raison, bien entendu, dans un sens technique. On ne peut tromper la nature, mais il était à côté du sujet. En Floride, il ne s'agit pas de tromper la nature ; il s'agit de tromper les gens. Et le plus souvent, ce sont les gens qui se trompent eux-mêmes. Autour d'eux la Floride hurle : Non ! Non ! Vous êtes fous de croire que la vie peut être et sera à tout jamais facile ! Ne voyez-vous pas que l'histoire est triste, que l'histoire est douloureuse, que l'histoire est un processus de vol ? Vos ancêtres n'étaient pas des gentilshommes sudistes ! Ils ne possédaient pas de grandes haciendas à Cuba ! Ne voyez-vous donc pas que, pour les sociétés de cartes de crédit et les consultants sur les questions litigieuses, vous êtes tous des Séminoles ! Mais les gens qui attendent devant le pont ne le voient pas.

Ils ne le voient pas, car leurs vies sont bien compliquées. Ils ne le voient pas aussi, car leurs écoles ne leur apprennent pas à voir, les politiciens et les médias non plus. Mais la plupart ne le voient pas, car ils préfèrent ne pas voir. Ils attendent patiemment – innocemment, comme Henry James aurait pu le dire, en décrivant les motifs dans le tapis – car, quoique l'expérience de la vraie vie puisse leur apprendre, ils préfèrent croire que la vie pour eux, également, tend vers un yacht. Ils continuent de croire qu'un jour ce sera leur bateau, et qu'alors, le pont, se levant pour les saluer, s'ouvrira grand devant eux.

ESSAI BIBLIOGRAPHIQUE

Les plus importants ouvrages historiques sur la Floride peuvent se diviser en deux grandes catégories : ceux qui disent la vérité et ceux qui perpétuent les mythes. Durant la plus grande part des deux cents ans passés, les faiseurs de mythes ont régné en maître, alors qu'un grand nombre de magnifiques études de ce qui s'y est réellement passé ont moisi dans les archives, ignorés des universitaires comme des auteurs de best-sellers. L'âge digital a donné une nouvelle chance à ces diseurs de vérité d'être entendus. La plupart des titres les plus obscurs, ici mentionnés, sont maintenant accessibles en ligne. Plusieurs d'entre eux sont des chefs d'œuvres aussi bien littéraires qu'historiques. Ils offrent une vraie information qui, pendant des générations, a été étouffée par l'apologie historique de publicitaires. Cela ne signifie pas que les ouvrages des suiveurs et des dissimulateurs doivent être ignorés. Ils fournissent un témoignage précis du besoin que chaque génération avait d'entendre que le passé était exactement ce qu'elle imaginait qu'il était, quand bien même les auteurs diraient aussi, parfois, des vérités qu'ils n'avaient jamais eu l'intention de dire.

DISEURS DE VÉRITÉ ET TÉMOINS[1]

Jacques Le Moyne de Morgue, *Narrative of Le Moyne : An Artist Who Accompanied the French Expedition to Florida Under Laudonnière*, 1564. Traduit du latin par Frederick B. Perkins, 1875.

Frank Lestringant, *Le Théâtre de Floride : Autour de la Brève narration d'événements qui sont arrivés en français en Floride, en Amérique, de Jacques Le Moyne de Morgues (1591).* Exposition et commentaire, 2017

Garcilaso de la Vega (Gomèz de Figueroa), *La Florida del Inca*, 1605 ; *The Florida of the Inca.* Traduit et edité par John Grier Varner et Jeanette Johnson Varner, 1951.

1 Par ordre chronologique.

Bernard Romans, *A Concise Natural History of East and West Florida*, 1775.

Treaty of Amity, Settlement and Limits Between the United States of America, and His Catholic Majesty (également connu sous le nom de « Adams-Onis Treaty » et « Transcontinental Treaty »), 1819.

Treaty with the Florida Tribes of Indians, 1823 (également connu sous le nom de Treaty of Moultrie Creek in Charles J. Kappler, *Indian Affairs : Laws and Treaties, vol. II, Treaties*, 1915).

John James Audubon, *The Birds of North America*, 1827-1839.

Zephaniah Kingsley, *A Treatise on the Patriarchal, or Co-operative System of Society as It Exist in Some Governments, and Colonies in America, and in the United States, Under the Name of Slavery, with Its Necessity and Advantages*, 1829.

John Titcomb Sprague, *The Origin, Progress, and Conclusions of the Florida War*, 1848.

Jonathan Walker, *The Branded Hand : Trial and Imprisonment of Jonathan Walker, at Pensacola, Florida : For Aiding Slaves to Escape from Bondage with an Appendix Containing a Sketch of His Life*, 1848

John Giddings, *The Exiles of Florida : or, The Crimes Committed by Our Government Against the Maroons, Who Fled from South Carolina and the Other Slave States, Seeking Protection Under Spanish Laws*, 1858.

James Parton, *The Life of Andrew Jackson*, 1860.

Richard Keith Call, *Union – Slavery – Secession : Letter from Governor R. K. Call, of Florida, to John S. Littell of Germantown, Pennsylvania*, 1861.

Florida State Archives, *Constitution of 1868*, 1868.

J. H. Gilman, « With Slemmer in Pensacola Harbor » in The Century Co., *Battles and Leaders of the Civil War*, 1887.

Alfred Thayer Mahan, *The Interest of America in Sea Power, Present and Future*, 1893.

Minnie More Willson, *The Seminoles of Florida*, 1896.

Charles H. Coe, *Red Patriots : The Story of the Seminoles*, 1898.

Thorstein Veblen, *The Theory of the Leisure Class : an Economic Study of Institutions*, 1899.

Thomas Chatfield, *Reminiscences of Captain Thomas Chatfield :* Cotuit, Massachusetts, 1904.

Paul Leland Haworth, *The Hayes-Tilden Disputed Presidential Election of 1876*, 1906.

Isaac Joslin Cox, *The West Florida Controversy, 1798-1813 : A Study in American Diplomacy*, 1918.

James Weldon Johnson, *Along This Way : The Autobiography of James Weldon Johnson*, 1933.

A. J. Hanna, *Flight into Oblivion*, 1938.

Federal Writers Project, *Florida : A Guide to the Southernmost State*, 1939.
Stetson Kennedy, *Palmetto Country*, 1942.
Stefan Lorant, *The New World : The First Pictures of America*, 1944.
Marjory Stoneman Douglas, *The Everglades : River of Grass*, 1947.
Philip D. Ackerman, « Florida Reconstruction from Walker Through Reed », 1948
Rembert W. Patrick, *Florida Fiasco : Rampant Rebels on the Georgia Florida Border, 1810-1815*, 1954.
Florence Fritz, *Unknown Florida*, 1963.
Joe M. Richardson, *The Negro in the Reconstruction of Florida*, 1865-1877, 1965.
Henrietta Buckmaster, *The Seminole Wars*, 1966.
Samuel Eliot Morison, *The European Discovery of America : The Southern Voyages*, 1974.
J. Leitch Wright Jr., *Britain and the American Frontier*, 1783-1815, 1975.
Eugene Lyon, *The Enterprise of Florida : Pedro Menendez de Aviles and the Spanish Conquest of 1565-1568*, 1976. Voir aussi sa thèse de doctorat, *Adelantamiento of Florida : 1565-1568*, University of Florida, George A. Smathers Libraries, 1973.
Peter C. H. Pritchard (ed.), *Rare and Endangered Biota of Florida*, 1976-1982.
Virginia Parks, Alan Rick, and Norman Simons, *Pensacola in the Civil War*, 1978.
W. Stuart Towns, « Honoring the Confederacy in Northwest Florida : The Confederate Monument Ritual », *Florida Historical Quarterly*, vol. 57, no. 2, 1978.
Edward D. Davis, *A Half Century of Struggle for Freedom in Florida*, 1981.
Frances Novak-Branch, *The Disney World Effect*, 1983.
Joseph Burkholder Smith, *The Plot to Steal Florida : James Madison's Phony War*, 1983.
Jean Parker Waterbury, *The Oldest City : St. Augustine Saga of Survival*, 1983
David Nolan, *Fifty Feet in Paradise : The Booming of Florida*, 1984.
Richard P. Feynman, « Personal Observations on the Reliability of the Shuttle », in William P. Rogers et al., *Report of the Presidential Commission on the Space Shuttle Challenger Accident*, 1986.
T. D. Allman, *Miami : City of the Future*, 1987.
Kathleen Deagan, *Spanish St. Augustine : The Archaeology History of Florida*, 1987.
Hap Hatton, *Tropical Splendor : An Architectural History of Florida*, 1987.
Frank Oppel et Tony Meisel (eds.), *Tales of Old Florida*, 1987.
Ronald L. Myers et John J. Ewel, *Ecosystems of Florida*, 1990.
Canter Brown, Jr., *Florida's Peace River Frontier*, 1991.
Joel Garreau, *Edge City : Life on the New Frontier*, 1991.
Patricia C. Griffin, *Mullet on the Beach : The Minorcans of Florida*, 1768-1788, 1991.

Douglas T. Peck, *Ponce de Leon and the Discovery of Florida*, 1993.
Robin Brown, *Florida's First People : 12,000 Years of Human History*, 1994.
Jack Lane et Maurice J. O'Sullivan Jr., *The Florida Reader : Visions of Paradise*, 1994.
Kevin McCarthy, *Twenty Florida Pirates*, 1994.
Kathleen Deagan (avec Darcie McMahon), *Fort Mose : Colonial America's Black Fortress of Freedom*, 1995.
Walter T. Howard, *Lynching and Extralegal Violence in Florida*, 1995
Allen Morris, *Florida Place Names : Alachua to Zoleo Springs*, 1995
Michael D'Orzo, *Rosewood : Like Judgement Day : The True Story of the Rosewood and Its Aftermath*, 1996.
Arva Moore Parks, Gregory W Bush et Laura Pincus, *Miami, the American Crossroad : A Centennial Journey 1896-1996*, 1996.
Canter Brown Jr., *Ossian Bingley Hart : Florida's Loyalist Reconstruction Governor*, 1997.
Al Burt, *Al Burt's Florida : Snowbirds, Sand Castles, and Self-Rising Crackers*, 1997.
David J. Coles, « They Fought Like Devils' : Black Troops in Florida During the civil War », in Mark I. Greenberg, William Warren Rogers, et Canter Brown Jr. (ed.), *Florida's Heritage of Diversity*, 1997.
James M. Denham, *A Rogue's Paradise : Crime and Punishment in Antebellum Florida, 1821-1861*, 1997.
Daniel Simberloff, Don C. Schmitz, et Tom C. Brown, *Strangers in Paradise : Impact and Management of Nonindigenous Species in Florida*, 1997.
Canter Brown Jr., *Florida's Black Public Officials, 1867-1924*, 1998.
Gene M. Burnett, *Florida's Past : People and Events that Shaped the State*, 1998.
Mark Derr, *Some Kind of Paradise : A Chronicle of Man and the Land in Florida*, 1998.
Jerald T. Milanich, *Florida Indians and the Invasion from Europe*, 1998.
James J. Miller, *An Environmental History of Northeast Florida*, 1998.
Susan Orlean, *The Orchid Thief*, 1998.
Russ Rymer, *American Beach : A Saga of Race, Wealth, and Memory*, 1998.
Robert W. Torchia, *A Florida Legacy : Ponce de Leon in Florida*, 1998.
John T. Foster Jr. et Sarah Whitmer Foster, *Beechers, Stowes, and Yankee Strangers : The Transformation of Florida*, 1999.
Mark S. Foster, *Castles in the Sand : The Life and Times of Carl Graham*, 2000.
Jane Landers, *Black Society in Spanish Florida*, 2000.
Larry E. Rivers, *Slavery in Florida : Territorial Days to Emancipation*, 2000.
Robert W. Saunders Sr., *Bridging the Gap : Continuing the Florida NAACP Legacy of Harry T. Moore*, 2000.
Carl Hiaasen, *Paradise Screwed*, 2001.

Walter E. Meshaka, *The Cuban Treefrog in Florida : Life History of a Successful Colonizing Species*, 2001.
Jeffrey Toobin, *Too Close to Call : The Thirty-Six-Day Battle to Decide the 2000 Election*, 2001.
Edward E. Baptist, *Creating on Old South : Middle Florida's Plantation Frontier Before the Civil War*, 2002.
Steven Brooke, *Seaside*, 2002.
Shauna Henley, « A City with Schizophrenia », 2002.
John M. Williams et Iver W. Dueball, *Florida Hurricanes and Tropical Storms, 1871-2001*, 2002.
Richard E. Foglesong, *Married to the Mouse : Walt Disney World and Orlando*, 2003.
Les Standiford, *Last Train to Paradise : Henry Flagler and the Spectacular Rise and Fall of the Railroad that Crossed on Ocean*, 2003.
Diane Roberts, *Dream State : Eight Generations of Swamp Lawyers, Conquistadors, Confederate Daughters, Banana Republicans, and Other Florida Wildlife*, 2004.
J. B. Bird, *Rebellion : John Horse and the Black Seminoles*, 2005.
David J ; Coles, « Shooting Niggers, Sir », in Gregory J. W. Urwin (ed.), *Black Flag over Dixie : Racial Atrocities and Reprisals in the Civil War*, 2005.
Paul Ortiz, *Emancipation Betrayed : The Hidden History of Black Organizing and White Violence in Florida from Reconstruction to the Bloody Election of 1920*, 2006.
Kathryn Ziewitz et June Wiaz, *Green Empire : The St. Joe Company and the Remaking of Florida's Panhandle*, 2006.
Jay Barnes, *Florida's Hurricane History*, 2007.
Andres Resendez, *A Land So Strange : The Epic Journey of Cabez de Vaca*, 2007.
Seth A. Weitz, *Bourbon, Pork Chops, and Red Peppers : Political Immorality in Florida, 1945-1968*, 2007.
Andrew D. Blechman, *Leisureville : Adventures in a World Without Children*, 2009.
Chad D. Emerson, « Merging Public and Private Governance : How Disney's Reedy Creek Improvement District 'Re-Imagined' the Traditional Division of Local Regulatory Powers », *Florida State University Law Review*, 2009.
Karen Graves, *And They Were Wonderful Teachers : Florida's Purge of Gay and Lesbian Teachers*, 2009.
Larry Eugene Rivers et Canter Brown Jr., *The Varieties of Women's Experiences : Portraits of Southern Women in the Post-Civil War Century*, 2009.
Vincent Virga et E. Lynne Wright, *Florida : Mapping the Sunshine State Through History : Rare and Unusual Maps from the Library of Congress*, 2010.
William C. Davis, *The Rogue Republic : How Would-be Patriots Waged the Shortest Revolution in American History*, 2011.
Larry Eugene Rivers, *Rebels and Runaway : Slave Resistance in Nineteenth-Century Florida*, 2012.

T. D. Allman, *Finding Florida : The True History of the Sunshine State*, 2013.
T. D. Allman, *Miami : City of the Future*, édition révisée, 2013.
Arva Moore Parks McCabe, *George Merrick, Son of the South Wind*, 2015.
Arlo Haskell, *The Jews of Key West*, 2017.

FAISEURS DE MYTHE ET PROPAGATEURS[2]

Duncan L. Clinch, Descriptions du massacre de Negro Fort, *National Intelligence*, 1819 ; *Army and Navy Chronicle*, 1936.
Washington Irving, *Voyages and Discoveries of the Companions of Christopher Colombus*, 1831.
Henry Rowe Schoolcraft, *The American Indians : Their History, Condition and Prospects, from Original Notes and Manuscripts*, 1851.
Theodore Irving, *The Conquest of Florida by Hernando de Soto*, 1857.
George R. Fairbanks, *History of Florida from Its Discovery by Ponce de Leon, in 1512, to the Close of the Florida War, in 1842*, 1872.
Harriet Beecher Stowe, *Palmetto Leaves*, 1873.
Sidney Lanier, *Florida ; Its Scenery, Climate, and History with an Account of Charleston, Savannah, Augusta, and Aiken ; A Chapter for Consumptives ; Various Papers on Fruit-Culture ; and a Complete Hand-Book and Guide*, 1877.
The Works of Washington Irving, Volume 3 : 1882. « Origins of the White, the Red and the Black Men. A Seminole Tradition », « The Conspiracy of Neamathla : An Authentic Sketch ».
John J. Dickinson, *Confederate Military History of Florida*, 1898.
Caroline Mays Brevard, *A History of Florida*, 1904.
Hubert Bruce Fuller, *The Purchase of Florida : Its History and Diplomacy*, 1906.
William Watson Davis, *The Civil War and Reconstruction in Florida*, 1913 (réimprimé en 2009).
Frank Parker Stockbridge et John Holliday Perry, *Florida in the Making*, 1926.
William Thomas Cash, *History of the Democratic Party in Florida ; Including Sketches of Prominent Florida Democrats*, 1936.
Frank Parker Stockbridge et John Holliday Perry, *So This is Florida*, 1938.
Walter B. Fraser, *The Fountain of Youth Ancient Indian Village and Burial Grounds*, 1939.
John R. Swanton, *Final Report of the United States De Soto Expedition Commission*, 1939.

2 Par ordre chronologique.

Arthur M. Schlesinger Jr., *The Age of Jackson*, 1945.
Edward Lawson, *The Discovery of Florida and Its Discoverer Juan Ponce de Leon*, 1946.
Samuel Proctor, *Napoleon Bonaparte Broward : Florida's Fighting Democrat*, 1950.
J. E. Dovell, *Florida : Historic, Dramatic, Contemporary*, 1952.
Rembert W. Patrick, *Aristocrat in Uniform : General Duncan L. Clinch*, 1963.
Charlton W. Tebeau et Ruby Leach Carson, *Florida : from Indian Trail to Space Age*, 1965.
Rembert W. Patrick, *Florida Under Five Flags*, 1966.
Charlton W. Tebeau, *History of Florida*, 1971.
Ormonde De Kay, *Meet Andrew Jackson*, 1973.
Joan E. Gill et Beth R. Read (ed.), *Born of the Sun*, 1976.
Richard R. Beard, *Walt Disney's Epcot Center : Creating the New World of Tomorrow*, 1982.
William P. Rogers et al., *Report of the Presidential Commission on the Space Shuttle Challenger Accident* (« the Rogers Commission report »), 1986.
Michael Gannon (ed.), *The New History of Florida*, 1996.
Robert V. Remini, *Andrew Jackson and His Indian Wars*, 2001.
Michael Gannon, *Florida : A Short History*, 2003.
Sean Wilentz, *Andrew Jackson*, 2005.
Mario Antonio Sainz Sastre, *Florida in the 16th Century : Exploration and Colonization*. Traduit de l'espagnol par Bella Thomas et Miguel de Avendano, 2011.

AU CŒUR DE LA FLORIDE

FICTION

Zora Neale Hurston, *Their Eyes Were Watching God*, 1937
Stephen Vincent Benét, *Selected Works Vol. 2*, 1954.
Harry Hart Frank, *Alas, Babylon*, 1959.
John D. MacDonald, *The Deep Blue Good-by*, 1964.
Rita Mae Brown, *Rubyfruit Jungle*, 1973.
Douglas Fairbairn, *Street 8*, 1977.
Elmore Leonard, *La Brava*, 1983.
Russell Banks, *Continental Drift*, 1985.
Carl Hiaasen, *Tourist Season*, 1986.

Jimmy Buffett, *Tales from Margaritaville*, 1989.
James Michener, *Recessional*, 1994.
Russell Banks, *Lost Memory of Skin*, 2011.

SÉRIES TÉLÉVISÉES

Surfside 6, 1960 à 1962.
The Jackie Gleason Show, 1963 à 1970.
Flipper, 1964 à 1967.
Qué Pasa, U. S. A. ? 1977 à 1980
Deux flics à Miami, 1984 à 1989.
The Golden Girls, 1985 à 1992.
Dexter, 2006 à 2013
Magic City, 2012 à 2013

FILMS

A Florida Enchantment, 1914.
The Gulf Between, 1917.
The Bull-Dogger, 1921.
The Crimson Skull, 1922.
The Flying Ace, 1926.
The Cocoanuts, 1929.
Prestige, 1932.
Reap the Wild Wind, 1940.
Tarzan's Secret Treasure, 1941.
The Palm Beach Story, 1942.
Thirty Seconds over Tokyo, 1944.
Key Largo, 1948.
On an Island with You, 1948.
The Barefoot Mailman, 1951.
The Greatest Show on Earth, 1952.
Beneath the 12-Mile reef, 1953.
Seminole, 1953.
Creature from the Black Lagoon, 1954.
Revenge of the Creature, 1955.
Yellowneck, 1955.
The Creature Walks Among Us, 1956.
Wind Across the Everglades, 1958.
The Bellboy, 1960.
Midnight Cowboy, 1960.

Where the Boys Are, 1960.
Nude on the Moon, 1961.
Two Thousand Maniacs ! 1964.
Lady in Cement, 1968.
Frogs, 1972.
Gates of Heaven, 1978.
Smokey and the Bandit II, 1980.
Against Wind and Tide : A Cuban Odyssey, 1981.
Honky Tonk Freeway, 1981.
Scarface, 1983.
Stranger Than Paradise, 1984.
A Flash of Green, 1985.
Nightmare Beach, 1988.
Revenge of the Nerds II : Nerds in paradise, 1988.
Apollo 13, 1995.
The Birdcage, 1995.
Fair Game, 1995.
William Shakespeare's Romeo + Juliet, 1996.
From the Earth to the Moon, 1998.
Great Expectations, 1998.
Palmetto, 1998.
Space Cowboys, 2000.
Olive Juice, 2001.
Adaptation, 2002.
Monster, 2002.
Snow Dogs, 2002.
Sunshine State, 2002.
Sydney White, 2007.
Never Back Down, 2008.
Hollywood East : Florida's Silent Film Legacy, 2010.
Blackfish, 2013.
Moonlight, 2016.
The Florida Project, 2017.

INDEX DES NOMS DE PERSONNES

INDEX DES NOMS DE LIEUX

TABLE DES MATIÈRES

TROISIÈME PARTIE

LA TÊTE D'OSCEOLA

QUATRIÈME PARTIE

L'ILLUSION L'EMPORTE

CINQUIÈME PARTIE

INVENTER LE FUTUR

SIXIÈME PARTIE

LA FLORIDISATION DE L'AMÉRIQUE

IMPRIM'VERT®

Achevé d'imprimer par Corlet Numéric,
Z.A. Charles Tellier, Condé-en-Normandie (Calvados), en février 2020
N° d'impression : 164134 - dépôt légal : février 2020
Imprimé en France